柳澤家の古典学（下）

―文芸の諸相と環境―

宮川葉子　著

青簡舎

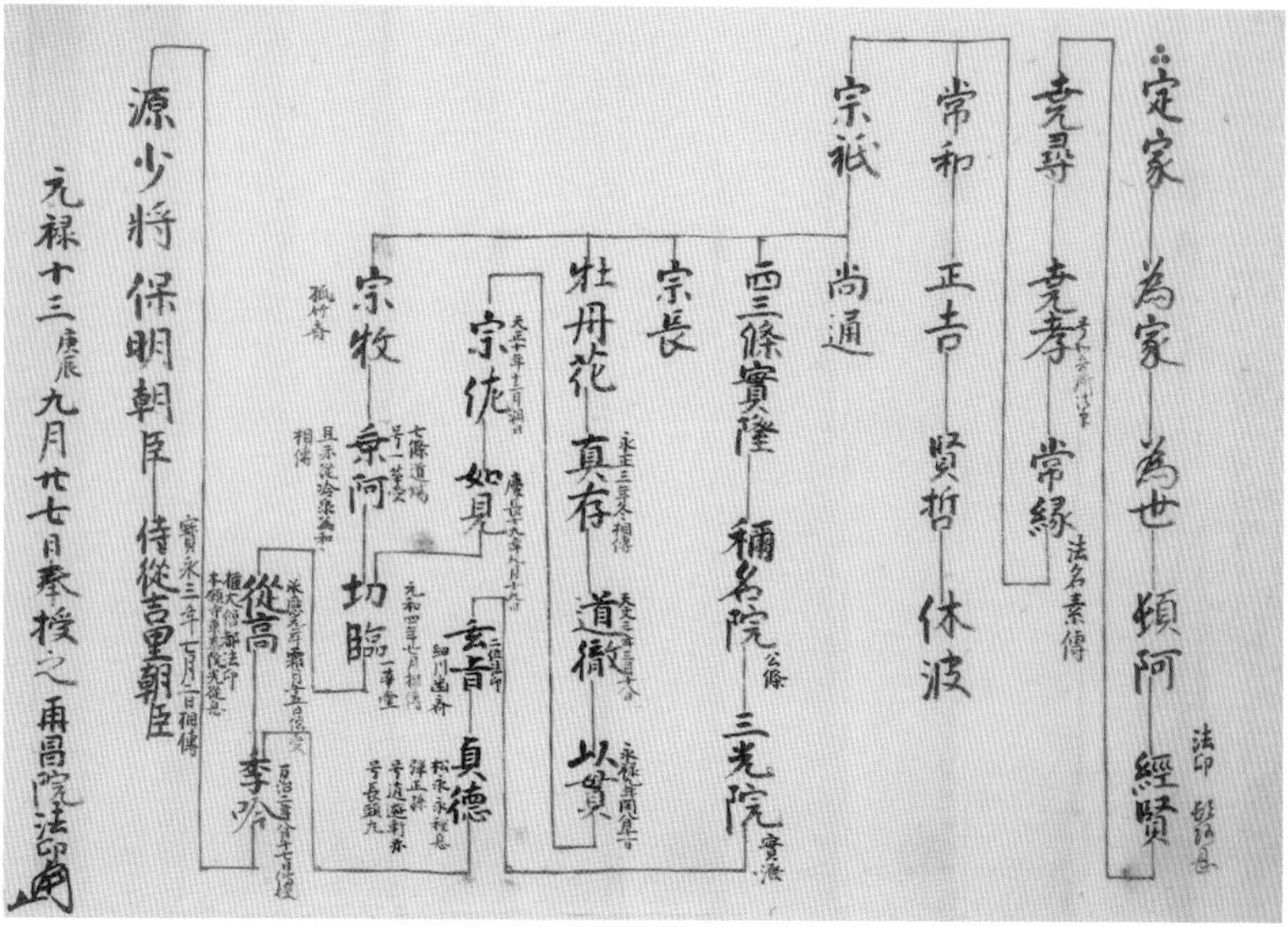

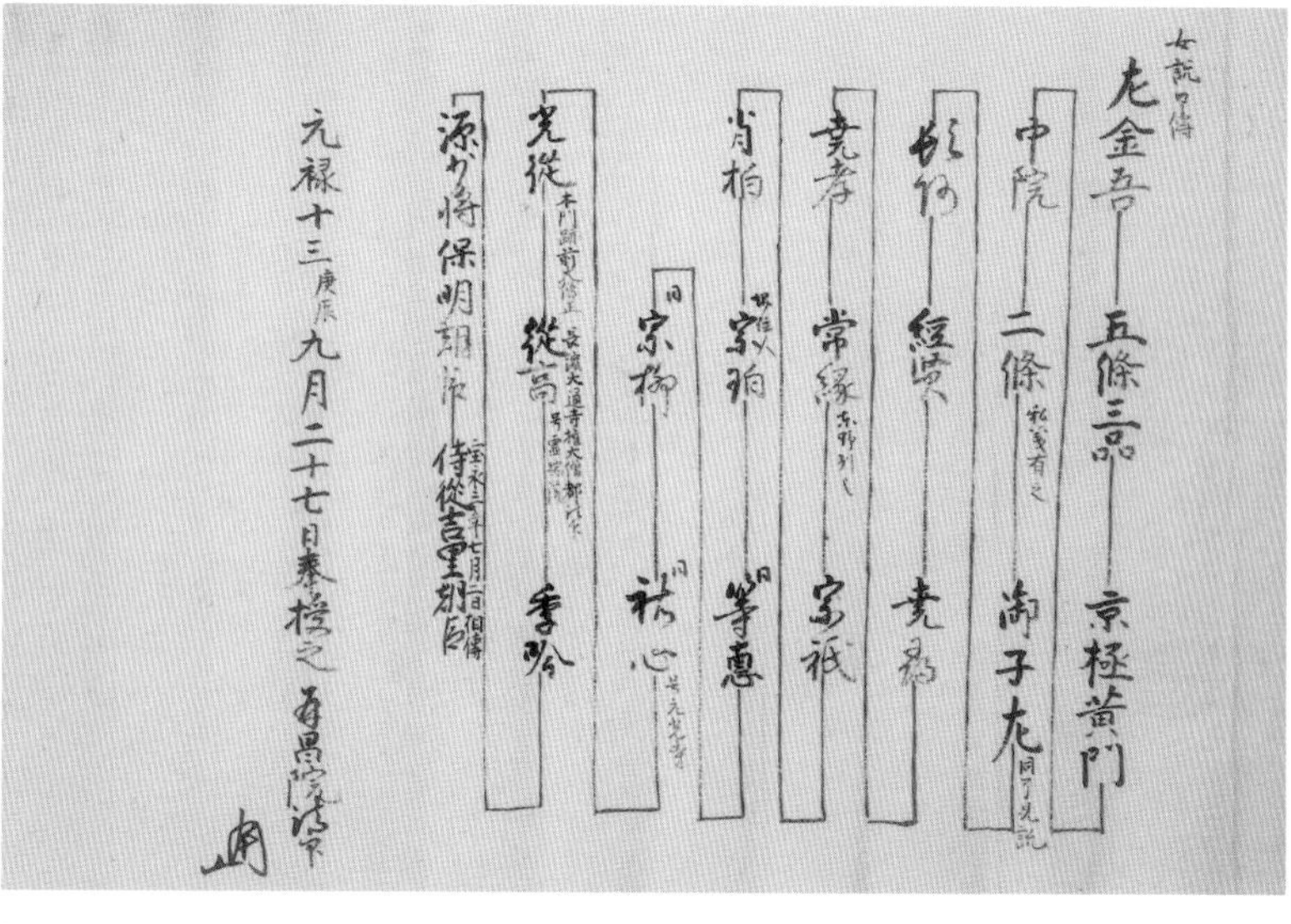

〔口絵II〕 師傳之血脉二通 (「古今集并歌書品々御伝受御書付」・柳沢文庫所蔵)

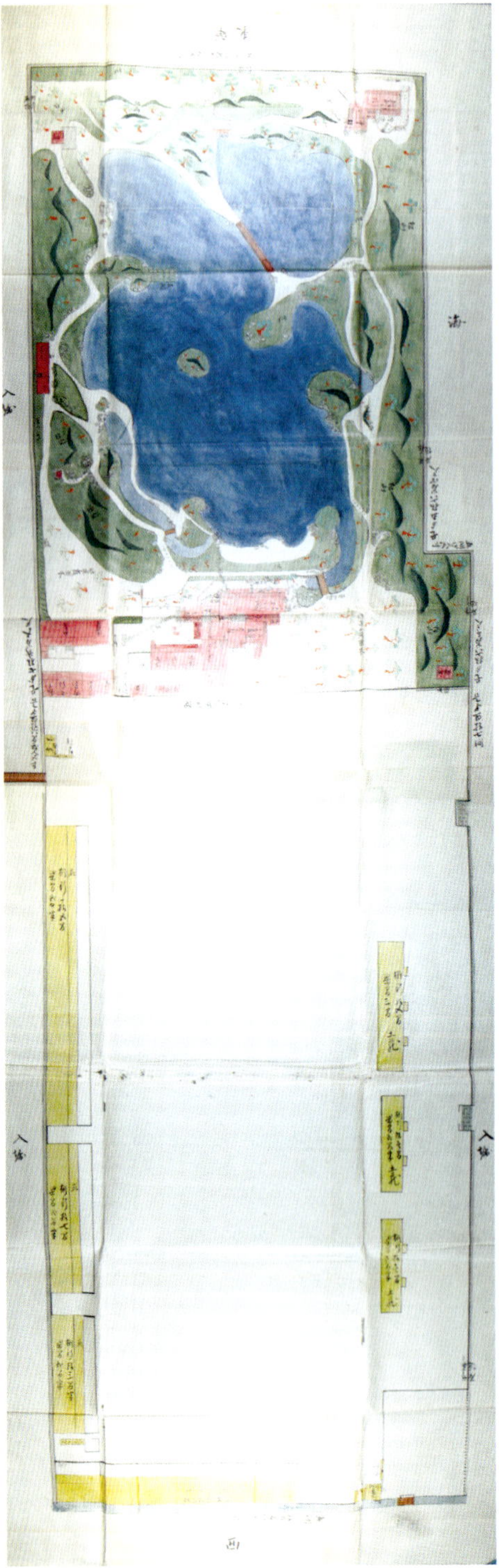

〔口絵Ⅲ〕芝の屋敷図（『楽只堂年録』二〇三巻収載・柳沢文庫所蔵）

〔口絵Ⅲ〕の書きおこし図

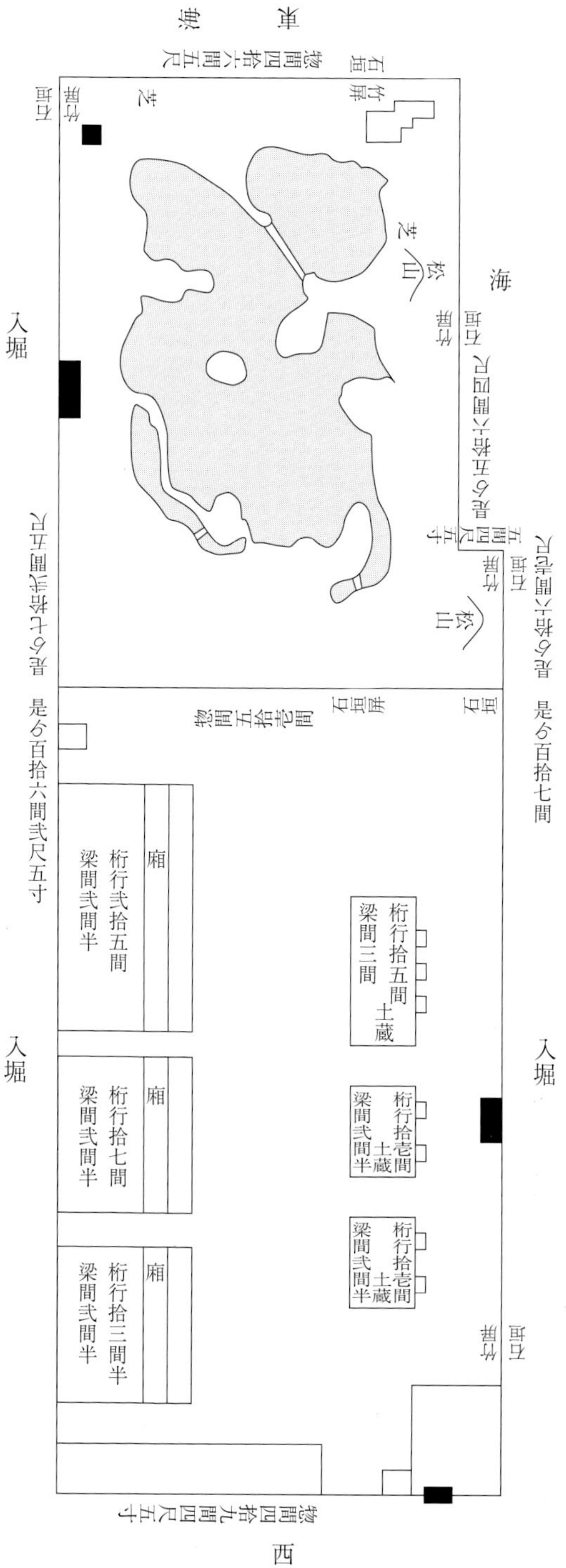
惣間四拾六間五尺
石垣
竹屏
芝
海
松山
入堀
是ゟ百拾七間
是ゟ百拾六間弐尺五寸
五間四尺五寸
桁行弐拾五間
梁間弐間半
廂
桁行拾五間
梁間三間
土蔵
桁行拾七間
梁間弐間半
桁行拾壱間
梁間弐間半
桁行拾三間半
梁間弐間半
惣間四拾九間四尺五寸
西

〔口絵Ⅳ〕「六義園絵巻上巻」に描かれる新玉松（柳沢文庫所蔵）

〔口絵Ⅴ〕「新玉松」の鳥居の額字と思われる吉保自筆
（大和郡山市教育委員会社会教育課管理旧豊田家文書）

目　次

緒　言 …… 21

第一部　文芸の諸相 …… 33

第一章　古今伝授 …… 35

はじめに …… 35

翻刻の部

一、三ヶ大事一 …… 42

二、三ヶ大事二 …… 43

三、三ヶ大事三 …… 45

四、三鳥大事 …… 45

五、一首之大事 …… 46

六、口傳之一通（四通） …… 47

七、口傳之一通 …… 50

八、三鳥之口傳……50
九、伊勢物語七ヶ之大事……53
一〇、伊勢物語最極秘二ケ……55
一一、源氏物語三箇之大事……57
一二、源氏物語三箇之大事……58
一三、詠歌大概之口訣……60
一四、百人一首之五哥……61
一五、百人一首之五哥……62
一六、徒然草三ヶ之大事……64
一七、姉小路（五通）……67
一八、家傳（六通）……71
一九、師傳之血脈二通（二通）……74
二〇、目録覚書（二通）……77
解説の部
第一節　古今切紙……80
（一）はじめに……80
（二）三ケ大事一……81
（三）三ケ大事二……82

（四）三ヶ大事三……83
（五）三鳥大事……83
（六）一首之大事……83
（七）口傳之一通（その一）……84
（八）口傳之一通（その二）……85
（九）三鳥之口傳……85
（一〇）まとめにかえて……86
第二節　歌書類伝授……88
（一）伝授切紙の増設……88
（二）『伊勢物語』の切紙……91
（三）『源氏物語』の切紙……93
（四）詠歌大概之口訣……95
（五）『百人一首』の切紙……95
（六）徒然草三ヶ之大事……97
第三節　諸家傳授切紙……100
（一）姉小路……100
（二）家傳……102
第四節　師傳之血脈と目録覚書……105

まとめにかえて……108
第二章　詠歌の諸相……111
第一節　八景和歌……111
はじめに……111
（一）武蔵国浅草八景和哥……111
（二）甲陽八景和歌……114
（三）南都八景和歌……117
（四）郡山八景和歌……119
補説　八景和歌について……126
第二節　御吉野里歌合——吉保・吉里父子の二人百番歌合——……129
解説の部
（一）はじめに……129
（二）「御吉野里歌合」の作者……129
（三）判者北村季吟……130
（四）「御吉野里歌合」の組題……131
（五）「御吉野里歌合」の価値……134

翻刻の部
積玉和歌集員外　巻第五
御吉野里歌合――元禄十六年十月三日の二人百番歌合―― …… 136
第三節　新春の歌会――宝永四年と享保九年の柳澤家新春歌会―― …… 167
はじめに
（一）宝永四年柳澤家新春歌会―解説と翻刻― …… 169
（二）享保九年柳澤家新春歌会―解説と翻刻― …… 177
第四節　續明題和歌集――吉里編纂公武類題和歌集―― …… 190
解説の部
（一）類題和歌集の略史 …… 190
（二）『續明題和歌集』解題 …… 192
（三）作者目録 …… 195
（四）恋歌の部と『源氏物語』 …… 199
翻刻の部――春・夏・秋・冬・恋・雑の計六七二八首の内の恋部――
（一）恋哥上―五七八首（巻第十一）― …… 211
（二）恋哥中―一八五首（巻第十二）― …… 254
（三）恋哥下―三三二首（巻第十三）― …… 269
第五節　源氏物語巻々和歌 …… 294

解説の部
（一）吉里の「詠源氏巻〻倭歌」……294
（二）詠源氏物語巻名和歌の略史……295
（三）吉里の「詠源氏巻〻倭歌」と実隆の「詠源氏物語巻々和歌」の比較……298
（四）石山寺蔵巻子本「詠源氏巻〻倭歌」……305
（五）寺本本成立の背景……307
（六）歌人としての成長過程……310
（七）寺本本と積玉収載本……312
（八）吉里の歌人としての研鑽……314
（九）堂上方の添削……316
（一〇）中院家の人々と吉里……320
（一一）一月十八日の意味するところ……322
翻刻の部
吉里詠「源氏物語巻〻和歌」——積玉和歌集員外　組題六——……323
第六節　吉保の手鑑……330
（一）解説……330
（二）翻刻……331
第七節　定子の手鑑……350

（一）解説 …… 350
（二）翻刻 …… 353
第三章　旅日記 …… 355
第一節　甲陽驛路記――宝永七年吉里初入国―― …… 355
解説の部
（一）柳澤家の概説 …… 355
（二）「甲陽驛路記」書誌と序 …… 357
（三）序に見る執筆目的 …… 359
（四）五月二日・初日 …… 360
（五）五月三日・二日目 …… 362
（六）五月四日・三日目 …… 364
（七）五月五日・最終日 …… 368
翻刻の部
「甲陽驛路記」――積玉和歌集員外巻第五―― …… 374
第二節　やよひの記――享保二年三月身延山方面巡見―― …… 390
解説の部
翻刻の部

（一）三月四日・初日……392
（二）三月五日・二日目……396
（三）三月六日・三日目……400
（四）三月七日・四日目……403
（五）三月八日・最終日……404
第四章　書写……407
第一節　吉里筆『伊勢物語』……407
解説の部
（一）急刻書写の『伊勢物語』……407
（二）異母妹の嫁入道具か……409
（三）すめの御方の出産……410
（四）すめの御方と異母妹増子……411
（五）すめの御方と定子……411
（六）天福本『伊勢物語』と吉里……413
翻刻の部
吉里書写『伊勢物語』――初段と一二五段の翻刻――……414
第二節　女文字手本――『源氏物語』享受の一形態――……418

（一）「女文字手本」の存在　418
（二）翻刻　421
（三）解説　433
（四）総括―結びにかえて―　438
補注　源氏物語十二月について　444
第五章　霊元院と柳澤家　447
第一節　霊元院下賜「十二月和歌」　447
解説の部
（一）「十二月和歌」の書誌　447
（二）十二月花鳥和歌　448
（三）霊元院と町子　449
（四）松平の称号への祝意か　450
（五）霊元院と六義園十二境八景和歌　450
（六）町子の十二境八景和歌　452
（七）十二月花鳥和歌の価値　453
翻刻の部
「十二月花鳥和歌」の翻刻と写真　454

補注　「拾遺愚草」収載の「詠花鳥和謌」について……470
第二節　右ヱ門佐宛書状の裏面――柳澤家の罹災をめぐって――……472
（一）吉保書状―右ヱ門佐さま―……472
（二）書状の背景……473
（三）町子生母……474
（四）三代集書写―『松陰日記』と『楽只堂年録』―……474
（五）水無瀬家と町尻家……475
（六）三代集筆者目録……476
・古今集筆者……477
・拾遺集筆者……478
・後撰集筆者……479
（七）生母の配慮……480

第二部　環境の諸相……483

第一章　六義園……485
第一節　六義園の歴史――庭園と東屋と下屋敷――……485

（一）元禄十五年七月までの六義園……485
（二）元禄十五年七月以降の六義園……488
（三）宝永元年二月までの六義園……493
（四）宝永六年六月十八日までの六義園……497
（五）新玉松……500
（六）壺中天……502
むすび……507
第二節　六義園記（一）──『楽只堂年録』収載本をめぐって──……511
（一）翻刻……511
（二）解説……524
第三節　六義園記（二）──巻子本をめぐって──……535
（一）解説……535
（二）翻刻……537
第四節　六義園の初期の姿──八十八境総括──……547
（一）はじめに……547
（二）「年録本」と「巻子本」の間―その一―……548
（三）「年録本」と「巻子本」の間―その二―……552
（四）「年録本」と「巻子本」の間―その三―……553

（五）「放鶴亭」についての考察……554
（六）吉保の和歌上達への思い……555
第五節　六義園と和歌――新玉松と「六義園新玉杢奉納和哥百首」――……557
（一）解説……557
（二）翻刻……558

第二章　上屋敷――常盤橋・神田橋屋敷の関係――……567
はじめに……570
第一節　屋敷の概説……570
（一）道三河岸上ヶ屋敷……571
（二）新向屋敷……571
（三）小日向上ヶ屋敷……572
（四）芝上ヶ屋敷……572
（五）谷ノ蔵上ヶ屋敷……572
（六）霊巖嶋上ヶ屋敷……573
（七）四谷千駄ヶ谷屋敷……574
（八）深川上ヶ屋敷……574
（九）茅町屋敷之内上地

（一〇）牛込下屋敷……574
（一一）駒込下屋敷……575
（一二）小菅抱屋敷……575
第二節　神田橋への道のり……578
（一）愛宕下の屋敷……578
（二）西の丸下の屋敷……579
（三）ひとつ橋の屋敷……579
第三節　神田橋を本拠地に……582
（一）神田橋の地……582
（二）居宅の増地……583
（三）三千両の借金……583
（四）御成御殿の経営……584
（五）男児達の居宅……585
（六）町子腹の男児の居宅……586
第四節　神田御殿地のゆくえ……589
（一）神田御殿の跡地―その一―……589
（二）借金の帳消し……590
（三）神田御殿の跡地―その二―……592

（四）神田橋の屋敷の活用……593
（五）御成御殿の修理……594
（六）神田橋の屋敷の充実……595
（七）再びの増地……596
第五節　神田橋屋敷の再建……600
（一）吉保居宅罹災……600
（二）家族の居所……601
（三）御成御殿再建……602
（四）家宣の新御殿……604
第六節　神田橋屋敷と常盤橋屋敷……607
（一）再三の増地……607
（二）町子腹二男児の居宅……608
（三）その後の神田橋屋敷（その一）―御弟子の移徙―……611
（四）その後の神田橋屋敷（その二）―式部少輔時睦の屋敷地―……612
（五）その後の神田橋屋敷（その三）―御成御殿のその後―……614
（六）御殿地の代替……615
第七節　常盤橋屋敷……618
（一）常盤橋屋敷の位置……618

（二）常盤橋屋敷の初出……619
（三）常盤橋屋敷の増地……619
（四）上屋敷の地続き……621
（五）神田橋の外の屋敷と常盤橋の内……622
第八節　上屋敷後日談……626
（一）返上の意志表明……626
（二）吉保の借り入れ返済と家臣の移徙……628
（三）常盤橋屋敷返上の実際……629
（四）御殿地跡替地返上の実際……630
（五）式部少輔時睦の移徙……632
（六）神田橋上屋敷と霊元院……633
（七）むすびにかえて……635
第三章　下屋敷――茅町屋鋪と芝の屋鋪――……651
はじめに
第一節　茅町の屋鋪……653
（一）本所の屋鋪……653
（二）萱町の屋鋪……654

(三) 待乳山屋鋪 …… 655
(四) 茅町屋敷の焼亡 …… 656
(五) 公辨親王招請と石壁構築 …… 657
(六) 能見松平家 …… 658
(七) 萱町別業への避難 …… 660
(八) 再びの焼亡 …… 661
第二節　芝の屋鋪 …… 665
(一) 深川の下屋鋪 …… 665
(二) 深川の屋鋪と芝の屋鋪 …… 667
(三) 旧芝離宮恩賜庭園 …… 668
補節　茅町屋鋪の後日談 …… 673
(一) 幕府御用の五千坪 …… 673
(二) 二度の差上げと裏門道の代地 …… 675
第四章　京都屋敷——御所警護と京都火消—— …… 683
はじめに
(一) 京賀茂川の宅地 …… 684
(二) 藤本仁文氏論文 …… 685

（三）柳澤屋敷から火消屋敷へ …… 687
（四）柳澤屋敷の任務 …… 688
まとめにかえて …… 693

第五章　人事 …… 695
第一節　吉里生母の死――「染子歌集」を中心に―― …… 695
（一）吉里の歌才 …… 695
（二）飯塚染子 …… 696
（三）染子病臥 …… 697
（四）回復とぶり返し …… 699
（五）染子の最期 …… 700
（六）野辺送り …… 702
（七）「染子歌集」―翻刻― …… 704
（八）「染子歌集」の分析 …… 712
（九）生母の歌才の継承 …… 715
第二節　吉里嫡母の死――「定子追悼文」を中心に―― …… 717
（一）正室と側室 …… 717
（二）吉保と定子の葬地 …… 719

（三）「定子追悼文」―翻刻― …… 722
（四）『古今和歌集』と『源氏物語』を引きながら …… 723
（五）慈しみへの謝意 …… 724
（六）甲斐ある葬り …… 725
（七）夢のうちの夢心 …… 726
（八）定子の威容 …… 727
第三節　吉保の死――豊田家文書「吉保追悼文」を中心に―― …… 730
第四節　正親町町子腹の二男児――その転封に果たした松平右京大夫輝貞の役割―― …… 742
（一）はじめに―本節の目的にかえて― …… 742
（二）吉保と吉里―甲斐国から大和郡山へ― …… 742
（三）町子の生母―右衛門佐局― …… 744
（四）町子出産―吉保の三冨開発と平行して― …… 746
（五）経隆と時睦 …… 747
（六）松平右京大夫輝貞―その略歴（1）― …… 749
（七）松平右京大夫輝貞―その略歴（2）― …… 751
（八）松平右京大夫輝貞―その略歴（3）― …… 752
（九）松平右京大夫輝貞―その略歴（4）― …… 754
（一〇）松平右京大夫輝貞と二男児―輝貞が果たした役割― …… 756

（一一）むすびにかえて……758
第五節　吉保から吉里へ……766
はじめに
（一）「福寿堂年録」命名の由来……768
（二）御台所様の叙位……768
（三）おすめの御方……770
（四）甲斐守に改名……771
（五）家督相続御礼……772
（六）菩提寺建立……773
（七）左京の御方……774
（八）本亭移徙祝儀の和歌会……777
（九）常憲院殿と吉保父子……778
（一〇）代替りの誓詞……778
（一一）吉保の借金……780
（一二）霊元院との交流……781
第六節　唐通事との対話――三百年前の中国語――……786
（一）はじめに……786
（二）家臣唐音で議論……786

(三)　吉保と阿蘭陀商人……788
(四)　吉保と黄檗僧と唐音と……790
(五)『楽只堂年録』に知る唐音……791
(六)　むすびにかえて……794
柳澤吉保・吉里関連年譜……797
収録既発表論文……857
索引
(一)　人名索引……863
(二)　書名索引……880
(三)　事項索引……887
(四)　歌題索引……921
あとがき……931

緒　言

生類憐れみの令を発し、罪もない庶民を苦しめた犬公方《いぬくぼう》として悪名高いのが徳川五代将軍綱吉（一六四六～一七〇九、在職一六八〇～一七〇九）。その綱吉に佞臣ぶりが買われ大老格まで成りあがった策謀家として、柳澤吉保（一六五八～一七一四）はいまもって実像がゆがめられ伝わっている。ために、柳澤家がいかに学芸・文芸に対し真摯であっても、ほとんど評価されずに来てしまっていた。

そこで前著『柳沢家の古典学（上）―『松陰《まつかげ》日記』―』[注一]では、『源氏物語』の受容という視点から、吉保側室正親町《おおぎまち》町子の筆になる吉保の栄華の記録『松陰日記』をとりあげ、全巻を翻刻、註釈と考察をなした。町子は正親町公通《きんみち》を父に、水無瀬《みなせ》氏信《うじのぶ》女《のむすめ》で江戸城大奥総取締に昇進した右衛門佐《えもんのすけ》を母に生まれた、三条西実隆の正統な子孫である。[注二]

しかし紙幅の関係上、『松陰日記』に限ってしか研究成果の発表を果せず、学芸・文芸に関しては積み残しとなってしまっていた。その積み残し部分をまとめたのが、当該『柳澤家の古典学（下）―文芸の諸相と環境―』である。本書は二部に分けて論を展開する。

第一部の総合タイトルは「文芸の諸相」。第一章では「古今伝授」を採り上げた。吉保は元禄十三年（一七〇〇）八月二十七日、幕府歌学方であった法印北村季吟より古今伝を受け、その一箇月後の九月二十七日、伝受書付（所謂伝受切紙の類）を受けとった。[注三]もっともその折の伝受書付は、元禄十五年（一七〇二）四月六日、柳澤邸の火災により灰燼に帰し、現在柳沢文庫に残る一式は再発行のものである。

堂上風和歌の練達を希求した吉保・吉里父子は、町子の実父正親町公通を介し霊元院（第一一二代天皇。一六五四～一七三二、在位一六六三～八七）に接近、院をはじめ時の歌壇の中枢であった中院通茂や同通躬等に添削を願っては、和歌詠作の力量を磨いて来ていたので、古今伝授は是非ともなし遂げたい到達点であった。柳澤家と和歌を考える時、見逃すことができないのがこの古今伝授なのである。

ではその実際はどうであったのか。従来あまり学界で触れられていないこともあり、ここに全文を翻刻、『古今切紙集』（宮内庁書陵部蔵）[注四]などと比較しながら、季吟により授けられた古今伝の実態を考察した。また、柳沢文庫蔵の伝受書付には、『古今集』に限定した書付のみならず、『伊勢物語』『源氏物語』『詠歌大概』『徒然草』といった、歌道を学ぶ上で必須とされた諸書[注五]の伝受切紙のほか、「姉小路《あねがこうじ》」と題された姉小路済継[注六]に伝えられたと思しい五箇条の切紙、「家伝」と題する六箇条の切紙なども含まれる。ただ残念なのは、『古今切紙集』（同上）等と比較の結果、七箇条に及ぶ伝受切紙が欠落していることが判明、今のところ全貌を知り得ないという点である。その七箇条とは何であるかの可能性も含め報告したい。

第二章では「詠歌の諸相」を考察した。第一節は「八景和歌」。吉保嫡男吉里《よしさと》と北村季吟[注七]の間でなされた「武蔵国浅草八景和哥」、吉里が甲府時代に詠んだ「甲陽八景和歌」、奈良近郊の名所を詠んだ「南都八景和歌」及び「郡山八景和歌」の四種類を紹介し、その背景に考察を加えた。柳澤家の交友関係を知るにも適当な資料である。

第二節では「御吉野里歌合《みよしのさとうたあわせ》」を採り上げた。吉保・吉里父子の二人百番歌合で、判者は北村季吟。歌合という形式がほとんどすたれてしまった江戸中期において特記すべき作品である。

第三節では、柳澤家の新春歌会を二つ採り上げた。一つは宝永四年（一七〇七）のもの、もう一つは享保九年（一七二四）のものである。吉保時代から、柳澤家では盛んに歌会が行われていたが、吉保亡きあとも、それは年中行事のように吉里の指揮下になされていたのである。そこには、柳澤家の和歌世界への憧憬が脈々と受け継がれているのが見て取れる。ここには、ほとんど作品が残らない町子腹の二男児の詠作も収載されているのも価値がある。

第四節では吉里の編纂、自筆の公武類題和歌集「續明題和歌集」を考察した。ほぼ同時代の男性ばかり、堂上方一四七名、武家方一二六名、出家剃髪二〇名、雑一三名により詠まれた六千八百首近い和歌を収載する大部な歌集である。本書では作者部類と恋部を翻刻。柳澤家の交友範囲や、吉里が興味を示した詠者を知る手掛かりになる。また恋部の多くは『源氏物語』を髣髴させる点で、吉里の『源氏物語』の受容の一端を語るものともいえよう。

第五節では、吉里の「詠源氏巻〻倭歌」を見た。『源氏物語』の全巻書写や読破を記念し、竟宴として物語の巻名に因む和歌を詠み、それを石山寺に奉納する試みは、三条西実隆頃から盛んになった[注八]。前述したが正親町町子は実隆の正統な子孫。彼女を側室とした吉保をはじめ、柳澤家は実隆に傾倒するのであるが、そうした中で、吉里は実隆に倣った「詠源氏巻〻倭歌」を詠んだ。そこにあった物語読破の経緯、巻々和歌の実体なども含め考察した。

第六節では、吉保の手鑑《てかがみ》、第七節では正室定子のそれを採り上げた。折帳二冊に二百首の吉保自詠自筆の和歌短冊・色紙が貼られる形式のそれは、吉保がまだ保明《やすあきら》と呼ばれていた頃から、川越少将時代[注九]のもの、綱吉の諱の一字「吉」を拝領して吉保と名乗りを変えた時代[注一〇]のもの、甲斐国を拝領し国守になった時代[注一一]のもの、そして綱吉薨去により出家、保山と名乗った晩年[注一二]のものと、年代順に年中行事を中心に編纂された歌集である。全貌が殆ど明らかにされないまま来てしまったもので、吉保の詠作の傾向を知るに有用な詠歌の数々が並ぶ。一方定子の手鑑は、定子の卒年（正徳三年〈一七一三〉）の十月下旬、恐らくはその四十九日に吉保が定子の「手ならひのほく」のうちから選んで手鑑に仕立てたもの。わずか十八首のみの小さな作品であるが、定子の人柄をしのばせる存在である。

第三章では、「旅日記」を考察した。第一節は「甲陽驛路記《こうようえきろき》」。これは吉里が宝永七年（一七一〇）五月、初めて甲斐国主として国入りした折の三泊四日の旅日記である。甲州街道旧道沿いに進んだその旅は、江戸を出ることのなかった吉里に別世界を知らせる貴重な体験であった。彼は古典の世界を取り入れつつ日記を綴り、何首かの歌も詠んで、全体を歌日記の形態にまとめあげた。さらには参勤交代の実態を垣間見ることもできる異色な作品である。

第二節では、「やよひの記」を採り上げた。身延山方面への巡見（見廻り）の旅の折の日記である。甲斐国主として数年を経て成長した吉里が、人民を顧みず豪華な堂宇建立に汲々とする宗教家達を非難したり、また甲州に流された貴人達の足跡をたどったりと、興味ある記事が録され、当時の世相を知る上にも貴重な作品である。

第四章は「書写」。第一節では、吉里筆の『伊勢物語』成立の背景を探った。紙幅の関係上、全巻の翻刻の掲載はかなわなかったが、本文系統などに言及した。該本は、吉里の妹が嫁ぐに当たり、所謂嫁入り道具の一つとして用いられたものらしいのであるが、今は大和郡山市教育委員会の保存にかかり、柳沢文庫蔵本ではない。天福本系統。識語から綱吉薨去の前後に急いで書写したと知られ、書写時の吉里の心理状態にも踏み込みたくなる存在である。

第二節は「女文字手本」一軸。一月から十二月までの各月ごとに、『源氏物語』の各巻から百字程度の本文が引用され、美しい散らし書きの書風が女文字（平かな）の手本になっているという趣向である。『源氏物語』からの引用である点で、柳澤家での物語受容の実際を窺える作品として貴重である。また、引用本文の伝本系統にも考察を馳せた。柳澤家が実隆を尊崇している以上、三条西家証本[注一三]の系統に属するのではないかと予測したからである。

第五章は「霊元院と柳澤家」と題した。第一節では「霊元院下賜「十二月和歌」」を見た。既述のごとく吉保・吉里父子は、町子の実父公通を通じて霊元院に接近、和歌添削を願ったり、駒込の下屋敷六義園に十二境八景の勅撰を得るなど接触は緊密であった。その中で下賜されたのが当該「十二月和歌」である。一月から十二月までの各月に、一組の草木と鳥の淡彩画が描かれ、それに相応しい定家の「拾遺愚草」からの和歌が、当時の霊元院歌壇に集う公家達により自筆されているという豪華で華麗な一本。注一四美術品としての完成度も高い。

第二節は「右ヱ門佐宛書状の裏面」。元禄十五年（一七〇二）四月の柳澤家の上屋敷炎上により、多くの家宝が灰燼に帰し落胆する吉保に、霊元院が公家達に書かせた「三代集」を下賜した出来事の考察である。そこに活躍したのは右ヱ門佐。町子の実母であった。彼女は実弟の町尻に連絡、町尻が霊元院に言上、「三代集」書写は成ったのであった。この一連に対し右ヱ門佐にあてた吉保の礼状が語るものは何か。町子と実母の紐帯にも焦点を当てつつ考察した。


第二部は総合タイトルを「環境の諸相」とし、柳澤家の文芸や学芸に少なからず影響をあたえた環境――周辺の外的要因――に考究の範囲を拡げた。

第一章は「六義園」。第一節では、「六義園の歴史」を辿った。元禄八年（一六九五）四月、染井村に前田綱紀注一五の下屋敷の地を拝領、以後約八年をかけて造園されたのが大名庭園として名高い六義園である。吉保自らの設計にかかる庭には、吉保と一族の和歌上達を祈念する思いがこめられていた。その六義園も幾度かの増地や返上を繰り返したことを『楽只堂年録』により検証してゆく。

第二節では、吉保制定の六義園八十八境の実際を記録した「六義園記」のうち、『楽只堂年録』収載本を翻刻した。『古今和歌集』をはじめとして十四の勅撰和歌集収載歌に依拠するのみならず、『白氏文集』『論語』など、中国の古典籍も存分に踏まえて境地の命名がなされており、そこには吉保の深い学識が確認できる。

第三節では、第二節の「六義園記」と同名の史料ながら、巻子仕立ての別本を紹介、分析する。これは真名序を持ち、霊元院支配の「勅撰六義園十二境」「勅撰六義園八景」を備える。その上、「六義園八十八境」からは、以前の境地が増大・変更・脱落している状況を知ることができるのである。ひとつ、庭と言っても、刻々と環境の変化を遂げていた実際を知り得る。

第四節では「六義園の初期の姿」を追求し、前三節の総括にかえた。そして六義園の初期の姿を知るためには、『楽只堂年録』収載の「六義園記」によるのがもっとも正統であろうとの結論に至った。また、六義園を訪れ、庭を堪能した人々の姿にも触れる。因みに綱吉が度々六義園を訪れたとの記述[注一六]が見られるが、吉保の上屋敷へは生涯五十八回も御成を繰り返した綱吉ながら、何故か六義園には一度も足を運んではいない。

第五節では「六義園と和歌」とし、六義園の新玉松《にいたまつ》と久護山《ひさもりやま》に奉納された「新玉杢奉納和哥百首」の実際を分析した。作者として、吉保・吉里父子をはじめ正室・側室、その他家臣の多くが加わった大規模な百首和歌で、作者目録も備える本格的なものである。いかに吉保が和歌上達を一家一族で願っていたかを知るに相応しい資料である。

第二章では「上屋敷」を扱った。文芸・学芸が花開くには、その土壌（背景とも換言できようが）の探究は必須であると考える。当章では、従来明確でなかった常盤橋と神田橋の屋敷の関係を、『楽只堂年録』を全巻丹念に読む事により明確にすることができた。結果、常盤橋と神田橋の屋敷地は、最終的には統合されて約四万五千坪にも及ぶ広大なものとなり、神田橋の上屋敷と呼ばれるに至ったことが分かった。ところで、御成の度に、吉保は早朝に登城、綱吉の御成を待ち受ける名誉を、還御後は再度登城して御成の謝意をそれぞれ伝えている。また勤務を終え帰宅していても、雷などが鳴ろうものなら、綱吉の御機嫌伺いに素早く再登城するなどというのは、日常茶飯であった。通勤に時間をとられる現代の我々には信じられないのであるが、神田橋の上屋敷と江戸城が至近距離であったのを知る時、それが可能であったのが了解される。至近距離に吉保を置いて安心を確保したとも言えそうな、綱吉の心理が推測されるのでもある。そして吉保の滅私奉公も、この至近距離が担保されていたからこそ実行できたとも言えるのである。

第三章では、「下屋敷」を検討した。特に待乳山《まっちやま》[注一七]にあった下屋敷が茅町《かやまち》屋敷、現在の旧芝離宮恩賜庭園が芝の屋敷と呼ばれたそれであり、特に待乳山のそれには、三管領（東叡山・日光山・比叡山）の宮と呼ばれた公辨法親王[注一八]の来訪も得た。また第二部第一章第一節で扱った「武蔵国浅草八景和哥」は、ここで詠まれたのであろうことなどを明確にできた。さらには、土地の交換、新たな拝領など、さまざまな経緯を経ながら、下屋敷地の数や面積が増えていったところには、吉保の出世の足跡を辿ることもできた。

第四章では「京都屋敷」を扱った。鴨川のほとり、荒神《こうじん》橋の西詰めに柳澤家の京都屋敷があった。そこは御所の東側にあたり、おそらくは、京都御所警護の目的で拝領したものであったのであろう。その拝領時期も『楽只堂年録』により明らかにできた。後にこの地は火消し屋敷として存続してゆくことになる。また、側室町子の実家も至近距離にあることが古地図に知られ、その地の下賜の意味も考察することができた。

第五章は「人事」。人の動きも学芸・文芸に無関係ではない。第一節と第二節では、吉里の二人の母親、すなわち生母飯塚染子と、養母吉保正室定子の二人の死に臨んでの、吉里の深い嘆きに迫った。養母へ対する追悼文[注一九]は、子供がなかったため吉里を我が子のようにかわいがってくれた定子への敬愛の念に溢れている。また、染子の死に関しては、「染子歌集」（柳沢文庫蔵の折帳）が残されており、第一節ではそれを翻刻した。小さい色短冊に記された和歌は、生前染子と吉保が取り交わしたもので、染子の百ヶ日を期して吉保がまとめて手鑑とし、自らの序文を添え一冊となしたのであった。継嗣吉里を産んでくれた最初の側室染子。吉保の配慮と愛情が伝わってくる作品である。更に第三節では、吉保逝去に関する追悼文にも論を進めた。追悼文自体は「豊田家文書」であるが、「福寿堂年録」と合わせ読む時、吉里にとって最大かつ最高の支援者であった吉保の死は、どれほどの衝撃であったかが伝わって来る。

第四節では正親町町子が吉保との間に産んだ二人の男児について考察した。二人の男児とは安通《やすみち》と時睦《ときちか》。二人は吉保の隠退にともない、甲斐国に新田一万石充を拝領、小大名《しょうだいみょう》に列なった。ところが享保九年（一七二四）三月、吉里は奈良の大和郡山へ転封となる。大和郡山に適当な新田がなかったため、安通は越後黒川、時睦は越後三日市藩主となった。しかし越後は柳澤家とはゆかりのない土地。何故二人が越後に知行地を得たのか。そこには、吉保養女を室にした松平右京大夫輝貞の活躍があったものと考える。吉保亡き後も、柳澤家を支えた一人の姻戚の存在があったのである。

第五節では、「吉保から吉里へ」と題し、家督相続に伴っておきた諸々をトピックスの形でまとめた。

第六節では「唐通事との対話」を取り上げ、三百年前の中国語に迫る。吉保は京都府宇治市にある黄檗山萬福寺の中国僧に帰依、交流を深めていた。しかし彼は直接に中国語は話せない。多くは筆談に依ったのであったが、唐通事が介在することもあった。その折、通事が語った中国語が『楽只堂年録』に平仮名で記録されているのである。それを現代中国語のピンイン注二〇に置き換えてみると、殆ど変化がない。三百年前の中国語の発音は、おそらく現代中国語と大差ないそれであろうと理解された。

以上第一部と第二部に大きく分けた上で、第一部第二部とも五章の構成で、柳澤家の古典学を、「文芸の諸相と環境」から見た。いままで殆ど明らかにされて来なかった資料を駆使しての論の展開ではあるものの、吉保・吉里の実像にどこまで迫れたかになると不安も残る。ただ滅私奉公に励み、誠実に淡々と和歌に古典にと励む姿に邪心は少しも見いだせない。無責任な風評や根拠のない記述を鵜呑みにする姿勢はそろそろ改めた方がよさそうであるという結論にだけは至れたと考えている。

〔注〕

一、宮川葉子著。平成十九年一月、新典社。出版にあたっては、独立行政法人日本学術振興会平成十八年度科学研究費補助金（研究成果公開促進費）の交付を受けた。

二、注一同書、解説「二、正親町町子の背景」で詳細を論じた。

三、吉保時代の公用日記『楽只堂《らくしどう》年録』第七四巻。当該『年録』は、特大本全二二九巻。柳沢文庫に漢文体一本・和文体二本の計三本が蔵される。漢文体が証本と思しいが、残念ながら首巻から十巻までを欠くため全貌を知り得ず、和文体が目下の最善本ということになる。内容は、吉保の先代の記述に始まり、宝永六年（一七〇九）六月、同年一月の綱吉薨去を承け、継嗣吉里に家督を譲り、妻妾共々駒込の六義園に隠退するまでの記録。元禄十五年（一七〇二）四月の柳澤家の火災でそれ以前の記録類が消失。吉保はお抱えの学者であった荻生徂徠に命じて各所に残る記録類を収集させ、同年十二月までに復元させた。漢文体の第百十一巻の巻末に、「校手臣　渡辺惣左衛門幹　田中清太夫省吾　監対臣　荻生宗右衛門茂卿」とあり、徂徠の監修が確認できる。なお校訂にあたった渡辺惣左衛門幹、田中清太夫省吾も徂徠同様、柳澤家お抱えの学者であった。因みに楽只堂は吉保の号で、『楽只堂年録』元禄十五年十月六日の条に、「今朝改ム字ヲ子明号ヲ楽只堂ト」とある。以後は、吉里の「福寿堂年録」に書き継がれてゆく。なお、平成二十三年七月二十八日、宮川葉子の校訂により、『史料纂集』（古記録編）の一環として全九巻の予定で八木書店より発行が始まった。

四、京都大学国語国文資料叢書四十・昭和五十八年十一月・臨川書店。

五、横井金男氏『古今伝授の史的研究』（昭和五十五年二月・臨川書店）第九章「古今傳授と和歌諸秘傳」によれば、古今伝授はもともと歌学全般にわたる真説の相伝にあったのが、歌道相傳イコール古今傳授の方程式が出来上がってしまうと、古今傳授とは『古今集』の難語に関するだけの傳授と考えられるにいたる。それなら『古今集』と共に歌道修養における必読の書物だった『源氏物語』や『伊勢物語』においても、秘説を作り庭訓を生み出し傳授してもおかしくはないと、何時の時代か、誰かによって思いつかれ、説き始められ、傳授され始めたのが、歌道諸秘傳だという。

六、宮川葉子『三条西実隆と古典学〔改訂新版〕』（平成十一年四月・風間書房）の各所において、姉小路基継息である済継に触れた。実隆の弟のような存在で、済継も宗祇から古今伝を授けられている。

七、吉保は吉里の和歌の師匠として北村季吟を選んだ。季吟は家庭教師として吉里に和歌指導をしたのである。

八、注六同書、第二部第一章第十一節「詠源氏物語巻々和歌の系譜」において詳述した。

九、元禄七年（一六九四）一月、吉保は川越城を拝領、初めて城主となった。もっとも定府であったから、実際には一度も川越に下ってはいない。以後、宝永元年（一七〇四）十二月、甲斐国を拝領するまでの間、川越城主である。

一〇、元禄十四年（一七〇一）十一月、吉保邸に御成の綱吉は、柳澤家に松平姓を許し、吉保と吉里に諱の一字を与え、保明を吉保に、安貞を吉里とそれぞれ改めさせた。

一一、宝永元年十二月に甲斐国を拝領、宝永六年（一七〇九）六月、正式に隠退が認められるまで、甲斐守であった。

一二、宝永六年六月以降、正徳四年（一七一四）十一月二日、五十七歳の生涯を六義園に閉じるまでの期間。

一三、『日本大学蔵源氏物語』（平成六年〜八年〈全十三冊〉・八木書店）。

一四、平成二十二年十月、柳沢文庫は創設五十周年を迎えた。それを記念し『柳沢文庫収蔵品図録』が刊行されたが、表紙を飾る絵巻はまさにこの作品である。

一五、生没一六四三〜一七二四。加賀藩第五代藩主。松雲公と称す。学を好み、木下順庵を招いて図書の収集、保存、編纂に努め、尊経閣文庫の基礎を築き上げた。

一六、『豊島区史』を典拠に、駒込二丁目の日枝神社の案内版には、「六義園が柳沢吉保の屋敷だった頃、将軍綱吉の御成を待つ供の様子が、あたかも殿中の様であったことから」、あたり一体を「傳中」（殿中と同義）と呼ぶようになった由が記されているという（長井英太郎氏の平成二十三年三月二十八日付の手紙によるご教示）。また野口武彦氏「源氏物語駒込の巻」（「日本経済新聞」平成二十年三月二十三日の「江戸の風格」）に、「元禄十六年（一七〇三）九月二十一日、綱吉の御成があった時には「ここかしこめぐらひ御覧ず」と記録があるから、この道（私注・園内で最高峰の築山藤代峠《ふじしろとうげ》の登り坂）も吉保が手を取らんばかりに案内したに違いない」とある。しかし、『楽只堂年録』や『松陰日記』、『徳川実紀』にも、綱吉が六義園を訪れた記録は一行もない。『区史』も野口氏も、何を根拠に綱吉が六義園を訪れたとされるのであろうか。出所を明示していただきたいものである。

卑近な例を挙げてもこの通りで、こうした風評が一人歩きをしているのは実に嘆かわしいと言わざるを得ない。

一七、浅草観音堂の東北、隅田川の西岸で今戸付近。現在は聖天が祀られている。

一八、後西院皇子。寛文九年（一六六九）誕生。元禄三年（一六九〇）三月、江戸に下り輪王寺宮となり、天台座主も兼ねた。

一九、山梨県甲州市（元塩山市）の恵林《えりん》寺宝物館蔵。因みに恵林寺は武田家の菩提寺であるが、甲斐守になって以降、吉保と吉里は勝頼の代で没落した武田家を偲び、恵林寺で大大的な法要を営んだり、香奠や什器備品の奉納を続けて来た。吉保と定子も当寺の墓所に眠る。そうした関係で、恵林寺の信玄公宝物館には、吉保・吉里父子に関するものが多く残る。野澤公次郎氏『恵林寺の文化財と歴史』（平成二十年十月・財団法人信玄公宝物館）の「柳沢家大名調度品（一式）」（九十八頁以下）に二十三点に及ぶ調度品が紹介されている。

二〇、拼音。中国語の音を表音文字で表したもの。特に一九五八年公布の漢語拼音方案に基づき、普通話（現代中国の共通語）をローマ字で表したものを指す。

第一部　文芸の諸相

第一章　古今伝授

はじめに

朱の漆塗の箱の蓋表に、金泥で「古今集并歌書品々御伝受御書付」の文字と、柳澤家の家紋花菱紋が描かれた重厚な一箱。柳澤家の古今伝授の切紙類一式を収めた伝授箱である。法量は、縦四七・八、横二六・四、高さ一二・七。蓋の高さは三・五、身は一〇・六（単位センチ）。文庫箱より一回り大きい。

ところでかつて私は『三条西実隆と古典学』[注一]で古今伝授についても考察した。そこでは、一、古今伝授の発生、二、古今伝授における「切紙」と「裏説」について、三、東常縁の宗祇への古今伝授、四、宗祇の実隆への古今伝授、五、実隆相伝の「宗祇法師古今集聞書切紙」、六、実隆の玄清への古今伝授、七、実隆の後奈良院への古今伝授、八、実隆の最勝院東素経への古今伝授、九、常庵龍崇と饅頭屋林宗二の九節に分けて論じた。従って中世の古今伝授の詳細はそれらに譲り、本書では柳澤吉保が北村季吟から受けた古今伝について、切紙類から見えてくる江戸中期の地下伝授[注二]の実態を報告したい。

堂上風和歌の練達を目指す吉保・吉里父子は、吉保側室町子の実父正親町公通を仲介役に霊元院に接近、院をはじめ歌壇の中枢であった中院通茂や同通躬等に添削を願っては詠作の力量を磨く。[注三] 古今伝授はそうした父子が、是非とも制覇したい到達点であり、柳澤家の古典学を考察する場合、見逃すことのできない存在である。

（一）

吉保の古今伝授に関しては、『松陰日記』[注四] に次のようにある。

その頃、御所に侍ふ再昌院法印と聞えし、歌の道かしこく大和魂深く物して、今の世の有職なりける召して、古今集の深き事を受けさせ給ふ。年頃思し至れる道にて、いよ〳〵明らめ思す事多かるべし。その日は珍しき調度など数多給はす。

かしこしな和歌の浦人いにしへも今もまことの道を伝へて

など詠み給ひぬ。法印御返し、

伝はりし道をまことゝ思ひ言ふ人のことの葉げにぞうれしき（三七八頁）

町子は「その頃」とぼかすが、『楽只堂年録』によれば元禄十三年（一七〇〇）八月二十七日のことであった。右を論じた際、季吟が『楽只堂年録』に初めて記録されるのは、同年八月十五日、柳澤邸での名月詩歌会の折のこと。伝授の二十七日までの二週間弱で全課程を修了し得るかどうかの疑問が、野村貴次氏『北村季吟古注釈集成解説 季吟への道のり』[注五]、日下幸男氏（注二同書）で呈されていることを述べ（補注〈六〉）、私も「後考を俟つ」とした（三八六頁）。しかし、この度本書をまとめるにあたり、次の論を提出しておきたい。そのヒントになるのが横井金男氏『古今伝授の史的研究』[注六] 第二篇「古今伝授史」第七章の次の記述である。細川幽斎（藤孝）から中院通勝に伝授した折の切紙（「中院文書」）を列挙した後に続けて、

> この切紙の傳授は、切紙に認めたものを授與するのではなくして、認められた切紙の本文を古今集講説の如く講義するものであったやうである。そしてそれは極秘極大事のことであったから、勿論聞書することは出来ず、只單に拝聞するのである。そして是等の傳授が終了した後、師より切紙を借り受けて、自らその切紙の本文を書写してそれを自分のものとして保存し、次に自分が弟子に傳授する時、それを使用したもの、のやうである（三八七頁）。

とある。本来、『古今和歌集』全巻を講釈した上で、重要事項を切紙形式で別途授けるというのが切紙伝授であった。[注七]しかし次第に簡略化され「切紙」部分が独立。その講釈のみで『古今集』講釈にかえ、講釈が終わると師の切紙を書写、それを手元に残し古今伝授の完了と見なす方式が採用されるに至ったのである。

（二）

そうであるなら、元禄十三年八月十五日に初めて『楽只堂年録』に登場した季吟が、二十七日までに吉保に古今伝授をすることは可能である。切紙講釈だけでよいからである。集中すれば一日で充分ではなかったか。

その集中講釈の日付こそ八月二十七日であったのではなかろうか。この折の切紙は、講釈の丸一箇月後にあたる九月二十七日に授与されている。恐らくこの間、吉保は季吟の切紙を借りて書写に励み、季吟による認証を受け、授与

されるに至ったのであろう。換言するなら、吉保は季吟から『古今集』そのものの講釈は受けておらず、受けたのは切紙の講釈のみであったということなのである。かくして古今伝授書付は柳澤家のものとなった。

　ところが元禄十五年（一七〇二）四月六日、柳澤邸は火災に遭い、古今切紙は勿論、家宝の多くが灰燼に帰す。そこで切紙の再発行がなされた。同年七月十二日のことである（『楽只堂年録』第一〇二巻）。再発行であるから、切紙講釈も省略、吉保が季吟に借り受けた切紙を書写（あるいは祐筆が一部手伝ったなどということも想定される）、それに季吟の認証を得るという簡略なもので済んだと思しいが、再度後述する。現在柳沢文庫に残る伝授書付は、この折のものである。そして『楽只堂年録』と後述の「伝授血脈」とから、吉保は宝永三年（一七〇六）七月二日、吉里に伝授したのが知られる。そこに活躍したのが当該伝授書付であったのは申すまでもなかろう。

（三）

　以下［翻刻の部］においては、二十通に及ぶ伝授切紙類を翻刻した。現在、柳沢文庫に残される切紙類（以下「柳澤切紙」と略）は、整理番号、一―一から一―二十七までの通し番号を持ち、その内、一―十八〜二十四の七通は「欠」である。[注八]二十通とは「欠」の七通を除いた員数で、元来は二十七通の切紙が存していたのを語るが、その行方は知れない。

　注八にあげた文書番号をたどってわかるように、これらは順不同の整理番号に過ぎない。例えば「①一―一　三ケ大事三」（傍線宮川、以下同じ）が最初、「⑤一―五　三ケ大事二」が五番目、「⑥一―六　三ケ大事一」が六番目とあるのは、⑥⑤①と並べ替えるべきではないかとの疑問がわくようにである。

　ところで古今切紙のうちでも「当流切紙」[注九]二十四通は、十八通と六通の二包みにわかれる。十八通の配列と構成は、はじめに『古今集』中の和歌や語彙についての一般的な諸説解釈をし、ついでその歌詞のもつ神道的儒教的解釈ないしは意義をのべる整然とした二段構成になっている。六通は、『古今集』ないし詠歌の一般的な意義心得と、その神道的解釈が中心をなすという。[注一〇] 本書では、「当流切紙」の配列と構成に倣い、柳沢文庫の文書番号を並べ替えて考察する。その場合、漢数字で通し番号を付し、包みの中に複数ある切紙に関しては、一通ごとに①②の○囲み数字を付した。なお法量・紙数・員数・形状・紙質に関しては、［解説の部］で扱った。

（四）

［解説の部］においては、「第一節　古今切紙」として、本来の古今伝授の中核部分をなす『古今集』に関する切紙を考察する。八包みの切紙類が対象である。多くは一包みに一通の切紙を収めるが、四通収める包みもある。「第二節　歌書類伝授」では、『古今集』以外の歌書の伝授切紙を考察する。『伊勢物語』『源氏物語』『詠歌大概』『百人一首』『徒然草』の五つがそれである。

一方、九條公爵家所蔵の『玉牒秘譚』には、一条冬良選の「古今傳受切紙附録」があり、その目録に、

第一の巻　伊勢物語　都鳥　鹽尻
第二の巻　大和物語　竹乃都
第三の巻　源氏物語　揚名の介　宿直袋　三ケ夜の餅
第四の巻　徒然草　布のもかう　放免の付物　白うるり
第五の巻　東鑑　東国三介　調度掛　放免　露玉章

とあるという。[注一一] 双方を比べてみると、『玉牒秘譚』には、『詠歌大概』『百人一首』がなく、「柳澤切紙」には、『大和物語』『東鑑』がない。このように、古今伝授の副産物として誕生したと思しい歌書伝授には、色々なものがあったらしいのが忍ばれるのである。

「第三節　諸家傳授切紙」では、「姉小路」「家傳」と表題された切紙を扱う。

「第四節　師傳之血脉と目録覚書」では、柳澤吉里に至るまでの伝授血脈二通及び柳澤家への伝授資料相伝の折に関係するものと思しい存在を考察する。後者は切紙というよりは、薄葉を用いた小さな書きつけで、名実共に「覚」に相応しいが、その語るものは重い。

〔注〕

一、初版平成九年十二月、改訂新版平成十一年四月・風間書房。第二部第二章。

二、地下伝授に関しては、日下幸男氏『近世古今伝授史の研究　地下篇』（平成十年十月・新典社）があり、「一　堂上派地下歌壇」（二）貞徳とその歌門の項において、吉保・吉里父子の古今伝授に触れるが（三九～四三頁）、箇々の切紙類の詳細は論じていない。

三、宮川葉子『柳沢家の古典学（上）―『松陰日記』―』（平成十九年一月・新典社）の随所で述べた。

四、注三同書、元禄十一年秋より同十三年秋までの記事を収録する「九、わかのうら人」の巻末近くの記事である。

五、北村季吟古注釈集成別一　昭和五十八年・新典社。

六、昭和五十五年初版・平成元年五月第二刷・臨川書店。

七、注六横井氏同書には、細川幽斎が智仁親王になした古今集講釈の日数（「古今集幽斎講尺日数」）が収載され（三五八～三六一頁）、二十四日かけて物名までを講釈、二十五日目に序、二十六日目に大歌所御歌、二十七日目に家々証歌本奥書、二十八日目に真名序、そして二十九日目に切紙とあって、丁度一箇月の課程。なにはともあれ、まずは『古今集』そのものの講釈に重きが置かれていたのである。

八、平成二十二年八月二十四日、柳沢文庫へ調査に入った。その折、宮川が採寸をなし、川崎佐知子氏が文書調査票を記入する作業をなした。その文書番号と文書名が以下である。論の展開上、①②の数字を付し通し番号とした。

①一―一　三ケ大事三　②一―二　徒然草三ケ之大事　③一―三　伊勢物語七ケ之大事　④一―四　三鳥之口伝　⑤一―五　三ケ大事二　⑥一―六　三ケ大事一　⑦一―七　源氏物語三箇之大事　⑧一―八　口伝之一通　⑨一―九　三鳥大事　⑩一―十　詠歌大概之口訣　⑪一―十一　一首之大事　⑫一―十二　伊勢物語最極秘二ケ　⑬一―十三　姉小路　⑭源氏物語三箇之大事　⑮一―十五　師伝之血脈二通　⑯一―十六　口伝之一通　⑰一―十七　家伝　⑱～㉔欠　㉕一―二十五　百人一首之五哥　㉖一―二十六　百人一首之五哥　㉗一―二十七　目録・覚書

九、細川幽斎（一五三四～一六一〇）は古今伝授の後継者に、後陽成天皇（一五七一～一六一七。第一〇七代天皇。在位一五八六～一六一一）の弟八条宮智仁親王を選び、慶長五年（一六〇〇）三月から伝授を開始する。しかし関ヶ原の戦いに至る政治的混乱の中、同年七月で『古今集』講釈は半ばをもって終わり、智仁親王は幽斎所持の古今相伝資料の全てを託された。親王は講釈を受けていない部分を、託された資料を書写し、各所に伝わる伝受資料を求め整備・補足をなすことで全貌を極めた。それを寛永二年（一六二五）、後水尾天皇（一五九六～一六八〇。第一〇八代天皇。後陽成天皇の第三皇子。在位一六一一～二九）に相伝。禁裏に入った古今伝受は、後水尾天皇から後西《ごさい》天皇（一六三七～一六八五。第一一一代天皇。後水尾天皇の第七皇子。在位一六五四～六三）へ、後西天皇から霊元天皇（一六五四～一七三二。第一一二代天皇。後水尾天皇皇子。在位一六六三～八七）へと伝わる。天皇から天皇への伝授の意をもって、これを御所伝受と呼び、最も権威ある古今伝授の血脈である。その中核をなしたのが「当流切紙」で、二条家流古今伝を中核とするそれであった（『古今切紙集　宮内庁書陵部蔵』昭和五十八年十一月・臨川書店、橋本不美男氏「解説」三四〇～三四一頁を参照）。

一〇、注九同書「解説」三四二～三四三頁。

一一、横井金男氏、注六同書。「第三篇　参考資料篇」五二三頁。

翻刻の部

一、三ケ大事一

風躰口傳哥

八雲たつ

伊左爰に

壽明石浦

梅能波奈

此外三代宗近撰集之自哥又入撰集佛神之

御哥等也

宗祇口傳上四首乃等類

夕去ハ野辺の秋風　千載秋上

来ぬ人をまつほの　百人一首定家

左遠鹿の妻問　新古今秋下

永日のもりのしめ縄　新勅撰夏
見すとやいはん玉津嶋　続後撰春上
以上

二、三ケ大事二

古今土代ノ口傳二（傍線は端書であることを意味する。以下同じ。）
土代ノ口傳
龍田川紅葉〻流ル神ナヒノ三室ノ山ニ時雨フルラシ　秋下　人丸
序ニテ立田川紅葉〻ノ切帋ト申スハコノ事也
桜花咲ニケラシモ足引ノ山ノ峡ヨリミユル白雲　春上貫之〔哥奉レト仰ラレシ時ヨミテ奉ケル〕（〔　〕内、本来割注。読みやすさから私に〔　〕を付して一行書きにした。以下同じ）
切紙ノ面ハカリニテハ其理難レ聞一段大事ノ口傳也
龍田川紅葉乱テ流ルメリワタラハ錦中ヤ絶ナン　秋下　文武天皇御哥也
一　宗祇云花ツミト云事ハ昔ハ花摘石《シャク》塔ト云ヲ春ノ野ニ出テ子日ナトノヤウニ遊テ石ヲ拾ヒテ塔ヲタテ供養シケル也此事今ハアレトモ只可然寺ニテ行フ也
一所《イチノトコロノ》蔵人所ニハ今モシ侍也其日道師ノ教化ニハ行基菩薩ノ哥之
も丶しやくに八十石《ヤソシャク》そへてたまひてし乳房のくひに今そ我かする
又　今日せすハいつかハすへき夜も更ぬ我か世もふけぬいつか又せん

ト誦《シユスル》之云々

以下陽明殿御筆

一　祇者巻頭ヨリ第三ノ哥貫之娘ノ内侍カ哥也其比勅勘ニテ有シカ
トモ入ラレ侍ル事ハ貫之一段ノ名誉ノ事也

一　春霞イツレモ清テヨム也

一　川竹　禁中ニ限ヘカラス　呉竹ヲモ川竹と申候歟

一　承和ノ御へ　只濁テヨム也彼説ヲ秘スル心歟

一　美濃国関ノ藤川　川ニゴリテヨム

一　大哥人ノ事　件人ス、ムテ歌曲ヲ奏スル也　件ノ人地下ノ輩歟庭上ニ坐
ヲ構ユル也　別當ハ大中納言也　ウタフウタハ風俗歟

一　ヤマトウタノ声ノコト山アト哥ト云ヤウニ然ヘク候

一　真名序奥端ニ書コト　モトヨリ昔ハ端ニ書ツレ共　近代大畧奥ニ
書歟　殊不及奏覧間サヤウノコトニテ不用歟

一　撰喜貫之書誤歟

一　古今一行《クタリ》二行ノ事アナカチ無定義カヤウノコトハ只可任其身所如何
彼集奥書尤金言ニヤ

三、三ケ大事三

をかたまの木

をかたまの木の事　家〻の義まち〳〵也　或いはく
帝御即位の時　三笠山の松の枝を取て　長三寸
まはり五寸にけつりて　おほん守を上に書て〔以朱書也〕
かけさせまいらする　御即位過て　かの御守を種〻の
御たからにそへて帝の生気の方の土にうつむ也
此木を御賀の玉の木といふと云々
当家にハ然らす　をかたまの木と申ハ　片野の
御狩に鳥を付てたてまつる鳥柴といふ木也
これ口傳也　更記す事をゆるすへからす

四、三鳥大事

三鳥之大事

一　喚子鳥の事　一説猿　一説はこ鳥　此鳥はやこ〳〵
といふやうに啼ゆへに云といへり　又人をも云といへり
春の山野に出て　若菜　わらひ　風情とりあつ

めて　帰るさに友を呼ゆへに　かく云といへり
又つゝ鳥と云あり　是を家の口傳とす
一　いなおほせ鳥の事　家〻種〻の説あれと
口傳　庭たゝきを云也
一　百ちとりの事　鶯といふ歟　家の口傳　鶯一にハ
かきらす　種〻の鳥春ハおなし心にさへ
つるを　百千鳥といふ也

五、一首之大事

ほの〳〵との哥の事

此哥に様〻の義　家〻に口傳する所也　しかれとも　貫之旅の
部にいれたり　更に此外に不及沙汰御事也　しゐてと　義を立
四十代天武天皇第一の皇子に　高市皇子十九歳にして　世を早し
給ふをよめる哥となん　ほの〳〵といふに　四乃義あり　明若《ホノホノ》
壽夙《ホノホノ》なり　萬葉につかふ所なり　明といふハ夜なと明るを云
左傳に　明旦と書て　ほの〳〵とよめり　若をほの〳〵といふハ
春の草木の萌《モエ》出る體《テイ》也　典義《マヽ》抄ニ云　深草未出春色若タリ
といへり　壽夙ハ常につかふ字也　文選曰　壽傳三公政得之道

といへり　文集云夙聞《ホノカニキク》といへり　此四のうちにハ　今の哥壽の義也　皇子の崩《ホウツル》にあつる也　浦とハ此界をへたて行によそへたり　霧又物をへたつるならひ也　一説　霧を病にあつるよし申す　嶋かくれゆくとハ　去行也　又生老病死の四魔にあつるよし申す　此四にかくされ給ふ　舟をしそおもふとハ　舩を王にたとへたり　王子ハ帝にたかふへからす　しかれハ舩といふ也　貞観政要ニ曰君ハ如クレ舩ノ臣ハ如レ水ノといへり　種〻之義ともあれとも　不及筆端者也

六、口傳之一通（四通）

①口傳之一通

【表】

稽古方

情新　詞舊

心直　言艶

弘長元年二月九日授素暹畢

融覚判

【裏】

弘長元年ハ　八十九カ代亀山院代也　融覚ハ為家ノ法名也　正二位大納言也　二代

撰者也　続後撰ハ　八十八代後深草院代ニ撰ス　続古今ハ八十九代亀山院代ニ
八十七代後嵯峨院ニ宣ニテ　入道シテ融覚ノ時撰者三人ノ長也

素暹
行氏
時常
氏村
常顕
師氏
素明
氏数
常縁
宗祇

②三ノ口傳之三

加和名種
此草　家ニ説不同　ヲモタカヲ云也
口傳　加和骨 黄色花開　葉はせをに似てちひさし
此事不得記事 云々

③三鳥一流

三鳥之大事

ヨフコ鳥ノ事　一説サル　一説ハコ鳥　コノ鳥ハハヤコ〳〵ト
云ヤウニ啼ユヘニ云トイヘリ　又人ヲモ云トイヘリ　春ノ山野
ニ出テ　若菜蕨風情トリ集テカヘルサニ　友ヲ呼故ニ
カク云ト云リ　又ツヽ鳥ト云アリ　是ヲ家ノ口傳トス

イナオホセ鳥ノ事　家〻ニ種〻ノ説アレトモ　口傳庭タヽキヲ云也

百千鳥ノ事　鶯ト云歟　家ノ口傳鶯一ニカキラス　種〻ノ
鳥春ハオナシ心ニ囀ルヲ　百千鳥ト云也

④三鳥

三鳥

婬名負鳥　口傳ノ処ハ庭タヽキ
具《奥カ》之旨猶口傳ニアリ

喚子鳥　口傳ツヽ鳥　鳴声人ヲ呼ニ似タリ云々

百千鳥　口傳万ノ鳥ノ春ニナレハ囀ルニヨリテ
百千ノ鳥ト云也　鶯ヲ始テイツレノ鳥也トモモレ
侍ルヘカラス云々

七、口傳之一通

吉野乃山の桜事

此集に　さる哥見えす　撰者をしていふへからす
その上　対して書　龍田河乃哥ハあり　旁以不
審あるへき事也　當流の口傳は
文武天皇芳野山に御遊覧の時　御伴に有て　人丸
白雲の色の千種に見えつるハこのもかのもの
桜なりけりと云々　又説
ちるハ雪ちらぬハ雲とみゆるかな吉野の山の花の
よそ目ハと云々　相構云々　可秘蔵也

八、三鳥之口傳

一　よふこ鳥
をちこちのたつきもしらぬ山中におほつかなくもよふ子鳥哉
文字喚子鳥と書り　此哥ハ元初の一念をよめる也
其一念といふハ　忽然而《コツネントシテ》起《ヲコル》　名《ヲナツケテ》為《スル》ニ無明一ト乃義なり
無明とハ煩悩乃事也　はからさるに起る一念也

よふ子鳥とハ　此一念に呼出さるゝ所をよふこ鳥と
いへる也　山中とハ　深く高き義也　はかられぬ境をたつ
きもしらぬ山中とハいへり　たつきとハ　たより也　おほ
つかなきとハ　はからさる一念を呼出す所ハ　更に思慮
せられぬ境也　たつきもしらぬとハ　遠近の便もなき心也
是元初乃一念の端的也　猶口傳あり

一　いなおふせ鳥
我門にいなおふせ鳥の鳴なへに今朝ふく風に雁ハきにけり
文字婬名負鳥と書り　よふ子鳥ハ一念起る始をいへり
其後、婬をわたして十月をへて生れ出る所を門といへり
啼なへにとハ　端的乃心也　今朝ハ即時也　雁ハ来に
けりとハ　世界の色声の目にみえ　耳に聞所を云り

一　もゝ千鳥
百千鳥さへつる春ハ物毎にあらたなれとも我そふりゆく
此もゝちとりも色声のたとへなり　物毎にあらたまるとは
春来てハ一切改て本のことくになる物也　是境界の常
住の心也　我そふりゆくとハ　世界ハ不変なれとも我身
一ハ　ふりはてゝ二度かへらぬ心也　消てハいつちゆくそなれハ

元初の自性にかへる心也　此三首　まことに面白哉

　右三首おもての註

遠近のたつきもしらぬ山中に

意ハ　深山幽谷に入て　遠近の便も分ぬ折節　霞の中

より此鳥のそこはかとなく啼わたるか　おほつかなき

よし也　大かたの鳥のこゑもさこそ侍らめと　殊によふと

いふに　猶おほつかなき心あるへし　春ふかき比　旅人の

山路の心也

我か門にいなおふせ鳥のなくなへに

意ハ時の景気秋風涼しく成ゆく比　庭たゝの

馴来て　おとろえゆく烁草の中におり居て　色も声も

めつらしき比　初雁かねの空に聞ゆる當時ある事

なれハ　人の門庭なとに馴こぬ鳥を出さて　目の前に見

ゆる事につくへしと思給ふ也　此註ハ定家卿　此鳥を人〻の

色〻にいふを心得すとおほしてつけ給へる註也

もゝち鳥さへつる春ハ物ことに

意ハ　春ハ物毎にといふ中に　万の事こもるなるへし

改るハ常住の心也　何事も年かはれハあらたまりて　元の

やうになれと　我身の老ハ若く二度ならぬを歎く義也

一　神道之要文に

神道波混沌乃境於出天混沌乃初於知

この心をよめる哥に

我か道ハなしつなさるゝ境よりなしもなされぬ始をそしる

此心　誠に人この本元也　神道の奥義也

珠玉庵宗祇　花押

九、伊勢物語七ケ之大事

おもひあらは葎の宿にねもしなんひしき物にハ袖をしつゝも

此哥　思ひあらハと五文字にて句を切て　嘆息して此間に
玉しける家も何せん此くるしき思ひたになくハといふ心を
思ひつゝけて　むくらの宿にねもしなんひしき物にハ袖を
しつゝもとつゝけたる心也　袖をひしき物（私注・一人敷き物の意か）にするとハ独臥の心也

あくた川

古註の説に色〻義あれとも只あくた川にてをくへし
又都にての事なれハ堀川なとなるへし堀川の異名を芥川と云也

みやことり　しきのおほきさ
　都鳥ハ鴎といふ鳥也云々　鴫より大きなる鳥を　鴫のおほきさと物語にいへる故に　さま〳〵の儀を云ハよろしからす　ひろき川べにて見れハ　おほきなる鳥もちいさく見えたる當意をしきのおほきさと云也（「べ」の濁点朱）
わが人をやるへきにしあらねハ（「が」の濁点朱）
　斎宮の御方より　おハしたる事なれハ　此方より後朝の文をも参らすへきにあらすと也　前に女も　はたいとあハしとも思へらすといふも　斎宮御同心なりしと知へし　幼き時より斎宮にて夫婦の語らひをも知給ハねハ　逢ましき事とも思給はさると云義　ならすとハ此詞證拠なるへし　但猶口傳かたい翁のことし
かたいおきな
　乞児翁の儀　正義なれと　優美ならねハかたくなゝる翁といふ義を先達注せられしを用ゆへし〔順和名ニ乞児ヲカタイトよめり　大和物語土佐日記ニモ此詞あれと哥書ハ優美に可語云々〕
世中に絶て桜のなかりせハ春の心はのとけからまし（「で」の濁点朱）
　六條宮具平真名伊勢物語不《デ》レ絶《タエ》とあり　これによりて絶でとにこりて読へし云々　然とも哥の義　絶てとすミて心分明也　可用之と云々

むかしのうたに
　新古今に業平の哥に入たり　然とも只昔の哥と心得へしと
　宗祇　牡丹花の説也　肖聞抄にあり　おとなしき義なるに
　付て　此義を用ゆと師説也

一〇、伊勢物語最極秘二ケ

【表】

子ひとつよりうしみつまて
　子の一刻より丑の三刻まてハ　日神此世界
　にましまさぬ故　斎宮密通の御事に　とかめ
　なかりしと也　其子細図のことし

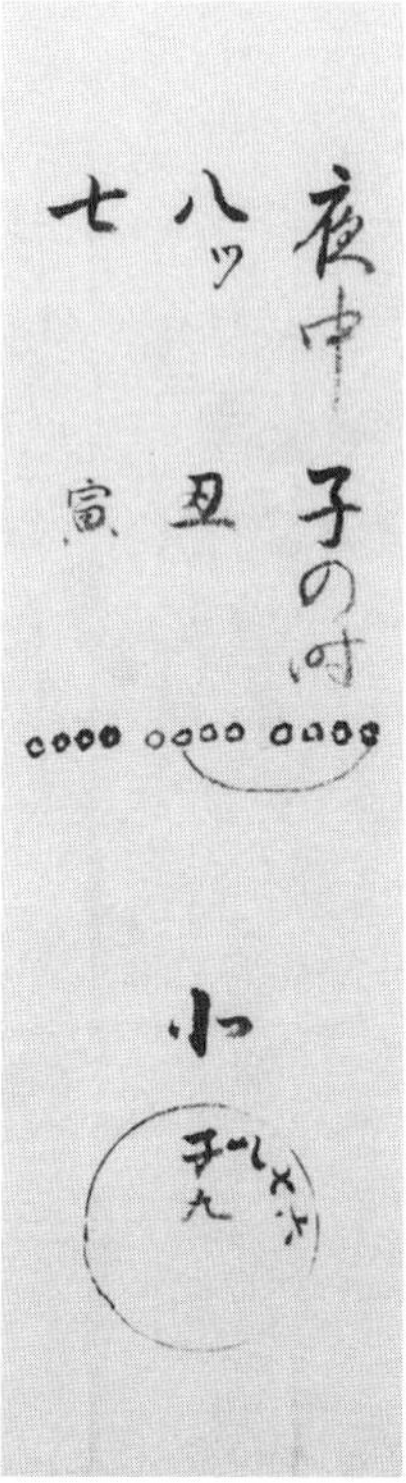

日ハ陽のたましゐ昼也
月は陰のたましゐ夜也

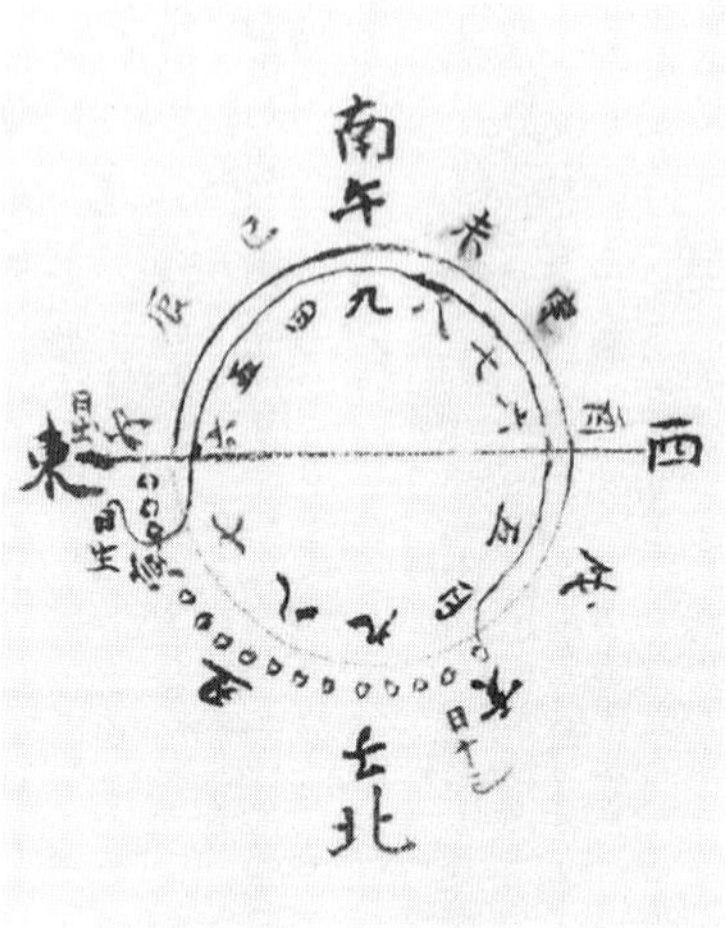

おほんかみけきやう
和歌三十一文字のすかた　すなはち神の現形也
我心すなハち神也　其心に思ふ事をいひ出す
は　神の形をあらハす也　深秘也
右以相傳之師説奉授川越少将殿畢
　元禄十五年七月吉祥日　再昌院法印　花押

【裏】（／は改行部分を示す。以下同じ）

丸のそとの亥○○○○此四ッハ　一尅二尅三尅四尅のしるし也　漏尅《ロウコク》ノ法　昼夜十二尅ヲ（「漏尅」の右脇に「今ノ土圭ト同時ヲハ申ル物也」とある）モトハ百尅トス　中比ヨリ／昼夜十二時ヲ　四十八尅トス　廬山ノ恵遠《アラン》法師が蓮華漏《レンゲロウ》モ四十八尅也　一時ヲ四ッニワリテ　子一ッ二ッ三ッ四ッと云也／寅ノ一《ヨルノ七ツノハシメ也》天ニ日神北東ノカタニ生レテ　卯ノ一天ニ東方ニ出テ　酉ノ時西ニ入テ猶《ナヲ》餘光西北ニアリ　亥ノ一尅ヨリ／日神マノ世界ニマシマサスト也

おほんかみげぎやうトハ住吉ノ明神　カタチヲアラハシ玉フト也　實ニハ我ヨミ出す哥　スナハチ神ノ現形也／住吉ノ明神ハ子細アリテ和哥ヲマモラセ給御神と也

　此切帋ハマコトニ和歌神道ノ極秘　古今傳授ともイマタアラハサヌ義アレハ最極秘トハ云也　不レ可レ軽《カロクス》云々

一一、源氏物語三箇之大事

【表】

揚名介

　名はかりの心也　介にかきらす諸官にいふへきなり　其官に任して其事をなさぬ心なり

三か一の餅

　銀器四杯にもる故に　四の字をいみて三か一といへり　合て四はいの心なり

宿物袋

　とのヰする人の夜の宿衣を入たる袋也

三ケ条につきて謬説ともあり　當流にとり
用す　又證據もなき事也
　一条禅閤御筆也　宗祇相傳申本也　予又
　相傳之御与之者也
　　文明丁酉第九十月十四日　　　肖柏
【裏】
此切紙ハ牡丹花老人ノ傳也　肖柏トハスナハチ牡丹花ノ名也　牡丹花モ宗祇ヨリノ傳授也　サレハ三光院ノ流儀ト／
同意也　其故ニ詞こそすこしかはれ　義ハカハルコトナシ　三光院（俗名實澄）　称名院（公條子）　称名院ハ（逍遙院俗名實隆子）也／此
逍遙院モ宗祇ヨリ傳授也　されハ其相傳之ヲモムキ家傳と同意也

一二、源氏物語三箇之大事

【表】
　やうめいのすけ
　　揚名ハたゝ名はかりといふ儀也
　　職掌もなく徳分もなきをいへり
ねのこハいくつかまいらすへからん
三か一にてもあらんかし
　此餅ハ　銀器四坏にむかしハもれり

三か一とハ　四といはんため也
とのひもの、ふくろをさ〳〵見えす
宿直する人の衣装いる、つゝミ也
二条院の殿上に宿直する人漸まれ也
といふ也

右源氏物語三ケ秘決以相傳之正説奉授禅定殿下訖
被守此道之法旨努〻不可有漏脱者也
天正二年四月廿日　　権大納言實澄

【裏】

揚名ハ名ハカリヲアケヲク心也　タトヘハ伊予ノ介ニ任シテハ伊予ノ国ヲ治ル也　是ヲハ職掌《シキシヤウ》《ツカサトル》ト云也　徳分トハ伊予介ニ任シテ／其知行ヲトルヲ徳分ト云也　シカルニ揚名介トハ云ハ　伊予ノ国ヲ治ルツカサトリモナク　知行モトラヌ故ニ　只名ハカリト云義／也と云々　今ノ世ニ受領シテモ職掌モナク徳分モナク有名無實ニテアル官人　皆揚名也　其故ニ関白ニテ其職掌ナキ心ニテ　揚名関白／ト清慎公ノノ玉ヘルコト　源語秘訣ニモアリ／三ケ一　是中古延喜ノ比マテ　四ノ字ヲイムコトナキユヘニ　吏部王記ニモ式部卿重明王ノ記録也　徴《マヽ》子女王ノ入内ノ記ニ　三日ノ夜ノ餅ヲ銀器四坏ニモルコトアリ／後代ニハ四坏ヲ忌テ　待賢門院入内ノ記ニ　三日ノ夜ノモチヲ三坏ニセシコトヲ　河海抄ニ引テ　三坏一《サンハイイチ》具《グ》ニセシ心ニテ　三か一の義註セリ／花鳥餘情ニ其義ヲウチテ不用シテ　吏部王記ノ銀器四坏ノコトヲ引テ　源氏君四坏ト云コトヲ三が一ツトノ玉ヘリト註シ玉ヘリ／尤其義正シキ故　宗祇　逍遙院ヲ始　称名院　三光院も是ハ花鳥ノ義ニシタカヒテ　切帋ニモ如此シ玉ヘリ　吏部王記ハ　源語秘訣／引用テアリ　但此三カ一ツト云詞ニ付テ　源語

秘訣ニハ左傳ヲ引玉フ　家傳ニハ左傳ノ義ヲ用ヒス　只三カ一ツハ　四ツト云／義ハカリヲ用ル也　其ユヘニ切紙ニモ左傳沙汰ナサス也　是家傳ノ秘密也　左傳ノ義此所ニ用ニタヽス入ホカナリト師説也／奥書ニ禅定殿下トハ東光院殿玖山公九條ノ植道(植通カ)公貞徳ニ源氏物語御傳受アリシ御方也権大納言實澄《サネスミ》トハ三光院殿也／天正ハ人王百七代正親町院ノ年号也

一三、詠歌大概之口訣

人麿　貫之　忠峯　伊勢　小町等之類

　この類の字　赤人　躬恒　友則をさして云也　其故は人まろ　あかひと　貫之みつね　忠みね　とものりと連續していふによりて也　こゝにハたゞ人まろつらゆき　たゞみねをいひて　赤人躬恒　友則を類の字にて兼用と云々　他説要不用之

右詠歌大概之口訣宗祇已来世〻受授也正義也不可有口外者也

　元禄十五年七月十六日　再昌院法印　花押

河越少将殿

一四、百人一首之五哥　（私注・破線は本来半折を表示。従って表裏としたのは広げれば上下の関係になる。以下同じ）

【表】

　二條家百人一首
　五歌之大事
人麿之哥
　待君一夜
喜撰之哥
　扁（篇カ）序題曲流
仲麿之哥
　所詮
忠峯
　曲木驚弓
定家
　古事

【裏】

　他流百人一首
　五哥大事
家持之哥
　玉階
忠峯之哥
　宵ならは
経信之哥
　徳風
法性寺殿之哥
　摂政之職
鎌倉右大臣之哥
　大臣之職

一五、百人一首之五哥

【表】

待レ君《マツニヤキミヲ》一夜　是ハ此哥の大意《タイイ》也

なか〳〵し夜を獨かもねんとは
君を待にも君来らねハかく長〻
しき夜を我一人かもねんと也

篇序題曲流　是和歌の五體也

此五体ハ此哥に限らす何の哥にも
備はれる也　卅一字　五七五七〻の句の
姿也　篇ニハたとへハ　書物の外題也〔初の五文字是也〕
序とハ其書物之序也　一部の故を
あらハせるもの也七文字哥の其心也題ハ題
目目録也腰の五文字也曲とハつふさに其
事を云也　流とハ其一部の心をいひおは
れる也　然るに此哥　世をうち山と人ハいへとも
あるへきをいふ也ととめし故に首尾とゝ
こほれるやう也　然とも哥の心ハいふ也にても

【裏】

玉階　此哥家持卿禁中の深夜の
玉階の霜をみて上天のかさゝきの
橋よと思ひなしてよめる哥そとの心也
是他流の義也當流とハ哥義も
かはれる也

宵ならハ　猶宵のまにもあらハ今少
詞をもつくしていひもなひけん物を
はや夜明ていひもなひけすうきな
から帰る別ゆへ有明も難而みえし
との心うさの義なりといはんとて
かく書そへられし也

徳風　君子の徳ハ風也小人の徳ハ
草也君子に風をくはへれハのへふす
といふ心にかよふ哥そといはんとて
徳風とかけり是も他流の説也

よく聞ゆ　いふ也といひ流す故に流の字心にも
叶たり　其義をしらせんとて篇序題曲流云々
所詮仲麿哥ハ唐土より遙に海山を隔たる
日本なから　月ハいつくにてミても故郷の三笠
山にて見し月よといふ義の哥なれハ　地
こそかはりたれ　山をへたてぬ海上の月ハ
三笠に出しを見馴たる月也　所詮道理は
かくのことくとの心にて　所詮と書そへたり
曲－木驚レ弓《マカレルキオトロクユミト》　彼有明のつれなく見えし
別より　此かた其時ならぬ暁も暁ほとうき
物なしと覚る心の哥なれハ　曲レル木ハ弓
ならねと弓に驚てより　曲木も弓と驚く云々
古事　此哥彼万葉の長うたの詞にて面白
く此待恋の心をよミなハ　古事古哥とり
てよむ哥の本にすへきの心にて　如此書
添られし也　且又此哥の行心の所の作ハ
此古事古哥の取やうなれは也
此五哥之秘説かる〱しく口外せぬ

当流の哥義ニハ少こと也
摂政職　此哥の姿実ニ法性寺殿
執政の御身にてよミ給ふ故哥の
さまもたけ高く上手めきたりとの
心也哥風体是にて心得へしと也
大臣職　是も哥さま鎌倉右大臣の
其身に通したる姿なるよし也
然とも摂政職の忠通公の哥には
たけの高さ少をとれりうたの心はへ
のために書そへられしなるへし

再昌院法印

川越少将殿に授奉る

故に　其大意を如此なそのやうにて書と也

一六、徒然草三ヶ之大事

ぬの丶もかう

もかうハみすのへりをいへり　木瓜を紋にする故也　又簾眉といふ帽額の字是也　清少納言か枕草紙等に　もやのみすのもかうといへり　よのつねにハ　絹にてもちゆるに倚芦の御所にハ　布にてし侍るとかや　或説にハ　喪中のかふり物と云々不用也（該当の頭書あり。別記①）

しろうるり

草子にも盛親僧都我もしらす若あらハといへは　其体ある事にハあらす彼ほうしのかほをしろ瓜なと思ひよそへていはんとせしに　ふとしろうるりといひたかへたるとハ何物そと問ハれて僧都屈せす我もしらす　もしあらましかは此僧のかほに似てんといひし詞　此僧都弁舌人

にすくれたる由をいひたる　次の詞にかけて面白しとそ
まつりの日の放免
江帥（該当の頭書あり。別記②）の江談一にも　賀茂祭の日　綾羅錦綉の服を着用して　検非違使の共人なる事　非人の故に　禁忌をはゝからさるよしいへり　よのつねの禁色ハ宣旨ありて聴事なるに　是ハ非人故一向とかめなきを　はなちゆるす心にて放免と云也
古き絵にも賀茂祭に　放免風流をなして渡る體を書たるか　今も所〻に傳り　これになそらへて他所の神事にも検非違使放免をめしくする也　野槌にひく東鑑にも　判官（該当の頭書あり。別記③）の召具せし由なり　當時賀茂祭断続のゆへしる人なし
七八十年（該当の頭書あり。別記④）已前まて桜町といふ所にありし也

元禄十五年七月吉祥日　　再昌院法印　花押

川越少将殿

【頭書】
①もやとハ母屋とも／本屋とも云也／おも屋の事也
②江帥《ソツ》とハ大江匡房卿也

筑紫太宰府の帥《ソツ》と
いふ官に任せしゆへ也
江談とハ　此匡房卿の
書給へる物語也　六巻有
検非違使ハ京中の
非法のものをたゝす
奉行也
禁色とハ　紫紅等の
結構なる着物を云也
宣旨とハ如此結構なる
装束を着たる事を
ゆるさるゝ宣旨也
③判官とハ検非違
使尉に任せし人也
④七八十年とハ愚老
に此三ケ大事を傳へ
ゆるさるゝ時より云也

一七、姉小路（五通）

①風躰口傳ノ哥ノ相傳

八雲たつ出雲

是ハヤスラカニ軽キ哥也誠ニ神代ノ大道ノ心也

いさ爰ニ我世ハ経なん貫原や伏見の里の兼まくもおし〔雑下　読人不知〕

是亦風躰スクレ侍リ日神御哥也可秘云々

ほの〳〵と明石の浦の朝霧に

是ハ少シ重シ大方大道スタレテハ物ノ理モ深カラントシ言ノ端ヲ
調ナトスル習也サレト此哥ハ志ノ深キ思ヨクヨメル哥ナレハ大道クタリテ
スタリ《レ》《ミ》タル世ノ義ニハアラス是尤秘蔵ノ義トソ

梅花それともみえす久方のあまきる雪のなへてふれゝハ　冬題不知読人不知

是ハホノ〳〵ヨリハ軽ク八重垣ヨリハ少シ重《ヲモ》キ也

以下宗祇説

小男鹿ノ妻トフ山ノ岡辺ナル早田ハカラシ霜ハヲクトモ　秋下新古今人丸

梅花ト同程ノ軽サ也　イツレモ景気ニ感シタル哥也　惣テ景気ノ哥ハ軽むヘシ
待花見花ヤウノ題ハ軽ク　落花ハ面白キサマヲ思入ヘシトソ　問恋逢恋
ハ軽ク　別恋ハ重カルヘシ　四時モ亦如此三躰ノサマニテ意得ヘシ

夕されハ野辺の秋風身にしミて鶉なく也深草の里　千載秋上

　コレハ俊成卿自讃ノ哥也トソ　風躰ニモ心詞ニモ叶ヘリ　此哥ヲ

三品末期ニコシヘノ禅尼シテ　定家卿ニノ玉ヒケル義有之トソ　此道ニ傳受

　ノ哥ト云コトアリ　其義也

こぬ人をまつほの浦の夕なきにやくや藻塩の身もこかれつゝ　百人一首定家

　是ハ古風ノ姿也　シカモ詞ナト調リタル哥也　定家卿又是ヲ子孫ノタメニ載侍リ

右書云十一月女御入内屏風ニ郭公ヲヨミケル

永日の森の注連縄くりかへしあかすかたらふ郭公かな　新勅撰夏　右衛門督局

　是ハ夕サレハこぬ人ヲナトヨリハ軽シ　夏ノ哥ナレハ也　五文字五句にわたる也

右書ニ建長二年詩哥ヲ合ラレ侍シ時　江上春望

人とハゝみすとやいはん玉津嶋かすむ入江の春の曙　続後撰春上　参議為家

　是作者ハミツトヤトヨメリ直サレケル由侍リ　風躰ノ方ハ猶みストヤマサル也

四首ノ内ニハ軽シ

②号題之口傳

古　文武天皇　人丸　　今　醍醐天皇　貫之

古　自宇多天皇以前　　今　當代

古　天地未分　　今　自国常立以来

③流儀不同

【表】

流儀不同
冨士山ノ煙ノ事
巻頭ノ哥ノ事　古
おまし〳〵　オハシマシ
恋五小町
色見えて　澄
雲林院　ウリンヰン
御国忌　ミコキ
我身世ニフルナカメ　霖雨《ナガメ》ナリ
十九俳諧読人不知
といふうれはしきこと　澄
十巻物名
をか玉の木　神木ニアリ
冬のかものまつりの哥　今

【裏】

色みえてウツロフモノハ世中ノ人ノ心ノ花ニソ有ケル
花の色ハウツリニケリナイタツラニ我身世ニフルナカメセシマニ
足引ノ山田ノ僧都ヲノレサヘ我ヲホシト云ウレハシキ事

④土代　古今土代ノ口傳一

【表】
土代
奉授
今上皇帝　和歌
神南日能　依綸言上櫻花歌
延喜三年十一月二十二日　紀貫之上

【裏】
古今ハ延喜五年四月ヨリ勅シテ十七ヶ年メニ奏
世話ニ土臺ト云　今代ノ字ハ万葉ノ格也　参議ヲ三木トカキ　几帳ヲ
木丁ト記録ナトニ書類也　又代ハ地ノ心アリ　十ケ所ノ田ヲ十代田《ソシロタ》
ト云　又苗ヲマク地ヲ苗代ト云　土代トハ地盤ノ心下地ノ心也

⑤御賀玉木　（端裏）三ノ口傳之一

御賀玉木
此木ノ事　當時サル木アリトモ不聞　狭衣ト云物語ニ
文字ヲ残テイヘル木ノアルニヤ　是ニ思ヨソヘ侍ヘシ

口傳神社ニ用木也　莫顕筆端云々

一八、家傳（六通）

①妻戸挿花（端裏）三ノ口傳之二

當時此名更不聞　若易ニ用ルメド、云草歟ト
イヒ傳タリ
口傳　妻戸ノ事也　插《ケヅリ》花トハ此戸ニ種ニ花ヲ結
ケツリテサシ又カクル也　如此ノ時節アルヘシ　此説軽《カルキ》ニ
似タリ　殊以不可解説而已

②短哥ノ事（端裏）短哥又

【表】

短哥ノ事

万葉ヲウツシテシカモ不似其體　是物コトニ本意ノ躰也
彼集ハ専長哥ヲ始終共ニ用ユ　然シテ卅一字ノ哥　枝葉ノ如シ
依之今ノ古今集ハ　短哥ヲ始終ノ躰トス　長哥枝葉ノ如シ　就之
於古今者　長哥ヲ万葉ノ短哥ニナツラヘテ短哥ト号題ス
是深甚口傳載筆端未見及者也

文明九年四月五日　　常縁　花押
種玉庵

【裏】

右義未詳第二ノ長哥ヨリ右書ニ長哥トアレハ也猶口傳アリ

③短哥　（端裏）短哥又

【表】

短哥

顕輔　清輔　俊頼ナトノ義ニハ　喩ヘハ　イカホトモ
云ツ、ケテ　其心サシヲ遠ク　ノヘ侍ルヲ長哥ト云也　短哥
トハ　カク長ウ侍レトモ　其内ニ云キリ〳〵詞ウツリテ
三句トモ五句トモトヲシテ跡ヲヒカス　詞ノツ、キ
云キリ〳〵スレハ　短キユヘニ短哥ト云トイハレ侍ルトカヤ
當流覚束ナキヲ其マ、置侍ルヲ心トスル

【裏】

宗祇云初ノ五行ハ理ノツケヤウナキ程ニセメテノ事ニカク云ルニヤ　後ノ一行ハ
子細アルヤウニイヘハ人モ猶不審ノ残ル程ニ　只何トアルヤランノヤウニ云ヘキノ義也

猶口傳アリ　長哥云　言ハ貫之初テ云出セリ　万葉ニナキ名目也

④かはな草の事

かはな草の事

是ハあまたの説あり　或菱といふ草　あるひハ川みとり　或川蓼　或おもたかと云々

河骨と申草なり　口傳也　記する事をゆるすへからす

⑤ホノ〳〵ノ哥ノ事

ホノ〳〵ノ哥ノ事

此哥ニサマ〳〵ノ義　家〻ニ口傳スル所也　然レトモ貫之旅ノ部ニ入タリ　更ニコノ外ハ不及沙汰事也

シキテ今義ヲタツ　天武天皇第一皇子高市《タカイチ》皇子十九歳ニシテ世ヲ早シ給ヲヨメル哥トナン

ホノ〳〵ト云ニ四義アリ　明若寿夙ナリ　万葉ニツカフ所也　明《ホノ》ト云ハ夜ナトノアクルヲ云　左傳ニ明旦ト書テホノ〳〵トヨメリ　若ヲホノ〳〵ト云ハ　春ノ草木ノ萌出ル躰也　典(奥カ)義抄云　深草未《タ》レ出春色　若《ホノ〳〵》タリ

ト云リ　寿夙ハ常ニ文道ニツカフ字也　文選云　壽《ホノカニ》傳三公政得之道
トイヘリ　文集云夙《ホノカニ》聞ト云リ　此四義ノ内ニハ今ノ壽ノ義也　皇子ノ崩ニ
アツル也　浦トハ此世界ヲ隔行ニヨソヘタリ　霧又物ヲ隔ル習也　一説
霧ヲ病ニアツルヨシ申ス　嶌カクレ行トハ去行也　又生老病死ノ四
魔ニモアツル由申ス　此四ニカクサレ給フ舟ヲシソ思トハ　舟ヲ王ニタトヘ
タリ　王子ハ帝ニタカフヘカラス　シカレハ舟ト云也　貞観政要云　君如レ舩ノ
臣如レ水ト云リ　種〻ノ義共アレトモ不及筆端者也

⑥めとのけつり花事
　めとのけつり花の事
めとハ妻戸の事なり　種〻の花をけつりて
つま戸にかさしさす也　口傳なり
又いはく　蓍と云草なり
又云右近の馬場のひおりの日　ま弓の手織
のかさしにさす花ともいへり

一九、師傳之血脉二通（二通）

①定家~侍従吉里朝臣

∴定家――為家――為世――頓阿――經賢（法印頓阿息）

尭尋――尭孝（号和哥所法印）――常縁（法名素傳）

常和――正吉――賢哲――休波

宗祇――尚通

西三條實隆――稱名院（公條）――三光院（實澄）

宗長

牡丹花――真存（永正三年冬相傳）――道徹（天文三年三月十八日）――以貫（永禄九年閏八月十一日）

宗牧（孤竹斎）――乗阿（七條道場　号一華堂　且亦従冷泉為和相傳）

宗佐（天正十年十二月朔日）――如見（慶長十九年九月十九日）

切臨（元和四年七月相傳　一華堂）

玄旨（二位法印　細川幽斎）――貞徳（松永永種息　弾正孫　号逍遊軒亦号長頭丸）

従高（承應元年霜月十五日傳受　権大僧都法印　本願寺東泰院光従息）

季吟（万治二年八月十七日傳授）

源少将保明朝臣――侍従吉里朝臣（寶永三年七月二日相傳）

元禄十三庚辰九月廿七日奉授之　再昌院法印　花押

②女説口傳　金吾～侍従吉里朝臣

【表】

女説口傳

左金吾―五條三品―京極黄門

中院―二條（私義有之）―御子左（同了見説）

頓阿―經賢―尭尋

尭孝―常縁（東野州也）―宗祇

肖柏―宗珀（堺住人）―等恵（同）

宗柳（同）―祐心（同 号元光寺）

光從（本門跡前大僧正）―從高（長濱大通寺権大僧都法印 号霊瑞院）―季吟

源少将保明朝臣―侍從吉里朝臣（宝永三年七月二日相傳）

元禄十三庚辰九月二十七日奉授之　再昌院法印　花押

【裏】

女説口傳トハ　基俊ハ奈良南圓堂ノ観音ニ　哥道ヲ祈ラレシニ　大津ノ古瀬《フルセ》ニテ／習ヘト告ヲウケテ行テ尋ラレシニ
山法師ノムスメニア子バト云者　貫之カ道ヲ受継／シヲ傳受セリ　女説口傳トハ此事也　左金吾トハ基俊ノ官　左衛
門佐也　金吾ハ／左衛門ノカラ名也　五條品（三脱カ）トハ　俊成卿也　五條通室町東　今ノ新玉津嶋之地ニ／俊成ノ家有テ住
タマフ故五條三位ト申也　三位ヲ三品ト云也　京極黄門／トハ定家卿也　定家ノ家ハ　二条京極今ノ寺町也ニ有シ故
京極ト云　黄門トハ中納言也／定家ノ官也　中院《チウキン》トハ嵯峨ノ釋迦堂ノ西ニアル所ノ名也　為家コヽニ住タマヒシ故
ニ／カク云也　為家ノコト也　二條トハ為氏也　二條ニ家アリシ故ニ云也　御子左《ミコヒダリ》トハ／為氏也　御子左トハ　昔京
ニ在シ所ノ名也　俊成卿ノ先祖長家卿此所ニ住玉フ／故　其称号ヲミコヒダリト云シ也　其子孫ナレハ為世ヲ御子左
と云シナリ／同了見説トハ　為氏ハ為家ノ子ナカラ不孝ナリシ故義絶ナリ　孫ノ為世ヲ子トシテ／哥道相傳為家シ玉
ヘリ　先祖ノ称号ミコヒダリヲモ為世継給　其故アルソ同了管（見カ）ノ／説アリト云也　世上ニ拾ひ傳受之人　此血脉ナ
キ故ニ真実ノ口傳ハシラヌコト也／箱傳授ニモ血脉ナケレハ真実之古今傳受トハ云ヘカラスト師傳也

二〇、目録覚書（二通）

①内題なし

源氏物語　夕かほ
あふひ　さかき
伊勢物語
詠哥大概

百人一首
つれ〳〵草

②覚

【表】

覚

一　御本之教端抄八冊
任御意外題染
愚筆返進仕候并
青紙御不審之所〻
委細改返進仕候
其中ニ御不審難
心得奉存候事五六
所御座候者其分ニ而
指置申候奥書仕候
一　十如是之注本是
亦任貴意加奥書進上
申候

一　封之印別〻包進上
　仕候

【裏】
貼紙　宝永二

解説の部

第一節　古今切紙

（一）　はじめに

この節で扱う柳沢文庫蔵古今切紙（以下「柳澤切紙」と略）は、本来的な古今伝授の中核をなす切紙類である。八包みからなり、「六、口傳之一通」のみ四通が内包される外は、一包みに一通充である。

以下、各々の切紙について、法量（単位センチ）をはじめ書誌的なことを述べ、切紙の意味する所、出典などを中心に解説し、その上で気付いた点を、おもに『古今切紙集』（宮内庁書陵部蔵）[注一]に収載される「当流切紙」の〔切紙十八通〕〔切紙六通〕、「近衛尚通古今切紙」の〔切紙二十二通〕〔切紙五通〕、および時に「宗訊古今切紙」の〔切紙十五通〕〔切紙外七通〕と比較しつつ論じる方法を採った。

なお、結果の先取りのようであるが、切紙の法量は、縦四〇・五、横五五・四（「八、三鳥之口傳」の巻紙三紙継ぎを除く）を平均値とする、横長紙。包紙は縦五六・一、横三九・二の縦長紙。紙質は全て奉書紙である。

（二）　三ケ大事一

一、三ケ大事一
〔法量〕縦四〇・八　横五六・二　〔紙数〕本紙一・包紙一（五六・九×四〇・〇）〔員数〕一　〔形状〕縦紙　〔紙質〕奉書紙　〔包紙の上書〕三ケ大事一

「風躰口傳哥」にあがる「八雲たつ」は、「やくもたついづもやへがきつまごめにやへがきつくるそのやへがきを」（仮名序）。

「伊左爰に」は、「いざここにわが世はへなむ菅原や伏見の里のあれまくもをし」（巻第十八雑歌下・題しらず・よみ人しらず　九八一番歌。なお、以下『古今集』ほか勅撰集からの引用は『新編国歌大観』により、歌集名の～和歌集の「和歌」を外して表示した）。

「壽明石浦」は、「ほのぼのとあかしのうらのあさぎりに島かくれ行く舟をしぞ思ふ」（仮名序・人まろ。同歌が巻第九羈旅歌の四〇九に、題しらず、よみ人知らずで収載され、左注に「このうたは、ある人のいはく、柿本人麿が歌なり」とある）。

「梅能波奈」は、「梅花それとも見えず久方のあまぎる雪のなべてふれれば」（仮名序・人まろ。同歌が巻第六冬歌の三三四に、題しらず、よみ人知らずで収載され、左注に「この歌は、ある人のいはく、柿本人まろが歌なり」とある）。

「宗祇口傳上四首乃等類」にあがる「夕去ハ野辺の秋風　千載秋上」は、『千載集』巻第四秋歌上に、「摂政前右大臣、家に歌合し侍りける時、野径秋夕といへる心をよめる」の詞書を持つ藤原盛方の、「夕さればかやがしげみになきかはすむしのねをさへわけつつぞ行く」（二五五）。

「来ぬ人をまつほの　百人一首定家」は申すまでもなく、『小倉百人一首』に収載される定家の、「こぬ人をまつほのうらのゆふなぎにやくやもしほの身もこがれつつ」。これは「一五、百人一首之五哥」の切紙を論じる時に再度触れることになる。

「左遠鹿の妻問　新古今秋下」は、『新古今集』巻第五秋歌下の人丸、「さをしかの妻どふ山のをかべなるわさだはからじ霜はおくとも」（四五九）。

「永日のもりのしめ縄　新勅撰夏」は、『新勅撰集』巻第三夏歌に、「寛喜元年十一月女御入内屏風に、郭公をよみ侍りける」の詞書を持つ右衛門督為家の、「ながき日のもりのしめなはくりかへしあかずかたらふほととぎすかな」（一六二）。

見てくると、切紙の記事は、「当流切紙」の、〔切紙六通〕（5）「稽古口決」の九項目にほぼ一致しているのがわかる。但し「当流切紙」に引用歌の出典は記されない。なお以下の比較においては、概ねを基準とし用字などには拘らないこととする。総じて「当流切紙」等は漢字片仮名混じり文、「柳澤切紙」は漢字平仮名混じり文であるためである。

（三）　三ケ大事二

二、三ケ大事二

〔法量〕縦四〇・七　横五六・三　〔紙数〕本紙一・包紙一（五七・〇×四〇・二）〔員数〕一　〔形状〕縦紙　〔紙質〕奉書紙　〔包紙の上書〕三ケ大事二　〔本紙の端書〕古今土代ノ口傳二

「龍田川紅葉〻流ル」は、『古今集』巻第五秋歌下・題しらず・よみ人しらず（二八四）。「桜花咲ニケラシモ」は、巻第一春歌上、「歌たてまつれとおほせられし時によみてたてまつれる」の詞書を持つ貫之歌（五九）。「龍田川紅葉乱テ」は、巻第五秋歌下・題しらず・よみ人しらず（二八三）。但し左注に「この歌は、ある人、ならのみかどの御歌なりとなむ申す」とある。

七行目「一　宗祇云」以下六行は、「宗訊古今切紙」の〔切紙外七通〕（3）に略同。十三行目「以下陽明殿御筆」とあるが、この記事「近衛尚通古今切紙」に見えない。

（四）　三ケ大事三

三、三ケ大事三
〔法量〕縦三九・五　横五二・三　〔紙数〕本紙一・包紙一（五六・九×四〇・〇）〔員数〕一　〔形状〕縦紙　〔紙質〕奉書紙　〔包紙の上書〕三ケ大事三
「近衛尚通古今切紙」の〔切紙二十二通〕（2）―一、三ケ大事ノ内に略同。

（五）　三鳥大事

四、三鳥大事
〔法量〕縦三九・五　横五二・二　〔紙数〕本紙一・包紙一（五六・八×四〇・三）〔員数〕一　〔形状〕縦紙　〔紙質〕奉書紙
「近衛尚通古今切紙」の〔切紙五通〕（1）三鳥《（端裏）》ノ大事に略同。

（六）　一首之大事

五、一首之大事

〔法量〕縦四〇・八　横五六・五　〔紙数〕本紙一・包紙一（五六・九×四〇・二）〔員数〕一　〔形状〕縦紙　〔紙質〕奉書紙

「近衛尚通古今切紙」の〔切紙二十二通〕(1)—一、（端裏）秘〻に略同。

（七）　口傳之一通（その一）

六、口傳之一通（四通）

〔員数〕一包内四通　〔紙数〕本紙四（以下①〜④）・包紙一（五六・六×三九・九）〔形状〕縦紙　〔紙質〕奉書紙

①口傳之一通　四〇・七×五三・九

「近衛尚通古今切紙」の〔切紙二十二通〕(14)—十一、稽古方に同じ。但し、**【裏】**の「弘長元年ハ」以下三行と、人名列挙の末尾に宗祇がない。

②三ノ口傳之三　四〇・九×五六・九

特記事項なし。

③三鳥一流　四〇・八×五六・八

「柳澤切紙」の「四、三鳥大事」に同一。重複の理由は未詳。

④三鳥　四〇・〇×五六・五

「近衛尚通古今切紙」の〔切紙二十二通〕(12)九鳥に相応。

（八）　口傳之一通（その二）

七、口傳之一通

〔法量〕縦四〇・七　横五六・五　〔紙数〕本紙一・包紙一（五一・七×三四・〇）　〔員数〕一　〔形状〕縦紙　〔紙質〕奉書紙

「近衛尚通古今切紙」の〔切紙五通〕（3）又口伝に酷似。「白雲の」「ちる八雪」の二首とも勅撰集に見えない。

（九）　三鳥之口傳

八、三鳥之口傳

〔法量〕縦四〇・七　横一六四・一　〔紙数〕本紙一・包紙一（五六・〇×三九・七）　〔員数〕一　〔形状〕縦紙・巻紙三紙継ぎ　〔紙質〕奉書紙

「当流切紙」の〔切紙十八通〕（10）―十、鳥之口伝に相似と相異が混ざる。「もゝ千鳥」の相異は大幅である。また「柳澤切紙」の「右三首おもての註」以下は〔切紙十八通〕に記載がない。

「よふこ鳥」冒頭にあがる「をちこちのたつきもしらぬ山中におほつかなくもよふ子鳥哉」は、巻一春歌上の題しらず・読人しらず（二九）。

「いなおふせ鳥」冒頭にあがる「我門にいなおふせ鳥の鳴なへに今朝ふく風に雁ハきにけり」は、巻第四秋歌上の題しらず・よみ人しらず（二〇八）。

「もゝ千鳥」冒頭にあがる「百千鳥さへつる春ハ物毎にあらたなれとも我そふりゆく」は、巻第一春歌上の題しらず・読人しらず（二八）。

このように所謂「三鳥」は、いずれも『古今集』春と秋の部で、題しらず・読人しらずの歌に詠まれた鳥ばかりなのである。

（一〇）　まとめにかえて

以上見てくると、「八、三鳥之口傳」の「もゝ千鳥」のようにほとんど類似箇所のない例外はあるものの、「柳澤切紙」は総じて「近衛尚通古今切紙」に近い傾向にあるのがわかる。「近衛尚通古今切紙」は、橋本不美男氏[注二]が包紙の左端・裏識語から、

> 近衛尚通（後法成寺入道太閤）が明応七年（一四九八）に宗祇から古今伝受をうけた相伝文書のうち、聞書二冊、序分一冊、切紙二十七通を大覚寺准后義俊（尚通子）が相承した。それを一乱の時に或人が拾得し、これを幽斎が借り、未だ古今伝受以前であったので他人の手により書写せしめ一覧もしなかった。やがて幽斎が三光院実枝から古今伝受をうけた後、天正十二年（一五八四）四月七日に至って、改めてこれを探めて重ね書き改め、幽斎の古今伝受の一部に加えたことがわかる（三四四頁）。

とされたもので、三条西実隆とほぼ同時代に、尚通が宗祇から受けた古今伝なのである。ということは、三光院実枝（実澄）筆の端裏書を持つ包み紙に、（切紙十八通）（切紙六通）が内包される「当流切紙二十四通」と本来的には大差ないはずであるのが、「柳澤切紙」は「当流切紙」より「近衛尚通古今切紙」にかなり近い。この現象については再度本章末尾の「まとめにかえて」（一〇八頁）で触れることにする。

〔注〕

一、京都大学国語国文資料叢書四十・昭和五十八年十一月・臨川書店。

二、注一同書「解説」。

第二節　歌書類伝授

（一）伝授切紙の増設

『古今集』の切紙講釈を受け、師の切紙を借りて書写し、それを伝受品として家蔵する形式は、他の歌書類へも拡がっていった。まさに「古今伝授発展に伴ふ副産物」[注一]であった。「柳澤切紙」はこの副産物を備えるものである。当節で扱う歌書類は、『伊勢物語』『源氏物語』『詠歌大概』『百人一首』『徒然草』の五つであるが、各々を論じる前に、いささか気に掛かる事柄を考察しておきたい。

「一〇、伊勢物語最極秘二ケ」の【表】の末尾には、

右以相傳之師説奉授川越少将殿畢／元禄十五年七月吉祥日　再昌院法印　花押

とある（／は改行を示す。以下同じ）。

「一三、詠歌大概之口訣」の末尾には、

右詠歌大概之口訣宗祇已来世〻／受授也正義也不可有口外者也／元禄十五年七月十六日　再昌院法印　花押／河越少将殿

とある。

「一五、百人一首之五哥」は折紙なのだが、その【裏】末尾に、

再昌院法印／川越少将殿に授奉る

とある。さらに、

「一六、徒然草三ヶ之大事」の末尾にも、

元禄十五年七月吉祥日　再昌院法印　花押／川越少将殿

とある。「一五、百人一首之五哥」に年月日は見えないが、他の三つに元禄十五年七月吉祥日、「一三、詠歌大概之口訣」は十六日の日付まで持つのに鑑み、これらに準じて元禄十五年七月と考えてよいと思われる。そうであるなら、これら四つは共通に、元禄十五年七月十六日、川越少将（当時吉保は川越城主であった）宛に、北村季吟が切紙を奉ったという内容の奥書を持つことになる。再度確認しておくが、元禄十五年は火災による伝受書再発行の年である。

本来、再発行に付される年月日は、初期のものと同一であるはずである。卒業証書の再発行を依頼したら、実際の卒業年より二年後の年月日になっていたなどということはあり得ない。何時卒業したかは個人の大切な歴史であり、勝手に動かしてはならないものである。伝受証明書も同様であったはずで、二年前の元禄十三年に力量が認められたからこそ伝受できた事実を、元禄十五年の日付で発行されたのでは再発行の意味をなさない。

一方同じ「柳澤切紙」間でも、次のような齟齬をきたしている。伝受の系譜である「一九、師傳之血脉二通」は二通からなるが、その「①定家～侍従吉里朝臣」末尾には、

元禄十三庚辰九月廿七日奉授之　再昌院法印　花押

とあり、「②女説口傳　金吾～侍従吉里朝臣」の末尾にも、

元禄十三庚辰九月二十七日奉授之　再昌院法印　花押

とあって、こちらの方は同じ再発行文書にもかかわらず「元禄十三年」、即ち初期の年号が記されているのである。

さらに解説の部「第一節　古今切紙」で見た『古今集』そのものに関する切紙（本来的な古今伝授の中核をなす切紙の意）には一箇所も見えなかった「元禄十五年」云々の奥書が、なぜ歌書類伝授といった、副産物の伝授切紙に限り登場するのであろう。

これは再発行にあたり、季吟が新たに追加伝授した秘説にかかる切紙であったためではないかと考えるのである。前述したように、「一三、詠歌大概之口訣」の末尾は、「元禄十五年七月十六日」と年月日が完備していた。この奥書は、「詠歌大概口訣」は元禄十五年七月十六日が伝授日であったのを語る。しかし、『楽只堂年録』によると再度の古今伝授は七月十二日のこと。十二日と十六日の間のずれはどのように説明できるのか。

ここに、七月十二日に、吉保は季吟から新たに四箇条の切紙講釈を受け、季吟の切紙を借りて書写、十六日に季吟の認証を得たという構図が見えてくるのである。

元禄十五年の年号を持つ切紙が、すべて副産物のそれであるのは、既に何年にもわたり定着して来た『古今集』に関する根幹部分には新たに加わる秘説はなくとも、副産物に関しては、各所に求めうる伝受資料があったことを意味するのではないか。

かつて智仁親王は、幽斎に貸与された相伝資料を書写、そのほかにも「各所に伝受資料をもとめてこの整備にあたった」[注二]ように、伝受資料はその流れごとに、新たに増設や改変し得る流動的なものであったと解釈すべきなのではあるまいか。

季吟も日々自らの伝受資料を見直し充実をはかっていた。そこへ再発行の事態が生じた。初期の伝授以降に入手、あるいは見直しの過程で秘説への組み入れが適当と判断した四通がそれで、この度それらを新規に加え伝授したのではなかったかと考えてみたいのである。

「当流切紙」「近衛尚通古今切紙」「宗訊古今切紙」は、ざっと眺めただけでも内容の差異は歴然としている。東常縁から宗祇に伝えられた時点で「宗祇によって一層の潤色が加えられ」[注三]たそれを、文明十四年（一四八二）に肖柏、文明十七年（一四八五）に三条西実隆、明応七年（一四九八）に近衛尚通に授けた。常縁から宗祇の間ですら潤色が加わった古今伝、その後、各流れごとに、極言すれば自由気ままに変貌を遂げてゆくのは、当然の成り行きであった。「当流切紙」「近衛尚通古今切紙」「宗訊古今切紙」間の差異の原因はそこにある。

ところで季吟が伝受した系統は大きくは二つあった。一つは、実隆――称名院公条――三光院実枝を経て細川幽斎――松永貞徳と受け継がれた流れ、一つは、肖柏を始発とする堺伝受・奈良伝受の流れである。[注四]その為に、分量も多ければ、内容も多岐にわたっていた可能性がある。繰り返すが、そうした中、恐らく季吟は常に伝授者として、自らの伝授資料の充実を心がけており、それが新たに四通が切紙に加わった経緯ではなかったか。

（二）『伊勢物語』の切紙

『源氏物語』に多大な影響を与えた『伊勢物語』。歌物語として歌書伝授の対象となって当然であろう。この切紙は「九、伊勢物語七ケ之大事」と「一〇、伊勢物語最極秘二ケ」の二通ある。前者の書誌は、

〔法量〕縦三九・〇　横五二・七　〔紙数〕本紙一・包紙一（五二・九×三八・五）〔員数〕一　〔形状〕縦紙　〔紙質〕奉書紙

後者の書誌は、

〔法量〕縦三八・九　横五二・五　〔紙数〕本紙一・包紙一（五二・九×三八・七）〔員数〕一　〔形状〕縦紙　〔紙質〕奉書紙

「九、伊勢物語七ケ之大事」に「おもひあらは葎の宿にねもしなんひしき物にハ袖をしつゝも」とあるのは第三段。懸想する女のもとへ「ひじきもといふ物」と共に贈った歌である（以下『伊勢物語』の引用は、岩波古典大系本〈旧版〉によった）。

「あくた川」は第六段。女を盗み出し「芥川といふ河を率ていきければ」とある。

「みやことり　しきのおほきさ」は九段の東下り。「白き鳥の嘴と脚と赤き鴫の大きさ」の鳥の名を尋ねると、渡守が「宮こどり」と答えた箇所。

「わが人をやるへきにしあらねハ」は六十九段。伊勢斎宮は夜半に狩の使として下った男を訪れるが何事もかたらはぬ先に帰ってゆく。翌朝女のことが気に掛かるものの、「わが人をやるべきにしあらねば、いと心もとなくて待ち居」ると、女からの歌が届く。

「かたいおきな」は八十一段。源融が河原院を造り、秋に親王達を招いて宴をひらき詠歌する。「そこにありけるかたゐをきな、いたじきのしたにはひありきて、人にみなよませはててよめる」とある。

「世中に絶で桜のなかりせハ春の心はのとけからまし」は八十二段。年ごとに水無瀬の桜を愛でていた惟喬親王と業平。後年交野の渚の院の桜を愛でつつ思い出の中で業平が歌を詠む。

「むかしのうたに」は八十七段。摂津の国蘆屋に住む男がいた。「むかしの歌に、蘆の屋のなだの塩焼いとまなみ黄楊の小櫛もさゝず来にけりとよみけるぞ、この里をよみける」とある。

「一〇、伊勢物語最極秘二ケ」の切紙表に「子ひとつよりうしみつまて」は六十九段。夜半に斎宮は男を訪ねた。喜んだ男は「わか寝る所に率て入りて、子ひとつより丑三つまで」逢ったが、何事も語らはぬ先に女は帰って行ってしまった。「九、伊勢物語七ケ之大事」の四項目と同じ箇所の秘説である。

「おほんかみけきやう」は百十七段。昔帝が住吉に行幸、「我見ても久しくなりぬ住吉の岸の姫松いくよへぬらん」と詠むと（詠者は帝か供人かは『古今集』に注していない〈一七八頁、頭注三〉）、「おほん神、現形《げぎゃう》し給て」とある。現代のテキストは漢字を宛てるので意味がとりやすいが、平仮名ばかりではわかりずらいために採り上げた語彙と思しい。切紙裏は、表の秘説の説明を深めたものとなっている。

なお、「一〇、伊勢物語最極秘二ケ」の切紙表末尾には、元禄十五年七月吉祥日、季吟が吉保に伝授した旨の奥書があるのは既に述べたところである。翻刻に見られる通り、図式を用いた大がかりな秘説である。因みに「柳澤切紙」の中で、図式を持つ秘説はこれのみである。

（三）『源氏物語』の切紙

『源氏物語』は、俊成の有名な判詞以来、歌人必読の書として扱われて来たから、歌書伝授の対象となるのは至極当然であった。しかも一条兼良に『源氏物語』を習った宗祇は、十五箇条からなる兼良の『源氏物語』の秘説集成『源語秘訣』を尊重した。その中から、夕顔「揚名のすけ」、葵「ねの子三つが一つ」、賢木「とのゐのふくろ」が三箇大事として古今伝授に取り込まれた。[注五]「三箇」の「三」は、三木三鳥にならったものであろう。

これらに関する「柳澤切紙」は、同題の「一一、源氏物語三箇之大事」と「一二、源氏物語三箇之大事」の二種類からなる。前者の書誌は、

〔法量〕縦三八・九　横六二・四　〔紙数〕本紙一・包紙一（五二・八×三八・四）〔員数〕一通　〔形状〕縦紙・写し

〔紙質〕奉書紙

後者の書誌は、

〔法量〕縦三九・〇　横五二・四〔紙数〕本紙一・包紙一（五二・七×三八・四）〔員数〕一通〔形状〕縦紙・写し〔紙質〕奉書紙

「一一、源氏物語三箇之大事」の奥書には、

一条禅閤御筆也　宗祇相傳申本也　予又／相傳之御与之者也

文明丁酉第九十月十四日　肖柏

とあり、一条兼良筆三箇大事の切紙を宗祇が相伝、肖柏がそれを文明九年（一四七七）十月十四日に書写したものが、順次相伝されたのが知られる。又、「一二、源氏物語三箇之大事」の奥書には、

右源氏物語三ケ秘決以相傳之正説奉授禅定殿下訖／被守此道之法旨努〻不可有漏脱者也

天正二年四月廿日　権大納言實澄

とあるのから、三条西実澄（実枝。実隆孫・公条子）が天正二年（一五七四）に禅定へ授けたものとしられる。ここの禅定は切紙裏に、

禅定殿下トハ東光院殿玖山公九條ノ植道（稙通カ）公貞徳ニ源氏物語御傳受アリシ御方也

とあるのから、九條稙通であるとわかる。稙通は三条西実隆の外孫で、実澄とは従兄弟同士にあたる。稙通は松永貞徳に源氏物語伝授をなしたともあるから、実澄から受けたものを相伝したというのである。なお稙通には、『源氏物語』の注釈書『孟津抄』がある。

（四）　詠歌大概之口訣

定家の歌論書のうち、もっとも尊重されたのが『詠歌之大概』。伝授の対象となって当然なのであるが、切紙が伝えたかったところがいまひとつわかりずらい。『詠歌大概』（『日本歌学大系』第三巻）に、

三十六人集之内殊上手歌可ㇾ懸ㇾ心。〔人丸、貫之、忠岑、伊勢、小町等之類〕（〔　〕内は本来割注、傍線宮川）

とあって、〔…小町等之類〕と一括された歌人は山辺赤人、凡河内躬恒、紀友則だとする説らしいのだが。

これはまた前述したように、元禄十五年七月十六日に吉保に伝授された旨の奥書を持ち、季吟が新たに切紙に加えた一つに相当するのではないかと考えるのであるが、内容に鑑みて、牽強付会にも思え、果して秘説としての価値があるのであろうかとの疑問がわく。もう少し言うなら、季吟が新たに加えた切紙は、この程度の内容が大半であったということか。「一三、詠歌大概之口訣」の書誌は次の通りである。

〔法量〕縦三九・〇　横五二・二　〔紙数〕本紙一・包紙一（五二・八×三八・五）〔員数〕一通　〔形状〕縦紙　〔紙質〕奉書紙

（五）『百人一首』の切紙

この切紙も『源氏物語』の切紙同様、全く同題の「一四、百人一首之五哥」と「一五、百人一首之五哥」の二通からなる。『小倉百人一首』は定家撰。『詠歌大概口訣』が秘説切紙となったのと同様、定家に関わる故に秘説切紙となったと思しい。これはいずれも折紙だが、何故に折紙の体裁を採るのかは未詳。前者の書誌は、

〔法量〕縦一九・八　横五三・〇　〔紙数〕本紙一・包紙一（三四・六×五一・三）〔員数〕一通　〔形状〕折紙　〔紙質〕奉書紙

後者の書誌は、

〔法量〕縦一九・五　横五二・八　〔紙数〕本紙一・包紙一（三八・九×五二・九）〔員数〕一通　〔形状〕折紙　〔紙質〕奉書紙

この二通は、「一四、百人一首之五哥」が目録、「一五、百人一首之五哥」が解説という役割分担になっている。

「一五、百人一首之五哥」の折紙表から見てゆく。

「待レ君《マツニヤキミヲ》一夜」は、『百人一首』三番歌で、『拾遺集』巻第十三恋三の「題しらず」として載る柿本人麿の、「葦引の山鳥の尾のしだりをのながながし夜をひとりかもねむ」（七七八）。

「篇序題曲流」は、『百人一首』八番歌で、『古今集』巻第十八雑歌下の「題しらず」として載る喜撰法師の、「わがいほは宮このたつみしかぞすむ世をうぢ山と人はいふなり」（九八三）。

「所詮中麿哥ハ唐土より遙に海山を隔たる」は、『百人一首』七番歌で、『古今集』巻第九羈旅歌に、「もろこしにて月を見てよみける」の詞書を持つ安倍仲麿の、「あまの原ふりさけ見ればかすがなるみかさの山にいでし月かも」（四〇六）。

「曲-木驚レ弓《マカレルキオトロクユミト》」は、折紙裏の二項目「宵ならハ」と同歌。

「古事」は、『百人一首』九十六番歌で、『新勅撰集』巻第十三恋歌三の「建保六年内裏歌合、恋歌」の詞書を持つ定家の、「こぬ人をまつほのうらのゆふなぎにやくやもしほの身もこがれつつ」（八四九）。

折紙裏を見てみよう。

「玉階」は、『百人一首』六番歌で、『新古今集』巻第六冬歌に、「だいしらず」として載る中納言家持の、「かささぎのわたせる橋におくしものしろきをみれば夜ぞふけにける」（六二〇）。

「宵ならハ」は、『百人一首』三十番歌で、『古今集』巻第十三恋歌三に、「題しらず」として載る壬生忠峯の、「有あけのつれなく見えし別より暁ばかりうき物はなし」（六二五）。

「徳風」は、『百人一首』七十一番歌で、『金葉集』（三奏本）第三秋百十一首に、「師賢朝臣の梅津に人人まかりて歌よみけるに、田家秋風といへることをよめる」の詞書を持つ大納言経信の、「ゆふさればかどたのいなばおとづれてあしのまろやに秋風ぞふく」（一六四）。

「摂政職」は、『百人一首』七十六番歌で、『詞花集』巻第十雑下に、「新院位におはしましし時、海上遠望といふことをよませ給けるによめる」の詞書を持つ関白前太政大臣藤原忠通の、「わたのはらこぎいでてみればひさかたのくもゐにまがふおきつしらなみ」（三八二）。

「大臣職」は、『百人一首』九十三番歌で、『新勅撰集』巻第八羇旅歌に、「題しらず」として載る鎌倉右大臣源実朝の、「世中はつねにもがもなぎさこぐあまのを舟のつなでかなしも」（五二五）。なおこの【折紙表】には、「川越少将に授奉る」旨の季吟の奥書があるのは既に述べた。

（六）　徒然草三ヶ之大事

『徒然草』が歌書伝授に採り上げられたのは、第一段末尾に、「ありたき事は、まことしき文の道、作文、和歌、管絃の道、また有職に公事の方、人の鏡ならんこそいみじかるべけれ」（岩波古典大系本〈旧版〉九一頁。以下『徒然草』の引用は同書とする）とあったり、「和歌こそ、なほをかしきものなれ」で始まる第十四段に、かなり長大な和歌関連の記事があるからであろうか。

『徒然草』がいつから古今伝授に加えられるようになったのかは未詳だが、元徳二年（一三三〇）末から元弘元年（一三三一）秋にかけての成立と考えられている『徒然草』が秘説の対象となるのは当然それ以後のこと。その頃までには、勅撰和歌集も十五代の『続千載和歌集』あたりは世に出ていたと思われ、敢えて『徒然草』を伝授対象にする意図がいまひとつ理解しにくい。この末尾にも、「元禄十五年七月吉祥日」に、吉保に伝授した旨の奥書がある。

「一六、徒然草三ヶ之大事」は、「ぬの、もかう」「しろうるり」「まつりの日の放免」。これを横井金男氏の前掲同書[注六]を参照しつつ見てみると、

「ぬの、もかう」は、第二十八段「諒闇の年ばかり、哀なる事はあらじ。倚廬の御所のさまなど、板敷をさげ、葦の御簾をかけて、布の帽額あらく〳〵しく」（一一三頁）とあるもの。

「しろうるり」は、第六十段「真乗院に盛親僧都とて、やんごとなき智者ありけり。（中略）この僧都、ある法師を見て、しろうるりといふ名をつけたりけり」云々（一三九～一四〇頁）とあるもの。

「まつりの日の放免」は、第二百二十一段「建治・弘安の比は、祭の日の放免のつけ物に、ことやうなる紺の布四五反にて馬をつくりて（後略）」（二六八～二六九頁）とあるもので、「源氏物語三箇之大事」同様、難語の解説である。

当該大事の書誌は、

〔法量〕縦三九・〇　横八〇・八　〔紙数〕本紙一・包紙一（二三・〇×三八・八）〔員数〕一通　〔形状〕折紙　〔紙質〕奉書紙　〔備考〕頭書あり

である。

〔注〕

一、横井金男氏『古今伝授の史的研究』（昭和五十五年二月初版・平成元年五月第二刷・臨川書店）第二篇付説二六五頁。

二、『古今切紙集　宮内庁書陵部蔵（京都大学国語国文資料叢書四十）』（京都大学国語学国文学研究室編・昭和五十八年十一月・臨川書店）の橋本不美男氏による「解説」（三四〇頁）。

三、注二同書、三三八頁。

四、宗牧――乗阿――切臨――従高と続く系統は、肖柏を始発とするそれの末尾で、切臨――従高と重なるので（「柳澤切紙」の「一九、師傳之血脉二通」）別系統には扱わなかった。この点は、日下幸男氏も指摘している（『近世古今伝授史の研究　地下篇』〈平成十年十月・新典社〉三七頁）。

五、『花鳥余情』（以下引用は、伊井春樹氏編『松永本花鳥余情』〈源氏物語古注集成一・桜楓社〉において、「別にこれをしるすへし」（夕顔「やうめいのすけなる人の家になん」の項末尾）、「秘説これあり別にしるすへし」（葵「ねのこはいくつかまいらすへからん三か一にてもあらんかし」の項末尾）、「秘事といひつたへたる事なればあらはにしるすに及ばす」（賢木「さふらひにとのゐ物のふくろおさ〳〵みえす」の項末尾）とされた条項がそれに相当する。

六、注一同書、「古今傳受切紙附録」四の巻（五五三頁）。

第三節　諸家傳授切紙

（一）　姉小路

「一七、姉小路」には五通の切紙が内包される。順不同に①〜⑤の通し番号を振って論じる。書誌を一括してしめすと、

〔法量〕①四〇・六×五六・一　②四〇・八×五六・一　③四〇・八×五六・三　④四〇・八×五六・五　⑤四〇・八×五六・一　〔紙数〕本紙五　包紙一（五六・三×四〇・〇）〔員数〕一包のうちに五通　〔形状〕縦紙　〔紙質〕奉書紙

①風躰口傳ノ哥ノ相傳

「八雲たつ出雲」「いさ爰ニ我世ハ経なん」「ほの〳〵と明石の浦の」「梅花それともみえす」の四首についての簡単な解釈があげられた後に、「以下宗祇説」として「小男鹿ノ妻トフ山ノ」「夕されハ野辺の秋風」「こぬ人をまつほの浦の」「永日の森の注連縄」「人とハ、みすとやいはん」の四首をあげ、風躰の軽重の論が続く。これは「柳澤切紙」の「一、三ケ大事一」に相当するものであるのがわかる。

②号題之口傳

「近衛尚通古今切紙」の〔切紙二十二通〕（7）四号に相応。

③流儀不同

「近衛尚通古今切紙」の（切紙二十二通）（15）―十二、流義に相応。但し切紙裏はない。切紙裏には「色みえて」以下三首の和歌が並ぶが、その一首目は、『古今集』巻第十五恋歌五の「題しらず」として載る小野小町の詠歌（七九七）で、切紙表にあがる十項目の五番目「色見えて」（恋五小町）を補足するもの。二首目は、同上巻第二春歌下に「題しらず」として収載されるやはり小野小町の詠歌（一一三）で、切紙表の八番目「我身世ニフルナカメ」を補足するもの。三首目は、同上巻第十九雑体の誹諧歌の「題しらず」として載るよみ人しらずの歌（一〇二七）で、切紙表の九番目「といふうれはしきこと」（十九誹諧読人不知）を補強するものとして各々挙げたらしい。

④土代

（端裏）古今土代ノ口傳一

「近衛尚通古今切紙」の（切紙二十二通）（5）二土代に相応。但し切紙裏はない。切紙裏末尾に「土代トハ地盤ノ心下地ノ心也」とあるのから、根本になるものという意味で使われているらしい。

そこで切紙表を読み解くと、今上、即ち醍醐天皇に延喜三年（九〇三）、紀貫之は「神南日能」（「かんなび」）は「神奈備」で神霊の鎮座するところの意）の和歌を授け奉り、帝こそ土代（根本）であると告げるつもりでいたのが、綸言により「櫻花歌」を授けることになったということらしい。『古今集』に「神南日能」ではじまる貫之歌はないのもそれを補強しよう。「櫻花歌」とは、「二、三ケ大事二」の「土代ノ口傳」の二項目に、「桜花咲ニケラシモ足引ノ山ノ峡ヨリミユル白雲　春上貫之（哥奉レト仰ラレシ時ヨミテ奉ケル）」とあったそれではないかと考える。ではこれの言わんとするところは何か。

そもそも『古今集』は、延喜五年（九〇五）に醍醐天皇の勅命により撰歌がはじまった初めての勅撰集であるのは周知のこと。歌は国の土代たる帝の勅命を得て撰ばれてこそ、価値があるという思想を読み取ってもよいのかもしれない。貫之が「櫻花歌」を奉ったのは、延喜三年十一月二十二日。延喜五年に始まる撰歌の二年前にあたり、帝が勅撰和歌集編纂を決めるに適当な時期であった。

⑤御賀玉木　（端裏）三ノ口傳之一

「近衛尚通古今切紙」の〔切紙二十二通〕（9）六一三ノ口伝之内に相応。

明応五年（一四九六）九月、姉小路済継は宗祇から古今伝を受けた。[注一] ここの「姉小路」の五通はその折の物と考えてよいのであろう。そして①～⑤のうち、四通までが「近衛尚通古今切紙」と合致するのは（切紙裏は除く）、宗祇が与えた切紙は、近衛尚通、姉小路済継共に同様であったのを語る。なお、切紙裏は切紙表の補強・補足の役目を担っていたのは見て来た通りで、切紙裏の多くは時を経るに従い増設されていったのではなかろうか。

切紙講釈は「極秘極大事のことであったから、勿論聞書することは出来ず、只單に拝聞するのである」[注二]だけであるのは建前で、注釈的な文言が次第次第に加わっていった姿を認めざるを得ないように思う。

（二）　家傳

「一八、家傳」には六通が内包される。順不同に①～⑥の通し番号を付けて論じる。

まず書誌を一括してあげておく。

〔法量〕①四一・〇×五六・七　②四〇・九×五六・七　③四〇・八×五六・八　④三九・四×五二・〇　⑤四〇・七×五六・九　⑥三九・四×五二・七　〔紙数〕本紙六　包紙一（五六・三×四〇・〇）〔員数〕一包のうちに六通

〔形状〕縦紙・写　〔紙質〕奉書紙

①妻戸挿花　（端裏）三ノ口傳之二

「近衛尚通古今切紙」の〔切紙二十二通〕（10）―七二、三ノ口伝之内に相応。

②短哥ノ事　（端裏）短哥又

「近衛尚通古今切紙」の〔切紙二十二通〕（17）―十四、短事私に相応。但し切紙裏はない。

③短哥　（端裏）短哥又

「近衛尚通古今切紙」にはみかけない記事である。

④かはな草の事

「近衛尚通古今切紙」の〔切紙二十二通〕（4）―三、三ケ大事ノ内、鳥子に相応。

⑤ホノ〳〵ノ哥ノ事

「近衛尚通古今切紙」の〔切紙二十二通〕（1）―一、秘〻と略同。

⑥めとのけつり花事

これだけは例外的に〔宗訊古今切紙〕の〔切紙十五通〕（3）三　三ケ大事ノ内に全く一致する。所謂『古今集』に関する古今傳授本来の秘説ばかりである。①と⑥、②と③は同類のことを述べながら、しかし「近衛尚通古今切紙」に大半相応しているかと見ると、③⑥などが気になってくる。もっとも②の奥書に、

文明九年（一四七七）四月五日　常縁　花押／種玉庵

とあって、東常縁が宗祇（種玉庵）に授けた、古今伝授の始発にあたるものと知られる点は軽視できない。

では「家傳」の位置づけはどう考えればよいのか、常縁が二条家流の正徹、堯孝に師事して得た歌学、即ち二条家流のそれを指す部分と、宗祇が増補した部分、更には宗訊あたりの古今切紙を参考に季吟が増補した部分の三者がまざりあったものと言えそうであるが、断定は避け、後考にゆだねたい。

〔注〕

一、横井金男氏『古今伝授の史的研究』（昭和五十五年二月初版・平成元年五月第二刷・臨川書店）第二篇付説二六一頁。

二、注一同書、三八七頁。既に「はじめに」で一部引用した。

第四節　師傳之血脉と目録覚書

「一九、師傳之血脉二通」には二通が内包される。書誌は、〔法量〕①四〇・九×五六・九　②四〇・九×五六・八　〔紙数〕本紙二　包紙一（五六・九×四〇・二）〔員数〕一包のうちに二通　〔形状〕縦紙・写　〔紙質〕奉書紙・罫線朱墨

①は定家から侍従吉里に至るもの。②は左金吾（藤原基俊・俊成父）から侍従吉里に至るもの。いずれも元禄十三年九月二十七日に季吟が授けた旨の奥書を持つ。吉保が古今伝受したのは、元禄十三年（一七〇〇）八月二十七日であった。その一箇月後が九月二十七日。既に述べたように、初期の伝授証明書には、「元禄十三年九月二十七日」の日付が付されていたはずなのである。それが再発行の切紙の五通に、「元禄十五年七月十六日」（一部月のみ、あるいは年のみの記載）とあるのは、再発行にあたって新たに授けられた秘説であることを窺わせた。

さてここで注意しておきたいのは、系譜末尾の侍従吉里朝臣の右注として、「寳永三年七月二日相傳」とある部分である。元禄十三年に伝授されたのは吉保のみ。それが系譜には吉里の名までが連なり、脇に吉里が伝受した年月日が記されるということは、この系譜自体が吉里伝受後のものであるのを語るのではあるまいか。

確証はないが、私は吉保が再発行を得た系譜の上に、吉里の部分を書き加えたものと考えている。即ち吉保が宝永三年七月に、吉里に伝授した時、自らが受けた切紙講釈をそのままなし、その上で、吉里の名のみ系譜に加え認証と

したと考えるのである。

なお、②の女説口伝は、切紙裏に記される。定家祖父基俊が奈良南圓堂の観音のお告げで大津古瀬に出向き、山法師の娘あねばから紀貫之の歌道を受け継ぐという寓話である。そのために、②の系譜は基俊（左金吾）を始発としているのである。

最後になった。「二〇、目録覚書」も二通内包される。各々の書誌は、

〔法量〕①二二・五×三四・三　②四六・二×十六・四（裏に別筆貼り紙、八・〇×二・八）〔紙数〕本紙二　包紙一（三六・一×二五・三）〔員数〕一包のうちに二通　〔形状〕切紙　〔紙質〕楮紙

①は内題を持たないが、内容から「目録」と仮称した。「源氏物語　夕かほ　あふひ　さかき」とあるのは、源氏三箇大事の所在箇所をさす。即ち、夕顔巻の「揚名介」、葵巻の「ねの子餅」、賢木巻の「宿直物の袋」である。『伊勢物語』『詠哥大概』『百人一首』『つれ〳〵草』は、『古今集』以外の歌書類伝授に関わるもの。そして、目録にこれだけしか載せられていないということは、一条冬良の「目録」[注一]中にある、「大和物語　竹乃都」、「東鑑　東国三介調度掛　露玉文章」は、最初から伝授されていないと見るべきであろう。

一方、②「覚」の一行目にある「教端抄」は、北村季吟による『古今集』の諸注集成。「御本教端抄八冊／任御意外題染愚筆返進仕候」とあるのに鑑み、これは季吟の依頼により、吉保が「教端抄」の外題を書いたことを意味するらしい。そして「八冊」とあることから、日本大学図書館蔵の八冊本の写本にあたるのではなかろうか。[注二]そうであるなら、元禄十五年書写本ということになる。

元禄十五年は吉保の古今伝再発行の年。七月中旬に再発行がなされた機会を利用し、季吟が自らの「教端抄」を新たに書写、その外題の染筆を吉保に依頼。応じた吉保が季吟宛てに認めた手紙の下書きが当該「覚」なのではあるま

いか。「青紙御不審」云々、「其中ニ御不審難心得奉存候事五六所」云々などに関しても、興味はつきないが、日本大学蔵本を未見の段階で云々するゆとりはなく、後日の報告にかえたい。

なお②の裏には、八・〇センチ×二・八センチの貼紙があり、そこには別筆で「宝永二」とある。宝永二年（一七〇五）六月十五日、季吟は八十二歳で世を去った。そのことと関連する貼紙の記述か。誰宛とも記されていない覚書文書を整理するにあたり、内容から、宝永二年に逝去した季吟宛てのものと判断、貼紙をしたという構図が、柳澤家の文書の整理法（『楽只堂年録』などに散見する）に察せられるのである。

〔注〕

一、横井金男氏『古今伝授の史的研究』（前掲同書）第三篇　参考資料篇五二三～四頁。

二、『日本古典文学大事典』（岩波書店）久保田淳氏担当「教端抄」の項には、元禄十二年（一六九九）の奥書を持つ国文学研究資料館蔵初雁文庫旧蔵九冊本と、元禄十五年の奥書を持つ日本大学図書館蔵八冊本の二写本が知られるとある。

まとめにかえて

本章の「はじめに」で「柳澤切紙」は、整理番号一—十八から二十四の七通が「欠」になっていることに触れた。行方が知れないのは実に残念であるが、紛失したというのではなく、御文庫を整理・調査することで、どこかに紛れ込んでいるのが見つかるという可能性を信じたい。

それはともあれ、この七通はどういう内容を持つものであろうか。その場合、現存の「柳澤切紙」と、「当流切紙」[注一]とを比較する方法に依った。

「当流切紙」は、〔切紙十八通〕と〔切紙六通〕の計二十四通よりなる。そのうち〔切紙十八通〕に属する

(6) 六重之口伝極（内侍所・神璽・宝剣）、

(7) 七真諦之事（真躰ト、名字ヲ不顕シテ仮ニ名ツケタリ、実ニハ鏡ノ事也云々）、

(11) 十一一虫（住藻虫、此虫ハ衆生蠢々ノ心也云々）、

(12) 十二虫之口伝（一虫之口伝、典侍直子ハ作者ナリト口伝ス云々）、

(13) 十三三才之大事（天地人之歌事云々）、

(16) 十六重之重付古歌事（重之重、身仁邪奈久　他仁慈乎与云々）

及び、〔切紙六通〕に属する、

（6）神道超大極秘（神詠事云々）

の計七通ではないか。神道や内侍所に関する語句が見えることから、「神道的儒教的解釈ないしは意義をのべる[注二]」ものが多くを占めていたか。

全体を通し「柳澤切紙」の多くが「近衛尚通古今切紙」に近かったのは述べて来たとおりである。宗祇が実隆に授け三条西家内で守られ、御所伝授に至った「当流切紙」と、「近衛尚通古今切紙」との間にはかなり差異があり、ために「柳澤切紙」と「当流切紙」の間にも隔絶した部分が多々見られる結果となっている。

もとは宗祇――実隆、宗祇――尚通の径路を持ちながら、何故こうした現象が起きたのか。

『古今切紙集　宮内庁書陵部蔵』（注一同書）には、「当流切紙」と「近衛尚通古今切紙」とを比較し、次のような結論が提出されている。

> 整序された当流切紙の序列に比すると、近衛流切紙の無秩序さは目立っている。恐らく義俊大僧正[注三]の相承後に、切紙順序が混乱したものであろう。しかしながら、内容的に近衛流切紙をみてみると、三木、三鳥、二条・冷泉家本文相異、短歌長歌、天地人の歌、風体歌及び詠歌心得の六項目を中心としている。また、その表現をみると、おおくは当流切紙の本文だけに相当している。この事から推定すると、近衛流切紙は当流切紙の原型的な形態を保っているともいい得よう（三四七～三四八頁、傍線宮川）。

当流切紙は、御所伝授にいたるまでに、細川幽斎、智仁親王等の整理、補充も入り、整備されて来たもので、そこには改訂などが行われた可能性もある。しかし、近衛流は義俊の手に入って以後、特別な整備などは行われなかったために、「当流切紙の原型的な形態」を保つことができたのである。

その近衛流に「柳澤切紙」が近いということは、季吟が受けた古今伝が原型的な形態を留める近衛流であったことを物語る。季吟は根本的には正統な二条流を伝授して来ていたといえるのである。

そして季吟から古今伝を受けた吉保は、正統を受けたのであって、地下歌人ながら、堂上流のそれに遜色ないものであったのではなかろうか。

〔注〕

一、『古今切紙集　宮内庁書陵部蔵』（前掲同書、三〇一～三一六頁の翻刻を利用した）。

二、注一同書、三四二頁。

三、尚通息。大覚寺准后。宗祇からの相伝文書のうち、聞書二冊、序分一冊、切紙二十七通を相承した（注一同書、三四四頁）。

第二章　詠歌の諸相

第一節　八景和歌

はじめに

中国湖南省北部の洞庭湖《どうていこ》周辺の景勝八箇所が瀟湘《しょうしょう》八景。それに倣い選ばれた琵琶湖南西部の八箇所が近江八景[注一]で、安藤広重の浮世絵で広く知られるようになった。以後、各地で同類の八景が選ばれた。金沢八景（横浜市）などは今に地名として残る。

吉里はこうした八景を題材に三つの八景和歌を詠んだ。一つが「武蔵国浅草八景和哥」。二つが甲府周辺に取材した「甲陽八景和歌」。そして奈良を題材にした「南都八景和歌」である。いずれも吉里の私家集「積玉和歌集員外組題　六」に収載されている。この他、柳澤家内部の作品ではないが、吉里の交友関係を知り得る二本の「郡山八景和歌」にも論及した。本節ではそれ等を翻刻し、若干の解説を加えた。

（一）　武蔵国浅草八景和哥

表題の「浅草」が語るように、浅草寺付近の景勝八箇所を詠んだもの。特に注目されるのが、吉里と北村季吟の二人で詠み上げている点であろう。季吟は当時幕府歌学方として江戸幕府内の和歌指導にあたっていたし、柳澤家との交流は深く吉里の和歌の指南役でもあった。そうした経緯も手伝い元禄十三年（一七〇〇）八月二十七日、吉保は季吟に古今伝受したのであった[注二]。

当該八景和哥はその頃から宝永二年（一七〇五）六月に、八十二歳で季吟が逝去するまでの間になされたものと思われる。吉里十四歳から十九歳に相当する。柳澤家の継嗣として学問にも武芸にも励み、将来が期待される若武者であった。

東叡山鐘　　法印季吟
春のくるかたを名におふ山寺のかねもかすミて声のどかなる

菴崎暮雨　　侍従吉里
村雨の跡よりくるゝいほか崎ゆくさきみえぬたひ人の袖

駒形行人　　法印季吟
道いそぐ心の駒かたとるらん夕暮ふかき川辺つたひに

真土山月　　侍従吉里
くまもなくはやすミわたれ秋のよの月をまつちの山のかひには

下谷晴嵐　　法印季吟
あらし吹松のこのしたやなき陰雨こそはるれ落葉ふりしく

浅草原雪　　侍従吉里

冬きてハ浅草か原のうら枯も松の葉白き雪の下草

　墨田川渡　　法印季吟

人にたに鳥の名つくる渡し守都のミやひいかてしらまし

　端芝夕煙　　侍従吉里

風吹はしはのけふりの立のほる夕へのをちの里のさひしさ

「東叡山鐘」の東叡山は寛永寺のこと。上野の山にあったそれは、山城の比叡山を江戸に移した意から、東の比叡山、即ち東叡山と名付けられた寺である。「春のくるかた」とは東のこと。その鐘の音を詠んだのである。

「菴崎暮雨」の「菴崎」。「江戸名所図会」にも載る名所。「図会」に「秋葉権現」云々とあるように、現在の墨田区向島四丁目の秋葉神社付近と思しい。

「駒形行人」の駒形は、馬頭観音を祀る駒形堂に由来する地名で、吉原通いの船着き場があったように隅田川に面する地点であった。「心の駒かたとる」（傍点類は宮川、以下同じ）に地名が詠み込まれている。

「真土山月」は待乳山《まっちゃま》のこと。現在は聖天《しょうでん》が祀られる霊地で、浅草寺の北方にあたる。当時、吉保はここに下屋敷を拝領していた。[注三]

「下谷晴嵐」の下谷は寛永寺のある上野に対してその裾野にあたる地域の意。後に吉里の異腹の弟で、吉保側室の正親町町子腹の経隆《つねたか》が屋敷を拝領した地でもある。因みに晴嵐は季節を問わず晴れた日に吹く山風を言うが、この歌は「落葉ふりしく」とあるので季節は秋、それも晩秋と思しい。「松のこのしたやなき陰」に地名を詠み込んでいる。

「浅草原雪」は雪に埋もれた浅草一帯を詠んだもの。江戸時代中期の浅草はまだ場末の感が強く、「原」が語るよう

に原野がそこここに見られたのが窺える。注四

「墨田川渡」は『伊勢物語』第九段の東下りを踏まえての作であるのは明白である。しかしこれには地点が詠み込まれてはおらず、「渡し守」に代役をさせたもの。

「端芝夕煙」の端芝は橋場と思しい。現在の白鬚橋の南側、隅田川の右岸に位置する。「風吹はしはのけふり」に地名を詠み込んでいる。

（二）　甲陽八景和歌

詠者は保山、吉里、時睦《ときちか》、安通《やすみち》の四人。保山は吉保が出家して名乗った法名。安通（後の経隆《つねたか》）と時睦は吉保側室正親町町子腹の男児。吉里の異腹の弟達である。つまり柳澤吉保と三人の息子達による八景和歌ということになる。

甲陽は甲斐国のこと。そもそも柳澤家は武田信玄の家臣団武川衆の出身。しかも家宣が綱吉の養継子となった後を承けて甲斐国を賜り国主となった吉保、それを承けた吉里はもとより、吉保退任後に、甲斐国内に各々新田一万石を拝領した経隆、時睦にとっても、甲斐は誉れ高い土地であった。但し、吉保も経隆、時睦も一度も甲斐に下ってはおらず、八景和歌も景勝を想像しながらの詠に過ぎず、吉里のみ甲斐を実際に目にし肌に感じてのそれであった。

成立は、吉里が宝永七年（一七一〇）五月、初めて甲斐国に参勤交代の旅に出て、翌年春、江戸に戻った頃ではなかろうかと思われる。

夢山春曙　　保山

春のよの夢の山路の末かけてうつゝに霞むあけほのゝ空

石和流螢　　吉里
影すゝし石和の水の早き瀬に波のよる〳〵照らす螢は

龍華秋月　　保山
契るその暁かけて此寺にすむやいくよの秋の月かけ

金峯遙《暮イ》雪　　時睦
吹風にかねのみたけの雲晴てはるかにミゆる峯のしら雪

酒折夜雨　　安通
ゆきゝする人もとまらぬ酒折のよふかき雨の音しきりにて

恵林晩鐘　　吉里
寺の名も恵のはやし夕暮のかねの響もきくにたえなる

冨士青嵐　　安通
冨士のねの煙も雲も吹晴て嵐の末にのこるしらゆき

白根夕照　　時睦
さやけしな甲斐の白根の夕附日さしそふかたの雪の光りハ

「夢山春曙」の夢山は固有名詞ではなく、吉保の意識下にある仮想の山ではなかろうか。というのも側室町子の手になる吉保栄華の記録『松陰日記』（宮川葉子『柳沢家の古典学（上）―『松陰日記』―』平成十九年一月、新典社）の廿一巻は「夢の山」の巻名をもつからである。当巻は宝永二年（一七〇五）夏の記事を扱うが、そこでは吉里生母染子が三十九歳で他界。続いて綱吉息女鶴姫の夫紀伊徳川綱教、再昌院法印季吟、綱吉生母桂昌院が旅立つ無常がつづられる。同時に武田信玄の百三十三回忌を行い「百《もゝ》余り三十路三年の夢の山かひありて今問ふも嬉しき」とも吉保は詠んだ。夢の山は辿っても甲斐ない旅立った人々への思いの凝縮ではなかったかと考えている。

「石和流螢」の石和は甲州葡萄と温泉で著名な甲府郊外の地で、現在は笛吹市。「水の早き瀬」は笛吹川のそれであろう。

「龍華秋月」の龍華は柳澤家の菩提寺永慶禅寺[注五]の山号。龍華は弥勒菩薩がその下で龍華三会《りゅうげさんえ》[注六]を開くという龍華樹が語源。

「金峯遙雪」の金峯は奥秩父の主峰。この峯と国師岳を源とする荒川の渓流は、上流で静かな板敷渓谷をつくり、中流では昇仙峡の渓谷美を作り出している。また峰の南二十キロメートルには金桜《かねざくら》神社があり、そこに吉野の金峰山から蔵王権現を勧請して合祀して神仏習合となり、また日本三大御岳のひとつとして山岳信仰の霊場ともなっている。

「酒折夜雨」の酒折は、『古事記』に見える日本武尊《やまとたけるのみこと》と火焼の老人の歌問答、「新治筑波を過ぎて幾夜かねつる」「かがなべて夜には九夜日には十日を」で著名な酒折宮のこと。甲府市の東の外れにあたる。

「恵林晩鐘」の恵林は恵林寺のこと。武田家の菩提寺であり、現在も吉保・定子夫妻が眠る。

「富士青嵐」の富士は申すまでもない。

「白根夕照」の白根は甲府市から真西に三十五キロメートルほど行った、静岡県との県境の山。甲府から見ると夕映えが期待できる位置関係である。

（三）　南都八景和歌

南都は京都を北都とよぶのに対する奈良の異称である。吉里は吉保継嗣として、宝永六年（一七〇九）六月に家督相続。当時吉保が拝領していた甲斐国内の十五万石相当地（内高は二十二万石余）を受け継ぎ、甲斐守と名乗りを変え、翌年五月には参勤交代の初旅に出た。注七　その後、足かけ十五年間甲斐国守として甲府にあったが、享保九年（一七二四）に大和郡山に転封となる。その転封先で詠んだのが「南都八景和歌」である。〔補説〕　吉里の独詠であることが、「武蔵国浅草八景和哥」「甲陽八景和歌」とは異なる点である。

南圓堂藤
紫の匂ひますらん藤の門神のめくミの春の長閑さ
佐保川螢
いさきよき水の流のさほ河のもゆる螢ハ波にうつろふ
猿沢池月
村雲も空に晴なん猿沢の池にうつれる秋のよの月
春日野鹿
露寒き秋にふかくも妻恋の春日の野への小男鹿の声
三笠山雪
白妙の雪をかさねて三笠山あまきる空や月の寒けさ
雲井坂雨

ふる雨のはけしくも有雲井坂人のゆき、のとたえしてまし

　　東大寺鐘

幾年かふる大寺の鐘の音もさえて聞ゆるあかつきの空

　　轟橋行人

終夜聞やあかさん草枕ゆき、の人のと、ろきのはし

「南圓堂藤」の南圓堂は、藤原氏の氏寺興福寺にある八角円堂。本尊の不空羂索観音座像は平安末期から鎌倉初期を生きた康慶[注八]の作。堂の藤を詠んだものであるが、地名は詠み込まれていない。ただ「藤の門神のめくミ」とあるのから、同じく藤原氏の氏神春日大社も響かせているか。

「佐保川螢」の佐保川は奈良市春日山の東方、石切峠《いしきりとうげ》に源を発し、市内の北部を流れ、大和郡山市で初瀬川と合流、大和川となる歌枕。『大和名所図会』（秋里籬島・臨川書店・平成七年初版・同十四年第二刷）には、「今在家町轉蓋筋《てんかいすじ》に至る往還に石橋あり此下流をいふ水源ハ春日山鶯瀧よりなかれて南都《なんと》の西に至り末ハ添下郡に入」とあり、「奈良八景」として転法輪三条前内大臣公忠の歌、「飛ほたるかげをうつしてさほ川の浅瀬に深き心をそしる」を引く。吉里もそこに映る螢を幻想的に詠み上げる手法は同一である。郡山藩主吉里にとって佐保川はまた地理的に最も身近な川でもあった。

「猿沢池月」の猿沢池は興福寺南門前にある放生池として設けられた池。そこに映る秋月を詠んだもの。

「春日野鹿」の春日野は春日山の麓一帯をいう歌枕。そこに妻を恋うる男鹿の声がもの悲しげに響いているのである。神の使いと伝わる鹿は、春日明神が鎮座する春日野には必須の動物であった。

「三笠山雪」の三笠山は春日大社後方の山で若草山の南にあたるが、若草山そのものを指すことも多い。やはり歌枕。そこに雪が降っているのである。寒々とした静けさが伝わって来る。

「雲井坂雨」の雲井坂は、『大和名所図会』（前掲同書）に、「とゞろきの橋の北にあり」とし、「奈良八景」として為重の歌、「村雨の晴間に越よ雲井坂三笠の山は程ちかくとも」を引く。

「東大寺鐘」の東大寺は聖武天皇の発願による創建。本尊の盧舎那仏は天平勝宝四年（七五二）に開眼。度々の兵火で被害を受けるが、宝永六年（一七〇九）三月二十一日に大仏殿が再建される。同年一月十日に綱吉は薨去したから再建は確認できずじまいであった。

「轟橋行人」の轟橋は、『大和名所図会』（前掲同書）に、「東大興福両寺の中間押明の門の南にあり」とし、同じく「奈良八景」の冬宗の歌、「打渡る人めも絶ず行駒のふミこそならせと、ろきの橋」を引く。

（四）　郡山八景和歌

柳沢文庫には、右に論じた「八景和歌」の他に、「郡山八景」と題される二本の巻子本が蔵される。柳澤家内部の陣容での「八景和歌」ではないものの、一部吉里が関与していることで、当時の吉里の交友関係を知り得る史料として報告しておきたいのである。

論展開の便宜上、以下二本のうちの一つを、箱書に「仙台左中将吉村朝臣」とあるのから「伊達吉村本」、一つを、「武家方寄合」とあるのから「武家方寄合本」と呼ぶ。

「伊達吉村本」は、縦十七センチ。表紙は、茶色無地の仙台縞。本紙は、薄茶と青鈍色の、横六十センチの唐紙を交互に六枚継いだ巻子本。従って総長は四メートルほどになる。題箋は伊達吉村の自筆で、「八景和歌　吉村」とあり、箱書に、「郡山八景　仙台左中将吉村朝臣　自歌自筆　武者小路実陰卿添削之他　題吉村朝臣自筆　一巻」とあるのから、吉村の独詠と染筆がわかる。

しかしそれに続く吉里自筆の詠歌と、吉村の松嶋と塩竈の屏風に関する和歌贈答は、郡山八景詠といかなる関係にあるのであろう。吉里の領する郡山の名所を詠み込んだ「郡山八景」和歌に対し、吉村の領国陸奥の名所、松嶋と陸奥国一の宮の塩竈二箇所を描いた屏風を番《つが》わせ、名所合わせを気取るといった意図でもあったか。吉里はさすが可視的な写生画には声を失うと褒めた。応じた吉村は、和歌の見事さに助けられ、写生画は一層輝きを増すと詠んだ。こうしたささいな文芸交流が、吉村と吉里の間でなされていたことだけは確認できる。

翻刻は左である（和歌は本来三行書きであるが、紙幅の都合上、一部を除き一行書きにした）。

八景和歌

吉村

三輪山花

おりしもあれとふ人あらは三輪のやまいかにまちミむはなのさかりを

西大寺古柳

此寺のふる木のやなきいまも猶おもかけのこす世〻の春かせ

生駒山郭公

一むらの雲にきこえてほとゝきすい駒のやまのみねふかくなく

伏見里鹿

ふしミ山里のあさきりすえはれて稲葉のひまにひはり鳴なり
　益田池月
打か丶るひかります田のいけの名も秋にふりせぬ月のさやけさ
　龍田川紅葉
たつ田河こすゐのかきのかすみせてもみちを色になかす川なミ
　秋篠時雨
きのふかもなかめてくれしあきしのや外山のしくれ冬をつくなり
　初瀬山雪
はつ瀬山まきもひはらもうつもれて雪よりひ丶く入相のかね

吉村朝臣の許より松嶋塩かまを一双の屏風に書しを見せられしに　吉里
　松嶋や千賀の塩かま写し繪にけふこ丶なから見るもえならぬ
みちのく領内之名所之繪かきたる屏風を吉里朝臣へ参らせけれハ歌よミて給ハりし御かへしに
　うつし繪もこと葉の色に染まして浦のミるめもまされ嶋山　吉村

一方、「武家方寄合本」は、寸法は「伊達吉村本」同様である。表紙は、茶色に薄緑・薄茶の唐草金襴。裏表紙は砂子。全体に豪華さを醸し出す巻子である。料紙は楮紙を継ぎ、総長四メートルほどになる。この巻子本には、巻末に作者目録が存す。それをまずは翻刻しておく。

作者目録

三輪山花　黒田豊前守
西大寺古柳　井上遠江守
生駒山郭公　前田隠岐守
伏見里鹿　牧野越前守
益田池月　長澤壱岐守
龍田河紅葉　前田信濃守
秋篠時雨　畠山民部大輔
初瀬山雪　吉里
享保十九年八月廿五日

とある。各人の詠歌の翻刻は次の通りである。

三輪山花　直邦
みわの山杉はむら立霞む日も花ハよそめにかゝるしら雲

西大寺古柳　正敦
幾春のみとりふりせてこの寺のみきりになひく青柳の糸

生駒山郭公　玄長

聲ハた、雲井はるかのほと、きすいこまの山の峯やこゆらむ
　伏見里鹿　　　　　　　　　　　貞倶
里の名の伏見に夢ハむすはすもつまをかこふる棹鹿のこゑ
　益田池月　　　　　　　　　　　資親
えならすよすみわたる影もふけゆけは増たの池の月きよくして
　竜田河紅葉　　　　　　　　　　賢長
うすくこくそむる立田の紅葉はやにしきをあらふ秋の河かみ
　秋篠時雨　　　　　　　　　　　基祐上
幾度かはれくもりつ、あきしの、里も時雨もふりまさりゆく
　初瀬山雪　　　　　　　　　　　吉里
入相の鐘のひ、きはうつまねと雪に泊瀬の山そくれゆく

「作者目録」と各詠歌の詠者表記から、三輪山花の黒田豊前守は直邦、西大寺古柳の井上遠江守は正敦、生駒山郭公の前田隠岐守は玄長、伏見里鹿の牧野越前守は貞倶、益田池月の長澤壱岐守は資親、竜田河紅葉の前田信濃守は賢長、秋篠時雨の畠山民部大輔は基祐、そして初瀬山雪は吉里と知られる。

以下、『新訂寛政重修諸家譜』により、各人の出自と享保十九年（一七三四）時の年齢を述べておく。

まず吉里は四十八歳。大和郡山城主であった。

黒田直邦は初名直重。吉保養女土佐子の女婿であるから吉里とは義兄弟の関係にある。寛文六年（一六六六）生ま

れの当時六十九歳。外祖父用綱《もちつな》に養われ、神田館において綱吉息徳松に仕えたのが出発点。元禄十三年（一七〇〇）小大名《しょう》になり、享保八年（一七二三）奏者番、寺社奉行と進み、同十七年には西城（九代将軍家重）の老職に就いていた。

井上正敦《まさあつ》は宝永四年（一七〇七）生まれ。享保五年（一七二〇）井上正長の養子となりその女を室とする。時に十四歳。同六年（一七二一）、初めて有徳院殿（吉宗）に御目見、同年従五位下遠江守に叙任。同十七年大番頭。詠歌当時二十八歳。

前田玄長《はるなが》は、押小路大納言公音二男。母河鰭大納言實陳女。押小路は三条西公勝男公音を祖とする三条西庶流。元禄十五年（一七〇二）綱吉により江戸に召され家を興し、その時前田を名乗った。宝永三年（一七〇六）従四位下、宝永六年（一七〇九）高家に進み、享保十六年（一七三一）肝煎（同職中の支配役）に昇進。出身が公家であるだけに、幕府の任で上洛することも多かった。詠歌当時四十九歳。

牧野貞倶《さだとも》（後に貞通）は、綱吉時代、吉保の前任の側用人として活躍した牧野成貞の三男で、宝永四年（一七〇七）生まれ。享保四年（一七一九）、十三歳で成央の遺領を継ぐ。享保六年（一七二一）従五位下越中守に叙任。享保十九年に奏者番に昇進。詠歌当時二十八歳。

長澤資親《すけちか》は、外山大納言光顕二男。光顕は外山の祖。日野弘資二男。江戸に生まれ家を興し長澤を称した。資親は元禄十二年（一六九九）、綱吉に初御目見し、寄合、小姓並、従五位下、壱岐守を称した。宝永二年（一七〇五）従四位下。正徳五年（一七一五）、日光においてなされた東照宮の百回忌勅会を謝す幕府の使いとして上洛、享保十三年（一七二八）には、吉宗の日光参詣に供奉、同十四年には高家肝煎に昇進。公家の出身だけに前田玄長同様、幕府の任での上洛も多かった。詠歌当時五十四歳。

前田賢長《よしなが》（後に長泰）は、高辻式部大輔長量二男。母高辻大納言豊長女。高辻は遠く菅原道真に列なる名家。宝永四年（一七〇七）綱吉に初御目見。小姓並となり、宝永六年（一七〇九）に高家に列す。享保十年（一七二五）には、家重元服の使者として上洛するなど、京都とのつながりが深い公家であった。詠歌当時四十五歳。

畠山基祐《もとすけ》は、延宝三年（一六七五）生まれ。元禄九年（一六九六）、綱吉に初御目見。宝永七年（一七一〇）表高家となり、享保十五年（一七三〇）、奥高家、任従四位下侍従、民部大輔に改める。同十七年霊元院崩御の使者として上洛するなど、京都との関連が深い。詠歌当時五十七歳。なお署名の右下に「上」とあるのは、差し上げるの意ではないかと思われるが、他の詠者には付されておらず、基祐のみ付す意図は未詳である。

以上「郡山八景」に知られる限りにおいて、吉里の交友範囲は、公家の出身三人、義兄弟、父吉保の同僚の息子、京都とのつながりの深い武家といったところになる。特に押小路大納言公音二男である前田玄長《はるなが》は、三条西実隆につながる家筋。正親町町子がそうであったように、彼も正統な実隆の末裔であり、遠く正親町公通を窓口に開かれた公家との交流は、こうして吉里の時代にも脈々と続いていたのがわかる。

さらに、長澤資親、前田賢長も合わせ見る時、全員が綱吉の時代後半に江戸詰めとなっている。そこには、堂上方との密な連絡網を確保していた吉保の動きも見え隠れするように思うが、今はこれ以上言及しない。

〔注〕

一、石山秋月、比良暮雪、勢田夕照、矢橋帰帆、三井晩鐘、唐崎夜雨、堅田落雁、粟津青嵐。

二、本書第一章で詳細を述べた。

三、詳細は、本書第二部第三章「下屋敷―茅町屋鋪と芝の屋鋪―」を参照願いたい。
四、浅草が原野であったことに関連し、時代は鎌倉中期に遡るが、後深草院二条の『とはずがたり』（福田秀一氏・新潮日本古典文学全集本）正応三年（一二九〇）八月に二条が浅草観音堂に詣でる記事に、「浅草と申す堂あり。十一面観音のおはします。霊仏と申すもゆかしくて参るに、野の中をはるばると分け行くに、萩、女郎花、荻、薄よりほかは、またまじる物もなく、これが高さは馬に乗りたる男の見えぬ程なれば推し量るべし。三日にや分け行けども、尽きもせず。ちとそばへ行く道にこそ宿《しゆく》などもあれ、はるばると一通りは、来し方行く末野原なり」とあるのを髣髴させる。
五、永慶禅寺は、享保九年、吉里が大和郡山に転封になるに及び、甲斐から大和郡山へ移した。
六、釈迦入滅後、五十六億七千万年ののち、弥勒菩薩がこの世に出て、龍華樹の下で悟りを開き、人々を救済するために説法するという三回にわたる法座。弥勒三会ともいわれる。
七、参勤交代の初旅の旅日記が、本書第一部第三章第一節で論じた「甲陽驛路記―宝永七年吉里初入国―」である。
八、運慶の父、快慶の師匠である。南圓堂の不空羂索観音の他、四天王、法相六祖像、東大寺の伎楽面などが残る。

補説　八景和歌について

有吉保氏は「中世文学に及ぼした中国文学の影響―瀟湘八景詩の場合」（『日本文化の原点の総合的探究Ⅰ』昭和五十九・日本評論社）において、瀟湘八景詩が八景和歌を生み出してゆく経緯や、八景詩歌のいくつかを挙げられたが、それによると、吉里が「積玉和歌集員外　組題　六」に収載した三つの八景和歌に関して次のように論じられている。

「江戸八景」として、隅田川秋月・関屋落雁・潮入夕照・橋場夜雨・待乳晴嵐・駒形帰帆・州崎晩鐘・富士暮雪を挙げられたが（一七六頁）、これを吉里の武蔵国浅草八景和哥の、東叡山鐘・菴崎暮雨・駒形行人・真土山月・下谷晴嵐・浅草原雪・墨田川渡・端芝夕煙と比べると、隅田川（墨田川）・橋場（端芝）・待乳（真土）・駒形の四つが名所の部分で一致しているが、情景の対象は異なるし、残る四箇所は名所も情景も一致を見ていない。ということは、北村季吟と吉里がなした浅草八景は、「江戸八景」とは別個な観点から詠まれた八景和歌ということになるのではあるまいか。恐らく出題は季吟であったと思うが、「江戸期に至って頂点に達したかと思われる八景詩歌」（一六九頁）にあっても、名所をそのまま利用するのではなく、浅草に焦点を絞って題を撰び、独自性の高い歌が詠じられる場合もあったのである。このように八景は常に一定の景物名所とは限らなかったことも含んでおく必要があろう。

「甲斐八景」として有吉氏は、次のように論じられた。「甲斐八景は、松平甲斐守吉里が、冷泉三位（為綱）に依頼したものと序文にある。和歌と誹句で詠まれている。酒折夜雨・夢山春曙・龍華秋月・金峰暮雪・白嶺夕照・富士晴嵐・石和流螢・恵林晩鐘」（一七六頁）。これを吉里の甲陽八景和歌と比較して見ると、用字の差異が若干あるものの、題は一致している。ただ、有吉氏が冷泉為綱に依頼したものとされる出典がわからず、柳沢文庫にも該当する作品が収蔵されておらず、確認がとれないのであるが、甲陽八景和歌は、保山（吉保）・吉里・時睦・安通が各二首宛て詠んだもので、為綱の関与はないので、別な作品が同題で詠まれたことを語るのであろう。

さて有吉氏は、「南京八景詩歌」の項で、「奈良の名所八景の詩歌である。永徳二（一三八二）年頃成立」（一七〇頁）として、南圓堂藤では、前関白左大臣近衛道嗣の詩を挙げ、太政大臣二条良基の歌として、「藤なみは神のことはの花なれは八千代をかけて猶そさかへむ」を挙げる。佐保川螢では、権大納言三条西公時の詩、前内大臣三条公忠の歌、「とふほたるかけをうつしてさほ川のあさせに《も(待)》深き心をそしる」を挙げる。猿沢池月では、文章博士菅原淳嗣の詩、左近衛権少将藤原雅幸の歌、「のとかなる波にそ氷《出(国会)》るさる沢の池より遠く月はすめとも」を挙げる。春日野鹿では、参議《右大弁宰相》右中辨《(待イ)》勧修寺経重の詩、権中納言公勝の歌、「かすかやま峯のあらしやさむからん麓の野へにしかそ鳴なる」を挙げる。三笠山雪では、左大臣徳大寺実時の詩、前右大臣西園寺実俊の歌、「みかさ山さしてたのめは白雪のふかき心を神やしるらむ」を挙げる。雲井坂雨では、文章博士菅原秀長の詩、権中納言為重の歌、「むら雨のはれ間にこえよ雲井坂三笠の山は程ちかくとも」を挙げる。東大寺鐘では、権大納言久我入道相国具通の詩、前大納言四辻入道善成の歌、「をく霜の花いつくしき名も高しふりぬる寺の鐘の響に」を挙げる。最後、轟橋行人では、権中納言大炊御門冬宗の詩、前中納言小倉実遠の歌、「打わたる人めもたえす行駒のふみこそならせ轟の橋」を挙げる。「南都八景和歌」と比較すると、題はまったく同じものを用いているが、歌の内容は吉里独自のものと知られる。

なお、本文注に引用した『大和名所図会』は名所に因む和歌を収載するのであるが、それは当該「南京八景詩歌」に依っていることは明かである。ただ、轟橋行人の「打わたる」云々の歌に関し、『図絵』は詠者を冬宗とするが、これは小倉実遠とすべきである。冬宗は詩を詠じたのであって歌は詠じていない。それを『図絵』は取り違えて載せてしまったものと判断されることを加えておきたい。

このように各地域に八景和歌が誕生しているのであるが、どの八景が最も早く撰定され、それを題に詠歌がなされるようになったのか、といった基本的な問題も考える時に来ているように思う。近江八景があまりに有名であるため、それに打ち消されてしまった感のある奈良（南都）八景であるが、「南京八景詩歌」の成立が永徳二年（一三八二）であることに鑑みると、あるいは南都八景が最初に撰定された可能性もあるように思う。五十七年続いた南北朝時代が、あと十年余で終結にむかう頃、それが永徳二年であった。

第二節　御吉野里歌合
――吉保・吉里父子の二人百番歌合――

解説の部

（一）　はじめに

本節の目的は吉保・吉里父子の二人百番歌合を紹介することにある。

柳沢文庫に蔵される吉里の家集「積玉和歌集員外　巻第五」に収載される「御吉野里歌合」は、表題の下に記される年月日から、元禄十六年（一七〇三）十月三日になされたと知られる。吉保四十六歳、吉里十七歳の時である。[注一]吉里は翌年二月二十八日に、酒井雅楽頭忠挙女と婚姻するから、結婚を間近にひかえた頃でもあった。因みにこの前年、即ち元禄十五年十二月十五日は、かの有名な赤穂浪士の吉良邸討ち入り事件が起こり、当年二月四日には大石内蔵助以下四十六人が死を賜っていた。

（二）「御吉野里歌合」の作者

作者は、「一番　立春」に、左・敷津浦人、右・立田市人とあるように、敷津浦人（敷津の浦は摂津住吉付近の歌枕）と立田市人（立田〈龍田とも〉は奈良県生駒郡斑鳩町の歌枕）。これは方人《かたうど》としての名乗りで、敷津浦人は吉保、立田市人は吉里であることは間違いない。いずれも歌枕を用い洒落た命名であるところに、北村季吟に古今伝受した歌人としての吉保の自負の程も見える。なお仮名《かめい》を用いてなされた歌合の代表例は、文治三年（一一八七）の御裳濯川《みもすそがわ》歌合で西行が自撰歌を三十六番に番える際、左・山家客人、右・野径亭主としたのが挙げられよう。

「御吉野里歌合」の表題命名の経緯は不明。三十六歌仙の一人坂上是則（坂上田村麻呂孫・好蔭息）の歌、「あさぼらけありあけのつきとみるまでによしののさとにふれるしらゆき」と何か関係があるのであろうか。もっとも当時吉保は川越城主として三冨《さんとめ》開発（川越藩南西部の新田開発）なども完成させており、三冨の地域は三芳《みよし》と呼ばれる武蔵野の一部であったから、「御吉野」を「みよしの」と読んで自らの領地を表題に託したのであったのかもしれない。さらに、「吉野里」には吉保の「吉」と「吉里」が伏せ字的に配されており、それによって父子の歌合であることを暗示したかとも考えられる。

（三）　判者北村季吟

百番が終わったところに、「前新玉津嶋法印季吟判」とあり、判者は北村季吟であったのは動かない。新玉津嶋社（京都市下京区松原通烏丸西入南側）は、和歌の浦に鎮座する玉津嶋社を勧請したもの。足利義詮が社殿を新造。貞治六年（一三六七）三月二十三日に新造記念の新玉津嶋社歌合がなされたのは有名である。季吟は元禄二年（一六八九）十二月二十一日に、息男湖春と共に幕府歌学方となり江戸に下るが、それまで新玉津嶋社の神官であったことで新玉津嶋社歌合にも関連深い歌人として斯く名乗ったものと考えられる。

季吟と吉保の交流は、吉保時代の柳澤家の公用日記『樂只堂年錄《らくしどう》』第一（宮川葉子校訂・平成二十三年七月・八木書店）に見る限り、元禄十三年（一七〇〇）八月十五日になされた柳澤家の詩歌会への出席が初出。時に季吟七十八歳。

そして同年八月二十七日に吉保に古今伝を授けた。また吉里の和歌の師としてこの後約五年間指導にあたる。それは吉里十三歳から十八歳までに相当する。その間に師弟で詠み交わしたのが「武蔵国浅草八景和哥」（本書第一部第二章第一節（二）で論じた）である。従ってこうして判者を務めるのは当然の成り行きとも言えた。

但し当該歌合は後日判である。それは、二十一番の判詞に「右名残おしそおもふとよめる詞書たかへたる文字も侍るにや」とあることに推測できる。「書たかへたる文字も侍るにや」の文言は、届けられた歌合一式に書損があったことを季吟が指摘するものに外ならないからである。

（四）「御吉野里歌合」の組題

同一歌題を百番に番えたところには、定数歌として後世への影響が大きかった『堀川百首』との関係が窺える。『堀川百首』と「御吉野里歌合」の組題を併記してみると次のようになる。なお堀川百首は『新編国歌大観』第四巻私家集編II・定数歌編によった。

〈堀川百首〉

春二十首（同六・準六）

立春　子日　霞　鶯　若菜　残雪　梅　柳　早蕨　桜　春雨

春駒　帰雁　呼子鳥　苗代　菫菜　杜若　藤　款冬　三月尽

〈御吉野里歌合〉

立春　朝霞　谷鶯　残雪　若菜　里梅

簷梅　春月　春曙　帰雁　春雨　岸柳

待花　初花　見花　花盛　落花　款冬

池藤　暮春

全く重なる題六首（傍線で表示、以下同じ）。準じたと見なせる題六首（例えば「霞」と「朝霞」は、「霞」が共通することをもって準じたと見なす。波線で表示、以下同じ）。以下表題の脇に（同六・準五）のごとくに示した。

夏十五首（同四・準六）
更衣　卯花　葵　郭公　菖蒲　早苗　照射　五月雨　蘆橘　螢
蚊遣火　蓮　氷室　泉　荒和祓

秋二十首（同三・準十五）
立秋　七夕　萩　女郎花　薄　刈萱　蘭　荻　雁　鹿　露　霧
槿　駒迎　月　擣衣　虫　菊　紅葉　九月尽

冬十五首（同五・準七）
初冬　時雨　霜　霰　雪　寒蘆　千鳥　氷　水鳥　網代　神楽
鷹狩　炭竈　炉火　除夜

恋十首（同・準なし）

更衣　卯花　待霍公　関霍公　霍公稀
橘薫袖　早苗　五月雨　鵜河　叢螢　夏草
夏月　白雨　杜蟬　夏祓

早秋　七夕　荻風　萩露　女郎花　暁鹿
夜鹿　初雁　秋夕　山月　野月　河月
江月　浦月　籬菊　旅衣　暁霧　岡紅葉
庭紅葉　九月尽

初冬　時雨　落葉　朝霜　寒草　千鳥
水鳥　氷初結　冬月　鷹狩　野霰　浅雪
積雪　閑中雪　歳暮

恋二十首

初恋　不被知人恋　不遇恋　初逢恋　後朝恋　会不逢恋　旅恋
思　片思　恨

寄月恋　寄雲恋　寄露恋　寄雨恋　寄風恋
寄山恋　寄関恋　寄海恋　寄原恋　寄橋恋
寄木恋　寄草恋　寄鳥恋　寄虫恋　寄獣恋
寄玉恋　寄鏡恋　寄枕恋　寄衣恋　寄絲恋

雑二十首（同三・準五）
暁　松　竹　苔　鶴　山　川　野　関　橋　海路　旅　別　山家
田家　懐旧　夢　無常　述懐　祝詞

雑十首
浦松　窓竹　山家風　田家　故郷
海路　羈旅　述懐　神祇　祝言

以上見てくると、二十一首の題が同一、三十九首が準じた題ということになる。これを『堀川百首』を意識してのものと見るか否かは意見の別れるところであろうが、全く意識していなかったとは言い切れないと考える。ただ注意しておかなくてはならない点が大きく二つある。

一つは『堀川百首』の恋部は十首であるのに、「御吉野里歌合」では二十首。その分、雑が十首になっている点である。しかも恋は全てが所謂「寄せ恋」。恋部をかく充実させたのは、翌年早々に婚姻を控えた吉里への配慮であったかと思う。

二つは、『堀川百首』で見られる四十一首の一字題（春六、夏四、秋十二、冬四、恋二、雑十三）が、「御吉野里歌合」では一つも見られない点である（ここで言う一字題は単純に文字数のそれである）。題者は吉保ではなかったかと考えているが断定はできない。ただ一字題が一首もないのは、それが初期からの方針であったのを語り、そこに『堀川百首』

に準じながらも独自性を持たせようとした姿勢を見るべきかと思う。

（五）「御吉野里歌合」の価値

「御吉野里歌合」は、述べて来たように吉保・吉里父子による同題百番二人歌合。二人歌合の形態は極めて珍しく、峰岸義秋氏『歌合の研究』[注二]によれば、天慶六年（九四三）以前の成立とされる陽成院親王二人歌合があがるのみである。[注三]二人歌合の典型としての希少価値は指摘できよう。

一方、近世になると、歌合は中世以上にもて囃されなくなるのは周知のことである。因みに峰岸氏同著によれば、当該歌合までの百余年になされた江戸期の歌合は十一回。それは俊成が判者として活躍した、歌合史の空前絶後の時代といわれる六条天皇の永万二年（一一六六）から土御門天皇の元久元年（一二〇四）までの四十年足らずに四十回という数値と比較する時、歴然としている。しかも番数が少ないそれでしかなくなった中、百番という規模は異彩を放っていると言わねばなるまい。季吟の判詞からその歌学のありようを窺えるのも貴重であろう。

なお、当該歌合がなされた元禄十六年、柳澤家では「九番歌合」もなされている。これは既に『歌書綜覧』に、「柳沢吉保家の人々の元禄十六年の歌合にて衆議判なり」と指摘され峰岸氏も引かれたが、「御吉野里歌合」への言及はなく、補足の意味もある。

このように吉保・吉里父子は、時代の趨勢に逆行するように伝統的文芸に造詣を深め、それを楽しんでいたのである。

〔注〕

一、実は同年七月二十八日、吉保の下屋敷六義園の名所《などころ》の一つ「新玉松《にいたままつ》」前に、吉里生母が鳥居を建て、吉保が「新玉松」の額を掛けるということがあった。詳細は、第二部第一章及び第五章第五節「吉保から吉里へ」にゆずるが、和歌の庭として自ら設計した吉保にとって、その精神の拠りどころは京都の新玉津嶋社を勧請し松を七本植えてご神体とした「新玉松」であった。そこへの鳥居奉納は記念すべき行事であり、あるいはそれを祝しての歌合ではなかったかと考えている。

二、初版昭和二十九年・三省堂出版。平成七年八月パルトス社から復刻版発行。

三、「元良親王がその同母弟元平親王と御二人でおこなわれたものと推察される」（注二同書・一七〇頁）とある。

翻刻の部

積玉和歌集員外　巻第五

御吉野里歌合元禄十六年十月三日

一番　立春

左勝　日の本のけふのひかりに唐土もおなし（マヽ）[注一]時にや春の立らん　敷津浦人

右　天の戸の明そめしより春の来てよもゝ長閑に霞たな引　立田市人

左の哥第一第二の句詞つゝきよろしく聞え侍るにや下句花めつらかにこそ右の哥上下よくかけあひて聞え侍りけるを猶左のめつらかなるには聊をとりさまにやとて左為勝

二番　朝霞

左勝　朝日影長閑き空に立渡る霞のうちに見ゆる山の端

右　朝ほらけ春の色もや増るらんかすミもふかし紀路の遠山

左の哥霞のうちに見ゆる山の端幽玄に餘情あるさまにや侍らん右哥も景気たゝならす聞え上とも猶左の幽玄には及ましくや

三番　谷鶯

左　　春風に谷のふるすをけふ出てむかしかはらぬ鶯の声

右勝　谷川にたつ白浪を花とみて鳴ひと声や春のうくひす

左むかしかはらぬといへるゆへなきにハ侍るましけれと春風とよみ出てさして其詮も聞え侍らねは一首のさまつよからす聞え侍るにや右ハ其難なく聞え侍けれハ勝にてや侍らん

四番　残雪

左勝　葛城の高天の山ハ春きても猶風寒く残るしら雪

右　　村消て春の色なる松陰や一しほ増る庭のしら雪

左たけたかく姿優美にや右むら消てとよみ出て終に庭の白雪と侍る風體このましからす愚意にはおほへハ（マヽ）給へは以

左為勝

五番　若菜

左持　根芹つむ浅沢小野の風寒み我衣手に春の雪ふる

右　　しら雪の消る野原に打むれて若菜つむ也袖ハぬれつゝ

左下句光孝天皇の御製にあまりに似てや侍らん右も下句猶不快にや仍なそらへて持とし侍るへし

六番　里梅

左持　色ふかミとはぬ梅津の里までもみちて匂へる春の夕かせ

右　春くれは志賀津の里の梅の花誰か移りかそ袖の匂ふは

左とはぬといふ詞いかゝと聞え候にや色ふかミといふ五文字にもうけかたく候右志賀ハ桜の境地になれしを梅をしも取出給へるたとひ例有とても哥合なとには耳馴ぬ景物好むましく候歟仍准而可為持

七番　簷梅

左持　吹くれは色より増る咲梅の香をなつかしミ軒の春風

右　紀井(国脱カ)のこそめの梅の軒ちかミうつミてみえし雪や降らん

左哥色より増る梅かゝのとつゝけまほしき所にや右うつミてみえしといふ詞梢につもるなとも申へきにや左右少つゝおもふところ候につきて持とすへくや

八番　春月

左勝　月影の行ゑもしらす芦火焼なにはの浦の霞よな〳〵

右　春の夜の空おほろなる故郷のあるゝ板間に宿る月かけ

左哥さしたる難なきにや右哥詞つゝきよろしからす聞え侍り仍以左為勝

九番　春曙

左持　吉野山霞もふかき春のよのやゝ明かたきしのゝめの空

右　　山の端に霞のこりてほの〳〵と雲ハ別るゝ春の明ほの

左やゝあけかたきといふ詞いかゝと聞え侍り右もかすみ残りてといふことは此一首にいひかなへす候持とすへし

十番　帰雁

左勝　越の海の浪を分つゝゆく雁の霞へたてゝみえす成にき

右　　春霞立わかれてやうす墨にかく玉章とみゆる雁かね

左風情おもしろく聞え侍り右うす墨にかく玉章とみゆるやとよめる古哥をそのまゝにて霧を霞にかへたるはかりにや

猶等類のかれかたかるへし仍以左為勝

十一番　春雨

左勝　にはたつミ流れもゆかす春雨の日をふるまゝに水増りけり

右　　つれ〳〵のなかめにくるゝ柴の庵に春雨降ぬ軒の玉水

左日をふるまゝに水まさりけりといへるおかしく聞ゆ可為勝

十二番　岸柳

左勝　玉柳みとりの糸の春くれはまつあらふらし岸のしら浪

右　　川岸に水もてむすふ青柳のミとりのいとに露の白玉

右哥詞つゝきくた〳〵しく聞え候にや左其難なけれは勝侍るへし

十三番　待花

左持　行てみむけふハ色そふ龍田山この春雨に花まつわれは

右　よそよりも速く咲なる庭もせの春日うらゝに花や待らん

左哥とまりの詞萬葉の古風をこひねかひ給へりと聞ゆ今の世にハ四三のとまりとてこのまぬ事にや候らん右哥よそよりも速く咲なるといひてハ花とか桜とかつゝけまほしきにや春日うらゝにも一首につきなし准而可為持

十四番　初花

左持　咲そむる色に吉野ゝめつらしな匂ひもうとき花の白雲

右　白雲の色もいつしかあら玉の初花桜にほふ春かせ

左色に吉野のめつらしなといふ詞いかにそや右あら玉の初花さくらまたこひねかふにしき詞にや准而可為持

十五番　見花

左持　咲しより花にむかはぬ時もなし猶我袖に匂へはるかせ

右　から衣きつゝなれゆく色も香も袂にしるき花の山みち

左右等同の風體花よろしく聞え侍りよき持なるへし

十六番　花盛

左持　咲みつる花に下枝ハうつもれていまをさかりと色匂ふらし

右　　色香をもけふよりしらん盛をは枝にもみせて花に成行
左右同等にや又持なるへし

十七番　落花

左　　山川のゐく井によとめ春風の散しく花のかゝるしら浪
右勝　日数へて花ちりうつむ庭もせを雪とやみましあかぬ名残に
左第三第四の句愚意に及はぬところ候へは右勝にてや候ハん

十八番　款冬

左　　駒なへてみにもゆかはや山吹の八重の花さく井手の河浪
右勝　立田川色にやうつるゆく水の浪のうへなる山ふきの花
色にやうつるといふ詞山吹の色の金の言の葉なるへし左の哥も風情といひ姿といひまことにたくひなく聞え侍るを八重の花さくと云詞八重咲匂ふなといはんにはをとりさまにやとて右を勝と定侍る

十九番　池藤

左　　池にすむ鴛の羽かひにかゝるらしこき紫に咲る藤浪
右勝　春雨の露さへそひて紫に幾入そむる池の藤なみ
幾入そむるとよめるおかしく侍るにや

二十番　暮春
左
　幾とせの春のとまりをしる人もなき世也けりいつち行らし
右勝
　一とせに二たひとこぬ春なれやけふ帰るさの名残おしけき
二度とこぬ春なれやといへる春のとまりをしる人もとよめるには猶まさりてん

二十一番　更衣
左勝
　春過て今ハあたなる夏衣名残おしさの花染の袖
右
　立かへて二たひ春にわかれにし名残おしそ思ふ蟬の羽衣
右名残おしそおもふとよめる詞書たかへたる文字も侍るにや左ハさやうのところもみえさるにとりて可為勝

二十二番　卯花
左
　玉川の井手こす浪の色なれやわきてとハまし里の卯花
右勝
　みるかうちによる白浪の井関をもこゆる計にさける卯花
玉川あまた所侍るに井手の玉川ハ山城にて山吹蛙名にしおふ所に候卯花をよみ候は摂津国にて候を此哥井手こす浪と御入候ハ山城の井手玉川にや候はん卯花いかゝとみえ申候右哥みるかうちにとよまれ候あまりに怠々にやと被存候へとも下句おもしろく候へは可為勝候歟

二十三番　待霍公

左勝　時鳥まつにあやなくひと声ももらさて過る村雨の空
右　時鳥来なく山辺にけふもまた今やと頼む初音也けり
待にあやなくとよめる難なきにつけて勝とすへし

二十四番　関霍公
左　杉か枝に山ほとゝきす声立て鳴夕かけに関かたむ也
右勝　今こそハ声もおします過ぬらんころもの関に鳴ほとゝきす
左関かたむなりといふ詞いかにそと聞え侍る右其難見え侍らねはかちて候にや

二十五番　霍公稀
左　したはるゝ五月の末の忍ひ音も鳴ほとゝきす遠さかり行
右勝　帰るさの名残になくか水無月に絶〳〵になる山ほとゝきす
水無月に絶〳〵になるとよめる五月のすゑの忍ひ音にはまさり候はん

二十六番　橘薫袖
左持　追風に花橘のかほりぬる猶袖ふれてむかしかたらん
右　たちはなの袖にや匂ふ時しあれハ賤の小(たカ)て巻くるゝよすから
左右ともにいひかなへぬところ侍れハ持とし侍へし

二十七番　早苗
左　　里毎に民の草葉の数みえてとるやさなへの頼もしき世は
右勝　小山田の暮かゝるまて早苗とれ日数つもらハふし立やせん
とるや早苗のたのもしき世ハとよめるいさゝかおもふところ侍り右勝候ハんかし

二十八番　五月雨
左持　湊川せかれていと、五月雨の日をふる空に水まさるらし
右　　晴やらて日のめもみえぬ五月雨に朽やしなましあさミつの橋
左哥せかれてといふ詞河にせかれ候ハんとかたふかれ候にや右あさミつのはしいつくにか候らん源順和名集に越前丹生郡朝水を阿佐布豆といへり催馬楽の浅水橋をあさむつと侍るこれらの詞を書たかへ給ひ候歟歌合には遠き名所を難したる例候間准而可為持

二十九番　鵜河
左持　ともす火のあかしもさそと嶋かくれ行白浪に鵜舟さすらし
右　　大井河月にもくたす鵜飼舟さハしる魚のかゝり火の影
左あかしもさそと嶋かくれなとよめるハ人丸の古風によりて明石の浦をおもひやりたる風情にや鵜川といふ題にいかゝ候ハん右月にもくたすと候は後嵯峨院の御製のかたむけハ山陰くらきとよませ給ふ詞なから猶いひさまは彼御製には及かたくや左右おもふところ候へは持とすへし

三十番　叢螢

左　　おもひ草露のしけミに光ある夜半の螢の影そほのめく

右勝　ほたるこそ鳴虫よりもいやましにあハれもよほす夏草の影

なくむしよりもあハれ也けりとよめる古哥の詞を用ひて夏草のかけとよめる影そほのめくには増り候ハん

三十一番　夏草

左持　夏草にまたこぬあきそ思ハるゝみれハ先立露に露そふ

右　　七草にさきたち色や増るらん秋まつ野へのかはらなてしこ

二首なから先たつといふ詞にて作りたてられ候いつれをくれたりとか定め侍らん持にてさしをくへし

三十二番　夏月

左持　夏の夜やひるにかはらぬ玉くしけ二上山の月を見るかな

右　　くれにみし籬のかつら光さして涼しくすめる短夜の月

玉くしけ二上山いひしりていとおかしく聞え候をひるにかはらぬといふ詞俗にや聞ゆへく候ハん右くれにみし籬のかつら猶左にまさるへきすかたともみえす候へは持とすへし

三十三番　白雨

左勝　鳴神のひゝきのなたを見渡せハ雲の一むらすくる夕立

右　　夕立のあとふく風の涼しさにすゝしくすめる浮雲の月
　鳴神のひゝきのなためつらかにや可為勝

三十四番　杜蟬

左　　秋かけて木陰涼しき夕風やいはせのもりの蟬のこゑ〳〵

右勝　なく蟬の声も涼しき衣手の森の下かけ風もかよひて

左あきかけてとよめる夏の題の哥にいかゝときこえ侍り右哥声も涼しき衣手とつゝきたる詞つかひ優美におかし可為
勝

三十五番　夏祓

左持　耳敏川身のとかハみなけふよりや祓きよめて神ゝうけつらし

右　　みそきするけふから崎に麻のはもよる白浪の風そ涼しき

耳敏川身のとかハみなとよめるめつらかにや麻のはもよるしらなミ又風情おもしろし准而可為持

三十六番　早秋

左勝　いせの海のをのゝふるえや立浪の袂すゝしき秋のはつ風

右　　吹上の濱の真砂による浪や秋の初しほ風にきぬらん

右あきの初しほ風にきぬらんといふ詞如何と聞え候左かち侍るへし

三十七番　七夕
左　夕月夜おほつかなさも七夕のくもりふたかり秋のむら雨
右勝　七夕の心なかくも待わひて年に一よのちきりなるらん
左くもりふたかりといふ詞優ならす聞え申候にあきのむらさめも七夕の雲にゆへなく候右心なかくも待わひてなとよめるおかしく聞え侍り勝とすへし

三十八番　荻風
左持　音信もおりからつらき小夜更て寝覚おとろく荻の上風
右　をとたてゝ風吹あきの涼しさに露をきそふる庭の荻原
左右さしたる難なく候へは持にて候はん

三十九番　萩露
左持　しら露の玉をしきける春日野やこほれて匂ふ秋萩の花
右　とへかしな野路の玉川あき萩の花咲しよりむすふ白露
左春日野右野路の玉川いつれとも申かたく哥から詞つかひともに優美に聞え侍へはよき持にてそ侍へき

四十番　女郎花
左　うつしみる水のかゝみやさる沢の池のミきりの女郎花の花

右勝　　秋来ては色めく野へに白露の玉かつらする女郎花かな
左とまりの詞の文字あまりふるくもあまたよみたる事なから萩の上の露山おろしの風なとやうにたによみ馴れたるハ
耳にもたち候ハぬを耳なれぬ詞は如何にや右かち可申こそ

四十一番　暁鹿
左勝　　妻恋の夕へとなれは鳴鹿のあハれ数そふをはつせの山
右　　まさきちる色もさひしミ声立て小鹿妻とふ秋の夕暮
右色もさひしみといふ詞おもふところにや左哥哀といふ詞いかゝと覚え候へともあまた好士のよまれたるためしも候
へは哥からのめてたきにつけて勝とや申へく候ハん

四十二番　夜鹿
左勝　　あし引の山下風のよもすから妻こふ鹿の鳴あかすらし
右　　なかき夜をいねすきけとや草枕鹿の鳴らん妻恋の山
左優美に聞えて可吟歌候右妻こひの山衣笠内府の哥にて名所に出たる名所なから猶めつらしき名所好むましきよし先
達のいましめに候へは以左可為勝

四十三番　初雁
左持　　春霞帰るをおしとおもひしに又くる秋のハつ雁の声

右　　なく声を何そときけはなかきよのねふりを覚す秋の初雁

左帰るをおしと思ひしにとよみ右ハ何そときけはとよめる詞等同にや持にて侍らん

四十四番　秋夕

左持　見渡せはけふりもうすき塩竈の浦のひかたの秋の夕暮

右　　落葉して梢さひしく成にけり立田の山のあきの夕暮

左浦のひかたの秋の夕暮めをおとろかし耳をよろこはしめ候右梢さひしくなりにけり風情心にうかひ感慨肝に銘し候

いつれも秀逸のさまよき持にそ侍るへき

四十五番　山月

左持　炑の月くもらぬかけハ所から光にみするをはすての山

右　　雲晴て月をむかふる秋の夜ハ小倉の山も影やすむらん

をはすての秋より小倉の夜色ミな幽玄のおもかけ言語を絶し侍り又よき持なるへし

四十六番　野月

左持　光さしてくまなき月に吹風の涼しき野への秋のしら露

右　　見れハ猶草葉にあまる秋のよの月の影さす宮城野ヽ原

左右の哥のさまおなしほとに聞え候中に草葉にあまるといふ詞かのをのヽあさちの露のひかりにて憚りあるへくや哥

ハ左にをとるへくも侍らねはかちまけあるましくこそ

四十七番　河月

左持　玉ちりて千世の数みる月影やいかに冴ゆく瀧津川なみ

右　名取川月のみかけのさえ〳〵て水底みゆる瀬〻の埋木

左ハ瀧のしら玉千世の数かもとよめる俤にておもしろく右は瀬〻の埋木ともに古今和哥集の故ある詞つゝきなれはいつれとも申かたし可為持

四十八番　江月

左勝　秋ふかミなかれも清く底澄て堀江の水にひたす月影

右　うちそよき玉江の芦に吹風のやとりそかふる秋の月影

右やとりそかふるといふ詞いかゝと聞え候左勝候ハん

四十九番　浦月

左　澄月の影のミやとる須磨のうらいつしか淋しあきの汐風

右勝　空晴てちりもくもらぬ月影の光をうつす床の浦浪

ちりもくもらぬ床の浦しく物なく聞え侍りかち可申候にや

五十番　籬菊
左勝　咲菊や露も千とせの色みえて籬に匂ふよゝのあき風
右　みちとせの桃よりも猶庭もせのまかきの菊の盛久しき
露も千とせの色みえて勝侍るへし

五十一番　擣衣
左持　里ちかミ声もほのかに賤の女かときあらひきぬ今やうつらん
右　長きよにちたひやちたひ賤かうつよその禱(マヽ)の声のうらむる
左ハ人丸の古風あり右楽天の言の葉より出たるへし持とし侍る

五十二番　暁霧
左持　旅人のゆきゝ隔つる暁や霧のかさなる岩のかけみち
右　峯晴て梺になひくうす霧のうすくも見ゆる暁の空
左右またおなしほとにおもしろしよき持になん

五十三番　岡紅葉
左　もみちはのやしほの岡と誰か又さため置けん秋の木末を
右勝　露時雨いくたひ染る色なれやむかひの岡の秋の紅葉ゝ

左哥誰かまたとよめる又といふ詞いひかなへす候にや右上下かけあひて聞ぬれは勝侍るへし

五十四番　庭紅葉

左持　秋深ミ庭の梢に青葉をも残さす染よまなく時雨て

右　庭もせの軒端にかゝる葛かつら秋の錦の色増りゆく

左右おなしほとの哥からにや持とし侍るへし

五十五番　九月盡

左　幾秋もわかれハ今としる袖のかたみに残す夜半のむら雨

右勝　長月の月さへみえぬ暁の露もなみたのあきのわかれち

左わかれハ今としる袖のといふ詞いかにそやと聞え候右九月盡のあかつき名残哀もふかくきこゆ勝可申

五十六番　初冬

左勝　草も木も時雨てわたるきのふけふ冬来にけりな秋のふる里

右　ふす鴫の岸根にそよる霜の朝声寒けしな冬ハきにけり

右岸根にそよるといふ詞いかゝと聞え候うへことはつゝきくたけたるにや左勝にて候ハんかし

五十七番　時雨

左持　みえ渡る時雨過ゆくうき雲のあたりハ晴て遠山の松
右　板間あらミ年ふる閨の軒端はりもる、雫ハ時雨ゆくらし
左五文字猶あるへく聞え候右下句猶思案せまほしく候持にこそ

五十八番　落葉

左持　紅葉はのふりしく庭を忘れてもまたみぬ先に朝清めすな
右　冬来ぬとさそふ嵐の音冴て木葉ふりしく住吉のうら
左右時節の景気の上幽情ふかく吟するにたへ味ふにあまりありよき持にや侍らん

五十九番　朝霜

左持　朝日さす夜のまに置し初霜のきゆる跡より軒の玉水
右　色みれは道のミ白き草の原わけゆく袖にむすふ朝霜
左朝日さす夜のまといふ事いかゝと聞え侍るにや右色みれは道のミ白きといふ詞おもふ所なきにあらす候なそらへて
持とすへし

六十番　寒草

左持　葛垣の霜に悉たる色みえて哀にみゆる岡の辺の宿
右　今みれハ霜をき残す衣手の杜の下草かれそはてぬる

左右おなしほとにや又持とすへし

六十一番　千鳥

左　　見れハ猶沖のしらすに汐みちて跡たにとめす立千鳥哉

右勝　声立て浪にはなる丶さよ千鳥遠さかりゆくあまの橋立

声立て波にはなる丶といへる風情おかしく遠さかり行あまの橋立上下かけあひて感心すへしよろしく勝侍るへし

六十二番　水鳥

左持　庭の池水をた丶へて手飼する人にそなる丶あちの村鳥

右　　夜を寒み羽かひも今ハ氷とちてもろねやならぬ池の鴛鴨

五文字ハ一首の肝要なれはよく思案する事と古きよみかたのふミにも侍るに左の庭の池いか丶にや右羽かひも今ハなと詞たらて聞ゆ持と申へし

六十三番　氷初結

左　　このころハ軒のかけひの水音もたゆるはかりに氷そめけん

右勝　庭もせのよとむ時なきやり水も氷そめけん夜半の寒けさ

左氷そめけんと候からにハ五文字今朝はハやなともあらまほしく候右夜半の寒けさ風情まさり候にこそ

六十四番　冬月
左勝　なへてみな霜をく夜半の冬寒ミ残るくまなき庭の月影
右　木枯や木の葉くもらぬ月澄てひかりをうつす池の氷に
左残るくまなき庭の月影こともなくよろし勝可申候かし

六十五番　鷹狩
左持　やかたおの鷹もみわかす降雪にいつち狩人袖の寒けさ
右　けふも又たなれの鷹の御狩する手にもとまらぬ野への露霜
左鷹もみえわかすとあらまほしきにや右下句上にかけあはす候持なるへし

六十六番　野霰
左持　萩の葉にくたくるはかりふる霰村雲かゝる野への寒けさ
右　冬来ては野路の篠原寒けしな霰吹まく風わたる也
左右いつれも其心の哥なるへし又持とすへし

六十七番　浅雪
左勝　ふる雪のつもるともなき庭もせの落し木葉の色もみゆらし
右　よをあさミけさもつもらぬ白雪の庭の真砂地顕れにけり

左つもるともなきとよみ給へる浅雪の題にかなひて珍重にや右も題にはそむかす聞え候へとも五文字いかゝに聞え候

仍以左為勝

六十八番　積雪

左勝　よこきりて海ふく風の寒けさに雪の積れるから崎の松

右　をしなへてみな白妙に降雪の冬のよすから竹の下おれ

から崎の松の風情夜すからの竹の下おれにはまさるへく候にや

六十九番　閑中雪

左持　降雪に道絶しよりとふ人も今ハあらしのよもきふの宿

右　草の庵さひしさそふる夕雀をとつれて行雪の山さと

左右閑中のけしきよくいひかなへて詞といひ心といひ可吟可味持にて侍らむ

七十番　歳暮

左持　おしめとも暮ゆく年に明は又春をむかへん門枩の色

右　雪の中も春の隣のちかつきておしむとすれと年の暮ぬる

左右の歳暮けちめ申かたし又よき持なるへし

七十一番　寄月恋
左持　袖の上ぬるゝかほなる色みえて月にや移る人のおもかけ
右　有明の月ハわかれをしたひみて帰る名残の袖の上の露
何かほといふ詞古き哥合にきらへる言葉にやしたひみてとよめる詞又いかゝと聞え候故准而可為持

七十二番　寄雲恋
左持　うき雲の空にみたるゝ我おもひ心まよひをいかゝはらさん
右　おもひあまり心も空にあこかれて八重にかさなる夕暮の空
左空にみたるゝ我おもひ哀ふかく聞え候右おもひあまり心も空にと侍る手たりのしわさいちしるく候又勝負に迷ひ候

七十三番　寄露恋
左　荻の葉に露のかことの乱てそおもふ心の色やかるらし
右勝　しら露にあらハれにける我袖や色も染ます身を歎くらし
左の哥色やかるらしといふ詞いかゝと聞え候色そめますも優美ならす侍れと猶左にはまさり候ハん

七十四番　寄雨恋
左勝　かきくらし身をしる雨に我袖のぬれて程ふる中の契りハ
右　あけぬそといひなしてもや契らましぬるよの床の暁の雨

明ぬそといひなしてといふ詞優美ならす聞え候にやかきくらし身をしる雨業平の俤有てよろしくみえ候勝侍るへし

七十五番　寄風恋

左　かはるなよ心ハ今も浅からぬ思ひを風の便にもしれ

右勝　よひ〳〵に人待宿の淋しさのこととふものハ庭の松風

左右詞金玉をつらねて心善美をつくして聞ゆいつれとも勝負つけかたく候中にこととふ物は庭の夳風猶増り候ハん

七十六番　寄山恋

左勝　うき名のミ煙とたちて思ふミのおもふかひなき不二の芝山

右　今更にさてもやまめや恋しさの猶増り行するゑの山道

うき名のミ煙とたちてと侍るまさりて候にや可為勝

七十七番　寄関恋

左　今ハはや親のいさめに関すへて恋のかよひち中絶にけり

右勝　絶果ぬ恋しき人の玉章やもしの関もりゆるすまもなく

親のいさめに関すへてといふ詞優美ならすと聞え候もしの関もりゆるすまもなくとよめるやまさり候ハん

七十八番　寄海恋

左持　あら磯によせてハ浪の立かへりつらきハ恋のとこの海つら
右　恋〳〵ておもふ心の迷ひよりふたつの海ハ目のまへそかし
左右等同のさまにや可為持

七十九番　寄原恋
左持　言の葉をたのめし末や色かはる契りはかなきまの丶萩原
右　うき人にとハれん物か秋来てハ露をきそふるひはら杉原
これもおなしほとに聞え候歟

八十番　寄橋恋
左勝　しら玉の緒絶の橋にはかなくもつれなき人をかけて恋つ丶
右　丸木橋あやうきなから渡らましふかき契りの人と我か中
人と我か中といふ詞おもふ所にや白玉の緒絶の橋とよみ給ふ詞の優美なるにとりて可為勝

八十一番　寄木恋
左持　つらかりき袖の別のかたみかも人なき床のむめの下風
右　なかれ木のゆくゑハいさや白浪のくちハはつとも逢ぬかなしさ
左右等同にや可為持

八十二番　寄草恋
左勝　住吉の岸うつ波にわすれ草わする隙なき恋もする哉
右　夏草のふかく成行おもひ哉契りはかりの人のおもかけ
左わする隙なきといふ詞少優ならす聞え申候へとも序哥のさま古風有て捨かたくみえ候にや右契りはかりの人のおもかけにハまさり候ハん可為勝

八十三番　寄鳥恋
左勝　真木の戸をあなかま水鶏たゝく也あけてもむなし人はとひこて
右　ひと度のあふよにかへし我命かへるつらさの鴫のはねかき
左詞はくた〳〵しきやうなれと心ハ正しく侍るにや可為勝

八十四番　寄虫恋
左勝　恋侘てしなはや花にたはむるゝ哀胡蝶の夢のよの中
右　こひ初て藻にすむ虫の哀なり絶間くるしき我身思へハ
左詞あはれふかく心又哀あさからす候右ことはくた〳〵しく心もまたしからす聞え候以左可為勝

八十五番　寄獣恋
左勝　しるやいかに真萩しからミ鳴鹿も秋のよすから妻をこふとは

右　　と丶めてし家の犬さへうとましなたゆる恋路の人のつらさに
左哀ふかく又可為勝侍

八十六番　寄玉恋
左勝　数〳〵に思ひくたけていかにせんおちてよとまぬ袖のしら玉
右　　年のをよ涙の玉をくりかへしあはぬ思ひの袖の瀧つせ
左おちてよとまぬ袖のしら玉とよめる無價宝珠とたふとむへくまことに及ふましき哥さまにや右逢ぬおもひの玉の詞
十五城をもおしむましく藺相如かいきほひおほえ侍てつよきところいふもさらなるへしされとかす〳〵におもひくた
けてと侍る猶まさり候ハん

八十七番　寄鏡恋
左勝　影たにもむかふ涙にへた丶りて人のつらさのますか丶みかも
右　　あさな〳〵みる鏡さへ今ハはや涙にくれて恋つ丶そふる
人のつらさのますか丶み猶てり増り候ハんかし

八十八番　寄枕恋
左持　うつり香を我身にしめて思ふそよ床の涙のつけの小枕
右　　新枕年に三とせを待侘てなみたにくつる床にさむしろ

左哥下句涙の床のとあらまほしく候にや右哥上句年のミとせと申候ハヽ猶詞つヽき増り候ハん共にすこしつヽのおもふ所ハ候へとも二首なからなミ〳〵ならす甘心のところ侍れは准而為持候へし

八十九番　寄衣恋

左持　恋しさの幾しほ増る色そこれ人のかたみの花のころも手

右　待人や塩焼衣まとをにて浦風うらむ夜半のひとりね

左かたみの花衣一入并入の紅とも見えて増る色あるましく感吟せられ候に右まとをの衣うらめつらしきことの葉なるへしともに龍田姫といはんもつきなかるましく七夕の手にもをとるましく見え候へは又持なるへし注二

九十番　寄絲恋

左　初瀬女の手にひくいとのかく計思ひミたるヽ身こそつらけれ

右勝　かたいとのくるれは人のまたれつるうき偽になれしちきりも

初瀬女の手ひきの糸くり返しても吟歌すへきすかたに候へともくるれは人のとよめるかたいと心もほそくあハれもふかく聞え申につきて以右為勝

九十一番　浦松

左勝　千とせまてすむ陰ならん辛崎や清き浦半の枩のゆく末

右　緑そふ色をうつしてよる浪や藤江のうらの春のちとせハ

藤江の浦の千年の松もめてたくハ聞え候へとも猶からさきの美景に目はと丶むへくみえ候からに以左可為勝

九十二番　窓竹

左　　千年まて色もかはらし窓ちかミ生そふ竹のしけりもそ行

右勝　よろつ代も春の緑の色深き夏になかむる窓のくれ竹

左ハしけりもそ行といふ詞聊おもふところにや右は夏になかむるといふ詞猶あるへくハ存候へともあまりに持のおほからんハ哥の判者の心きたなくみえ候ハん後年も恥しさに右を勝にやと申候き

九十三番　山家嵐

左　　夕嵐塵の外なる山里のさひしきにたにすくる世中

右勝　折〳〵の嵐になる丶山ふかきすみかなれとも聞そ淋しき

夕嵐ちりのほかなると侍る奇ミ妙ミと可申候山ふかき栖また心すみまさりいとおかし二首なから秀逸の躰と見え候へは持と申たく候を彼おもひやりによりて右勝と申候

九十四番　田家

左勝　風過てひかぬなるこにいな雀立さハくらん小山田の庵

右　　いな莚露けさ増るふる雨に秋のかりほの折やしなまし

左右ミな秀逸のさまとみえなからひかぬ鳴子や心もひき侍けん以左為勝

九十五番　故郷
左持　行てみるふりにし里は葎はひよもきかそまと成にけらしも
右　荒果てみるも哀の増りけりけに草しけき世ゝのふる里
左葎はひとよめる詞いかにそやと聞え候右けに草しけきと侍るも等同のさまなれハよろしく持にこと定候へし

九十六番　海路
左持　立浪に真楫しけぬけ舟人よ武庫山おろし風そはけしき
右　わたの原舟と風との便にて波路はるかに漕わかれゆく
左まかちしけぬきとは萬葉集の詞なるをしけぬけと侍る聞よからすや候ハん右舟と風との便にてもいかゝと聞え候持
と可申候

九十七番　羇旅
左　角田川こととふ鳥に名をしたひ都のかたそおもひやらるゝ
右勝　旅衣こえゆく山もはるかにて八重にかさなる跡の白雲
八重にかさなるあとのしら雲や増り侍らん

九十八番　述懐
左持　うき世をハ夢としりても哀なる身のいとなみをするそはかなき

右　　津の国のなにはのあしのよゝかけてうきふしつらき事ハしらしな

此つかひも持と可申にこそ

九十九番　神祇

左持　幾千代のよを照すらん内外なる神のめくミのあらんかきりハ

右　　みつかきの久しきためし明らけしよもを守りの伊勢の神垣

左右ともに伊勢の神あかめても猶あまり有かちまけ申かたし又持と可申候

百番　祝言

左持　治れる御代のためしの我君に猶あかなくもつかへまつらん

右　　末遠く八百万代も君か経んけに静なるうらやすの国

左忠節をのへられて盛情あさからす右国家安静を祝ひて珍重すへくみえ侍り勝負の詞つけ申かたしまた持とそ申へき

前新玉津嶋法印季吟判

敷津浦人　左勝　三十

持四十五

立田市人　右勝　二十五

〔注〕

一、左の四句目「おなし時にや」を（マヽ）とした点に関して補足しておきたい。判詞一行目に「下句花めつらかにこそ」とあるのは、季吟が下の句の一部を「花めつらかに」と変えることを提案、それを踏まえて左を勝と判じたと見るべきであろう。恐らく現行の「おなし時にや」の箇所の改訂を指していたと思しい。「おなし時にや」の箇所が原初ではどのようにあったかは知る由もないが、清書の段階で吉保は季吟の提案を退けたのだけは確か。しかしその理由も知れない。

二、判詞の後半に「龍田姫といはんもつきなかるましく七夕の手にもをとるましく見え候へは」とある部分に関して補足しておきたい。これは『源氏物語』帚木巻で、左馬頭が木枯しの女との体験談を語り収めるにあたり、「龍田姫と言はむにもつきなからず、織女《たなばた》の手にも劣るまじく」（小学館・日本古典文学全集本巻二一五二頁）とあるのをそのまま引用しているのは明らかである。季吟が吉保・吉里父子の『源氏物語』への理解度を承知の上で、少しばかり洒落ているのであろう。間接的ながら柳澤家の『源氏物語』への造詣を語るものとして見逃してはなるまい。

第三節　新春の歌会

――宝永四年と享保九年の柳澤家新春歌会――

はじめに

大和郡山市教育委員会所蔵「豊田家文書」の中に、柳澤家で行われた二つの歌会始の写本が残されている。本稿はその紹介と翻刻である。

柳澤吉保は北村季吟から古今伝受、継嗣吉里は吉保から伝受して和歌に熱心な家柄であった。[注一]一方、吉保の末娘増子[注二]は柳澤邦守（藪田）に嫁した。藪田家は代々柳澤家の家老職を勤めた重鎮で、藩の宿老でもあったから、嫁ぐ増子に柳澤家の文芸関連の文書が譲渡さることがあったのは十分に考え得る。吉里編纂の「續明題和歌集」も、吉里書写の『伊勢物語』もその類であった。[注三]譲渡にあたっては増子の兄吉里が、父親代わりとなって大いに采配をふるったものと思われるが、それはさておき、藪田家は明治になり豊田家と姻戚関係に入った。[注四]そのため藪田家旧蔵文書のいくつかが豊田家（大和郡山市五軒屋敷）に移り、それらが「豊田家文書」と呼ばれることになった。

それから百余年の歳月が経った平成九年、二月から八月にかけ、「豊田家文書」が大和郡山市に移管された。順次整理・調査が開始されたのだが、そこには柳沢文庫には所蔵されない文書もあり、柳澤家の文芸を研究するのに看過できない。

本稿で紹介する歌会始もそれである。大老格として名を馳せた柳澤吉保が、和歌の家としても繁栄を願っていたのが看取できる資料。霊元院や中院通茂等、堂上歌人に添削を願って力量を磨いた武家歌人吉保・吉里父子。彼ら二人が私的なレベルで開催した歌会始にその実際を覗いてみたい。

（一）　宝永四年柳澤家新春歌会―解説と翻刻―

「豊田家文書」六〇三一。分類題名は「連歌集」。題詠十六首、当座二十首の計三十六首からなる。装幀は楮紙の二箇所を紙縒で袋綴にしただけの簡易的なもの。表紙も同紙で、直書で、

柳絲緑新

寶永四年亥正月四《六》日會

柳絲緑新

柰

亥正月六日

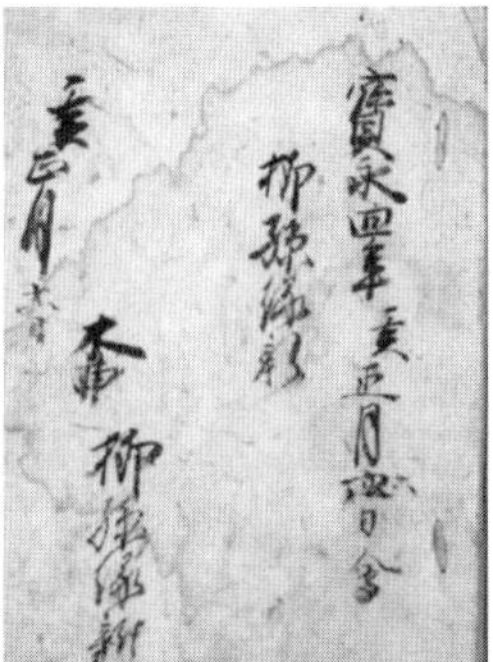

とある（論の都合上、一行宛てに翻刻をなしたが、行間はもう少し縮まっている箇所もある）。更に浸みが表紙の四分の三を被っていて美麗とは言い難く、「寶永四年亥正月四《六》日會」の「四日」を見せ消ちにし「六」と訂正（見せ消ち符号「ミ」を左に付さず「四」を無造作に縦線二本で消す）、題詠題の「柳絲緑新」が段を違えた二箇所に登場、「柰」（柳の異体字）が一字だけ無意味に記されているなど、不可解な点もあり清書本ではなさそうである。勘物、識語等は一切ない。

詠者は十六名。吉保・吉里父子と賀茂神社の権禰宜賀茂祐之を除くと、他は柳澤家お抱えの学者や家臣達。特に十首目の、「うちけふるこのめの中にそめそめてなひく花田の青柳のいと」（3オ）を詠じた全故《たけもと》は、吉里に同行して甲斐国へ下り、吉里に『源氏物語』の全巻読破をなさせ、和歌にも俳諧にも秀でた人物であるのは既に述べた通り

である。[注五] また祐之は、しばしば江戸に下り吉保と昵懇で堂上方との連絡役を務めていた。なお当座の十九首目「夕眺望」（8オ～8ウ）には詠者の記載がないのであるが、吉保、全故、貴亮が二首宛て詠じていることに鑑み、吉里の作品ではないかと推定できることを加えておきたい。

ところで当該歌会が開催された宝永四年（一七〇六）一月六日（表紙は四日を見せ消ちにして六日と改める）とは、同月十八日に吉保の五十賀が予定されていた直前にあたる。しかもこの二年後には綱吉が薨去、側用人として将軍と共に歩んだ栄華の道に決別した吉保は、駒込の六義園に隠退するから、結果的には栄華の頂点にあった時期ということになる。

吉里も既に二十一歳。侍従に補され、伊勢守の名乗りのもと、老中の上席にある吉保継嗣として立派に成長していた。題詠の「柳絲緑新」には、糸のように細くとも末永い柳澤家の繁栄を託したい思いが看取できる。以下、既に右になした表紙を除き翻刻をなす。

（1オ）

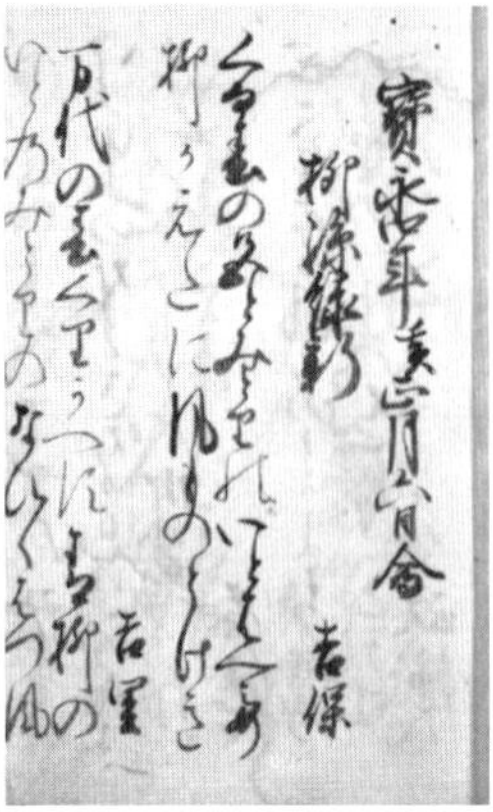

寶永四年亥正月六日會

柳絲緑新

吉保

くる春の色とみとりのいとはへて
柳かえたに風ものとけき

吉里

万代の春くりかへす青柳の
いとのみとりのなひくはつ風

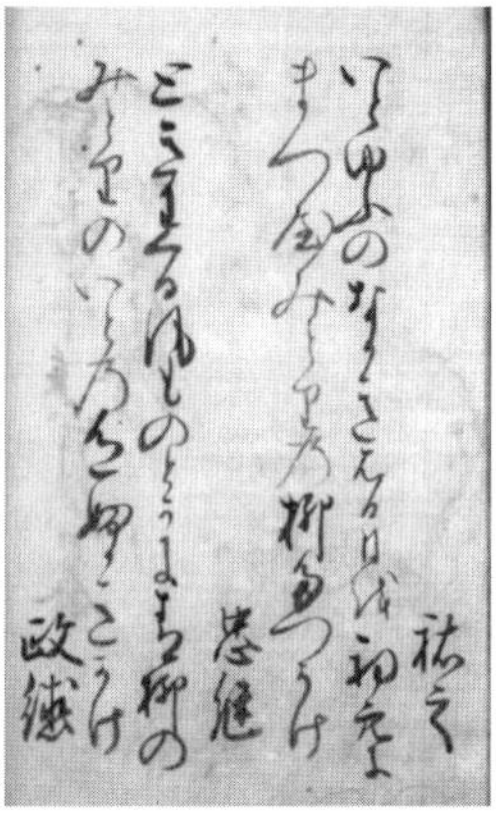

（1ウ）

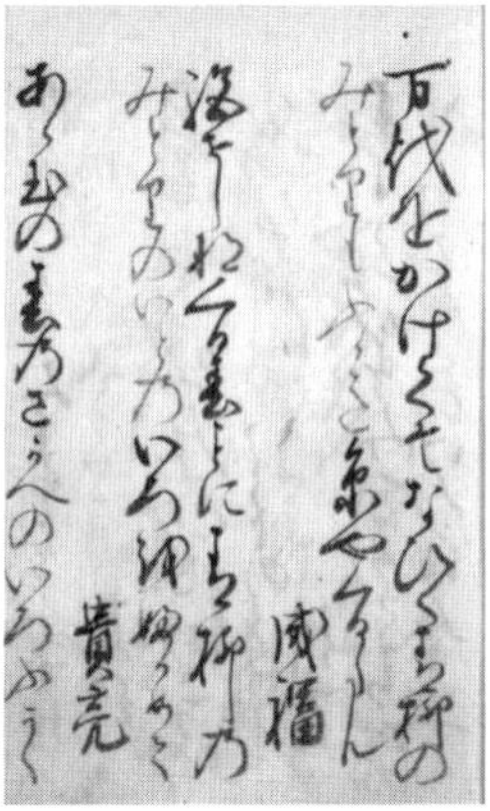

（2オ）

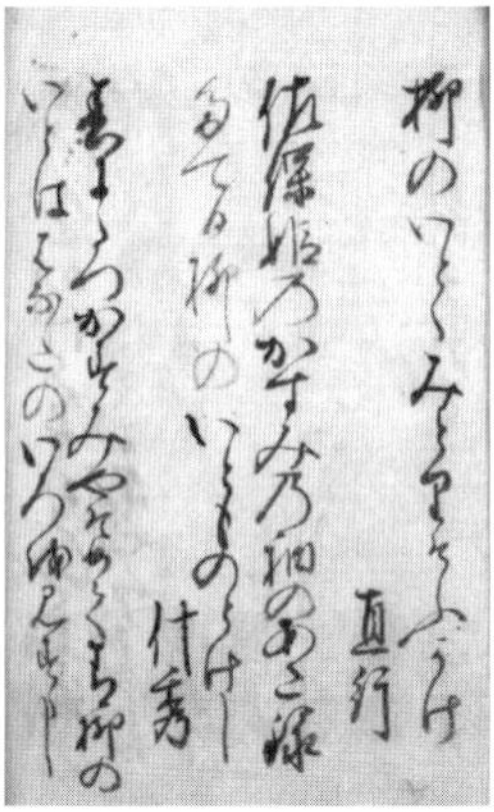

（2ウ）

いとゆふのなかきはる日を初空に
まつやみとりの柳たつかけ　　祐之

ときにくる風ものとかに青柳の
みとりのいとの色ふかきかけ　　忠継

万代をかけてそなひく青柳の
みとりもふかき糸やくるらん　　政徳

絶せしなくる春ことに青柳の
みとりのいとのいろをふかめて　　成福

あら玉の春のさかへのいろふかく
柳のいとゝみとりそふかけ　　貴亮

佐保姫のかすみの袖のあさ緑
たてる柳のいとものとけし　　直行

（2ウ）

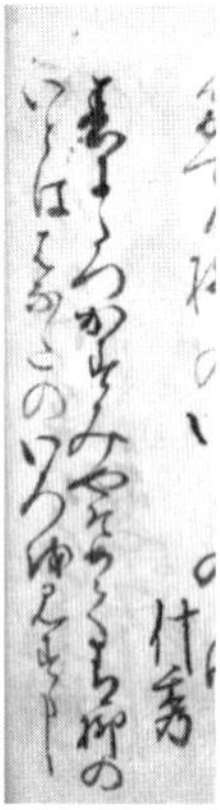

（3オ）

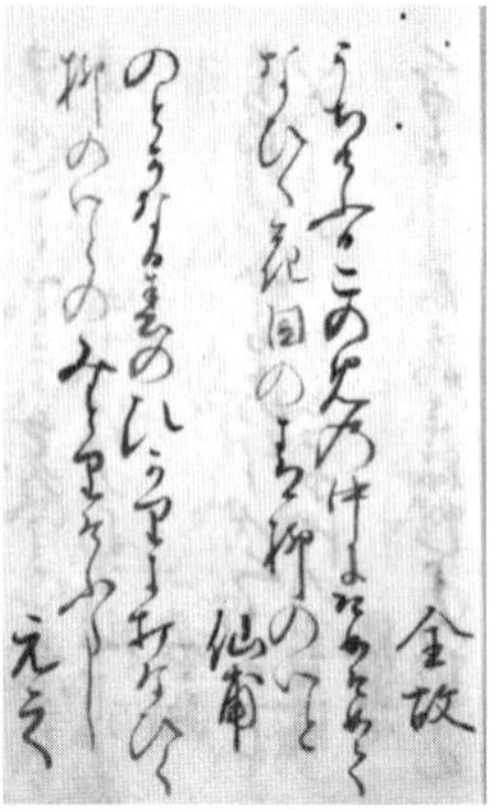

（3ウ）

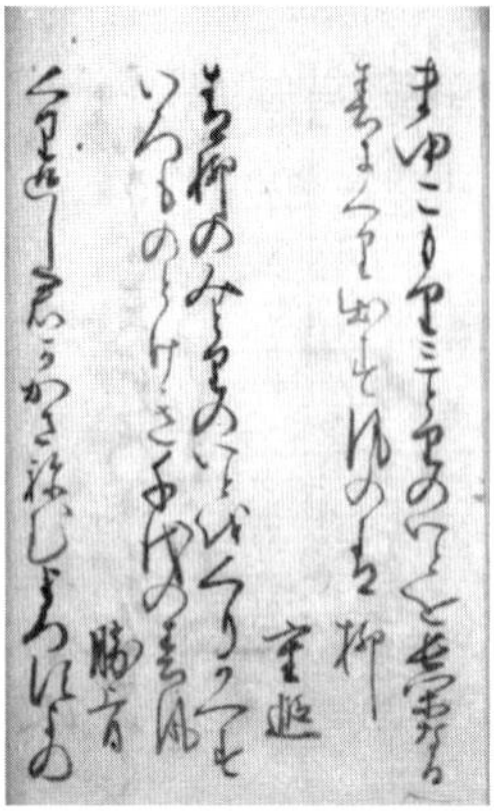

（4オ）

春にたつかすみやそめて青柳の
いとははなたのいろを見すらし　　什秀

うちけふるこのめの中にそめそめて
なひく花田の青柳のいと　　全故

のとかなる春のひかりに打なひく
柳のいとのみとりそふらし　　仙甫

まゆこもりミとりのいとを長閑なる
春にくり出す風の青柳　　元之

青柳のみとりのいとをくりかへす
いろものとけき千代の春風　　重遐

くり返し君かかさねむよろつよの
春をみとりの青柳のいと　　勝旨

（4オ）

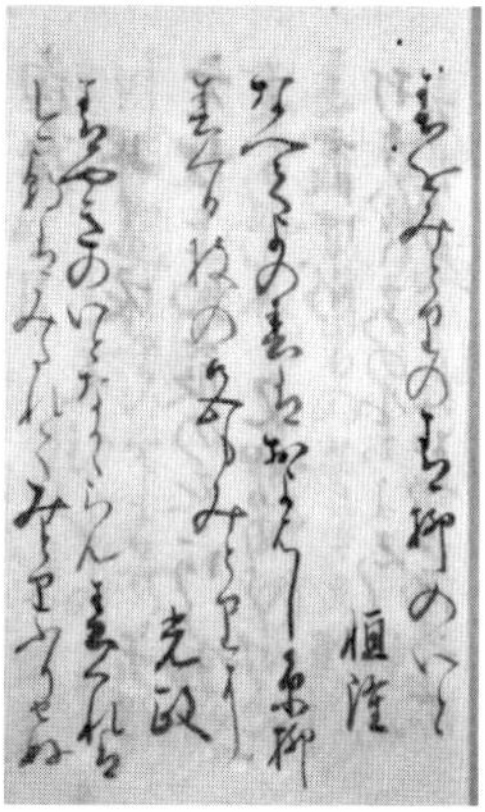

（4ウ）

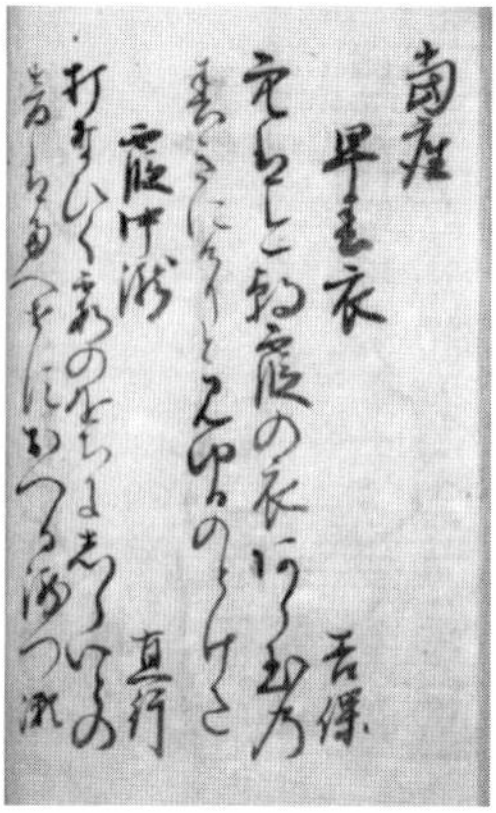

（5オ）

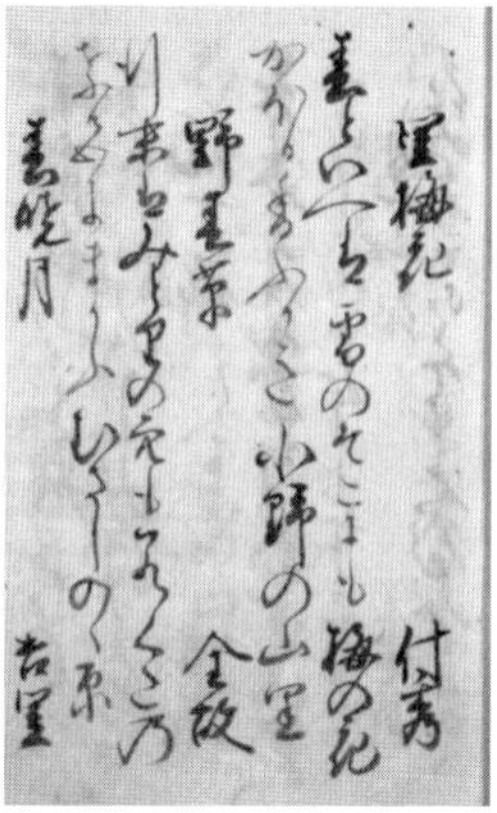

恒隆
なへてよの春はおよはし糸柳
春くる枝の色もみとりに
光政
青やきのいとなか〻らん春くれは
今朝はみたれてみとりふりせぬ
當座
早春衣　吉保
空は今朝霞の衣あら玉の
春きにけりと見ゆるのとけさ
霞中瀧　直行
打なひく霞のをちにしらいとの
音はたへせすおつる瀧つ瀬
里梅花　什秀
春といへは雪のそこにも梅の花
かほる香ふかき小野の山里
野春草　全故
行末はみとりの空も若くさの

(5オ)

(5ウ)
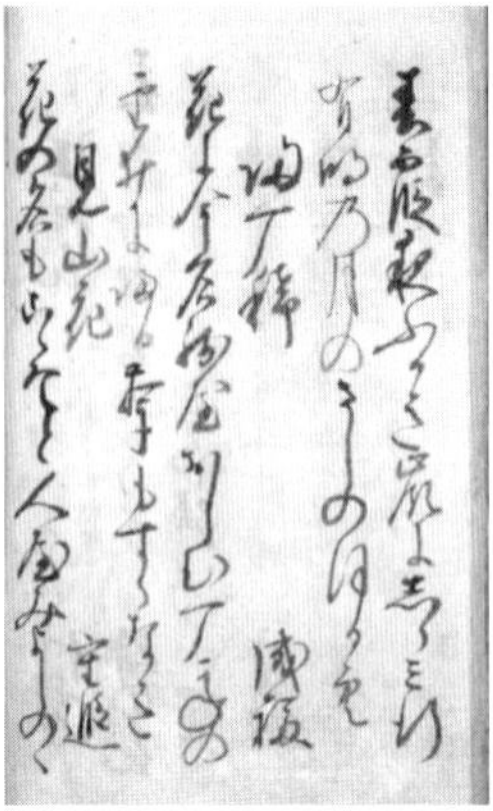

(6オ)
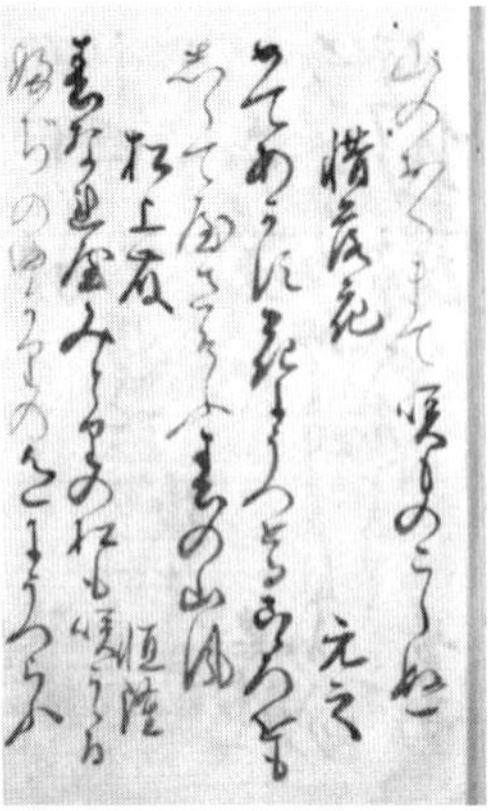

葉色にまかふむさしの、原

春暁月　吉里

春霞夜ふかき嶺にしらミ行
有明の月のさしのほる空

帰雁稀　成福

花に今名残やおしむ雁かねの
雲井に帰る声もすくなき

見山花　重遐

花の名もこ、そと人やみよしの、
山のおくまて咲ものこらぬ

惜落花　元之

めてあかす花にうつせるこ、ろをも
しらてやさそふ春の山風

松上藤　恒隆

春なれやみとりの松も咲か、る
ふぢのゆかりの色にうつらふ

（6ウ）

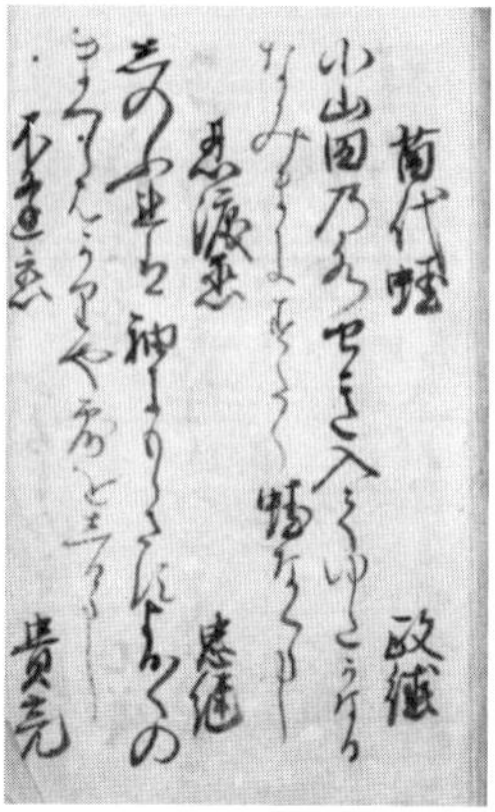

（7オ）

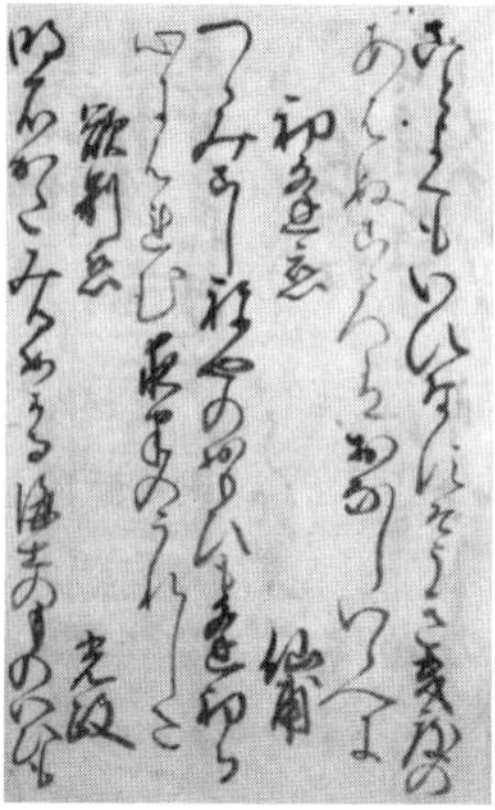

（7ウ）

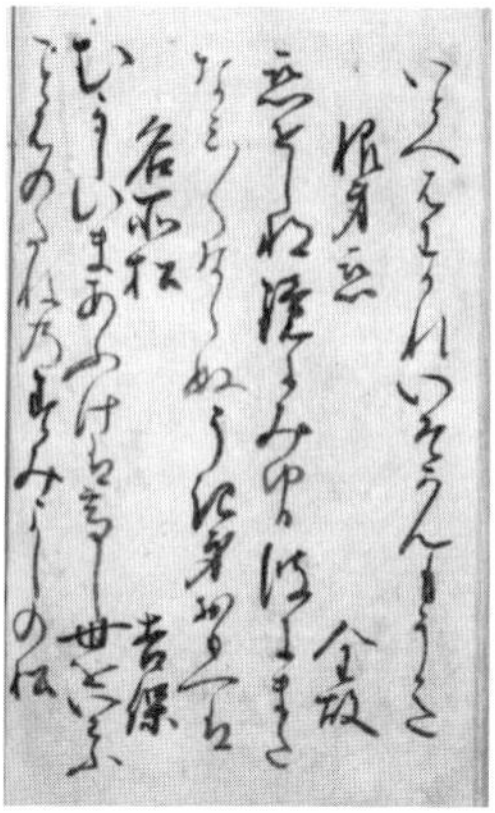

苗代蛙

小山田の水せき入てゆたかなる
なみまにすたく蛙なくらし　　政徳

忍涙恋

しのふれは袖にもらさすよる〱の
まくらはかりや露をしるらし　　忠継

不逢恋

ことよくもいひなすそうき幾度の
あはぬこゝろはおなしいらへに　　貴亮

初逢恋

つゝみこしねやのおもひも逢初る
心にはれむ夜半のうれしさ　　仙甫

欲別恋

明石かたみるめかる海士のものいひも
いとへはわかれいそかんもうき　　光政

恨身恋

恋せしな鏡にみゆる波にまた
なミ〱ならぬうき身おもへは　　全故

（7ウ）

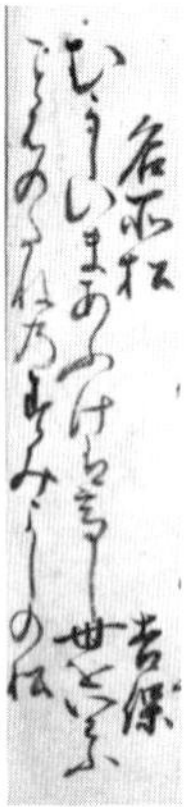

（8オ）

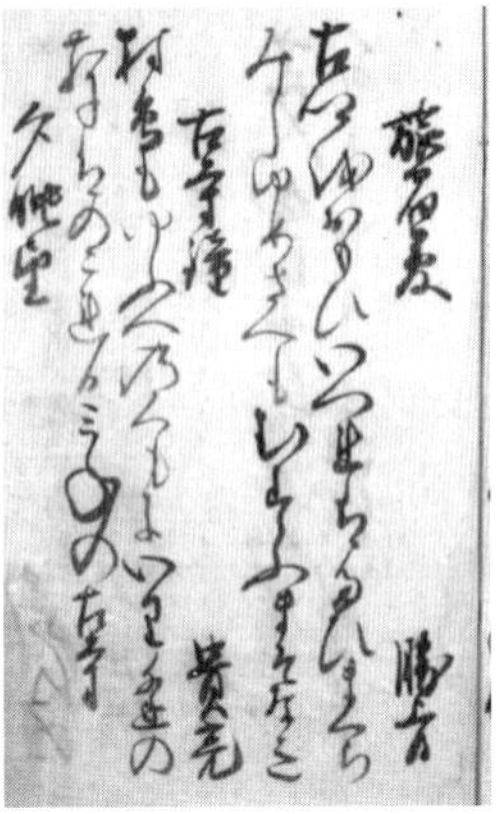

（8ウ）

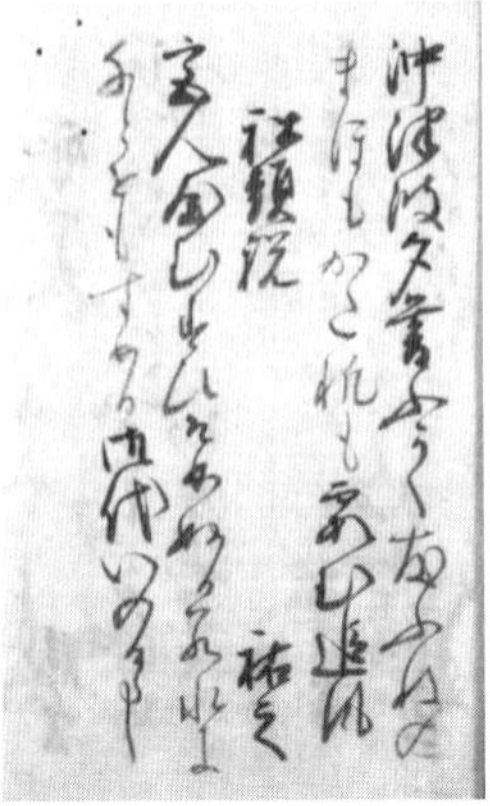

名所松　吉保

むかしいまあふけは高し世をいはふ
ことはのたねのすみよしの松

旅宿夢　勝旨

古郷をおもひいつれはたひまくら
みしゆめさへもむすふまそなき

古寺鐘　貴亮

村鳥もゆふへのくもにいり逢の
聲はのこれるミねの古寺

夕眺望

沖津波夕暮ふかく友ふねの
まほもかた帆も霞む追風

社頭祝　祐之

宮人やむすひそめぬる若水に
千とせもすめる御代いのるらし

（二）　享保九年柳澤家新春歌会―解説と翻刻―

「豊田家文書」六〇三六。分類題名は「家会始写」。題詠二十一首、当座三十首の計五十一首からなる。吉保主催の宝永四年（一七〇七）のものから十七年後、享保九年（一七二四）一月四日に吉里主催でなされた歌会始の和歌集である。吉保は既に亡く、家督相続した吉里三十八歳は甲斐守として甲府にあった。同年三月十八日、吉里は大和郡山へ転封になるから、甲斐国で迎えた最後の新年でもある。装幀は鳥の子紙を二箇所紙縒で袋綴にした簡易なもの。表紙も同紙で題字等の記載はなく、勘物、識語等も一切ない。

詠者は二十一人。宝永四年のものと違うのは、詠者に二人の女性、頼子と増子が含まれている点。増子は吉保の末娘であったのは既に述べた通りで（注二）、当年十六歳。兄の庇護のもと嫁ぐ日を待っていた時期か。

頼子は吉里正室。「万歳集」には、「頼子様　酒井雅楽頭様（忠挙）御女　円徳院殿信道源証大姉　寛保四甲子年正月十八日慈眼山光林寺　実八廿二日（大過去帳・懐中本）、御遺言ニヨル」とあるように、酒井忠挙女。寛保四年（一七四四）正月二十二日の命日を遺言により十八日に変更したということらしいが詳細は不明。年齢も未詳ながら、吉里の二、三歳年少と思われ、当年三十五、六歳か。

また増子同様、吉里兄弟の出詠も特記事項であろう。刑部少輔源経隆は吉保側室正親町町子腹の男児。元禄七年生まれの当年三十一歳。吉里が大和郡山に転封する際、越後国に一万石を賜り黒川藩祖となるが、翌年八月、三十二歳で早世する。目下は兄吉里の知行地甲斐国のうちに一万石を領する小《しょう》大名。町子は『松陰日記』を著し、「千首和歌草」が霊元院の賞賛を得るなど、文才を誇った女性。しかしその男児（経隆と二歳年少の時睦《ときちか》）の作品はあまり見ず、ここの経隆詠は稀少価値がある。

吉里、経隆、頼子、増子を除く他十七名は、吉里の家臣団であったと思われるが、紙幅の関係上今は触れない。なお貴亮、政徳は宝永四年にも出詠しており、以後も柳澤家に仕えていたのが知られる。さらに付け加えるなら、当座末尾（五十一首目）の貴亮詠「名所鶴」には、「代〻へてもわかの浦わに跡たえすすむかひ有や波の白鶴」とある。「わかの浦わに跡たえす」（和歌の浦に因む和歌の家としての繁栄が絶えることなく続いている）こそ、吉保が願った和歌の家としての繁栄を吉里が忠実に守り育てているのを言祝《ことほ》いだもの。宝永四年時の題詠「柳絲緑新」に籠めた吉保の思いは、こうして脈々と受け継がれていっていたのである。なお翻刻にあたっては宝永四年のものと同様の形式を採った。

（1オ）

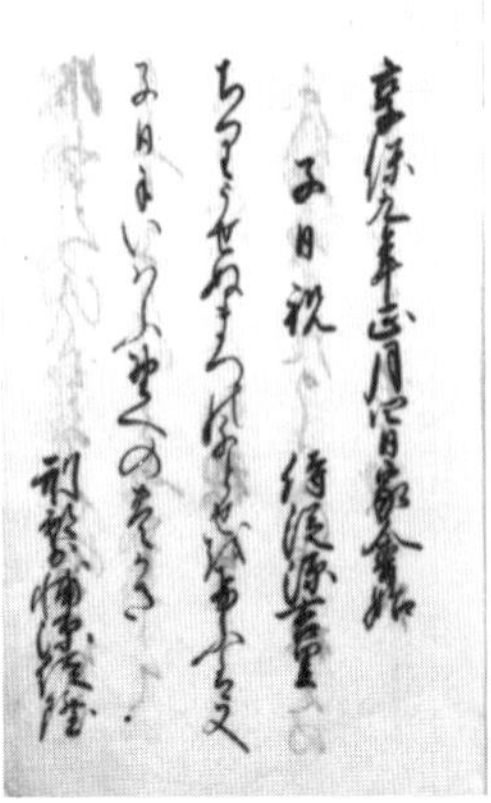

（1ウ）

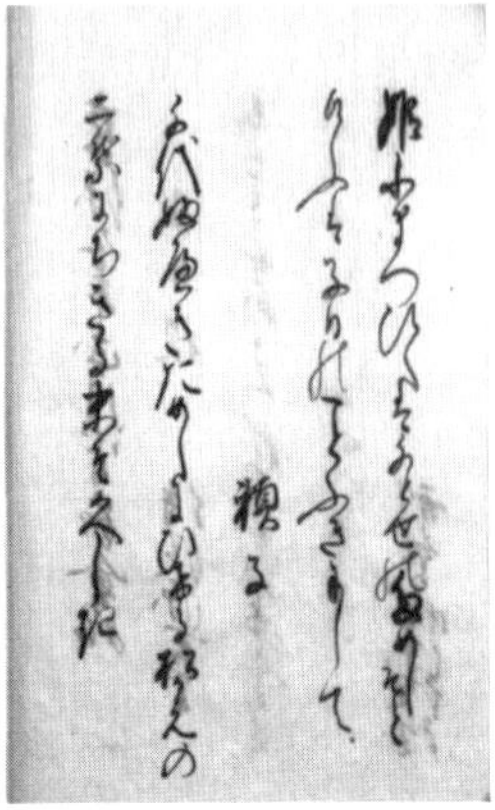

享保九年正月四日家會始

子日祝　侍従源吉里

ちりうせぬまつの千とせをけふは又
子日にいハふ野への豊かさ　刑部少輔源経隆

姫小まつひくは千とせのためしそと
けふは子日のことふきにして　頼子

千代ふへきためしにひける松かえの
二葉にちきる末そ久しき

（2オ）

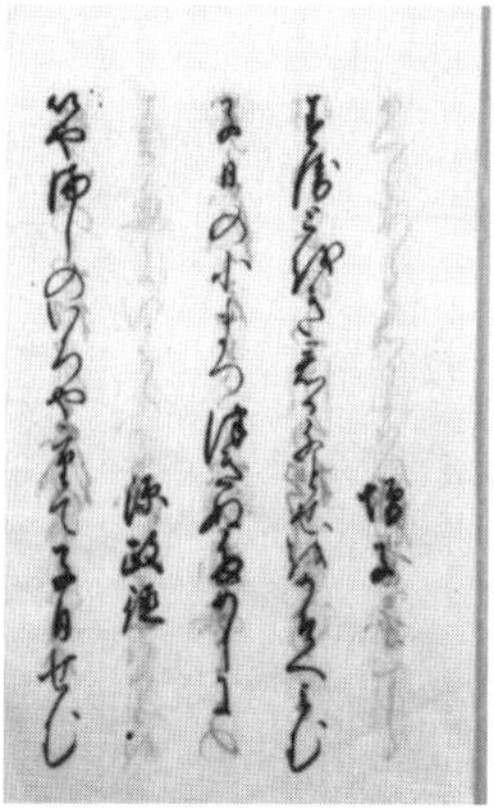

（2ウ）

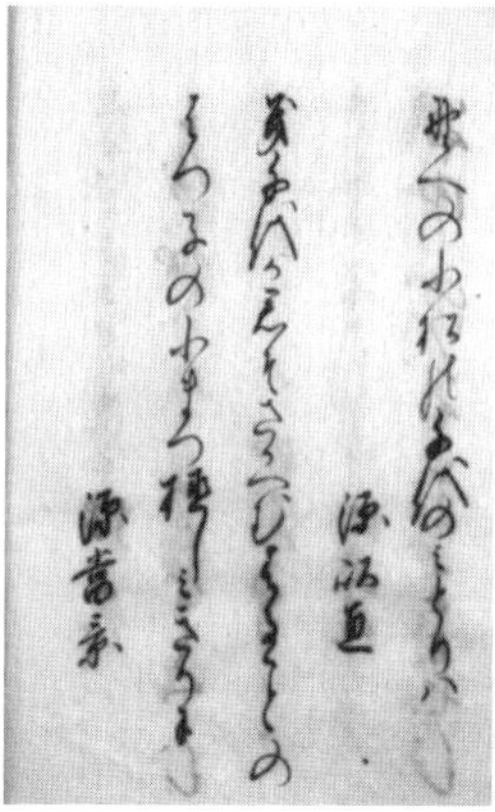

（3オ）

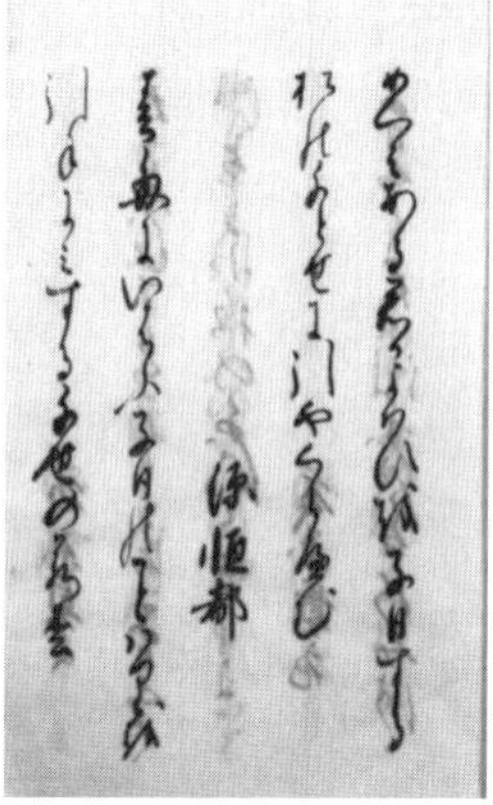

増子

するゑとをき君か千とせをかそへミむ
子日の小まつつきぬためしに

源政徳

いやましのいろや重て子日せむ
野への小松の千代のミとりハ

源政直

幾千代か君そさかへむはることの
はつ子の小まつ植しミきりに

源當景

めくミある君かよハひを子日する
松の千とせに引やくらへむ

源恒都

春毎にいはふ子日のことハりを
引手にミする千世の若松

（3ウ）

（4オ）

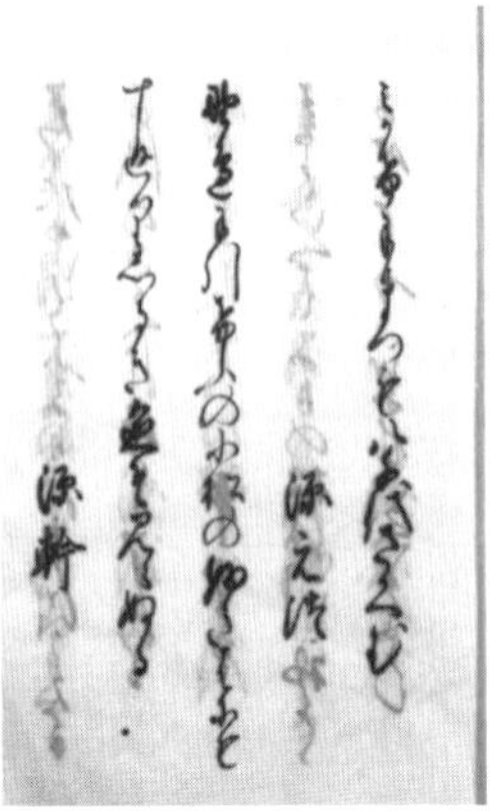

（4ウ）

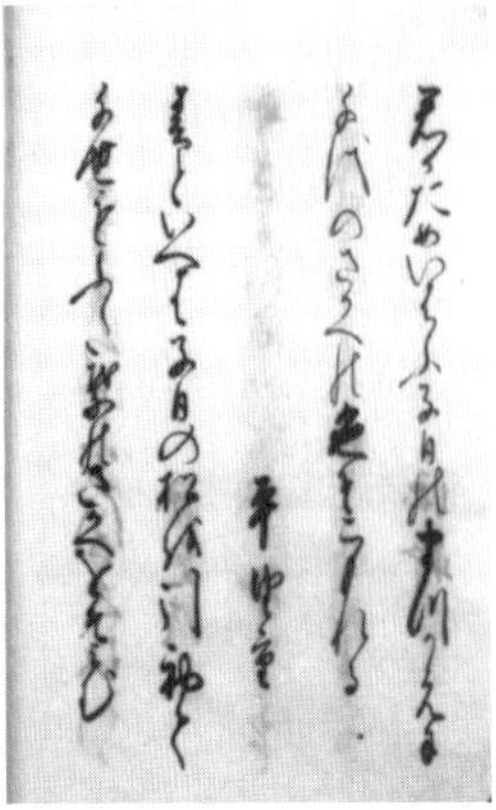

藤原貞友
君かへむすゑもはるけし子日して
ひける小松の千代をためしに

藤原貴亮
子日して君か引手をたのみつゝ
ミかけにまつも八千代さかへむ

源元澄
野邊に引けふの小松のふたはにも
十返りしるき色そ見えぬる

源幹
君かためいはふ子日のまつかえに
千代のさかへの色そこもれる

平由重
春といへは子日の松を引初て
千世もふた葉のさかへをそミむ

（5オ）

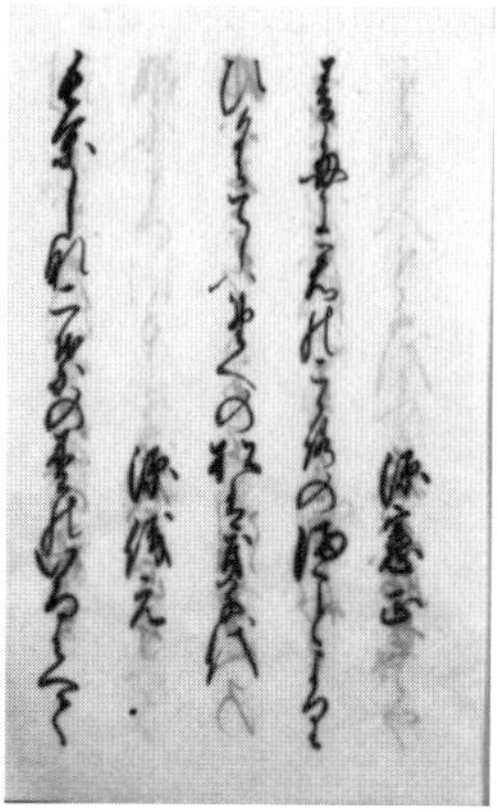

（5ウ）

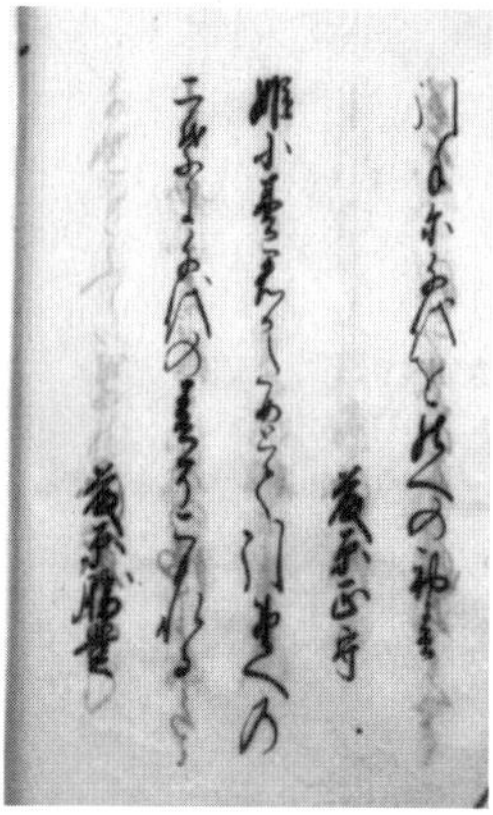

（6オ）

源憲正

春毎に君のこゝろのまことより
ひくてふ野への松は幾千代

源儀元

長閑しな二葉の枩のいろはへて
引手に千代をのへの初春

藤原正守

姫小枩君かためとて引野への
二葉に千代の春そこもれる

藤原勝豊

もろ人も千代ふる松にひかれてや
よハひをのへの子日をそする

藤原知圓

姫小まつ引手に千代のいろそへて
いはふ子日の野への、とけさ

（6ウ）

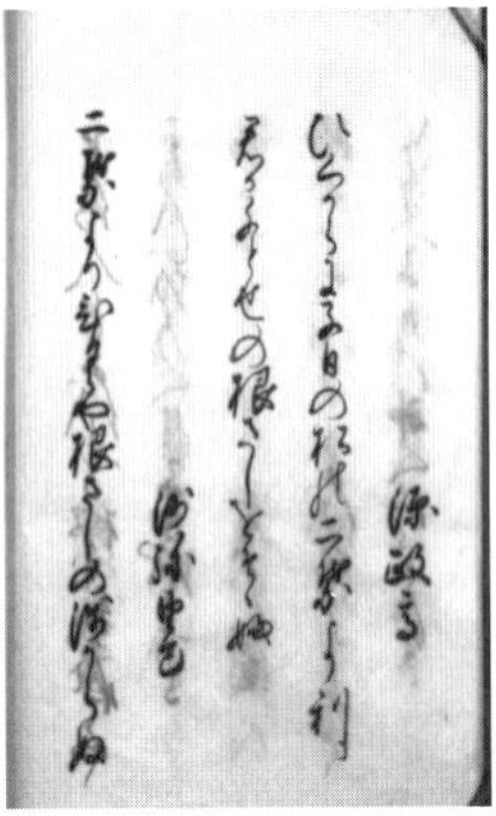

（7オ）

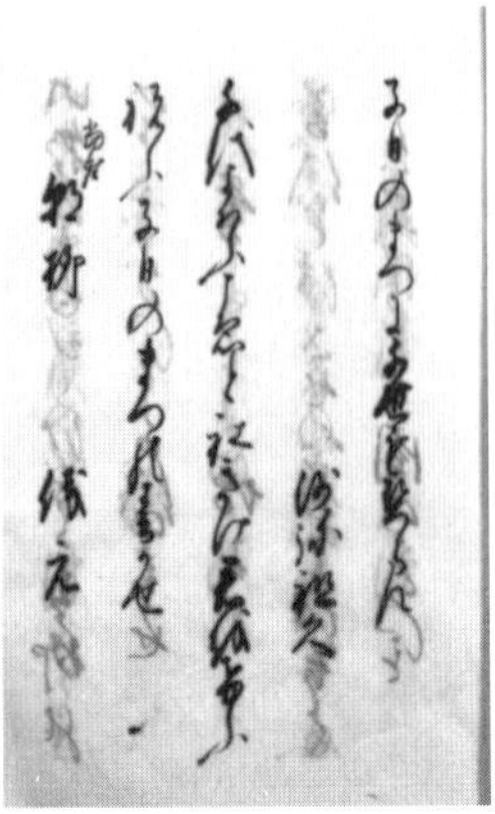

（7ウ）

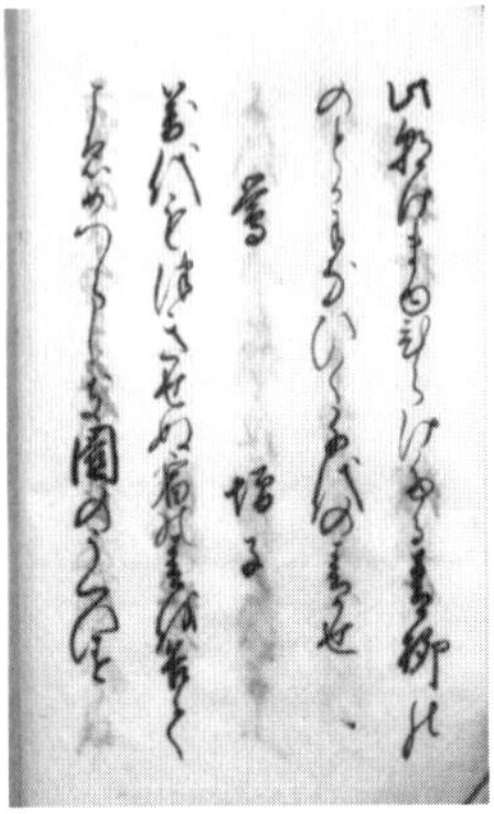

ひくからに子日の松の二葉より　源政高
君か千とせの根さしをそゝふ

二葉よりひくや根さしの浅からぬ　沙弥由己
子日のまつに千世も契らん

千代よハふこゑと社きけ君をけふ　沙弥祖久
祝ふ子日のまつの春かせ

當座
朝柳

此朝けまゆひらけたる青柳の　儀元
のとかになひく千代の春かせ

鶯

萬代もつきせぬ宿の春を告て　増子
こゑめつらしき園のうくひす

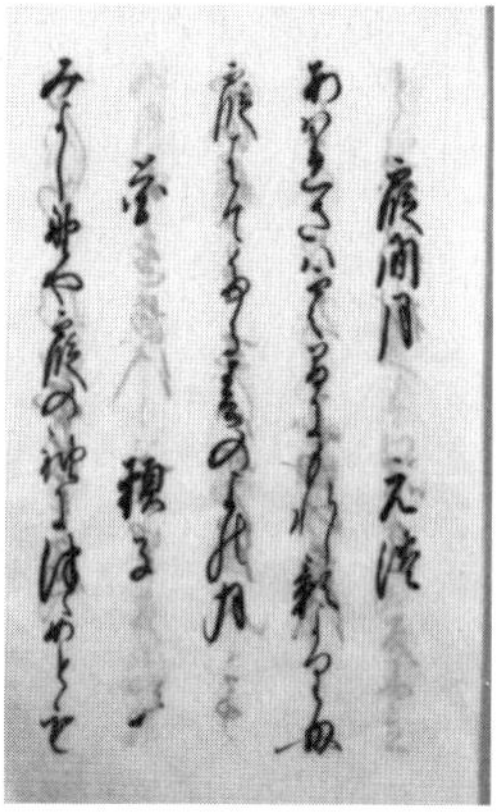
（8オ）

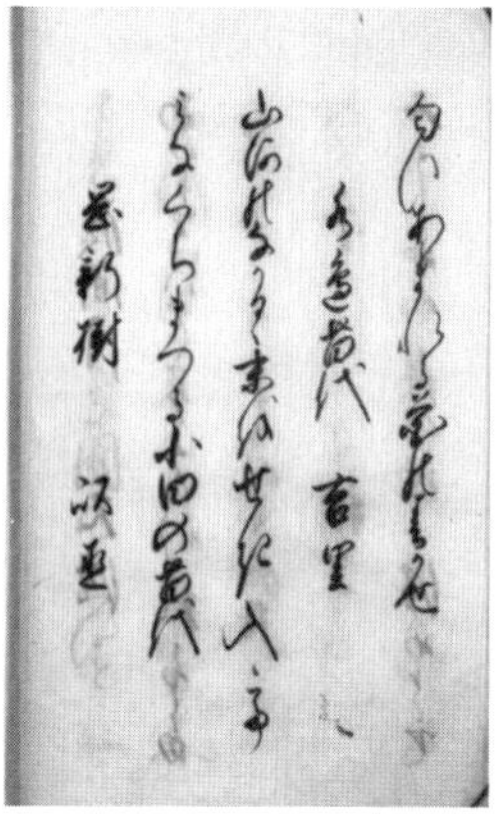
（8ウ）

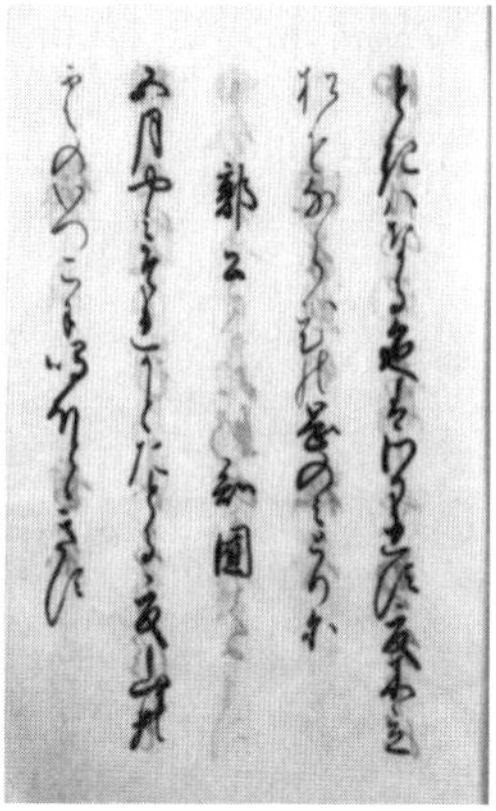
（9オ）

霞間月　元澄
あハれさハ雲間にもれし影よりも
霞はてたる春のよの月
花　頼子
みよし野や霞の袖につゝめとも
匂ひあまれる花の春かせ
水邊苗代　吉里
山河のなかるゝ末をせき入て
ミなくちまつる小田の苗代
岡新樹　政直
ときハなる色はわかれす夏木立
松もならひの岡のミとりに
郭公　知圓
五月やミそれかとたとる夏山の
雲のいつこに鳴ほとゝきす

（９ウ）

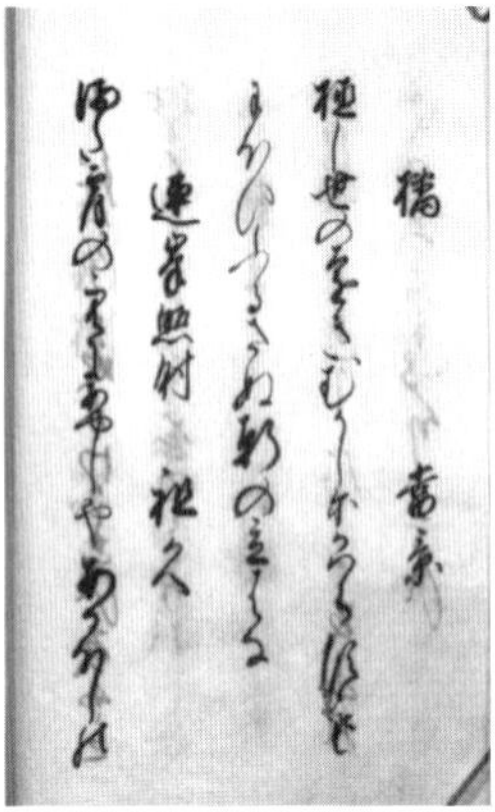

（10オ）

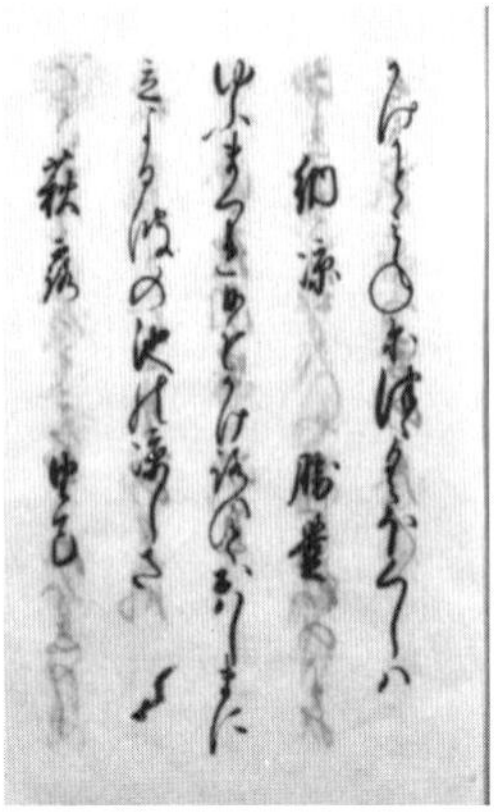

（10ウ）

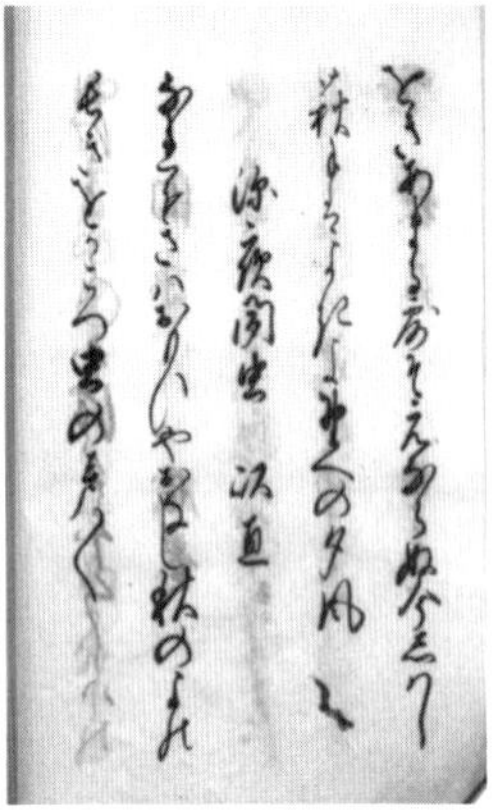

橘　當景

植し世の遠きむかしにかハらすも
にほひふるさぬ軒の立はな

連峯照射　祖久

また宵の空にあやしやあかほしの
かけかとミねにつゝくほくしハ

納涼　勝豊

ゆふまくれ日もかけろひておハしまに
立よる波の池の涼しさ

萩露　由己

をきあまる露そえならぬ今しハし
萩にはよきよ野への夕風

深夜聞虫　政直

なれもさハおもひやおなし秋のよの
長きをかこつ虫の声〳〵

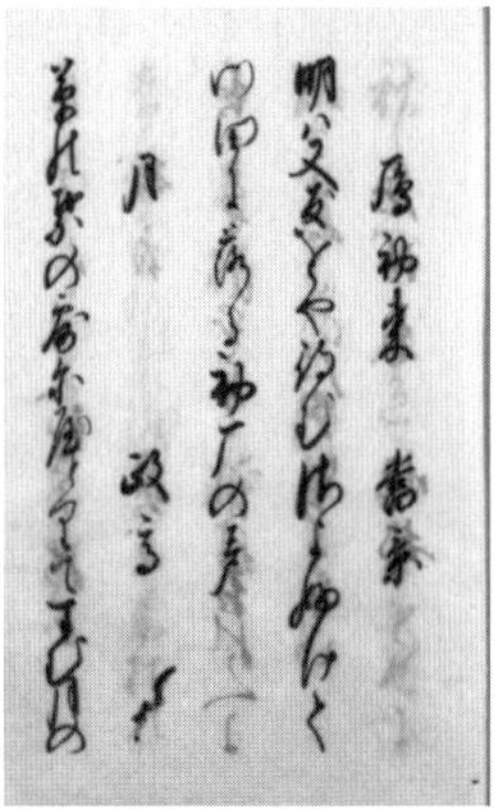
(11オ)

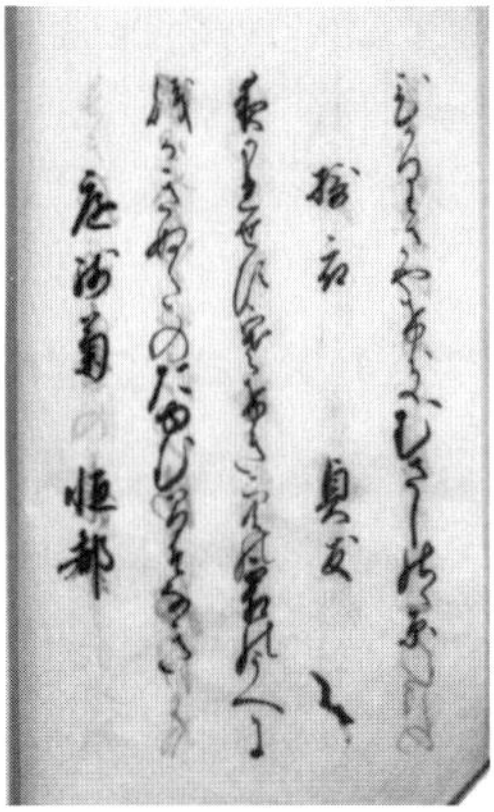
(11ウ)

(12オ)

雁初来　當景
明ハ又友をや待むさよふけて
門田に落る初雁の声

月　政高
草の葉の露にやとりてすむ月の
ひかりさやけきむさしのゝ原

擣衣　貞友
夜かれせす寒けき空の霜のうへに
賤かきぬたのたゆむ間そなき

庭残菊　恒都
秋にさへあかぬ色かの庭もせに
残れる菊は浅からすミむ

木枯　幹
常盤木のミさほをミせて木枯の
かせ吹はらふ峯の紅葉ゝ

（13ウ）　（13オ）　（12ウ）

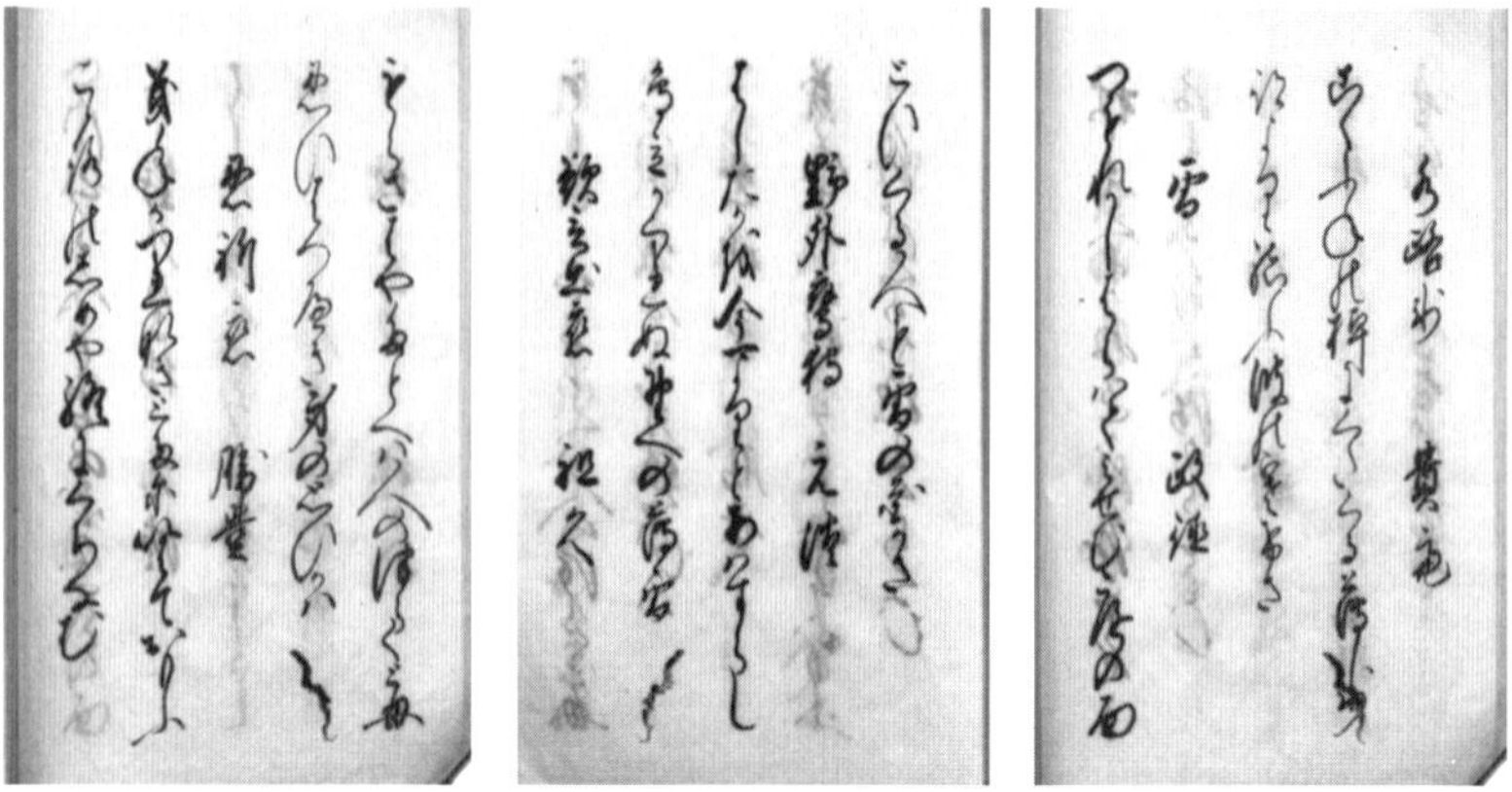

水路氷　貴亮

こくふねの棹にくたくる薄氷
跡より洗ふ波の寒けさ

雪　政徳

つもれかしはらハてミせむ庭の面
とひくる人も雪の花かさ

野外鷹狩　元澄

はしたかを今一よりとあハすらし
鳥立かくれぬ野への薄雪

歎言出恋　祖久

もらさはやたとへハ人のつらくとも
忍ひはつへき身の思ひかハ

忍祈恋　勝豊

幾年かつれなきとたに臥ておもふ
こゝろのしめや終にくちなむ

(14オ)

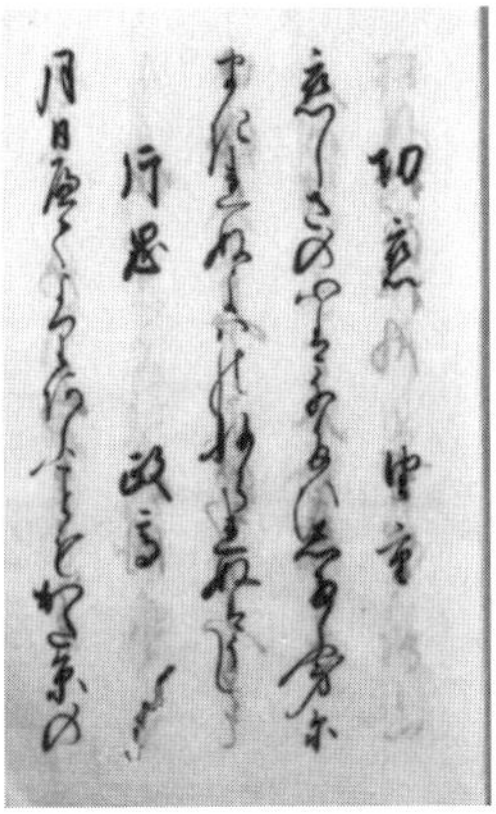

(14ウ)

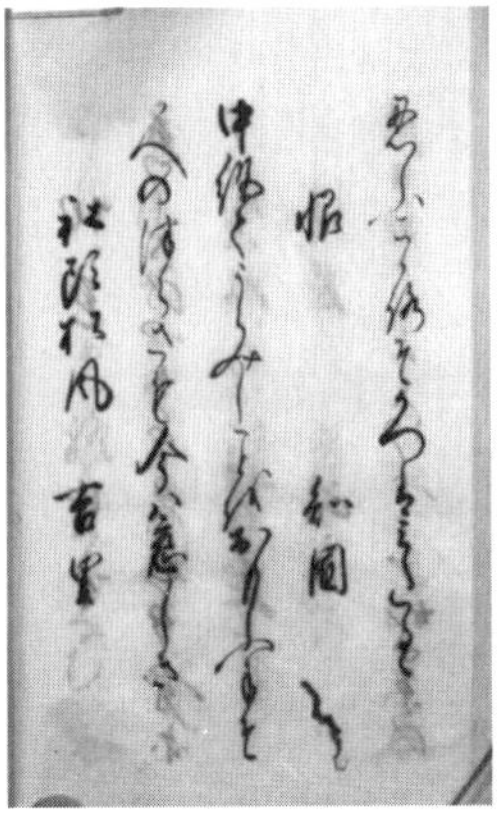

(15オ)

切恋　　由重
恋しさの心は千たひしたふ身に
まきれぬよハのねられぬはうし

片思　　政高
月日へてよりあふこともかた糸の
忍ふこ、ろそかつはミたる、

恨　　知圓
中絶てうらみしことをおもふにも
人のつらさも今ハ恋しき

社頭松風　　吉里
松風の声ものとけし神路山
ときハかきはにあふくミつかき

巌苔　　憲正
よる波の岩ほの苔の世ゝへても
深きミとりの色ハかはらし

（15ウ）
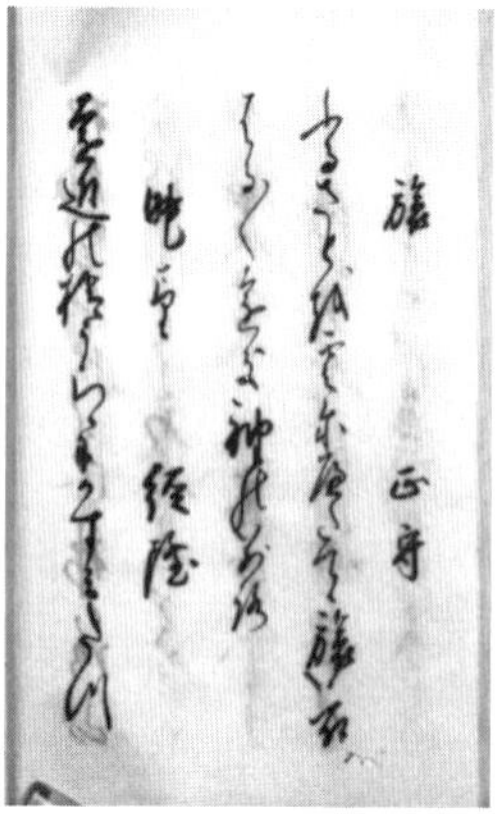

（16オ）
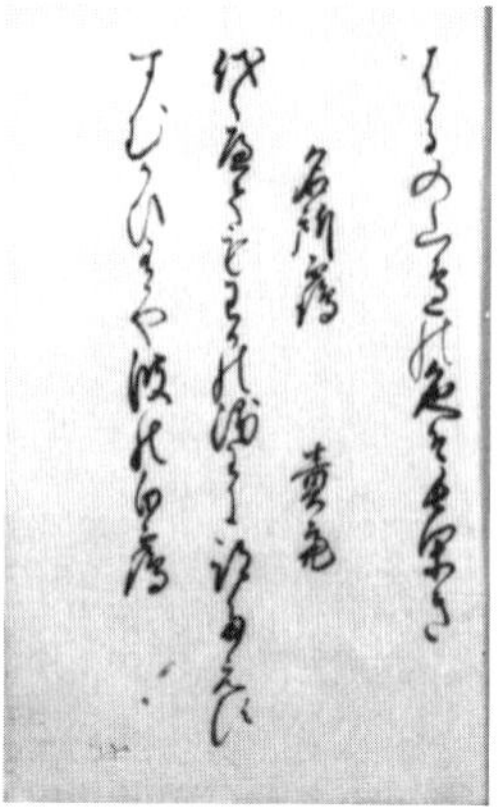

旅　　正守
ふるさとを雲にへたて、旅衣
はる〳〵遠き袖の萬路

眺望　　経隆
遠近の梢うら、にかすミたつ
はるの山邊の色そ長閑き

名所靏　　貴亮
代ゝへてもわかの浦わに跡たえす
すむかひ有や波の白靏

〔注〕

一、宮川葉子「六義園―その初期の姿をめぐって―」（『国際経営・文化研究』第八巻第一号・二〇〇三年十一月）、同「柳沢吉里編纂の「続明題和歌集」―その紹介と翻刻（一）（二）（三）―」（『国際経営・文化研究』第八巻第二号・二〇〇四年三月、同第九巻第一号・二〇〇四年十一月、同第九巻第二号・二〇〇五年三月）など。本書第一部第二章第四節、第二部第一章第四節に収載した。

二、柳澤家の「万歳集」（柳澤家歴代の家族を生誕順に列記した過去帳。公儀へは未届の早産児や死産児の法号までが記載され、もっとも私的な点鬼簿。『柳沢家譜集』〈柳沢史料集成第四巻・平成七年・柳沢文庫保存会〉収載）には、「増子様　御生母祝園氏勢世子女　珠林院殿貞節慈蔭大姉　和州添下郡矢田村　恵日山発志院　享保十五庚戌年四月四日　家臣柳沢阿波守邦《邦守》（佐竹文書）殿へ御輿入」とある。また「門葉譜」（『柳沢家譜集』収載）には、「女子　増子　柳沢筑前（里守）妻　実母祝園氏閃子《トラ》　享保十五年庚戌四月四日卒二十二歳　法名　号珠林院殿貞節慈蔭大夫人　葬和州添下郡矢田邑発志院　祝園氏閃子　吉保公御逝去後嫁上月平左衛門　親元依農家無跡」とある。記事の齟齬は今置き、増子は吉保を父に、祝園氏を母に誕生、享保十五年（一七三〇）に二十二歳で逝去したというのであるから宝永六年（一七〇九）の生まれ。吉保の公用日記『楽只堂年録』二二七巻、宝永六年三月十五日の条に、「今夜九つ時に、家の女房上月氏、女子を産む」とあり、同月二十三日の条には「出生の娘の七夜をいわふ、妻、名をつけて国といふ」とあって、誕生日と初名が知られる。当時吉保は隠居を許され、吉里に家督相続をすべく準備中であった。自らが隠居所と決めた下屋敷六義園の増改築に手をそめていたのもこの頃である。一方、吉保は正徳四年（一七一四）十一月に逝去するから、六歳にして増子は父と死別したことになる。右「門葉譜」に「祝園氏閃子　吉保公御逝去後嫁上月平左衛門」とあり、閃子の再婚が記録されるのも当時閃子そのものも若かったのを語ろう。更には『楽只堂年録』の記事に「家の女房上月氏」とあり、再婚後の姓で呼んでいるのは、『年録』が、編集されたものであるのを語るが詳細は後日報告したい。

三、このあたりについては、元柳沢文庫職員の米田弘義氏（故人）から文書によりご教示いただいた点は、既に述べた（注一に挙げた宮川葉子「六義園―その初期の姿をめぐって―」、「柳沢吉里編纂の「続明題和歌集」―その紹介と翻刻（一）―」。

四、注二で述べたように増子は六歳で父吉保と死別するから、その後は異腹の兄で柳澤家の総領息子である吉里が面倒を見たであろうことは想像に難くない。

五、宮川葉子「徳川大名柳沢吉里の文芸活動―歌人としての成長を中心に―」（「文学・語学」一三〇号・平成三年七月）、同「徳川大名柳沢吉里と『源氏物語』―「詠源氏巻々倭歌」を中心に―」（「近世文芸」五五号・平成四年二月）。本書第一部第二章第五節で改めて論じた。

第四節　續明題和歌集

——吉里編纂公武類題和歌集——

解説の部

（一）類題和歌集の略史

類題和歌集とは古人の和歌を集成し、題ごとに分類した歌集をいう。題詠歌を詠む際の便宜や証歌検索を図るのをそのおもな目的とした。平安中期に始まり、歌人層の拡大する室町時代以降、江戸時代にかけて流行してゆく。内容的には、六帖題に分類したもの、題を細分化したもの、特殊な題によって類別したものに三分できる。代表的には平安期にまず『古今和歌六帖』[注一]が成立。鎌倉時代には『現存和歌六帖』[注二]『東撰六帖和歌』[注三]『新撰和歌六帖』[注四]など六帖題の歌集が陸続したが、鎌倉時代後期に題を細分化した『夫木和歌抄』[注五]が出て、これが以後の類題和歌集の決定版となった。室町時代には『二八明題和歌集』[注六]『続五明題和歌集』[注七]『題林愚抄』などが、また江戸時代には『明題和歌全集』『類題和歌集』『新題林和歌集』などがだされていった（以上、明治書院『和歌大辞典』類題和歌集の項（三村晃功氏担当）を参照）。

もう少し詳しくみてゆきたいが、それにあたり以下逐条は断らないが、おもに市古夏生氏「類題集の出版と堂上和歌——『新続題林和歌集』を中心として——」（『近世堂上和歌論集』平成元年・近世堂上和歌論集刊行会編・明治書院）の御論を参照させていただいた。なお市古氏の御論は、江戸時代の堂上歌人の和歌を広く集め出版された類題和歌集に焦点をあわせ論じられたものである。

江戸時代初期、寛永十四年（一六三七）には『題林愚抄』[注八]が、また寛文六年（一六六六）以前に『明題和歌全集』[注九]が刊行され人々に愛用されていた。続いて寛永十八年（一六四一）に『仙洞三十六番歌合』が出版された。これこそ堂上が関わった刊本としての歌書の最初のものであった。この歌合は寛永十六年（一六三九）十月五日に、後水尾院の仙洞御所で催されたから、名実ともに後水尾院の主導により成立したものという意味合いを持つ。

元禄三年（一六九〇）には、『一字御抄』[注一〇]、元禄十六年（一七〇三）には『類題和歌集』[注一一]が刊行された。両書はいずれも後水尾院の手になるもので、ともに江戸時代以前の和歌を集めた類題和歌集であった。ここにも後水尾院の活躍が見られる。

宝永七年（一七一〇）には、『新明題和歌集』が江戸の平野屋吉兵衛を板元に刊行された。後水尾院時代（一六一一～一六二九）から霊元院の時代（一六六三～一六八七）までの主要宮廷歌人をほぼ網羅した、当代人の類題和歌集の編集・出版であった。この書の出版が後続の類題集の成立・出版を促すことになる。『新明題和歌集』は書名からして『明題和歌全集』に倣ったことは明白で、春・夏・秋・冬・恋・雑の部立もほぼ踏襲している。そして後続の類題集も巻数の違いはあっても部立は皆同様である。

続いて正徳六年（一七一六）に『新類題和歌集』が、板元を江戸の須原屋平助・近江屋源蔵・平野屋吉兵衛に刊行された。編者は一般に釣月とされる。この一件により、釣月は師の中院通茂から破門されたという逸話には今は触れないが、収録歌人の範囲は『新明題和歌集』より広く、後陽成院時代（一五八六～一六一一）より霊元院時代まである。

享保十五年（一七三〇）になって『新後明題和歌集』が江戸の西村源六を、享保二十年（一七三五）には『部類現葉和歌集』が京都の北尾八兵衛（割印帳によるとの市古氏の注がある）をそれぞれ板元にして刊行された。いずれも伯水堂梅風の編になるものであった。ただし前者は歌数が二〇一六首と小規模で、作例集としては物足りない。そこで時を経ずに前者を増補する形で新たに編まれたのが後者であったらしい。

さて一連の宮廷歌人達の類題集の最後を飾るのが『新続題林和歌集』であった。安永五年（一七七六）の成立である。十六巻十六冊で、春三・夏二・秋三・冬二・恋三・雑三の構成で、『新題林和歌集』を受け継いだものと言える。書名をみてもその影響関係は明らかであろう。

（二）『續明題和歌集』解題

以上類題和歌集の略史をたどってきた。ここに紹介したいのが柳澤吉里撰・自筆の『續明題和歌集』である。該本は現在大和郡山市教育委員会の保管にかかる文書。

平成九年二月から八月にかけて、大和郡山市内五軒屋敷の「豊田家文書」が大和郡山市に移管された。豊田家は明治になって藪田家と姻戚関係に入った家筋。そのため藪田家旧蔵の文書で豊田家に移ったものがいくつかあり、それが時を経て大和郡山市に寄贈されたという経緯にある。従ってもとをただせば「藪田家文書」と称すべきが「豊田家文書」なのである。

一方藪田家は代々柳澤家の家老職を勤めた家筋。藩の宿老でもあった藪田重守の息邦守には、吉保の女増子（珠林院・享保十五年四月没）が輿入れしたという関係もあり、藪田家が柳澤家から拝領した典籍は少なくないという。[注一二]

さて『續明題和歌集』は全七冊からなる。その構成・歌数等は以下である。

第一冊　目録。題名目録と作者目録とからなる。題名は部立ごとに以下の数が集められている。春哥上（一八七題）・春哥中（一五二題）・春哥下（一五七題）。夏哥上（一五〇題）・夏哥下（一七六題）。秋哥上（一九二題）・秋哥中（一二三題）・秋哥下（二〇七題）。冬哥上（一八九題）・冬哥下（一七〇題）。恋哥上（一七二題）・恋哥中（八〇題）・恋哥下（一〇六題）。雑哥上（一六二題）・雑哥中（一三七題）・雑哥下（一三五題）の合計二七九五題。もっとも目録にあって実際の歌が存在しないものも若干ある。

作者の総数は三一四名。仙洞（霊元院）と東山院を別格に扱った上で、「堂上方」として九條関白輔実以下官位順に一四七名、「武家」として尾張大納言義直以下一二六名、「出家剃髪」として凌雲院大僧正胤海以下二十名。ここには宗祇・牡丹花肖柏・里村紹巴・北村季吟など、連歌・和歌でならした歌人・連歌師が名を連ねる。さらに「雑」として山名光豊以下十三名。この中には賀茂社の権禰宜梨木祐之や、柳澤家のお抱えの学者の一人藤原（柏木）全故なども含まれる。「未詳追而可考」として六名。

作者の時代を見ると、宗祇ら室町期の人物も散見するのではあるが、霊元院と東山院を別格に扱い、その歌数が多いことに鑑み、ほぼ当代の歌人の歌を集める意図であったかと思われる。また看過できないのは柳澤吉保・吉里父子の詠も収録されている点及び女性の詠が一首もない点であろう。

第二冊　春一[注一三]　巻第一春哥上（四二八首）・巻第二春哥中（三五三首）・巻第三春哥下（五六四首）

第三冊　夏二　巻第四夏哥上（四二五首）・巻第五夏哥下（三七一首）

第四冊　秋三　巻第六秋哥上（六一九首）・巻第七秋哥中（二四九首）・巻第八秋哥下（四四〇首）

第五冊　冬四　巻第九冬哥上（四八四首）・巻第十冬哥下（三七九首）

第六冊　恋五　巻第十一恋哥上（五七八首）・巻第十二恋哥中（一八五首）・巻第十三恋哥下（三三二首）

第七冊　雑六　　巻第十四雑哥上（三四九首）・巻第十五雑哥中（五五二首）・巻第十六雑哥下（四二〇首）

春・夏・秋・冬・恋・雑の合計は六七二八首、決して小規模な類題和歌集ではない。

さて撰者が吉里であることは、第二冊春一の冒頭部に「従四位下行侍従源朝臣吉里彙」とある「アツメル」意の「彙」の字が語っている。また成立に関しては、第七冊雑六の末尾に、「享保三年極月上旬梅花独笑時向雪窓下書之甲斐拾遺（花押）」とあるから、享保三年（一七一八）十二月上旬とわかる。甲斐拾遺は甲斐国主であり拾遺（侍従の唐名）であった吉里その人を指す。吉里は梅花がひとり微笑みかける中、雪が残る窓辺に臨み、自らの撰になる該本の清書をなしたのである。七冊とも吉里自筆で祐筆など使った形跡はないから、全巻吉里一人で清書に励んだということになる。時に吉里三十二歳。同年は七月四日に江戸を発ち、同月六日に甲府城に帰着しているから、[注一四]撰定作業はともかく清書は甲斐国でなされたものと推測される。さらに題名は既に『新明題和歌集』がそうであったように、『明題和歌全集』に倣ったものであろう。

該本の独自性は、堂上方の歌のみを集めたのではなく、武家の詠作も大差なく集録されている点であろう。堂上方が一四七名に対し（霊元院と東山院を加えると一四九人となる）、武家が一二六名。二十三名の差はあるものの、ほぼ近似した人数の、当代の公家と武家の詠歌が一堂に会しているのである。ここに和歌における堂上と武家の接点を意図した吉里の姿も窺えるのではあるまいか。また、作者目録・題名目録を別冊仕立てにしているところには、編纂を中途半端なものとして終わらせたくない吉里の強い意志も窺えるように思う。

吉里は父吉保から古今伝授した。吉保は北村季吟から伝授していたのを息子に授けたのである。吉里は吉保以上に和歌に精進した。特に堂上和歌の詠作方法を身につけたく、霊元院を始め、中院通茂・同通躬らに添削指導を求めては学び続けたのであった。[注一五]しかも自身の歌集を編み、生涯に二万首以上の和歌を残した[注一六]吉里が、こうした類題和歌集を編纂してもいささかも奇異ではない。同時に江戸期の一大名の文芸水準の高さを語っており、吉保・吉里父子の詠歌を入集させたのも、単なる自己満足だとばかりは言い切れない。こうした公家と武家の文化の融合という意味においても、さらには『新題林和歌集』と『新後明題和歌集』の間になり、刊行されて世に広まるということもなかった一本として、当該類題和歌集は貴重な資料であると判断される。

（三）　作者目録

本項では、吉里が入集させた顔ぶれを知るため、作者目録を翻刻しておく。

作者目録

仙洞　　東山院

堂上方

九條関白輔實　二條左大臣綱平　近衛右大臣家久　伏見中務卿邦永親王　有栖川太宰帥正仁親王　輪王寺准后公辨法親王　八條智仁法親王　近衛前太政大臣基熈　近衛前太政大臣家熈　鷹司前関白兼熈　菊亭内大臣伊季　中院前内大臣通茂　久我前内大臣通誠　園准大臣基福　松木准大臣宗顕　葉室従一位頼孝　勧修寺従一位経敬　柳原従一位資廉　正親町従一位公通　廣幡大納言豊忠　西園寺大納言致季　正親町三條大納言公統　小川坊城大納言俊清　園大納言基勝　清閑寺大納言熈定　大炊御門大納言経音　久我大納言惟通 始輔通　日野大納言輝光　押小路大納言公音　正親町正二位實豊　中御門正二位資熈　持明院正二位基時　勧修寺正二位経慶　万里小路正二位淳房　東園正二位基量　清水谷正二位實業　庭田正二位重條　油小路正二位隆真　姉小路正二位公量　中山正二位篤親　西洞院正二位時成　中

院正二位通躬　烏丸従二位光雄　高野従二位保春　鷲尾前大納言隆長　葉室中納言頼重　中山中納言兼親　廣橋中納言兼廉　油小路中納言隆典　阿野中納言公緒　万里小路中納言尚房　小倉中納言熈季（始季慶）　園中納言基香　風早正二位實種　日野西正二位国豊　裏松正二位意光　梅小路正二位共方　外山正二位光顕　冷泉正二位為経　阿野従二位季信　今成従二位定淳　芝山従二位定豊　藤谷従二位為茂　山本従二位實冨　平松従二位時方　穂波従二位経尚　梅渓従二位英通　高倉従二位永福　冷泉従二位為綱　滋野井従二位公澄　六條従二位有藤　難波前中納言宗量　飛鳥井前中納言雅豊　武者小路前中納言実陰　東園前中納言基長　岩倉前中納言具偈　勧修寺前中納言尹隆　四條前中納言隆安　野宮宰相定基　桑原宰相長義　石野宰相基顕　石井宰相行康　藤谷宰相為信　清閑寺宰相治房　橋本宰相實松　石井従二位行豊　花園従二位公晴　風早正三位公長　水無瀬正三位氏孝　甘露寺従三位尚長　白川神祇伯雅喬王　伏原従二位宣幸　藤浪従二位景忠　吉田従二位兼敬　竹内正三位惟庸　白川正三位雅充王　堀川正三位康綱　萩原正三位員従　東久世正三位博高　岡崎正三位国久　石山正三位基董　久世正三位通夏　藤波正三位徳忠　梅溪正三位通條　愛宕正三位通晴　高野宮内卿保光　樋口正三位康熈　西大路左中将隆栄　芝山正三位廣豊　山井治部卿兼仍　清岡正三位長時　交野従三位時香　岩倉従三位具統　中御門侍従宣誠　押小路従三位實岑　中御門従三位宣顕　姉小路左中将實矩　冨小路刑部卿貞維　冷泉従三位為久　外山従三位光和　園池従三位實守　六角従三位益通　竹内従三位惟永　白川神祇伯雅冬王　町尻従三位兼重　庭田右中将重孝　高倉従三位永房　長谷少納言範量　山本右中将公尹　大宮左中将公央　裏辻左中将公視　清水谷左中将雅季　入江民部権少輔相尚　北小路中務大輔（マヽ）徳光　川鰭左中将実詮（始意陳）　武者小路左中将公野　外山左衛門権佐勝守　風早左中将実種　桜井左中将氏敬　豊岡右衛佐資時　西大路左中将隆業　堀川中務権大輔康致　七條左中将信方　七條左少将隆福　烏丸右中弁光栄　柳原左少将資堯　勧修寺右少弁致孝

武家

尾張大納言義直　紀伊大納言頼宣　駿河大納言忠長　加賀大納言利家　水戸中納言光国　毛利中納言元就　浮田中納言秀家　仙臺中納言政宗　蒲生宰相氏郷　細川兵部大輔藤孝入道玄旨　細川越中守忠興　多々良贈三位政弘　松平上総介綱村　松平薩摩守綱久　松平陸奥守吉村　松平新太郎光政　松平筑前守光高　松平相模守光仲　松平陸奥守綱宗　松平伊予守綱政　松平美濃守吉保　酒井勘解由忠挙　松平左衛門督吉泰　井伊兵部大輔直政　伊達遠江守秀宗　松平越前守光宗　松平阿波守光隆　伊達遠江守宗利　松平丹後守光茂　松平出羽守綱隆　松平大和守直矩　松平信濃守綱茂　毛利甲斐守綱元　井上河内守正利　久世大和守廣之　土屋相模守政直　大久保加賀守忠増　松平伯耆守宗俊　榊原式部大輔政邦　畠山飛騨守義里　大澤出雲守泰弥　長沢壱岐守資親　太田左衛門大夫持資入道道灌　武田大膳大夫晴信　北條左京大夫氏康　三好修理大夫長慶　北條左京大夫氏政　南部大膳大夫重信　酒井雅楽頭忠相　南部信濃守行信　松平市正直明　本多下野守忠泰或忠平　黒田豊前守直重　松平和泉守乗春　堀田伊豆守正虎　奥平大膳大夫昌春　松平伊豆守信高　黒田甲斐守長興　木村因幡守純長　松浦肥前守入道刑部卿法印鎮信　藤堂備前守高堅　黒田甲斐守長重　石川主取頭昌勝　本多下総守康命　浅野因幡守長治　小出大和守吉英　田村因幡守建顕　杉原伊賀守堅盛　一色修理大夫義直　内藤下野守義英始政栄　有馬周防守永純　伊達左京亮宗時　加藤遠江守泰恒　青山和泉守忠親　松平右近将監成重　毛利讃岐守元平　松平和泉守乗邑　南部遠江守通信　松平但馬守友著　本多丹後守重世　小出播磨守英長　内藤左京亮義概　中川佐渡守久恒　木村筑後守純尹　永井伊豆守直敬　細川丹後守行孝　鳥居左京亮忠常　小出備前守英安　東下野守常縁　米倉長門守昌明　毛利駿河守高久　諏訪因幡守忠晴　本多若狭守利久　松平大炊頭頼雄　岡田豊前守善政　田中大隅守定格　永井播磨守直恒或直亮　新庄駿河守直祐　大館伊与守尚氏　田中出羽守定賢　小堀遠江守政一　堀美作守親昌　松平対馬守昭重　松平刑部少輔経隆　山名伊豆守矩豊　諏訪備前守頼旨　林美

作守直秀　朽木土佐守稙元　松平内近頭乗興　稲葉駿河守正喬　堀田河内守一輝　中山遠江守信久　新庄土佐守直賢
土屋数馬宗直　松平与右衛門忠成　京極兵部高門　上杉采女義陳　山名隼人義豊入道玉山　遠山七之丞伊清　伊東半
十郎一正　久志本左京亮常勝　蜷川彦左衛門親昌　有馬次郎兵衛重廣　中山備前守入道右将信治　中山備前守信成
松平甲斐守吉里

出家剃髪

凌雲院大僧正胤海　凌雲院大僧正就海　彭長老沢庵禅師冥之　北村再昌院法印季吟　薬師寺宗仙院法印元常　奥山経
徳院法印玄建　小山朝三　井上玄微橘仙　深草玄政上介　北村正立　北村湖元　狩野法印探幽　狩野法印常信　連哥
師肖柏夢庵又号牡丹花　連哥師法印紹巴　宗祇法印　連哥師里村法橋昌純　石川丈山　俳諧師松永貞徳　藤本理庵由
巳号春駒共

雑

山名光豊　米倉忠明　北村再蔵季任　吉川源十郎従長　梨木左京権大夫祐之　芝崎宮内少輔好高　津守中務大輔国治
津守治易　安宅木冬康　松平可正松平讃岐守家老　今立六郎大夫貴亮　柏木藤丞全故　谷口新介元澄

未詳追而可考

就慶　真静　典清　永英　通時　正信

校合等加之人数
今立六郎大夫貴亮　谷口新助元澄　高山官治昌賢

（四）　恋歌の部と『源氏物語』

本項では恋哥上・五七八首、同中・一八五首、同下・三三二首の計一〇九五首の中で『源氏物語』を想起させるものを採りあげ、吉里の編纂姿勢にうかがえる『源氏物語』享受の実際を見ておきたい。もっとも「恋」収載歌の大半が『源氏物語』を彷彿させると言ってしまえばそうなのであって、それほどに『源氏物語』が歌人達に大きく影響していたことが改めて思われるのであるが、ここでは『源氏物語』の特定場面をより強く想起させると判断される例を物語の進行に即してあげておく。因みに恋哥の入集数を見ると、中院通躬が最多で四十二首、続いて冷泉為久の三十九首、飛鳥井雅豊の三十六首、武者小路実陰の三十五首、日野輝光の三十二首、久世通夏の三十一首、烏丸光栄の三十首、藤谷為信の三十首、風早公長の二十九首、そして押小路実岑、清水谷実業の各二十五首、仙洞（霊元院）の二十四首と続く。一見してわかるのは、上位入集者の全てが堂上方で占められている点であり、『源氏物語』を詠歌の礎として聖典視して来た潮流が改めて思われよう。武家の最多は吉里本人で十二首である。

①桐壺帝と更衣

「契恋」の実岑歌、「かはらしと末のよかけて契るかな羽をならふる鳥をためしに」（恋哥上・二〇二）は、桐壺帝と更衣が『長恨歌』の末尾、「在天願作比翼鳥　在地願為連理枝」（引用は新潮日本古典集成『源氏物語一』巻末付録による）とあるのを誓いあって来たことを詠む。『源氏物語』には「朝夕《あさゆふ》の言《こと》ぐさに、翼《はね》をならべ、枝をかはさむと契らせたまひしに」（以下『源氏物語』の引用は小学館日本古典文学全集本〈旧版〉による）とある場面。

②源氏に寄せる左大臣の思い

「寄本結恋」の邦永親王歌、「めくりあハん行末かけて本結に結ひこめたる契りかハるな」(恋哥下・一二五二)は直接男女の愛を詠いあげたものではない。しかし源氏が左大臣を引き入れに元服した際、左大臣家の婿にと願う桐壺帝が、「いときなきはつもとゆひに長き世をちぎる心は結びこめつや」と詠み、承諾した左大臣が「結びつる心も深きもとゆひに濃《こ》きむらさきの色しあせずは」と娘葵の心情を代弁して詠む歌を素材としているのは明かであろう。物語の中で一首の歌も詠まない葵の気持を父親が代弁するという形式は、詠者の物語の読みを語るものでもある。

③源氏と空蟬―付軒端荻

「逢不逢恋」の玄旨歌、「はかなしや一よふせやの中絶てまたは、き、のよそめ計に」(恋哥上・四一七)は、「は、き、」の巻名が語るように帚木巻での空蟬と源氏を素材にする。再び紀伊守邸を訪れた源氏は身を隠した空蟬に逢うことが出来ない。落胆した源氏は「帚木《ははきぎ》の心をしらでその原の道にあやなくまどひぬるかな」の歌が口を突く。それに対しさすがに一睡もできなかった空蟬は、「数ならぬ伏屋《ふせや》に生《お》ふる名のうさにあるにもあらず消ゆる帚木」と返した場面である。因みに玄旨は細川幽斎の法名。中院通勝とともに『源氏物語』の注釈書『岷江入楚』をまとめた『源氏物語』のプロ。こうした巻名歌があっても不思議ではない。

一方、惟永歌、「移香の残るもうしや恋衣かさねも夜ハのわすれかたミに」(同・四六九)、為信歌、「と、めしハうすき袂の移かに深き思ひのそふもわりなし」(同・四七〇)、為久歌、「身にそふハ嬉しきもの、更に又思ひくハ、る人の移香」(同・四七一)及び「寄衣恋」の雅豊歌、「ぬき捨しつらさなからも空蟬の夜の衣や身にそへてねし」(恋哥下・一二六八)の四首は、すべて源氏が持ち帰った空蟬の薄衣を素材とするもの。帚木巻巻末で一度は及び腰になった源氏はそれでもあきらめきれず小君を手引きに空蟬の寝所に忍び込む。継子の軒端荻と寝ていた空蟬は源氏の気配に、「やをら起き出でて、生絹《すずし》なる単衣《ひとへ》をひとつ着て」部屋から滑り出てしまった。源氏は一人寝る女を空蟬と思い近づくが人違い。軒端荻には気の毒ながらいい加減に契ると、空蟬が脱ぎ捨てた薄衣を手に退散する。二条院に帰った源氏は、空蟬の「ありつる小袿《こうちぎ》を、さすがに御衣《ぞ》の下にひき入れ」横になった。そして「空蟬の身をかへてける木《こ》のもとになほ人がらのなつかしきかな」と手習歌を書き、薄衣が「いとなつかしき人香《ひとが》に染《し》めるを、身近く馴らして」見入っているすきに、小君は源氏詠を姉に届ける。空蟬は、「かのもぬけを、いかに伊勢をのあまのしほなれてや」と思うと恥ずかしく思い乱れる。そして「移香増恋」の実陰歌、「何にかハうらミをそへてとゝめけんあるも人かのうすき衣に」（恋哥上・四六八）は、源氏はどんなに恨みを籠めて汗じみた自分の薄衣を留め置いていることかと歎く空蟬の気持を素材としたもの。後年常陸から上洛する常陸介一行と、石山詣での源氏は逢坂の関屋で出会う。その折の源氏と空蟬の思いが、「寄関恋」の為久歌、「一たひハこえて中〳〵くるしきやさらにゆるさぬあふ坂のせき」（恋哥下・九八）であろう。

ところで源氏と空蟬の関係には軒端荻を付け加える必要がある。空蟬の寝所に忍び込んだ源氏が人違いをして契ってしまった気の毒な女性。「不慮逢恋」の氏孝歌、「ちきりあれや軒はの荻のそよとたに又白露のかゝる手枕」（恋哥上・三二七）は、行きずりに契られてしまった軒端荻が素材である。

④源氏と夕顔

「見恋」の為綱歌、「思ハすや思ひそめけんかりそめにみし夕かほの花のたそかれ」（恋哥上・八八）は、夕顔を一輪所望させた時、扇に、「心あてにそれかとぞ見る白露の光そへたる夕顔の花」とあった歌及び、源氏の返歌「寄りてこそそれかとも見めたそかれにほのぼの見つる花の夕顔」が素材である。

⑤源氏と藤壺

「寄簾恋」の仙洞歌、「心たに隔てす通ふ道しあれな身ハゆるしなきミすのうちにも」（恋哥下・一四二）、及び同じく仙洞歌、「いかてかと思ひかけすハ玉たれのミすや有へきこふるすき影」（同・一四三）は、禁じられた恋を眼前に垂れ下がる御簾に託して詠んだもの。仙洞は霊元院。『源氏物語』にも造詣深い天皇である。

さて紅葉賀巻で三条宮に藤壺を見舞った源氏は、折から来訪していた兵部卿宮と同席。ところが夕暮れになると御簾のうちに入る宮を、「昔は上《うへ》の御もてなしに、いとけ近く、人づてならでものをも聞こえたまひしを、こよなう疎《うと》みたまへるも、つらうおぼゆる」源氏である。かつて桐壺帝のはからいで御簾内で藤壺と直接話すことができた頃もあった。勿論それは幼い日の特権であったのではあるが。しかも今藤壺の腹には源氏の子胤が宿っているのである。その中で、「心たに隔てす通ふ道しあれな身ハゆるしなきミすのうちにも」は、藤壺の源氏への思いを詠んだものと解せるのではあるまいか。そして大人になってからは、御簾の向こうの女性としてしか接することができなくなった藤壺への限りない思いが、「いかてかと思ひかけすハ玉たれのミすや有へきこふるすき影」の歌。御簾に写る透き影にせめて慰めを見いだそうとする源氏の有りようが窺える。総じて物語中で藤壺の心情は伏せられているが、前者の歌により霊元院が藤壺の代弁者となったともいえる。これは②源氏に寄せる左大臣の思いでも触れたことである。

また藤壺と源氏の恋を素材に霊元院が詠んだということは、身分的な環境の類似も想わせる。なお、「海辺恋」の実岑歌、「人しれぬ思ひを須磨のあま衣ほさてしほる、袖をミせハや」（恋哥中・一四〇）は、須磨へ退去した源氏が既に入道した藤壺に宛て、「松島のあまの苫屋《とまや》もいかならむ須磨の浦人しほたるるころ」と詠む場面を想起させよう。

⑥六条御息所の心情

「祈恋」の俊清歌、「幾年かあふせもしらぬつれなさをみたらし河に祈きぬらん」（恋哥上・一六三）は、御禊の行列を見にやって来た六条御息所の想いである。葵方との車争いに破れた御息所は、「影をのみみたらし川のつれなきに身のうきほどぞいとど知らるる」と詠んだが、「幾年か」の歌はその直前の想いで、源氏との逢瀬がほとんどない昨今を神に訴えたくてやって来たのだというのである。ところが悲劇が起きた。「寄車恋」の光栄歌、「しらせハや身ハやつれにし小車のやるかたもなき下の思ひを」（恋哥下・三二〇）の「しらせハや」は葵に思い知らせてやりたいという御息所の怨念。二句、三句の「身ハやつれにし小車の」は、「網代のすこし馴れたるが、（略）ことさらにやつれたるけはひ」が顕著であった御息所の車。「やるかたもなき下の思ひ」は車争いに負けたにとどまらず、「かかるやつれをそれと知られぬる」、すなわち若き愛人源氏を一目見たさに身分を隠してやって来たことを見破られてしまったことへの無念さである。

⑦末摘花

一度は源氏の庇護に入った末摘花であったが源氏の須磨退却以降は忘れられてしまった。「夏恋」の光栄歌、「とハれつる道さへ今ハ絶はてゝいとゝ思ひの茂る夏草」（恋哥中・九二）は、一層貧困になって行く常陸宮邸の様子を詠うもの。蓬生巻には、「もとより荒れたりし宮の内」、「浅茅《あさぢ》は庭の面《おも》も見えず、しげき蓬は軒をあらそひて生《お》ひのぼる。葎《むぐら》は西東《にしひむがし》の御門《みかど》を閉ぢ籠め」云々などとある。

さて都に返り咲いた源氏は常陸宮邸を見て、「昔の跡《あと》も見えぬ蓬《よもぎ》のしげさかな」と言いつつ姫を尋ねる。その場面が、「閑居恋」の有藤歌、「わすれしの契りよいかに問ことも今ハ昔のよもきふのやと」（恋哥中・一四三）である。惟光は「さらにえ分《わ》けさせたまふまじき蓬の露けさになむはべる。露すこし払はせてなむ、入らせたまふべき」と言いつつ、馬の鞭で露を払って進む。「国宝源氏物語絵巻」に残る有名な場面でもある。それが、「寄蓬恋」の経音歌、「分入もしけきよもきか庭の露さそな袂にはらひ侘けん」（恋哥下・一六三）である。末摘花は決して源氏にとって恋とか愛の対象ではなかった。しかし蓬生巻に描かれる辛抱強さと貧困は、雅な物語の中にあって異彩を放つもの。それだけに絵画や歌の素材になりやすかったのであろうか。

⑧源氏と紫上

自ら須磨へ下る決意をした源氏は紫上と別れを惜しむ。鏡台に映る自らの姿を見ながら源氏が詠む歌、「身はかくてさすらへぬとも君があたり去らぬ鏡の影は離れじ」に対し、紫上は、「別れても影だにとまるものならば鏡を見てもなぐさめてまし」と返す。そして源氏は下っていった。紫上は、「「去らぬ鏡」とのたまひし面影の、げに身に添ひたまへるもかひなし」と歎く。源氏の歌を想い出し、確かに面影は身に寄り添ってはいるのであるが、面影では何の甲斐もないというのである。それらを素材にしたのが、「寄鏡恋」の公緒歌、「別れきてうき思ひのミ増かゝミなれミし人ハ影もとゝめず」（恋哥下・二四四）である。

それほど愛し合いながら、晩年、源氏が女三宮の降嫁を受けたことから紫上は心身を病みついに逝去。幻巻は紫上への鎮魂といえる一年が描かれるが、神無月、源氏は時雨がちな雲をわたる雁の翼を羨みながら、「大空をかよふまぼろし夢にだに見えこぬ魂《たま》の行《ゆ》く方《へ》たづねよ」と詠む。「逢不逢恋」の為信歌、「さたかなるうつゝもありし我中に今ハそのよを夢にたにミす」（恋哥上・四二〇）は、それを素材に、しかとした実感があったかつての紫上との生活を反芻しつつ、今は夢にさえ見えない淋しさを浮かび上がらせる。

⑨明石君と源氏

須磨から明石に移った源氏は、入道が語る娘の話に、その昔、北山から洛中を眺めながら良清が語った明石君の話を想い出す。それを詠んだのが、「聞恋」の仙洞歌、「たゝならす聞しも深きえにしあれや明石の浪の心たかさハ」（恋哥上・七四）であろう。前播磨守ごときの娘なのに実に誇り高く、なまじな男と結ばれるくらいなら海に飛び込めと父親が遺言しているなどと紹介され、海龍王の后になる大切な娘なのだろうと軽口をたたいていたことが想い出されるのである。

さて、娘を何とか都の高貴な男性に嫁がせたいと願う入道は源氏に期待。結局諒解を取り付け、「さらば導きたまふべきにこそあなれ。心細き独《ひと》り寝の慰めにも」と源氏に言わせた入道は、「ひとり寝は君も知りぬやつれづれと思ひあかしのうらさびしさを」と詠む。源氏は、「旅ごろもうらがなしさにあかしかね草の枕は夢もむすばず」と返した。そうした場面を素材にしたのが、「寄床恋」の重條歌、「あふとミる夢たになくてミしかよもあかしかねたる独ねの床」（恋哥下・一四二）であろう。

　ところが明石君と結ばれた源氏に召還の宣旨が下る。その頃源氏の子を宿していた明石君との別れは辛い。「琴《きん》はまた掻き合はするまでの形見に」と源氏が言うと、明石君は、「なほざりに頼めおくめる一《ひと》ことをつきせぬ音《ね》にやかけてしのばん」と恨む。源氏は、「逢ふまでのかたみに契る中の緒《を》のしらべはことに変らざらなむ」と返し、「この音《ね》違《たが》はぬさきに必ず」と契る。琴の音が違わない先とは何時までかと思う明石君の気持ちを詠ったのが、「寄琴恋」の有藤歌、「待もうしこのねたかハてとはかりにその一ことを中のちきりに」（恋哥下・二八九）、及び為久歌の、「いつまてか契り置にし一ことのしらへかハらすまたん月日ハ」（恋哥下・二九〇）である。

　都に帰還した源氏は、住吉社にお礼参りをする。折から明石君も幼い源氏の姫を抱いて参詣。しかし源氏達一向の華々しい様子に気後れして岸壁を漕ぎ離れて行く。身を尽くして恋しても所詮私は海の藻屑同然という明石君の悲しい胸の内を詠ったのが、「寄濺尽恋」の実松歌、「恋渡るしるしハなくてミをつくし涙の底に朽やはてまし」（恋哥下・三二六）と、「寄海恋」の実陰歌、「何をかハ涙の海のミをつくし千尋にあまる底ハしらせん」（恋哥下・一二四）である。

⑩夕霧と雲井雁

幼恋を育てていた夕霧と雲井雁。しかし父内大臣の知るところとなり、雲井雁は父のもとに引き取られることになる。間を裂かれた幼い二人の嘆きは深い。「被妨人恋」の為綱歌、「人にこそいひさハかれて遠さかる雲井の雁のねにやなき劔」（恋哥上・五一二）は雲井雁の嘆きを素材にする。また輝光歌、「すミかさへ外にうつさんあらましを聞に心のやるかたそなき」（恋哥上・五一三）は、雲井雁が引き取られることになった経緯を聞かされた夕霧の打つ手のなさを詠む。「幼恋」の通夏歌、「いかさまにいひしらせてかいはけなき人もさこそと我になひかん」（恋哥中・一五一）は、今後お互いの気持を交わし合うにはどんな手段があるのかと模索する夕霧の思いであろう。

⑪中君と匂宮

中君は匂宮と結ばれた。しかし都と宇治の距離や明石中宮の禁足に遭って夜離れが続く。大君は妹は最早捨てられたと思い込み、前々からの病弱も手伝って逝去してしまう。そして宇治の山里に雪が降った。その中、久々に雪をおして匂宮が訪うが中君は逢おうとはしなかった。「山家恋」の実陰歌、「思ひやれ心の道ハまとハしをこぬ夜の雪の宇治の山里」（恋哥中・一四一）は、そうした中君への愛情は一筋であるが、降る雪には道に迷いそうであったという匂宮の心情を素材にしている。

⑫浮舟と匂宮

浮舟は薫に囲われながら匂宮に通じて三角関係に陥り、それは薫の知るところとなった。激怒した薫は宇治の荘園の者を八宮邸の警備に配置。そこへ匂宮が訪れる。警備は逐条女房達の動きを咎めるから、右近も侍従も身動きがとれない。そうした状況を詠んだのが、「忍通心恋」の実業歌、「とひきてもかたきまほりの浮舟によるへも浪の立かへれとや」（恋哥上・七三）である。さらに警備の者達が連れている「里びたる声したる犬ども」が出てきて吠えつき、「もの咎《とが》めする」声は絶えない。結局匂宮は侍従に会って事情を聞いただけで引き返すことになるのであるが、その辺りを素材にしたのが、「寄門恋」の定基歌、「声すこくとかむる門の犬そうき人しつめてと更てこしよに」（恋哥下・一三六）であろう。「もの咎めする」声を「声すこくとかむる門の犬そうき」と詠み込んだのは、定基が『源氏物語』[注一七]の原典を読みこなしていたことを語る。

⑬薫の心情

匂宮と浮舟の不義をさんざんののしった薫であったが、大君の形代として得た浮舟への思いは絶てない。宇治川への入水を納得しなくてはならないと思いつつも諦めきれない思いが、「絶不知恋」の実業歌、「しゐて我かけし契りハ浮舟の行えも浪に猶そこかるゝ」（恋哥中・八〇）である。ところが浮舟は生きていた。そこで薫は小君に託し小野の里へ手紙を遣るが浮舟は応じない。渡そうにも渡せない夢の中の浮橋のような不安定で片づかない薫の思いが、「寄橋恋」の公長歌、「かけて思ふ心ハ猶も絶やらで渡すもはかな夢の浮はし」（恋哥下・一〇三）と為信歌、「思ひねに渡しそめしもかひなきや現にかけぬ夢の浮橋」（恋哥下・一〇四）である。

〔注〕

一、編者については、紀貫之・貫之女・具平親王・兼明親王・寛和（九八五～九八七）以後の才女などの諸説があり、最近では源順や兼明親王説が有力ながら定説はない。『万葉集』から『後撰集』頃までの歌、約四五〇〇首（重出歌を含む）を、歳時・天象・地儀・人事・動植物に類別して六帖に収めたもの（『和歌大辞典』古今和歌六帖の項〈相馬万里子氏担当〉参照）。

二、真観（葉室光俊）撰。衣笠家良も関係したかとも。建長元年（一二四九）十二月に一応第六帖がなり、翌年から正嘉二年（一二五八）頃に、第一帖から第五帖を加えて補訂か。完成形態は六巻と考えられるが、群書類従本そのほかの現存本の多くは巻六に相当する部分の八四九首のみである。『古今和歌六帖』にならった類題集で、当時現存の人々の詠作を集めて後嵯峨院に奉ったもの（『和歌大辞典』現存和歌六帖の項〈福田秀一氏担当〉参照）。

三、後藤基政撰。弘長元年（一二六一）七月以降、文永二年（一二六五）以前の成立か。題名は『古今和歌六帖』にならっているが、構成は同時代の『新撰六帖』『現存六帖』などと異なり、全六巻をそれぞれ四季・恋・雑に宛て、春・秋・恋各三十題、夏・冬各二十題、雑七十題の計二百題を整然と立てる。『吾妻鏡』弘長元年七月二十二日の項に、基政に「関東近古詠」の撰進を命じたとあるのに符合して、巻頭の実朝・宗尊親王以下、北条泰時・重時・政村・信生・公朝・隆弁ら鎌倉武士や幕府関係者、また蓮生・時朝ら宇都宮一族や家仲・宗仲ら高階一門など、もっぱら関東関係の者の詠を集め、教定・顕氏や光行・親行・仙覚など公家・学者達も関東と縁の深い者のみを入れており、新出歌が多い他に、地域的な集として注目される（『和歌大辞典』東撰和歌六帖の項〈福田秀一氏担当〉参照）。

四、藤原家良編。寛元二年（一二四四）六月二十七日以後間もなく成立か。前内大臣家良・前大納言為家・九條三位知家・前左京権大夫信実・右大弁光俊（真観）の五人が、『古今六帖』の歌題にもとづき、各題一首ずつの和歌を詠んだもの。家良に「女房」の隠名を付けているので、家良が中心となり、為家が企画・推進したものであろう（『和歌大辞典』新撰六帖題和歌の項〈濱口博章氏担当〉参照）。

五、冷泉為相を和歌の師とした藤原長清撰。延慶三年（一三一〇）頃、未精撰のままで撰定作業が終えられたらしい。撰定の目的は、代々の勅撰集に入集していない和歌を、勅撰がなされる際の備え及び和歌道に志す人のために集録することであった。また「夫木」の書名は、夢に現れた大江匡房から「扶桑集」と名付くべくお告げを受けたが、扶桑は日本国の惣名。あまりに憚られるとの為相の助言を得て、「扶」のつくりと、「桑」の木部を併せたものという。一万七三八〇余首を三十六巻五九六題に分類する。長清は、勅撰集撰者の一員を切望していた為相の依頼により本書の撰定作業を進めたらしい。基本的に勅撰集撰集の素材提供を目的としていたから、普通なら採録しないような歌まで収載。ために現在は散逸した歌集や、埋もれた和歌史的事実を発掘できる可能性も残されている。また『玉葉集』や『風雅集』の撰集資料ともなり、室町期以降の類題和歌集に多くの材料を提供してゆくことにもなった私撰集（『和歌大辞典』夫木和歌抄の項〈濱口博章氏担当〉参照）。

六、今川了俊の撰と伝えられるが未詳。『古今集』から『続後拾遺集』に至る十六代集から撰歌してなった類題歌集。成立は嘉暦元年（一三二六）から貞和五年（正平四年・一三四九）の間か。諸本共に四季・恋・雑に部類する。計二二四六題、六五八九首を収載する。詠者は万葉歌人から続後拾遺集の当代歌人にまで及び、詠み人しらずを除くと、一一二二人を数え、俊成・為家・定家・後嵯峨院・実氏・良経・伏見院・為氏らが主要歌人である。一般歌人の要請に応えるべく編纂された十六代勅撰集の詠歌手引書として広く利用され、とりわけ題詠の教科書的役割を果たした（『和歌大辞典』二八明題和歌集の項〈三村晃功氏担当〉参照）。

七、今川氏親と素純の共編。永正十二年（一五〇九）成立。『風雅集』以下『新続古今集』に至る五つの勅撰集の歌三七〇〇首を類別したもので、『二八明題和歌集』の続編である。作歌の為であると共に、歌学研鑽の意図もあったらしいことが序文に読み取れる（井上宗雄氏『中世歌壇史の研究・室町後期〈改訂新版〉』平成三年・明治書院）。

八、『題林愚抄』の成立は、文安四年（一四四七）から文明二年（一四七〇）の間かとされる。山科言緒の撰になるというが撰者未詳。『明題和歌全集』の基幹となり、『光俊集』『為冬集』などの個人名を冠した中世私撰集の撰集資料となっている類題歌集（『和歌大辞典』題林愚抄の項〈三村晃功氏担当〉参照）。その最初の版本の刊行が寛永十四年であった。

九、『明題和歌全集』の成立は、刊年不明版の成立時期と考えられる寛文年間（一六六一～一六七三）以前と推定されるだけで、確たることは不明。撰者未詳。文明二年（一四七〇）年までに成立の『和歌題林愚抄』を基幹に、『二八明題和歌集』で増補して成立した類題和歌集（『和歌大辞典』明題和歌全集の項〈三村晃功氏担当〉参照）。

一〇、『一字御抄』は『一字抄』『和歌一字抄』『勅撰一字抄』とも呼ばれる後水尾天皇の編にかかる類題集。成立年次未詳。天・地・山・麓・路などの一字を設け、その字に因んだ題（三八五題）によって歌約一八〇〇首を分類したもの。歌は勅撰集その他の歌集から選び列挙。元禄三年（一六九〇）の版本と写本に内閣文庫本他がある（『和歌大辞典』一字御抄の項〈三村晃功氏担当〉参照）。

一一、ここでの『類題和歌集』は、分類としてではなく、後水尾院撰の類題集をさす。『和歌題林愚抄』を基幹として、『和歌題林愚抄』成立以降の室町末期頃までの諸撰集から抄出して成った類題和歌集。寛文五年（一六六五）七月以前の成立。三万余首を収録。各歌題の例歌の肩に集付、脚注に作者名の記述があり、その集付により、収載歌の範囲は上限が平安後期、下限が室町末期頃までと知られる。部立や歌題の配列など、『和歌題林愚抄』を模範とした形跡が濃厚である（『和歌大辞典』類題和歌集の項〈三村晃功氏担当〉参照）。

一二、これら文書の存在は、柳沢文庫元職員の故米田弘義氏から手紙によってご教示を得たものである。

一三、春・夏・秋・冬・恋・雑にそれぞれ一～六の番号が振られていることに鑑み、第一冊の目録類は員外であると思われる。

一四、『参勤交代年表上・宝永七年より安永二年まで』（柳沢史料集成第六巻・柳沢文庫保存会編・平成九年）。

一五、本書第一部第二章第五節「源氏物語巻々和歌」を参照されたい。

一六、注一五に同じ。

一七、定基は野々宮。中院通茂の息男で野々宮に養子に入った。通躬の弟にあたる。中院家は三条西実隆の子孫で、通茂の曾祖父通勝は、当該「③源氏と空蟬―付軒端荻」で細川幽斎と共に『岷江入楚』を編纂したことは述べた。

翻刻の部（春・夏・秋・冬・恋・雑の合計六七二八首の内の恋部）

續明題和歌集　巻第十一

（一）恋哥上―五七八首

初恋

一　しられしなほのかにしたふ道野への草の袂をしほりそむとも　輔実

二　かり初に思ひ入ぬる恋の山いつかおくまてふミ分てミん　綱平

三　分いらん行末いかに恋の山けふよりかゝる袖のしら露　邦永

四　昨日けふ恋そむるよりうしや我涙に袖をほしそわつらふ

五　生初し我恋草の露よりや此比たえぬ袖ハぬるらん　隆典

六　かくそともいかにしらせん人しれす思ひそめぬる中のくるしさ　実松

七　分初る程もくるしき恋の山猶行すえハいかにまとハん　基董

八　人ハ猶かくともしらし我たにもわかぬ詠のけふの思ひを　光和

九　すえつゐに朽なんもうし恋衣まつぬれそむる袖の涙に　公長

一〇　思ひ入けふよりくるし恋の山しけきなけきのおくハしらねと　通夏

一一　入初てまた道しらぬ恋の山木のした露に袖そぬれそふ　基勝

一二　行末ハ猶いかならん分そむる袖も露けき恋の山路に　輝光

一三　ふミ初るけふさへ袖にちる露のみたれてしけき恋の道芝　重條

不言恋

一四　かひもあらしいはねハこそとたのミてもあまる思ひの色に見えなハ　基長

思不言恋

一五　いかはかりつゝむ思ひそかくとしもいひすてゝこそ心しるらめ　淳房

不言出恋

一六　身ひとつにあまる思ひをいつまてとことに出てももらしかぬらん　通誠

未言恋

一七　もらしての後もつらくハとはかりにまたいはぬまを頼身もうし　定格

未言出恋

一八　末つゐにつゝミはつへき思ひかハ猶いつまてともらしかぬらん　惟通

欲言出恋

一九　もらさはやしらせて後のつらくとも忍ひはつへき心ならねは　廣豊

洩始恋

二〇　世にちるもよしや今ハとみたれそめ余る忍ふの露のことのは　実陰

二一　今ハとてもらすもはかな幾年か色に出しと忍ひこし身に　定基

言出恋

二二　残りなく今ハうち出て年月の心にも似ぬ心をそ思ふ　仙洞
二三　思ひかね色に出ぬる言のは丶世にもる丶共よしいか丶せん　輔実
二四　ことのはのそれにはるけん思ひ川ひとつふたつはいひしらせても　実陰
二五　ちらすなよことの葉草の露計打出て今そしらせ初つる　基勝
二六　忍ひかねもらし初ぬる我袖の涙の瀧もせくかたそなき　淳房

初言出恋

二七　ひと言葉まつ打出てのこりある思ひの程そしたにくるしき　実陰

忍恋

二八　うき思ひ身に餘る共かくてこそ忍ひはつへき世をハわするな　仙洞
二九　しハし猶まけすを忍へ我なから今ハとゆるす思ひならぬに
三〇　かひそなきかくとも人にいはぬまの心のうちに過る月日は　綱平
三一　人しれすおさふとすれと我袖にあまる涙をいかにつ丶まん　邦永
三二　いつまてか色に出しと年月をたえぬ思ひの中に忍はん　光栄
三三　いつを身の行すえたのむかきりとてあやなく忍ふ心成らん
三四　人しれす幾年月かせく袖を同し涙にくたさんもうし　実岑
三五　うち出ハ世にやもれんとをしかへし心ひとつにつ丶むくるしさ　通夏
三六　みたるとも誰にかこたんさしも我心ひとつに忍ふもちすり　雅豊

三七　もらさしとつゝめハ袖に落そひてあまる涙そせくかたもなき　輝光

三八　年へてハ思ふにまくることハりを身にしるまてと猶や忍ハん　長義

三九　春雨の音にハたてす忍へ共しほる袂を人やとかめん　建顕

四〇　さもあらぬ浮世かたりも心せん思ふすち成色やミゆると　玄旨

四一　紅の八入の衣それと見よ忍ふにかなふ涙ならねは

四二　よしや我忍ふもちすりみたれすハ心のおくもみえし思ひを　為綱

四三　朽ぬまハせきかへすとも涙河行末いかに袖のしからミ

四四　しらし我思ひミたれて年ふるも心のおくの忍ふもちすり　実業

四五　たえす行我なみた川いつまてか人めつゝミのかけにせかまし　重條

四六　みたれそふわか中垣の忍草しけき人めに種をまかせて　公通

四七　末つゐに浮名やもれんしゐてわかつゝむ思ひも色に見えなハ　輔通

四八　よそに見し軒の忍ふの露や今袖の涙に落てみたるゝ　相尚

四九　おもほえす落る涙をいかにせん忍ふ心ハゆるさゝれとも　盛直

五〇　うき時の身をかくすへき山ハあれと忍ふ心の置所なし　沢庵

忍久恋

五一　年ふとも忍ひはつへき我思ひしらてやあまる袖の涙は　吉里

忍涙恋

五二　我袖の涙をさへもかこつかな人に見えしと忍ふ思ひに　兼煕

五三　ともすれハ袖にそ落る我涙人めのひまも心ゆるすな　通躬
五四　つゝめ猶袖にも今ハせきあまる涙よりこそもれん浮名ハ　通夏
五五　朽はてん末もかハらて我袖にいつまてとせく涙なるらん　重條
五六　末終にいろにや出ん月日へてつゝむ涙のかハくまもなき　綱平
五七　おさふるも同し我身の袂よりなとか涙のもれんとすらん　為久
五八　朽はてゝ我名やつゐにあらハれてせくに涙の餘る袂は　公長
五九　いかなれや忍ふとすれとともすれハ袖よりほかにあまる涙ハ　景忠
六〇　つゝむ我袖の涙のしからミにかけて恋しき人もしらしな　輔実
六一　もらさしとおもへハ猶も我袖にしゐて涙の餘るくるしさ　徳光
六二　人しれす猶もらさしとおさふるもいつを限りの袖の涙そ　実岑
六三　忍ふるも誰心とて我涙せくにも袖にあまるくるしさ　基長
六四　もらさしな絶ぬ思ひのよる〳〵の涙に袖ハ色かハるとも　好高

苦忍恋

六五　我涙色にな出そあなかちに人も浮名ハさこそ忍ふを　実業

楽忍恋

六六　人もまた世にしられしと諸共に忍ふ心をたのむ中かな　経音
六七　我中ハ浮名を忍ふ心のミかよふ計をたのむはかなさ　重條
六八　我計露けき道ハしらす共人も忍ふのおくやうからん　実陰

相楽忍恋

六九　幾年かつゝむハくるし我思ひ人にまけしの心くらへに　通躬

七〇　我袖の色にハ見せし人もさそ浮名忍ふの露のミたれを　実業

七一　あひおもふ契りとやせん諸共に人めわりなくつゝむ計を　光栄

忍通心恋

七二　あふせなき身ハうきなから心のミ忍ひてかよふ道ハたえしな　淳房

七三　とひきてもかたきまほりの浮舟によるへも浪の立かへれとや　実業

聞恋

七四　たゝならす聞しも深きえにしあれや明石の浪の心たかさハ　仙洞

七五　打つけに心そとまる人のうへをかたる計ハさたかならねと　為綱

七六　よそに聞契り計にいつまてかあふ事もなき中にすくさん　公晴

七七　ミそめなハ猶いかならんそれと聞たよりにたにも増る思ひを　益通

七八　あひミての後いかならんよそなから聞初しよりしたふ心は　相尚

七九　思ふ人にいつか逢ミん吹風の音計にも袖をぬらして　尚長

八〇　いひよらんたよりなき身のはかなくもいつまてよそに聞てしたハん　雅季

時々聞恋

八一　人ハ又よすかさためすとはかりをうち聞度の身に頼つゝ　仙洞

八二　幾年かたまさかなから玉琴のねにのミ聞て袖ぬらすらん　淳房

傳聞恋

八三　とふにつけかたるを聞ハ思ふそのあたりに近き人もむつまし　相尚

聞聲恋

八四　うしつらし声ハきこえて玉すたれいとの絶間も見えぬ隔てハ　相尚

見恋

八五　しらハやなかけもとまらぬ雲間よりほのミし月の行えいつこと　通茂

八六　あまのかるその名計に朝夕のしほひもしらぬ袖の浦浪　為綱

八七　よそに見し人ハ高間の峯の雲しかしな晴ぬ思ひなり共

八八　思ハすや思ひそめけんかりそめにみし夕かほの花のたそかれ

八九　見しハたゝほのか成つる夕より今も浮身をさらぬ面影　光栄

九〇　しられしなたゝかり初の磯まよりミるめに浪のかゝる袖とハ　永福

九一　よせかくる浪のまも猶よそなからみるめの浦に袖ぬらせとや　兼熙

九二　いつまてのかゝる思ひそ浮人ハよそにのミこそ峯の白雲　公緒

九三　しられしなほのかに見えし面影を心にこめてかくおもふとも

九四　あまのかるその名計をたのミにてたゝあた浪に袖そぬれそふ　公長

九五　思ハすよ手にも結はて山の井の影ミし水に袖ぬれんとハ　雅豊

九六　露けしなしのゝはくさのかりそめにみしをわすれす思ひ乱て　長時

九七　さたかにハいつか又ミんみしもたゝほのかなりつる人の面影　定基

九八　つらきかなまちかき程に見ても猶いひ出かたくさハる人めハ　基長

九九　うしやなとえにしなき身そよそなからそれとハミつゝこともかへさて

未見恋

一〇〇　いつか我それともみまし窓近くはるをこめたる花のおもかけ　通茂

且見恋

一〇一　よそなからしハしそれそと見し人に思ひの涙晴るまもなき　実松

時々見恋

一〇二　世に深く忍ふる中ハ時〳〵も見るめ嬉しとたのむハかなさ　豊忠

一〇三　しるや人いとへる中にそれとのミ見るたひことの心つくしを　経慶

行路見恋

一〇四　あちきなやあかすわかれて結ふへき契りハしらぬ山の井の水　通躬

夢中見恋

一〇五　つれなしな思ひねにミる夢にたに猶とけかたき夜はの下紐　公晴

一〇六　ことのはもかハさて覚し面影は夢より後の床に残て　為久

白地恋

一〇七　あたなりと思ひなすてそかりそめのかたるしもこそ契り有ミゆ　実業

一〇八　何を又契りもをかんしハしたにきてもとまらぬ袖のわかれは　輝光

通書恋

一〇九　書やりしかへさをそしと待ミるも結ひしまゝの玉章そうき　通夏
一一〇　ときも見すかへすそつらき一たひのいらへハよもと待し玉つさ　定基
一一一　はてハ我まけてやゝまん幾度かゝへすにこりす送る玉章　員従
一一二　もしも世にちらハと忍ふ玉章ハ思ふ心を書もつくさす　公通
　　　見書恋
一一三　忍ふるをたゝかことにてなをさりのいらへハつらき中の玉つさ　基勝
一一四　待とてもみるに心ハなくさまて思ひそ増る水くきの跡
　　　見書慰恋
一一五　かきかはすことのはにのミなくさミて逢夜もしらぬ契りはかなき　公晴
　　　不見書恋
一一六　待見はやたゝ一ふての跡にたによしなをさりのすさひ成共　基音
　　　返書恋
一一七　あちきなく書たえよとや浮人の結ひしまゝに帰る玉つさ　光栄
一一八　はかなしやミもせて返す玉章に人のいらへを待し心ハ　重條
　　　被返書恋
一一九　幾度か心尽してかきやれと思ふかひなくかへす玉つさ　公緒
一二〇　浮人にかきやる文ハかへしても手にたにふれハ哀共ミん　光栄
一二一　恨すよたゝ一度の玉章ハかへすも人の心見るやと　雅豊

一二二　いたつらにかへすそつらき手に取てみるも涙の露の玉章　尚房

失返書恋

一二三　見もはてす忍ふ餘りに置捨て行えをまとふふミもわりなし　実陰

尋恋

一二四　をしへをくしるし計ハとひきてもかひこそなけれ三輪の杉村　邦永

一二五　きませとハたのめぬ三わの山本もとはてハいか、杉たてる門　通茂

一二六　きてミよとをしへぬみわの山本ハいつくに杉の門をたつ覧

一二七　ひたすらに尋侘ぬる我そうき人ハさたかに告ぬ宿りを　輝光

一二八　いつくにかしるへもとめてとひよらんをしへもをかぬ人の宿りを　公澄

一二九　とひえてもあらぬ宿りハ我にうき心のおくを尋しれとや　定基

一三〇　たのめ置し心を里のしるへにてありかもしらぬ宿りをそとふ

一三一　それそとハいかにとひえて三輪山さこそ待ミん人ハあらしを

一三二　尋きてさらにそたとる妹か門おなしさま成垣ねつ、きハ　為久

一三三　したふ我心そしるへ尋ミんそことをしへぬ人のありかを　実岑

一三四　あふまてとたとるもうしや住里ハそこともしらぬ人の行えを　輔通

一三五　うき人の宿りやいつこ三輪山たのめし杉のしるしたになき　光栄

一三六　心あてにたつねやゆかんさたかにハそことをしへぬ人のすミかも

一三七　をしへしもたかふ心の先ミえてやとりいつことたとるくるしさ　基長

一三八　をしへつる宿をもそこと思ひかねておほつかなくも猶たとらまし　相尚
一三九　いつくとか又とひゆかんその里とをしへをきしハあらぬ宿りに　通夏
一四〇　をしへをくしるしの杉ハとひきてもあハて空しく帰るさそうき　治房
一四一　三わのやますき立門はとひきてもなしとこたへて帰るさそうき　博高
一四二　思ふその心そしるへさたかにハおもほへぬ宿もとひよりてミん　通躬

尋縁恋

一四三　我思ひもらしそめハや人しれす頼まれぬへきしるへもとめて　輔実
一四四　しるへするたよりもあれなおく深く恋の山口わけ入てミん　経敬

初尋縁恋

一四五　おもふえに見るめからせよ恋渡るしるへと頼むあまの釣舟　通躬

尋不逢恋

一四六　さしもなとなしとこたへてつらからんたのめしものを杉たてるかと　実陰
一四七　をしへをく宿とひきてもいくよハのあハて空しく帰るさそうき　国久
一四八　あハてかくかへるハうしやをしへをくすミかハそこと尋よりても　輝光

尋所恋

一四九　行かへりあふをかきりと尋ミん人ハさたかにいはぬ宿りも　基勝

尋在所恋

一五〇　おもふわか心そしるへ尋ミんそことをしへぬ人のありかも　資時

祈恋

一五一　神もしれいさめぬミちを頼にてうき年月にはこふあゆミを　雅豊
一五二　ひたふるに猶や祈らんうき人も神にハさのミつれなからしを　景忠
一五三　一筋にたのミをかけて貴ふね河あふせの浪のよるへをそ待
一五四　いのらすよ年月かけてミしめ縄長くも人のつれなかれとハ　実岑
一五五　あはれとハ神もしらなんきふね河浪の立ゐに祈るあふせを　通誠
一五六　末終にうきにかくてや初瀬山祈空しき年をかさねて　定基
一五七　たくひなくつれなき人の心をハ神にまかせて猶や祈らん　公緒
一五八　年をへていのるしるしハつれなさをうき身のとかと思ひしりせハ　重世
一五九　しるて我まことのかきり心ミん神やハうけむ人やつらきと　実陰
一六〇　あふ事のしるしハいつかみしめ縄かけて祈るにかひもなき身ハ　宣顕
一六一　いつまても同し心にみしめ縄うけひかす共かけて祈らん　吉里
一六二　しるてかく祈るを神もうくるかと思ふ計の一こともかな　惟永
一六三　幾年かあふせもしらぬつれなさをみたらし河に祈きぬらん　俊清
一六四　一筋に神もうけひけしめ縄の近き契りを頼む祈りハ　廣豊
一六五　末終につらき恋にや朽はてん祈るかひなき松のしめ縄　隆典
一六六　頼むそよ杜のしめ縄絶すわか祈るハ終に人やなひくと　直秀
一六七　幾年か袖のミぬれて貴舩河逢瀬を神に祈きぬらん　輔通

忍祈恋

一六八　世に深くつゝむ思ひはかけすとて神もあらハにえこそかこたね　通茂

祈久恋

一六九　年月そなかれてはやき初瀬河いのり空しくよとむ逢せに　定基

一七〇　うきなからしゐていのらん貴船河年月よとむ中の逢瀬ハ　輝光

一七一　一度のあふせハゆるせ貴舩河幾年浪をかけしいのりに　相尚

一七二　みわの山いのるかひなき年月をいつまてよそに杉たてる門

一七三　思ひ川よとむ逢瀬を祈きて幾年浪の立かさぬらん　経慶

楽祈請恋

一七四　いのるその心をかハす御祓河ともによるせのしるしをそまつ　実陰

祈身恋

一七五　うけひかぬ杜のしめ縄かけかへて朽ねと身をや今ハ祈らん　通茂

一七六　ありふるにかひもなき身をいつまてと心長くもかくるしめ縄　通躬

一七七　有てうき身の行末もいのるそよあひミん事のたのミ計に　実積

一七八　なかゝれと身をこそいのれみしめ縄結ふ契りを思ふ手向に　雅光

依恋祈身

一七九　玉の緒にかけてそ祈るみしめ縄朽すハつゐに逢よ有やと　定基

一八〇　あふまてハうき玉の緒もなかゝれと我みしめ縄神もうけひけ　公長

祈神恋

一八一　逢事ハしらぬ浮世の貴舩河幾年波かかけて祈らん　光和

誓恋

一八二　かハるなよけふとけ初る下紐に神かけてさへ契る行末　淳房

一八三　此まゝに末もかハるな神かけてかたミに深くちかふ心は　徳光

一八四　行末も思ひわするな一ことも神ひきかけし中のちかひは

一八五　わするなよ千ゞの社の神かけて末替らしと頼ちかひを　雅季

憑誓言恋

一八六　神かけてちかふ言葉ゝかはらしと行末遠く頼はかなさ　国久

一八七　たのミても末いかならん神かけてあまりことよき人のちかひハ　輝光

契恋

一八八　いかならん人の心の末の松浪こさしとハ契りをきても　東山院

一八九　かハらしと契る言葉の行末ハしられすなから先や頼ん《（まカ）》　正仁

一九〇　浅からす契れハとてもかハらしとたのむもはかな見えぬ行末　通茂

一九一　わするなよあたし言葉も神かけてかハらしと頼中の契りを　基勝

一九二　かハらしといふ一ことをたのミにてかきりしられす契る行末　保光

一九三　まことゝも思ハすなから末かけて契ることはを頼むはかなさ　通躬

一九四　偽のあるよなからもかはらしと契ることはを先やたのまん　兼親

一九五　年月のうつり行共かハらしといひし契りを我ハたのまむ　公緒
一九六　まことある心しらねハかはらしと契る言葉もいかてたのまん　惟永
一九七　わすれしのその一ことをたのミにておしむ命そ老ハわりなき　実種
一九八　かハらしと行末かけて契ても人の心のおくそしられぬ　尚長
一九九　偽のあるよをうしとかこちつゝ深き契りも猶そあやふむ　光栄
二〇〇　たゝたのめ心のおくハしらねとも行末かけて契ることの葉　公澄
二〇一　かハらしと契ることハに我も又たのむ心のあさからめやは　公視
二〇二　かはらしと末のよかけて契るかな羽をならふる鳥をためしに　実岑

契久恋

二〇三　いつまてと猶たのむらん神かけし契りもあたにつもる月日を　通夏
二〇四　契りつゝあハぬ月日ハつもるミの涙に袖もくちやはてまし　公緒
二〇五　頼めしハうき等閑の心ともしらておほくの月日へにけり　公長

毎夜契恋

二〇六　たのめてもあたに幾夜を杉のかと何を契りのしるしにハせん　実種
二〇七　よな〳〵の契り計をたのミにて待に空しき中そかひなき　俊清
二〇八　人めもる中ハあやなし宵〳〵に同し契りをたのミをきても　輝光

契経年恋

二〇九　うしや猶替らしとのミちきりても逢ミぬ中に年をふる身ハ　為久

二一〇　かハらしといひし計に幾年か契りしまゝの身をたのむらん　實紀

憑契恋

二一一　神かけて契る言はの末遠く人もかはらしたのむ行えは　尹隆

二一二　しらぬよのえにしならすや偽をあやふむまても頼契りは　氏孝

契行末恋

二一三　行末ハおほつかなしやわすれしのそのことのはゝまことなりとも　公長

二一四　たのめたゝ行末つゐにあひミんとかたき契ハ中に絶めや　益通

夢中契恋

二一五　うつゝにハいつか頼まん逢と見る枕の夢にちきるゆく末　宗量

契空恋

二一六　言のはゝなけ成物と今そしるかけしもあたの人の契りに　通躬

馴恋

二一七　年へてもかひこそなけれ朝夕になるゝ計を身のちきりにて　輝光

二一八　さそとたに人やハしらん朝な夕なるゝにつけて増る思ひに　有藤

二一九　今そしるミてもみまくのことはりハ馴てしたしき中の契に

二二〇　いひよらん便そしらぬ朝夕に見かハす程のちきり有身も　為綱

二二一　あふ事ハいつともしらて朝夕になるゝ計をたのむはかなさ　永福

憑恋

二二二　ひたすらに思ふかひなき身をしらて我のミ頼年月そうき　隆典
二二三　おほつかな人の心のかハるよに行末遠くたのむちきりハ　重條
二二四　たのめたゝ折〳〵ましる偽ハ思ハぬ人のことハりにして　氏孝
二二五　末かけて人もかハるなわするなと只一節にたのむ契りを　永福

不憑恋

二二六　契置し言葉の末を思ふかなたのまぬ中のつらさなからに　相尚

憑詞恋

二二七　よしさらハ頼てそミんかくまてにいふ言のはゝ末やとをると　為信

憑媒恋

二二八　よそに又露ももらすな人しれす頼むしのたの杜の下風　通茂

疑恋

二二九　まことゝもいかに頼まん偽ハ世のならハしの人の契りを　雅季
二三〇　たのむにもおほつかなしや偽の世をならハしの人の心は　有藤
二三一　おほつかなちかひしことを頼てもつらさかさなる中の契りハ　相尚

互疑恋

二三二　ことかたに思ふやありと打とけぬ人の心ハ我もたのまし　實種

疑真偽恋

二三三　まことゝハさためかたしやその暮を空しからしと契りをくとも　景忠

疑行末恋

二三四　行末の契りしられぬうこきなき山をためしのいもせ成とも　為久

不逢恋

二三五　年ふるも中〳〵つらしひたすらにかけハなれてハ見えぬものつつ（からカ）　通茂

二三六　したへとも人ハ果なきつれなさにあらハとまちし命さへうき

二三七　逢ミての後ハいかなる思ひそと今のつらさにかへてしらハや　相尚

二三八　しらさりしうきかた糸のあハてのミむすほゝれたる思ひせんとは　光栄

二三九　恋渡る袂にあまる涙河あふせハいつとせきかへすらん　公緒

二四〇　あふまてとおしむ命のありふるもうしとや人の思ひなすらん　通躬

二四一　朽ね只うしやあた成名取河逢瀬ハ浪のそこの埋木　淳房

二四二　いつまてかあハすハ何をさハかりに思ひミたれん露の玉の緒

二四三　いつまてと猶あふ事ハ片糸の思ひみたれてうき年をへん　雅季

二四四　つれなさを見はてゝたにとしたふまにあハぬ月日そいや積り行　基長

二四五　とはゝやなあハての浦に住海士の浪のミるめハいかにかるやと　公長

二四六　思へ人つらさにたえて逢事ハいつ共しらす過す心を

二四七　待よひの鐘もわかれの鳥のねもしらぬつらさや身に歎らん　正喬

二四八　つれなさハ年月なれしうき身にも猶あふまてとしとふはかなさ　康致

二四九　あハしとハいひもはなたていつまてかつらき心を長くミすらん　昌純

忍不逢恋

二五〇　しられしなあた名をうしと一こともらしかねぬる中の思ひハ　淳房

契不逢恋

二五一　かハらしと頼むもはかなまれにたにあふよもしらぬ人の契りを　尚房

不来恋

二五二　ひたふるに思ひもすてすしたふかなたのめてもこぬ人のつらさを　公晴

来不留恋

二五三　待えたるかひこそなけれ宵のまにきてもとまらぬあたの情ハ　実岑

二五四　とく帰るつらさハをきて中〳〵にとひしを人の情かほ成　意光

過門恋

二五五　門さしてなしとこたふる浮人の宿を幾度あたに過らん　實業

二五六　とハれしもいつひきかへて我門を過る車の立もとまらぬ　実岑

違約恋

二五七　明るよをいそけ鳥かねたのめてもとハれぬ床のひとりねハうし　為久

待恋

二五八　はかなしや我またしらぬ偽に今宵ハよもと待ふかすミハ　基長

二五九　聞もうし更てやとふと待程にはやおとろかすあかつきのかね　尚房

二六〇　更行もしらて待よに鳴鳥のあかつき告る声そおとろく　経音

二六一　幾度のうき偽になれきても頼めし夜半ハ打もねられす　定基
二六二　有明の月そこと丶ふ頼めても人ハかけミぬ閨のとほそに　輝光
二六三　宵のまハ人もえさらぬさハりかと思ひゆるして猶やまたまし
二六四　あくまても待てやミまし時の間にかハる心のまたやかはると　氏康
二六五　契り置てこぬよ更行鐘の音をまたる丶人よいかにきくらん　公野
二六六　たまさかにとふよもあれな幾よ我待に心をよしつくす共　為綱
二六七　偽と思ひすて丶も更るよのねられぬま丶に猶そまたる丶　雅季
二六八　こぬ人をなをさりともと待夜半に更行鐘の更行ハうし　兼親
二六九　槙の戸をさすなといひて今宵しも待にあた成しの丶めの空　基勝
二七〇　衣〳〵のつらさハしらて待よハも明る八声の鳥もうらめし　信方

待便恋

二七一　思ふその追手もあれな浦浪にた丶よふ舟のよるへさためん　公長

忍待恋

二七二　いたつらに待夜更行涙をも人に見えしとつ丶むわりなさ　長義
二七三　忍ふれハか丶けぬ閨のともし火を更てハ人の待ぬとやミん　光顕
二七四　いたつらに明やはてなん人しれす待宵過す槙の戸の月　資時

契待恋

二七五　偽のあるよわすれて待ミハや契り置けるけふの夕を　為信

二七六　さハりあらハよしさらぬともとひこんといひしを人のあたになすなよ　実業

楽待恋

二七七　たかいつの心いられか世にもれんともに人めの隙を待身は　通茂

二七八　もる人の隙もありやと此夕同し心に待またるらん　基勝

送書待恋

二七九　思ふこと書やるふミを等閑にみしやいかにそ待も侘ぬる　隆福

二八〇　玉章の数のミそひてかく計待よかさなる中そくるしき　経慶

不堪待恋

二八一　しるらめやさのミハよもと待よハもとハぬつらさに絶ぬ心ハ　雅豊

毎夕待恋

二八二　さりともと幾夕暮か頼むらんしゐてまつみの心よハさに　永福

二八三　とハぬよのかさなるまゝにさりともとつれなくまたぬ夕暮もなし　長義

夜々待恋

二八四　さすか又夢をたにとハ待もみすうき偽の夜をかさねても　雅豊

歴夜待恋

二八五　頼めてもとハぬ幾夜かすきの戸をさゝて空しく明行ハうし　有藤

二八六　いつまてか待夜つれなき鳥かねの声に明行空頼めせむ　博高

連夜待恋

二八七　またしとハ思ひなからもいたつらにとハぬつらさの幾夜をかへし　廣豊
二八八　我中ハなをこりすまに今宵をや又はかられて待もはかなき　雅季

待空恋

二八九　夜をかさねとひこぬ人をまつ風もうきねやの戸の明方の空　為信
二九〇　明行を又こそかこて待夜ハの契りあた成人のつらさに　相尚

逢恋

二九一　さきのよの契りしられて今宵かくとくるハ嬉し中の下紐　邦永
二九二　年月のうさもつらさもわすられて嬉しくかハす夜はの手枕　重孝
二九三　逢夜さへ袖ハかはかす明は又わかれんことを思ふなミたに　為久
二九四　しらさりき心隔てし恋衣うらなく人にかさぬへしとハ
二九五　積りそふつらさわすれてあふよハ、かはらしとのミ頼む行末　相尚
二九六　かはるなよ我もかハらし諸共に逢をはしめの契りにハして　実種
二九七　新枕かハすこよひハわすれけりあはぬ日比のうさもつらさも　為信
二九八　わするなよつらき恨もおしこめて逢夜となれは頼む契りを　公長
二九九　思ひねに夜な〳〵なれしならひより現も夢とたとる手枕
三〇〇　幾年かむすほゝれしも今宵かくとくるハ嬉し中の下紐
三〇一　つらかりし人の心もうちとけて今宵嬉しくかハす手枕　基顕
三〇二　うこきなきためしをならへいもせ山今日を初の中の契りに　有藤

三〇三　人も思へたゝかり初の契りかハ一夜も深きえにし有身を　光栄
三〇四　わりなくて我こえきつるあふ坂に今宵人めの関も隔つる　博高
三〇五　思ひねにみしならハしの夢路かとうつゝもたとる松坂の山　国久
三〇六　つらかりし恨も解て行末を契るも嬉しけふのたまくら　通躬
三〇七　夢をのミ頼ミなれこしうきミにハ思ひかけすよけふの手枕　意陳
三〇八　浮を忍ひつらきに絶し年月の恨わすれてかハす手枕　景忠
三〇九　新枕かハす今宵ハうきに我なからへけるも契とをしれ

初逢恋

三一〇　うつゝともえこそさためぬ新枕夢にのミ見し身のねかひとて　実詮
三一一　つらかりし此年月にひきかへて逢よ嬉しくかハす手枕　国久
三一二　年月につもる思ひも打とけて今宵嬉しき新枕する　尚長
三一三　わするなよけふとけ初る下紐に末かハるなと結ふ契りを　有藤
三一四　恋〳〵てあひミる夜半の嬉しさの積る恨もわすれてそぬる　基勝
三一五　逢までと何思ひけん新枕かハすにつけておしまるゝ身を　実岑
三一六　今そしるかハす枕につれなさの心つよさも恨あるよを
三一七　年月のつらさも今宵わすれ水結ひそめたる契りかハるな　実業
三一八　つらかりし程ハならハぬ逢事に夢うつゝともわかぬ手枕　為綱
三一九　年月に積れるちりも新枕かハすこよひそはらひ初ぬる　隆栄

三二一〇　つらかりし人の心の打解てかハすも嬉し夜ハの手枕　宣顕
三二一一　新枕けふより契る行末をたゝかり初になしてわするな　通躬
三二一二　夢うつゝわかすよ契るおりならて今宵あひミる心まとひハ　相尚

俄逢恋

三二一三　打とけてねぬへくもなしおもほえすあひミる宵の心まとひハ　為久

適逢恋

三二一四　いつまてかよそに思ひし天河我うき中も遠き渡りを　実陰
三二一五　鳥のねも別れな告そたまさかにかハす枕のちり拂ふ夜は　淳房
三二一六　逢も只夢かとそミるたまさかに中の人めの隙を待えて　康熙

不慮逢恋

三二一七　ちきりあれや軒はの荻のそよとたに又白露のかゝる手枕　氏孝

忍逢恋

三二一八　けしきたに人にミすなよかりに我かハすも稀のよハの契りを　致季
三二一九　打とけてかハす枕もつゝむ身の浮名いかにと思ふくるしさ　基長
三二二〇　人めよく道ハわりなきあふ坂に鳥のねさへやまたて□□(虫損)ん　実陰
三二二一　ゆるしなき人まもとめて又いつか今宵計の夢もミるへき　為久
三二二二　けふよりハつゝむ人めをかことにて絶間かち成中となすなよ　通躬
三二二三　うしや猶あふよ稀成手枕もつゝむ人めにいそくわかれハ　公晴

待逢恋

三三四　かきりあれハ幾年月を待つけて契る今宵も我哀成　実種

祈逢恋

三三五　なかれての末も頼もし貴舟河祈るかひ有中のあふせハ　東山院
三三六　逢事を神にまかせし年月のみそきかひ有小夜の手枕　為綱
三三七　待えたるあふせに嬉し大ぬさの引手になひく神のしるしも
三三八　逢事の末なか〻れとけふよりハ猶かけそへん杜のしめ縄　実岑
三三九　けふそしる幾年月のあふ事をいのり置てし神のしるしを　惟永
三四〇　末遠く祈る契りをあハれしれあらハあふよを神にまかせて　公長
三四一　浪わけて祈るしるしかみそき河浮年月のけふのあふせも　公通

逢切恋

三四二　恋侘ぬありし一夜の後ハ猶したふ思ひもいやましにして　通夏
三四三　浮名をも何かおしまん哀にもかへてあひミるよハの契りに　公緒

稀逢恋

三四四　たまさかの逢夜なれとも我中を絶ぬ契りそ頼ミ成ける　綱平
三四五　等閑に思ふやいかに逢事の稀にとのミハ契らさりしを　実種
三四六　たのめた〻かく逢事ハまれなから結ひし中の契りたえすハ　輝光
三四七　又いつとしらぬ逢夜の手枕にありし絶間を思ふさへうき　定基

三四八　稀にとふ中の絶間ハ久堅の天津星合のたくひならすや　宗顕

邂逅逢恋

三四九　何事もかたらハぬ間に明にけりかハすも稀の夜ハの枕に　通夏

逢夢恋

三五〇　いかにねて今宵もみまし夢なから又よといひて覚し面影　実陰

三五一　思ひねの枕にしハし逢とミる夢にもつらき暁のかね　光顕

三五二　はかなしやこれもあひミんしるしかと夢の契りを頼む計ハ　雅喬

夢中逢恋

三五三　覚てしる夢そはかなきミるかうちハ現と計かハす枕に　氏孝

三五四　覚た身の夢としるこそかひなけれ契りさたかにかハす枕も　公野

逢無實恋

三五五　かひなしやあふなのミして下紐のうちとけかたき夜ハの契りハ　輝光

三五六　何にかくそひふすよハも打解ぬ心をうちの山路わけゝん　実業

臥無実恋

三五七　待つけてぬるよもうしや人心したにハ解ぬ中の下ひも　通躬

隔物逢恋

三五八　釣簾の間をゆるす計の情あらハ隔つる関もやめて通はむ　博高

語恋

三五九　こしかたのつらき思ひにとりそへていひも尽さぬよゝのかねこと　実陰
三六〇　思ひやれ分こし野へのわりなさハいふにも餘る露の深さを　為久
三六一　いつか又かたりつくさん逢夜半も残りおほかる中の言のは　雅季

別恋

三六二　鳴鳥の声のうちにも引とめてしはしとしたふ袖の別路　重條
三六三　心ある鳥かねもかな又いつと逢夜もしらぬけさの別れに　永福
三六四　うしや人しハしとしたふ言のはもきゝたにいれすいそく別れは　有藤
三六五　夜をこめていそくも嬉し逢事ハ又いつとしもしらぬ別れを　惟永
三六六　音に立て鳴ほとゝきすなれもかくつらきわかれや有明の空　経慶
三六七　うしや人いつと待へき一ことをたのめもをかて出しわかれハ　通夏
三六八　つらからす契りにいとゝわりなさも尽ぬわかれそ出ん空なき　基長
三六九　深きよの鳥の八声におとろきて明ぬにいそく衣〳〵ハうし　吉里
三七〇　みし月ハ枕に残る衣〳〵に別るゝ人ハ影もとまらす　隆典
三七一　鳴鳥のわかれをいそく声もうしかハす枕ハまた残るよに　共方

欲別恋

三七二　浮人の袖にハしらしわかれなん名残をかねてしたふ涙も　重條

逢別恋

三七三　あひミしハ夢かとたとる別路にうつゝわすれぬ鳥のねもうし　光栄

三七四　さよ枕とけし心もさすかみし別れそさらに身も消ぬへき　実陰
三七五　したひこし面影計立そひて我にもあらぬ今朝の帰るさ　定基
三七六　かハしつる枕ハ夢の契りにてことはの残る別路そうき　公野

急別恋

三七七　恋侘てまれにあふよの閨の内に別れを人のなと急くらん　基董
三七八　いそくとてぬるまほとなき衣〱の跡に残れる鳥のねもうし　為綱
三七九　何とかくいそく心そ忍ふるも誰為ならぬ夜半の契りを　氏孝
三八〇　うしやまた夜深き鳥もなかぬまに起出て人のいそく別路　実岑
三八一　からす鳴月に明ぬと起出ていそく袂をとゝめぬもうき　為信

忌別恋

三八二　人めよく道に明ぬといそくともやすらへ月のさよ深きかけ　定基

厭別恋

三八三　たくひやハ有明の月に起出ていつよりもうきけさの別路　為久
三八四　鳴しきる鳥かねそうきさらてたに明行夜ハをいとふ別れに　有藤

契別恋

三八五　又いつと契り置こそ別路のうきにも残るたのミなりけり　重條
三八六　暮るよをかならすまてと契りてもわかれハつらき明方の空　康熙

惜別恋

三八七　いと丶猶わかれそおしき逢事を又いつとしも契りをかねハ　経音

暁別恋

三八八　夜をこめて立わかれゆく衣〳〵に残るもつらき有明の月　輔実

惜別恋

三八九　夜を残す此暁の恨しれわかれとなれハおなしなけきも　通茂

三九〇　へたて有夜はのさころも恨侘起別れ行あかつきそうき　光和

帰恋

三九一　涙もやこほれそふらん夜をこめて帰るさしほる道芝の露　雅豊

三九二　又いつのあふよかほさん起別れ帰るあしたの袖の涙を　隆栄

深更帰恋

三九三　夜を深ミ面影計身にそへて月こそ送れ帰るさのミち　公長

三九四　帰るさを月たに送る衣〳〵に人ハと丶めぬよふかさそうき　通夏

三九五　鳥かねもまた聞ぬたに起出て帰るつらさを何にくらへん　雅季

後朝恋

三九六　頼め置暮をもまたて衣〳〵の身ハきえぬへき袖の朝露　東山院

三九七　起出し人ハまたねの夢やミん身ハ消ぬへき床のあさ露　通茂

三九八　我そなくわかれしおりの鳥よりも思へハけさの言は残りて　雅豊

三九九　わかれしハ夢ともわかぬ又ねにていやはかな成袖の移りか　益通

四〇〇　今朝のまも猶そ恋しき我なから心の果のさらにしられぬ　元就
四〇一　思ふにもかくハうからし又いつの夕と頼むわかれなりせハ　公長
四〇二　残るよを明しもはてすわかれきて又ねの床にしたふ面影　輝光
四〇三　人ハ今起出し床にしハし猶残るもうしや有明のかけ　国久
四〇四　しらせハや起別れこし朝露の身ハ消帰る心まとひを　為久
四〇五　身にそへてしたふもはかなけさのまの又ねの夢に見えし面影　隆栄
四〇六　別路の涙も袖の移香もかたみ計の今朝のわひしさ　公視
四〇七　あふ事を哀にかへて祈つる神にも今朝ハいかゝ頼まん　重信
四〇八　今朝帰る道ハはるかに別れてもさなからとまる移香の袖　吉里

後朝増恋

四〇九　しるらめやあかてわかれし衣〳〵のけさの名残に増る思ひを　兼熙
四一〇　起出し跡にハ人のよもしらし今朝いやましの思ひそふとも　為信

後朝切恋

四一一　今朝ハ我逢よにかへし哀とや又ねの床に消増るらん　定基

後朝顕恋

四一二　色もけさまきれぬ帯に手習の跡さへそれと見えしくるしさ　実業

逢不逢恋

四一三　一度のあふよに身をもかへさりしそのをこたりそ更に悔しき　通躬

四一四　ゐにしあれと計中に頼むそよこえし昔のあふ坂のせき　雅豊
四一五　覚かたきうつゝをそ思ふ逢ミしハ一夜の夢となして浮身に
四一六　かハらしとなけのなさけを頼ミしハあやな後うき人の言のは　玄旨
四一七　はかなしや一よふせやの中絶てまたはゝきゝのよそめ計に　基勝
四一八　何をそのうきふしなれやくれ竹の一夜とのミハ契らさりしを　致季
四一九　しハしにて頼ミもきつれ又いつといひしまゝにも過る年月　為信
四二〇　さたかなるうつゝもありし我中に今ハそのよを夢にたにミす

立名恋

四二一　心からもれし浮名か年月のつらきふしにハ思ひよハらて　雅豊
四二二　あたなのミよそになかれて逢瀬なき我中川にしつまんもうし　輔通
四二三　浮名をも誰にかこたん忍ひえぬ折から見えし思ひなりせハ　相尚
四二四　今ハ世に浮名ハ立ぬつゝミこし袖の涙や色に出けむ　通誠
四二五　よしやかくいひさハくとも諸恋の中に立名ハいとハれし身を　為綱
四二六　つゐにかくよそに立名の名取河あらはれてうき浪の埋木　重孝
四二七　今さらに誰をうらミん我涙つゝミよハりてもれし浮名を　兼親
四二八　人をかこち身をなけくとも世にもれしうき名を今ハ取もかへさし　公緒
四二九　逢ミての後ハいとはぬ浮名をも誰世かたりに先ぬらしけん
四三〇　しられしと忍ふにあまる袖の露いつより風の世にちらしけん　吉村

歎無名恋

四三一　まことなき名こそおしけれさりぬへき中とて世にハよしゆるす共　仙洞

四三二　おしからぬ哀をかけて思ふ身のあふにしかへハなき名たつ共　実種

不知名恋

四三三　かひなしやその名もしらて行すりの忍ふの衣ミたれそめても　仙洞

隠名恋

四三四　それと人きかハうとむと身ハあまの数ならぬ名をえこそしらせね　実岑

隠名切恋

四三五　此まゝに思ひ消ともあたし名ハ露もらさしとつゝむわりなさ　光顕

惜名恋

四三六　袖ハ先ぬるゝうきせのいさや河なき名をいさとせくにつけても　実陰

四三七　しほ煙なひかてすまの浦風にまつあた浪の立そくるしき　為久

顕恋

四三八　枕より外にしられぬ我思ひいかに浮名の世にハもれ劔　邦永

四三九　逢事ハありとしもなき我中の先世にもるゝ名をいかにせん　長義

四四〇　いかてかく世にしられけんもらさしとかたミにさこそいひし契りを

四四一　さらに今なけくもはかなへてよにかくれなきまてもれしうきなを　雅季

四四二　ともすれハ忍ひあまりし我袖の涙そつゐによにハもれける　実詮

四四三　身のうへに今そしらるゝ忍ひても浮名ハよそにもるゝならひを　輝光
四四四　忍ひこし我かよひちも今ハゝや関もる計あらはれてうき　光栄
四四五　あらはるゝ物ともしらて名取河何みなれけん瀬〻の埋木　実岑
四四六　うしや我袖の涙の色に出て世にかくれなくあらハれし名は　基勝
四四七　いつのまの袖の涙のあらハれて浮名をさへや世にもらしけん　経音
四四八　なけかしなかねて思ひし名取河心からうきせゝの埋木　為久
四四九　つゝミつる袖も涙の色に出て身さへ心にかなハさりけり　信高

欲顕恋

四五〇　忍ひえぬ袖の涙の色に出て今ハあた名のもれなんもうし　雅豊
四五一　もえ出る芦間かくれの螢をも思ひにあまるたくひとそミる　高門

遇後顕恋

四五二　世にもれし浮名ハよしや今よりも猶そのまゝの契り絶すハ　公晴
四五三　世〻もれしうき名を何かいとふへきあふにハ誰もかふる哀を

増恋

四五四　いかなれや去年よりも猶今年ハと年にそへても増る思ひハ　仙洞
四五五　日にそひてしたふもはかな恋衣袖の涙の色かハるまで　輔通
四五六　契りしにあらぬ月日の行をさへ今ハ思ひの数になしぬる　実陰
四五七　しらすへき便たになし恋侘る身にハ数そふおもひなりとも　康熙

四五八　我中ハなる丶につけていと丶猶増る思ひのやるかたそなき　尚長

四五九　かくしつ丶なれゆくすえのいかならんあひミることに増る思ひハ　光雄

見増恋

四六〇　言のはをかハさはいかによそなから見てたに増る心まとひハ　相尚

馴増恋

四六一　思ひこそいやまさりゆけ明暮に人のつらさハなれてしれとも　雅豊

四六二　身よいかになる丶を人ハと計にあらぬ思ひのそふもわりなき　実業

四六三　今さらの思ひもそひぬ身に近くなる丶を人ハいとふつらさに　通夏

逢増恋

四六四　思ひさへこよひかさぬる袖のうへハ嬉し涙やほさてぬらさん　仙洞

四六五　うかりつる年月よりもさよ枕かハすにいと丶そふ思ひかな　輝光

四六六　更に又思ひそ増る逢ミても一夜計ハあかぬこ丶ろに　廣豊

逢後増恋

四六七　あひミての後ハ思ひもあらし身に又恋しさの何とそふらん　重條

移香増恋

四六八　何にかハうらミをそへてと丶めけんあるも人かのうすき衣に　実陰

四六九　移香の残るもうしや恋衣かさねも夜ハのわすれかたミに　惟永

四七〇　と丶めしハうすき袂の移かに深き思ひのそふもわりなし　為信

四七一　身にそふハ嬉しきもの、更に又思ひくハ、る人の移香　為久

切恋

四七二　後の世と契りもをかて露の身ハ逢ぬ思ひに消やはて南　為信

厭恋

四七三　はてハた、誰を思ハぬむくひそとあやしむまてにいとハれてうき　仙洞

四七四　しゐて猶頼ミてそミん浮人のいとふつらさもかきりありやと　輝光

四七五　おほけなき心のとかの身をしれはいとふも何か人にかこたん　光栄

四七六　ことはりの思ひしりてもいとはる、つらさにまけぬ恋しさそうき　雅豊

四七七　恋侘て思ふに何のむくひ有て我をハ人のいとひはつらん　兼親

被厭恋

四七八　恋したふ心ハやまし人ハ猶見まうきものにいとひはつ共　通茂

厭暁恋

四七九　かハすよの枕にまたき置そふや別れかなしきしの、めの露　吉村

悔恋

四八〇　終にかくかハりやすなる心ともしらて契りし我そくやしき　重孝

四八一　山の井の浅き心もくミしらて影をたにとハ何かしたひし　雅豊

四八二　浮契り思ひつ、けてとり帰す物にもかなとくふるはかなさ　実業

四八三　末終にとけぬ心もしらて我かけて悔しき中のしたひも　為信

四八四　くやしくも何頼ミけんまことなきならひを人に思ひはからて　輝光
四八五　人心かハるもしらて行末を契りしまゝに何たのミけん　重條
四八六　かくつらき心もしらて行末を頼ミし果も今ハ悔しき　国久
四八七　結ひけん契りも悔し末終に思ひも出ぬ井手の下帯　為久
四八八　池水のいひ出てしも浮人に心の底の見えん悔しさ　祐之

後悔恋

四八九　かくつらき物ともしらて浮人にかけし頼ミそ今ハくやしき　輝光

顕悔恋

四九〇　うしや我逢よ涙の瀧津瀬のなかれて世にハいかてもれ劔　隆長
四九一　我袖にをくにもあまる涙よりもれし浮名を誰にかこたん　永福
四九二　今さらに何とかくふるうき契り残るくまなくあらハれし身を　実業

顕後悔恋

四九三　はかなくそ世にしられしと頼ミこしつゐにハかゝる中の浮名を　雅豊
四九四　かひそなき一度見えし色衣今さら下に思ひかへすと　実陰
四九五　せきかへす袖の涙よことのはの色に出すハ世にハもれしを　淳房

恨悔恋

四九六　うきふしも思ひかへして恨すハ中〳〵人のうとミはてしを　通躬

悔前世恋

四九七　かく計つゝきにつけて前の世のむくひしらるゝ中そくるしき　康熙

疎恋

四九八　うきなからわすれぬ中ハさハかりの契りになして猶や頼まん　通茂

四九九　つれなさにうき年月の積る共馴なハかくハ物も思ハし　尚房

變恋

五〇〇　人ハたゝ見るめのまへの飛鳥河淵をもしらす何頼ミけん　実業

五〇一　たえ侘ぬあハぬ昔のうさよりもかはる契りの今のつらさに　景忠

五〇二　うしやその契り置てしかひもなくかハり果ぬる人のこゝろは　実松

五〇三　つゐにかくかハりはつへき心ともしらて頼めし我さへそうき　実岑

漸變恋

五〇四　よそに又移りも行かかはらしとかけしハあたの人の言のは　有藤

俄變恋

五〇五　頼みける末もはかなし時の間にかくかハりぬる人のこゝろを　為信

驚恋

五〇六　とたえのミかさなるハうし人めをも今ハつゝまておとろかさハや　相尚

爭恋

五〇七　そのまゝにまけてハやましうき人の我方ならぬよすか定めハ　実業

負恋

五〇八　思へとも人の心のつれなさによハり行身をまくるとやミん　尚長

五〇九　いつとなくよハるはうしやつれなさの人にまけしの心くらへも　吉村

有妨恋

五一〇　隔つるも誰いましめに浮中よつらきハ君か心ならねと　氏孝

五一一　ゆるしなき人に心をつくは山葉山しけやまいかに分ミん　定基

被妨人恋

五一二　人にこそいひさハかれて遠さかる雲井の雁のねにやなき劔　為綱

五一三　すミかさへ外にうつさんあらましを聞に心のやるかたそなき　輝光

隠在所恋

五一四　つまかくす名ハ我為によそならていつくとしらぬやの丶かミ山　仙洞

五一五　しられしと忍ふすミかハあやにくにしたふ思ひも人にそひぬる　光栄

稀恋

五一六　今はた丶袖の涙や天川たえぬあふせそ稀に成ゆく　氏郷

五一七　こりす猶月日数へて待もうし思ひすてぬを中の頼ミに　通夏

五一八　思へ人ありしをいつとたとるまてとハて程ふる中の月日を

五一九　便りさへ人に稀成中ハ只遠き絶間もえこそかこたね　基長

五二〇　はかなしなまれの逢夜を我中の契りに頼む心なかさハ　通躬

五二一　たえまのミかくてつもらハ末終に逢夜もしらぬ身とやなけかん　光栄

稀問恋

五二二　とハすはと思ひかへして浮中ハまれの便りもよしやうらミし　公長

五二三　稀にたに音信ましや浮人を我折〳〵におとろかさすハ　為久

久恋

五二四　年をへて人のつらさのはてそなき思ふ心ハいやまされとも　長義

五二五　逢ミハと末頼むまに積りきて恋しなぬミの年月もうし　益通

五二六　さりともとしゐて頼の残れるや同し世にふる中の年月　為綱

五二七　つゐにハと頼む心に年をへて人のつらさをミハてんもうし　通誠

五二八　うしや人つらき心ハ今も猶かハらて積る中のとし月　熙定

五二九　いつまてか書かよハせし玉章もしミのすと成中の年月　為信

五三〇　年へても人ハかはらぬつれなさに思ひよハらすしたふハかなさ　宣顕

五三一　浮を忍ひつらきに絶ていつまてか逢をかきりに過る年月　基勝

五三二　かきあつめ思へハくるし年へてもミぬめの浦の蜑のもしほ木　景忠

五三三　思ひ置露も幾秋消かへり見し朝かほやわすれかねけん　為久

五三四　思へとも只いたつらに板ひさしあハて久しき世をや尽さん　実種

五三五　かきくらすことのはくさも徒に幾年月の過行ハうし　尚房

五三六　さりともと思ふ心に頼ミきてあハぬ月日の数そふもうし　有藤

五三七　つれなさのあまりはてなき年月に逢を限りの恋も哀も　氏孝
五三八　玉章の花もみちさへ幾年か同しつらさの色に折けん　定基
五三九　浮ほとハミはつる計年へても思ひよハらぬ我そはかなき　基香
五四〇　深くわか思ひそめてしかひもなくうらミてへぬる年月そうき　基董

舊恋

五四一　今更におとろかすとも浮人の思ひも出しふりし契りハ　徳忠
五四二　さらに又おとろかさハや浮人も年へて今ハあハれしるやと　景忠

遠恋

五四三　しるらめやさかひはるかの我中ハ心も空になかめそふとハ　通躬
五四四　わたつ海の浪路隔て恋侘る心つたへよ八重の汐風　実松
五四五　心たに中にかよハ、とひゆかんもろこし計道隔つ共　為信
五四六　頼むへき便り浪路に行舟の海原遠く身ハ隔てきて　益通
五四七　うはの空に何契らめやはるか成雲路ハ中によし隔つ共　経慶
五四八　海山を隔つる中ハしたひミんそなたの空もそことしられす　相尚

近恋

五四九　中垣のそなたなからにとひよれハつらき心の我にはるけき　通躬
五五〇　見るたひの涙にもしれことのはをかはす計の中の思ひを　基長
五五一　はかなしやひとへ計の中垣をよそに隔てこふる心は　雅季

五五二　隔て有人の心の中垣にけはひ間近くすむかひもなき　公緒
五五三　よそにのミ過しつくさハ数ならす今ハ思ひもちかまさりして　光栄
五五四　一たひの音信もかなめに近き軒端の松の風ならすして　相尚

隔恋

五五五　おもへとも心隔つる衣川にこらぬ袖のぬれそふもうし　公量
五五六　うち頼む人の心にともすれはつらき隔ての見えてつれなき　重條
五五七　うきミよにこかれそ侘るあま小舟よする契りハ浪路隔て　隆栄

隔一夜恋

五五八　あすを又頼むもはかな待人のとハぬ今宵のうさハかこたて　通躬

隔年恋

五五九　偽の契りしられて年もはや隔つる中そ今更にうき　徳光
五六〇　いつまてと何頼むらんうき人ハ年へても猶おなしつらさを　有藤
五六一　契りしもわすする計に年月を隔つる中にこふる身そうき　実積

隔遠路恋

五六二　うしや人さしもはるけき海山を隔てよそにしたふ思ひハ　通夏

隔物語恋

五六三　かたらふもことのは残るあふさかに隔つる関をまつやかこたん　仙洞
五六四　恨をもいひつくさめや玉すたれ中にへたてゝかはすことハゝ　経慶

卜恋

五六五　はかなしや行末いかにととふかめのこかれてたにもあひかたき身は　雅豊

片思

五六六　人ハ猶あひ思ハぬに恋侘る心よハさを見えなんもうき　通躬

五六七　おもハすハ思ひたえなてとにかくに心よハくもしたふハかなさ　定基

五六八　かく計あひも思ハて浮人をしたふ心そ中にわりなき　相尚

五六九　あひ思ふ契りやさても片恋の心かへする道ハありとも　氏孝

五七〇　したふにも人ハつれなき年月を我身ひとつに何なけくらん　英通

五七一　いつのよの何のむくひにあハれとも思ハぬ人のしゐて恋しき　実岑

片恋

五七二　わりなしや我も見はてすいつまてか思ハぬ人を思ふこゝろハ　雅豊

五七三　あひ思ハぬ中ともなしやことのはをかハす計にむかふ面かけ　相尚

五七四　さりともと我のミ何にしたふらんあひも思ハぬ人のこゝろを　兼親

思

五七五　朝夕にかくのミものを思ふとも人にしられぬ身の程そうき　長義

五七六　たれゆへのつらさとかしる年月の我身ひとつに積る思ひハ　資時

楽思恋

五七七　幾年を過こし中そ諸共に忍ふる袖の露もかハりて　基勝

思昔恋

五七八　ひとりゐてねられぬ月に思ふそよともにミしよも今ハ昔を

通躬

續明題和歌集　巻第十二

（一一）恋哥中―一八五首

忘恋

一　今ハなと見し人かとも思ハすやおとろかすにもいらへたにせて　基熙
二　さま〳〵に契りしこともかひなしやわする丶人のつらき心ハ　徳光
三　面影の何残るらん結ひつる契りを人ハわすれ井の水　為久
四　おなし世にか丶る身そとも白露のあたにわする丶人の心ハ　光栄

被忘恋

五　聞そめししらぬ昔のためしまて我為つらき忘れ井の水　仙洞
六　あちきなくわすられし身のさても猶人にならハぬ心さへうき　光栄
七　我計思ふもあやな諸共にわすれしとこそいひしちかひを
八　かひなしなうき偽の言のはも我身ひとつにわすれかたさハ　公尹
九　契りしも今ハ跡なく忘る（ら脱カ）丶我身にいかて残る面影　資堯
一〇　何とわか心ひとつにしたふらん人ハ思ひも出しむかしを　通夏
一一　今ハ身の袖のうへこすわすれ水かけミる程の契りたになき　定基
一二　わすらる丶身ハ独のミ思ひねにありし計の夢もかよハす　頼孝

一三　きえね只うき玉の緒よ忘られてあふせハ浪のみなハなりせハ　政一

難忘恋

一四　人ハかく絶て跡なき年月をなと身ひとつに思ひはなたぬ　通夏
一五　今も猶心にしめて忘れすよいひし言はの有し面かけ　公緒
一六　等閑の人の契りハ頼ましと思ひ捨ても猶そ恋しき　雅季
一七　何とかくわすれもやらすしたふらん人ハそれとも思ひ出しを　景忠

恨

一八　うきふしハ思ひつめてもさすか猶心の限りえこそうらミね　通躬
一九　今ハとて洩すに人も思ひしれ心にあまる恨なりとハ　相尚
二〇　年月の同しつらさにこりもせて人をも身をも猶恨らん　為綱
二一　かす〳〵に積る恨ハうき人をうち出ていはん言のはもなし　俊清

恨恋

二二　思ひすてぬ心つからのうきふしにしゐて恨のつもる年月　為綱
二三　うき中ハあひミる事の数そハて幾夜うらミの積るとかしる　為信
二四　今ハ身に絶すそかこつをしこめて心に過し中のうらミも　実業
二五　ことはりをきゝたにいれす浮人や恨むれハ猶つらさそひ行　相尚
二六　いかにせん何とうらミん忍ひかねしらせて後の増るつらさを
二七　一度ハうらミても猶いやまさる人のつらさの数そふもうし　兼廉

二八　思ひあまりもらしそめぬる一ふしハ我ことハりのうらミとをしれ　惟永
二九　ふミヽてもかひもなきさの濱千鳥恨てよそに立帰れとハ　公央
三〇　つれなさにこりすハかくて月日さへ積る恨や人にかそへん　為久
三一　今ハ又いかにうらミん浮人ハ我ことハりをきヽもいれぬを　実積
三二　あふといふむくひを思へ我ためにうらミハ人のきヽいれす共　定基
三三　思ひあまりもらす恨も人ハ猶たヽあさはかに聞なすもうき　有藤
三四　はかなくも猶したふとてうくつらき恨を人にいひもはなたす　康致
三五　逢ミしハ一夜二夜を限りにてやかて恨の数そつもれる　吉里
三六　ことハりの恨ミとまてハせめてしれいひかひハなきつらさ成共　季任

心中恨恋

三七　一言のうらミをさへももらさめや洩さハ人の我をうとまむ　実種

傳人怨恋

三八　つたへやる人ハすくなき言のはに我愚なる恨とやきく　為綱
三九　思ひあまりうらむるふしをさそとたに聞わく計人に傳へよ　通夏

人傳恨恋

四〇　いかて今人つてならてしらせハやかたり尽さん恨ならぬを　為信
四一　つたへやる人よ残すなうき数の積るにつけて洩す恨を　宣顕

披書恨恋

四二　うらミよと人ハ思ハし玉章のねたけにミゆる言のはそうき　通茂

四三　たまさかに書かハしても打解ぬいらへハうしや人の玉章　通躬

四四　待えてもなけのなさけの一ふてハ見るに中〳〵恨こそそへ　光栄

増恨恋

四五　とハぬよの恨もちりも月日へて積る涙の床をミせハや　惟永

恨久恋

四六　いひ出ていつかはるけん我中ハ月日にそへて積るうらミを　宣顕

四七　ことかへて又いかさまにかこたまし人のつらさハ同し月日を　通夏

楽恨恋

四八　我中の心くらへよはて〳〵ハ誰ことハりのうらミ成へき　為久

四九　人も又うきをかこたハ聞とめて我ことはりをさそとたにしれ　通夏

五〇　ことハりはきゝたにわかぬ人も又我つらきにハ恨むるもうき　通躬

楽有恨恋

五一　打出ていさ心ミん恨ある人のうらミハよし深くとも　公通

恨身恋

五二　なけくそようきあた浪にたゝよひて身を浦舟の行ゑしらねハ　公長

五三　つもりそふ人のつらさを思ふにも誰とかならぬ身をや恨ミん　光栄

五四　今ハ我身のとかにして恨ぬもうたかハしくや人ハ思はん　通躬

五五　うらミこし人のつらさも立帰り果ハ我身のうきになりぬる　公野
五六　契り置し人のつらさも今ハたゝうき我からと身をそ恨むる　康熙
五七　年月の人のつらさを今ハ我心のとかに身をそうらむる　実岑
五八　いへハ只我はかなさと思ふより人のうきにも身をそ恨むる　尚長

絶恋

五九　今も猶有し契りの行ゑとてよそになしてもえこそ忘れぬ　定基
六〇　つれなくて絶にし中を恨めしと思ひしらすもなとしたふらん　長義
六一　いかにかく絶ける中そいひ出ぬそのうきふしは人もしらしを　公長
六二　かこつへき人のつらさも身のうさも絶ぬる中そいハんかたなき　氏孝
六三　恨へきつてさへ今ハ絶し身にはかなや何と残る面影　基長
六四　なからふる我身そつらき名残なく人の契りは絶果しよに　重條
六五　はかなしや契り置てし中絶て我のミよそにしたふ心は　雅季
六六　末絶に絶ん契りとしらて我なれしも今ハ人に悔しき　有藤
六七　うき契り絶にしきはのよかれをも今のつらさに思ひあハせて　為信
六八　契りしハ昔語りの現にてまたあふ事を夢にミよとや　忠成

欲絶恋

六九　いつのまに思ひ隔て恋衣うとくも人のよそに成けん　定基
七〇　思ひあまるたゝかたはしを恨しもかことに人ハ絶んとやする　有藤

恨絶恋

七一　かこち出し只一ことの恨ミより今ハ契りもたえしくやしさ　公緒
七二　うしや人思ふあまりにうらミしをかことになして絶しちきりハ　景忠
七三　思ハすよた丶一ふしの恨をもかことになしてたえんものとハ　有藤
七四　恨のミ残るそつらき名残なく契りハかくて絶果し身に　基長
七五　人しれすかハす契りも今ハ只恨て絶し中そくやしき　康煕
七六　人ハかく絶なんとてや絶間置心をしらて何うらミけん　基勝

絶久恋

七七　とハれしはいつの夕をかきりそとかそへし後も月日へにけり　雅豊
七八　わすれすよ逢せ絶にし中川や幾年波ハ立へたて丶も　公長
七九　かハらしと契しことハ昔にて絶ぬる中に過る年月　公晴

絶不知恋

八〇　しゐて我かけし契りハ浮舟の行えも浪に猶そこかる丶　実業
八一　浮契り絶にし中のわすれ水かけたに見えぬ人のつれなさ　光顕

絶経年恋

八二　逢ミしも昔になりて今ハ身につれなさのミそ積る年月　公緒
八三　かハらしの契りハ絶て年ふるを何を頼ミにわすれかぬらん　俊清
八四　ひとりねの床にいつまて思ひ劔年月なから絶し契りを　為信

春恋

八五　けふこそハ新桑まゆのいとハやも結ハん末や思ひかくへき　仙洞
八六　ひとりのミ袖をそぬらす春雨のはれぬ詠に物思ふ身は　邦永
八七　ねられねハ夢も頼まぬ春のよの涙に霞む月たにもうし　輔実
八八　したにのミむすふ思ひハ雪のうちにまたねをつゝむ谷の鶯　実陰
八九　うき中ハ待よもしらす白糸のなかき春日をいかにくたさん　淳房

夏恋

九〇　我袖のほさて朽行五月雨やうきにふりそふ涙成らん　為綱
九一　引たかへよそにあふひのかさしとハかけても人に契りやハせし　重條
九二　とハれつる道さへ今ハ絶はてゝいとゝ思ひの茂る夏草　光栄
九三　いかにしてつゝミも果ん夏衣うすき袂にあまる涙は　公長
九四　稀にたにかさねぬ中ハ夏衣ひとへにうさを恨わひぬる　重孝

秋恋

九五　つれなさに猶こりもせて待ふかす心そ長き秋のよな〳〵　為信
九六　見せはやなへて草はの秋よりも涙色つく露の袂を　通夏
九七　したにのミ染し心をさらになと秋の木葉の色に出けん　雅豊
九八　うしや我心そめける荻の露うつろふ色を人にミはてゝ
九九　武蔵野ゝ草はの露にかこちても果なき恋の末いかにせん　公緒

秋忍恋

一〇〇　秋風の軒の忍ふによそへても見せハや同ししたのみたれを　仙洞

秋契恋

一〇一　わするなよ秋くるかりのそれをたに契りたかへぬためしにハして　雅豊

秋逢恋

一〇二　恋〳〵て逢夜の床に思ふそよ秋に稀成星の契りを　輝光

秋顕恋

一〇三　衣〳〵を何いそくらん鳥かねを聞ても秋ハ明かたき夜に　宣顕

秋変恋

一〇四　思ひあまり涙の雨の色ミゆる袖やこのはの秋のくれ成　為綱

一〇五　槿の花に契りの程をミてミさへしほるゝ露の秋かせ　実陰

秋恨恋

一〇六　しらせハや人の心の秋風にまくすか原のたえぬ恨を　正仁

冬恋

一〇七　あかぬよの枕かハさは冬寒きねやの衾のよしうすき共　為綱

一〇八　うつろふと見しもいつしか冬草の枯て跡なきうき契りかな　輝光

一〇九　霜枯の比にもなりぬ今こんと契り置つる露の道芝　為久

一一〇　尋へき契りも人に朽はてし跡ハ冬野ゝもすの草くき　実陰

冬契恋
一一一　今ハ、や消も果なて降雪の積る思ひハ晴る間そなき　兼親

冬祈恋
一一二　冬枯をならハ、いか、つらからん契りし中の人のことの葉　実種

冬待恋
一一三　かく計祈るしるしのすきもなしつらさハ雪と松に積りて　経慶

冬逢恋
一一四　頼め置霜夜の床に待侘て袖の涙もこほりゐにけり　基勝

冬別恋
一一五　行末の契りを思ふ床のしも枕の氷とけてあふよも　基董

冬偽恋
一一六　涙せく袂にこほる月影も身にしミ帰る衣〳〵の空　実岑

冬恨恋
一一七　まこと、ハ誰か思ハんふりはへてとひこぬ人の雪のかことを　公通

冬絶恋
一一八　中絶しつらさよいかにつら、ゐる筧の水も春をこそまて　相尚

暁恋
一一九　結ひ置し露の契りも冬草の枯て跡なき中そかなしき　公晴

一二二〇　いとふへき鳥の八声を幾夜我よその別れに聞明すらん　通誠
一二二一　まれにたにわかれをいそく暁に八声の鳥ハ心あらなん　重孝
一二二二　やすらふも心よハしや暁のわかれハいつもつらき名残を　為久
一二二三　恋侘てうちもねぬよの鳥かねを別れにつらきならひしらハや　博高

朝恋

一二二四　しられしな面影とめて朝ねかミ起出し床にミたれ侘共　仙洞
一二二五　暮またぬ哀ともなし露の間もけさのわかれに消かへるミハ　通夏
一二二六　今朝も猶又ねの床に残りけり起出し人の袖の移香　兼廉
一二二七　夢計ねての朝気の移香に名残とまれる面影もうし　光栄

昼恋

一二二八　朝夕ハさもこそあらめ起てこしひるまも露の袖にかハかぬ　実業
一二二九　恋侘てしハしひるねの夢にたに見てハ思ひの増る面かけ　康熙

夕恋

一二三〇　さたかにも人ハ頼まぬ夕暮を我身ひとつに待もはかなし　通誠
一二三一　待えたるならひなき身のいかなれハ夕暮ことに思ひそふらん　為信
一二三二　偽に幾夕くれをかさねきてうらミなれぬる入相のこゑ　光栄
一二三三　さりともとこぬよあまたにかそへきてたのめぬ暮を待もわりなき　通夏

夜恋

一三四　夢にたにあハぬよおほくかさねきてあかし侘ぬるかたしきの袖　公長
一三五　しらせハや物にまきれぬよな〳〵ハひるますくまに増る思ひを　雅豊
一三六　とハれてやさたかに宿る影もミん待よハくもる手枕の月　公野

月前恋

一三七　やとりなハあらハに見えんよな〳〵の月にもつゝめ袖のなミたを　高門

関路恋

一三八　月日のミこゆるハうしや我中ハ心のせきのつらさ隔てに　通躬

河邊恋

一三九　そこひろき思ひの淵に袖ぬれてあふせもしらぬ中川ハうし　公長

海辺恋

一四〇　人しれぬ思ひを須磨のあま衣ほさてしほるゝ袖をミせハや　実岑

山家恋

一四一　思ひやれ心の道ハまとハしをこぬ夜の雪の宇治の山里　実陰
一四二　面影ハ猶わすられぬとハれしの心よりすむやまのおくにも　益通

閑居恋

一四三　わすれしの契りよいかに問ことも今ハ昔のよもきふのやと　有藤

旅恋

一四四　とハゝやの思ひもそひぬうき旅に我かいまミの人の行えを　淳房

一四五　逢とミし夢もミはてす旅枕起出ていそく暁そうき　経音

一四六　思ふその人をともねの旅ならハまつかね枕夢や結ハん　為久

一四七　旅ころも立別れきて思ひねの袖の涙にいと丶かハかぬ　熙季

旅宿恋

一四八　さ丶枕かりそめふしの一夜たに都の妹をミる夢もかな　実種

一四九　古郷のいもを思ひの草枕別れし袖の露ハものかは　公澄

老恋

一五〇　今ハとて思ひもやまぬ老の身にあハれをかけて人のとへかし　雅光

幼恋

一五一　いかさまにいひしらせてかいはけなき人もさこそと我になひかん　通夏

恋命

一五二　恋しなぬ哀そつらき露のミの消ハともにと何契りけん　通誠

不叶心恋

一五三　恋〳〵て後の心にしるもうしひとを思ハぬむくひ有身を　為綱

惜身恋

一五四　一度のあふせの後ハ引かへてうき身も今ハおしまれにける　伊清

追従恋

一五五　人めをもわする丶道にかよひきて恋のやつこの身をもおします　実陰

一五六　あけぬとて起出る袖の別路を猶ひきとめてしたひ侘ぬる　輝光
非心離恋
一五七　ならひこし暁ことのみちならてかゝる別れをかねてやハしる　実陰
寝覚恋
一五八　さめて今思ふもはかなぬるか中になくさむ程の夢の名残ハ　通躬
一五九　覚はてゝうつゝそつらきまとろめハあふと見えつる夢も有しを　実種
相對如夢寝
一六〇　恋衣かへさて今宵夢ハミつ思ひさためん現ともかな　仙洞
久待無消息
一六一　こんといひて待に月日をかさねてもたゝ一ふての音信もなし　基勝
苔道来不昂
一六二　思ひやれ人をしつめて更るよにとひこし道の心つくしを　重條
中宵涙満床
一六三　明ぬまにあハともきえよ海と成涙の床はせく袖もなし　通茂
為君薫衣裳
一六四　人をのミ思ひにくゆるたきものハ煙も袖に浅くしまめや　実陰
別来歳月周
一六五　幾月日うつりもゆくか起出しそのよのまゝの袖の涙に　氏孝

露應別涙

一六六　道芝の露ハ涙か帰るさの我袂よみミたれてそちる　通躬

恋鏡

一六七　みてハ猶人やいとハん我なから向ふかゝミの恋のやつれを　輔実

一六八　涙にもくもり果てよ朝夕にみなれし影もとめぬ鏡ハ　実岑

恋衣

一六九　恨すや思ひそめける恋衣深き色共しらぬこゝろは　為久

恋硯

一七〇　ねられねハ夢たにも見ぬさよ衣かへす〳〵もつらき恨に　光顕

恋筆

一七一　書つくるわか言のはも人や猶硯の水のあハれとはミぬ　為綱

恋笛

一七二　頼まめや偽おほくミる人の只一ふてのなけのなさけを　雅季

恋琴

一七三　よそに聞人のつらさハ笛竹のよをかさねても恨つきめや　経慶

恋弓

一七四　うき人のしらふる琴のねにも猶いとゝ思ひのそひ行ハうし　実松

一七五　末絶にかハる契もしらま弓引かたおほき人のこゝろハ　実松

恋扇

一七六　身をさらす手にふれてみん浮人のわすれかたミの閨の扇ハ　実岑

恋燈

一七七　かハり行心の秋の色そうきなかに扇の猶たのミても　光栄

恋舟

一七八　あかす身にそへてそ忍ふ灯のかけハミしにもあらぬ名残を　通茂

一七九　しられしなあまのすて舟捨やらてよるへも浪にうきしつむとハ　雅豊

伏見里

一八〇　誰にかもよるへさためて我かたハよそになるおの沖のつり舟　吉里

石瀬杜

一八一　幾夜半か涙かたしく袖をたにほさぬ伏見の里の名もうし　雅豊

緒絶橋

一八二　人つてのうき便にハ杜の名のいはせても猶残る言のは　為綱

名取河

一八三　つれなしなをたえの橋の中絶て末もとをらぬ人の心は　益通

一八四　末とをくかけし契りも今ハ、やをたえの橋のと絶るそうき　吉里

一八五　すつる身にそれとて帰る河の名のうき名取河あふせ有なは　氏孝

續明題和歌集　巻第十三

（三二）恋哥下―三三二首

寄天恋

一　めくりあふ道もこそあれ心たに天のうき橋かけてかよはし　東山院
二　しらせハや雲間の星のほのかにも見てし心ハ空になりぬと　通茂
三　いつまてかひとりかそへん逢事ハ空しきそらにめくる月日を　輝光
四　限りなき空にミつともしるらめや思ひの煙色し見えねは　通躬

寄月恋

五　幾夜かくほさぬ涙の袖のうへに思ひをそへて宿る月かけ　兼熙
六　うき人を今宵ハよもと待よハに空しく月の更行もうし　邦永
七　ひとりのミねられぬまゝにむかふかハ涙にくもる床の月影　通躬
八　物おもへハ我心からハれぬよを月のとかとはいかゝかこたむ　光和
九　ありしよの面影そ立手枕に更行空の月をミるにも　輝光
一〇　今ハヽやとハぬつらさも更る夜の月にしらるゝ程そかなしき
一一　うき中ハいつはれてミん宵〳〵の涙にくもる袖の月影
一二　いてなハと待夜も有し有明の月さへつらき別路のそて　公視

一三　いつか我あふよの床にやとしミん涙にくもる袖の月影　輔通

寄月忍恋

一四　ぬれそふもよそに見えしとつゝむミの涙のそてをとふ月そうき　定基

寄星恋

一五　うさつらさつきぬ思ひにくらふれハ雲井にしけき星ハ数かハ　公長
一六　まれにあふ星ハ嬉しき秋も有を頼むかひなき中の年月　通夏
一七　うき名残有明ならぬ明星の影もつれなき衣〳〵の空　実業
一八　かす〳〵の星にそ増る待人の空たのめする夜半の恨ハ　吉里

寄風恋

一九　頼まめや思ふかたより吹くるもうハの空成風のたよりに　東山院
二〇　かならすといふことのはもとりとめぬ風の心をいつと頼まん　通茂
二一　それかとハ幾度荻のおとろけと心の松ハとふ風もなし
二二　身のとかになしてもはてハ浮人のつらさにかへる葛のうらかせ
二三　人よしれつらき心のうら風に身ハあた浪のくたく心は　基長
二四　言のはをおもハぬかたにちらすなよさこそつたへん風の便に　雅豊
二五　頼めても人ハつれなき槙の戸を何おとろかす軒の松風　兼親
二六　吹かよふ風のミ松に音信て人ハとひこぬ暁そうき
二七　頼めてもとハれぬ夜半の槙の戸をたゝくもつらき風の音信　実岑

二八　此くれと頼めし人ハとひもせてうき音信の軒の松かせ　徳光
二九　諸人のそれかときけハ槙の戸にうしや夜深き風の音信　康熙
三〇　人とハぬ槙の戸たゝく風の音ハ心の松にきくかひもなし　通夏
三一　音信をまつにハつらきそなたよりかよふ軒端の風も嬉しき　相尚
三二　なれたにもまた偽のかすそへてこぬよのねやにたゝく小夜風　貞徳
三三　天津風心の松を吹過て契りし暮の便ともなれ　祐之

寄風祈恋

三四　くりかへし神に祈らん吹風にもりのしめ縄なひく心を　重條

寄雲恋

三五　詠侘る空にかさなる浮雲の晴ぬ思ひに身をつくせとや　輔実
三六　人にうき思ひの色の見えもせハあしたの雲と身をもなしてよ　実業
三七　あふよありて我帰るさの暁にいつかハみまし峯の横雲　為綱
三八　我かたになひきもはてす人心うきたる雲の中そくるしき　雅豊
三九　いつまてか思ひみたれん中空にたゝよふ雲を身のたくひにて　徳光
四〇　恋侘る身ハ半天に浮雲の晴ぬ思ひハきゆる日もなし　邦永
四一　しられしな隔つる中の浮雲にはれぬ思ひの身ハまよふとも　基勝
四二　あま雲のよそに成行つらさより人に恨のはるゝまもなし　重條
四三　程もなくよそにやならんあま雲の跡もとゝめぬ中の契りハ　隆栄

四四　中空にうきてたゝよふ浮雲を晴ぬ思ひのたくひにそミる　有藤

四五　いつまてか身ハ浮雲の半天に行えもしらす思ひみたれん　公長

四六　うしや人よそに隔て雨雲の晴ぬ思ひに恋わたれとも　通誠

四七　めくりあふ行ゑもあれな吹風に峯のよこ雲立別れても　公野

寄煙恋

四八　もゆるともつれなき人ハしるらめや思ひの煙色し見えねハ　経音

四九　たちまよふ煙にも見よ年月の我下もえのあまる思ひを　惟通

五〇　つれもなき人ハしらすやもしほ焼煙も風になひくならひを　公晴

五一　したにのミ絶すこかれてむねにミつ思ひの煙行方そなき　康熙

五二　絶すたゝあまの塩屋に立煙わか下もえのたくひとそミる　実岑

五三　うしや身ハあまのたくもの下もえに思ひの煙行方もなし　徳光

五四　もしほやく浦の煙にたくへてもみせハやけたぬむねの思ひを　博高

寄霧恋

五五　かくとたにしらせてやミん秋霧のはるゝまもなく深き思ひに　雅光

寄露恋

五六　消やらぬ哀つれなき年をへてよそになけきの杜の下露　定基

五七　契り置この一ことをわするなよ我ハはかなき露ときゆとも　公野

寄雨恋

五八　しハし共人ハとゝめぬ衣〳〵に身をしる雨のふりそふもうし　雅豊
五九　浮人も哀と思へふくるよのふりそふ雨にぬれてこし身を　定基
六〇　我袖ハ晴間もしらす待人のとハぬかことの宵の村雨　永福
六一　ひとりねの袖そしほるゝつく〳〵と身をしる雨のやまぬ枕に　實守
六二　浮人を今夜ハよもと待よハに窓うつ雨のふりそふもうし　兼親

寄暁恋

六三　うらミ侘ねぬよかさぬるかたしきの枕になるゝ鳥の音そうき　定基

寄朝恋

六四　起わかれ帰るあしたの露とたに消なハかゝる物ハおもはし　兼廉
六五　うしやこのあしたの床のまたねにもあひミしまゝの夢ハ残らて　輝光

寄昼恋

六六　逢とミる夢たにあれなねぬよへてひるまの床もうつゝなき身を　実業

寄夕恋

六七　夕〳〵待人ならていつはりをみつる軒はのさゝかにのいと　光顕

寄夜恋

六八　打とけてあふよをいつと待侘ぬあかしかねたるひとりねの床　経音

寄山恋

六九　うしつらし人の心の浅間山絶ぬ思ひにもゆるけむりは　通誠

七〇　入初て今ハくやしき年をへてなけきこりつむ我恋の山　雅季
七一　年月の積る思ひにくらへてハふしの高ねもふもとならまし　輝光
七二　まよふらん道やわすれしつくは山分ミまほしき心ひとつに　為久
七三　雲まよふふしやたくへんちりひちの山とし積る恋の行えハ　公通
七四　いかにせん我心から入初て恋の山路のふかき思ひハ　国豊
七五　ふしのねをはたち計ハかさね共雫にやミん我恋のやま　玄旨
七六　つれもなき人の心ハいかにしてうこかぬ山にならひ初けん　吉里
七七　しられしな深山かくれに年をへてしけきなけきを独つむ共　直明
七八　ことに出ていはゝ中〳〵浅香山浅からすのミおもふこゝろを　湖元
七九　いつよりか人に心をつくハ山しけきをつゐのみたれにハして　祐之
八〇　独ねにはらハぬちりもたゝつもれ恋の山ともなりて見えなハ　玉山

寄山契恋

八一　いもせ山中成河を行水のためしに契る末そ頼もし　重條

寄杣恋

八二　としふれと涙ハつきぬ袂のミ朽木の杣の名さへうらめし　光栄

寄杜恋

八三　きてもみよ涙の雨の紅に我のミ染る衣手の杜　為久

寄野恋

八四　草かくれかよひし道も絶やせんことハ夏野ゝしけき人めに　実陰
八五　しるらめやことのはかよふ道たにも今ハ枯野ゝ雪にまかふと　公野

寄野ト恋

八六　おほつかな人の行ゑもしらぬ野に心のうらを頼む計ハ　光顕

寄原恋

八七　おほろけの契りや思ふ草の原かりそめふしにかハす枕を　実業
八八　結ひ置し契りの末の浅茅原今ハ露のミ袖にみたれて　相尚

寄関恋

八九　うきハその東路ならぬ通路に我をなこそのせきの関守　仙洞
九〇　我為ハあふ坂山も浮名にてしけき人めの関ハゆるさす
九一　頼めしも名のミ計につれなくて月日こえ行あふ坂のせき　公通
九二　よにもにすつらき名こその関の戸に心の駒もなつむくるしさ　実陰
九三　こえ侘ぬ又あふ坂と頼ミてもさらにへたつる中の関路を　雅豊
九四　こえかたき契りよいかに人しれぬ我かよひちハ関もすへねと　通躬
九五　終夜関守人ハ打もねすつらき思ひの中のかよひち　公緒
九六　うちもねす宵〳〵ことに関守の隔つるハうき中のかよひち
九七　つらからて心のかよふ中ならハしけき人めのせきもいとハし　相尚
九八　一たひハこえて中〳〵くるしきやさらにゆるさぬあふ坂のせき　為久

九九　心からかき絶にける玉章に誰をうらミのもしの関もり　義概
一〇〇　我中に誰しら河の関すへて人の心のあきかせそ吹　玄建

寄橋恋

一〇一　かくのみやかけて朽せん橋の名のなからへてともいハぬ契りハ　仙洞
一〇二　たつ名のミ朽ぬそつらき橋柱有しなからもあらぬ契りに　雅豊
一〇三　かけて思ふ心ハ猶も絶やらて渡すもはかな夢の浮はし　公長
一〇四　思ひねに渡しそめしもかひなきや現にかけぬ夢の浮橋　為信
一〇五　うきなから心やかよふ宵〳〵にかけて絶せぬ夢の浮はし　相尚

寄池恋

一〇六　しらせても聞たにいれぬみゝなしのいけるかひなき身をいかにせん　為信
一〇七　かくとたに人ハしらしないひ出ぬ池の心の深き思ひを　光和

寄江恋

一〇八　さそいかに月をひたせる江の浪に遠き別れをしたふ涙ハ　通茂

寄瀧恋

一〇九　せくかたもなくてそ落る人心かこつ涙の瀧のしらたま　為信
一一〇　いかにしてせきもかへさん恋衣袖に涙の落る瀧津瀬　光和
一一一　うき袖に落る涙の瀧津瀬ハ心にかくるしからミもなし　公野
一一二　誰ゆへにあふせまつまの瀧津浪われと岩ねにくたく心ハ　基長

寄淵恋

一一三　つれなさに深き思ひもわきかへる岩ねの淵や袖にせくらん　尚房

一一四　くミてしれことに出てハいはす共思ひの淵の深きこゝろハ　雅光

寄河恋

一一五　絶しとハ頼ミかたしや浮人ハおき中河とかくる契りも　実業

一一六　吉野河よしや浮名ハなかるとも頼ミそ渡る末の逢瀬を　公視

一一七　かくてのミつゐにあふせや涙河思ひの淵に身ハしつむ共　通夏

一一八　かひなしやよそにうき名の立田河わたらぬ先にぬるゝ袂は　為信

一一九　袖に落る涙の河の早きせハあふよしなくてしからミもなし　橘仙

一二〇　鳰鳥の下のかよひハ絶にけり我中河の浅き契りに　一輝

寄海恋

一二一　よるへなき哀やしるとわたつ海の中津塩あひを人にミせハや　仙洞

一二二　はかなしや浦浪遠くみつ汐のからき思ひにしつむ浮身ハ　東山院

一二三　わたつ海のみちひる汐のさためなきミるめを人に頼む身そうき　通夏

一二四　何をかハ涙の海のミをつくし千尋にあまる底ハしらせん　実陰

一二五　逢事ハ遠くなるおの海つらに立浪風や浮名なるらん　綱宗

一二六　いかにしてミるめハからんうきしつミよるへもしらぬあまの捨舟　俊清

寄磯恋

一二七　よる浪ハうき身をくたくあら磯の松のねたへも人そつれなき　為久

寄嶋恋

一二八　波枕夢にのミ見したハれ嶋それ故ほさぬぬれ衣もうし　実陰

寄石恋

一二九　打出ていはゝや人にさゝれ石の中の思ひハさしもしらしな　公長

寄門恋

一三〇　浮人ハとひこぬ門に待侘て思ふもくるし夕暮の空　綱平

一三一　色かへぬ心の松ハ朽もせし門ハむくらの幾へともなし　通茂

一三二　幾夜半か行てハ帰るさしこめて門もる犬もなるゝ計に　経慶

一三三　をしへをく宿ハたとらすとひきても門さしこめてこたへぬそうき　有藤

一三四　いたつらにねもせて人をまつの門さゝていつまて明しくらさん　雅季

一三五　たつねきていつかはらハん身の秋の露にやつれしよもきふのかと　光栄

一三六　声すこくとかむる門の犬そうき人しつめてと更てこしよに　定基

寄戸恋

一三七　今宵ハとさゝてやすらふ松のとのおし明方のねんかたもなき　仙洞

一三八　出ゐつゝともにミしよの槙の戸にありつるまゝの月ハいりきて　実陰

寄床恋

一三九　うしや我空しき床ハちりのミかこぬよの数も積る独ね　隆長

一四〇　年をへてとハれぬ床のちりよりもつらき心や猶つもるらん　常縁

一四一　あふとミる夢たになくてミしかよもあかしかねたる独ねの床　重條

寄簾恋

一四二　心たに隔てす通ふ道しあれな身ハゆるしなきミすのうちにも　仙洞

一四三　いかてかと思ひかけすハ玉たれのミすや有へきこふるすき影

一四四　忘れぬもうしや車の下すたれほのかにみえし人の名残を　為綱

寄草恋

一四五　いかなれや身ハうき草の浮てのミみなるゝ程の契りたになき　通躬

一四六　かくまての名にたゝましや忍ふ草葉末の露の浅き契りに　益通

一四七　つれもなき人を忍ふの草のはゝ誰種まきて生茂るらん　意陳

一四八　我袖のたくひか是も忍ふ草夕ハわきて露そ置そふ　吉保

一四九　逢事ハいとゝ夏野ゝ道もなく人めも草もしけさ増りて　季任

寄忍草恋

一五〇　幾年かいはてふるやの忍草露のみたれてしられんもうし　実種

一五一　哀ともかけてやしらぬ忍ふ草下にみたるゝ露のかことは　公野

一五二　草の名に人め忍ふのすり衣さても思ひの色やみたれん　吉里

寄忘草恋

一五三　みるもうし茂る軒はのわすれ草露の契りは枯はつる身に　益通

寄思草恋

一五四　我のミハ猶いつまてか思ひ草枯し尾花かもとの契りを　通躬

寄下草恋

一五五　かりにたに人ハとひこて世にもれん名のミ忍ふの杜の下草　通夏

寄葵恋

一五六　ひきかへてよそにあふひの名そつらきかけはなれしと頼ミこしまに　定基

寄菅恋

一五七　あさは野ゝあさハかならす忍ふ名もたつミハ小菅身ハいかにせん　仙洞

一五八　人しれす下にミたるゝ岩こすけいはまいつまて忍ひはつへき　景忠

寄葛恋

一五九　誰うきをかこつとハなき秋風も葛のうら葉や吹かへすらん　相尚

寄浅茅恋

一六〇　ならふなよ人の心ハ浅茅生のあたに枯行露の契りに　吉保

寄蓬恋

一六一　もの思ふ身にくらへミハあさからんおふるよもきの露の深さも　光忠

一六二　浮人もしけきよもきの露分てわすれぬ道を哀とハミよ　雅光

一六三　分入もしけきよもきか庭の露さそな袂にはらひ侘けん　経音

寄蘋恋

一六四　逢事ハいつまて浪に浮草のよるへもしらぬ物思ふらん　雅季

寄木恋

一六五　人しれぬ谷の埋木年をへて絶ぬ思ひハいつか朽まし　光和

一六六　いつまてか逢せもしらて名取河浪の埋木朽なんもうき　永福

一六七　我中ハいつともわかぬ思ひにて心の松の年ふるもうし　雅豊

一六八　さしふれハ名さへ立そふ錦木の積る思ひもちつかとをしれ

一六九　いつまてかあまの塩木のこりす猶からき思ひに身をこかすらん　有藤

一七〇　年月をふるかハ野へのすきそうき又逢ミんもいつとしらねハ　公長

一七一　いつまてとからき思ひにこかれてもみハこりすまの蜑のもしほ木

一七二　朽ねたゝ杣山河にくたす木のなかれよるせもしらぬ浮身ハ　通夏

一七三　聞もうし吹たにすさめ契り置てこぬ夜更行軒の松風　景忠

一七四　名に立て朽や果なんミる人もなくて積れる夜の錦木　淳房

一七五　今ハたゝかれぬ計そやとり木のもとのねさしの浅き契りハ　通躬

一七六　あちきなやさら成枝の契りをもしらぬなけきにこりぬ心ハ

一七七　人心花に移らふつらさより我深山木ハ朽や果なん　昌明

寄松恋

一七八　終夜松にこと〻ふかせの音を枕のよそに聞もうらめし　兼熙

一七九　いかにして人にしられん年へぬる深山の松のしけき思ひと　光和

一八〇　つれなさハ千年ふるとも松のはのかハらぬ色に人ハならハん　雅豊

寄椿恋

一八一　つれなさも今宵わすれて玉椿はかへぬよ〻を誓手枕　基長

寄柳恋

一八二　祈るにも神しうけすハ柳葉のつれなき色や人にミ果ん　有藤

寄杉恋

一八三　年ふともつゐに待ミんしるしあらハ猶頼むへき三輪の神杉　公長

一八四　年月のしるしも見えすつれもなき心の杉の色そかハらぬ　雅光

寄檜恋

一八五　かくてもや初瀬の檜原年月のつらさハありし色もかハらす　通茂

寄槙恋

一八六　つれなさの色ハかはらて槙のはのときハにものを思ふくるしさ　通誠

一八七　槙のはの色に見えすハ露深き思ひを人にいつかしらせん　為久

一八八　思へとも人のつらさハ槙のはの色もかハらぬたくひさへうき　実種

寄杣木恋

一八九　よるせなき中に年へて朽もせぬ身ハ杣河の浪のなかれ木　為久

寄宿木恋

一九〇　朽はてぬ契りもうしやゝとり木のねもミぬ中に月日のミへて　実詮

一九一　人そうきたゝかりそめのやとり木もよりそふ杉のえにし有よに　為久

寄朽木恋

一九二　いつまてか花も咲やと頼ミけん朽木とこそハなりし契りに　為信

一九三　頼めてしことのはさへも枯しよに残る朽木の身こそつらけれ　重條

寄鳥恋

一九四　明ぬとて人ハ出にし夜床ねの枕に残る鳥のねそうき　通茂

一九五　ひとりミて浦山しきハ村からすつれてねくらに帰る夕くれ　重條

一九六　鴛鴨のつかひはなれぬ契りをもうき身の上に思ひしらまし　公緒

一九七　衣〳〵に何かうらミし頼めてもこぬ夜明行鳥のうきねを　景忠

一九八　恋〳〵て今宵ハこゆる松坂の夕附鳥よ心してなけ　公長

一九九　恋〳〵て今夜ハよもと待床に暁告る鳥のねもうし　雅季

二〇〇　我も又うき別路にねをそ鳴あかつき告る鳥なくね共

二〇一　浮人にいかてしらせん水鳥の下やすからぬ我思ひとも　公晴

二〇二　浮契り結ひも果す鳴鳥ハまた宵のまの空ねともきく　直敬

寄鳥偽恋

二〇三　待にこぬ今宵も人の偽を鳥もしは〳〵音に告て鳴　有藤

寄鳴恋

二〇四　をしへつる野へのありかを尋ても鴫の草くき跡たにもなし　輝光

二〇五　百千度はねかく鴫もしらし我うき数おほく積る恨は　実種

二〇六　待人のこぬ暁ハうき数をかそへそ侘る鴫のはねかき　康煕

寄鷹恋

二〇七　はし鷹の野守のかゝミめにハみて手にハとられぬ恋そあやなき　仙洞

寄山鳥恋

二〇八　いつまてかうきね鳴らんあふよなき身ハ山鳥のやまぬ思ひに　実業

二〇九　かひなしや月日隔て山鳥のかけたにもミぬ中の契りハ　兼廉

二一〇　里の名をひとりぬるよの身にしりて遠山鳥や明しかねけん　為久

二一一　逢事をいつともしらて我中ハ遠山鳥のよそにのミふる　公晴

寄獣恋

二一二　よしやその虎ふす野へも浮人のあふとし聞ハ分そ行まし　公緒

二一三　ゆるしなき人めの関の通路に声〳〵犬のとかむるそうき　定基

二一四　乗駒も何か頼まんうき人にあふてふ道のしるへなき身ハ　隆栄

二一五　逢事ハ片山陰にすむ鹿のたえ〳〵よそにねをのミそ鳴　益通

二一六　浮契りひとりふすゐのとことハに明しかねたるよハの露けさ　俊清

二一七　わか身そのたくひと聞ハ哀なり妻恋侘る棹鹿の声　景忠

寄獣顕恋

二一八　いかなれハ心の馬の行かよふ我忍ひ路も世にハ洩けん　淳房

二一九　今ハ又虎よりけ成口のはのかゝる浮名をなけくくるしさ　雅豊

寄猪恋

二二〇　ひとりのミふすゐのかるもかき絶てとハれぬ床ハ露そひかたき　輝光

二二一　いつまてかひとりふすゐのとことハになき名かるもの思ひミたれん　光栄

二二二　かき絶て見る夢もなし幾夜半かあハてふすゐの床のかるもハ　淳房

寄虫恋

二二三　契りても今宵さハりや有明のかけてかひなきさゝかにの糸　公緒

二二四　逢夜はを猶いつしかと松虫の鳴ねかひなき床のひとりね

寄虫切恋

二二五　思ひ侘身を秋虫の音にそ鳴露の玉の緒消もはてなて　実岑

寄虫絶恋

二二六　世にかけて何頼ミけんさゝかにのいとはかなくも絶し契りを　雅光

寄蛛恋

二二七　契らねハくへき宵とも頼まぬにかけてかひなきさゝかにのいと　為信

二二八　とハるへき頼ミもなきを此暮にかくるハあやなさゝかにの糸　実岑

寄我柄恋

二二九　うらミしな人の心のうき浪ももにすむ虫と思ひかハして　重條

二三〇　忍ひえぬねにたてそめてなき名のミかるもの虫の我柄そうき　実陰

寄傀儡恋

二三一　鏡山むかへハ移る心もて一夜計と見るかけそうき　仙洞

寄海人恋

二三二　みせハやなめかり塩くむ蜑ならて身を浦浪にぬるゝ衣手　為綱

寄情恋

二三三　いかにミんつらき物から折ふしのなさけハかはす人の心を　為久

寄涙恋

二三四　世にもれんうき名を人に思ハすはさしもつゝまし袖の涙を　雅豊

二三五　逢とミし夢の名残もしたハれて涙落そふひとりねの床　惟永

寄聲恋

二三六　頼めつゝ更行よハゝ里の犬の物とかめする声も嬉しき　輝光

寄夢恋

二三七　思ひねの夢にハやすくこゆるとも人やハしらんあふ坂のせき　通躬

寄玉恋

二三八　しハし我涙の海もかハくやとしほひる玉を袖にからハや　光栄

二三九　よな〳〵にかたしく閨の袖の海塩ひん玉ハ逢瀬にやミん　吉里

二四〇　愚なる涙とや思ふせく袖の瀧の白玉くたくこゝろを　為久

寄鏡恋

二四一　むかへミる影もはつかし増かゝみ我にもあらぬ恋のやつれを　通誠

二四二　ありとても跡もとまらぬ情をハ鏡のうちの影と頼まん　実陰

二四三　しられしと忍ふ思ひのますかゝみよそにも見えん影ハはつかし　公緒

二四四　別れきてうき思ひのミ増かゝミなれミし人ハ影もとゝめす　通夏

二四五　ミせハやな朝夕向ふかゝミにもはつる計の恋のやつれを　重條

二四六　心こそ移りもはてめ増鏡みしかけをさへなとか残さぬ　実種

二四七　面影ハとゝめぬ物を思ひのミ増見の鏡みるにあやなし　俊清

二四八　朝な〳〵向ふかゝミに思ふそよ我にもあらぬ恋のやつれを　公長

二四九　かたミそと見るに涙のふるかゝミくもるや人のつらさ成らん　相尚

二五〇　うちむかふ鏡もつらし今ハ我面影かハる恋のやつれを　兼廉

二五一　我なから向ふ鏡の影に今恋のやつれをミてそおとろく

寄本結恋

二五二　めくりあハん行末かけて本結に結ひこめたる契りかハるな　邦永

寄枕恋

二五三　ちりをたにいつかはらハんとハぬよのうらミも積る閨の枕に　東山院
二五四　恋侘る袖の涙をしきたへの枕ハ夜半の夢も結はす　輔實
二五五　思ハすよふるき枕を今ハ我わすれかたミに忍ふへしとハ　通躬
二五六　たまさかの逢よにかハすむつことをよそになつけそつけのを枕　為信
二五七　面影を残す枕もひとりのミぬるよな〳〵の床にかひなき　基董
二五八　待侘てひとりぬるよの枕にハいとハて鳥の初ねをそきく　隆長
二五九　ひとりのミかたしく袖の手枕に思ひあかせハ逢夢もなし　相尚
二六〇　幾夜をか待につれなく起明す閨の枕ハ夢も結ハす　公晴
二六一　待つけていつか丶ハさん独のミかたしく床の夜半の手枕

寄莚恋

二六二　ちりはらふならひハしらて年月のうらミもいくへ積る小莚　雅豊
二六三　しれかしな衣かたしく小莚にいく夜のちりの積る恨を　光栄
二六四　待侘て今ハねよとやあやむしろあやな今宵もた丶に更行　相尚

寄衣恋

二六五　つゐにかく身にもならさてから衣うらミん物と思ひかけきや　通躬
二六六　恋衣うらミなからもしゐて猶かへして頼む夢そまたる丶　輝光
二六七　うらなくも何頼ミけんあたに今花色衣うつるこ丶ろを　通夏

二六八　ぬき捨しつらさなからも空蟬の夜の衣や身にそへてねし　雅豊
二六九　ありてうき隔ならすや打とけぬ人とそひふすよハの衣は　為綱
二七〇　幾度か夜半の衣をかへしても夢にたにミぬ人そつれなき　公緒
二七一　あちきなや夢にあひミるならひ有と夜の衣をかへす計ハ　実種
二七二　まとを成恨ハかけし此まゝにしほなれ衣へたて果すハ　通茂
二七三　隔なく契りし中の小夜衣恨をいかにかさねきぬらん　有藤
二七四　今ハ我涙ほすまも夏衣薄きにならふ人の契りに　為信
二七五　頼ましな夜の衣のうらミのみかさねて人のつらき心は
二七六　かへしても人の心のあさ衣うらなく結ふ夢やなからん　吉保
二七七　かくてのミ猶いつまてか恋衣うらミ果てもしたふ心は　雅季

寄帯恋

二七八　ゆきめくりあふよもしらて下の帯のいつまてかくハ結ほゝるらん　通躬
二七九　かひなしやめくりあひても石の帯のかくとけかたき人の心ハ　為信
二八〇　心こそ花田の帯の色ならめはやくも中のたえんとやミん　為久

寄書恋

二八一　音信のとたえし程をことハりにかきなす文もまことゝハミす　実岑
二八二　あけてたに人ハミしとや玉章を結ひしまゝに又かへすらん　為久

寄繪恋

二八三　いらへなくうこかぬさまのつれなさハ繪にかく人に向ふとやせん　実陰

寄筆恋

二八四　かきかはすいらへ計を情にて心ハとけぬ水くきのあと　通躬

二八五　かきやるも今ハかひなき浮世にや名のミなかる、水くきの跡　淳房

二八六　つれなしとやりもすつへきことのはのなとめにとまる水くきの跡　光栄

寄笛恋

二八七　笛竹のねたしや心かハし置て月にふきよる木からしの庭　通茂

寄琴恋

二八八　思ふ事ねにあらハれしためしをも心ひかる、人ハしらすや　公通

二八九　待もうしこのねたかハてとはかりにその一ことを中のちきりに　有藤

二九〇　いつまてか契り置にし一ことのしらへかハらすまたん月日ハ　為久

寄弓恋

二九一　あつさ弓いつよりかハる心とてかけし契りを引たかふらん　兼熙

二九二　なひくへき契りをいつとしらま弓ひくにも馴ぬ人のつらさハ　公晴

二九三　あつさ弓まゆミつき弓つきもせし人に恨ハミとせふる共　雅豊

二九四　引とめて猶こそしたへ梓弓末の契りもしらぬ別れは　基長

二九五　をしかへし浮心をもとる弓にいかてか人のかけはなれ行　実業

二九六　とりとめて何と浮名のたつか弓うけひきえてもあらぬ契りを　公澄
二九七　又いつの契りも身にハしらま弓ひくかたおほき人の心は　兼親
二九八　ちきりしも今ハあたちのしらま弓なひく物とハ何頼ミけん　相尚
二九九　かハらしの契りもいか丶しらま弓引かたおほき人の心は　益通
三〇〇　あつさ弓かへる心のつよけれはえそ引とめぬあかぬ別れも　吉里

寄箭恋

三〇一　もの丶ふのたハさむ諸矢いたつらに我片恋ハ末もとをらす　淳房

寄扇恋

三〇二　今ハた丶手にもならさぬ閨のうちの秋の扇となれる身そうき　雅季
三〇三　ならすへき契りハ絶て閨のうちの秋の扇そ身のたくひ成　輝光

寄絲恋

三〇四　人ハかく我くるしさも白糸の染ぬ心に何ならひけん　通晴
三〇五　くるよなき心よいかに白糸のかけはなれてハ見えぬ物から　通躬
三〇六　年をへてあひあふ事ハ片糸のよるへもしらぬ中そくるしき　基勝
三〇七　年もへぬよりあふ事ハかた糸のうきふししけく思ひミたれて　公長
三〇八　とハれねハ人の心も白糸のくるしきふしに思ひミたれて　雅豊
三〇九　年へても猶逢事ハ片糸のくる丶や何と結ほ丶るらん　俊清
三一〇　いひよらぬ便たにあれ逢事ハよし片糸の契りなりとも　為久

寄挿頭恋

三一一　いつまてかことなし草を我中のなにしおひたるかさしとハせむ　仙洞

三一二　年月をかけても猶やたのまゝし人にあふひのかさし成せハ　輝光

寄手向恋

三一三　色に我染る心をとかむなよ手向の桜神もめてなは　公通

三一四　神もしれ年月同し手向して心もぬさもくたく思ひを　通躬

三一五　逢事を哀にかふる手向して神のしるしをまつもはかなし　重條

寄祓麻恋

三一六　大ぬさのよるせをいつと頼むらん引手あまたの人の心に　惟永

寄木綿恋

三一七　いつの夕祈るしるしとゆふたすき頼ミを人にかけてまたまし　相高

寄注連恋

三一八　うけひかぬ心しられて幾年かかけてかひなき杜のしめ縄　公長

寄車恋

三一九　めくりあハん行えもしらぬ小車の別れかなしきしのゝめの道　通夏

三二〇　しらせハや身ハやつれにし小車のやるかたもなき下の思ひを　光栄

三二一　うしとのミ何思ひけん小車のめくりあふよもあれはあるよに　実岑

三二二　行かへるたひかさならハ小車の音する道を人やあやめん　為信

寄舩恋

三三一三　思へともよそにこかれて行舟のとまりをこゝといふかひそなき　実種

三三一四　さためなや一夜の舟のかち枕うきたる浪にとめし契りは　実陰

三三一五　はかなしや身を海原に行舟のよるへしられぬ中の契りハ　意陳

寄澱尽恋

三三一六　恋渡るしるしハなくてミをつくし涙の底に朽やはてまし　実松

寄筌簀恋

三三一七　うきなハやよにもれ出ん年をへてあふこかたミに有し契りハ　淳房

三三一八　色見えハうしや心の花かたミしめて忍ふの草ハつめとも　実陰

寄灯恋

三三一九　待夜ハの頼ミもなきをいつまてか身ハ灯の消残るらん　通躬

三三二〇　身にそひてわすれそやらぬ燈のほのかにみてし人の面影　為信

寄鐘恋

三三二一　つらきかな逢とミしよの夢も今打驚す鐘のひゝきは　俊清

寄貝恋

三三二二　逢事もなきさによするうつせ貝くたけて物を猶思へとや　徳忠

第五節　源氏物語巻々和歌

解説の部

（一）　吉里の「詠源氏巻〻倭歌」

日本近世における諸大名の文芸活動に関しては、昭和初期、福井久蔵氏が『諸大名の学術と文芸の研究』[注一]で総合的考察を試みられたが、それ以降あまり考察されることがなかった。しかし近年、毛利綱元や陸奥一関初代藩主田村建《たつ》顕《あき》の文芸活動を追った渡辺憲司氏の論、[注二]豊臣太閤の家臣を経て家康・秀忠に仕え、家康養女を継室とした鍋島勝茂孫直條《なおえだ》の事績を、その紀行と日記に探った井上敏幸氏の論等、[注三]一大名の文芸活動に焦点をあわせた考察が提出され再び光があてられつつあるように思う。

こうした論考に語られるように、近世の和歌や古典受容の探究には、諸大名を中心とする地方文壇と堂上方との交流という面からの考察も必要不可欠と考える。ここに柳澤吉里の「詠源氏巻〻倭歌」成立の背景を例にとり、一大名の『源氏物語』受容の具体的な姿を考察する次第である。

『源氏物語』の巻名を和歌に詠み込む試みは、院政期に始まり、長く歌壇の伝統として支えられてゆくのであるが、[注四]この時期のそれは部分的に巻名を詠み込むという域を出るものではない。やがて全巻の巻名を一人で和歌に詠ずる形態の出現を見るようになり、詠者も貴族から武士へと移行する。吉里の「詠源氏巻〻倭歌」もこうした時期に生まれたものであった。

本論では、『国書総目録』にも記載されず、今まで世人の目にふれることの少なかった吉里の「詠源氏巻〻倭歌」が翻刻された[注五]のを機会に、それが影響を受けたと思われる三条西実隆の「詠源氏物語巻々和歌」との関連性を踏まえながら、江戸期の一大名の『源氏物語』受容の姿勢を考察しようとするものである。

もっとも本論に極めて近い考察は、既に拙著『三条西実隆と古典学〔改訂新版〕』（平成十一年四月・風間書房）第二部「三条西実隆の古典学」第一章「源氏物語の注釈活動とその周辺」第十三節「実隆の「詠源氏巻々和歌」の受容―徳川大名柳沢吉里の「詠源氏巻々倭歌」―」においてなした。しかし、本書は柳澤家の古典学を総合的に論究するものであることをもって、柳澤家に関連のある学芸・文芸の類は一覧できるようまとめておく必要を思い、再掲という形態を採った。それにあたっては、全文を書き改め、一部記事の増補も試みた。

(二)　詠源氏物語巻名和歌の略史

吉里の時代までになされた『源氏物語』全巻を通じての詠源氏巻名和歌の代表的なものを概観しておこう。耕雲本源氏物語の各帖末にしるされた、いわゆる「耕雲本跋歌」、甘露寺親長の源氏供養和歌会の際の「源氏物語目録歌」、三条西実隆が石山寺に奉納した「詠源氏物語巻々和歌」、橋本公夏の注釈書『浮木』の各巻末に置かれている「詠源氏物語巻名和歌」、実隆の外孫九条稙通が源氏物語竟宴に際し、一人一首ずつ五十五人に詠ませた「源氏物語竟宴和歌」等がある。[注六]

このうち「耕雲本跋歌」は「従前の源氏の名の続歌などが、幾人かが分担して詠ずるのと異なって、耕雲一人で源氏物語全巻を詠じた[注七]」最初のものという。この形式をふまえたのが三条西実隆の「詠源氏物語巻々和歌」であり[注八]、これが吉里の「詠源氏巻〻倭歌」に影響を与えることになった。

ここでいささか回り道になるが、「源氏六十三首之哥」[注九]と伝為兼「詠源氏物語巻名和歌」[注一〇]の二つについて触れておきたい。

前者「源氏六十三首之哥」は、肥前島原松平文庫蔵の、「竪横和歌」と題され寛文（一六六一～一六七三）から元禄（一六八八～一七〇四）の間の書写と思しき一本で[注一一]、「冠には弥陀をいた〻かせ身には源氏の目録をすへ口には廻向の文を置」く体裁をとる。そして源氏の巻名が詠み込まれている「身」の部分は、いわゆる「すもり六帖」等の巻名に対する詠歌を包含し、都合六十三首になっている点から、「中世において、例外的にしろ源氏物語正続六十三帖という形があったこと」[注一二]を示すものであり、「続篇資料を豊富にもち、しかも、各巻につき一首ずつの歌を伴っていること」[注一三]は軽視できない点を今井源衛氏は指摘されたが、成立年代と作者（これが単数か複数かも含めて）についての特定はしておられない。

後者伝為兼「詠源氏物語巻名和歌」は、書陵部の「為兼卿遠所詠歌」に収載されるもので、「源氏六十三首之哥」と同様に「冠と沓とに名号と十八願の文を詠み込み、中に源氏物語の巻名を入れて詠じた」[注一四]形式の五十五首の和歌と、為兼の署名を持つものである。これがもし京極為兼の佐渡配流中の作であることが確定すれば、「源氏巻名和歌としてまとまって残っているものとしては最も古いもの」[注一五]であると同時に、一人で全巻の巻名を詠み込んだ巻名和歌の嚆矢ともなろう。

「源氏六十三首之哥」、伝為兼「詠源氏物語巻名和歌」共に、巻順や続篇の存在等、『源氏物語』の成立にかかわる重要な部分を含み、又、両者とも一首の冠を横一列に読むと「なもあみたふつあみたふつ……あみたほとけ」となり、沓を横一列にたどると、後者は「無量寿経にみえる阿弥陀四十八願の中の第十八願の部分」[注一六]となる。前者は誤脱が多く確証は極めて得にくいが、四十四から五十までの七首の沓は「むらさきしきふ」とたどることができ、「口には廻向の文を置」くとあることをあわせみると、あるいは源氏表白文の類が据えられているのかと思われるなど、興味ある点を多く含むが、疑問符つきで提出された資料であることをもって、今回は一応除外して考察したい。

さて、土田将雄氏は、三条西実隆についで細川幽斎にも『源氏物語』の巻名歌があることに注目された。[注一七]今、土田氏の翻刻された幽斎の「源氏巻名和歌」と三条西実隆の「詠源氏物語巻々和歌」[注一八]とを比べるに、大幅な異同は認めがたい。速断を下すのは危険ながら、古今伝授が実隆―公条―実枝―幽斎という血脈をなしていて実隆と幽斎には浅からぬ関係がある点、木下長嘯子《ちょうしょうし》（勝俊）の「挙白集」や松永貞徳《ていとく》の「戴恩記《たいおんき》」の記事の一部を引用して土田氏が幽斎をその「信頼に足る書写校合の事業」[注一九]の故に、定家に匹敵する人物とみなすことに首肯されたように、幽斎が数多の古典を書写している点を勘案すると、題名が「詠源氏物語巻々和歌」と「源氏巻名和歌」では異なることや、「源氏巻名和歌」では「蘭《ふじばかま》」と「槇柱《まきばしら》」の巻順が逆になっている点等、多少の疑問は残るものの、実隆の「詠源氏物語巻々和歌」を書写したものが、幽斎の「源氏巻名和歌」である可能性は高いものと思われる。従って寺本氏が、吉里の「詠源氏巻〻倭歌」は、

一、実隆の歌も吉里の歌も、ともに一人で『源氏物語』全巻の巻名歌を詠じていること、
二、実隆の「詠源氏物語巻々和歌」と吉里の「詠源氏巻〻倭歌」とは題名が近似していること、
三、「若菜上」「若菜下」と二巻に分け、「雲隠」を一巻に数え、都合五十五巻五十五首とすること、
四、吉里の詠歌自体が、実隆の歌の影響を受けていると思われること、

の四点を挙げ、先蹤となったのは実隆の「詠源氏物語巻々和歌」であろうと述べられたように、吉里の作品は幽斎を受けるものではなく、実隆を受けるものとして考えておきたい。因みに実隆の「詠源氏物語巻々和歌」が吉里にもた

らされた経路をたどれば次のようになろうか。

実隆―公条―実枝―幽斎―貞徳―季吟―吉里

実隆から幽斎を経て吉里に到る経路は前述のごとく古今伝授のそれでもある（本書第一部第一章翻刻の部「一九、師傳の血脈二通」参照）。

（三）　吉里の「詠源氏巻々倭歌」と実隆の「詠源氏物語巻々和歌」の比較

述べてきたように、吉里の「詠源氏巻々倭歌」は実隆のものを踏まえてなっていたが、それは全巻にわたって言い得ることではない。今、吉里と実隆の作品双方の関係は、以下四つのタイプに区分できるかと思う。なお『源氏物語』本文の引用は、小学館日本古典文学全集本〈旧版〉により、傍線・圏点類は宮川が付したものである。

〔A〕歌句も詠歌内容も実隆の踏襲と思われるもの

賢木巻

吉里　榊葉を手おれるもうし神垣やゆるさぬ中とへたてなからに

実隆　香をとめて手折さかきも神がきに神はゆるさぬ道にや有らん

〔B〕歌句は類似性をもつが内容が実隆とは異なると思われるもの

早蕨巻

吉里　あま小舟まほならねとも逢にしをいまはよそにやみねのさわらひ

実隆　みし人のかたみむなしき雪消の袖うちぬらすみねのさはらび

双方の結句に「みねのさわらひ」（実隆は「さはらび」）が配されてはいるが、吉里のものは、中君の上京に際し、実事はなかったものの二人で一夜を明かしたこともある彼女を、匂宮のものとして送り出さなければならない薫の無念さを詠うもの。「あま小舟」の「あま」とは、惜別の情を交わす贈答で弁尼が、

人はみないそぎたつめる袖のうらにひとり藻しほをたるるあまかな

と詠んだのに対し、

しほたるるあまの衣にことなれや浮きたる波にぬるるわが袖（三五〇頁）

と中君が返した場面での歌語をふまえてのものであろう。対し実隆のは、年頭に宇治山の阿闍梨から届いた文と早蕨に、大君を思って涙にくれる中君の、「この春はたれにか見せむなき人のかたみにつめる峰のさわらび」（三三六頁）の歌にもとづいている。

〔C〕歌句は殆ど一致しないが、内容的には同一のことを述べるもの

藤裏葉巻（内大臣の許可のもと、はれて夕霧と雲居雁が結ばれる場面）

　吉里　むらさきの藤のうら葉や吹風になひきてむすふ露のゆかりは

　実隆　しらずけふおほくの人のうらみをもふぢのうらばのとけてこんとは

〔D〕歌句にも内容にも一致点の見られないもの。

桐壺巻

　吉里　朝夕のみやつかへにも安からすうらみをおひし人の哀さ

　実隆　なが〻らぬ契ながらに玉のをのこのよのひかりとゞめをきける

以上〔A〕～〔D〕の分類をまとめると次のようになる。

〔A〕賢木　須磨　関屋　絵合　松風　薄雲　朝顔　少女　初音　胡蝶　篝火　行幸　藤袴　真木柱　梅枝　若菜上　柏木　鈴虫　夕霧　幻　雲隠　匂宮　宿木　東屋　夢浮橋（二五巻・四五％）

〔B〕澪標　常夏　若菜下　紅梅　竹川　橋姫　早蕨　手習（八巻・一五％）

〔C〕紅葉賀　花宴　螢　蓬生　藤裏葉　横笛　御法　椎本　総角　浮舟　蜻蛉（一一巻・二〇％）

〔D〕桐壺　帚木　空蟬　夕顔　若紫　末摘花　葵　花散里　明石　玉鬘　野分（一一巻・二〇％）

※右分類において、「巻名歌」に巻名が詠み込まれるのは当然との見地から、巻名のみ双方で一致しているものは影響関係を考える際の要素からは除外した。

このうち、〔A〕は勿論、〔B〕〔C〕も歌句や内容を共有している点で、実隆の影響を指摘できるものとして同類とみなすことができ、結局〔D〕の歌句・内容共に一致点のみられないものが吉里の独自性のある詠歌ということになる。

そこで〔D〕の項に含まれる十一首を分析してみる。

桐壺・帚木・若紫・末摘花・葵・花散里・玉鬘の七首、約六割五分に巻名が詠み込まれておらず、実隆が桐壺に関してのみ巻名を詠み込んでいないのと比べると、[注二〇]詠作態度の違いがわかる。さらに当該十一首は全部がいわゆる『源氏物語』の第一部に属する巻々の歌で、しかも桐壺から末摘花までは現行巻順の巻一から巻六までに相当しており、葵は巻九、花散里は巻十一、明石は巻十三と、きわめて物語の初めの方に片寄っているのである。これは何を意味するのであろうか。吉里が現行巻順に従い、桐壺から順次詠歌したと仮定すると、次の二つの推理が成り立つ。

一、吉里は「詠源氏巻〻倭歌」の表題が示すように、「巻〻」に関する和歌を詠むつもりであって、あえて巻名を詠み込もうとする積極的意向は当初持っていなかった。

二、吉里は実隆の「詠源氏物語巻々和歌」を参考にはしたが、採り上げる場面や用いる歌句には独創性を発揮したいと当初は気負っていた。

それが巻六の末摘花の後、分類の〔C〕にあるように、歌句は異なるものを用いながら場面は実隆のものと共通なものを選んで紅葉賀・花宴を詠み、一旦葵では独創的詠歌にもどるものの、巻十の賢木では歌句・内容共に実隆のものに類似する詠になってゆくといった調子で、次第に独創性が失われ実隆の詠によりかかってゆく。何故であろうか。自らの力量不足が嘆かれて実隆の詠歌をふまえる方向へと転向したためでもあったのであろうか。あるいは限られた時間内に詠みあげねばならない必然でもあって、実隆の着眼点を参考にしているうちに、類似性の高いものが出来上がってしまったためででもあったのであろうか。その理由は不明としか言いようがない。

しかし、だからといって吉里は実隆の歌を詠み直しただけといった安直な踏まえ方をしたわけではなかった。分類〔A〕の、歌句も内容も実隆のものを踏襲したと思われるものの中でも、例えば次の歌からも察せられるように、吉里は実隆が採り上げた場面周辺の『源氏物語』の原文をじっくり読み、原文の詞をいささかでも引用しながら詠んでいるのである。

〔須磨〕
吉里　海つらの波風よりも立とたつ名をこりすまの恋そわりなき
実隆　なみかぜのうき（木）にしづみし後さへや猶こりずまの思そふらん

右に関連する原文は、

……忍びてもろともにもやと思し寄るをりあれど、さる心細からん海づらの波風よりほかに立ちまじる人もなからんに（一五四頁）
尚侍《ないしのかみ》の御もとに、例の中納言の君の私事《わたくしごと》のやうにて……こりずまの浦のみるめのゆかしきを塩焼くあまやいかが思はん（一八一頁）

の二箇所である。「海つらの波風より」は、吉里独自の『源氏物語』原文の引用であることは明白である。しかもこの歌句は、吉里・実隆共通の「こりずまの」（吉里は、「こりすまの」）の拠り所となったと思われる原文の箇所より、日本古典文学全集本で二十数頁も前の、紫上を須磨に伴おうかと気弱になる源氏を描く場面でのものである。吉里は実隆が採り上げた場面以外にも独自の読みを施し、その上で当該歌を詠じたのである。もう少し例をあげよう。

〔朝顔〕

吉里　色香にはあたにうつらし朝かほのあるかなきかに世をすくすとも

実隆　あさがほとみえこそたてれいく秋ももとの心の色はうつらじ

原文は、

枯れたる花どもの中に、朝顔のこれかれ這《は》ひまつはれて、あるかなきかに咲きて、にほひもことに変れるを、折らせたまひて奉れたまふ……秋はてて霧のまがきにむすぼほれあるかなきかにうつる朝顔（四六六頁）

の辺りに相当する。

〔鈴虫〕

吉里　なへて世はふりすてかたし鈴虫の聲に秋をはうしとしりつも

実隆　すゞむしのこゑにつけてもさすがなをふり捨がたき思ひとをしれ

原文は、

おほかたの秋をばうしと知りにしをふり棄てがたきすず虫のこゑ（三七〇頁・仲秋十五夜の遊宴で、源氏が女三宮相手に鈴虫を愛でる発言をする箇所での女三宮の歌）

に相当している。

以上代表的なものを見て来たが、〈A〉の項目に属する詠歌にさえ、吉里が『源氏物語』の原文を忠実にたどった跡が窺えるのである。このことは、独創的詠歌である〈D〉については勿論、〈B〉〈C〉にも共通して言えることで、吉里の物語の読みの深さを語るものといえよう。

では吉里が詠歌に用いた『源氏物語』は、どのような素性のものであったのであろう。今、吉里が引用した本文を『源氏物語大成　校異篇』と比較しても全く異同はみとめられず、吉里が特別な一本を底本にしたとは考えにくい。従って吉里が実隆の巻名歌の影響下に詠歌した点を勘案し、実隆の奥書を持つ宮内庁書陵部蔵本、日本大学図書館蔵本（三条西家旧蔵本）、穂久邇文庫所蔵本の三本の『源氏物語』のうちのいずれか一本の書写本が底本に選ばれた可能性が出てくる。又、直接和歌指導を受け得る立場にあった点を重視するなら、季吟の湖月抄本を選んだ可能性もある。さらに吉保側室正親町町子の筋から入手したもの、将軍家からの下賜本といったものが底本に選ばれる可能性もあったであろう。結論としてはどの一本とは決めがたいということになってしまうのだが。

（四）　石山寺蔵巻子本「詠源氏巻〻倭歌」

前項で見て来た「詠源氏巻〻倭歌」（所蔵者の故寺本直彦氏架蔵本につき寺本本《ほん》と略）の他に、吉里は少なくとももう一本の「詠源氏巻〻倭歌」を遺した。それは石山寺蔵の巻子本である（以下石山本《ほん》と略）。書誌的概説を加えておこう。

寺本本一冊は、寺本氏が、

縦十九・六センチ、横十五・二センチの升型本。檀紙、袋綴。墨付十枚。表紙・裏表紙とも共紙。表紙に題名なく、第一葉表はじめに『詠源氏巻〻倭歌　源吉里』としるす。新しい帙の題簽には、『詠源氏巻々之和歌柳沢吉里自詠自筆原本』としるす。内容は、

　　きりつほ
　朝夕のみやつかへにも安からすうらみをおひし人の哀さ

から、

　　夢のうきはし
　おとろきてふかくもさとれ世の中はたゝかはかりのゆめのうきはし

にいたる五十五巻（若菜巻を上下二巻とし、雲隠巻を一巻とする）を詠じた五十五首である。奥書・識語の類はない。[注二一]

と述べられたもので、各巻名に一行を充て和歌は二行書きにしてある。

石山本は、縦二十・六センチの巻子本一本。立雲模様のある楮紙十二枚を継ぐが、紺色立雲紙と茶色立雲紙を交互に配す。表紙は薄緑の金襴。軸は象牙。美麗な装幀の一本。金色紙の題簽には、「源氏巻〻倭歌　吉里」と墨書され、

内題には「詠源氏物語巻〻倭歌　侍従源朝臣吉里」とある。奥書は冷泉為久筆で、吉里が『源氏物語』の心を詠作したものを石山寺に奉納するにあたり奥書を求められたので、和歌を友とする仲間の為に一筆認める旨の一文と、「享保十三年正月十八日」の日付がある。収納されている桐箱には、「石山寺本堂奉納和歌享保戊申（十三年）孟春中八日」とあり、裏書には「従四位下行侍従兼甲斐郡山国主源朝臣松平吉里」とある。因みに享保九年（一七二四）三月、吉里は甲府から大和郡山へ転封になっている。

内容は、

　　桐壺

夜もすから小萩かことをとひねかふつゆまとろまて明しかねぬる

に始まり、

　　夢浮橋

五十あまり四の巻〻かはれともこゝろみかよふ夢のうきはし

に到る五十五首で、若菜を上下二巻に分け、雲かくれに一首充てる方法及び各巻名を一行書にし、和歌は二行書（但し夢浮橋は三行書）である点は寺本本と同様である。

右に引いた桐壺・夢浮橋の各歌からも察せられるように、寺本本と石山本は内容的に別ものであるが、筆は両者同一で、寺本本の新しい帙の題簽の「自筆原本」とする割注や、他に吉里自筆と伝わる文献から推し、石山本も吉里自筆と認めてよいと判断される。

以上のように石山本は享保十三年一月十八日に石山寺へ奉納されたものと知れるのであるが、寺本本には奥書・識語の類がなく成立にかかる背景が未詳であった。また寺本氏は四項目を挙げて寺本本が三条西実隆の「詠源氏物語巻々和歌」を先蹤とするものではないかという段階までは述べられたが（本節（二））、実隆に傾倒し実隆の影響を享受した理由については触れておられない。

前述したように、『源氏物語』の巻々を素材に全巻の巻々和歌を詠む営みは、十四世紀初頭に始まり、以後源氏供養を目的とするものと、いわゆる「耕雲本跋歌」と同種の意図で詠まれたものの二種に大別されながら近代まで続く。注三その流れの中で実隆・吉里の巻々和歌は、寺本氏の挙げられた四つの理由以外にも、源氏供養を目的として石山寺奉納に及んだ点で同じ系列に属するものといえる。従って以下では、寺本本の成立時期やその背景を明かにすること、実隆に傾倒し影響を享受した理由の二点を考察の中心に据えたい。なおその過程では、柳沢文庫蔵の吉保時代の公用日記『楽只堂年録』、吉里時代の公用日記「福寿堂年録」、及び吉里の詠歌を合計一万数千首収載する吉里の私家集「積玉和歌集」「潤玉和歌集」「続潤玉和歌集」等をおもに参照してゆく。

（五）　寺本本成立の背景

この項では寺本本成立の背景を考察する。『源氏物語』全巻の巻々和歌を詠むのは、常識的には物語通読後の営為と思われ、まず吉里の物語読破に関してみてみたい。

吉里の私家集「積玉和歌集」注三には、年月日が明記された比較的長文の詞書を持つ歌が多く、吉里の消息をたどりやすいのであるが、その雑七巻第十に次の記事がある。

宝永七年五月六日に源氏物語きりつほよりそよミをはしめて神無月七日夢のうきハしにいたるまてさハりなくならひ侍ることわさを

紫の色かもふかき巻〳〵を見果て嬉し夢の浮はし

宝永七年（一七一〇）五月六日とは、本書第一部第三章第一節「甲陽驛路記―宝永七年吉里初入国―」で述べたように、甲斐国主として初入国を果たした翌日にあたる。

また和歌の第四句、「見果て嬉し」には物語読破をなした吉里の感激も看取できる。さらに詞書の最終部に「さハりなくならひ侍る」とあるのから、読破は支障による中断もなく誰かの講釈を聴聞する形式に依ったものと判断されるのである。

講釈は五月六日に桐壺を開始、十月七日に夢浮橋と、丸五箇月で完了している。それは永正七年（一五一〇）に、三条西実隆が肖柏の『源氏聞書』をもとに、増補改訂を加え編纂した源氏注釈書『弄花抄』[注二四]の冒頭部に記録される各巻の講談日数、例えば「桐壺二日　帚木三日　空蟬一日　須磨三日」とあるのや、実隆邸で行われた宗祇・肖柏による源氏全巻の講釈が丸十五箇月かかっていること[注二五]などを基準にするなら、甲斐国主としての公務の合間に片付けるためには、かなり過密なスケジュールで講釈が進められたものと推定される。

では短期間に集中的に吉里に源氏講釈をなした人物は誰なのであろう。吉里時代の公用日記「福寿堂年録」[注二六]第十二巻に、

五月二日　　今日、国許へ発駕す、

（五月三日、四日略）

五月五日　　今日、午の上刻、国許へ到着す、

とあり、宝永七年五月二日、甲斐守として任国甲斐へ向け江戸を発った吉里一行は、足かけ四日後の五日に甲府に到着。

一方「積玉和歌集」には同日のことが、「宝永七年五月五日はしめて甲斐の国にまかりて」（雑七・巻第十一）とあり、又同歌集「員外五」所収の「甲陽驛路記」にも、「たからなかきな、のさつき二日のひなん旅てふことをはしめてし侍り」とあったように（本書第一部第三章第一節「甲陽驛路記」）、この下向は初めての国許（大名の領地）入りであった。

述べたように講釈開始の六日は、甲斐到着の翌日。あるいは初入国を記念していたのかもしれない。

さらに「福寿堂年録」には、

五月十八日

国許に到着せし祝儀とて、和歌の会を興行す、

とあり、続いて「寄国祝言」題での吉里詠、「おさまりてなみと風とをわすれ河水のなかれもしつかなるくに」を冒頭に、以下、歌会列席の家臣十数名の名と詠歌が続くのだが（第十二巻）、その中に藤原全故（素龍）の名が見える。

一方「積玉和歌集」には、

宝永七年神無月に、かひのくに積翠寺の嶺要害山のわたりけはしきつゝらをりをからうしてのほりつるに、供に侍りつる藤原全故、山のいたゝきに至りて、分のほる君やくるしきなと読てミせけるに、かへしとにハあらてロすさみに、霜雪のつもるみとりの松かねやさかしき山をのほる苦しさ（雑七・巻第十一）

の記事があり、武田信虎《のぶとら》が築城し、そこで信玄が生まれたと伝わる積翠寺《せきすいじ》後方の要害山《ようがいさん》に登った吉里と全故が和歌の贈答をなしていた。ここの神無月とは、源氏講釈終了の月であったのは前述の通りである。このように全故は、五月から十月まで吉里と行動を共にしている。そこに推測されるのは、かつて吉保が雇いいれた学者全故が、吉里付きの家臣団の一員となり、甲斐入りにも従っていた情況なのである。

この全故は、植谷元氏が詳述されたように、注二七 芭蕉の素龍《そりよう》本「おくのほそ道」の清書者であるが、元禄年間後期に柳澤家のお抱えの学者となった。そして『楽只堂年録』元禄十五年（一七〇二）十二月五日の条によれば、綱吉の柳澤邸御成に際し、『源氏物語』紅葉賀巻の一節を進講している。『源氏物語』に明るかった証左となり得よう。また「積玉和歌集」に見られる多数の和歌贈答からは、吉里と全故の主従関係を越えた親しさも窺え、甲斐国で源氏講釈をなしたのは全故であったと断定してよいと考える。

（六）　歌人としての成長過程

では『源氏物語』受容を、巻々和歌詠作という具体的なかたちで表現した吉里の歌人としての素養はどの程度のものであったのか。歌人としての吉里については別に述べた[注二八]ことがあるので、詳述は避けるが概略を述べれば次のようである。

かれは十三歳頃から約五年間、幕府歌学方北村季吟を和歌の指南役にしていたのであり、まずは恵まれた学習環境であったが、十四歳で元服する年の新春（元禄十四年）以降、吉保が度々私亭で催した歌会に列座を始める[注二九]。元禄十七年秋には「千首和歌草[注三〇]」を霊元院に献上、それが官庫永久保存の栄誉に浴し、宝永三年（一七〇六）七月には二十歳で吉保から古今伝授する[注三一]など、実力を貯えていった。従って巻々和歌詠作は決して唐突なことではなかったのである。

次に吉里が「積玉和歌集員外　組題六」に収載する「源氏物語巻〻和歌」と題した五十五首と、寺本本の関係について考えてみる。これには夢浮橋の詠草の直後に、

　　右一巻宝永五年閏正月十八日江州石山寺観音奉納

の識語が付されている。これ（以下積玉収載本と呼ぶ）と寺本本を比較すると、寺本本では表題が「詠源氏巻〻倭歌」とあるのが、積玉収載本では「源氏物語巻〻和歌」となっていることを除き、歌自体は同一のものであったのである。従って未詳であった寺本本の成立時期は、積玉収載本の識語により、宝永五年（一七〇八）閏正月十八日にさほど遠くない時点であったと推測しうる。

さらには寺本本の若紫の歌「うち出るこゑもえならす瀧のもとに笛とりいてし寺の名なりは《マヽ》」の結句は、寺本氏も翻刻（注五同書）において、「マヽ」とされたように、「名なりは」では解釈できずにいたのが、積玉収載本には「寺

の名残は」とあることで、源氏が瘧病の治療に赴いた北山における翌朝の別れの場面をすばらしいものとして懐かしむ心情を詠んだものと知られるのである。但し、現在石山寺に当該巻々和歌は収蔵されていない。

以上により寺本本と筆者が呼んできた巻々和歌も、実はもう一本の巻々和歌、即ち石山本同様、石山寺に奉納するために詠まれたものと知られると共に、寺本本の本体は宝永五年閏正月の奉納にあたって作られた、いわゆる奉納本の草稿本ではないかと考えられるのである。

（七）　寺本本と積玉収載本

寺本本（今後は積玉収載本と呼んでもよいと考えるが）の成立時期の見当がついたことで、以前未解決であった問題点を解決しておきたい。

筆者は三条西実隆の巻々和歌と寺本本のそれを比較した時（本稿（三））、歌句や歌材が実隆のものに類似する詠歌が約八割と圧倒的に多く、しかも吉里の独創的詠歌と思われる残り二割にあたる十一首（一、桐壺　二、帚木　三、空蟬　四、夕顔　五、若紫　六、末摘花　九、葵　十一、花散里　十三、明石　二十二、玉鬘　二十八、野分）は、いわゆる物語第一部前半に片寄っているとの結果を得たものの、その理由を明かにはできないでいた。

しかし、宝永五年正月奉納の寺本本は、前述のように宝永七年十月に、恐らくは全故の講釈を得てなした物語読破の二年以上前の詠作であったために、実隆のものを参照し、それに寄り掛からざるを得なかったのではないかと思い至るのである。

但し、吉里の周辺には、

①生母飯塚染子の『源氏物語』愛好

②吉保側室正親町町子作『松陰日記』に明らかな源氏受容の姿勢
③町子実父正親町公通の「三帖源氏」書写
④「湖月抄」作者北村季吟との交流
⑤霊元院からの「源氏物語月次ノ詞書」一軸の下賜
⑥全故講ずる『源氏物語』紅葉賀

といった断片的ながら源氏受容をなしうる要素は多く、物語の知識を備え部分的な読みをなしていた可能性もある。

このように吉里の巻〻和歌は、複数の段階において『源氏物語』の種々の知識を吸収、実隆をふまえた詠作という過程を経て、物語読破による読みの深さを習得することで、より独創的詠歌の割合を増大させ、後年（享保十三年）の石山本成立へ至ったと考えられるのである。

そうした成長段階を語るのではないかと思われる資料を挙げておく。「積玉和歌集」に「寄源氏物語恋」とある寄せ題の詠歌六首が収載されている（恋五　巻第八）。

イ、玉かつらたえぬはかりに年月のふる川のへのすき行もうし
ロ、恋わひて心も今ハよこ笛のしらへハことにかハらさりしを
ハ、朝夕にかよふ心の人しれはしけきわたりや夢の浮橋
ニ、うらめしな夢路も絶てあた枕あくる恋ちのすまの浦風
ホ、思ひつゝ行あふ坂の玉かつらかけて忍ふと人にしらすな
ヘ、つれなさを藤のうら葉の恨ても我ハわすれぬ思ひとをしれ

（イロハ記号・傍線筆者以下同じ）

これは寺本本（積玉収載本）、石山本のいずれにも一致していない。これ以外にもあったのを、吉里が享保二年（一七一七）の家集編纂時に切り捨てたのか、最初からこの六首だけなのかも未詳である。

ただ気にかかるのは、六首を通して眺めると、イが二十三巻玉鬘、ロが三十七巻横笛、ハが最終巻夢浮橋と巻順に並ぶのに、ニになると十二巻須磨、ホは歌意から逢坂の関での空蟬との邂逅と見るなら十六巻関屋、傍線部を巻名と見るなら二十二巻玉鬘、へが三十三巻藤裏葉と、一旦物語の前半に戻り、再度巻順に拾い出した格好で、イ～ハの三首とニ～への三首の間に一線画されたかに見えることである。これは前半部と後半部は各々別の歌会等での題詠であったのを、家集編纂時に一括収載した結果かとも推測される。そしてもしこれらが寺本本成立以前のものであるなら、部分的な巻々和歌詠作を少なくとも二回は経験しながら、全巻にわたるものを完成する土壌が整えられていったことを物語るのではあるまいか。しかし管見に入った限りでは「寄源氏物語恋」の題詠を持つ吉里列座の歌会はなく疑問を提示するにとどめたい。

以上いささか煩雑になったがまとめておこう。寺本本は積玉収載本に一致し石山寺奉納を企図して詠まれたものであったこと、成立は藤原全故の講釈により吉里が全巻読破を果たす二年以上も前であったこと、従って実隆の作品を参照せざるを得なかったらしいこと等が言えるかと思う。

（八）　吉里の歌人としての研鑽

寺本本（積玉収載本）が、三条西実隆の巻々和歌を先蹤として成立したらしいことは、考察して来たように寺本氏が挙げられた四点の理由及び、石山寺奉納という源氏供養の一形態を採用したことから、まず認めてよいと考える。しかしそれなら何故実隆なのであろうか。

吉里が季吟を指南役にし、和歌に研鑽を積んだこと、吉保から古今伝授されたことなどの中で歌人としての実力を貯えていったらしいことは前述の通りであるが、その一方で、吉里は多くの堂上歌人の添削も受け、和歌道に励んでいたのである。吉里の家集に拾える堂上歌人とその添削数をまとめると次のようになる。

「潤玉和歌集」

一、中院通躬	三四八首	七、風早実種	一〇首
二、中院通茂	二七八首	八、芝山定豊	五首
三、野宮定基	七五首	九、清水谷実業	五首
四、霊元院	四三首	十、姉小路実紀	五首
五、武者小路実陰	三六首	十一、冷泉為綱	二首
六、正親町公通	二九首		全八三六首

「続潤玉和歌集」

一、冷泉為綱	三五三首	四、野宮定基	一首
二、中院通躬	一二九首	五、中院通茂	一首
三、霊元院	一首		全四八五首

「潤玉和歌集」は正徳六年（一七一六）六月望日の編纂で、識語に「仙院及公卿之所賜添削也」とある。右に挙げた

十一人が添削者で、中院通躬、同通茂、野宮定基の三人で約八割五分の添削をしているのが特徴である。「続潤玉和歌集」は享保七年（一七二二）七月中八日編纂で、冷泉為綱と中院通躬二人でほぼ全部の添削を引き受けたものであった。

一方享保二年清書の識語を有する「積玉和歌集」春一巻第一の序文には、

季吟法印と聞えしハ世にならひなきいうそくのほまれあれはこの道の事とひきゝしにまめ〳〵しきおい人にてねもころにをしへ道ひきかし又其ころ内大臣通茂なんたへにあやしきさへありと世をあけてなひき聞えしかハこゝにもたよりて心のすくなる姿のよかれるなとたゝし明らめ侍りき又何よりもかしこきハ霞の洞の御門なをしをあまたたひかふむりかつ千首のわかを読て奉れしかハなかなか御くらにおさめとゝめ給ふとの女房の奉書をくたし給ハりき（後略）

とあり、吉里が名指しで謝意を表するのは、北村季吟、中院通茂、霞の洞の御門即ち霊元院の三人である。

（九）　堂上方の添削

季吟と柳澤家の関係は別稿に譲り、注三一ここでは「潤玉」「続潤玉」「積玉」の各集に共通して登場する中院家と霊元院の各々と吉里をつなぐ経路を中心に、吉里に実隆の巻々和歌が伝わる可能性の適否を考察してみたい。

その一つが『楽只堂年録』の宝永元年（一七〇四）三月七日の条（第百四十巻）に、

中院中納言通躬卿へ、花壱桶をおくりて和哥を所望す、其後、吉保、吉里より題二首づゝをつかはして又所望す、ともに爰に記す、

わきてなをあかずにむかふ手折つるこゝろもふかき花の一枝　通躬
咲みちし木陰をさぞと思ふぞよ手折てみする花の色香に

花下旅宿　けふ〳〵といくかになりぬ草まくらかりねのうさも花におもはて　通躬
寄花祝　此宿に幾春かけて匂ふらん軒端のさくら色にふりせぬ　通躬
右二首題、吉保よりつかはす、
寄涙恋　ともすれば袖にぞ落る我涙人めのひまも心ゆるすな　通躬
庭樹緑葉　きのふみし花の名残は夏木立みどりにしげる庭の涼しさ　通躬
右二首題、吉里よりつかはす、

とあるものである。遡る同月四日の『楽只堂年録』には（同上巻）、

年頭の勅使、柳原前権大納言資廉卿、高野前権中納言保春卿、仙洞使、藤谷前権中納言為茂卿、并に中院権中納言通躬卿到着なり、

とあって、将軍に対して雲上より歳首を賀す恒例行事のために、時の武家伝奏柳原資廉、高野保春は勅使として、藤谷為茂は仙洞使として下向、それに同行するかたちで、通躬も江戸に着いたのであった。その彼と旧交を温める和歌

贈答をなしたのが右なのである。因みに通躬の下向は、前年（元禄十六年）九月二十一日付で綱吉が通茂の和歌道鍛練の褒顕にと、二百石を加恩したことに対し、父の代理で謝意を表し、太刀銀馬代等を献上するのが目的であった。注三三

二つが、『楽只堂年録』宝永二年（一七〇五）八月二十日の条（第百七十巻）に、

霊樹院、世にありし時、詠ぜし和歌二十余首の、中院内大臣通茂公の添削を経たりしを、壱軸の巻物となし、吉保、其奥書を加へて龍興寺に納む、

とあるもの。これは当年の五月に他界した吉里生母染子《そめこ》（法名霊樹院）が、生前、中院通茂に和歌添削を得ていたのを語り、前引の和歌贈答の記事と共に、中院家と柳澤家の交流を窺わせるに足るものである。通茂への二百石加恩の背景には、吉保の推薦も見え隠れし、中院家の柳澤家の人々への和歌指導・添削の熱心さは諒解されるであろう。

三つが、『楽只堂年録』宝永三年（一七〇六）一月廿九日の条（第百七十九巻）に、

大典侍の局が姪女いくを、吉保が養娘にすべきとの仰支あり、幾は野宮宰相定基卿の娘なり、定基卿は、中院内大臣通茂公の子にて、大納言通躬卿の弟なるが、野宮家の養子となりしなり、大典侍は、清閑寺前大納言熈定卿の妹にて、野宮定基卿の室は、大典侍が妹なり、幾は、大典侍が姪女なるによりて、近年下向して大典侍が方にありしを、今日、此仰事あるなり、

とあるもの。説明の都合上系図を示せば次頁のようになる。

〔系図Ⅰ〕

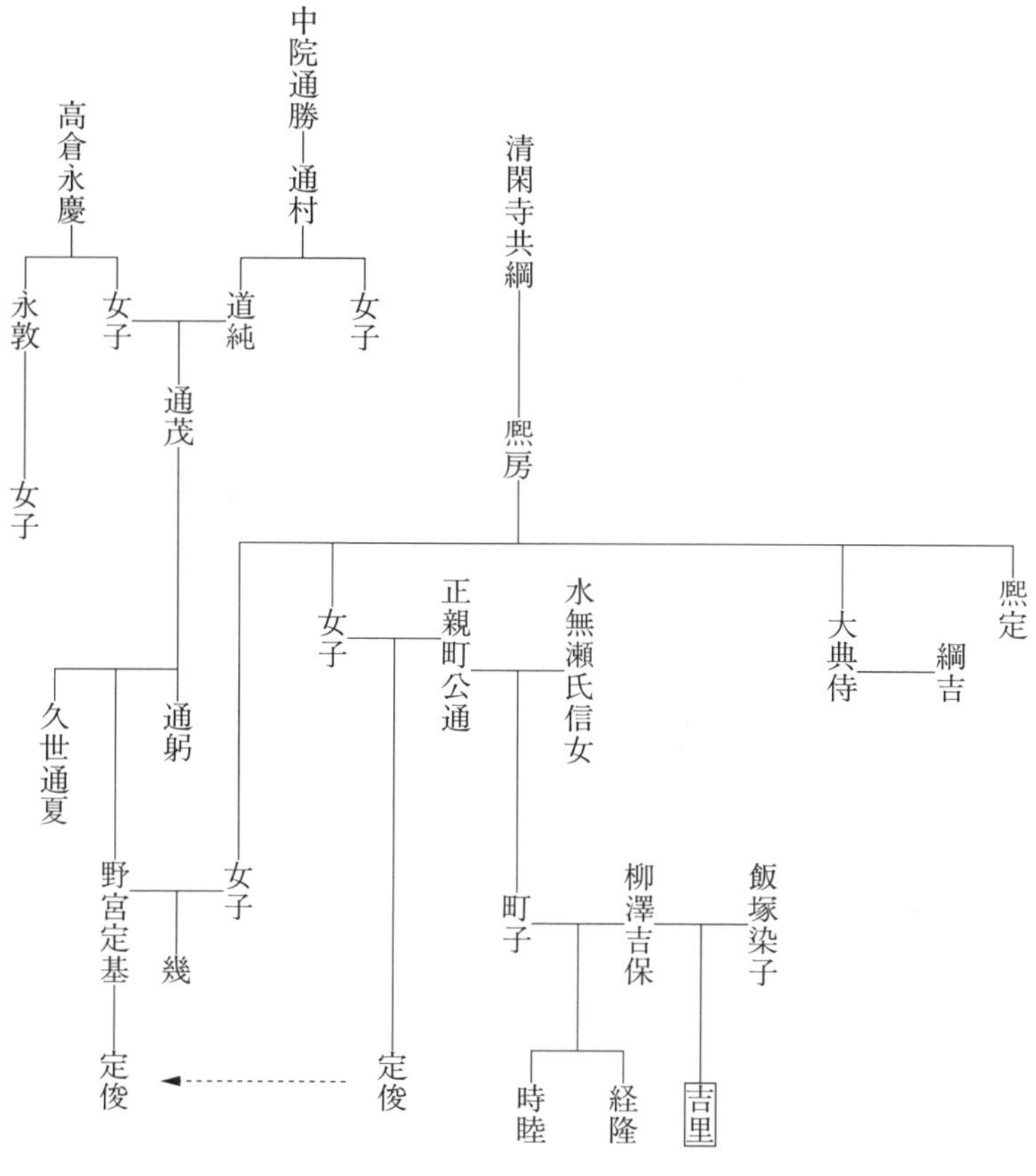

系図中段右端近くの綱吉は、清閑寺熈房息女大典侍を側室にしていた。その妹の一人が中院通茂の二男で野宮の養子となった定基と婚姻、幾という娘を得ていた。その幾を将軍の仰せにより吉保が養女にし、結果中院家と柳澤家は姻戚関係に入ったのである。

　この話は、当時大奥総取締役であった町子生母水無瀬氏信女（彼女の召し名は右衛門佐《えもんのすけ》）と吉保がある程度関与しているものと思われる。その結果、吉里には公家の息女の義妹が出来たのである。

「潤玉和歌集」で、中院通躬・同通茂・野宮定基の添削数が群を抜いていたのも、通茂は幾の祖父、通躬は伯父、定基は実父であった故と諒解されるのである。このことは、「続潤玉和歌集」での通躬の添削数の多さや、「積玉和歌集」序文で吉里が通茂の和歌指導に謝意を表することにも敷衍できるのは言うまでもなかろう。

ついでに述べるなら、幾は一年余り柳澤邸で生活した後、宝永四年（一七〇七）卯月に、大久保忠方長子忠増（当時大蔵少輔）に嫁し大久保邸に移った。

（一〇）　中院家の人々と吉里

ここで中院家と『源氏物語』の関係を見ておきたい。中院通茂は後水尾院から古今伝授され、霊元院への和歌指導を行い、かつ霊元院歌壇の指導者であったこと等、鈴木健一氏が述べられた。[注三四] 又、通茂の曽祖父通勝は『源氏物語』の古註集成ともいうべき『岷江入楚』五十五巻をまとめており、通勝以後の中院家は実隆を頂点とする三条西家同様、『源氏物語』と深い関係にある。伊井春樹氏によれば、通勝は正親町天皇の勅勘を蒙り、身を寄せた丹後宮津の細川家で幽斎と邂逅、その意向を継ぎ『岷江入楚』をまとめるに至るのであるが、その過程で左記〈系図II〉に知られるように、伯父の三条西実枝が永禄十三年（一五七〇）に開始した宮中での源氏講釈の講義案を増補整理した『山下水（箋）』を至宝と仰いで活用し、また幽斎と図り実枝の孫実条《さねえだ》から三条西家伝来の典籍類の借覧を度々願い出ていたという。[注三五]

一方、土田将雄氏が紹介翻刻された細川幽斎の「源氏巻名和歌」[注三六]とは、実隆の「詠源氏物語巻々和歌」と同じもので、幽斎が実隆のものを書写したと見なしてよいと判断された。ということは、通勝と幽斎が実条から借覧した典籍類の中に、実隆の「巻々和歌」が載る『雪玉集』があり、幽斎のみならず通勝もそれを書写していた可能性が考えられるのである。

〔系図Ⅱ〕

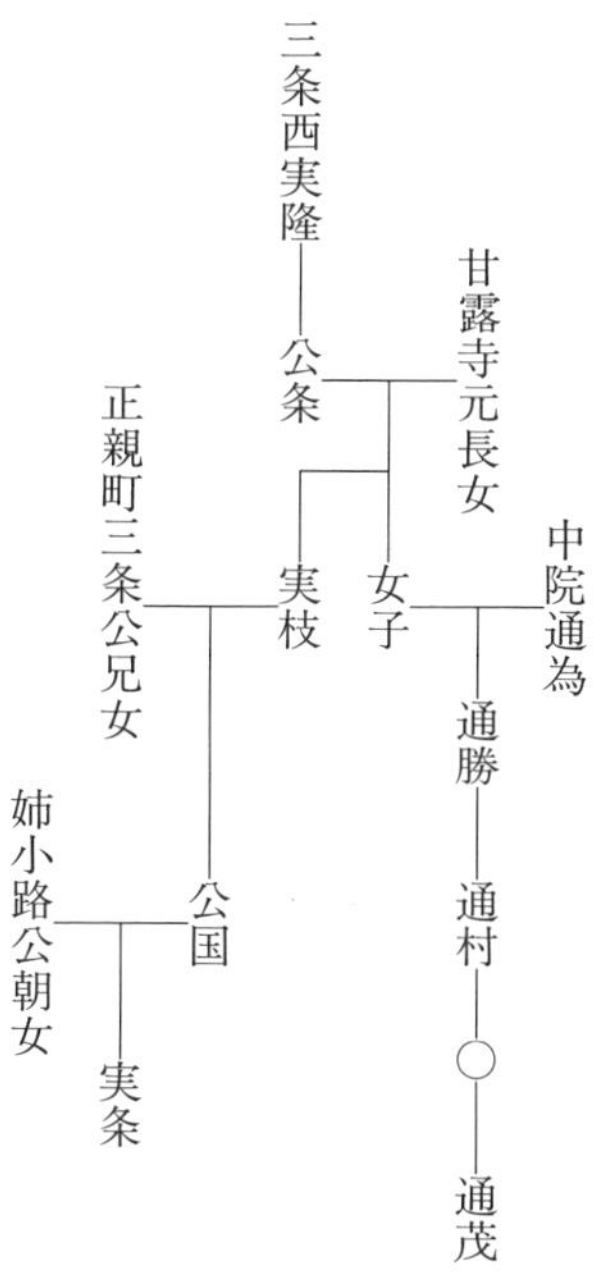

通勝は『岷江入楚』上梓の暁も、当該注釈書をまとめる上での基礎資料として参照することの多かった実枝の『山下水』を大切に保存、それを通村、通茂が各々書写し子孫へ伝えた事実もあり、[注三七]このように三条西家の源氏学が中院家に継承される中で、実隆の「巻々和歌」も通勝書写本の形で伝わり、それが通茂、通躬の時代に将軍綱吉を仲介とした中院家と柳澤家の交流の中で吉里へともたらされたことを可能性の一つとして考えておきたい。

では霊元院の関係から実隆の「巻々和歌」が吉里に伝わる可能性はどうであろうか。

後水尾院歌壇が、実隆の『雪玉集』、後柏原院の『柏玉集』、下冷泉政為の『碧玉集』を三玉集と尊び、とりわけ実隆を重んじる傾向にあったのを霊元院歌壇が継承したことは先学により論じられたところであるが、吉里の『積玉集』『潤玉集』『続潤玉集』という命名方法は三玉集にあやかってのものらしく思われるのである。しかも実隆の「巻々和歌」は前述のように『雪玉集』に収載されていることから、霊元院の勅点を賜っていた吉里が、実隆尊崇の歌壇の姿勢に傾倒し、『雪玉集』を繙いていたとしても不思議はない。

さらに忘れてならないのは、吉保側室正親町町子の実父正親町公通が、霊元院と柳澤家の交流の窓口となり活躍していた情況である。吉保・吉里父子が勅点を賜ることが出来たのも公通の尽力であった。しかも正親町町子が正統な実隆の子孫であること[注二八]を勘案する時、公通あたりからも『雪玉集』の情報は入手できたものと考えるのである。

（一一）一月十八日の意味するところ

寺本本「詠源氏巻〻倭歌」（積玉収載本）は宝永五年（一七〇八）一月十八日、石山本は享保十三年（一七二八）一月十八日と月日が共通しており、これは単なる偶然とは思われない。ここに考えられるのは一月十八日が柳澤家にとって何らかの記念日であったということではなかろうか。

かつて吉保邸では毎年この日を祝い、歌会が開催されるのが慣わしであった。吉里が十三歳の新春から歌会に列座を始めたことは既述したが、それも一月十八日のものであった。

ところで元禄十年（一六九七）一月十八日、綱吉は吉保の四十賀を、宝永四年（一七〇六）同日には、五十賀を祝っている。将軍直々の二回の祝賀。これは大いなる記念日ではなかったか。一月十八日にこだわる理由を目下ここに求めている。

かくて吉里は、高い水準での学芸修得を第一義と捉え、堂上方に接近し環境を整えてくれた父親の方針を忠実に受け継ぎ、延享二年（一七四五）九月六日、享年五十九歳の生涯を閉じるまで文芸への造詣を深めていったのである。その過程は、堂上の文芸を吸収しようと懸命になった父吉保の姿勢の、忠実な継承として注意されてよいのではなかろうか。

翻刻の部

吉里詠「源氏物語巻〻和歌」

柳澤吉里詠、「積玉和歌集員外　組題六」収載の「源氏物語巻〻和歌」を翻刻しておく。
本来は巻名と詠歌で二行を用いて表記されているが、紙幅の都合上、一行書きに改めた。

桐壺　　朝夕のミやつかへにも安からすうらミをおひし人の哀さ
箒木　　百敷や五月の比の雨のよにかたりし袖の露そひかたき
空蟬　　思ふ事ふかくつゝむも空蟬のいひやられぬや胸いたくなん
夕顔　　打のせし白き扇に有やそふなさけなけなる枝の夕白
若紫　　うち出る声もえならす瀧のもとに笛とり出し寺の名残ハ
末摘花　悔しさよ朧月夜に忍ひつゝ心ひかれて聞し琴の音
紅葉賀　散まかふそのもみちはも神無月世にゝぬ人の光ことなる
花宴　　青柳の花の名におふ舞の袖も立ならひてハミ山木のかけ
葵　　　さりともと思ひたゆミし程なれや人のねたミに消る露の身
賢木　　榊葉をたおれるもうし神垣やゆるさぬ中と隔てなからに

花散里　たちはなの軒はに深く匂ひきて昔のことを思ふつまなる
須磨　海つらの波風よりも立つとたつ名をこり須磨の恋そわりなき
明石　思ひあかるあかしの人の心さへ数ならぬ身にうらミそふらし
澪標　住吉の神にといそく宮人の中にめとまるあけのころもて
蓬生　とハすして年月をへし妹か門に行袖ぬるゝ蓬生の露
関屋　人めもる関こそうけれ見し夢の月日隔てあふ坂の山
繪合　くらへてもえやハ及ハん水茎のあとをミるにも須磨の恨は
松風　暁の露のをかへを立はなれとりあへすすむ宿の松かせ
薄雲　花鳥の色をもねをもしる人の世をうす雲の墨染の袖
槿　色香にハあたにうつらし朝皃の花のはかなき世をすくすとも
乙女　忘られぬ乙女のすかたとひそよる立まふ袖の雲のかよひち
玉鬘　漕はなれいつくとまりとゆく舟やひゝきのなたの波のうき嶋
初子　初子とておまへの山の小松をやちよのためしに引あそふらし
胡蝶　我そのゝこてふにさへやさそハれてあかぬなかめの花の下陰
螢　立そひてみれハ螢のほのめくもしきりに匂ふこすの追風
瞿麦　色ふかきもとのかきねを思ふ人の尋ねわひたるなてしこの花
篝火　庭しけミ木かけもくらきひま〳〵に光涼しきよはのかゝり火
野分　見し人の影そ花なるおれふして露もとまらぬ今朝の野分に

行幸　　折にあひてふるきミゆきの跡をしもけふぞ尋る道のしら雪
蘭　　たつね行野もせも同し藤はかま道をそたとる露にやつれて
槙柱　　面影のたちもはなれぬまきはしらぬる、涙のわれを忘るな
梅枝　　たきものにそふる此花色と香のよるへくもあらぬ匂ひならまし
藤裏葉　　紫の藤のうら葉や吹風になひきてむすふ露のゆかりは
若菜上　　けふいはふ野への若なハ末とをき小松に千世のよハひかれん
若菜下　　すへらきの御寺の池の蓮葉の露もひかりも見るにす、しき
柏木　　ゆるしなき葉守の神も此世にはあハれふかむる柏木のかけ
横笛　　人しらぬ世のわりなさもつたハりて吹横笛の音そつきせぬ
鈴虫　　なへて世はふり捨かたし鈴虫の声に秋をハうしとしりつも
夕霧　　のかれすむあまの衣も夕霧に立しうき名にか、るあたなミ
御法　　年月に起臥ねかふ御佛の法の光そあらはれにける
幻　　尋しるまほろしもかな夢にのミしたふハつらき人のおもかけ
雲隠　　かしこくも雲かくれけり空に見る月の光に身をハよそへて
匂兵部卿宮　咲花の匂ひをうつす袖も又かほりハふかき春の追かせ
紅梅　　紅の色もほ、えむ園の梅匂ひにきなけよそのうくひす
竹川　　竹川のうち出し橋の水のあハにあはすハうき身きえん行末
橋姫　　さす舟の袖の雫も朝なゆふな思ひよそへん宇治のはし姫

椎本　露ふかき袖にひろハぬ椎か本しゐて立よる心しれとも
総角　宇治橋のはるけき中もよる〳〵に結ふ心のいとのあけまき
早蕨　あまをふねまほならねとも逢にしを今ハよそにやミねの早蕨
寄生　やとり木のしハしねさしの移香もはかなき中の名残とそ見る
東屋　あつまやのあまりにつよき雨そゝきよもき葎のしけき下露
浮舟　月すめる小嶋の波に浮舟のうかひてあそふ末そはかなき
蜻蜓　見し人のあとをしたひてかけろふの有かなきかに心きえゆく
手習　いつの世のむくひ成けん手習の跡はかなくもかゝるすまゐハ
夢浮橋　おとろきてふかくもさとれ世の中ハたゝかハかりの夢の浮はし
右一巻宝永五年閏正月十八日江州石山寺観音奉納

〔注〕

一、明治百年史叢書　復刻原本昭和十二年刊。
二、「大名と堂上歌壇―田村建顕を中心に―」（『近世堂上和歌論集』平成元年四月・明治書院）。「毛利綱元文芸関係略譜、附後水尾院勅点について」（「梅光女学院大学日本文学科　日本文学研究」昭和六一年十一月）。
三、「鍋島直條の紀行及び日記―『楓園家塵』抜書（五）・続―」（「江戸時代文学誌」第五号）。
四、寺本直彦氏『源氏物語受容史論考　正編』（昭和五九年一月・風間書房・六八八頁）。
五、寺本直彦氏『柳沢吉里「詠源氏巻〻倭歌」―覚書と影印・翻刻―』（昭和五九年九月・右文書院）。

六、注五同書二頁。なお『浮木』に関しては、『源氏物語古註釈叢刊第五巻』（中野幸一氏編・武蔵野書院）解題による。
七、注四同書、七一五頁。
八、注四同書、七二〇頁。
九、今井源衛氏『王朝文学の研究　資料編』（角川書店・三七九頁）。
一〇、井上宗雄氏「伝為兼資料二つ―いわゆる「為兼卿三十三首」と「詠源氏物語巻名和歌」（解説と翻刻）と―」（「立教大学日本文学」第五十五号）。
一一、注九同書、三八〇頁。
一二、注九同書、三八九頁。
一三、注九同書、三九〇頁。
一四、注一〇同論文、四九頁。
一五、注一〇同論文、五二頁。
一六、注一〇同論文、五一頁。
一七、『細川幽斎の研究』笠間叢書六一、二四四頁。ここで土田氏は、「内閣文庫蔵『賜蘆拾葉』第五巻に「細川幽斎の作と目される『源氏巻名和歌』が合綴されている。これはすでに『私家集伝本書目』（和歌史研究会編・昭和四十年刊）の細川幽斎の項に挙げられておりその所在は明かにされていた」と述べられ、当該「源氏巻名和歌」を翻刻された。
一八、伊井春樹氏「源氏物語巻名和歌二種―実隆の「詠源氏物語巻々和歌」と植通の「源氏物語竟宴記」―」（『源氏物語の探究』第三輯・風間書房）。凡例によれば、肥前島原松平文庫蔵「雪玉集」所収本を用い、内閣文庫蔵「雪玉集」（特二七―一七）所収本で校合したものという。
一九、注一七同書、二四五頁。
二〇、ただし実隆も若紫と末摘花に関しては完全に巻名を詠み込んでいるのではなく、前者では「尋こし行ゑもうれしむらさきの」、後者では「袖ふれてすゑつみはやす名におつる」の各々傍線箇所の状態で処理されている。
二一、注五同書、覚書。

二二、宮川葉子「詠源氏物語巻々和歌の系譜―源氏供養の伝流を軸として―」（『和歌文学研究』六十二号・平成三年四月）。

二三、縦二五センチ、横十七・五センチ。浅葱金襴表紙。墨付平均三十五葉。全十七冊からなる。その構成は、春夏秋冬恋各一冊、雑二冊、追加上中下各一冊、員外一～五及び八が各一冊、六・七合綴で一冊。

二四、伊井春樹氏『平瀬家旧蔵弄花抄』（翻刻平安文学資料稿第一巻第一分冊～第六分冊・昭和四二～四六年・広島平安文学研究会）。後に『弄花抄　付源氏物語聞書』（源氏物語古注集成　第八巻・おうふう・平成五年十月）に収録。

二五、伊井春樹氏『源氏物語注釈史の研究』（昭和五五年十月・桜楓社）三五四頁。

二六、全四四一巻。但し正徳元年（一七一一）十二月相当分の一巻欠。宝永六年（一七〇九）六月、吉保から家督を相続して以来（吉保隠居は同年一月十日の五代将軍綱吉薨去によるもの）、延享二年（一七四五）十月までの記録。和文体による。福寿堂は吉里の号。吉里の幼時、綱吉の柳澤邸御成の折に真筆「福寿」の二字を拝領（『楽只堂年録』）。それに因んでの命名であることが「福寿堂年録」の冒頭部（序にあたる部分）に確認できる。

二七、「素龍―楽只堂の学輩達（上・中・下）―」（「山辺道」昭和四十年三月・十二月、昭和四十二年三月）。

二八、宮川葉子「徳川大名柳沢吉里の文芸活動―歌人としての成長を中心に―」（「文学・語学」第一三〇号、平成三年七月）。

二九、このあたりについては、宮川葉子『柳沢家の古典学（上）―『松陰日記』―』（平成十九年一月・新典社）の各所で論じたところである。

三〇、「積玉和歌集員外初度千首一」に収載。春秋恋雑が各二百首、夏冬が各百首の計千首。奥書により元禄十五年（一七〇二）閏八月二十三日から同年十一月二十三日までの八十九日間に詠草したものを、翌年六月に清書させ、その秋、霊元院へ献じたことが知られる。時に吉里十七歳であった。

三一、『楽只堂年録』第百八十七巻、宝永三年七月二日の条に、「伝二授吉里古今集秘訣一有二祝儀贈答一」とある。吉保は元禄十三年（一七〇〇）八月二十七日に北村季吟に古今伝授していたから（このあたりのことは注二九同書に詳しい）、吉里への伝授が可能であった。なおこの点に関しては、日下幸男氏も「堂上派地下歌壇」（『近世堂上和歌論集』平成元年四月・明治書院）で触れておられる。

三二、注二八同論文。

三三、「常憲院殿御実紀巻四十八」（『徳川実紀』第六篇〈新訂増補国史大系　吉川弘文館〉）元禄十六年九月、及び宝永元年三月の条。
三四、「霊元院とその周辺」「中院家の人々」（『近世堂上和歌論集』平成元年四月・明治書院）。
三五、注二五に同じ。
三六、注一七に同じ。
三七、注二五に同じ。
三八、注二九の冒頭解説で詳細に述べた。

第六節　吉保の手鑑

（一）　解説

柳沢文庫には、「保山公御詠歌御手鑑」と呼ばれる紙本墨書の折帳二帖が存在する。縦四二・六、横二九・〇で、表紙は青色唐草金襴の豪華なものながら、若干傷みもある。一冊（前冊と仮称）の表は一丁オ～十丁ウ、裏は一丁ウ～十一丁オ。二冊（後冊と仮称）の表は一丁オ～五丁ウ、裏は一丁ウ～六丁オ。両冊ともに吉保自詠自筆の和歌短冊（サイズの小さいものも幾枚か混じる）、和歌色紙を貼り交ぜてある。

収載歌数は全部で二〇二首。但し貼った痕跡は確認できるものの短冊等の存在がないものが三首分あるので、収載歌数は一九九首とすべきかもしれない。歌材は年中行事や天象がおもであるが、正親町町子との間に誕生した安通・時睦の成長がしられる内容のもの（着袴や初めて甲を着すなど）や、娘の結納などに関するものもある。

編纂方法は保明、川越少将、吉保（甲斐国主吉保・甲陽吉保の名のりも見える）、出家後の保山と、各名のりを時系列でつなぐ。ひらたく言い換えるなら、吉保の生涯早わかりといったところである（もっとも一旦剥がれたものを貼り直す際、位置を誤ったと思しいものがいくつかあるのは、名前の右肩に※を付して示した）。吉保の詠歌をまとめて知ることのできる貴重な存在と考え、ここに翻刻をしておきたい。なお、翻刻に当たっては漢数字で通し番号を振り（一部短冊が欠落しているが、そこにも一首あったものとして通し番号を振った）、色紙の場合は通し番号を□で囲み、小さいサイズの短冊に関しては通し番号の下に（小）として示した。さらに題の表記のない歌は〔無題〕と表示した。

（二）　翻刻

前冊表

一オ

一　立春雪　こそのはにふりつもれとも庭の雪けふくる春の道はまかはす　保明

二　初春風　空にきるかすミの衣またうすしこゝろしてふけけさの春かせ　保明

三　初春天　天の戸のあくる光もほの〳〵とけふはつ春を四方にみすらん　保明

一ウ

四　初春祝　おさまれる御代のはつ空春もきぬ君かめくみをあふけもろひと　保明

五　初春祝君　君か代の春をよとせとよはふらしまつたつやとの風ものとかに　保明

六　欠（短冊を貼った跡は確認できる）

二オ

[七]　早春　川越少将　いとはやも春めきにけりもゝちとりさえつりかハすこえものとかに

[八]　餘寒氷　川越少将　うちとけて春たちそめし池なミのまたさえかへり氷る朝かせ

二ウ

九　梅花夜薫　ねさめする枕にちかくそほるなり軒端の梅に風やふくらん　保明

一〇　返し　いく千たひ花咲松のよろつ代をかけてそ契る宿のさかへを　吉保

一一　元旦　くれ竹の一よのふしにあけて今朝袂ゆたけき春のもろ人　吉保

三オ

一二　試毫　のとけしなおさまれる世の春のこゑ松にきこゆるけさのはつかせ　吉保

一三　立春　春たつとけさこそかすめ四方の空めくるひかけの色ものとかに　吉保

一四　元日簾のほとり雪うちちりたるに
空焼のかほりをさそふ風ませにふる白雪や春のはつはな　吉保

三ウ

一五　子日松　子日する野辺のもろ人ひく袖もミとり色そふ春のわかまつ　吉保

一六　二月廿五日に
たのめ猶松のしめ縄くりかへしあふく北野ゝ神のめくみを　吉保

一七　夕霞　なにかまた立もをよはむ春かすミ入日に匂ふ山の端のそら　吉保

四オ

一八　遅日閑　しつけしなけさをきのふと久かたのなかきひかりのかすむゆふへは　吉保

一九　聖廟八百年の法楽に
松梅の色香にしるし八百とせのむかしの神のふかきこゝろも　吉保

二〇　柳糸降風　春の色にをれる衣やたてぬきにミたるゝ風の青柳のいと　吉保

四ウ

二一　梅香移柳　枝かはすかきねの梅のした風になひきて匂ふ青柳のいと　吉保

二二　薗梅　色も香もさきてことなる御薗生のわかえの梅の花にえならぬ　吉保

二三　梅の花をくるとて
なこりして一枝をくる梅のはなよのつねならぬ袖の色香に　吉保

五オ

二四　又返し　色も香もふかくそへたることのはにかけはつかしきやとの梅か枝

二五　ことのはの吹くる風に梅もまたひとまちかほの色やミすらん　吉保

二六　〔無題〕　心あらはきてもとへかしまち〳〵てわれもたち枝の梅の木陰を　吉保

五ウ

二七　春風に雪うち散比
おもへかし梢の色ハにほハねと花まつころの雪のはるかせ　吉保

二八　〔無題〕　手折わか袖の色香のいかならん君にとなひく柳さくらを　吉保

二九　〔無題〕　のとかなるはるの心もなにとなく人まちかほの庭そさひしき　吉保

六オ

三〇　風さむけれハまつとハいはし
袖さむミいてそよ人にわすれてもまつとなつけそ春の夕かせ　吉保

三一　しろきあやにわか松梅なとあるにそへて
若松のミとりそかほるからころもたち枝の梅も色をかさして　吉保

三二　（小）雨中に花をくるとて

六ウ

見ても又あはれハかけよふる雨にしほるゝまゝの花の下つゆ　吉保

三三　雨中落花　ちるはなをしたふ御露も袖ならぬえたに玉なす春雨のそら　吉保

三四　桃　いくかへり三千世の春をかさねミむみきりの桃の花にわかえて　吉保

七オ

三五　三月三日　けふのせちにあひあふ花の香にもしれミち世をかけて契ることふき　吉保

三六　〔無題〕　ことさらにをくる色香のふかミくさたかこゝろとか匂ふくれなゐ　吉保

三七　藤　かけうつすそこまて匂ふ池水にぬれてもおらむ春の藤浪　吉保

三八　首夏　けふハなをきのふの春をこふるかな花みた（マヽ）すきし身とはなけれと　吉保

七ウ

三九　庭の間の戸あけてはしめてゆきゝするを

けふよりや庭の戸ほそのあけくれになれてかよはむ契うれしき　少将※

四〇　返し　松かけになるゝ戸ほその往来にそかはらぬ色の千世もみえける　吉保

四一　（小）草花にそへて

うつろハしかめにさせるも万代の秋の千草の花の契りハ　吉保

八オ

四二　庭の藤はかまを露なからミせまほしき人に一花折てをくるとて

露なからやとにひもとくふちはかまきゆともなれよ袖ハぬるとも　吉保

八ウ

四三　返し　つきせしな花さく松の十かへりをもとのねさしといはふことふき

四四　わかうへて君かそたてし二葉より生さきしるき千世の若松

四五　むらさきの色にそめける松のはやおなしゆかりの千世を契らん　吉保

四六　井をほりて水をもとむるに

そこゐなきいは井のいつミくミそめて万世すまむやとそしらるゝ　吉保

九オ

四七　重陽　けふことにかけてそ祝ふ千世の炑かはらぬ菊の花の下露　吉保

四八　（小）菊をくるとて

千世の秋かれぬ契を白菊の老せぬ色やともにかさらん　吉保

四九　返し　色はへてけふ咲菊の言のはに老せぬ秋もかねてしらるゝ　吉保

九ウ

五〇　降つゝく雨はれて夕やミの星さやかなるころ

雨はれて星見えそむる庭はすミさやけき影ハやみとしもなき　吉保

五一　返し　秋ことにかさゝむ菊になれ〳〵て袖の香うつせけふのまれ人　吉保

五二　安通けふ下ひもむすひそめしを祝て

むすひそむるこの下ひもよいく千ひろくりかへすへきとしの緒たまき　吉保

一〇オ

春のはしめ慶賀を
五三　諸ともに春をかさねてさかへそふ千とせハ松の色にてもミよ
五四　相生の松の契のためしをもかけていく世の春にさかへん
五五　なれ〳〵ていく万代もかさねはやかはらぬ中の袖のにほひに　吉保
五六　〔無題〕　あらしふく生駒のやまの炑のくもくもりミはれみ月そふけゆく　〔署名なし〕
一〇ウ
五七　〔無題〕　あさ日影さらすてつくり露ちりてかきねにミたすたまかハのさと　〔署名なし〕
五八　寄國祝　甲斐国主吉保　代〻たえす継てさかへむことさらに君かさためし国のあるしは

前冊裏
一ウ
五九　返し　折袖の光りやそひしいひしらぬつゆのはへある萩のにしきハ　吉保
六〇　〔無題〕　虫やしるをのかなくねにはしゐして身にしむ夜半の風もおもハす　〔署名なし〕
六一　（小）蘭花にそへて
折てをくる心をしらハ藤はかま言葉のはなの香をそへてミよ　吉保
六二　欠〔短冊を貼った跡は確認できる〕
二オ
六三　夕時雨　甲陽吉保　ふくあらし入日のかたをはらひきて雲は軒端にうちしくれゆく

六四　首夏藤　夏かけて咲そふやとの藤浪ははるをのこせし色やミすらん　保明※

二ウ

六五　庭樹結葉　あかす見む色もすゝしく露をきて花にかへたる庭のわかはハ　吉保

六六　初郭公　つてにたにまたきかぬまの一こゑやまかとのはつねなくほとゝきす　吉保

六七　簷橘薫風　我袖も風の匂ひやしのはれむはなたち花のむかしならねと　吉保

三オ

六八　山王祭礼に
氏人も御代をそいのる君かためてらす日吉の神まつりして　吉保

六九　杜蟬　夕風の木すゑの露もなくせミのこゑにおちくる杜のすゝしさ　吉保

七〇　樹陰蟬　しけりあふ木ゝハ青葉の山風や時雨をさそふ蟬のもろこゑ　吉保

三ウ

七一　松下納涼　松の葉に夕日こほるゝ露みえてこの下風そ夏のほかなる　吉保

七二　六月祓　夕つけやちりもつきぬとこゝろさへミそきにかふる水のすゝしさ　吉保

七三　荒和祓　川水のこゝろもきよくみそきしてあさのかけそむ波のすゝしさ　吉保

四オ

七四　立秌朝　みそきせしゆふへの袖にたちそひてけさそ身にしむ秋の初風　吉保

七五　初穐月　秌もきぬこゝろつくしの木の間よりくさの露とふ三か月のかけ　吉保

七六　（小）藤はかまをくるとて

なつかしき香に匂ふなり藤はかまひもとく花になれつゝもミよ　吉保

四ウ

七七　返しに生身玉と云ふことを句の上置て祝のこゝろを
幾秌も君もろともにミもしみむたえぬ契りの松のこのもと　吉保

七八　夜鴈
なきわたる鴈もしらしな聞袖のなミたよふかき秋のおもひは　吉保

七九　九月九日
幾千世もかはらす匂へ長月のけふにあひあふ庭の八重菊　吉保

五オ

八〇　杜時雨
朽ぬるか秋よりたえぬむら時雨ちりしにしきの杜の木のはゝ　吉保

八一　〔無題〕
あらかねのつちハうこかぬさためそと今も神代の道をたのまむ　吉保

八二　初雪
ゆたかなる世のあらましもけさみえてひかりあまねくつもるはつゆき　吉保

五ウ

八三　雪散風
ちるはなのおもかけみえて吹まかふ嵐のすえの木ゝのしら雪　吉保

八四　歳暮
なにことをなすともなきを年の緒のくるゝ一夜におとろかれけり　吉保

八五　夜恨恋
おきふしになきミしたひミめもあはぬよるそうらみの数ハそひける　吉保

八六　松契万春
秋津洲やもろこしまての松の色なを万代の春よはふらし　吉保

六オ

八七　あるしまうけに桜山吹をくるとて
もてはやす露のめくミの色そへていく春なれむさくら山ふき　吉保

八八　三月一日参宮の名代あらる時に
あまてらす神の光りののとけさを千代もと祈る行末の春　吉保
六ウ
八九　花を見て　あかす思ふ花ハ心のたねなから言葉の色やうすくミゆらん　吉保
九〇　（小）返し　ふかミ草心もふかき言のはにをくりし花も色やそふらん　吉保
九一　返し　雲井より光をそへて言の葉にあまるめくみの露ハふかしな　吉保
七オ
九二　（小）〔無題〕
見む色ハあさきなからにこゝろさしそめて折つる花の一えた　吉保
九三　（小）藤かきつはたをくるとて
紫の藤咲池のかきつはたおなしゆかりの花そえならぬ　吉保
九四　〔無題〕　咲藤のゆかりとならはかけてミよ花のしなひのなかき契を　吉保
九五　〔無題〕　花の色もいかにかこえむちりをさへはらハぬ庭にさける床夏　吉保
九六　返し　さかへゆく松のこすゑの千世を今二葉にこめてみるも楽しき　吉保
七ウ
九七　豊姫結納慶賀
千世かけてしける姫松ちきりをもむすひそめたるけふのことふき　吉保
九八　〔無題〕　よろつとしあかす老せぬ宿の菊かけてもならへ露の色香に　吉保

九九　　千首哥よまれしを
神路山しける百枝の十かへりやまつの言葉も栄へゆくらん　吉保

八オ

一〇〇　甲斐国に封せられし時
めくミあれや君につかふるかひかねの雪のふる道いまもふミみて　吉保

一〇一　（小）返し
とは、やな言葉の色をミるにさそもとつかふかき宿の梅か枝　吉保

一〇二　（小）紅梅にそへて
香をこめしあかもの色にくらへなはあさしと梅の花もおもハむ　吉保

一〇三　（小）桜の枝につけて
桜咲やとの梢をとひとはぬこ、ろハ花の色にまかせむ　吉保

八ウ

一〇四　弥生晦日に駒込の花此春はしめて見にまかりけれは
またちらぬ花しありともけふミすハあすやなこりもなつのこのもと　吉保

一〇五　（小）〔無題〕
ミはやすよ露にそ色のふかミ草花ハあるしの袂にもにす　吉保

一〇六　（小）返し
春夏にかけてそめつる言葉もなミならぬ藤の花のかさしハ　吉保

一〇七　八幡宮に詣て
ミなもとの神のめくみとしるよしのかひあるをなをいのるゆくすゑ　吉保
一〇八　慶賀
雲はれて正しくすゝむ位山ミちある君か世にハかくれす　吉保
九オ
一〇九　国の駒はしめてひかせけるに
世ゝたえす君にひかれむしるへにや道ふミわくる甲斐の黒駒　吉保
一一〇　早梅に添て
年の内に春の立枝の先見えて匂ひをくれぬ梅のはつはな　吉保
一一一　欠（短冊を貼った跡は確認できる）
九ウ
一一二　立春
空さえし雲ハかすミにたちかへてあけゆく春のひかりのとけき　吉保
一一三　試毫
あらたまる春をむかへて月も日も年もはしめのけさのことふき　吉保
一一四　子日
子日する野辺の小松のおひさきをとをきよハひのためしにそひく　吉保
一〇オ
一一五　子日祝
君かためけふこそいはへ子日するまつの千とせの春をかさねて　吉保
一一六　若菜
春そとや老のよハひもけふつミしそてのわかなにわかゝへるらん　吉保
一一七　春のはしめの慶賀を

一〇ウ
諸ともに花もさかなむ松に藤千とせの春をかけし契りハ　吉保

二一八　夕鶯
梅にほふこのまの夕日あかすとやねくらわすれて鶯のなく　吉保

二一九　二月廿五日に
かしこしなけふきさらきの春の日にめくみあまえつ神のこゝろハ　吉保

二二〇　（小）〔無題〕
ことのはのむくさの園の桜花色も匂ひもあさくやハミる　吉保

二二一　（小）返し
玉椿ひかりもふかく咲花に八千世をこめし色そミへける　吉保

二二二　三月三日
花の色もゑひをすゝめて下陰にいくたひめくる桃のさかつき　吉保

一一オ
二二三　首夏
山ハミな若葉にかへて夏木たちきのふの花ハちりものこらす　吉保

二二四　端午
けふそとハあやめもしるやなかきねを萬代かけてふける軒はゝ　吉保

二二五　六月祓
たつ波のしらゆふかけてあさのはをなかすもすゝしけふのミそきハ　吉保

後冊表

一オ

一二六　八月十五夜
名にたかきもなかの秋の月も今くもりなき世を空にあふかん　吉保

一二七　八月十五日に　吉保
けふにあひてなをこそいのれ石清水なかれにもれぬ家の栄を

一ウ

一二八　十五夜の月を
ともなひていく秋もミん宿なれやあかぬ今宵の月のひかりを　吉保

一二九　九月九日　千世もくめ菊のさかつきけふさらにはなのよハひをためしにはして　吉保

一三〇　〔無題〕　所からめくミもふかき露霜にそむるみきりの山の紅葉ゝ　吉保

一三一　九月尽　なかめつゝ日ことになれし空もまたけふにつきぬる秋の夕くれ　吉保

二オ

一三二　初冬　秋かせの身にしむはては冬もきてけさ袖さむき霜のあさちふ　吉保

一三三　朝寒蘆　かれし葉も又色かへて朝霜のしろきをミれハ風のむらあら　吉保

一三四　歳暮　よつの海おさまる世とて波風もしつかにくらすひとゝせの空　吉保

一三五　述懐　千世までとなをこそいのれあまた日にうきことなくてつかへこし身は　吉保

二ウ

一三六　試毫　いはふそよ筆こゝろむるけさもまつ君か千とせをもしにうつして　吉保
一三七　立春　あけて先空は霞のうすころも春たちそむる色ののとけさ　吉保
一三八　子日　ひかはやな春幾千世のすゑかけてけふの子日の松をはしめに　吉保
一三九　若菜　いくとせも老せすつまんはつわかな二葉の野辺の春に契りて　吉保

三オ

一四〇　幸逢太平世　なひきくる草木にもしれなへて今おさまる御世の風のすかたハ　吉保
一四一　今日安通時睦甲き初けるに
武士の家の高ひもむすひ初てけふより長き栄へをも見ん　吉保
一四二　（小）六義園の花につけて
折ハおしおらてもさすか山桜今をさかりにさける一枝　吉保
一四三　〔無題〕　ふきそへよなかき日あかすむらさきの藤かえなひく花の下かせ　吉保

三ウ

一四四　三月三日　ミちとせの春いくかへりくみてミむ花のかけそふ桃のした水　吉保
一四五　三月尽　けふまての霞の関ハせきもりもと丶めしとてや春のくれゆく　吉保
一四六　首夏　今朝もかつ花ハのこりて春なれし木すえなからに夏ハ来にけり　吉保
一四七　更衣　花の香の丶こる袂はなつころもならハしなからさらにかへうき　吉保

四オ

一四八　五月五日　千世かけんためしもしるくなかきねのさつきの玉の袖ににほへる　吉保

一四九　夏祓　あつかりしうさをはらひて夏もはや川瀬すゝしき波の夕風　吉保
一五〇　初秋　荻の葉もしらぬはかりにかよひきてまつは身にしむ秌のはつかせ　吉保
一五一　七夕　いつはりハしらぬこよひを待つけてさそなうれしき天津ほしあひ　吉保

四ウ

一五二　八月十五夜
かはらしなもろこしまてもこよひとて月の光をめつるこゝろハ　吉保
一五三　重陽　老せしのためしもしるし咲菊のいろかふりせぬけふのかさしに　吉保
一五四　九月十三夜
もなかなる空にも今宵ますかゝミ夜を長月の影のくまなさ　吉保
一五五　安通時睦官位の慶賀
ふたもとの松の木陰に立そひてしけるもうれし千代の行すえ　吉保
一五六　歳暮　もとするもさかへ〳〵てあつさ弓いそちの春をむかふうれしさ　吉保
一五七　試毫　たのもしな松のこすえもことさらの色そふ春を宿にむかへて　吉保
一五八　立春　のとかなるひかりにそへて花鳥の色香またるゝ春はきにけり　吉保
一五九　返し　うくひすも百悦のこゝろそへて折にあひぬるけふのうれしさ　吉保

五ウ

一六〇　返し　かはらしの言の葉色もときハなる松のためしに千世を契らん　吉保
一六一　子日　子日しに打出ミれは先千世のおもかけうかふ松の下水　吉保

一六二　（小）〔無題〕
あかぬその色香やならふわきもこかもすそにゝたる庭の梅かえ　吉保

一六三　（小）花を折て送るに
風いとふ思ひもなくて折えたのはなのさかりそ心しつけき　吉保

一六四　返し
もろともにちきるもうれしうつろはぬ花の木陰の宿の千とせを　吉保

後冊裏

一ウ

一六五　六義園のはなを
世の春にこれやをとらぬしめ置しわか山里も花のさかりハ　吉保

一六六　（小）〔無題〕
よしけふハぬれてもさへなふる雨にいとゝちり行花のやとりを　吉保

一六七　（小）〔無題〕
こと花の咲ちるほとにうつろはてとめるすかたのふかミ草かな　吉保

一六八　三月三日
三千とせの花をためしにいくめくりけふにあふへき春のさかつき　吉保

一六九　〔無題〕
ともしひもとらてそあそふくるゝ日の日影につきててらすつゝしに　吉保

二オ

一七〇　三月盡
けふのミとかすむそつらき入相のかねておりみし春の名残も　吉保

一七一　更衣　けさはまつ夏に心もあらためてかふる衣の色そすゝしき　吉保
一七二　遠夕立　こゝハまたてる日すもらてあつき野ゝすえひとむらの雲の夕立　吉保
一七三　夏祓　ゆふなミやきよきみそきのあさのはにあつさもそへてなかすかも河　吉保
二ウ
一七四　初秋　おもひこし色にもすきて雲も凬もあまり身にしむ秋のはつ空　吉保
一七五　七夕　まれなからふるき契りそ天の河萬代たえぬけふのあふせハ　吉保
一七六　〔無題〕　さそひてもつゆさへちらて咲そふる烋にしつけき庭の秋かせ　吉保
一七七　十五夜月　名もたかきけふの月にハうき雲もおほけなしとや空にきゆらむ　吉保
三オ
一七八　中烋不見月
たかき名のいかてかかハむ雨雲にこよひの月ハ影見すとも　吉保
一七九　九月十三夜月
玉と見しもなかの月にこよひまたミをきそへぬる影のさやけさ　吉保
一八〇　重陽　折かさすまかきの菊ハ色も香もけふにあひあふ盛ミすらし　吉保
一八一　〔無題〕　もらすなよ色香ハあさき花なから千とせを契る菊のならひに　吉保
三ウ
一八二　〔無題〕　くれなゐの袖にふれなは色もなきもみちはなから送る一えた　吉保
一八三　暮烋　おしむそよ染し梢もあすよりハ時雨〳〵てあせむ色香を　吉保

一八四　初冬　今朝ハはや雲のたちまひ色かへてふゆをミせたる空のさむけさ　吉保
一八五　歳暮　千世の春まつをわさいてとり〳〵にことふるかハすとしの暮哉　吉保
四オ
一八六　年内立春　年のうちに待えてうれしミな人のめくみにもれぬ春のひかりを　吉保
一八七　試毫　あけて今朝手にとる筆のはしめにも御代萬代とまついはふなり　吉保
一八八　六月祓　加茂川もこゝにしらるゝ玉水にあさの葉ミたすけふのすゝしさ　吉保
一八九　閑居初秋　すくる日もあかすしつけき軒端山秋とやおつるけさのはつ風　吉保
四ウ
一九〇　八月十五夜に
とはれすよあはれむかしのけふの月のかれしやとも影ハすむ夜に　吉保
一九一　重陽　千世かけてよハひものへむこゝにミてうつる色香の菊の花その　吉保
一九二　九月十三夜
のかれきて心しつけき山さとにミる長月の影そよに〳〵ぬ　吉保
五オ
一九三　初入の岡の紅葉を
あさからぬ岡の名なれやはつしほも日数にそめし露の紅葉は　吉保
一九四　初入の岡にて
なれそひてもみちのかけをたちさらぬ心の色もつゆやそめけむ　吉保

五ウ

一九五　暮秋に　冬こもる比いかならむ秋ハはやかれ行末の露霜のかけ　吉保

一九六　初冬に　けさハはや冬たつあらし色ミせて落葉も丶ろき山の下いほ　吉保

一九七　雪のあしたに
窓ふかくこもりし朝の袖をさへわすれて出る庭のはつ雪　保山

一九八　年のくれに
わすれきぬ月日しつけきすみかにもかならすくる丶年の一夜を　保山

六オ

一九九　年のはしめに
花紅葉なれみん宿のたのしミのはしめにむかふ春の丶とけさ　保山

二〇〇　三月三日　さく桃や陰もなかれもこのほかにもとめぬその丶けふの丶とけさ　保山

二〇一　衣かへに　そのま丶の花の袂やなれてきんむかしハかへしけふのころも丶　保山

二〇二　五月五日　ひきてけふいはふもあかすあやめ草なかくもすまむ宿の池水　保山

第七節　定子の手鑑

（一）　解説

右ハ定子ノ手ならひのほくのうちよりえり出て手かゝミになしをく也
　正徳三巳冬
　　保山

この識語は、柳沢文庫蔵「真光院自筆和歌集」と題される折帳一冊の末尾に、保山、即ち柳澤吉保が記したものである。正徳三年（一七一三）冬のことであった。

識語からは、吉保正室曾雌《そし》氏定子が残した反古から吉保が選び出し、手鑑として編纂したという経緯が知られる。

一方、吉里の公用日記「福寿堂年録」（全四四一冊）の正徳三年九月五日の条に、

　今夜亥の中刻に、母堂卒去し給ふ、

とある。吉里生母は飯塚氏染子であるが、嫡母は定子。彼が母堂と呼ぶのはそれ故である。定子五十二歳であった。

同月九日の条には、

母堂を甲州府中の永慶寺に葬るべきなれば、秋元但馬守喬知が亭へ留守居役の者に書付を持参せしむ、

とあり、葬地を甲斐国府中の永慶寺（柳澤家の菩提寺）にすべき許可をもとめているのが知られる。そして、同月十三日には、

今夜六つ時過に、真光院の遺骸出棺にて、甲州永慶寺へ送る、法名は真光院殿海月映珊大姉と称す、

とあって、定子の遺骸は葬地甲斐国へと旅立ったのであった。そして同年冬に吉保は手鑑を編纂したのである。恐らく定子の四十九日を期していたかと思われる。九月五日に卒去の定子の四十九日は十月下旬。まさに冬であった。

定子は正親町町子のように華々しい文芸活動を展開した人物ではない。また、吉里生母の染子のように、吉保と取り交わした和歌短冊が「染子歌集」として編纂されるような、多くの和歌を詠んでいたわけでもなかった。しかし、和歌の家を目指す吉保のもとにあって、常に詠作の上達は心がけていたことが窺えるのが当該折帳なのである。

吉保が「ほくのうちより」とするように、無造作な下書きに過ぎないのであるが、悠揚迫らざる流麗な筆使いの散らし書きからは、定子の人柄が偲ばれるように思う。

定子は実子に恵まれない中にあっても、吉保の伴侶として、綱吉の周囲への配慮も決して怠らず、それでいて出

しゃばることをせず、複数の側室との関係も円滑に運営した賢夫人であった。

作品としては、わずか十八首の収載という小さいものであるが、以下、いささか気付いた点を簡単に述べておく。十八首のうち六首が七夕を題材にしているのは、せめて一年に一度はという定子自身のはかない願望であったか、あるいは編纂した吉保が、七夕に寄せて夫婦の契りの深さを強調したかったという事情が存したか。それはともかく（一〇）の「つきせしな千秋かさねて七夕のつもることはハ一夜なからも」は、題にあたる箇所に「たつのとし」とあり、正徳二年（一七一二）のものとわかる。さらに（一二）の二首のうち、前者の「あさからぬ契や今《いまも》宵七夕のかけてたえせぬかさ、きのはし」の左に、「ミノ文月」とあり、正徳三年七月の詠作と知られる。述べたように定子卒去は同年九月五日であったから、その二ヶ月前の作品なのである。恐らく相当に体力が低下していた頃ではないかと思われるのであるが、取り敢えずは七夕に寄せる思いを詠じることが出来たのであった。

ところが、（一三）の草花の歌も虫の歌も、夥しい見せ消ちが施され改作されている。改作の理由は判らないが、残された筆使いを見ていると、死を覚悟した定子の病苦の呻きが漏れでてくるような気がしてならない。

もう一つだけ採り上げておきたい。（一一）の「おもひきや花もみちよりめつらしきむくさのその、雪を見んとは」である。「むくさのその」は六義園の和式な呼び方である。宝永六年六月に六義園に隠退した吉保に同行した定子が、その冬に六義園を白く染めた雪を見てのものかと推測される。花に紅葉にと愛でられてきた六義園。しかしそこの雪もまた別な意味で現役を退いた吉保周辺の、静かな安らぎを提供するものであったのであろう。

以下翻刻にあたっては、文字遣いは原典に忠実にしたが、論の都合上、各枚を示すために、冒頭に漢数字を振った。また、紙幅の都合もあり、散らし書きを一行書きに改めた。その場合、題を持つものはそれを漢数字の次に置き、その下から和歌を続けた。

（二）　翻刻

一、　女郎花

たのましな風のまゝなるおみなへしこゝろとなひく色し見えねは
おみなへしさかりの野邉にやとりして花のためにもうき名たちなん

二、　七　夕

いく秋をかけてやわたる七夕のたえぬあふせのかさゝきのはし
たまさかの逢夜をいかに七夕のまた初秋に契そめけむ

三、　七　夕

いく秋をかけてや契る七夕のあふ瀬たえせぬあまの川なミ

四、　二月雪

さへ帰春とも見えすきらさきのこその名残や雪の夕風

五、　露深梅開

のとかなる春の光やおく露のめくみに匂ふ梅のはつ花

六、

おもひきやともにもふてしのりの庭けふかく苔のしたに見んとは

七、　萩

ことのはのふかきめくみの露むすひ花も色そふ庭に秋はき

八、　月前虫

月さえて風はた寒きあさちふにたれまつむしのなきあかすらん

九、

久かたの空ものとけきとしのくれになを萬世の春をむかへむ

雪ふかミ春ともいさやしら河のせき路こへくるうくひすのこゑ

一〇、たつのとし

つきせしな千秋かさねて七夕のつもることはハ一夜なからも

一一、

おもひきや花もみちよりめつらしきむくさのその、雪を見んとは

一二、

あさからぬ契や今《いまも》宵七夕のかけてたえせぬかさ、きのはし

ミノ文月

あさからす契やおきし七夕のかけて久しきかさ、きのはし

一三、草花

いつこにかこ、ろゝ《や》と、めん秋の、のさきみたれ《ましりて》ぬるさける花の色〳〵《千草ハ》

虫

さなき《らて》たにゝ《秋ハ》さひしき秋の夜もすからあはれをそふるむしのこゑ〳〵

第三章　旅日記

第一節　甲陽驛路記

——宝永七年吉里初入国——

解説の部

（一）　柳澤家の概説

本節では柳澤吉里が十五万余石の大名として、初めて任国甲斐へ下る際の旅日記「甲陽驛路記[注一]」を考察する。時に吉里二十四歳であった。柳澤家に関しては既に詳述したが[注二]、吉里が甲斐国主として任国へ下るまでの略史を振り返っておきたい。

柳澤家は甲斐源氏。甲斐駒ヶ岳の山麓柳沢村の出身である。この周辺は武川衆の根城であった。武川衆とはかつて武田信玄に忠誠を誓った在地の武士団で、織田信長の支配を経て徳川政権樹立後は徳川の家臣団に組み込まれた。宝永二年（一七〇五）、吉保が天領甲斐国を賜り国主となり、それを吉里が襲封したことを柳澤家は無上の名誉としたのも、彼等が甲斐源氏であったからにほかならない。

吉保の父安忠《やすただ》は、館林宰相と呼ばれていた頃の綱吉に忠勤を励んだ。その関係で吉保は七歳時に綱吉に初お目見え（謁見）している。延宝四年（一六七六）二月、吉保十九歳は同じ武川衆の曾雌《そし》盛定次女定子十七歳と結婚。延宝八年には綱吉三十五歳に五代将軍宣下がなされた。綱吉が将軍職に就いたことは柳澤家にとって順風の吹き始めであった。館林宰相時代からの忠勤により、この年、吉保は小納戸[注三]役に就いた。

翌天和元年（一六八一）、吉保は綱吉の学問の一番弟子となる。綱吉は生類憐れみの令等で悪評高い将軍ながら、学問への傾倒ぶりは歴代徳川将軍でも異彩を放つ。その一番弟子になったということは、吉保自身が学問へ傾倒、それが綱吉のお気に召してゆくであろうということを意味しよう。柳澤家を考察する際は、学問を紐帯としての綱吉との関係も把握しておく必要がある。

一方、吉保と定子は婚姻後六年経っても子供に恵まれない。世継ぎがないのは吉保にとって致命的である。そこで吉保生母（了本院）に侍女として仕えていた飯塚染子を側室に入れる。貞享四年（一六八七）九月三日、吉里が誕生した。生母は勿論染子である。同月、安忠が八十七歳の生涯を閉じた。これにより安忠―吉保父子の時代から、吉保―吉里父子の時代へと交替したのでもあった。

翌元禄元年、吉保三十一歳は一万石の加増を得て一万二千三十石取りとなり、小大名《しょうだいみょう》ながら大名に列した。続いて十一月には側用[注四]人となり、出世街道を驀進して行くのである。この間元禄六年頃には、正親町公通《おおぎまちきんみち》と水無瀬氏信女《みなせうじのぶのむすめ》との間に誕生した正親町町子《まちこ》を側室に入れる。彼女は吉保との間に経隆《つねたか》・時睦《ときちか》の二人の男児をなした。

元禄十一年（一六九八）、上野の東叡山《とうえいざん》寛永寺根本中堂《こんぽんちゅうどう》建立の総奉行を勤めた吉保は、その功績が認められ近衛少将に補任、老中上席の所謂大老格となる。翌十二年十二月、吉里は十三歳で元服、従四位下越前守となった。そして元禄十四年十一月、柳澤家は綱吉より松平の称号を許される。さらに諱の「吉」字も賜り、父子はそれぞれ美濃守吉保（もと保明《やすあきら》）、伊勢守吉里（もと安貞《やすさだ》）と改めた。柳澤家にとって輝かしい名誉であった。

十六年続いた元禄は宝永に改元。その元年（一七〇四）一月、吉里十八歳は酒井雅楽頭忠挙《ただたか》女頼子と結婚した。その五年後の宝永六年（一七〇九）一月十日、吉保を寵愛した綱吉は、麻疹《はしか》に罹り呆気なく六十四歳の生涯を閉じた。この時点で柳澤家は後ろ盾を失ったのである。同年六月、吉保は吉里に家督を譲り、かねてから経営していた駒込の下屋敷六義園《りくぎえん》に妻妾共々移り住んだ。

翌宝永七年（一七一〇）五月、吉里は領国甲斐へ最初の入国を果たす。その折の旅日記が当該「甲陽驛路記」である。五月二日卯の刻（午前六時頃）、江戸を発った吉里一行は、三泊四日の旅を続け、五日午刻（正午頃）に甲府城に到着したのであった。

（二）「甲陽驛路記」書誌と序

「甲陽驛路記」の書誌を簡単に述べておく。縦二十五センチ、横十七・五センチ。袋綴一冊。楮紙。表紙萌黄地金襴唐草牡丹萩菊丸紋様。表紙裏に雲母で山家・草花図を描く。題簽は縦十六・五センチ、横六センチの金地打雲紙。上に「積玉倭謌集貝外 御吉野里哥合 甲陽驛路記 五」と墨書。裏白一丁。墨付計六十一丁。うち「甲陽驛路記」は二十三丁。一面十一行書き。自詠歌は一字下げの一行書き。抱き合わせで収載される「御吉野里歌合」については本書第一部第二章第二節で考察した。

以下、「甲陽驛路記」に見られる文芸的要素を順に考察してゆきたい。まず冒頭部は序の役割を果たし、大きく二部に分けられる。その前半を引用する。

むかし土州の刺史《しし》（私注・国守の唐名）ハおうなめきてにきをのこし、長明・尭恵《キャウヱ》ハ「東海」「ほくろく」の紀行、そのほか「かけろふ」、「いさよひの記」、逍遙院の「たか野まうて」、飛鳥井の「よしのゝ詞」、いつれもそのかミのハおとこおうな情《ジャウ》ふかく透逸《（マヽ）》にして、みるたひにめつらしミ、いまもなを皆人あかすなん（私に句読点、カギ括弧を付した。以下同じ）。

まず吉里は、興味を引かれていたらしい紀行文を羅列する。恐らくそれら作品を読破していたものと考えるのだが、それはともかく、「土州の刺史ハおうなめきてにきをのこし」は、「土佐の国守紀貫之は女性に仮託して土佐日記を遺した」の意で、「をとこもすなる日記といふものを、をむなもしてみんとてするなり」（引用は日本古典文学大系本〈旧版〉）の要約である。また「長明・尭恵ハ「東海」「ほくろく」の紀行」とあるうち、鴨長明の「東海」は「海道記」（『群書類従』第三百三十）を意味しているのではあるまいか。当該作者は古来長明、源光行の両説があったが、現在では成立年（貞応二年〈一二二三〉）に適合しないことで、長明説は退けられている。しかし吉里の時代は、まだ長明説が信じられていたのを伝えるのではないかと考えるからである。

一方「ほくろく」は、尭恵の「北国紀行」[注五]（『群書類従』巻第三百三十六）であろう。続く「かけろふ」は右大将道綱母の「かけろふの日記」、「いさよひの記」は阿仏のそれを指すのは間違いあるまい。「逍遙院の「たか野まうて」」は、大永四年（一五二四）四月、七十歳の三条西実隆が、二週間に及ぶ高野山への、生涯最大・最長の旅をした折の記録「高野参詣日記」（『実隆公記』、『群書類従』巻第三百三十八）を指すらしい。[注六]吉里は特に実隆に傾倒、倣って多くの歌（約二万首）を残したり、「源氏巻〻倭歌」を詠み石山寺へ奉納したりしていることに関係してくる。最後の「飛鳥井の「よしのゝ詞」」は何を指すのであろう。飛鳥井だけでは人物の特定がかなわず、また文芸活動にも華やかであった飛鳥井家の面々ながら、吉野へ詣でた内容の紀行文を見ないからである。ご教示いただけたら幸である。

後半が次の部分である。

（三）　序に見る執筆目的

こたひしるし侍るハ、ミつかきの社、世々のふるてら、名所なとこまやかにとひあきらめんにあらす。ことしたからなかきな、のさつき二日のひなん、旅てふことをはしめてし侍り。めなれぬ山水の径景にもよほされ給にも、かきつへきところ、はかなきことのはのよすかにもやと、ふところすゝり軸みしかきふてに、ねふりをさまたけ、まれ〳〵に注しつれは、さらにふんの錦をかさらす、由来をたちわかす、故《カルガ》にふたゝひとりいたすへき物にもあらしかし。

ここには「甲陽驛路記」執筆の目的が記される。それは瑞垣に囲まれた神社、世々に伝わる古刹、あるいは名所などを丹念に探索し、その縁起等を明らかにするのではなく、単に「たからなかきな、のさつき二日のひ」、即ち宝永七年五月二日に、「旅てふことをはしめてし侍」った時の記録にすぎないというのである。この「旅」こそ任国甲斐への初入国のそれであった。

初めての旅の「めなれぬ山水の径景にもよほされ」た吉里は、その感動を「はかなきことのはのよすかにもや」と記録。目的は将来の和歌詠作の素材収集にあったというのである。従って単なる記録（メモと表現した方が的確か）に過ぎないこれらの文章を飾りたてたり、由来を探索することなどはしていないから、「ふたゝひとりいたすへき物にもあらしかし」ともいう。但しこれは謙辞であり、紀行文冒頭の常套句的な言い回しでもある。

（四）五月二日・初日

五月二日。旅の初日は晴。卯の刻（午前六時）に門出した一行は、まず四谷の大木戸を目指した。この木戸は見附（江戸城の監視塔）の付属施設である。吉里の上屋敷は神田橋（現在の大手町一丁目付近）にあったから、江戸城を右手に見ながら城を約半周すると四谷見附に至るという関係にある。「水くさ」は江戸城の堀割周辺のそれであろう。それが「いさきよく」とは、いかにも旅の前途の吉兆を告げてくれているかのように青々として清らかに見えたというのである。

「江府のなごり」が慕われる。吉里は江戸で生まれ育ち、二十四歳にして初めて故郷を後にするのであるから、多少感傷的になるのも無理からぬことであった。

「かミたはしのかた」（神田橋の方）を振り返りがちになる。勿論そこには愛しい妻が一年の留守を守るべく残っているからである。折しも吉里の胸のうちを問いたげにホトトギスが鳴いた。それに催され、

過かてにしはしハきかん時鳥いはふる駒もこゝになつめハ

と詠んだ。いななく駒がしばらく歩を休めたのを幸い、時鳥の声を聞こうぞというのである。以後旅中には七首の歌が詠まれてゆく。

堀割を離れ、内藤新宿へ向かった。内藤新宿は現在の新宿御苑の地。そこはまた甲州街道の出発点にもあたっていた。昨今新宿はすっかり近代化が進み、面影を探すのに苦労するが、以後の旧甲州街道、特に山間部には当時の面影を偲べる箇所がいくつか残る。

代々木の天神に差しかかった吉里は、「こまこめのかたをおもひやりたてまつり、かそいろのうちぐして安泰にいまそかれ」と念じた。「駒込の方」とは、父吉保が前年六月に隠棲した六義園。「かそいろ」（両親）は吉保・定子夫妻を指すと思しい。というのも、吉里生母染子は、彼が十九歳の宝永二年（一七〇五）五月、三十九歳の若さで逝去していたからである。

昼休みをとった府中の近くに乳牛《チウシ》河原があった。村長《むらおさ》の説明によれば、その名は後宇多院后注七が病の折、牛乳を採取した牛を捨てた所であるのに因むという。当該后は「女院小傳」（『群書類従』巻第六十五）に「遊義門院。姈子。後宇多后。後二條准母。後深草一女。母実氏公二女。東二條院。文永七月日誕生」とある人物か、「源基子。後宇多妃。内大臣具守一女。父大相国基具為ㇾ子」等とある後二条院生母西華門院のいずれかと思われるが、彼女達の病については未詳。

しばらく進み玉川に出る。「さらす調布《テツクリ》さら〳〵に」は、『万葉集』東歌、「多摩川に曝す手作さらさらに何そこの児のここだ愛《かな》しき」注八を踏まえている。「手作」とは「調」として朝廷に納入された手織り布を意味するから、吉里が「調布」に「テツクリ」のルビを振ったのは適当しているというべきであろう。

折から夕暮れが近づいた。「ころしもからすのねくらとひわた」る。その光景を「夕まくれやとりとらんと村烏ミつよつふたつ森に立まふ」と詠んだ。これは申すまでもなく『枕草子』第一段に、「秋は夕暮。夕日のさして山のはいとちかうなりたるに、からすのねどころへ行くとて、みつよつ、ふたつみつなどとびいそぐさへあはれなり」（引用は日本古典文学大系本〈旧版〉。以下同じ）とあるのを意識している。因みにこの箇所、能因本と堺本二類には「みつよつふたつなと」・「三四二なと」とあり（大系本の補注二）、吉里が「みつよつふたつ」とするのは、上記二本の系統に拠ったと思しい。

続いて日野原から富士山を見た。直前の「夕まくれ」の歌に推し、安藤広重の「赤富士」を髣髴させる影絵のような富士ではなかったか。

その夜の宿は横山であった。[注九]「横山」の地名に、『万葉集』の「妹をこそあひ見に来しか眉引《まよびき》の横山辺ろの鹿《しし》なす思へる」[注一〇]を思い浮かべる。この横山こそ『八雲御抄』に「むさしのよこ山」とあったそれであろうとは思いつつ、なお再考の余地があろうと慎重である。そして「あひみにこし」とは言うものの、付近に妹と呼べる女性も見えないのは、「婦女のまれなる土地」かと諧謔的に結ぶ。

（五）　五月三日・二日目

五月三日。この日も晴であった。小仏峠《こぼとけとうげ》の上りは一里。四十八曲りの盤折《ツヽラヲリ》は苔滑らかで、左右から巌窟《イハホ》が覆い被さり、馬での通行が危うい難所。その分、武蔵・相模の境界にあたる峠からの眺めは格別であった。下りの一里は三十八曲り。その山間で「かれいゐ」を開く。花房を長く垂れる盛りの藤は、「いかなるゆかりにか、みなからむらさき」であったという。これは勿論、『古今集』の「紫の一もとゆゑに武蔵野の草はみながらあはれとぞ見る」[注一一]を意識しているのは間違いあるまい。「はかなきことのはのよすかにもや」と記録を始めた旅日記であるが、吉里の学習水準が知られるところでもあろう。

小仏峠では「きのふもよみつれと、見るたひにめつらし」い富士山の雄姿に出くわす。「その景、言語なし」と言いきる気持が、「日の本にたかくそひえてならひなき国の光とあふく不二のね」と詠ませた。[注一二]続いて吉野河原。「このほとり田家ならひに、ゆほひかなるかはら、遠山見えて絶景きハまりなし」である。ここの「ゆほひかなる」に注意したい。これは『源氏物語』若紫巻で、北山に加持祈祷に赴いた源氏が、美しい景色に見とれていると、従者が世間にはこれなどとは比較にならない絶景があり、中でも「明石の浦はあやしく異所に似ず、ゆほびかなる所に侍る」と語る箇所に登場する以外、余り例を見ない語だからである。それを引いているところに、吉里がこの時までに若紫巻を読んでいたことを推測させる。

ところで吉里が『源氏物語』全巻を読破するのは、当該宝永七年十月のことであった。それは彼の家集「積玉和歌集」に確認できる。そこには、

宝永七年五月六日に源氏物語きりつほよりそよミをはしめて神無月七日夢のうきハしにいたるまてさハりなくならひ侍ることわさを

紫の色かもふかき巻〳〵を見果て嬉し夢の浮はし（雑七・巻第十）

とある。ここの宝永七年五月六日とは吉里の甲府到着の翌日にあたり、初入国を記念し早速読破にとりかかったかと推測されるタイミングなのである（このあたり本書第一部第二章第五節で詳述した）。従って正式に『源氏物語』を「ならひ侍る」のは、五月六日から十月七日までの五箇月なのだが、吉里が既に部分的に物語を読んでいたと思われる記事も右家集に確認でき、そこに若紫巻があり、こうした一文に知識がさりげなく顔を覗かせたものと考えられるのである。

吉野から関野へ二十六丁。小猿橋の下方を流れる相模川の川中に「きみいは」という大巌があった。巌には松杉が生えている。それをみて「しる人えたり（マヽ）」と詠んだ定家の歌を思い出す。それは『夫木和歌抄』巻第三十六雑部十八に、

建久七年（私注・一一九六）百廿八首、旅／たのむかなその名もしらぬみ山木にしる人えたるまつとすぎとを
（『新編国歌大観　私撰集編』・一六八八六番歌。以下の和歌引用は同書による）

とあるのを指しているのであろう。続いて「『たねしあれハいはにも松ハおひにけり』と、古今集に侍る」とあるのは、『古今集』巻第十一恋歌一、題知らず・読人不知の、「たねしあればいはにも松はおひにけり恋をしこひばあはざらめやは」（五一二）を指していよう。武家歌人を目指す吉里は、既に『古今集』や『夫木抄』は学んでいたらしい。そして「千引のいしにもまさらん」大巌に、「まことにうこきなき御代を是によそへ」て、「うこきなき御代のためしに苔むして千とせを岩の松や見すらん」と詠んだ。徳川政権の末永き繁栄を寿いだのである。

大椚《クヌギ》を経て百観音の巡礼札所に至る。そこから永峯山が眺められた。扈従が「長みねの池のおもてをてる月のむかしのにこりいまそすみゆく」という歌があると言う。ここの扈従は藤原全故《たけもと》（素龍《そりよう》）[注一三]ではないかと思われ、そうであるなら甲府で吉里に『源氏物語』を講釈することになる柳澤家お抱えの学者である。

猿橋に出た。その見事さに息を呑む。そして「『ひとつはしあからめなせそ』とよみしふることも、こゝにそおもひいつる」のである。これは『夫木抄』巻第二十一雑部三「ひとつばし」の、「題知らず・六二」読人不知の「つの国のなにはのうらのひとつばしきみをおもへばあからめもせず」（九三九一）を指しているらしい。二日目の宿は猿橋であった。

（六）　五月四日・三日目

五月四日。旅の三日目。道中も昨日で半ばを越し甲府の方が近くなった。笹子峠《ささごとうげ》の上りは一里。これも九十九折《つづらおり》。

「ちかくてとをきハくら馬の九折、はらからの中」と『枕草子』を引く。正確には「近うて遠きもの（略）はらから・親族の中。鞍馬のつづらをりといふ道」（一六六段）とあるもの。前日のねぐらへ急ぐ鳥の記事共々、吉里が『枕草子』も制覇していたことを語ると見てよかろう。

笹子峠の下り道。草木の茂る大山の中腹から瀧水が落ち、さながら瀑布のようであった。吉里は「『たちぬハぬきぬきし人もなきものをなに山姫の布さらすらん』とよめること思ひ出て、龍門、ぬの引のたき波もかゝるにや」と珍しがった。この引歌は『古今集』巻第十七雑歌上に「竜門（私注・奈良県吉野郡の地名）にまうでてたきのもとにてよめる」と詞書をもつ伊勢の歌（九二六）である。瀧の連想から「雲井に見ゆる瀧の白糸」とも引く。これは『金葉和歌集』巻第一春部に「宇治前太政大臣家歌合によめる」の詞書を持つ源俊頼の歌、「やまざくらさきそめしよりひさかたのくもゐに見ゆるたきのしらいと」（五〇）。勉学の程が察せられる。

一行は進んで天目山《てんもくざん》栖雲寺へ。「天目山ハ智恩院八宮良純法親王、配流のとき、謫居のところ」という。八宮良純法親王は「諸門跡譜」（『群書類従』巻第六十一）の知恩院の項によれば次のようにある。

良純法親王。二品。知恩院門跡初祖。　後陽成院皇子。陽光院御孫。母后源大典侍具子。権大納言源重通卿女。為二征夷大将軍源家―公子一。寛永廿癸未十一十一配二流甲州天目山一。于時四十一歳。萬治二己亥六廿七着二帰洛泉涌寺一給。于時五十七歳。

また「本朝皇胤紹運録」（『群書類従』巻第六十）には、

知恩院 良純法親王。二品 母大典侍源具子。庭田大納言重通卿女。慶長九年三月廿九日誕生。称二八宮一。同十九年十二月十六日為二親王一。

元和元年六月為二東照宮御猶子一。同五年九月十七日入寺得度。一六。寛永廿年十一月十一日遷二於甲州天目山一。四十。萬治二年六月廿二日帰洛。住二泉涌寺中新善光寺一。五十六。寛文四年四月十三日構二新宅於北野一移住。還俗号二以心庵一。同九年八月一日薨。六十六。三日葬二于泉涌寺一。明和五年八月當二百年忌一復二本位一。号二无礙光院宮一。

とある。良純は後陽成院第十三皇子として誕生、八宮と号した。第百九代後水尾院の弟宮にあたる。元和元年（一六一五）、東照宮、即ち徳川家康[注一四]の最晩年にその養子となる。[注一五]同五年（一六一九）得度し、知恩院に入寺、初代の宮門跡となった。しかし寛永二十年（一六四三）天目山に流され、万治二年（一六五九）までの十六年を配所で過ごす。配流の理由は『徳川諸家系譜』「幕府祖胤伝二」が「有レ故」とするだけで詳細は知れない。しかし当時、甲州では流人の良純を崇め、彼に豊かな生活を送らせたという。そのため勅許が下り上洛を果すと、かえって経済的窮迫が身にしみ、これでは逆に京都に配流になったようなものだと良純は冗談（利口）を言っていたというのである。この「利口」は笑えない。禁裏の経済的窮迫状態は室町期、特に応仁・文明の乱（一四六七～一四七七）頃からずっと引きずっている現象で、それは徳川政権になっても改善されていない。当時の禁裏御料は二万石。一万石の小大名二人分の扶持しかなかったのであるから、その生活の困窮度は想像がつく。そこへ生まれた第十三皇子良純。家康の養子になったのでさえ、所謂口減らしであったのではないかと疑えば疑える。宮門跡としての知恩院時代は、徳川家が庇護する寺院だけに、それなりの生活が補償されていたのであろう。しかし一旦流人となり、帰洛して入寺した泉涌寺は皇室の菩提寺。禁裏経済が揺らぐ中、その菩提寺が豊かであるはずもなく、良純の生活は厳しかったと推測されるのである。それに引き換え、勅勘の身という不名誉を除けば、甲州での豊かな生活は一種極楽であったのであろう。こうした皇室並びに公家達の経済的不如意な状況が、政治力・経済力のある武家と婚姻関係を結んでゆく要因ともなる。正

親町町子が江戸城大奥総取締の生母に勧められ江戸に下り、吉保の側室に収まったのもまさにそうした典型と言えた。[注一六]

山梨郡に向かう。『続古今集』の「足曳の山なし岡にゆく水のたえすそ君を恋わたるへき」を引く。これは巻十一恋歌一、題知らず・読人不知の一〇四六番歌。山梨郡に入ったことで「やまなし」を詠み込んだ当該歌を引いているのである。『続古今集』も吉里の勉学の対象に加える必要があろう。それはともあれ、彼は「たえすそ君を」の部分、「たえすそ君か御代を」と言い替えたいという。ここの君は六代将軍家宣。五代将軍綱吉の寵愛を得た吉保・吉里父子ながら、綱吉の薨去後の今は、甲斐国主吉里が直接に仕えるのは家宣。吉里の胸中には、初国入りが首尾よく運び、末永い柳澤家の安泰を祈る思いを「たえすそ君か御代」に託していたことが察せられる。もっともこれと同様に御代を称えては、旅の二日目、大巌「きみいは」に感動し詠じた一首があったのは前述の通りである。

勝沼へ向かう途中に横吹という難所があった。岩中を切り通した道は、左右から大巌が聳えかかり凄まじい。それを見て「巌《カン》墻《シヤウ》の下《モト》にたゝす」という古語を思い出す。但し出典は未詳。

勝沼に入った。勝沼川のほとりには、一面に「えびかつらの架《タナ》」が続いている。当時から勝沼は葡萄の産地であったのである。吉里はこの葡萄を幾度か幕府や親戚・知人への贈り物として活用することになる。

旅の最後の宿は勝沼であった。宿の主人は飛鳥井の門人で蹴鞠をなすという。飛鳥井家は和歌や古典学のみならず、蹴鞠の家筋であったのは申すまでもないが、江戸時代にはこうした本陣の宿主までをも門弟に加えていたのが知られる。

（七）　五月五日・最終日

五月五日。いよいよ旅の最終日であり、初入城当日でもある。ぱらついていた小雨も辰の刻（午前八時頃）には止んで晴天となった。吉里の前途を祝うかのようである。

石和《いさわ》へ出た。そこは鵜飼山遠《テイシサンヲン》妙寺があった。その由来を長々と綴る。備忘録として記し始めた「甲陽驛路記」にしては、突出して長い記事なのである。それは『平家物語』や謡曲「鵜飼」にも関わるので厭わず見ておきたい。

平時忠は平家が西海の藻屑と消えた時（文治元年〈一一八五〉三月の壇ノ浦の戦い）、源氏方の生け捕りとなり京都へ護送される。時忠は左記略系図に見られるように（囲みで示した）、清盛の北の方（時子。二位尼）の兄にあたる。『平家物語』によれば、時忠が義経の監視下蟄居していた京都の邸は義経の近所であった。処刑を逃れたい時忠は子息時実と謀り、前《さき》の北の方所生の姫を義経に娶せる。廿三歳になっていたこの女子は、「年こそすこしおとなしうはおはしけれど、みめかたちうつくしう、心様《こころさま》ゆうにおはしければ」

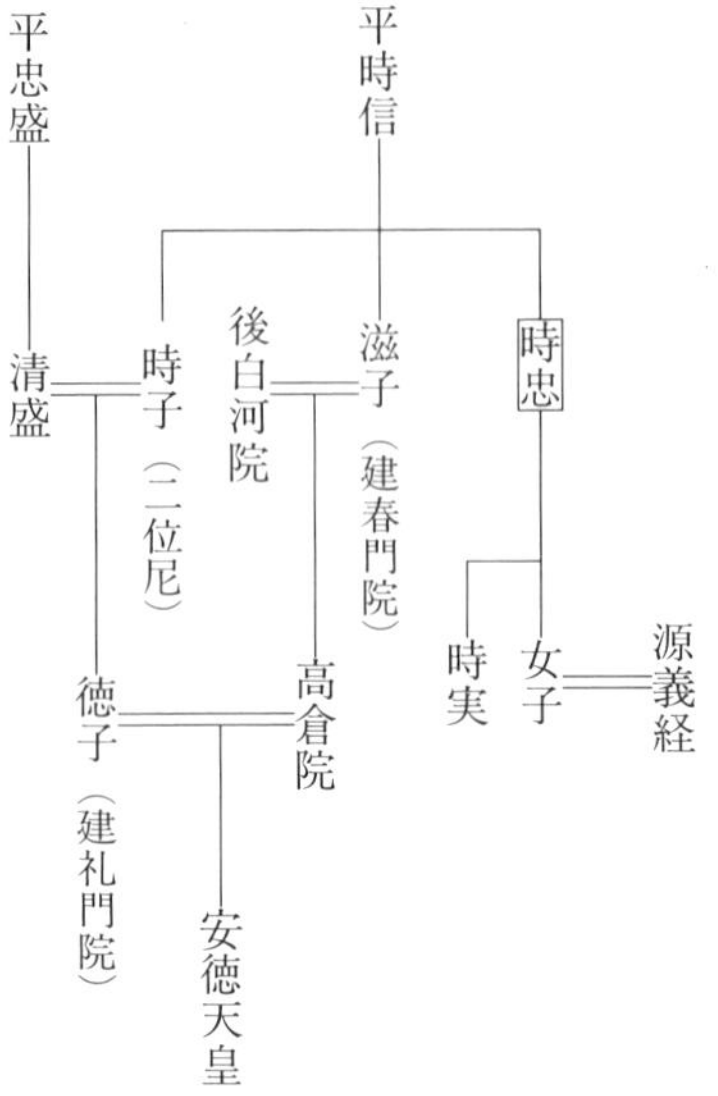

（巻第十一「文之沙汰」。引用は日本古典文学大系本〈旧版〉。以下同じ）、義経はすっかり気に入ってしまう。かくして時忠は思惑通り処刑を免れた。その頃義経を信じきれない頼朝が、義経を亡き者にしようと策動を開始、結局義経は奥州藤原氏を頼り落ちて行くことになるのはよく知られたところである（巻第十二「判官都落」）。同じ頃、時忠も能登国へ流された（同巻「平大納言被流」）。

能登に流されたはずの時忠が、吉里の記録では石和に鵜飼として登場するのである。これに関しては吉里自身が記事末尾に

「此事鵜飼の謡に有といへとも真偽出所等未考」ともしており、当時すでに伝説的な話であったのであろう。謡曲「鵜飼」は、「禁制の殺生をして殺された男の話〈多くある〉。法華経の功徳と僧を供養することの利益を説く。人は生きるためにさまざまな罪業をおかすが、それも一夜の善行で地獄に落ちずに済むというのが主題。舞台の上では鵜飼の場が山になっている（後略）」（日本古典文学大系本〈旧版〉『謡曲集上』一七四頁）とあるが、そこに時忠の名は見えず、吉里の記録にのみ時忠が登場しているのである。先を見てゆこう。

時忠は禁制を犯し鵜を使い魚を採っていた。それを咎めた村夫や寺僧は、ついに時忠を絡め取り簀巻（人を簀の子で巻き水中に投げ込む私刑『角川古語辞典』。続く「ふしつけ」〈柴漬〉も簀巻に同じ）にして殺してしまった。時忠は僧侶までが人殺しに荷担したこと、斬罪にもせず簀巻という生きながらにして苦しむ方法で殺されたことを恨んで果てた。ためにその怨念は狐鬼となり、夜な夜な不気味な火焔を吹き、近隣の住民や旅人を悩ませていた。

八九十年が経った。身延山の高祖日蓮が行脚の途次、この話を聴き教化を試みるが効果がない。日を改めて日蓮は弟子の日朗・日光（私注・日興カ）を従え当所に至った。そして追福に法華経を誦し、何万何千の石に要文（重要な経文）の文字を書きつけ、時忠が簀巻にされて投げ込まれた川底へ沈めた。この功徳により時忠の怨念は助けられ、再び出没することはなくなる。あわせて、昔は菊川と呼ばれていたその川は、時忠が殺されてのち一旦は「鬼苦川」と綴られるようになったのが、日蓮に調伏されて後は「鬼救川」と改められたし、むかし伊沢と綴っていた石和は「経字石」を水底へ入れて鬼心を和らげたのに因み「石和」と改められたという。

いよいよ旅も終盤。石和から甲府へ向かう。石和川の舟橋を渡りつつ、「東路の佐野、ふなはし」を連想した。これは『後撰集』巻第十恋二「人のもとにつかはしける／源ひとしの朝臣／あづまぢのさののふな橋かけてのみ思渡るをしる人のなさ」（六一九）、『続古今集』巻第十三恋歌三「建暦二年二十首歌たてまつりけるに／従二位家隆／あづまぢのさののふなばしさのみやはつらきこころをかけてたのまん」（一一二九）のいずれを指すのか判然としないし、内容的に恋歌を引用するのは相応しくないのではあるが、吉里が多くの歌書を学習していた証左にはなろう。

酒折村にさしかかる。そこには天神と若宮の二社があり、日本武尊《やまとたけるのみこと》が祀られてあった。縁起に「新治筑波」のことも書き載せてあるとして、吉里はそれを万葉仮名で引く。若干訂正を要する箇所もあるが、翻刻では原典に忠実におこした。書き下しにすると次のようになる（引用は日本古典文学大系〈旧版〉『日本書紀上』巻第七景行天皇四十年是歳）。

甲斐国《かひのくに》に至《いた》りて、酒折宮《さかをりのみや》に居《ま》します。時《とき》に挙燭《ひとも》して進食《みをし》す。是《こ》の夜《よる》、歌《みうた》を以《も》て侍者《さぶらひひと》に問《と》ひて曰《のたま》はく、

新治《にひばり》　筑波《つくは》を過《す》ぎて　幾夜《いくよ》は寝《ね》つる

諸《もろもろ》の侍者《さぶらひひと》、え答《こた》へ言《まう》さず。時に秉燭者《ひともせるもの》有《あ》り。王《みこ》の歌《みうた》の末に続けて、歌《うたよみ》して曰《まう》さく、

日日並《かがな》べて夜《よ》には九夜《ここのよ》　日《ひ》には十日《とをか》を

即《すなは》ち秉燭人《ひともしひと》の聡《さとり》を美《ほ》めたまひて、敦《あつ》く賞《たまひもの》す。即《すなは》ち是《こ》の宮《みや》に居《ま》しまして、靫部《ゆけひのとものを》を以《も》て大伴連《おほとものむらじ》の遠祖《とおつおや》武日《たけひ》に賜《たま》ふ。

酒折宮が日本武尊を祀ることから、『日本書紀』にある右記事を引いたのであろうが、石和にまつわる時忠の伝説が『平家物語』と関連深いことを勘案する時、到着を目前に、備忘録を豊富な文芸作品の引用で飾り、一気に序破急の急へと繋げたようにも見える。

すでに見てきたように、吉里はかなり歌書や古典籍に親しみ、その成果を駆使し文章を綴っていた。単なるメモとは言いながら、一方で旅の四日間、実質丸三日が序破急の構成を持つよう計算していたのではなかろうか。「甲陽驛

路記」は草稿本ではない。清書の際には当然何らかの整序がなされたと見るべきで、あるいはその整序の段階で序破急を構えたというべきなのかもしれないが。

かくして午刻（正午）に着城した。徳川政権を「塩の山さしての磯の濱千鳥きみか御代をは八千代とそ」寿いだのであった。三度目の幕府賛辞である。

末尾の「甲斐拾遺」の署名は、当時吉里が侍従（拾遺）兼甲斐国主であった名乗りを語る。侍従の官位は武家にとって輝かしいもの。父吉保の威光は無視できない。

〔注〕

一、柳沢文庫蔵の吉里の私家集「積玉倭謌集員外五」収載。「驛路記」は「うまやじのき」と読みたいところであるが、一般性を考え「えきろき」と読んでおく。

二、宮川葉子『柳沢家の古典学（上）―『松陰日記』―』（平成十九年一月・新典社）解説「三、柳沢吉保の生涯」

三、将軍の御側仕え。将軍の衣服・調度を管理し、諸侯・旗本から献上されたり彼等に与えられる金銀・諸物を管掌する。

四、将軍の側に仕え、将軍の意を老中に取次ぎ、可否を献議する要職。

五、尭恵《げうゑ》は室町時代の歌人。生没永享二年（一四三〇）～明応七年（一四九八）か。六十九歳。天台僧。二条家の歌学を学び、尭孝に『古今集』の口伝の多くを受ける。明応三年（一四九四）二月、昇殿を許され、四月に、勝仁親王（後の後柏原院）に『古今集』を進講、次いで後土御門院に「愚問賢注」「百人一首」を講釈。のち武蔵・上野・越中などを旅し、「善光寺紀行」「北国紀行」などを著す。家集に「下葉和歌集」が残る（主に『和歌大辞典』参照）。

六、吉保側室正親町町子は、三条西実隆の正統な子孫。柳澤家が実隆に傾倒していたのは系図的にも指摘でき（注二同書解説「二、正親町町子の背景」で詳述した）、吉里もこうして実隆の旅日記を読んでいたのであろう。

七、第九十一代天皇。亀山院第二皇子。母左大臣洞院（西園寺）実雄女京極院佶子。西華門院具守女との間に後二条院、談天門院参議忠継女との間に後醍醐院を儲ける。和歌にも造詣深く、二条為世に命じ『新後撰和歌集』『続千載和歌集』を撰ばせ、『新後撰和歌集』以下の勅撰集に一四五首入集（「本朝皇胤紹運録」、『和歌大辞典』参照）。
八、三三七三番歌。引用は日本古典文学大系本〈旧版〉、以下『万葉集』の引用は同書による。頭注の〔大意〕には、「多摩川にさらす手作りの布のように、さらにさらにどうしてこの子がこんなにひどく可愛いのかしら」とある。
九、「甲陽驛路記」が横山の説明を「此所惣名八王子と号ス」とする通り、現在の八王子市にその地名が残る。
一〇、東歌三五三一番歌。頭注の〔大意〕には、「妹に逢いたいばかりに来たのに、それを、あたかも丘辺の鹿であるかのように、うるさく思うとは」とある。
一一、八六七番歌。引用は片桐洋一氏『古今和歌集全評釈（下）』（一九九八年・講談社）。同著【注釈史・享受史】には次のようにある。吉里が昨日出発した武蔵野。今日見た紫色の藤の花房。これらは大いに当該歌を思わせる状況であった。
この歌は『古今集』の中でも特に有名である。自分が愛する「紫草」に列なる人のすべてに情がかかるというところから、「紫のゆかり」という詞さえ生れた。「紫の色には咲くな武蔵野の草のゆかりと人もこそ見れ（『拾遺集』三六〇）」という歌は、既に「紫のゆかり」という詞があったことを思わせるが、それをさらに具体的に言っているのは『源氏物語』である。たとえば、若紫の巻の「手に摘みていつしかも見む紫の根にかよひける野辺の若草」という歌の「紫の根」は藤壺のことであり、その「根にかよひける野辺の若草」がその姪にあたる紫の上のことであり、事実、その直前に「あながちなるゆかりも尋ねまほしき心」とあるし、少し後に、光源氏が紫の紙に書いて紫の上に見せた歌に、「ねは見ねどあはれとぞ思ふ武蔵野の露分けわぶる草のゆかりを」と詠まれている。さらに、末摘花の巻には、「かの紫のゆかり尋ねとり給ひては」と紫の上のことを「紫のゆかり」と言い切っている。というより、「紫の上」という呼称自体が「紫のゆかりの上」という意であり、藤壺の形代として紫の上を設定したという『源氏物語』の構想自体が当該歌に依拠していると言ってよいのである。
一二、富士山に感動し、その雄姿を称えた文学作品の嚆矢は『伊勢物語』の東下りの段であろう。その後、源光行の「海道記」（作者を光行とすることに拘りがあるが、一説としてこのように扱っておく）、同親行の「東関紀行」などにも言及があるが、富士そのものを目的とした旅の記録には、尭行の「覧富士記」、足利義教の富士見物につきあった作者未詳の記録「富士御覧日記」、飛鳥井雅康の「富士暦覧記」、同雅世の「富士紀行」などがある。富士山に寄せる人々の感動は古来なみなみならぬものがあったことは確かである。

一三、岡田利衛氏編『素龍筆柿衛本おくのほそ道』（昭和四四年・新典社）巻末注によれば、素龍は俳諧で、全故は和歌で用いた号という。柏木姓。

一四、家康は元和二年四月に七十五歳で薨去。

一五、『徳川諸家系譜』幕府祖胤伝二一（家康養子女・良純入道親王の項）

一六、注二同書、解説「二一、正親町町子の背景」でその実父・実母も含め詳述した。

翻刻の部

「甲陽驛路記」――積玉和歌集員外巻第五――

翻刻にあたっては、仮名遣い、ルビ等、原典に忠実に従ったが、読みやすさの便宜をはかり、適宜改行し、句読点を付し、引歌・書名は「　」で括った。また和歌は二字下げにし、割注は〔　〕を付して一行書きにした。

むかし土州の刺史ハおうなめきてにきをのこし、長明・尭恵《キヤウエ》ハ「東海」「ほくろく」の紀行、そのほか「かけろふ」、「いさよひの記」、逍遥院の「たか野まうて」、飛鳥井の「よしのゝ詞」、いつれもそのかミのハおとこおうな情《ジヤウ》ふかく透逸《（マヽ）》にして、みるたひにめつらしミ、いまもなを皆人あかすなん。こたひしるし侍るハ、ミつかきの社、世ゝのふるてら、名所なとこまやかにとひあきらめんにあらす。ことしたからなかきなゝのさつき二日のひなん、旅てふことをはしめてし侍り。めなれぬ山水の径景にもよほされ給にも、かきつへきところ、はかなきことのはのよすかにもやと、ふところすゝり軸みしかきふてに、ねふりをさまたけ、まれ〳〵に注しつれは、さらにふんの錦をかさらす、由来をたちわかす、故《カルガ》にふたゝひとりいたすへき物にもあらしかし。

二日　晴　卯の刻にかどです。

よつやのおほ木戸まで水くさいさきよく、江府のなこりいとゝしたハれ侍りて、かミたはしのかた、かへり見がちなり。おりしもほとゝきすのきゝなれつる声して、羇旅《キリヨ》のおもひをとはまほしけに名のりけるに、感慨《カンカイ》もよほされつゝ、むまをひかへて、

過かてにしはしハきかん時鳥いはふる駒もこゝになつめハ

内藤新宿。驛長ハ左側也。日本橋より二里十二丁のよし。しゆくのすゑにをひわけ。右ハ大月、ひたりハ甲州路也。上高井土（戸カ）へ内藤宿より、二里のよし。よゝぎの天神にやすらひて見れは、木だちものふり、枝しけりかぜそよく。昨夜のあめに露のこりて、もろくこほれけるに、袖うちしめりつゝ、こまこめのかたをおもひやりたてまつり、かそいろのうちぐして安泰にいまそかれとねんす。

松原の茶店《サテン》。下高井土（戸カ）。こゝにて若楓《カエテ》を見て、

秋ハさそ千入にそめん若楓たをれる枝のうすもえきなる

長泉寺に、観音。前の池に、弁天。このほとりにてわりこやうのものひらく。

上布田《カミフダ》へたかゐどより、一里廿五丁のよし。このほとりのなはしろに、露のわか苗みとりいろをふかめてすゝしからす。

山の小田にて蛙鳴。夏にハ春や残りけん。

下布田までやぶ垣の民屋《オク》つゝけり。国領《コクリヤウ》と上下の布田、三ところ驛継とそ。

府中へ上布田より、一里廿五丁のよし。

上石原、下いしはら驛継なり。

府中右の町うらに、よせむまの馬場。二すし松のなみ木ありて、ふるき海道とおほしき。さきはむさし野、はらに

つゝき、十丁はかりもとをりたるむまばあり。しゆくのひたりに六所明神〔三扉各二社相殿《アヒトノ》此写甲州恵林寺ニ有〕。境内ひろく武州の惣社のよし。さ月五日夜祭礼、三日に騎射《キシヤ》くらべ馬。むかしハ与力乗れり。いまハ所のもの乗るとそ。

府中昼休。宿、高橋小才次。

泉楽寺。天台宗。坂の上に有り。ふもとのなかれ乳牛《チウシ》河原といふ。村翁《ムラキミ》にとへは、後宇多院のきさきなやみによりて、牛の乳をとり、そのうしをすてしところゆへ名つくと。其うへ坂をかりや坂といふ。假屋をつくり、かのうしを入をきし所となんこたふ。俗説のまゝ記レ之ヲ。

道のかたはらに熊野権現の小門。奥に堂あり。そのうらに古墳。昔鎌倉の時、戦死の骸をうつめしとそ。

日野、府中より、二里八丁とそ。

此間やぶかきうちつゝき、左右民屋出はなれて、貝から坂といふ。それを下りて丹波《タハ》川。ハゞ九十間。このほとりを日野河原とて、一二里もうちひらきたるかはらなり。河上、甲州都留郡丹波山をいで、むさしの秩父《チチフ》の雲鳥山（雲取山カ）、甲州の大菩薩峠よりなかれて、とうかいたう六郷のわたりのよし、そのすゑ海に入。たば山よりこれまて、川たけ二十里余となん。江府水道のみなかミ、「さらす調布《テツクリ》さら〳〵に」とよみし玉河これとかや。たば川とハ、五音横通《ゴインワウツウ》の誂《ヨコナセリ》なるへし。常ハ丸木橋。おほ水にはしおちて、ふかき時は舟渡り。日野川はたにて、ずさにもさけたうべさす。川蜷《ニナ》あり。鵜つかひおほし。

森所〻にありて、夕つかたのけしきこよなう寒し。ころしもからすのねくらとひわたりけれは、

夕まくれやとりとらんと村烏ミつよつふたつ森に立まふ

横山へ日野より、一里廿七丁とそ。

しゆくすぎて日野はらあり。広野なり。

夜みちようしんよろしからし。富士、見はらし絶景《セツケイ》なり。


　山幾重ふもとにみつゝ雲わけてすゝしくあかぬ雲の不二のね

大和田川はゞ半町はかり。かち渡り。大水にハ渡りなし。それよりするゑ、横山町。宿の長さ一里はかり。

八幡町と両丁《（マヽ）》して月かハりの驛継也。〔山絹　袴地　炭なと出ると云。〕

元《モト》八王子といふ所に千人宿有。千人同心住宅とそ。

山手に下原の廣生といふ、かたなかちにて甲伏と銘きるとそ。

横山に宿《ヤトル》。此所惣名八王子と号ス。宿長、新野与五右衛門。

「妹をこそあひミにこしかまよひきの横山へろのしゝなすおもへる」と万葉によめるハ、むさしのよこ山と「八雲御抄」にしるしたまへり。このところにこそと云〻、追可レ考。

「あひみにこし」とハよめと、妹も見えす。すへて婦女のまれなる土地と見えたり。

三日　晴
小仏へ横山より、二里半とそ。

しゆくはづれに追わけ。右は安下越《アンケコヘ》。小ほとけ峠へかゝらす。佐野川といへる武州さかひより甲陽奈須夫《ナスフ》へ出るみちなり。小ほとけこえよりハ、さかゆるく道近けれとも驛継ならねは、旅客ハゆかす。此みちのかミ御《（恩カ）》方むらに関ありて、こまぎのゝぬけ道をしむるとそ。

上椚《クヌキ》田をへて、藪《ヤフ》川に小橋。長七間。左のみちハ高尾山へ、右にかゝ沢山、三さい山。ふもとに千町《チマチ》田、碧毯《ヘキタン》をのへしけるかことし。若苗あさみとりにして、かハつのこゑきこえ、風景よのつねならす。駒木野ハのほりの驛継にして、しゆくはつれ右のかたせき屋。御代官比企長左衛門。関守この支配のよし。

与瀬へ小ほとけより、二里。

小仏峠へのほり。山くちに小名しらす、つるさしなといふ。又観音堂、毘盧沙那仏堂《ヒルシャナフツ》、垢離《コリ》をとれるといふ瀧ほそくおちて清し。

のほり坂、一里四十八曲《マカリ》。盤折《ツヽラヲリ》にして苔なめらか、巌窟《イハホ》左右におほひ馬上あやうし。峠は茶店。武相両州のさかひなり。見わたせは、高山八重にそひえ、雲、霧なゝめにかゝり、ゆきかふことはやし。下り、一里三十八曲《マカリ》。千木良《キラ》坂とも云。千木良といふ茶店有り。

此山あひにて、ひるのかれいゐひらく。

白《しら》山といふに、藤の花なつにさきかゝりて花ふさながし。いかなるゆかりにか、みなからむらさきなり。南の方さかみ山見ゆ。うちむかへは白雲風になひき、たちもをよはぬ天津空に、雪の不二のね連峯にすくれて、やハらかに立り。その景、言語なし。

　日の本にたかくそひえてならひなき国の光とあふく不二のね

きのふもよみつれと、見るたひにめつらしければ、道のかたはらのわらはへにくたものをあたふ。

大角といふ山伏の古墳に馬鬣松《ウナイマツ》有。

小原板橋。小橋有。苗代にせき入る水樋大石なと見えて景気すゝし。これまでの下り坂、嶮難峩《ケンナンカ》と嵯《サ》〻たり。ふめる巌石ハつるきをたて、左右のいはほ屛のことし。のほりくたること幾行程《イクハクカウテイ》と云ことをしらす。はるかにきゝすのこゑ、老鶯のさえつりしけく、これにて倦《ウメ》るこゝろをやしなひける。

小川を越て、をはらまち。のほりの驛継とそ。吉野へ与瀬より、一里。

宿中より左へ入れるみち二瀬越とて舟渡し二所わたりて、よしのまちへ出る。半里の直道《スク》。坂きうにして山かごにものりかたしとそ。

吉野河あゆおほし。このほとり田家ならひに、ゆほひかなるかはら、遠山見えて絶景きハまりなし。道のかたハらに十五堂あり。利益おほしとてところにてハあかめ申とそ。

関野へよしのより、廿六丁。

しゆくはつれに小猿橋。長十二間。　安下峠よりいつる長流、帯に似たり。はしのしもつかたにて、さかみ川おつる。その川中にきみいはとて大巌。このいはに松杉生たり。「しる人えたり」と京極黄門の詠おもひいてられ、また「たねしあれハいはにも松ハおひにけり」と「古今集」に侍るなと、まのあたりに感悟せられてやすらふに、おほきさ千引のいしにもまさらんと、まことにうこきなき御代を是によそへて、

　うこきなき御代のためしに苔むして千とせを岩の松や見すらん

浅間。小宮。　ところにてハ、あかめきよむるよし。此ほとりに葛のこいつるとなん。

江府のかたをおもひやるに、おほかた半途ならんと、ひと〳〵もいふめる。

上野原へせきのより、三十四丁。

しゆくはつれ坂みち。巌窟おほし。のほりを諏訪坂といふ。上下ともに馬上あやうし。坂をくたりて、相甲両州のさかひ川有。右の谷あひよりなかれて、ひたり、さかみかはに入。川のむかひの山は相州都久《ツク》井領なり。河邊、水はいさきよくつくりなす。庭やまに似たり。さかひ河の土橋、両国よりかくるとなん。はしをわたりてのほれるさか、十三曲余。松のはやしを過てうへのはらの関所。関守小沢久右衛門。　せきやをこえて、右にいれるみち花井の関にいつる。奈須夫《なすふ》口といふ。安下越のしまり所なり。

すこしゆきてひたり〔ごぜん山　いのめ山〕、右に〔をくち山　さの引山〕見ゆ。すはむらに諏訪大明神。小社大木繁茂。

八九町過てうへのはらのしゆく。ひたりのうらに加藤丹後か家の旧跡あり。うしろハ鶴嶋川。いはきしたかく、まへハ堀切ふかく要害よろし。これより小仏峠へつゝきたる古戦場山見ゆ。

三国峠〔武相甲三州の峠〕右にあり。

しゆくのひたり川そひに、あら田むらといふまて東海道の馬入《バ》の渡しより舟かよふ。かはつら十五里を過て、するゑ海に入。みなかミハふしのねかたの水、ならこ河、花さき川おちあひ、こゝにいたりてつるしま川と号す。さかひ川のしもつかたより、さかみ川とハいへるとそ。

上野原休。宿、加藤文章。浪人百姓也。加藤丹後五代め。

鶴川へ上野原より、十八丁。

上野はら出はつれに、富士、群山のうへにそひえたり。ひはりも雲になく。

靍川かちわたり。洪水にハ渡りたゆ。けふは流水きよく山のたゝすまひしん〳〵とものふりたり。靍川の臺山谷に民屋おほく、きゝすの声もしけし。けん〳〵となけハ山ひこもこたへて、一つはさに四羽のひゝきあり。

垈《ノタ》尻へつる川より、一里三丁とそ。野田尻とも書り。

しゆくをはなれて、左に丸山おほくらと云古城の跡。堀切あるよし。

大椚《クヌギ》をへて観音堂。百観音巡礼札所とそ。

長峯山上の池にむかしハ蓮もありけるとなん。「長みねの池のおもてをてる月のむかしのにこりいまそすみゆく」といへるうたありと、扈従《コシヤウ》のものかたれり。たれかよみけん。追而可考。

此かみに城跡。池の丸といふ。むかし狼煙《ノロシ》をたてし所とそ。

古門の礎のこれり。門の名を陣門と号す。

井の跡くさむらにうつもれり。

大月へ坌尻より、三十二丁。

のたしりの宿のうしろに、大嶋大明神のもり。此中に観音堂。甲州卅三番札所、三十一番とも。

大野むらのまへ、切峯のみちをすきて、清水のなかれすゝし。此あいたの嶮祖、俗に座頭ころはしといへり。

大月、入口に筧ありて景すゝし。

下鳥沢へ大月より、一里十九丁とぞ。

この間坂みちなり。右に大巌あり。

恋塚鳥羽の故事のたくひありてやつけけん。新田、さんや坂、小栗坂をくたりて、君川の御座松といふあり。木立大繁なり。

猿橋へ、しもとり沢より、廿九丁。

上鳥沢の出はなれにおほひなる竹藪。竹のまはり一尺をよひなり。此竹、法性院の籏竿に切させ給ひしところとぞ。

三社。諏訪大明神　御嶽権現　天神。

すこし行て小橋。長六間。なを過〳〵て、四間計の小橋。二所。左にとがりたる山。ごぜんといふ。戸野上の城跡も猿橋の城山も見ゆ。ひらたけやま、くらかけ山、幽遠なり。小坂を下りて猿橋。長十五間高闌（欄カ）。かたはらに〔猿橋俗にさるのかけたる橋といふ故にさるをやまつりけん。〕

はしのうへより水きはまて十五間余。両岸こけふかく盤石そひえたちて、碧潭藍よりも濃《コマヤカ》に水うずまきて、白浪たかくひゝき、水煙常にたなひき、深きこと投千丈。かるかゆへに、はしくひいたすへきたよりなし。両涯《カイ》よりはね木をもてせいろうにくミあけ、中の間六七間かほと、はし桁《ケタ》をわたせり。旅客これを見のそむに、たましゐをせうせすといふことなし。ところのものハ、かよひなれてあやうきをわする。「ひとつはしあからめなせそ」とよみしふることも、こゝにそおもひいつる。はしのいさゝかかみつかたに、両岸より水上一間はかり、手水鉢に似たる岩出て、あらはなり。石中に水生す。祈雨のとき、この水をくミほせれは、小蛇出て川に入。そのときかならす雨車軸《シャチク》をなかすといひならハせり。ところの俗は、龍宮のかまとも釜か淵ともいへり。岩間の水、大旱魃《カンハツ》にも終にひることなしとそ。

猿橋に宿《ヤトル》。宿、奈良甚五右衛門。

こゝにてやまめといふ魚をくふ。かたちあゆ・あめのいをやうのものに似たり。替にとへは能《ノフ》くるしからすとそ。あちハひいやしからす。

四日　雨降晴陰不定。

駒橋へさるはしより、廿二丁。

しゆくをいて、左戸野上山、右わみやま、いはとめ山、雲半後をめくれり。

諏訪大明神の社。神木大樹也。祭礼七月十一日とそ。

ならこ川、土橋を渡りむかふに岩殿山ふもとに観音堂。十一面行基作。甲州三十三番。三重の塔婆。釈迦　文殊　普賢　行基作といへり。

山の三分の一、麓に七社権現の社あり。堂ハ四尺一間にして、九間に六間。岩の洞へつくりいれ、天井にはじねんのいはをもちひたり。山のたかさ八丁はかり。小山田兵衛か城跡に、池、むま場なとのあとありとそ。屏風岩、大黒《コク》岩、児おとしなと大巌あり。ひとゝせの地震に岩くたけて、岩のはさまを這《ハヒ》めくりてのほること、はなハたあやうかりしとそ。いま往還のために道をつくらせ侍りけれは、さはかりにはあらす。常楽院大坊。両山伏の持山也。十石の御朱印。

道のかたはらの小社。〔小山田か家跡とそ。〕此山下簗場《ヤナハ》より強瀬村《コハゼ》へ。綱渡りの舟なり。

大月の橋造《ツク》るときハこれをわたりて、いはどの山下をすぐ。

上権現、下権現。祭礼三月十八日。

こはぜむら、桂川のなかれハ清瀧川ともいほ（はカ）まほし。

駒はし入口の小橋、号駒橋。

鹿嶋明神の社。祭礼七月廿五日。

大月へこまはしより、十六丁のよし。

領内嶋〔縞〕、あゆなとありとそ。

上花崎へ大月より、十七丁。

しゆく過て、わんほう山。

大月橋、長三十四間。はしのまへひたりへゆくみち谷《ヤ》村へ。二里のよし。橋の下にてならご川、花崎川落あひ景気すゝし。

下花崎を過て、上花崎といふ。

まへた河あたらしく橋をかけたる径景なり。

青木はらにても領内絹を織よし。

中初鳫へ上花崎より、一里半。

左に天神の社。けや木八圍の神木有。疱瘡はやれるとき、此屋しろに祈誓なせハかならす利益ありとそ。

下初鳫。右にたきご山。鎮西か池とて池水あり。鎮西《チンセイ》為朝の母身をなけし池とそ申つたへし。此いけに鏡、櫛やうの女てうどめくものあり。祈雨《キウ》にかゝみをかり来れは、かならす雨ふるとなん。かへりまうしに、そのおほきさなるかゝみをさゝくるよし。一七日、いもゐせされハまうつることあたはすといふ。此ところたゞ山のうしろにして道よりハ見えす。

黒岱へ中初鳫より、一里半のよし。

此しゆくにて牛の子を見る。江府にてハめなれす。はゝうしのはらに立そひて、ありくにもさらにはなれす。むつましけなり。たけ二尺にはたらじと見ゆ。

瀧河原橋、長九間。それより天神峠の山道にて、見おろせは、しんど川なかれすゝし。あみだ海道といへる人家あり。

白野、黒岱と半月かはり驛継す。

白野にてよふことりをきゝて、

　ほのかにもたれよふこ鳥鳴つらんむかひし山も遠き淋しさ

けいりん寺、御朱印二十石。小山田出羽切腹せし古墳ありと云〻。山道にやうありけなる岩あり。たつねけれは、山神氏子のために鬼つなぎといへることをすとて、富士へのほるみちにてやすみし石なり。根いり幾千丈といふことをしらすとかたるよし。かくほといふところハ白野のはらといひしを、たひ〱火災ありしゆへ、小山田出羽この名にあらためしとそ。

左の田中に葭《ヨシ》しけれり。一眼のうなぎおひたゝし。しかしなから、よしう(きカ)なきをとることあたハず。此ところいなむら宮あり。このとかめとや。三月十五日祭礼。けや木の神木大園。

黒岱休。宿驛長、善左エ門。

鶴瀬へ黒野田より、二里半。

宿すきて追わけ。石のほらあり。左ハ御坂《ミサカ》越の道、右ハつる瀬みち。茶店あり。

笹子峠の山くちなり。

右の道におほひて矢立の杉といふ大木。左に藤花、款冬さかりなり。うしろに流水ひゝきたかし。草木しけりおほひて水音のミなり。

笹子越のほり。一里のよし。九折《ツツラヲリ》（九十脱カ）にして上の曲にて、あとよりのほる人にハ、手とゝくはかり見えなから、まかれるみちハはるかなり。「ちかくてとをきハくら馬の九折、はらからの中」と「枕双紙」にかける、けにさることそかし。連枝ハむつましきも有なん。峠にいたりて小社。天満神。

しばしいこふに、藤花なをさかりににほひ甚し。四五間下に茶店。都留郡八代郡のさかひ也。

下りの左の大山、草木のしけれる中より、瀧水三筋おちて暴布《ハクフ》〔瀑〕のことし。「たちぬハぬきぬきし人もなきものをなに山姫の布さらすらん」とよめるふること思ひ出て、龍門、ぬの引のたき波もかゝるにやとめつらし。山上ハくもおほふ。「雲井に見ゆる瀧の白糸」とよめる初花の眺望も。下り、一里のよし。

小松、かうそ、楊枝木名物。

田野より天目山栖雲寺へ、一里。

天目山ハ智恩院八宮良純法親王、配流のとき、謫居のところとそ。そのかミの国民尊敬して、豊饒《ユタカ》に年月をゝくり給ひし。勅許帰洛《チヨクキヨキラク》のゝち、中〱よろつとほしかりけれハ、京へなかされしと利口のたまひしとそ老従者《ロウスサ》かたる。

此山に湖水あり。それよりおつるを日川《ニツ》といふ。橋有。

むかふハ山梨郡。「続古今集」に、「足曳の山なし岡にゆく水のたえすそ君を恋わたるへき」と有。「たえすそ君か御代を」といはゝ、まほし。すへてけふの坂、幾《イク》千重といふことをしらす。山上、雲八重にして、雲中に入かとうたかふ。埜のかたハミな雲路なり。日川かはらにいたりて廣〻たる景境につかれをわする。

霾瀬入口に関屋。関守、佐藤新左衛門。柵の外、ひたりに田野へゆく本道あり。

勝沼へつるせより、一里三丁。

つる瀬を出、右ハ山、左の岸下ハ日川。此間二十間ほとを、横吹といふ難所なり。岩中を切とをし、みちとす。左右大巌聳《ソヒエ》かゝりてすさまし。「巌墻《カンシヤウ》の下《モト》にたゝす」といへる古語思ひいつる。馬、駕籠のらすしてよし。山上よりぬけいしにて退かたし。

柏尾山護念寺、〔本尊薬師御朱印三十二石〕。山門の額、黄檗悦山筆。右の山、この境内なり。松の木立よし。金剛力士門あり。鎮守ハいかなるにや。毎年四月十四日祭礼。舞臺にて児のまひありとそ。むかし十二坊、いまハ山伏よたり。へたうハ大善寺。

柏尾山の埜より勝沼川のほとり、えびかつらの架《タナ》うちつゝきおひたゝし。もやう藤架のことし。いつこかきりといふへきところも見えす。梨子梯又名物とそ。

勝沼に宿《ヤトル》。宿若尾次郎左衛門。蹴鞠飛鳥井門人とそ。

ところのさけ、ならひにしほあかめをくる。傍《ソバ》なるに此竹葉たうへさせけるに、酒の香はなハたあししとそ。

五日　朝小雨。辰之刻晴天。

栗原へ勝沼より、三十一丁のよし。石和へ下栗原より、一里廿一丁。

田中の茶店。白山の森とをく見ゆ。

近《チカ》津の土手。

長昌院、曹洞宗。そのちかきに水車見ゆ。淀の川瀬のなみもかゝるにや。

右に鵜飼山遠《テイシサンヲン》妙寺。八幡の宮もあり。由来《ユライ》を住持にとへは、いにしへ平大納言時忠卿、西海にて入水のとき、関東のもの、ふ、くま手にかけいけとり京六波羅にわたしつ。時忠ハ謀叛《ムホン》の張本《チヤウホン》たれは、かまくらの下知にて遠流に處《シヨ》せらる。然るを時忠の女《ムスメ》、容顔美麗《ヨウカンヒレイ》、世の人にすくれなさけもふかく、はかなき花、紅葉の露のことのはも人よりハことに侍り、しなたかくやごとなきを、大夫義経、心にしめつゝ色に顕れて恋わたり終に契りをかハし、まの浅からぬ妹背の中と成にき。そのよしみをもて、時忠配流もことのひく〱になれるかうちに、義経の奢侈《シヤシ》、日〻に増長《ザウテウ》のこと関東に聞えて、秀衡をたのミて先越路のかたへおちゆく。かのかめわり山にて産せしハかの卿の女《ムスメ》とかや。さて時忠もいかゝして遁去《ノカレサリ》けん。京師を出てこの所に蟄居し、漁父となり鵜をつかひ、左手をさしすなとりて、露の命をたすけ星霜《セイサウ》をゝくりける。石和の上《カミ》に観音寺あり。此邊菊川といへり。かミしも十八里、六丁一里がほと、そのかミハ殺生禁行の所なるを、時忠つく〱と思ひめくらして、自余の場はあまたの鵜つかひにて鱗《ウロクワ》もまれになり、みなこの禁場《キンシヤウ》につどひすだきつる。いかにそしてぬすミとらはやと、もとより積悪《セキアク》の人本性《シヤウ》の一念發《ヲコ》りつゝしミかたく、夜る〱鵜をつかひ、おほくの遊《ユフ》魚を獲《ヱ》ものにしける。これを村夫《ソンフ》、寺僧なとしりはてゝ、ミそかに人を伏せかの漁《ギヨ》翁の来れるを待とりて、終にからめ簀巻《スマキ》にして法のことくふしつけになして殺しけり。その時思ひけるは、出家《スケ》の人をころすのミかハ、剰斬罪《ザンサイ》にもせで活《イケ》なからうきめを見するくるしミ思ひしらせんと、瞋恚《シンヰ》のほむらをもやしつる。その怨念狐《コ》鬼となりて、此川によな〱あやしきもの火焔《クハエン》をふき、近村の土民、旅人のたくひをなやましけるとなん。其後八九十年へて、身延山の高祖日蓮行脚《アンキヤ》の時、こゝを過けるに是を見聞つゝ、さま〱教化すといへともさらに怨念滅《メツ》せず。後にまた日蓮、〔日朗　日光《(興カ)》〕を随身《ズイジン》して此所に来り、みかミやの追福《ツイ》に法華経を誦し、何万何千の石に要文の字を書、水底に入れ救《スク》ひける。功《ク》力に引たすけられて仏果をえ、怨念のかたちふたゝび眼にさえぎらず。波風穏《ヲタヤカ》にして、むらきミ、旅客のわつらハしきことなかりき。誠に方等の大乗、華厳《ケゴン》の妙法さることにや。かれ成仏の期《ゴ》に臨《ノソン》で慚愧《ザンキ》の功徳《ク》に罪障《ザイシヤウ》をのがれんと、鵜つかひて面白かりし有さま、柴漬《フシツケ》のかなしかりしくるしみを上人にまなひて見せしめけるとなん。さてこの所、往古《ワウコ》ハ菊川と書るを、鵜つかひ殺害せし後亡魂《ボウコン》あらはれてより、鬼苦《キク》《ヲニクルシム》河とあらたむ。然るにかの帛ひにて得解《トクケ》せしゆへに、能救《ノウク》の救の字を用ひ、鬼救《キク》《ヲニスクフ》川とかける。又石和の文字、往昔ハ伊沢たりしを、経字石《ジセキ》を水底にいれて鬼心やはらきつるによりて、石和とあらためかけるよし、住持かたりつると申。〔此事鵜飼の謡に有といへとも真偽出所等未考〕。

甲府へ石和より、一里十九丁。

宿外にいさわ川。笛吹川の末なり。

かはら、はゞ一丁ハかり。土橋のしもつかたに舟橋をかけける。これをわたる。「東路の佐野、ふなはし」よめるも、か〻るしさまにやとおかし。

横根村の山に穴観音。甲州卅三番札所。

右の山下、酒折村。松林に二社。〔天神　若宮〕。日本武尊を祀《マツリ》けるとぞ。新治筑波《ニヰハリツクハ》のことはも縁記（起カ）に書載《ノセ》けるよし。

猶景行《ケイカウ》の乱に有と云〻。

やまとふみに、

至ニテ甲斐国一ニ居于酒折ノ宮時ニ擧燭《ヒトモシテ》而進食ス是夜。以歌《ウタフ》之問テ侍者曰珥比靡利莵《ハツ》（玖脱カ）波塢須擬《キ》氏異玖用加祢莵流。諸ノ侍者。不能答言時ニ有秉燭《ヒトモシ》者續王歌タ之末ニ而歌テ曰伽餓奈倍氏用。（用ノ前ニアルベキカ）珥波虚虚能用比珥波莟塢伽塢即美タ秉燭人之聡《サトリ》而敦ク賞《メクミタマフ》居是宮以靫部《ユルシヘ》賜大伴連之遠祖武日也　上下畧。

茶店を過て持門臺あり。

善光寺山門、大門まて道より十六丁とそ見ゆ。これより城下の町軒を継り。外廓を入て、もの、ふの家居きらくし。着城。午刻。

塩の山さしての磯の濱千鳥きみか御代をは八千代とそことふき侍りぬ

甲斐拾遺

第二節　やよひの記

——享保二年三月身延山方面巡見——

解説の部

綱吉の側用人として定府であった吉保は、甲斐国を拝領しながらも一度も任国に下ることはなかったが、一大名として家督を相続した吉里は、他の諸大名同様参勤交代を務めるようになる。吉里は宝永七年（一七一〇）五月、甲斐国主として初入国をなした。二十四歳であった。その折の旅日記が本書第三章第一節で考察した「甲陽驛路記」である。

その七年後、身延山方面へ旅（おそらく巡見の旅であろう）した記録が「やよひの記」である。奥書から享保二年（一七一七）三月の成立とわかる。吉里三十一歳の時であった。この年は四月一日に甲府を発駕、江戸四谷に三日の九ツ半過ぎに到着しているから、[注一]その直前になされた旅である。

「やよひの記」は、吉里の私家集「積玉和歌集追加上」に「四季・恋・雑」の歌と共に綴られる一面十行、墨付二十八丁からなる小さい作品に過ぎない。しかし当時の学芸の香り高い大名が、公務の合間を割いてなした四泊五日の旅からは、さまざまなものを学び吸収しようとしていた積極的な姿と、信仰——殊にわが国固有の神道——や世情に対する考え方を窺うことができる。

『奥の細道』や『東海道中膝栗毛』などが世にもてはやされた一方で、個人の家集に載せられていたために、こうして埋もれてしまう作品もあったことを思い、本節に翻刻をする次第である。

なお翻刻にあたっては、句読点、濁点・半濁点を付し、引用と思しき所はカギ括弧を用いて示した。また適宜改行もなした。カタカナのルビは原典に付されてあったものである。和歌は二字下げで示した。

〔注〕

一、「参勤交代年表上―宝永七年より安永二年まで―」（『柳沢史料集成第六』平成九年・柳沢文庫保存会編）。

翻刻の部

（一）　三月四日・初日

やよひのころ、みのふへまうでんとおもひたちて、四日のつとめて旅たち侍る。年比心にこめて思ひ侍りしが、何くれと事しげきにまぎれて打すぎ侍りしに、人〻そゝのかしきこえければ、けふぞ出ぬるなりけり。比ほど空くもり雨降なんなどいひしろひぬれど、けさハ雲のけしきなをりぬ。されど道のほどハいたうくらきに、供なる者わづかばかりつれたれバ、例にかはりて心すむやうにおぼゆ。

道のかたハらをつとミれハ、大きなる木に藤のまとひて雲にそびへたるハ、こゝぞ布施村といふなる。此藤ハかまなしつ。通龍寺わたり迄水ふせぎのしるしに信玄のうへさせたまふとなん、藤塚となづくるとぞ。茶屋めかしき物も立たり。青柳村のなかハ、あたりのえの木の本に白山権現まします。左のかたに柳のいとたれてみどりの梢まじへたるハ、川水ふせぐ道ぎれうにうへたり。

鰍澤と云所より舟にのる。此川ハ名におふ富士川のミなかみにて、矢の弦をはなるゝごとくに浪さかしく、水底すミて、石すなごの水につれてながれゆくもめなれぬ心にあらましくおぼゆ。舟のながさ七間あまり、ハゞは五尺バかりにて、底ハうすき板にて岩にあたりてたはむやうにこしらへたればいとあやうし。ながれにまかせてくだすに、所〻舟のさハるべき岸、山ぎは、岩かどなどをバ、舟こぐおのこ、棹のはしにてよくるやうにしてくだしぬ。「千里江陵一日還」と作りしも、よくかよひたり。

右のかた、山のふもとに人のゆきゝするさまあるハ、府中よりみのふへゆく本道とぞ。松のはやし少しこだかくミゆめるハ、天戸大明神といふやしろなり。左の山に星倉の明神と名づくる神います。山ざくらさかりに咲て見所すくなからず。村の名もほしくらといふ。

それより猶舟の中にて右のかた見あげたれバ、松の木立ふりて森のしげミ木ぶかきハ、蹴裂の明神にてぞいまそかりける。いにしへ、この国ハミな湖なりしを、此神の威力にてこゝの山のはざまをけさきて川となし、富士川へミづをやらせ給ふゆへ、この国、陸となりしとかやいひつたへたり。所の名をハ鬼嶋村とよべり。森とおぼしくてさくらの盛なるに目とまりて、舟子どもに「いづこぞ」ととへバ、「妙遠寺」とこたふ。十七年餘りバかりさきに、澤の岩の間より十一面の像をほり出しけるを此寺に安置しけるとなん。

箱原村のほとより水ふかくてことに浪あらくおぼえたり。天神瀬と名付しハ、右のかた山の根のさし出たる所に北野をいはひ奉れり。此末にとつ坂といふわたしあり。山の根にそひたる道を新道とぞよぶなる。やまぶきのさかりなるころにて、駒ならましかバとめて水かハんに、舟の中、心なく舟子どもぞこぎゆく。

舟の中とまらぬ春の名残をハひとへにおしめ八重の山吹

などぞ口にまかせたる。

小山村、左のかたにみゆる。森の、舟のかたちしたる有。前嶋の右手にてとをく七面の山みえたり。まづみのぶにつきたるこゝ地してうれし。岩間村、やぶしかくれにて森の木だちしげきに、観音のます堂見えたり。切石村、右のかたに有。川くまに入ちがひてしバ山ミゆ。穴山梅雪が城の跡となん。こゝハさらに舟早くくだる。岩のたゞずまひほこさきをならべたらんやうにて、水のきをひうずめぐりておそろし。其かたハらに五六間ばかりの石あり。頼朝卿の洗濯石とよぶ。それにむかひ岩ミつならべり。其中に馬の面の形したる有。むかし此所にて頼朝卿ののらせ給ひし馬の死せしより、たいば石といふとぞ。山上を源氏がたけとなづけたり。むかし甲斐源氏の先祖住給ふ所とかや。そのわたりに岩を切とをして道とす。かけ橋たかくわたして旅ゆく人ハおそるゝにも、又魂をけすべし。右のかたにしろくさけるハ何の花ぞもとゝハまほしげなるハ山ざくら成けり。八日市場の大聖寺にてぞあなる。

たこ村の上にたかくみゆるハたいこ山と云。頼朝のゑぼし岩と名付たるハ、よくかたちのにたる故なるべし。左のかたに屏風岩侍り。折たるすがたさもいはまほし。

たゝみなす岩にせかるゝ川浪のたてる屏風の絵のこゝちして

右のかたより早川一すじ落合て波たかし。

こゝを過て石切の瀬といふ。ことに水はやくして舟いたうとし。山の木の石かど、めとゞめてみるがうちにけしきうつりて舟ハくだりぬ。村をバミやきといふ。下山村、右にみえたり。身延の奥院ぞミゆめる。猶ちかづく心ちしていと頼もし。帯金といふさとハ、此山のおくよりいにしへハこがね多く出たりしが、今ハ跡のミぞ残れる。佩井むらの右にあたり松の老木三もとあり。名を濱松とよぶとなん。

契り置て色ハかはらじ幾千代か我もみもとのはるの濱松

此里ハ日蓮師の大檀主、波木井六郎実長が住ける所なり。これより右にみのぶへおもむく道あり。なを舟にて九瀧村をすぐ。川のひだりハ水はやくして岩ほに舟あたり、多くハそんずとなん。

大野村右のかた、本遠寺見えたり。山ハ松、かえで、さくらのにしき色どりて、「都ハ春の」といふもこゝにハしかじとぞおぼゆるや。右にしのぎがたけとて、形するどに空にぬき出たる山あり。ふもとハ圖蔵院といふ寺有て森のうちこぶかくぞミゆなる。

つのうちといふわたりよりことに波はげしく立て、舟よりうへ一二尺あまりばかりうちあがるに、舟にも波入て人

〱さハぐ。左のかたハいたとり窪といふ。これよりや丶風ふき出て、舟の中なをやすからず。

米倉村、川瀬いとはやくいたう難所にて舟くだすことあやうかりしに、こぞの夏より瀬かハりて心つかひも今ハなし。やつがれがくべきためにてぞあなるなど丶、供のおいたる人のつぶやくもおかし。水の中ほどに鼠石あり。むかし、米倉村のねずミ、粟の穂を引て川のむかひ、せいこむらへこゆるとて此石にて休しゆへとぞ舟子どもかたれり。いやしき人ハか丶るすじなき事も誠とこ丶ろへて語るもあはれ也。

いてう木村ハいにしへ、大きなるいてうの木侍し故の名とぞ。左のかた、わらひ石といふいはふたつならべり。ながさ九間あまりも侍るべし。右に六本とよぶ松生たり。山のすこしさしはりたる所に神明た丶せ給ふ。岩かど見どころおほきに、松のあやしきかたちしたるなどありて、おもふ人に見せまほしきけしき也。つゞきてしのべがたけ、舟板山などミゆ。川舟つくれる板の出る山となん。

左に舟取石といふ岩、いにしへハことに難所にて、これにあたりて舟をそんじけるが、今は瀬かはりて心づかひなし。千鳥しバなきて舟の中も心をなぐさむ。右に獅子の山あり。石のかたちのよくにたるが侍しゆへとぞ。今ハ山くづれ、瀬かハりて、石ハ沖にしづミしとなん。これより猶風つよく空くもりて川かぜいとさむし。衣かぜ山ハ此国のうちならねバいか丶はせん。

ハた村不動の堂ミゆ。不動瀧とてほそき瀧あり。木おひしげりてけしきた丶ならず。福士村といふ里のおくに、炭焼と名づくる山より樫木多く出て、兵仗の柄によろしきよしつたふ。

右のかた白鳥山そびへたり。これぞするがの国のさかひにてあなる。万澤村の右の山にほそき道ありて、かたハらに列行松といふまつあり。かの上人こ丶に来れるにや。くまなくも見めぐらひけるひじりかなと、むかしの事も面かげにうかび侍る。

是より舟をおりて左のかたに十嶋関見えたり。右のかた、河原をあゆミてほくろ坂に影本寺などいふ寺あり。日もやう〳〵かたぶくほどにとまりにつく。あるじハ何がし幸左衛門といふ。いをやうの物もて出てけいめいしあろく。やどのさまいと所せげにて夜もいをやすくねず。かたハらなるもの、かれこれめせども、ひるのつかれにて出こず。ことハりなれどいとにくし。

（二）　三月五日・二日目

あくれバ五日。空のけしき心よくはれて、とく出たちたれバ、又山川のすがためさむるこゝちす。万澤よりもとこし河原をかへりて、ふしの山猶まぢかく山〳〵のうへにひとりそびへたり。

左のかた山ミちにかゝる。さんやう村など云里を過て、列行坂へゆくつゝら折なる道にて、上りハ九のめぐり、くだるミちハ十めぐり有。いはかどさかしく人〻あゆミこうじたり。ミねにきのふミたりし列行松の立たるかたハらをゆく。かのひじりのさし木にせしがねおひ、えだ葉しげれると所のものハかたりつたふるとぞ。

福士村もきのふミし所なるを、けふすぐるもおもしろきハ旅のならひぞかし。築井といふさとに篠井明神のほくらたてり。此わたりに狼煙城といふ山有。原大隅が城かまへたる所となん。福士川つねにかちわたりなれど、やつがれがとをるべきれうにとて橋かけたり。昨日過し川ミちハ右にあたりて見おろしたり。この道、がけのはたにて十丁ばかり、道のはゝ一間ほどなるべし。岸ハ屏風を立たらんやうにてあやうし。

山のかたより石の小さやかなる、大きなるが六つ五つはら〳〵と落たり。人〳〵おどろきて「猿にや」などぞいふ。「両岸猿聲啼不住輕舟己逍萬重山」といふ句は、きのふおもひし後の聯なれば、こゝにぞつかまほしかりける。猪《カリ》根村、小川ながれたり。左のかた山道ハ谷の間をゆくに、ほそき清水ありていときよら也。大和《ワ》村、戸梨村などいふわたりハ河原をすぐ。南部村もきのふ舟にてミし所なり。此河原にてひるのかれいゐした、む。妙誠寺などいふ寺より餐し侍るとて人〻に茶などいだす。かまをもそこにとり出てせんじぬ。釜ハ寺の重寶にてあしやなるよし。いづれも〳〵めなれぬ事どもにてめづらしくおかし。町の家居のうらのかたハ、南部山城守住けるあと、なん。井《青か》蓮池などいふめるハ今にあり。下のながれを南部谷とよぶ。圖蔵院となづくる寺あり。

こゝをたちてゆくに坂ありて、古井のかたハらに石碑に法華の百題をえれり。いぶかしくて尋しかバ蓮師、此水にて手あらひ給ひし様が清水といふよしかたる。

栢木坂ときこゆるハ、かやの木あまたおひたれバ名づくるとぞ。此さとをバ中村といへり。あひまた川、ほそき橋かけたり。此川は此村とかのむらと、あひまたがるゆへの名のりなりと里のものハかたれり。村の名をもしか名付たり。夫婦石といふ石、ふたつならべる所ハ梅平村といふ。

今少しゆきて左のかたに身延の惣門たてり。まづ本遠寺にまうでんのこゝろざしあれバ、右のかたへゆくに波木井川をわたる。川原のほど五丁あまりにて、大野にゆく道のうち、諏訪のやしろ、波木井六郎が墓の跡などいふも侍り。本遠寺にて僧侶出むかひ、宝物など取いづ。其うちに石あり。其箱のうへにかく書たり。

従恩尊霊御廟石出玉依為亜相源頼宣公御遺旨黄門光貞公當峯納之者也

寛文十一辛亥年三月十五日　一乗院　日誉

黄門之御使者権田百助

また當寺開基上人日遠、鎌倉にて殺害せられんとせしころ、長性院の給ひなだめられて、白麻の袴をたびけるとて是も取出て見せたり。又長性院の廟所より出たる石のわれたる中にミすみのかたちしたる物あり。長性院の紋たもたるなれバ、かたち似たるとて宝物とぞ。其外ふるき太鼓など侍り。

それより寺の内せうえうして見侍るに本堂ハ釋迦。多宝、遠師のつくれる仏となん。祖師堂、位牌堂などいふも立たり。本阿弥光悦が書るよしにて本遠寺といふ額かけたり。山号ハ大野山と名づく。

や、夕日かたぶくほどに、みのぶの惣門をいりて左に祖師の堂たつ。佩井の実長に初て蓮師の逢し所とて、逢嶋の祖師堂といふとかや。みのぶ川に橋わたせり。極楽ばしとよぶ。極楽浄土ハみだの御国にて侍るに、法華の宗の山にいらんはじめにかく名付たる、いかゞとぞおぼゆる。寂光の橋などゝあらまほし。

狐町などいふ所を過て山門に入る。左右に力士たてり。此像ハむかしかまくら六浦のはまよりあがれるとなん。ゆめの告にて妙法と云おのこ、二体をひとりしておひて此山に来れるとぞ。妙法が像をもかたハらに立たり。楼のうへに釋迦ほとけいます。右ひだり羅漢をすへたり。さま〴〵のかたちしていとたうときさまなり。

なみうへたる大きなる杉の下をすぐるに浴室などミゆ。石のきざ橋を上るに、かたハらなるものに仰せて数よませたれバ、二百九十三段あり。所の者ハ三百七十二段といひつたふるとなん。かゝるはかなき事にもいつはりあるハ、いやしきものゝならひなるぞわびしきや。これをのぼりて二天門、万燈堂、太皷楼、鐘楼、舞臺などいふも侍り。この所にて年〻十月十二日に児のまひといふことあるよしかたる。

本堂　　中に三宝。うしろ増長、廣目。前に四ぼさつ立給へり。

祖師堂　六老僧のうち、日向聖人作れる。蓮師、遷化のゝち百ケ日のほどにきざめりと云り。長二尺余。

位牌堂　　中に釋迦の像を安置し、左右に位牌あまた立たり。

位牌堂のうしろに、ちいさやかなる鐘楼あり。此かねハほかの寺に有しを信玄こゝにうつさせ給ひけるとなん。右のかたへむかへば廊下橋あり。通出といふ。光悦がかける額かけたり。下ハ鶯谷となづく。水音たかくひゞきてこゝろをあらへり。

方丈　　玄関の破風に、桐、あふひ、蝶、かしハなどほりものあり。おもてのかたに会合所などいふ所あり。客殿の床に墨絵の瀟湘八景かけたり。

光悦筆と有。左のかた座敷二間、上段など付けたり。うしろに湯どの、かはやなどあらたにしつらひて、やつがれがくべきまうけにしたり。其外上段にあげ畳などをきてゐまに定し。これもやつがれがためのけいめいなり。

唐門あり。関白秀次公御母こんりうのよし。

此門立てより此かた、あけたる事なかりしに、こたみやつがれがまうでしゆへ、はじめて明たるなど僧侶かたハらなるものに語りしとなん。

古法眼が絵の間などいふ所あり。今ハしらばりづけにて、絵をバミなかけ物にしたり。

方丈、居間ハ金の張付に狩野春岑ゑがきたり。

庫裏ハがけ作りにて山水をかけひにしていとおもしろきなど、かたハらなるものかたりし。かゝる所までをバミづからミぬぞ口おしき。

経堂　　はしらかべなど金にて、三重の塔に水晶をはり、中に蓮師自筆一部一巻の法華経を安置しぬ。

骨堂　　蓮師の真骨のよし。水精の塔に入。

うしろに蓮師つくれりし大黒の像、ならびに舎利塔あり。

千部堂　　諸国より納経せる所となん。

所〳〵なを多けれど、こまやかにかゝバ筆にも及バず。身延地志めきてやくなきわざなれバかゝずなりぬ。

やう〳〵くれになりて、東谷覚林坊にやどりとりてしバらくやすむほどに、みのぶ聖人の送り物とて何くれともて出たり。あるじの法師もこよひのなぐさめにとてさま〴〵けいめいす。信立寺、麓坊などいへるも品〳〵の物送る。

こよひハよべのやどよりすこし心のぶるやうに思ふほどに、初夜のかねなりて心もいよ〳〵すむ。「始覚浮生無住着頓念心地欲帰依」と作りしもげにとおぼひたり。

（三）　三月六日・三日目

六日つとめてに二王門の前にながれたるみのぶ川にそひて山へのぼる。山吹のさかりなるいときよげにて心すゞし。田代などいふ所ハふるきつかこけふかく、新碑文字あざやかにてあはれふかし。谷川をわたるに丸木のはしわたしたり。すべて〳〵かゝるふかき山にハ、めなれぬ事ども多くていと興あり。

なをゆきて七面大明神とかける額かけたる鳥井立り。蓮師の庵の跡に高座石あり。こゝぞかの師の九年のあいだ説法し給ひし所となん。きのふミたりし堂塔のさまにかはりてずしやうにおぼゆ。かの本堂、方丈などハこがねをしき、玉をかざり、人の目おどろくやうにとこしらへたり。かゝる事ハ世すて人のあるべきさまかハ。国のたからをつゐやし、まづしき民のうるほひをうバひて何の詮なきわざ也。この堂塔立たらんこがねをもちて、いやしき民、かたハなる者をやしなひ侍らバ、まことに仏の慈悲とこそいはめ。すでに高座石などゝいへば、高祖蓮師は樹下石上にこそおはしけめ。後〳〵の僧侶ハかゝるふかき心をバしらで、からの大和の珍しき木をあつめ、朱をぬり、碧をいろどりて無益の寺を大きに立ぬるハなげかしき事也。人ハ仏法のさかんなりといへど、やつがれハ道のすたれたるなりとおもへり。

「さらバなど国のあるじハ城をかまへ、との作りをうるハしくハするぞ」といはんずるなれど、これハ民に威重をしめさゞれバしづめがたし。城、やぐらハあだをふせぎて民をやすんぜんがため也。なんぞ乗門のおり所と日を同じくしていふことをうべきや。

それよりこゝを過て坂のうへに松の木の休といふ所あり。祖師堂など立たり。左を見めぐらせバ、次郎嶽、白鳥嶽といふもミゆ。廿四町のぼりて谷水きよくながる。供なるもの、こゝにて少しいこひて水むすび息やすめたり。また十丁バかりのぼりてたいらかなる所あり。しゝの頭と云。鹿あつまりてあそぶ所といへり。

是を過て奴多山万部寺といふあり。朝日の祖師といふ像を安置しぬ。これぞかの師（于時三十一歳なり）の朝日にむかひてはじめてほけの題目をとなへ給ひしかたちなるよし、あるじの僧かたりぬ。

赤澤村妙福寺といふ寺にて人〻またいこひて、これより坂をくだる。河原へおりて七面の一の鳥井につく。かたハらに座頭小屋といふ寺あり。あやしき名をもかうぶらせたる物かな。

こゝより山のうへ五十丁のぼるときくに人〱おもひこうじにたり。坂へかゝりてけハしき事いふもさら也。まへにのぼる人の足ハ、うしろなる人のいたゞきにあり。うしろの人のいたゞきハ、まへの人のあしの下になりてのぼる。二町ほどにて少しやすむべき所ありて息つきたるに、左のかたを見あげたれバ、白糸となづくる瀧の二すぢにわかれてみどりの木末を分つゝぞ落くる。「一條界破青山色」といひしよくもいひける。

　二すじも末ハひとつにむすぼゝれ岩にぞまどふ白糸の瀧

いづれも〱哥ハよくもあらざりけれど、かゝる折ハ心をやりてよみたるが、後ミるになぐさむ物なれバ書つくる也けり。下のはるき川、はるかにながれ行と云を聞て、その言葉ぞ哥にもよまれんとてまた、

　ふもとにハながるゝ水のはるき川はるかにミゆるしら糸の瀧

中の休ミといふ所に寺ありて、こゝにも蓮師の像まします。猿坂といふ所ハ、山ふかく木〻のえだにこけ生たり。

所の物ハさるおかせといふ。「是ハ日かげのかづらといふ物にてあなるに、ことやうなる名をよべバいやしくも聞ゆる物なり」といへば、人〳〵「珍しき事き丶たり」といふ。「つたなき事也。哥よむ人ハさるあやしの物までもくまなくしる事ぞかし。きんぢらも今よりハ心にかけん事ぞ」とをしへいふもほこらしき事と思ふや。

蘭坂などいふ所をこえて七面山にいたる。ミねに鳥井ふたつ立たり。右のかたにひとやどりなど有。こ丶よりかひがね、ふじの山など、たゞはひわたるほどなり。これを一丁ばかり跡にして、七面の宮にまうず。随身門、鐘楼などあり。宮のうしろにまはれば、池のひろさ四十間計もあるべし。みさびうき浪あをくしてけうときさまなり。これやかの神の、おろちのすがたにて入し池となん。木陰の雪消のこりてそゞろさむく所から身の毛たちておぼゆ。

それよりもとこし坂をくだらんとするに、「日もくれなん」と人〳〵いふに心あハたゞしくて、のり物ハ中〳〵道もおそかるべけれバ、かちにて下らんといふに、人ミ「いかゞ」などとゞむ。か丶る時こそ人〳〵のすくよかなる事もこ丶ろむべけれバ、「だれも〳〵やつがれにつゞきてこよ」とてひとりさきに立てハしりくだるに、ミなこうじにたれどいそぎおりぬ。そのほどは道をくれなんと思ふに心ひかれて、かくはせしかど、後おもふにあるまじき事したりかし。

かくてゆくほどに、はしか嶋といふ所にて日くれぬ。追分の茶屋すこし過て松どもともし立て行に、長坂などいふ坂を通りて鼻ケ寺《ハナカテラ》といふにいたる。是は此寺取たてし僧の鼻なかりしゆへの名とぞ。「さらば落花寺などいはまほし」などいふて人ミわらふ。

牛か瀬、水谷などいふわたりを過て奥院へいたる。本堂に祖師の像たてり。是も日向《(興カ)》の作りたるなり。左右に妙日・妙蓮といふ夫婦のもの丶像あり。二王門、石燈籠、大黒堂、常題目堂、経堂、三光堂たてり。ぬれ仏などいふもたはれたる名のりなる。五重塔、鬼子母七面、位牌堂あり。東照宮などいはひ奉れり。

常行坂のなかバあたりにふじミ石あり。蓮師の富士を見給ひし跡といへり。此ミねより安房のくにミゆるとかや。そのかミ蓮師、此ミねにのぼり故郷をのぞミて父母のつかを常に礼し給ひしといひつたへたり。ふるき人ハか丶るすじようの事のみぞおほき。まことに此宗旨を六十六くに丶ひろめ給ひけんもことハりなるひじりかなとぞおもひためる。やう〳〵として後夜過るほどに坊につきてやすむ。

（四）　三月七日・四日目

七日、やどりを出てまだほのぐらきに、右のかた、霧のそこにそびへて五ケ府峯、椿かへり山などミゆ。下山村といふ所に長谷の観音を安置したり。此所に穴山梅雪すミしころ、都の景をしたひて、祇園、清水、北野、賀茂などのやまのた丶ずまひ、川の心ばへをうつせりとかや。今ハ在家となりて其跡だにもなし。龍雲寺といふ寺は、武田甲斐守義松朝臣の開基にて、代〻の廟など侍り。見いれ木ふかくむかしおぼへてあはれなり。本國寺のうちに八幡のやしろをいはへり。是ハ梅雪が宮となん。また常澤寺といふハ、大前伯耆といふもの丶寺なるよし、所のものかたる。

河原をいづれバ早川ながれたり。舟にてわたる。此わたしを過て飯冨といふ所なり。八幡をいはひ奉れり。村の翁のかたりしハ、むかし孝謙天皇、弓削道鏡と共に此所へながされ給ひしに、みかど「此所ハ都のならだ」との給ひしより、村の名をならだといふ。そのころ奈良田にてみかどうせ給ひしが、都にハいまだその事さだかならざりしゆへ、御使ありて供御をまいらせけるに、さる事ありと御使き丶て、供御を此村にすてつ。所の民、是をとりて帰りし後、冨る人となりしより文字を飯冨と書。みかどうせ給ふよしの使と、都よりの使と逢たる所ゆへに「あふ」とよみ侍るとかや。されど孝謙のミかど配流の事、何の文にも聞侍らず。道鏡ハ下野のくに丶ながされけるよし、ふるき文に見えたり。いかゞとぞおぼゆる。

八日市場に大聖寺といふ寺あり。本尊ハ不動明王にて、弘法大師の作なり。大聖寺ハ新羅三郎の法号なり。すなハち義光の像あり。其外、信玄の像、武田家系図、信玄の劔ならびにけさなどあり。かゞ美次郎遠光再興せしといへり。日下り坂の下に河原みえたり。いにしへ此河原に不動の像いましけるより不動嶋といへるとぞ。

切石坂ハ所の民、石をきりて出せる道なり。こゝハ舟より見えし穴山が城跡といひし所なり。甲斐の古はしなどいふハ、さる名よぶべくも思はぬわづかなる橋をかくも名付たる。ふるき所ハかうやうの事もおもしろくぞおぼゆる。

手折澤、ふぢやさかなどいふ所を過て前嶋村にいたる。民のなりハひに紙などすく。めなれぬ事にて是もおかし。右のかたをミやれば河原あり。東河内へゆく渡しなりといふ。

つむぎ村にてひるのかれいゐした〻む。われ石坂ハ、山家村の中ばにて道のほとりにわれいしとよぶ岩あり。所のものいはれなき事をいひつたへたれど、やくなき事なれバもらしつ。

黒澤村に城とりたる跡あり。右のかたに旗立山などいふも有。いかにしたる事とも所の人もしらずといふ。大鳥井と云所にも七面をいはへり。まだくれやらぬほどに市川大門村につく。こよひはこゝにやどるべきなれど、日も高ければ其わたりせうえうしあろく。八幡の宮などおはす。此所にも紙などすきて民のすまゐもにぎハゝしく見えたり。

（五）　三月八日・最終日

八日になりて、けふハ府中に入るべき日なれバ、道のうち急ぎもゆかまほしけれど、「程とをからねバせうえし侍るべし」と人〳〵もよほす。あかつきの鐘と共に市川をたつ。在家の末に毘沙門の堂あり。河浦山薬王寺といふ。花園院の御字に尊逍法印といふ僧の開基せしよし。宝物ハ武田逍遙軒筆の十二天の画像、同じ筆、信玄川中嶋合戦の図あり。

御崎の社ハいなりにてましします。むかしは市川の文殊とて神にてハあらざりしを、今の神主市川内膳がおゝぢ神道にこゝろざし有て、文殊を外へうつしいなりを勧請せしとなん。ゆゝしくもしたりける事かな。

あがれる世にハ神道をたうとみけるに、中比、弘法伝教の二大師、両部習合の神道といふ事をひろめをしへて、何の神の本地ハこのほとけ、くれのぼさちの垂跡ハその神にてましますなどいひけるより、神代の神のやしろにも社僧などいふものありて、神職の人ハないがしろになされ、ミな仏ぼさちのために神の威をもうしなハれ給ふ。

そも神すなハち仏なりといはゞ、神をあがめ奉るハ仏をたうとむるなり。我国は神のあらはれましします所なれば、わづらハしく異国の仏の道をもとめんよりハ、是をすてゝ神道をあがむべし。これ神をあがむるハすなハち仏をうやまふなれば也。我国の神のをしへにそむき、異国の法をたて、かしらをおろし、衣をそめ、仏をたうとまざれバ、神の心にかなハずといはゞ、一躰なりと云事あるべからず。もと仏ハほとけ、かみハ神なれバ、仏をバほとけのをしへにたうとみ、神ハかミの道にてあがむべし。神仏をひとつ道になして、ミづからの方人とせんとするハ、心術も正しからぬ事なり。

これもよしなき筆のすさびなれど、此人のさる事にも迷ハず、ミづからの道を守りけるハ、まことに有がたき心ばへなりとおもへバかくハ云なりけり。御宮の鳥井ハ石にてくづねのかたちを上につくれり。随身門、鐘楼、籠り屋、宗源殿などあり。宮のかたハらにくま野をいはへり。其外神楽殿、御こしやどりなど侍り。

大塚村を行て浅利むらにいたる。右のかた、弓立森の諏訪のやしろハ浅利与市をいはふ。与市が号を寶弓寺殿といひしを、今ハその寺の文字を法久寺など書かへけるよし。矢の根塚ハ与市が村たる矢の根をあつめて塚にきづき侍し名なり。

またむばつかとよぶも有。是ハ村の老女、田づらに行て田にしをひろひてありけるを、笛吹川のむかひより与市が目に「白さぎよ」とみて討てころしつ。よりて見てあはれとおぼいけれバ、つかつきてむくろこめけるとなん。

上向山村に、ちくハんのミやとなづくるハ八幡にておハします。七覚などいふ川ながれたり。左右口村にてひるのかれいゐしたゝむ。府中にもちかけれバ、其わたりせうえうしあろく。

七覚山圓樂寺といふてらハ真言宗にて、回国するもの、札納る所なり。右のかた、雲にそびへてたかくみえたるハ、駿河のくに大宮へ出る道にて、迦葉坂などきこえし難所なり。午の刻さがり、こゝを立て下曽根といふ所へゆく。右のかた石和よりかよふ道にて、蓮師かまくらよりこのくにゝ来たり給ひしときの道となん。日蓮のこしかけ石などいふも侍り。小曲の明神は小曲といふむらにおはせり。

笛吹川ハ子より酉のかたにながれたり。笛の音とりといふよりかくハ名付しなり。ふぢのさかりにていとおもしろし。畔村におてんすゞといふ宮あり。森のうちにおはす。天よりふりたる人形を神にいハふといへり。

下小河原に日よしの宮たゝせ給へり。やつがれがうぶすなのかミなれバぬかづき奉る。こゝより田のくろを行過て住よしの宮いませり。和哥のかミにておはせバ心ひくかたにてけふ城に入らんにいとたのもしくおがむ。

やう〳〵町くだりのぼりて、酉の刻ばかり城に帰り侍る。

享保二年三月、不佞詣身延道程、所經歴、山川之賞覧、寺社の沿起、訪諸村翁野夫、筆其口碑云

侍従源朝臣

第四章　書　写

第一節　吉里筆『伊勢物語』

解説の部

（一）　急刻書写の『伊勢物語』

大和郡山市教育委員会保管の「豊田家文書」の中に吉里筆の『伊勢物語』がある。黄緑色の平織絹表紙を持ち、竪・横二十五センチの升形本で、墨付き八十三丁。桐箱（一部破損）に収められている。奥書に、

右伊勢物語全部依或人之所望
急刻令書写遣者也
宝永六年周正初二
甲斐拾遺水原吉里［花押］

とある。ここから、宝永六年（一七〇九）正月二日の書写と知れる。宝永六年一月初旬というのは、前年十二月末に綱吉が不例になり、柳澤家としては心配の渦中にあった。

吉保時代の公用日記『楽只堂年録』宝永五年十二月廿八日の条に、

少々御不例なる故に表への出御なし、

とあり、翌日廿九日の条には、

一、御不例なるによりて、吉里・安通・時睦も登城して御機嫌を伺ふ、
一、今日、御講釈納なるへきを、御不例なる故に止む、
一、晩七つ半時過に、再ひ登城して御機嫌を伺ふ、

とある。既に暮れも押詰まった廿八日に御不例が窺われたため、翌日、吉保は継嗣吉里、町子腹の二男児安通・時睦を伴い見舞いに参上。この日は学問好きな綱吉の漢籍講釈の納会が予定されていたのであったが、それも当然中止。吉保は余程心配であったとみえ、一旦帰宅したものの、夜も遅い十時頃になって再び登城して見舞っている。注一

その中で迎えた宝永六年。元日の年始参賀には、綱吉の養継嗣家宣が代理で拝賀を受けた。「二日になりて、『御麻疹《はしか》見えさせ給ふ』など言《い》ひさゝめく」（『松陰日記』注一同書、九四八頁）。当時巷では麻疹が流行っていたが、注二まさか江戸城の綱吉のところまで及ぶはずはあるまいと、周囲は勝手に楽観していたのである。

この後、吉保の必死な看護のもと、綱吉は快復の兆しを見せ、九日には酒湯に入るほどになった。注三こうなると周囲は一安心とばかり、快気祝いの捧げ物などが各所から献上されていた。しかしその夜半に病状は急変。綱吉は薨去となるのである。

（二）　異母妹の嫁入道具か

それはさておき、吉里が筆をとったと奥書に記した「初二」は、綱吉の不例が麻疹であることが分かった日である。もっともこれは書写が終了した日であって、『伊勢物語』はそれなりの長さを持つ作品であるから、全巻書写には少なくとも一週間程度の時間は要したであろうから、書写開始は十二月二十五六日であったと推測される。書写を開始して間もなく綱吉の不例が起き、二十九日には町子腹の弟二人（安通と時睦）共々登城して見舞い、元日は家宣を拝賀しただけであった。そうした日々で迎えた二日である。恐らく落ち着かない気持ちでいっぱいの中でなされた書写であったのが窺える。

奥書に「依或人之所望急刻令書写遣者也」とあるが、依頼主は未詳。ただ「急刻」とあるから、相手が書写を急いでいたことはわかる。

一方箱書には、「屋形様御筆」「藪田拝領」とある。柳澤家で「屋形様」と呼ばれたのは吉里。藪田家は、代々柳澤家の家老職を勤めた重鎮であることは、本書第二章第三節で「豊田家文書」を説明する中で述べた通りである。恐らく『伊勢物語』は藪田家に嫁いだ吉里の異母妹増子の結婚祝いではなかったかと考えて来た。注四しかしそう考えると、或人から書写を依頼され、急いで書写して遣わしたとある該本が、増子の婚姻の折に祝いとして登場するというのは、いささか経緯がわかりずらい。

（三）　すめの御方の出産

ここに気になるのが、『楽只堂年録』宝永五年十二月二十二日の条に、

一、今朝西の丸にて若君様御誕生なるよしを、五つ半時前に間部越前守詮房手紙にて告く、やかて西の丸へまいりて、それより登城す、
一、若君様を大五郎様と称し奉るによりて、家中に令して、大五郎といへる名を改めしむ、
一、若君様の御母は、櫛笥前中納言隆慶卿の養女、実は園池中将実守朝臣の姉にて、すめの御方と称す、

とある記事である。

すめの御方は家宣（西の丸）の側室であるが、この度若君を出産したというのである。そしてその懐妊にあたっては、町子が「ゆはた帯」を献上していた。町子の表向きの父親正親町大納言実豊の北の方が、すめの御方の叔母にあたる縁に依るものであった。[注五]

すめの御方の出産にあたり、その祝いの品の一つとして、すめの御方に贈ったのが当該『伊勢物語』ではなかったか。「依或人之所望」の「或人」は、すめの御方への贈呈を発案した吉保で、それを婉曲に吉里は「或人」とだけして実名は記さなかったのであるが、『楽只堂年録』に辿れる将軍家やその周囲との交流を勘案する時、決して突飛な行為ではない。

（四）　すめの御方と異母妹増子

すめの御方へ贈呈する古典籍の書写を依頼された吉里は、「急刻」書写を開始。その間、述べたように綱吉の不例が挟まり、心配の中でのそれであったが、ともかくも翌年一月二日に終了、奥書を記し付けた、そういう経緯が浮かび上がってくるのである。

では、なぜそれが増子の嫁入り道具として加わったのか。これは後年、すめの御方から贈られたという形をとったものではないかと考えてみた。増子が藪田家に輿入れする時、注六既に吉保は他界、吉里が柳澤家の惣領として采配を振るったはずで、それを聞きつけたすめの御方注七（蓮淨院殿）は、かつて吉保から贈られた吉里筆の『伊勢物語』を、改めて贈ることを考えたのではないか。

吉保亡き後も、吉里は甲斐国主として、後には大和郡山城主として、十五万石の大名の面目を保ちつつ、かつての知人、親戚、家臣等との交流も絶やさないでいたのは、吉里時代の公用日記「福寿堂年録」に充分知られる。その中にすめの御方との交流があっても、不自然ではないのである。

宝永六年時点で二十三歳であった吉里が、父吉保の依頼で急ぎ書写し、男児を産んだ祝いの品としてすめの御方に贈られた『伊勢物語』は、こうして増子の嫁入り道具の一つに加わったのではなかったか。

（五）　すめの御方と定子

しかしここでもう一つ解決しておかなければならない問題がある。当該『伊勢物語』の本体は、奉書紙に包まれて桐箱に納められているのであるが、その奉書紙の上書きには、箱書きと同筆で「伊勢物語」と題名が中央に大書きされ、その右脇に、

屋形様
御筆
正徳三巳年拝領也

と記された貼り紙が貼られている。これを箱書きにあった「藪田拝領」と合わせ見ると、藪田が拝領したのが正徳三年ということになる。この時、宝永六年三月生まれの増子はまだ五歳。[注四]嫁入り道具云々の時期ではない。ということは、藪田家へは別な理由で渡ったと考えざるを得ないのであろうか。

すめの御方（蓮淨院殿）の男児出産を祝い、『伊勢物語』が急遽書写され贈られたところまでは一応認めるとして、その後、藪田家へ渡るまでを再検討し、そこに考えられる可能性を以下提示しておきたい。

すめの御方は正徳二年（一七一二）十月十四日の家宣薨去をうけて出家し蓮淨院殿と号した。[注七]出家するにあたり、彼女は『伊勢物語』を吉保正室定子に贈ったのではなかったか。定子を嫡母と仰ぐ吉里がかつて書写したそれは、以前にも綱吉から歌書類を贈られ（『楽只堂年録』）、自らも和歌を詠んでいた（本書第一部第二章第七節「定子の手鑑」）定子が受けるに相応しいものであったと考える。

ところが正徳三年九月、定子は逝去してしまった（同上節）。定子の遺品となった『伊勢物語』。柳澤家の家臣の重鎮として柳澤姓も許されていた藪田。そこへ贈られる可能性はあったように思う。「正徳三巳年拝領也」がそれを語る。もっとも、藪田へ下賜されるにあたっては、将来増子（当時は国と呼ばれていたのは既述）と藪田守邦の婚姻がなされることが予め取り決められており、それを諒解の上であった可能性もある。

となると、定子が生前、蓮淨院殿から贈られた『伊勢物語』を、年若い側室祝園閃子が産んだ女児、自らが「国」

と命名した女児の将来を見据え、藪田家との婚姻を射程距離に入れて遺言していたなどといったことも考えてよいのかもしれない。

牽強付会になりつつある。ただ、言えるのは、吉里筆の『伊勢物語』が宝永六年一月二日に書写され、それがどういう経緯かは確定できないながら、正徳三年には藪田家が拝領するところとなったという事実である。

（六）　天福本『伊勢物語』と吉里

当該『伊勢物語』は、本文系統としては天福本系統であるが、書写に粗雑な部分も見られ研究対象とはなりにくい。もっとも粗雑にならざるを得なかった事情は、綱吉の不例を案じつつのそれであったからであろうと考えるのであるが。

柳澤家には嘗て綱吉から拝領した『伊勢物語』があった。『松陰日記』「十三、山さくら戸」七段で、元禄十五年四月六日の神田橋上屋敷の炎上が描かれる箇所に、

御宝物数多《たからあまた》焼《や》けにけり。逍遙院の「舟流《なが》したる」と詠《よ》み給ひし定家卿の『伊勢《いせ》物語』は、御所より給はらせ給ふて、こなたにありけるも焼《や》けぬ（五〇二頁）。

とある。これは、元禄十三年九月六日に綱吉から拝領した所謂天福本。天福二年（一二三四）正月、定家が書写し孫女に授けた旨の奥書を持つ。

以後紆余曲折を経て、最終的に柳澤家の所蔵になるのであるが、その間、三条西実隆の所持にかかる時期があっ

た。しかし経済的に窮迫した実隆は、それを駿河今川へ手放すのである。その時、『伊勢物語』の奥に、「これをたにいまははなれていせのあまの船なかしたるこゝろとをしれ」と詠んで書き付けたのであった。[注八]

何故の拝領であったのかの記録はないのであるが、元禄十三年（一七〇〇）八月二十七日、吉保は北村季吟から古今伝受をしており、中に「伊勢物語伝授」も含まれていることなど勘案すると、それらと関連がありそうに思う。[注九]

翻刻の部

吉里書写『伊勢物語』――初段と一二五段の翻刻――

吉里筆の『伊勢物語』は、この天福本と関係があるのではないか、即ち、貴重本を下賜された時、副本を作成。その副本を親本になされたのが吉里筆本ではなかったかと考えてみたのであった。しかし、前述したように粗雑な部分も目立つ上、定家が孫女に与えた由の奥書も見られず、副本説は取り下げなくてはならない。

以下、第一段の初冠と第百二十五段のつひにゆく道のみ翻刻を載せ、散らし書きも含め、雰囲気だけ報告しておく。

一段　初冠

むかし男うゐかうふりしてならの
京かすかの里に知よしゝてかりに

いにけりそのさとにいとなまめいたる
女はらから住けり此男かいまみてけ
りおもほえす古郷にいとはしたなく
て有けれはこゝちまとひにけり男
の着たりける狩衣のすそをきりて
哥を書てやる其男忍ふすりのかりき
ぬをなんきたりける
　春日野ゝわかむらさきのすり衣忍ふ
のみたれかきりしられすとなんをひつ
きて云やりけるついておもしろきこ
とゝもや思ひけん
　みちのくの忍ふもちすりたれゆ
へにみたれそめにし我ならなくに
といふ哥の心はへ也むかし人はか
くいちはやきみやひを南しける

　百二十五段　つひにゆく道
むかしおとこわつらひてこゝちし

ぬへくおほえければ
つゐにゆく
道とはかねて
きゝしかと
きのふけふとハ
思はさり
しを

〔注〕

一、このあたりは『松陰日記』「廿八、めぐみの露」（宝永六年春二月までの記事を収載する）にも詳細に記述されており、既に論じてある（宮川葉子『柳沢家の古典学（上）―『松陰日記』―』）九四六～九五〇頁。

二、『松陰日記』（注一同書）「廿七、ゆはたおび」（宝永五年秋より冬にいたる記事を収載する）第三段に、「やう〳〵秋風《かぜ》冷《ひや》、かなるまゝに、世中麻疹《はしか》と言《い》ふものおこりて、皆《みな》人もて悩《なや》むめる」（九四一頁）とある。

三、麻疹の癒えた後、酒を混ぜて使わせた湯。麻疹の傷跡の消毒を意味していたのではないかと思われる。

四、増子については本書第一部第二章第三節の注二で、柳澤家の「万歳集」及び『楽只堂年録』を引用して述べた。増子は家臣柳澤阿波守邦に輿入れした。守邦は藪田姓であるが、柳澤家の信任を得て、柳澤の称号を用いることを許されていたのである。

五、このあたりの経緯は、『松陰日記』「廿七、ゆはたおび」（注二同巻）に詳述されている。

六、増子の婚姻の年月日は知れないが、享保十五年（一七三〇）、二十二歳で逝去しているから、少なくともその前であるのは動かない。

七、「柳営婦女伝系十六　蓮浄院殿之系」（『徳川諸家系譜』第二）に「文昭公御寵女」として系図が載る。そこに「於須免之方後称二蓮浄院殿一」「文昭公侍女、称二御部屋一、大五郎君・虎吉君之御母也、」などの記事が載るが、二男児共に夭折してしまい、将軍の跡継ぎを得ることはできなかった女性である。正徳二年（一七一二）十月十四日家宣の薨去にあたり出家、蓮浄院殿を号し、その後十六年生きて、享保十二年（一七二八）四十四歳で逝去した。

八、注一同書「十三、山さくら戸」五〇三〜五〇四頁〔注釈〕二。

九、本書第一章「古今伝授」に詳細を述べた。

第二節　女文字手本

——『源氏物語』享受の一形態——

（一）「女文字手本」の存在

『柳沢文庫収蔵品仮目録』学芸の部に、[注一]「女文字手本」と仮称される巻子本一本がある。寸法は縦三一・〇センチ、横五八〇・二センチ。表紙は菊花唐草萌黄金襴、軸は象牙、茶色の組紐を持つ豪華な装幀ながら題箋はない。ただ、後の整理の時のものと思しい分類ラベルに、「柳沢文庫　第65号　分類　巻物　女文字手本　所属　正月けふは子日なり」とあり、「女文字手本」の仮称はこれによるらしい。

料紙は黄土色かかった絹。本来はもう少し明度が高かったかも知れない。なぜなら、元禄年間（一六八八～一七〇四）初期の作品であると考えられ、とするなら既に三百年余が経過。絹本に付着の汚れなどが、作品を黄土色に見せる可能性はあるからである。[注二]

料紙の上端近くには龍文と一言で言うべき文様ながらあえて解説するなら、波と魚を図案化、それを天は二列、地は一列の細かい点を横線状に繋げた二本線で挟み込んだ、帯状の連続模様を配す。因みにこの図案は、『大島本　源氏物語』[注三]の題箋のそれに相似している。文字は墨書。所々に折傷が見られるのは、幾度かひもとかれたあとを語る。[注四]

内容は、『源氏物語』の十二箇の巻々から百字前後の文章を抜き出し、それを十二箇月にあてて編纂、仮名の連綿体で月ごとに異なる散らし書きのパターンを示す。筆跡は四様。「女文字手本」が語るように女文字、即ちひら仮名の書き様の手本として作成されたものであるのは間違いなさそうである。但し、奥書、識語の類は一切なく、成立の事情、時期等の特定はできない。

ところで柳澤吉保の側室で、父を正親町公通、母を水無瀬氏信女右衛門佐局[注五]に産まれた正親町町子は、遠く三条西実隆の正統な子孫であった。[注六]そうした関係も手伝い、柳澤家は実隆とその学統を尊崇する。その実隆が評価した『源氏物語』本文は青表紙本であった。[注七]

ということは、柳澤家が希求した『源氏物語』は青表紙本系統で、もう少し限定するなら三条西家証本[注八]に近い可能性が高いと言えるのではあるまいか。あわせて、『源氏物語』を存分に踏まえ吉保の栄華を『松陰日記』としてまとめ、自詠の千首和歌草を霊元院に献上、官庫永久保存の栄誉を得たような文才豊かな町子こそ、当該「女文字手本」の筆者であったのではなかろうかという視点から[注九]、「女文字手本」が引用する『源氏物語』を、三条西家証本、及び現在最良の青表紙本とされる『大島本　源氏物語』を以て校異を試みた。[注一〇・〔補注〕]

もっとも僅か百字前後の引用文を、たった二本の青表紙本系統の写本を持ち出し、『源氏物語大成　校異篇』を参照しつつとはいえ、校異を試みたところで、納得のゆく結論には至れない危険性は承知している。しかしどちらかと云えばどの程度のことが言えるのであろうかという着地点を求めたいのである。

以下、翻刻の部では、柳澤家における『源氏物語』享受の一形態を語る存在として、影印を載せた上で、散らし書きの雰囲気をなるべく崩さないよう文字の配置に留意し全巻の翻刻を示した。

解説では、月ごとに引用された巻名と採録場面を簡単に解説、大島本・三条西家証本各々の相応巻数と頁数と行数（□は巻数、漢数字は頁数、○囲み数字は行数）を示し、特記すべき〔校異〕を挙げ、必要に応じ『源氏物語大成　校異篇』により補足する形式を採った。その過程で、三条西家証本は「三条西」、大島本は「大島」、『源氏物語大成』は

「大成」と省略した。なお、校異に関しては、『大成』が底本と諸本間の「仮名遣ノ相違」「漢字ト仮名トノ相違」は掲げなかった姿勢に従った。

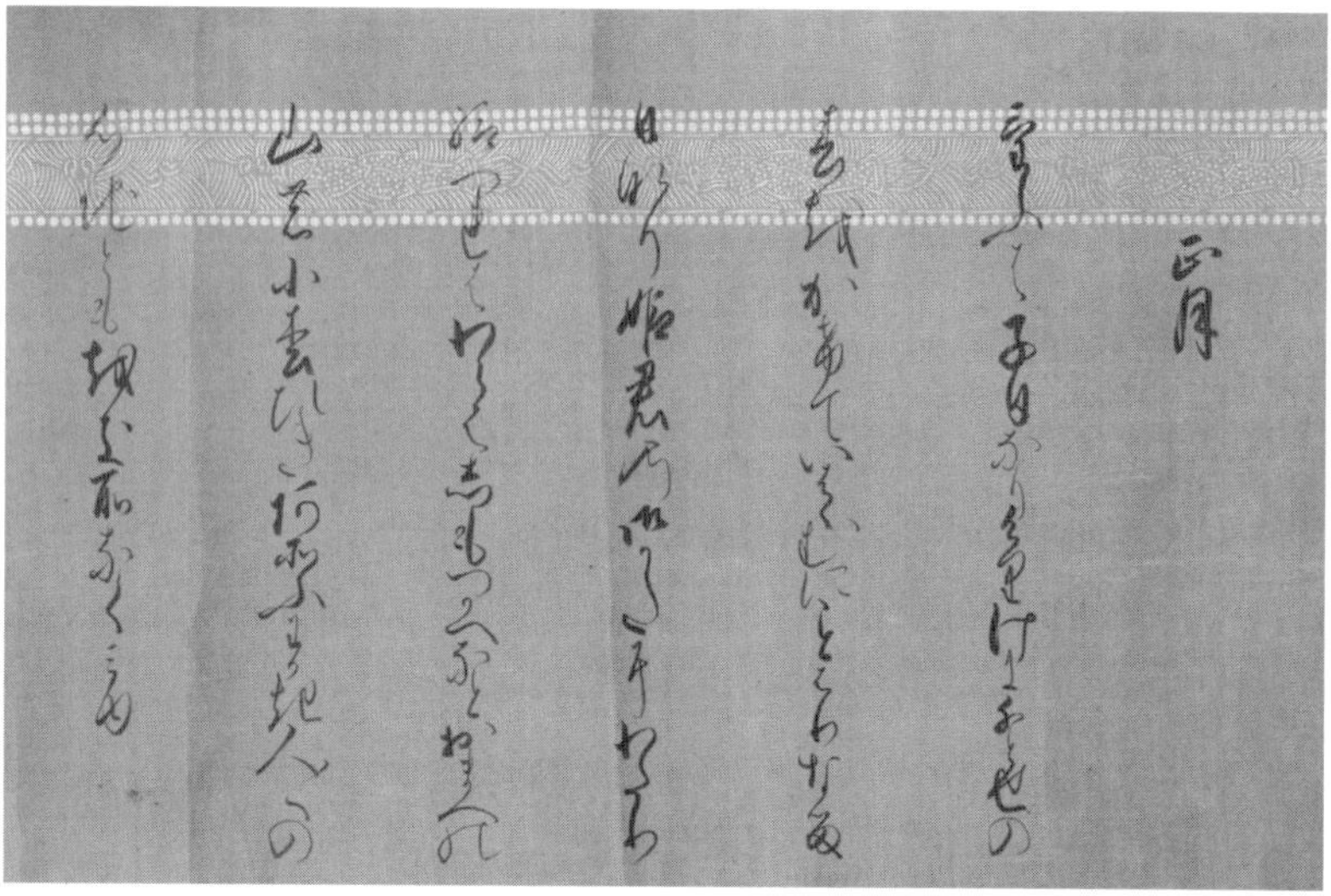

（二）　翻刻

正月

けふは子日なりけりけに千とせの
春をかけていは、むにことはりなる
日なり姫君の御かたにわたり
給へれはわらはしもつかへなとおまへの
山の小枩ひきあそふわかき人ゝの
心地ともをき所なくミゆ

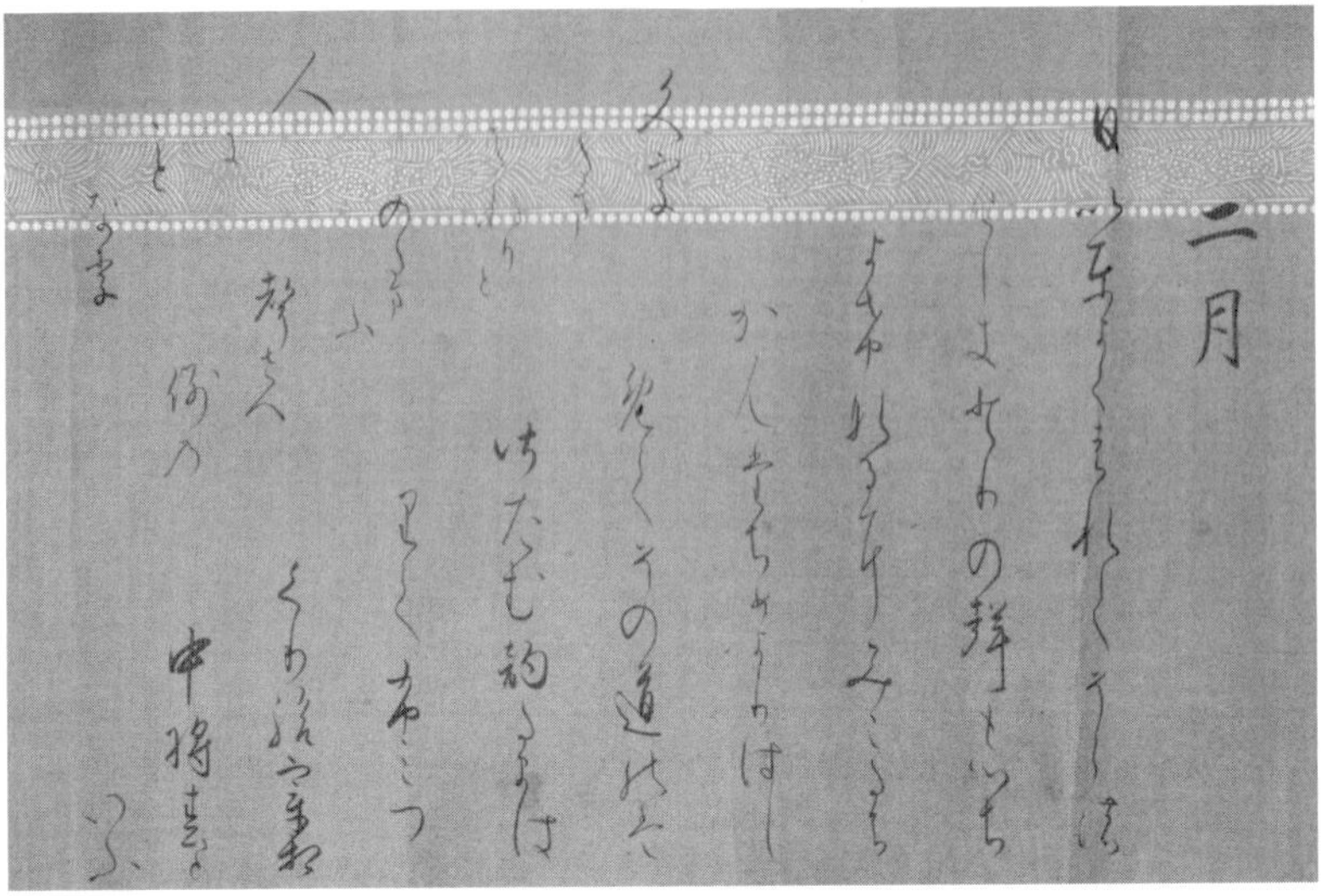

二月
日いとよくはれてそらの
けしきとりの聲も心ち
よけなるにみこたち
かんたちめよりはし
文字　めてその道のは
たま　御たむ韻たまは
はれりと　りてふミつ
のたま　くり給宰相
人　ふ　中将春と
に　聲さへ　いふ
こと　例の
なり

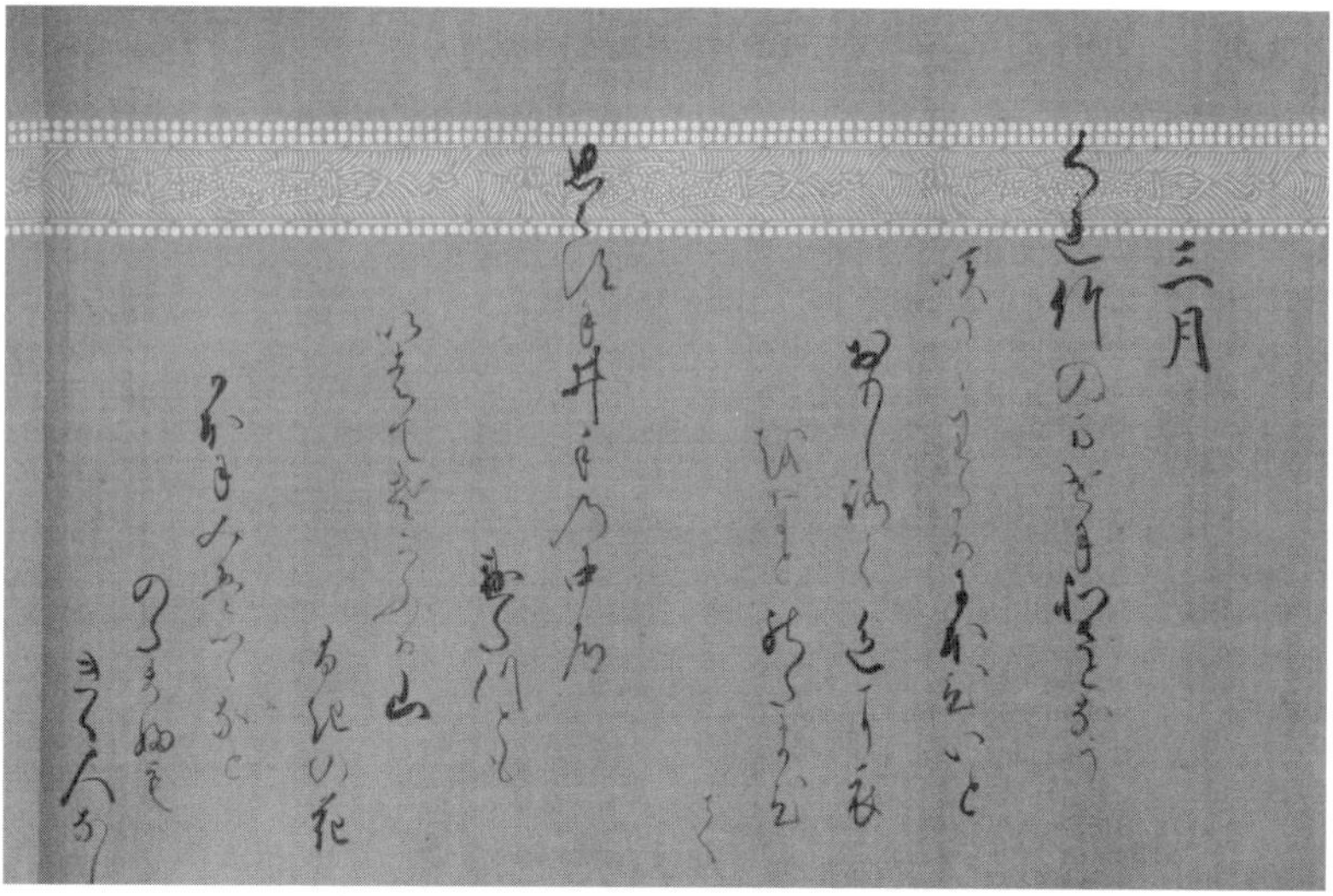

三月
くれ竹のませにわさとなう
咲かゝりたるにほひいと
おもしろし色に衣
をなとのたまひ
て
思はすに井手の中道
へたつとも
いはてそこふる山
ふきの花
かほにみゑつゝなと
のたまふも
きく人なし

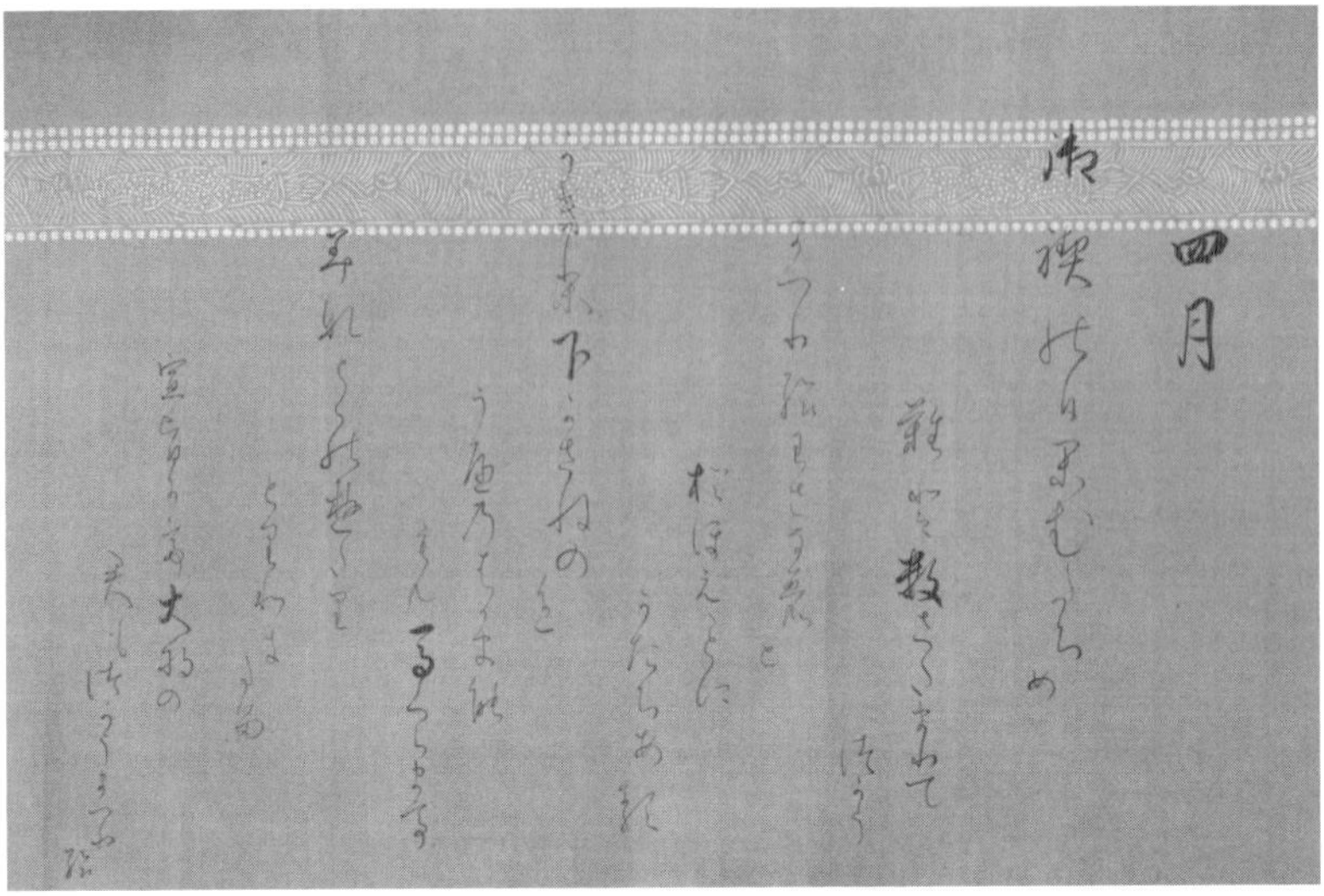

四月
御禊の日かむたち
め
なと数さたまりて
つかう
まつり給わさなれ
と
おほえことに
かたちある
かきり下かさねの
色
うへのはかまの
もん馬くらまて
みなと丶のへたり
とりわき
たる
宣旨にて大将の
君もつかうまつり
給

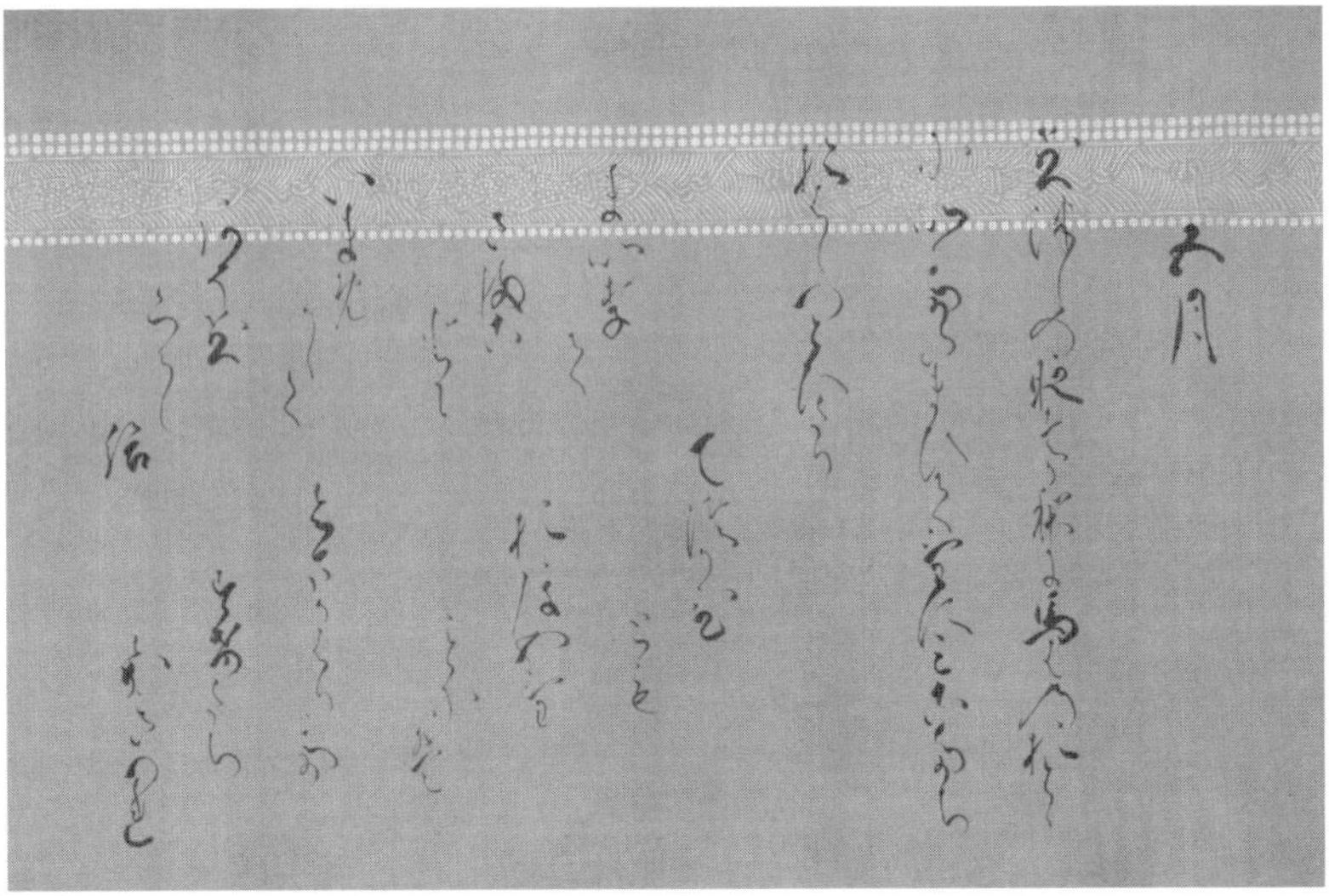

五月
ひつしの時はかりに馬はのおと、
にいてたまひてけにミこたち
おはしつとひたり
てつかひ
まいり　とも
て　おほやけ
さまこ　ことに
とに　は
いまめ　さまかはりて
かし　すけたち
く　かきつれ
あそひ
くらし
給

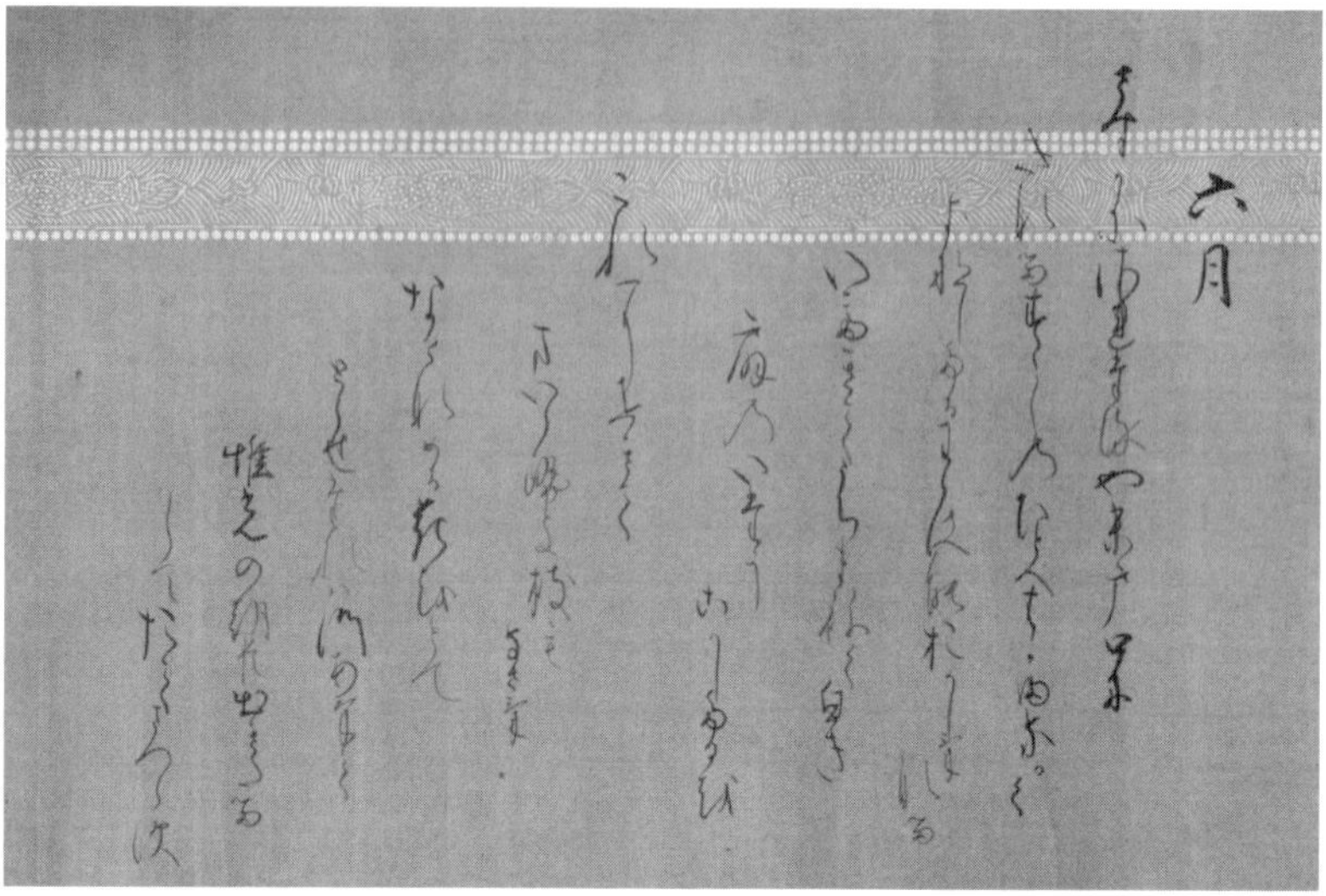

六月
さすかにされたるやり戸口に
きなるすゝしのひとへはかまなかく
きなしたるわらはのおかしけ
なる
いてきてうちまねく白き
扇のいたう
こかしたるを
これにをきて
まいらせよ枝も
なさけ
なけなめる花をとて
とらせたれハ門あけて
惟光の朝臣出きたる
してたてまつらす

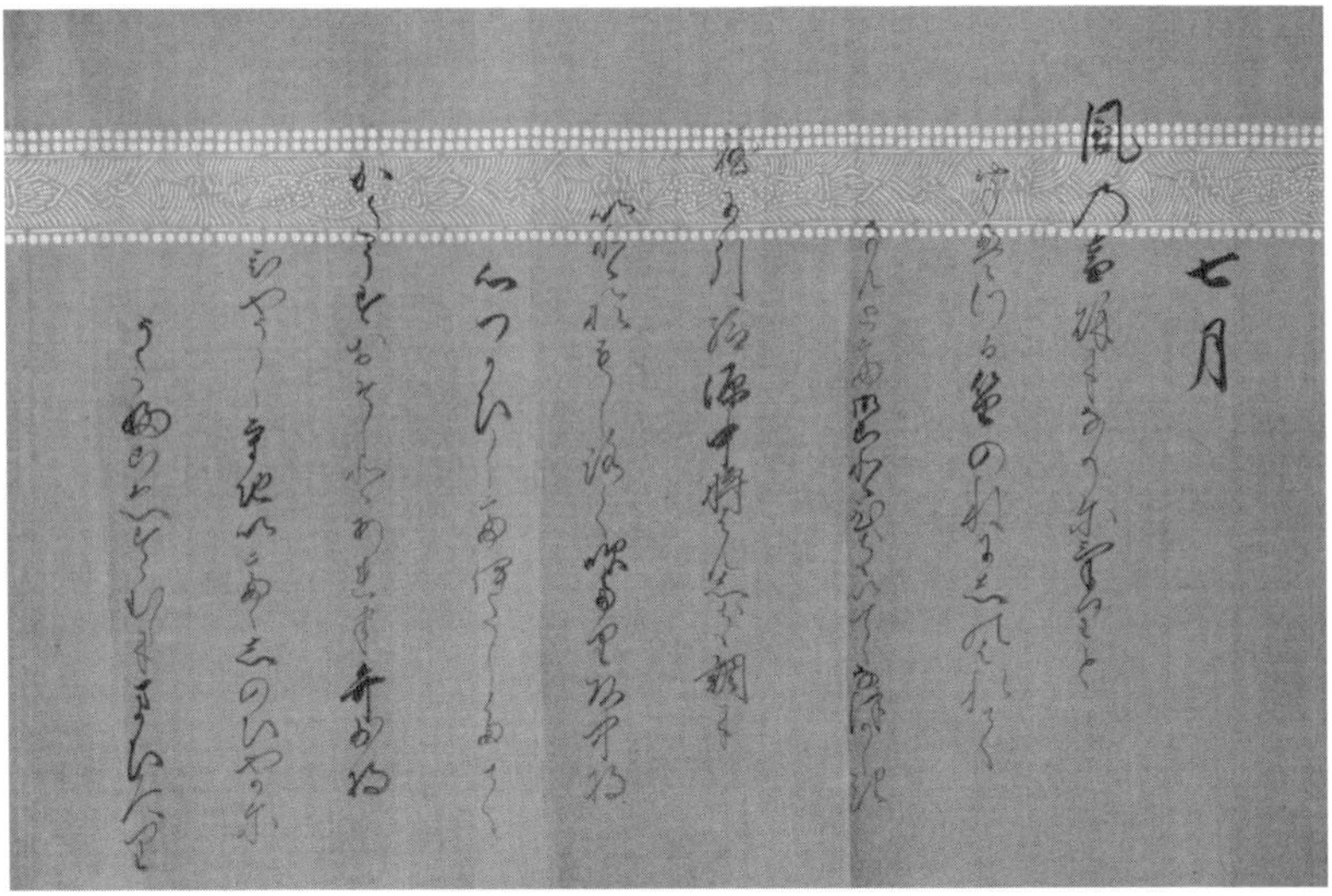

七月

風の音烋になりにけりと
聞えつる笛のねにしのはれて
なんとて御ことひきいてゝなつかしき
程に引給源中将はんしき調に
いとおもしろく吹たり頭中将
心つかひしていたしたて
かたうすおそしとあれは弁少将
ひやうしうちいてゝしのひやかに
うたふこゑすゝむしにまかひたり

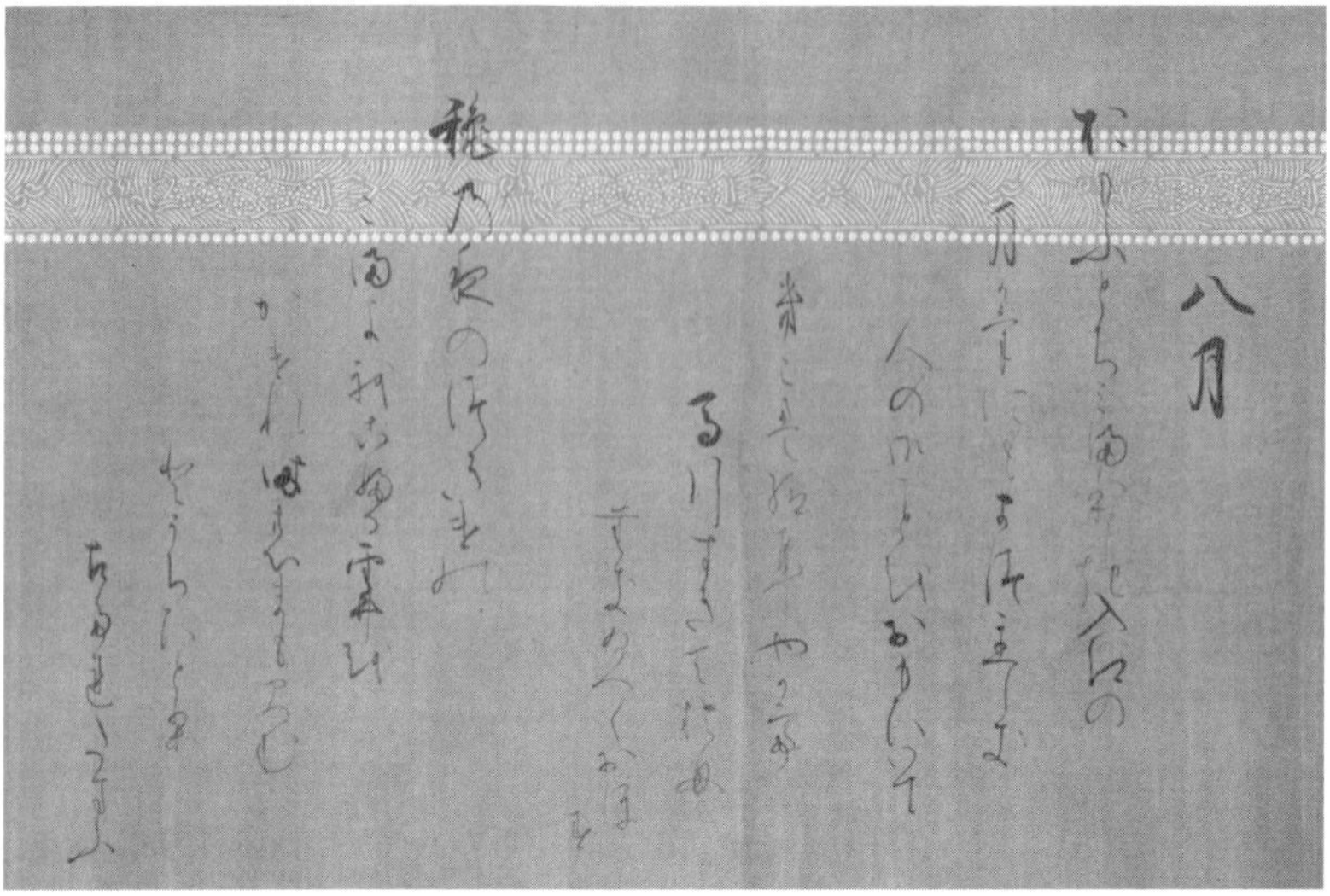

八月

おもふとちミまほしき入江の
月かけにもまつ恋しき
人の御ことをおもひいて
きこえ給にやかて
馬引すきておも
むきぬへくおほ
す

穐の夜のつきけの
こまよ我こふる雲井を
かけれ時のまも見む

とうちひとり
こたれたまふ

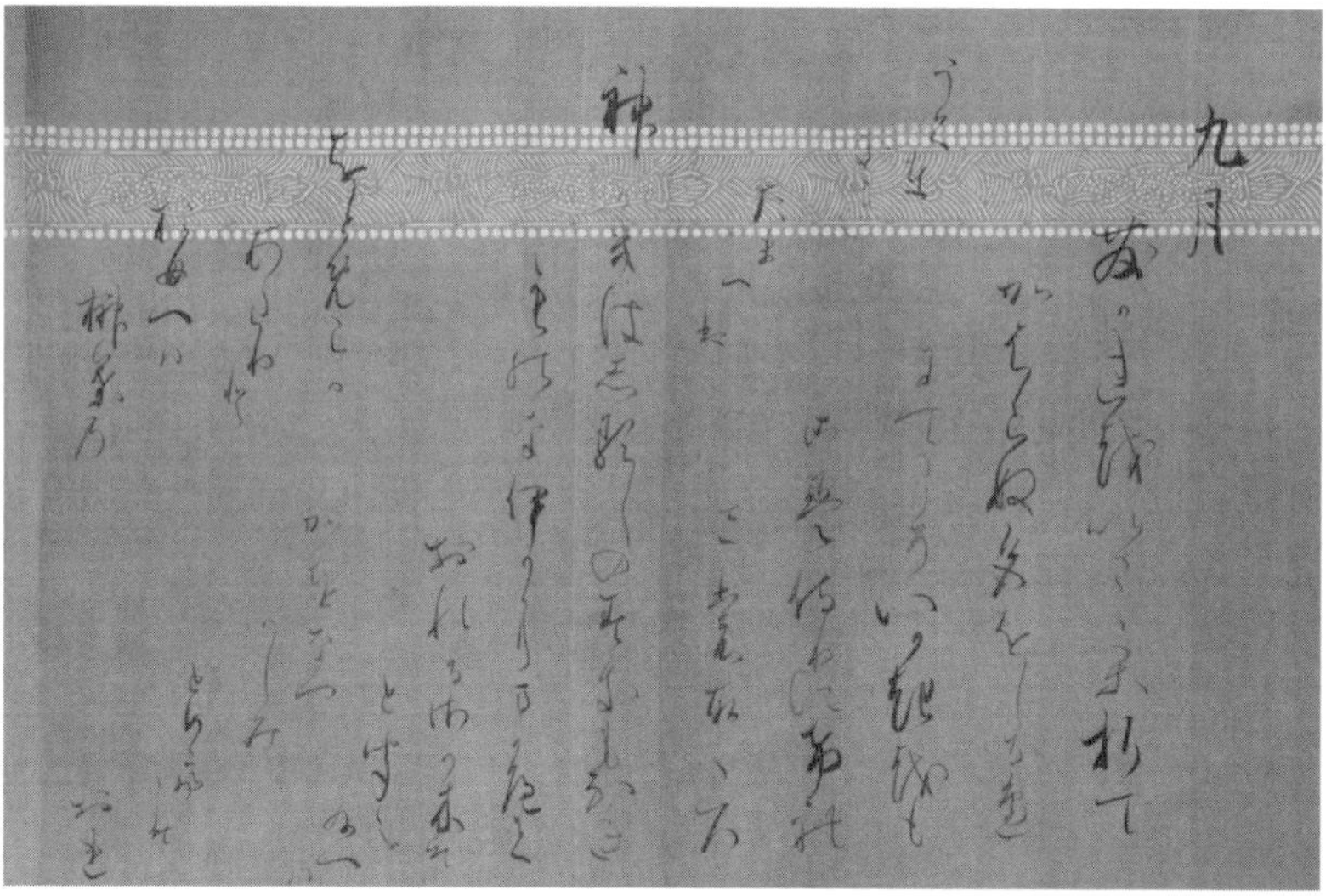

九月
さかきをいさゝか折て
かはらぬ色をしるへ
うくと（え脱カ）　にてこそいかきをも
きこ　こえ侍りにけれ
たまへ　は　さもこゝろ
神（か脱カ）　きはしるしのすきもなき
ものをいかにまかへて
おれるさか木そ
と聞え
給へハ
をとめこか
あたりと　かをなつ
おもへハ　かしみ
榊葉の　とめて
こそ
おれ

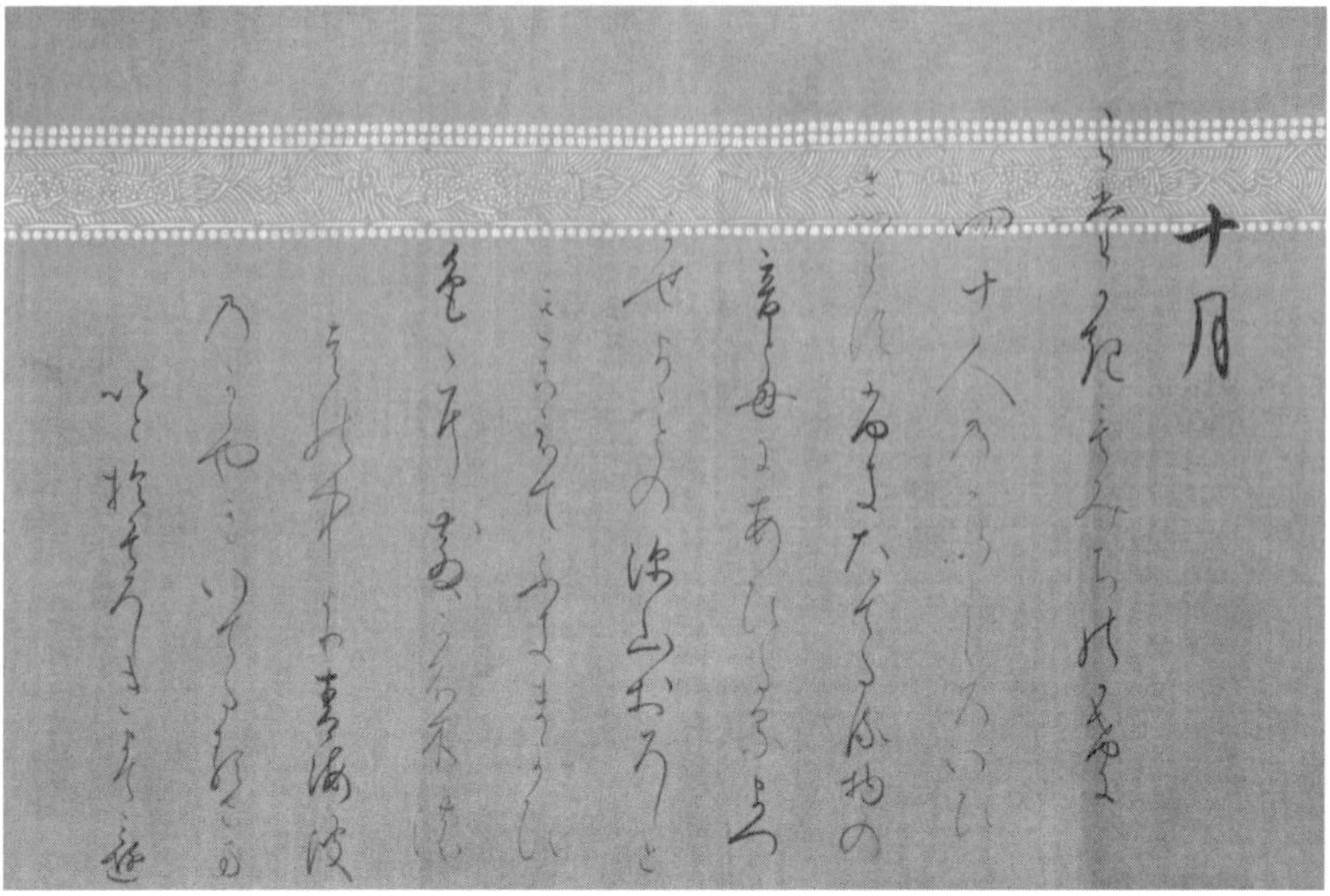

十月

こたかきもみちのかけに
四十人のかいしろいひ
しらすふきたてたる物の
　音ともにあひたるまつ
かせまことの深山おろしと
　きこえてふきまよひ
色ヽに散かふ木の
はの中より青海波
のかヽやきいてたるさま
いとおそろしきまてミゆ

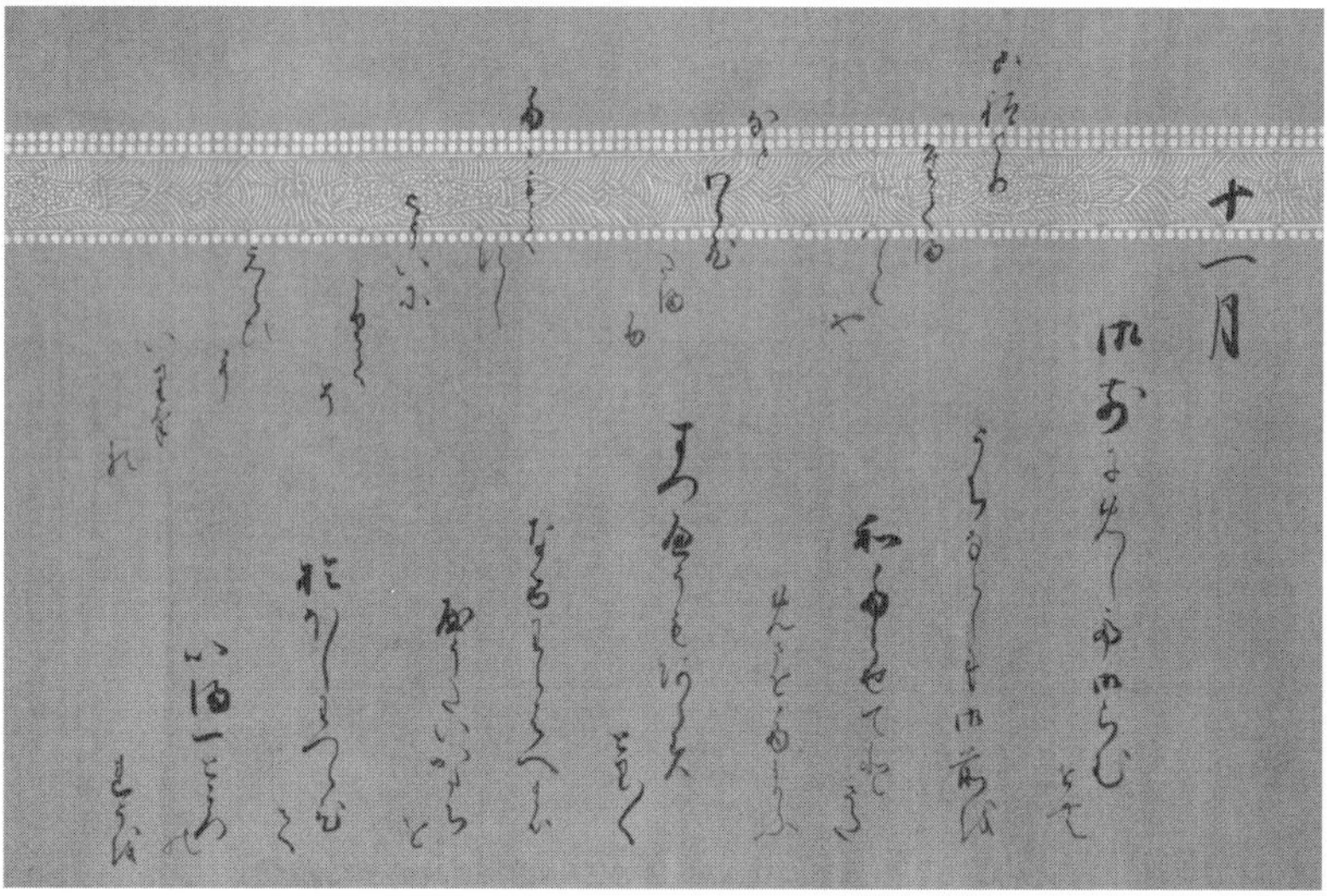

十一月

御前にめして御らん
せむ

これより

うちならしに御前を

たてま

わたらせてと
さた

つらは
や

めさせたまふ

なと

すつへうもあらす

わらひ

とり〳〵

たま
ふ

なるわらはへの

た丶もて

なし

やうたいかたち
を

よういに

おほしわつらひて

よりて
そ

いま一ところ
の

えらひ
に

れうを

いりけ
る

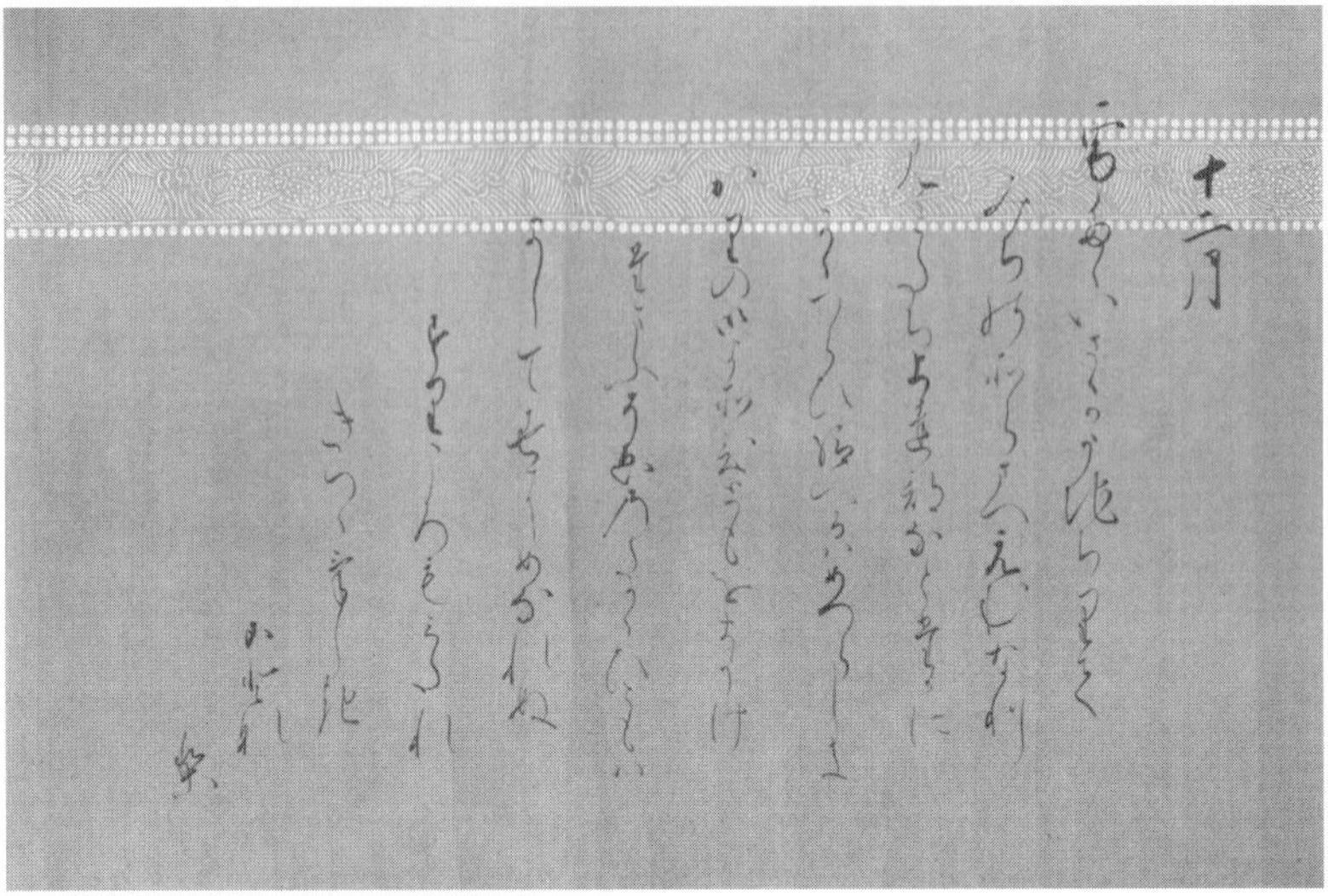

十二月

雪た、いさ、かうちりて
みちのそらさへえむなり
みこたち上達部なとたかに
か、つらひ給へるハめつらしき
かりの御よそひともをまうけ
たまふそゑのたか、ひともハ
まして世にめなれぬ
すりころもミたれ
きつ、けしき
ことなり

（三）　解説

正月

初音（第二十三巻）。新春の六条院。春の町は生ける仏の御国さながらである。源氏は明石姫君を訪ねた。今日は子の日。童女や下仕等が御前の山の小松を引いて楽しんでいる。

三条西四・四八四①～⑦　　大島四・四四九③～⑦

〔校異〕

初音巻は「大成」に、「大島本（飛鳥井雅康等）ハ青表紙デナク別本デアルカラ、底本トセズ。池田本ヲ底本トシタ」とあるように、池田本（傳二條為明筆・桃園文庫蔵）を底本とするが、特記すべき校異はない。

二月

花宴（第八巻）。南殿の桜の花の宴。源氏と頭中将が詩作に、舞踏にと、衆目を集める。

三条西二・一六九⑦～一七〇③　　大島二・一九一⑦～一九二②

〔校異〕

「その道のは御たむ韻」→三条西・大島共「その道のはみなたむ韻」。「大成」（二六九③～⑥）によれば、青表紙本・河内本・別本共に「みな」とあり、「女文字手本」が特異といえる。

三月

真木柱（第三十一巻）。思いがけず鬚黒の手に落ちた玉鬘。呉竹の垣根に咲きかかる山吹を見て玉鬘を想う源氏は手紙を贈る。

三条西[五]・四七五⑩～四七六⑥　　大島[五]・四二四⑨～四二五④

〔校異〕

特記なし。

四月

葵（第九巻）。新斎院の御禊の日、近衛大将源氏は特別な宣旨を得て行列に供奉。気乗りしないながら葵の上も見物に出かけた。六条御息所との車争いの発端である。

三条西[二]・二一六⑨～二一七⑤　　大島[二]・二三八⑨～二三九⑤

〔校異〕

特記なし。

五月

螢（第二十五巻）。六条院夏の町の馬場を舞台に繰り広げられた競射。夕霧の母親代わり花散里には栄えある一日であった。

三条西[五]・八九①～⑥　　大島[五]・三一②～⑥

〔校異〕

・「ひつしの時はかりに」↓三条西・大島共に「ひつしの時に」。三条西は「はかりイ」と傍注。「大成」（八一三⑤～⑦）によれば、「ひつしの時はかりに」とあるのは、青表紙肖、河内本、別本阿里莫。

・「てつかひとも」↓三条西・大島共に「てつかひの」。三条西は「ともイ」と傍注。「大成」（同上）によれば、「てつかひとも」とあるのは、青表紙肖、河内本。

・「かきつれ」↓三条西「かきつれて」、「イ無」と傍注。「大成」（八一三同上）によれば、三条西を除く青表紙本、河内本、別本共に「かきつれて」とする本はなく、三条西が「イ無」とする根拠は未詳。

六月

夕顔（第四巻）。乳母の隣家の垣根に咲きかかる夕顔の花を一枝所望する源氏。隣家からは、深々と香りを焚きしめた白い扇に載せるよう女童が差し招く。

三条西一・二四四⑥～二四五③　　大島本一・二五六⑤～二五七②

〔校異〕

特記なし。

七月

篝火（第二十七巻）。六条院夏の町に引き取られた玉鬘。初秋、実の兄弟達の奏楽をはからずも耳にする。

三条西五・一九五⑨～一九六⑦　　大島五・一四一①～⑧

〔校異〕

・「秋になりにけりと」↓大島「秋になりけりと」。「大成」（八五七⑥～⑩）によれば、「秋になりにけりと」は、青表紙本御横為肖三、河内本、別本。

・「源中将はんしき調」↓三条西・大島共に「源中将ははんしきてう」。三条西は「イ本無」の傍注。

・「頭中将」↓三条西「頭中将は」。「イ無」の傍注。「大成」によれば「頭中将は」とあるのは、青表紙御横池三、河内本、別本保国。

八月

明石（第十三巻）。八月十三夜、源氏は京都の紫の上を心に懸けながらも、入道の娘の待つ岡辺の宿へ馬を進める。

三条西[三]・二〇二③～⑩　大島[三]・一九四③～⑨

〔校異〕

特記なし。

九月

賢木（第十巻）。新斎宮に卜定された娘と共に伊勢に下る決心をした六条御息所。目下精進潔斎に籠もる新斎宮共々野々宮にある。そこを源氏が訪れる。

三条西[二]・三四八⑥～三四九④　大島[二]・三七一②～⑨

〔校異〕

・「さかきをいさゝか折て」↓大島「さか木をいさゝかおりても給へりけるをさしいれて」。「大成」（三三六①～⑤）によれば、青表紙三のみ傍線部分なし。

・「いかきをも」↓大島「いかきも」。「大成」によれば、「いかきをも」青表紙肖三。

十月

紅葉賀（第七巻）。朱雀院への行幸に、源氏と頭中将は散交う紅葉の中、青海波の妙技を尽くす。

三条西[二]・一〇一③～⑧　大島[二]・一一〇②～⑧

〔校異〕

特記なし。

十一月

少女（第二十一巻）。源氏は惟光の娘を五節の舞姫に奉る。

三条西[四]・三〇九⑩～三一〇⑥　大島[四]・二六一③～⑨

〔校異〕

「さためさせたまふ」↓大島「さため給」。「大成」（六九五⑭～六九六③）に指摘なし。

十二月

行幸（第二十九巻）。大原野の行幸に帝の麗姿を見て、玉鬘の心は入内に傾く。

三条西[五]・二六三⑤～二六四①　大島[五]・二一七③～⑨

〔校異〕

・「いさゝか」→三条西・大島共に「いさゝかつゝ」。「大成」（八八五⑬～八八六②）によれば、「いさゝか」は青表紙肖、河内大、別本陽麥。

・「上達部など」→大島「上達部なとも」。「大成」によれば、「上達部なとも」青表紙横池三―補入肖、は青表紙肖、河内本、別本。

・「そゑのたかゝひ」→大島「このゑ」。三条西「この」を見せ消ちにし、「そイ」の傍注。「大成」によれば、「そゑ」は青表紙肖、河内本、別本。

・「すりころも」→大島「すり衣を」。「大成」によれば、「すりころも」は青表紙横池三。

（四）　総括―結びにかえて―

以上をまとめてみよう。そもそも『源氏物語』は、桐壺から藤裏葉までの三十三帖を第一部、若菜上から幻までの八帖を第二部、匂兵部卿宮から夢浮橋までの十三帖を第三部として扱われている。当該「女文字手本」の一月から十二月までに採録された巻々は、正月・初音（二十三）、二月・花宴（八）、三月・真木柱（三十一）、四月・葵（九）、五月・螢（二十五）、六月・夕顔（四）、七月・篝火（二十七）、八月・明石（十三）、九月・賢木（十）、十月・紅葉賀（七）、十一月・少女（二十一）、十二月・行幸（二十九）（丸括弧内は『源氏物語』における通行の巻順）という次第で、全てが所謂第一部に属する巻々なのである。これは、筆者が第二部・第三部を読破していなかったなどの事情があってか、別な意図あってのことかは速断できず、現状のみ報告しておく。

次に異同があるのは全十二巻のうち六巻分、十四事項にのぼる。再度気掛かりな箇所を採りあげ考察してみよう。

○二月の〔校異〕

・「その道のは御たむ韻」とある箇所、三条西・大島共に「その道のはみなたむ韻」。青表紙本・河内本・別本共に「みな」とあり（「大成」）、「女文字」が特異といえる。

○五月の〔校異〕

・「ひつしの時はかりに」とする箇所、三条西・大島共に「ひつしの時に」。三条西は「はかりイ」と傍注。「はかり」とする本文を異本とする。「ひつしの時はかりに」とあるのは、青表紙肖、河内本、別本阿里莫（「大成」）。

・「てつかひとも」とある箇所、三条西・大島共に「てつかひの」。三条西は「ともイ」と傍注。「てつかひとも」とする本文を異本とする。「てつかひとも」とあるのは、青表紙肖、河内本（「大成」）。

・「かきつれ」とある箇所、三条西「かきつれて」。三条西は「イ無」と傍注。「かきつれ」とする本文を異本とする。但し三条西を除く青表紙本、河内本、別本共に「かきつれて」とある本はなく（「大成」）、三条西が「イ無」とする根拠は未詳。

○七月の〔校異〕

・「秋になりにけりと」ある箇所、大島「秋になりけりと」。「秋になりにけりと」とあるのは、青表紙本御横為肖三、河内本、別本（「大成」）。

・「源中将はんしき調」とある箇所、三条西・大島共に「源中将ははんしきてう」。三条西は「イ本無」と傍注。「源中将」とする本文を異本とする。

・「頭中将」とある箇所、三条西「頭中将は」。「イ無」の傍注。「頭中将」とする本文を異本とする。「頭中将は」とあるのは、青表紙御横池三、河内本、別本保国（『大成』）。

○九月の〈校異〉

・「さかきをいさ、か折て」とある箇所、大島「さか木をいさ、かおりても給へりけるをさしいれて」。大幅な異同箇所である。青表紙では三条西のみ傍線部分を持たない（『大成』）。この箇所に関する限り、三条西が青表紙本中の異例を示し、その異例と「女文字」が一致していると言える。

○十一月の〈校異〉

・「いかきをも」とある箇所、大島「いかきも」。「いかきをも」とするのは、青表紙肖三（『大成』）。

・「さためさせたまふ」とある箇所、大島「さため給」。ところが「大成」にはこの箇所に異同の指摘はなく、三条西を除く他の青表紙本、河内本、別本の校異がわからない。ただ「女文字」が三条西と同一本文である点だけは指摘できる。

○十二月の〈校異〉

・「いさ、か」とある箇所、三条西・大島共に「いさ、かつ、」。「いさ、か」とあるのは、は青表紙肖、河内大、別本陽麥（『大成』）。

・「上達部なと」とある箇所、大島「上達部なとも」。「上達部なとも」とあるのは、青表紙横池（『大成』）。「女文字」と三条西の一致が指摘できる。

・「そゐのたか、ひ」とある箇所、大島「このゐ」。三条西「この」を見せ消ちにし、「そイ」の傍注。「そゐのたか、ひ」とある本文を異本ながら採用。「このゐ」を「そゐ」とするのは、青表紙肖、河内本、別本（『大成』）。

・「すりころも」とある箇所、大島「すり衣を」。「すりころも」とあるのは青表紙横池三（『大成』）。

以上見てくると、肖柏本のみに見られる異文を「女文字」が持つ例として、五月の「ひつしの時はかりに」「てつかひとも」、十二月の「いさ、か」「そゑのたか、ひ」の四つが挙げられ、青表紙本でも肖柏本に若干近いのかと指摘できそうである。

三条西との校異においては、九月の「さかきをいさ、か折て」が、三条西を除く青表紙すべてが「さか木をいさ、かおりても給へりけるをさしいれて」、十一月の「さためさせたまふ」は、「大成」に指摘なく、三条西を除く他の青表紙本、河内本、別本の校異が知れないながら、「女文字」が三条西と同一本文である点は指摘できた。

加えてまた二月の「その道のは御たむ韻」など、青表紙本・河内本・別本共に「みな」とあり「女文字」のみが異本であったように特異な例もあり、結局一概に何かを言えるという情況にはない。ただ、三条西家本と大島本の間の方が、当該二書と「女文字手本」との間より系統が近いことは言い得るように思う。

では柳澤家の『源氏物語』はどのような系統であったのか。吉保が古今伝授した北村季吟の『湖月抄』（有川武彦校訂・講談社学術文庫本）との比較を、問題のあった箇所を中心に試みておきたい。

○二月の「女文字」のみ「御たむ韻」とある箇所、他の青表紙本同様「みなたむゐん」。

○五月の「ひつしの時はかりに」とある箇所、「女文字」と同一。「てつかひとも」とある箇所、「てつかひの」とあり、三条西・大島に同一。

○七月の「源中将はんしき調」とある箇所、「源中将ははんしき調」とあり、三条西・大島に同一。「頭中将」とある箇所、「女文字」に同一。

○九月の「いさ、か折て」の箇所、「いさ、かをりても給へりけるをさし入れて」とあり、三条西を除く青表紙本に同一。「いかきをも」とある箇所、三条西、肖柏に同一。

○十一月の「さためさせたまふ」とある箇所、「女文字」、三条西に同一。
○十二月の「いさゝか」、「上達部なと」、「そゐのたかゝひ」とある箇所、「女文字」と同一。「すりころも」とある箇所、大島「すり衣を」と同一。

因みに『湖月抄』は、八月の明石巻「秋の夜の」の和歌において、「雲井をかけれ」が「雲井にかけれ」、十二月の行幸巻「みちのそらさへえむなり」が「みちのそらさへえんなるに」とあって、独自異文が指摘できる。

以上の結果から、「女文字」が底本にした『源氏物語』は『湖月抄』本に近いとも言い切れないのである。ということは、柳澤家は三条西実隆とその学統を尊崇しながらも、『源氏物語』の伝本に関しては、三条西家流にこだわらなかったということなのであろうか。あるいは、『源氏物語』の伝本云々という専門的な方面への関心がなかったのであろうか。はたまた、伝本研究という水準には達していなかったと見るべきか。

散らし書きのかき様を指南する「女文字手本」。『源氏物語』の十二箇の巻からの引用を十二箇月に編纂したものであったことから、伝本の系統をつかめるかと期待したのであったが、結局特定するには至れなかったというのが結論である。

〔注〕

一、柳沢文庫・昭和五十八年三月。当時の常務理事森田義一氏の尽力大なることを職員の方々から聞いている。以後文庫では、これを越える目録の整備はなされておらず、目下依れるのは当該目録のみの情況である。学芸の部は二七頁から三一頁。因みにここに『松陰日記』（後述）も分類されている

二、平成二十二年十月、柳沢文庫創立五十周年を記念し刊行された『柳沢文庫収蔵品図録』十八「桜馬図」は徳川綱吉画の一

幅で、吉保が拝領した日時は、「是より前に、桜に子連馬の御筆の絵（以下略）拝領す」（『楽只堂年録』巻三・元禄元年六月）とあり、元禄元年（一六八八）六月以前とわかるのだが、その絵図は、かなり汚れが発生、全体が黄土色に見えることに鑑みての当該叙述である。

三、古代學協会・古代學研究所編（平成八年〜九年〈全十一巻〉・角川書店）。別巻『大島本源氏物語の研究』収載の、藤本孝一氏による「大島本源氏物語の書誌的研究」第三章の「一　表紙・題箋」に、題箋の模様「雲龍紋」を、「表紙及び題箋の模様等（各巻巻頭図版参照）から江戸時代前期から中期にかけての後補表紙と認められる」（七二頁）とされたのを参照するなら、こうした図案は江戸期に流行っていたものなのかもしれない。

四、『柳沢文庫収蔵品図録』（注二同書）六九に、一部の写真と宮川葉子担当の解説が載る。雰囲気は味わって頂けるであろう。

五、綱吉時代の江戸城大奥総取締役。町子は生母右衛門佐の招きで江府に下り、柳澤吉保の側室となった。

六、宮川葉子『柳沢家の古典学（上）―『松陰日記』―』（平成十九年一月・新典社）解説「二、正親町町子の背景」。

七、宮川葉子『三条西実隆と古典学〈改定新版〉』〈平成十一年四月・風間書房〉で宗祇との関連で述べた。

八、『日本大学蔵　源氏物語』岸上慎二氏外三名編集（平成六年〜八年〈全十三冊〉・八木書店）。

九、柳沢文庫に残る町子自筆『松陰日記』（注六の底本として採用したもの）の書体と酷似していることが根拠である。

一〇、最近、中川照将氏は、大島本について、池田亀鑑氏が正統な青表紙本として揚げた基準、即ち「〔物語本文＋奥入〕（帖末に奥入あり）」だけを正統性が主張できる根拠としてよいかどうか、今一度考え直す時に来ていること、現在大島本が帖末に奥入を有しているからといって、その親本が当初から奥入を有していたとは必ずしも言えないことなどを論じられ（「『奥入』を書き加える／切り離すということ」〈伊井春樹氏編『日本古典文学研究の新展開』〉二〇一一年三月・笠間書院）、大いに刺激されたが、本論では、大島本を一応正統として扱わざるを得なかった。

〔補注〕源氏物語十二月について

かつて『三条西実隆と古典学〔改訂新版〕』（平成十一年四月・風間書房）をまとめた際、その補注篇の中で論じた内容が当該女文字手本に関係していると思われ、適宜参照しながら再考したい。

長享元年（一四八七・七月二十日、文明十九年より改元）閏十一月十七日の『実隆公記』に次の記事がある。

扇哥、〔十二月分、源氏心也、二四六八十十二六本予可書之由宗祇法師所望、今日書之〕、（〔　〕内は本来割注）

これに至る背景はこうであった。当月五日から邦高親王家で実隆の説得に応じた宗祇により伊勢物語講釈が始まる。以後十六日まで前後八回の講釈を経て結願となった。その翌日が十七日。実隆は宗祇の労をねぎらい依頼の扇歌を染筆した。この扇歌は源氏物語の心を十二箇月に宛てたもので偶数月が実隆担当であった（前掲同書四四頁）。これに関し補注篇（一〇八八頁）において、内容的に関連ある記事として、高松宮旧蔵の一本「古六歌仙其他」を挙げ、そこには和歌と『源氏物語』関係の小品が二十四箇収録されていて、中に『源氏物語』の巻を十二箇月に宛てて物語の原文を抄出した「源氏物語十二月」があること、その十二箇月とは、正月初音、二月花宴、三月真木柱、四月葵、五月螢、六月夕顔、七月篝火、八月明石、九月賢木、十月紅葉賀、十一月乙女、十二月行幸の各々であることを述べ、参考までにその箇所を小学館日本古典文学全集本〈旧版〉で示した。そして今回、女文字手本を改めて見直すに、「源氏物語十二月」そのものであることに気付いたのである。ということは、粉本になりうるこうした小作品集が流布しており、それを参照しつつ各方面で古典の世界が享受されていったという、文化的広がりの一方法が指摘できるのではあるまいか。

「古六歌仙其他」には、「南京八景」「近江八景」も含まれていた。また、本書第一部第五章第一節「霊元院下賜「十二月和歌」」も、「拾遺愚草」を、「古六歌仙其他」が収録したものであった。ということは、まずは「古六歌仙其他」そのものの成立時期や編纂意図などを研究するべきで、そこに収録される『源氏物語』関連の作品の本文系統を検討した上で、柳澤家の『源氏物語』の本文系統を云々すべきなのである。「女文字手本」のみを手掛かりに現段階で云々するなどは無意味きわまりないというべきであろう。右の柳澤家の『源氏物語』の本文系統に関する叙述はとりあえず無視していただきたい。

第五章　霊元院と柳澤家

第一節　霊元院下賜「十二月和歌」

解説の部

（一）「十二月和歌」の書誌

柳沢文庫に「仙洞御所御拝領十二ヶ月和歌　一巻」が蔵される。十二ヶ月の各月ごとに鳥と花の絵を配し、その各絵に対し和歌一首宛が詠み添えられた美麗な絹本である。縦三十センチ、表紙四十・四センチ、総長八一〇・八センチに及ぶ。表紙は菊と唐草を組み合わせた茶と金襴の綾織（資料写真（三））、裏表紙は立雲に二種の菊を数個配し、雲母を引いた華麗なもの（資料写真（四））。一軸を収める容器本体は桐製であるが、身の内側は三色の丸花模様の錦を貼り縁を真鍮で囲った堅牢なもの（資料写真（一））。蓋に直書で墨書される文言が、右の「仙洞御所御拝領十二ヶ月和歌　一巻」である（資料写真（二））。ここから、容器自体は柳澤家が拝領後に作らせたものと判断される。現在桐製容器の中には一軸とともに、「筆者目録　壱通」と表書きされた奉書紙（資料写真（五））に包まれた「十二月花鳥筆者」が収められ、正月から十二月までの各筆者と、絵筆を執った人物一人をあわせ計十三人が列挙されている（資料写真（六））。では当該一軸が柳澤家に伝来した背景には何があったのであろうか。そのあたりを探究しつつ、翻刻を試みるのが本稿の目的である。

（二）　十二月花鳥和歌

柳澤吉保時代の公用日記『楽只堂年録《らくし》』（二〇七巻）、宝永四年九月十四日の条に、

十二月花鳥和歌一帖及び勅製匂玉三拝領、

の記事がある。ここの「十二月花鳥和歌一帖」こそが、「仙洞御所御拝領十二ヶ月和歌　一巻」と考えられる（以下、当該一軸を「十二月花鳥和歌」と呼ぶ）。ということは、「十二月花鳥和歌」は宝永四年（一七〇七）九月十四日に柳澤家が仙洞御所、すなわち霊元院（在位一六六三〜一六八七・生没一六五四〜一七三二）から拝領したものであったのである。和歌詠作に熱心で、元禄十三年（一七〇〇）八月には北村季吟に古今伝受した吉保であったが、堂上方の詠法を学びたく、元禄十六年頃から正親町公通を介して霊元院に和歌添削を懇請。幾度か指導を得ていたというのが当時の状況であった。その詳細については別稿（宮川葉子著『柳沢家の古典学（上）―『松陰日記』―』平成十九年一月・新典社）に譲るが、吉保は自らが和歌指導を受けるのみならず、継嗣吉里、側室正親町町子にもその機会を与えた。そして霊元院からの指導を得る度に、多額の金品類を「礼物」として捧げ続けていたから、院側からも霊元院歌壇のメンバー達に書写させた歌書類や、右引用の『楽只堂年録』に「勅製匂玉三」とあったように、霊元院自らが香合した薫物などが贈

られていたのである。当該「十二月花鳥和歌」もそれらと同類の院の下賜品であったと考えられる。

（三）　霊元院と町子

では、宝永四年九月に「十二月花鳥和歌」が下賜されるに至った直接の背景は何であろうか。

『松陰日記』（以下引用の本文は、前掲同著『柳沢家の古典学（上）―『松陰日記』―』で底本とした柳沢文庫蔵町子自筆清書本による）は、吉保側室正親町町子の筆になる吉保の栄華の記録である。全三十巻からなる大部な作品であるが、その「廿六、二《ふた》もとの松」は、宝永四年秋から同五年夏にいたる期間の記録。吉保は五十歳から五十一歳、吉里は二十一歳から二十二歳、町子は三十歳から三十一歳に相当する。因みに「二もとの松」の題名は、町子腹の二人の男児、経《つね》隆《たか》が十四歳、時睦《ときちか》が十二歳で元服をしたことを祝い、吉保が、

二もとの松の木陰に立添ひて茂るも嬉し千代の行く末

と詠み、町子が、

茂り添ふこの二もとの松陰にさか行く千代を共に数へん

と返した和歌贈答で、両首に詠み込まれた「二もとの松」に依っている。

一方、町子は、所謂子育てが終わった頃から和歌詠作に熱心になり、吉保が霊元院に献上したのに倣い、千首和歌

を詠んで献上。それが官庫永久保存の栄誉を受け（宝永元年三月頃。『松陰日記』「十九、ゆかりのはな」）、女流歌人としての才能を発揮し始めていた。そして町子詠の千首和歌に対しては、「ご褒美」の意味も込め、霊元院は公卿筆の「八景和歌」を下賜しており、今回の「十二月花鳥和歌」にも、そうした背景が考えられるのではなかろうか。

（四）　松平の称号への祝意か

「廿六、二もとの松」は、吉保正室定子（曾雌《そし》盛定女・四十八歳）が罹病、なかなか快癒しない状況から語られ始める。宝永四年秋のことである。そんな中、柳澤家にとって名誉で明るい出来事があった。吉保・吉里父子に「打ち物」が許されたのである。行列の折、家来に長刀を持たせることができるのである。詳細は省くが、長刀を持たせた家来を従えての行列は一段と格式の高いもの。微禄の出身であった吉保ながら、五代将軍綱吉の寵愛を得て、その政治・文化的能力を存分に発揮できたことで、当時は綱吉の側用人であり大老格という異例の出世を遂げていた。しかも元禄十四年（一七〇一）十一月には、綱吉から「松平の称号」を用いることを許され、綱吉の諱の一字「吉」を拝領して、柳澤出羽守保明《やすあきら》を改め、松平美濃守吉保の名のりをなしていた。将軍の一族とみなされての松平の名のり。しかも柳澤家は、もとはといえば武田信玄の一族武川《むかわ》衆。家来に長刀を持たせて当然であろうというのが綱吉の判断であった。その名誉に対する祝意が、霊元院からの「十二月花鳥和歌」下賜であった可能性もないわけではない。

（五）　霊元院と六義園十二境八景和歌

もう一つの可能性を考えたい。それは長刀許可の記事に続く次の町子にかかる件で、晩秋九月初旬頃。『松陰日記』に次の記事がある。

前《さき》に院の帝《みかど》に自《みづか》ら歌《うた》奉る事ありけるを、此頃《ころ》勅点給はりつゝ、君、侍従君などの相《あ》ひ具《ぐ》して給はらせたるに添《そ》ひて下《くだ》る。これは前《さき》に聞えつる六義園八景十二境の歌《うた》なり。開《あ》くる間《ま》も解《たゆ》きまでかしこきに、胸《むね》ふたがりて中〳〵物も言《い》はれずかし。「いとかしこき事さはいかで」と申奉りたれど、御前《おまえ》に「猶奉れよかし」とあながちに責《せ》め給へれば、心みに大納言君《なごんきみ》へ申遣《つか》はしたるを、かくて叡覧《ゑいらん》に入《い》りけるになん。いともかしこきは世《よ》の常《つね》にて中〳〵をそろしう、恥《はづ》かしと思《おも》ふの他《ほか》なし。殊更《ことさら》に叡感《えいかん》の由《よし》にて、さべき公卿の書《か》き給へる百人一首下し給はす。さてやがて新大納言《なごん》の御局《つぼね》へ頼《たの》みて細《こま》かにしもあらねど、形《かた》の如《ごと》くの奉り物などしてかしこまり申奉りぬ。君も嬉《うれ》しう甲斐《かひ》ありと思《おぼ》すべし。御自《みずか》らかしこまりの奉り物など、例《れい》のあるに添《そ》へて、かへすぐ〳〵宣《のたま》ひ入《い》れ給へり（九〇七頁）。

以前、霊元院に町子自身の詠歌を差しあげることがあり、それに対し、この度、勅点（霊元院の添削）が付されて返却されてきたというのである。「君、侍従君などの相《あ》ひ具《ぐ》して給はらせたる」とある「君」は吉保、「侍従君」は吉里。二人も同時に勅点を得たらしく、それと町子のものが同時に返却されたのである。町子が添削を得た和歌は「六義園八景十二境」。六義園は吉保が経営した柳澤家の下屋敷。そこは吉保自らが指揮を執り、基本的には和歌の浦一帯を写し、新玉津嶋社まで勧請した本格的に和歌の六義を具現させた庭（詳細は本書第二部第一章）。そして吉保は園内に八十八景の名所を定めた。その後吉保は、八十八景を絵に描かせ霊元院に献上。院はその中から十二境八景を勅撰。六義園は勅撰名所十二境八景を持つ格調高い名園となった。さらに院は自らの歌壇の公卿達に十二境八景を和歌に詠ませ、巻物に仕立てて下賜したのである。

それに倣って吉保・吉里父子は各々二種類の十二境八景歌を詠み霊元院に献上。院から勅点を得た（父子の十二境八景和歌についての詳細は、右、宮川葉子著『柳沢家の古典学（上）―『松陰日記』―』に述べたので割愛する）。

その十二境八景を題に、町子も和歌を詠み、霊元院に献上していたということがわかるのが右の『松陰日記』の記事なのである。

（六）　町子の十二境八景和歌

前節の『松陰日記』引用箇所を続けて見て行こう。

勅点を得た自らの詠歌に、町子は畏れ多くておののかんばかりである。そもそも、吉保が霊元院に献上せよと提案、そんな大それたことはとてももと遠慮したにもかかわらず、是非にと勧められ、結局町子の実父正親町公通経由で献上したのが当該町子の十二境八景和歌。「殊更《ことさら》に叡感《えいかん》の由《よし》」で、ご褒美に「さべき公卿の書き給《か》へる百人一首」が下賜されたのである。そこで町子は、常に院側の窓口になっていた新大納言局（院の寵愛を受ける女官）経由で、取り敢えず形式的なお礼の品を届け謝意を伝える。吉保も「嬉《うれ》しう甲斐《かい》」あることと、感謝の「奉り物など」をいつものものに添加して届けたのであった。

礼物は、町子からが、「色羽二重三十端、書翰一つ、絵巻物三巻、肴一種、樽代万疋」（『楽只堂年録』）、吉保からが、「紅白綸子十巻、獅子の香炉一つ、鳩の香炉一つ、花入れ一つ、肴一種」（同）、吉里からは、「色綸子十巻、肴一種」（同）であった。総じて吉保がこうした場合、最高のものを最高の状況で捧げていたのは史料の随所に見られ（それは将軍やその生母、姫君、上野宮公弁法親王等に対しても同様であったのは今は省略する）、『楽只堂年録』に録される各々の「色羽二重」等が最高級品であったのは充分想像できる。こうした高価な品々が献上されたのは、勿論、町子の十二境八景和歌に勅点を得たことに留まらず、吉保父子も同時に勅点を得たこと、及び、町子が「さべき公卿の書き給《か》へる百人一首」を贈られたことの、全てを含んだ謝意であったのは申すまでもない。

（七）　十二月花鳥和歌の価値

そして、「十二月花鳥和歌」の下賜は、この記事にかかわっていたと考えるのである。町子は右引用の『松陰日記』で、「さべき公卿の書《か》き給へる百人一首」だけを頂戴したように述べていたが、その同じ時に、吉保・吉里父子に下賜されたのが「十二月花鳥和歌」ではなかったのか。町子等三人からの献上品が豪華を極めていたのも、院からの下賜品が見事であったことに由来する部分もあったように思われてならない。但し、「十二月花鳥和歌」が『楽只堂年録』に登場するのは、九月十四日のこと。一方、町子らが新大納言局を経由して、院に奉り物をなすのは、九月十一日のこと。ということは、町子達の和歌添削が返却されたのは九月初旬（町子が霊元院の和歌添削を得た記事は『松陰日記』にしか登場しないので、『楽只堂年録』による確認はできない）、おそらく九月四、五日頃、そして礼物を用意して送り出したのが九月十一日。その三日後の九月十四日に「十二月花鳥和歌」の下賜という時程になる。霊元院からの下賜品が「さべき公卿の書《か》き給へる百人一首」のみならず、「十二月花鳥和歌」もそうであったとするなら、どうして同時に二つが届けられなかったのであろうか。このあたりについては、さらに考察の必要があろうが、それでもなお現段階では町子が得た六義園十二境八景和歌添削に関する一連として、当該「十二月花鳥和歌」も下賜されたものと考えておきたい。

なお、十二人の筆者が染筆したのは、定家自撰家集「拾遺愚草」収載歌であった〔補注〕。

翻刻の部

「十二月花鳥和歌」の翻刻と写真

(一)

(二)

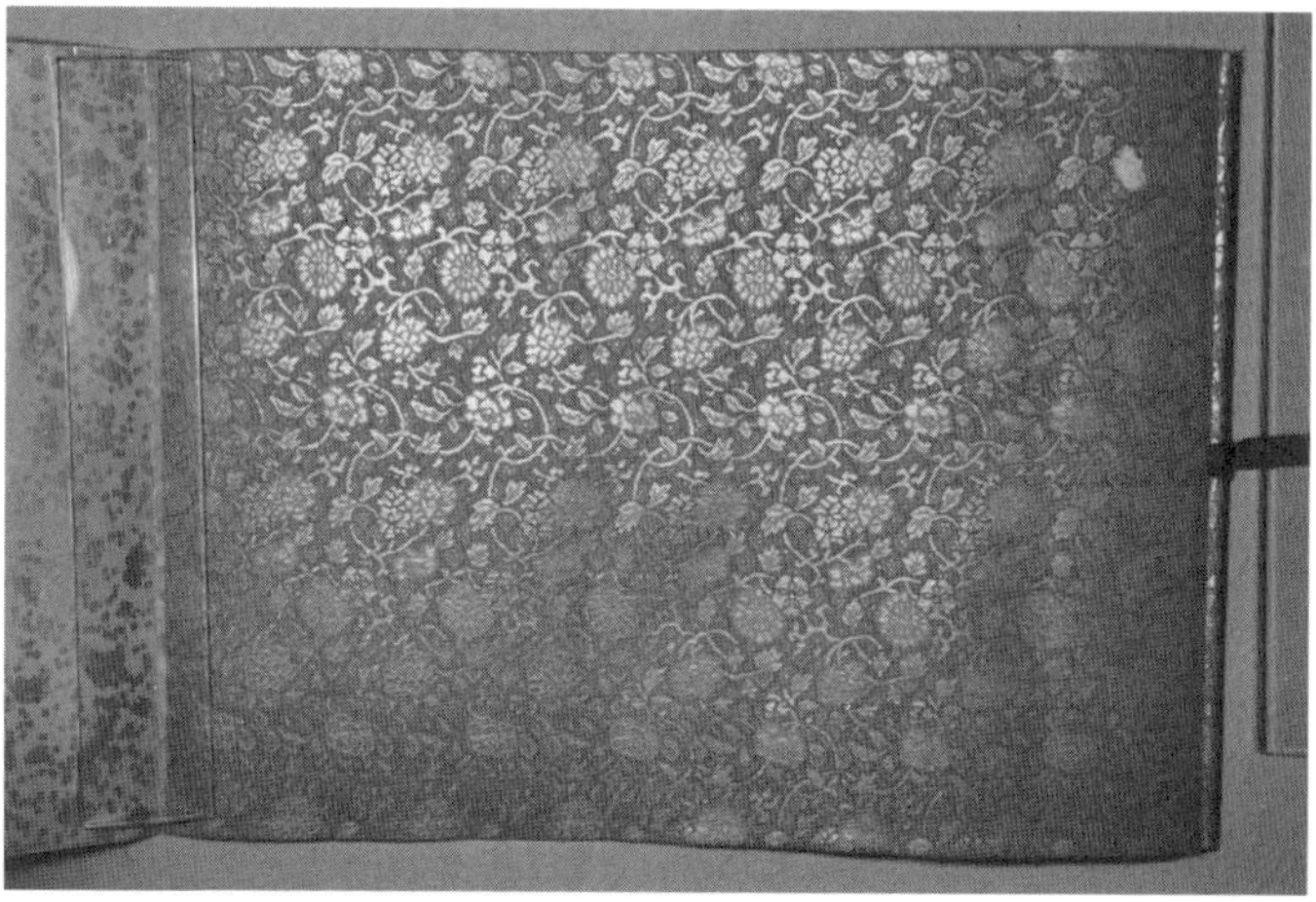

（三）

（四）

「筆者目録　壱通」

十二月花鳥筆者

正月　関白（鷹司兼凞　従一位　関白　氏長者　四十九歳　十一月廿七日辞職）
二月　右大臣（九条輔實　正二位　三十九歳）
三月　前内大臣（中院通茂　従一位　七十七歳）
四月　右大将（今出川伊季　正二位　権大納言兼右大将　四十八歳）
五月　徳大寺大納言（徳大寺公全　従二位　権大納言　三十歳）
六月　庭田前大納言（庭田重條　正二位　五十八歳）
七月　飛鳥井中納言（飛鳥井雅豊　従二位　権中納言　四十四歳）
八月　武者小路宰相（武者小路実陰　正三位　参議　四十七歳）
九月　冷泉宰相（上冷泉為綱　正三位　参議　四十四歳）
十月　東園中納言（東園基長　正三位　中納言　三十三歳）
十一月　一位（近衛基凞　従一位　前関白左大臣　六十歳）
十二月　内大臣（二条綱平　正二位　内大臣　三十六歳）
絵　石山三位（石山季董　従三位　非参議左兵衛督　三十九歳）

〔注〕写真のように、当該目録は筆者の書きようが、たとえば「右大臣」「前内大臣」等とのみあって実名がわからない。そこで翻刻のあとに（　）を付し、フルネーム・官位・宝永四年時の年齢を『公卿補任』により補った。

（五）

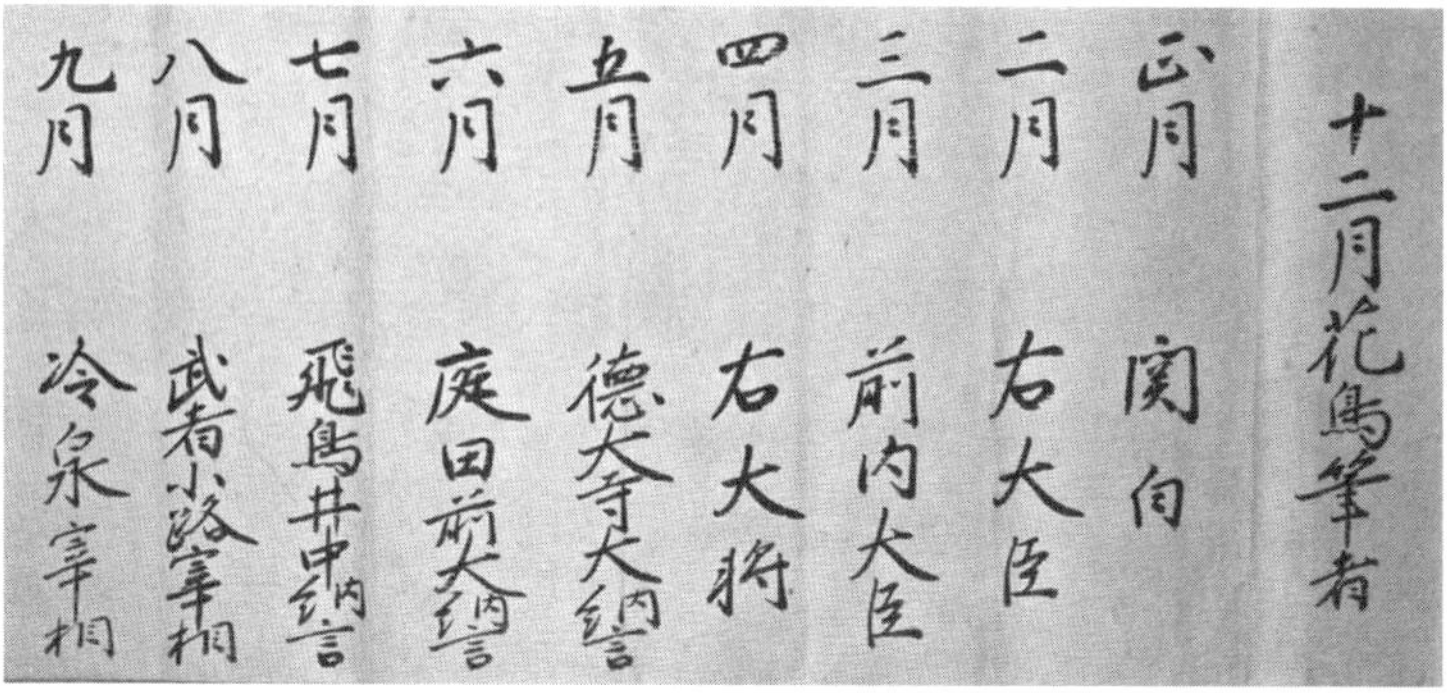
十二月花鳥筆者
正月　関白
二月　右大臣
三月　前内大臣
四月　右大将
五月　徳大寺大納言
六月　庭田前大納言
七月　飛鳥井中納言
八月　武者小路宰相
九月　冷泉宰相

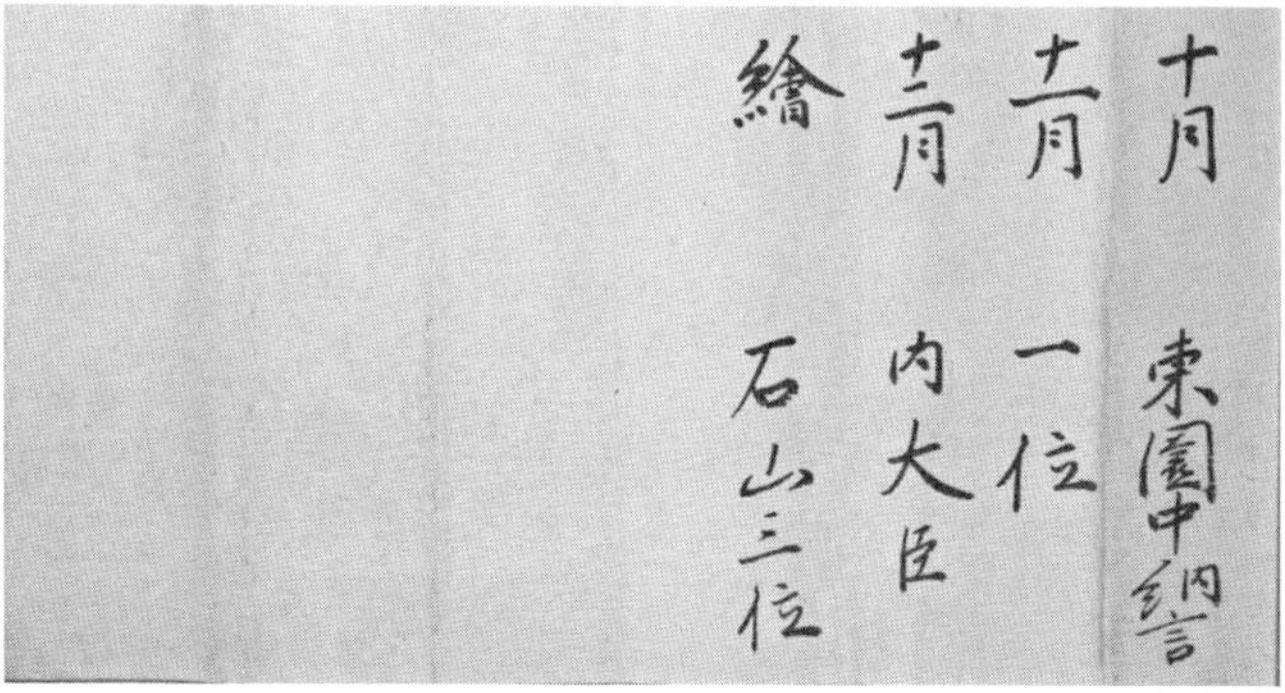
十月　東園中納言
十一月　一位
十二月　内大臣
繪　石山三位

（六）

正月　柳

うちなひき春くる風の
色なれや日をへてそむる
青柳の糸

鶯

春きてハいくよも過ぬ
朝戸出に鶯きゐる
まとのむら
竹

二月

桜

かさしおるみち行人の

たもとまてさくらにゝほふ

きさらきの空

雉

狩人の霞にたとる

春の日をつまとふ

きしのこゑにたつらむ

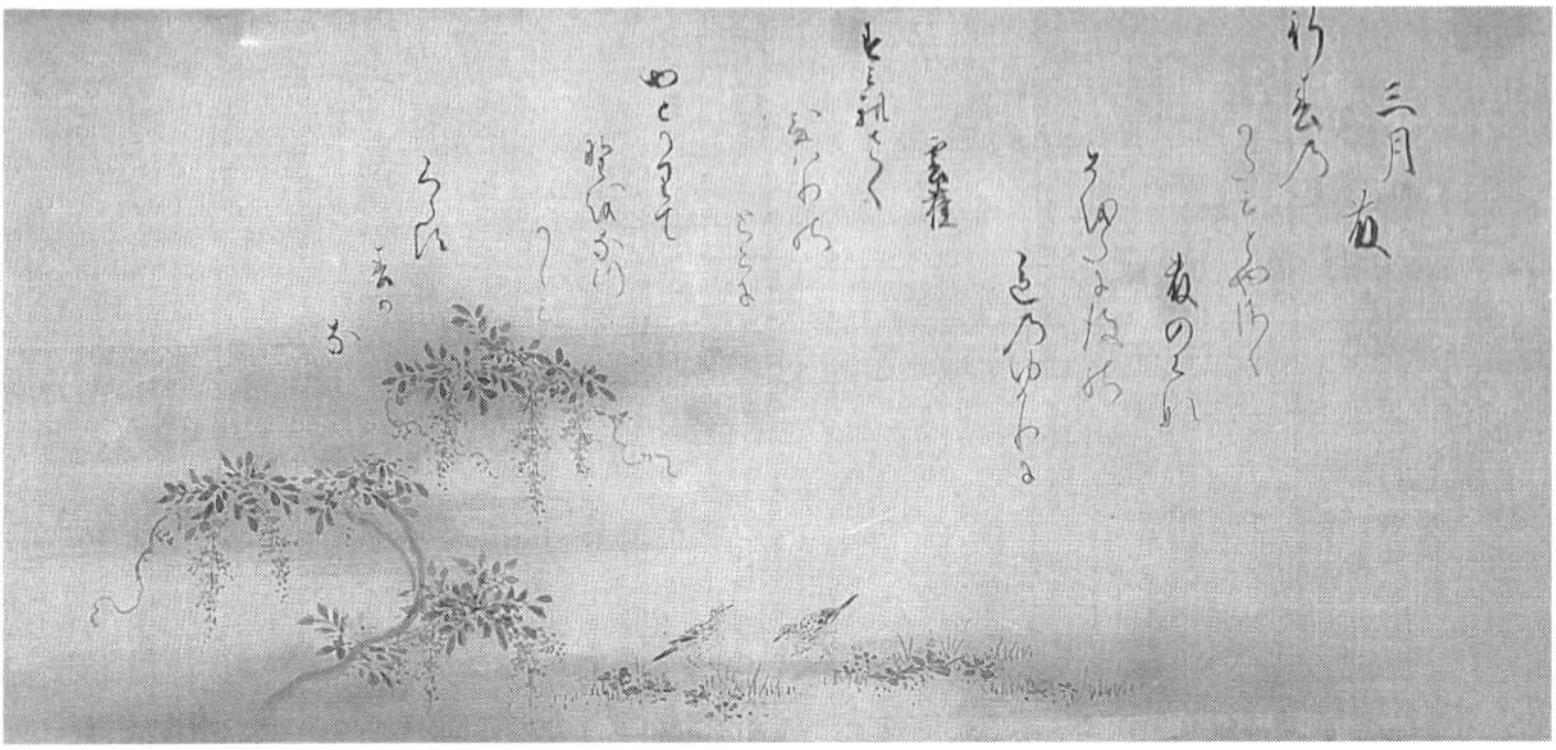

三月
藤
行春の
かたミとやさく
藤のはな
そをたに後の
色のゆかりに
雲雀
すみれさく
ひハりの
とこに
やとかりて
野をなつ
かしミ
くらす
春か
な

四月
卯花
白妙の衣
ほすてふ
夏の来て
かきねも
たはに咲る
うのはな
郭公
ほとゝきす
しのふの
さとに里
なれよ
また
うのはなの
五月まつ
ころ

五月

簷橘

ほとゝきすなくやさつきの
宿かきにかならす匂ふ
のきのたちはな

水鶏

槙の戸をたゝくゝゐなの
あけほのに人やあや
めの軒のうつりか

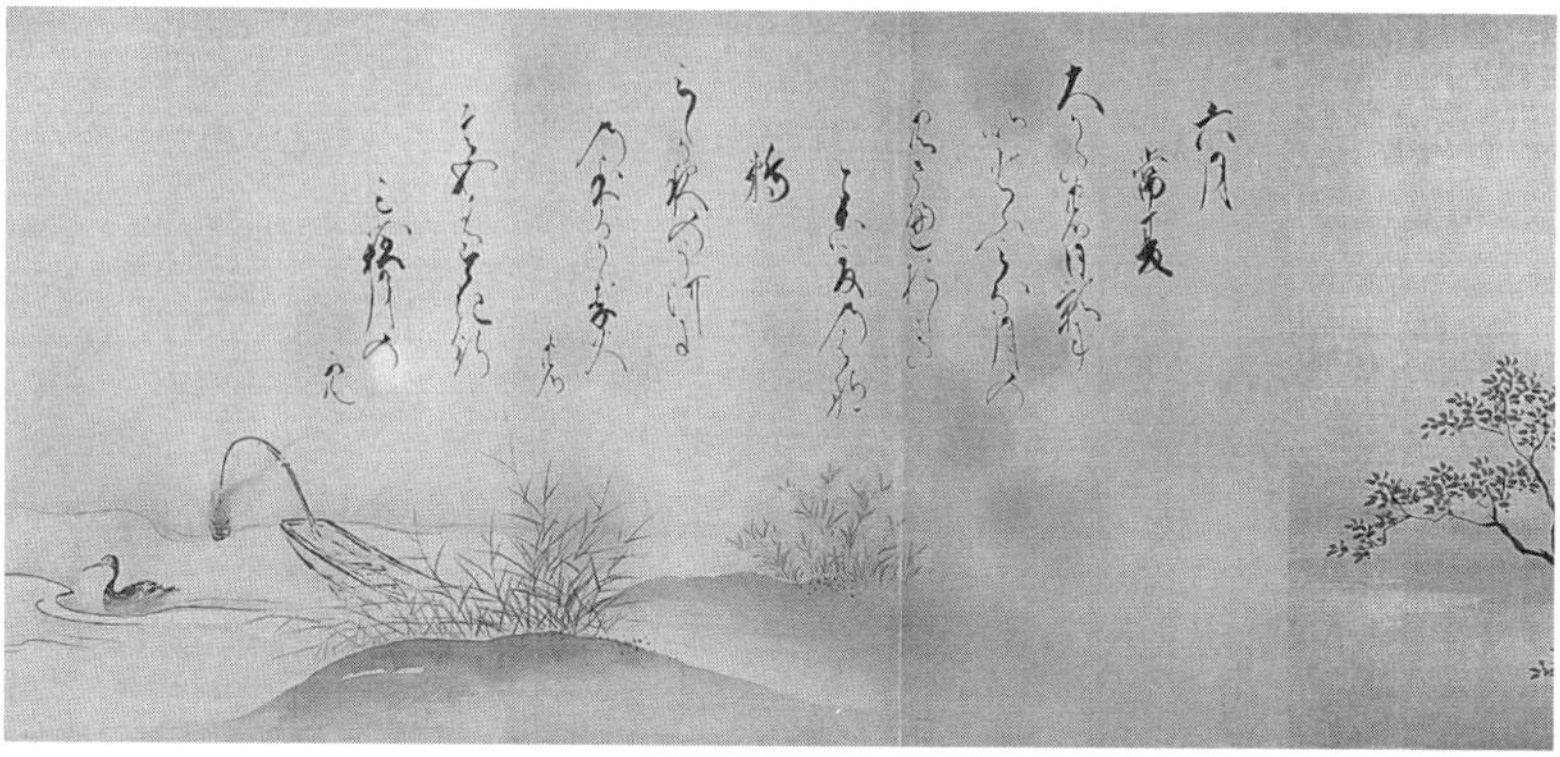

六月
常夏
大かたは月影に
いとふミな月の
空さへおもき
とこ夏のはな
鵜
ミしか夜のう河に
のほるかゝり火
は
そやはすき行
ミな月の
空

七月　女郎花
秋ならてたれも
あひミぬをミなへ
し
ちきりやをきし
星合の空

鵲
なかき
よに
はねを
ならふ
る
契りとて
秋まち
わたる
かさゝき
のはし

八月　鹿鳴草
秋たけぬいかなる
色と吹風にやかて
うつろふもとあらの
萩

初雁
なかめつゝ秋の
なかはもすき
のとに
まつ程しるき
初かりの
こゑ

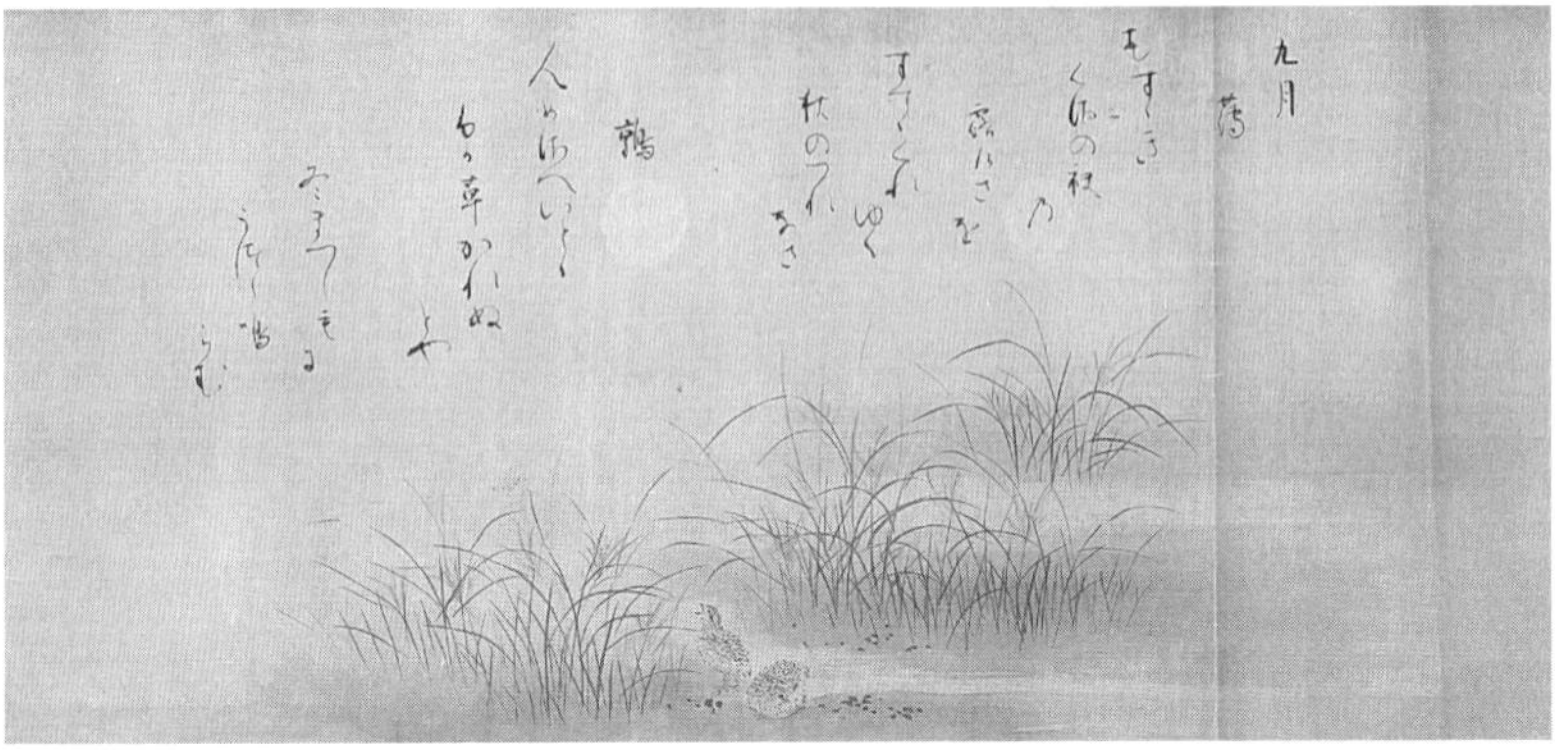

九月
薄
花すゝき
くさの袂
の
露けさ
を
すてゝくれ
ゆく
秋のつれ
なさ
鶉
人めさへいとゝ
たか草かれぬ
とや
冬まつしも
に
うつら鳴
らむ

十月　残菊

神無月しも夜の菊のにほはす

は

あきのかたみになにをかま

し

靏

夕日影むれ

たるたつは

さしなから

しくれの

雲そやま

めくりする

十一月
　枇杷
冬の日は木草
　のこさぬ霜の色
　　　　　を
はかへぬ枝の花そ
　まかふる

　千鳥
ちとり啼
　かもの川せの
　　夜半の
　　　月
ひとつに
　ミかく
山あゐ
　の袖

十二月
早梅
いろうつむ垣ねの
雪のころなから
年のこなた
に
にほふ梅か
え
水鳥
なかめする池の
氷にふる雪
の
かさなる
年をを
し
の毛
衣

〔補注〕「拾遺愚草」収載の「詠花鳥和詞」について

霊元院下賜の「十二月花鳥和歌」は、十二人の筆者が定家自選家集『拾遺愚草』収載歌をそれぞれ染筆したものであった。『拾遺愚草』に十二月和歌はどのように登場しているのであろうか。

『拾遺愚草』には、

後仁和寺宮、月なみの花鳥の歌の絵にかゝるへきことあるを、ふるき歌かすのまゝにありかたくは、いまよみてもたてまつるへきよし、おほせられしかは、

詠花鳥和詞各十二首

参議藤原

との詞書と共に、「花」と「鳥」の各十二首が月ごとに収載されている（引用は、『冷泉家時雨亭叢書第八巻　拾遺愚草上・中』〈財団法人冷泉家時雨亭文庫編〉による）。

後仁和寺宮は、後白河院第八皇子の尊性（後に道法法親王と改名）。仁安元年（一一六六）十一月誕生（『群書類従』巻第六七「仁和寺御伝」）で定家の五歳年少であった。

詞書は、後仁和寺宮が月ごとの花鳥を絵に描き（宮の自筆とは断定できない）、賛を旧歌に求めるのでは面白みがないと、定家に新たな詠みの要請があり、応じた定家が詠んだ経緯を語る。

結果、定家新詠を得た宮は、月なみの花鳥の絵に、定家詠を加えた絵巻を作り上げており、それを手本にしたのが

当該霊元院下賜の十二月和歌ではないかと思われるのである（『柳沢文庫収蔵品図録』〈財団法人郡山城史跡・柳沢文庫保存会編集《柳沢文庫創設五十周年を記念し発刊された図録》平成二十二年十月〉・宮川葉子執筆の「コラム」参照）。

もっとも、右絵巻そのものが霊元院のもとに伝わっており、それを粉本にこの度の絵巻が描かれたとは断定できない。定家や後仁和寺宮の時代からは約五百年以上経過した霊元院の時代までに、いくつかの書写本が生まれた可能性も考えられるからである。

ところで本書第一部第四章第二節「女文字手本」において粉本となったのは、高松宮旧蔵の「古六歌仙其他」に収載される、二十四箇の和歌と『源氏物語』関係の作品の一つであることを述べた。そしてこれら二十四箇の中に、「十二月花鳥和歌」も含まれているのである。ということは、室町中期頃までには、こうした粉本集とも言うべきものが創り上げられていて、必要がある場合は、それを模写するという営みがなされて来たのではなかろうか。

第二節　右ヱ門佐宛書状の裏面
――柳澤家の罹災をめぐって――

（一）　吉保書状―右ヱ門佐さま―

『柳沢文庫収蔵品仮目録』（財団法人柳沢文庫・昭和五八年三月）の「吉保」の項に、「書状　右ヱ門佐宛状　幅一」とある。現在は軸装されているが、もとは一通の奉書。右ヱ門佐宛にしたためられたもので、翻刻は次のようになる（読みやすいように私に句読点を付した）。

御ふみ見まいらせ候。さては町尻殿御うけたまわりのよしにて三代集拝領仰付られ、誠に以勅諚の趣かしこまりたてまつり難有御事、則頂戴いたし候。思召付させられ何もへ仰付られ、たくいも御さなき結構成そんしかけも御座なき仕合、心言葉も及かたく、町尻殿迄御礼可申上様も無御座候。幾重ニも〳〵よろしき様ニ町尻殿迄御取成頼入候よし、くれ〳〵仰遣され下さるへく候。仰のことくさる頃、私ひそういたし、つねにそはにをき候歌書は不残焼失いたし候。いまに何より残念にそんし候処に、此たひ拝領いたしこの後は、焼失いたし候草紙の事もわすれ申へきと一しほ〳〵難有奉存候。いく度も〳〵思召之程、難有義とかく可申上様も無御座候。よろしく〳〵御礼の儀御たのみ下さるへく候。めてたくかしく。

御返事　まつ平みの、守

右ヱ門佐さま

末尾に「御返事　まつ平みの、守」とあるから、右ヱ門佐からの書状に対して書かれた、松平美濃守柳澤吉保の返書とわかる。

返書からは次のことが知られる。

（二）　書状の背景

町尻殿が「うけたまわり」、すなわち命令を受け執行役となった。命令はほかならぬ勅諚。時の帝東山院のものか、その父君の霊元院のものかはにわかには決めがたいが、後に吉保が蒙る和歌の勅点等に類推し、霊元院の勅諚であった可能性が高い。

勅諚は吉保が三代集を拝領できるよう、町尻が案配せよとの内容であった。結果、三代集は完成し吉保は拝領できた。勅諚は誰に書写させるかにも言及していたから、町尻は忠実に書写者に依頼。類希《たぐいまれ》な見事な三代集となった。

それを拝領した吉保は心も言葉も及ばない程の喜びである。しかし「うけたまわり」の町尻に御礼言上の方法を持たないため、右ヱ門佐から是非よろしく伝えて欲しいと頼んでいるのである。

それに続けて吉保は述べる。お察しの通り、秘蔵し常に側に置いていた歌書類は全て焼失。残念至極で落胆も甚だしくしていたが、この度の三代集拝領により焼失の草紙類の事は忘れることが出来そうで有り難い。ご配慮には感謝してもし尽くせない。町尻殿への深謝の伝言をどうか宜しくお願い申し上げたいと。

吉保が述べる火災は、元禄十五年（一七〇二）四月六日の暁方、柳澤家を全焼させたそれであった。この時、いわ

ゆる天福本『伊勢物語』も灰燼に帰してしまったのでもあった。注一

ここの右ヱ門佐は大奥総取締役で水無瀬氏信女。かつて常盤井の召名で霊元院中宮房子に仕えていたが、綱吉御台所信子の要請で江戸に下向。右ヱ（衛・以下史料の表記の関係から「衛」字を用いる）門佐と改名して大奥経営にあたり、実力を認められ総取締役に出世したのであった。

（三）　町子生母

一方忘れてならないのは、右衛門佐は吉保の側室となった正親町町子の生母であったことである。町子の父親は正親町公通。町子を為しながら、しかし右衛門佐は江戸下向にあたり町子を公通のもとに残した。公通と右衛門佐の愛情問題に踏み込む用意はないが、二人の離別により町子は公通の父実豊（町子にとっては祖父）の庶子として扱われ、町子も実豊を父と信じて成長する。そして町子十五歳の折、出世した右衛門佐の招きで町子も江戸に下向。ほどなく吉保の側室として柳澤家に入ったのである。注二

そうした経緯を踏まえると、柳澤家の罹災で吉保が歌書類を焼失させてしまったのを知って、右衛門佐がいささかでもその再建に役立とうとしたのが理解できる。その方法として彼女はもとの主人筋であった中宮房子に、町尻を介し柳澤家の窮状を訴え出たのではなかったか。町尻を介した右衛門佐の要請に応じた房子は霊元院にそれを伝達。霊元院は町尻に「勅諚」を下した経緯が浮かび上がってくる。

（四）　三代集書写―『松陰日記』と『楽只堂年録』―

ところで吉保の側室正親町町子の手になる『松陰日記』巻十四「玉かしは」（元禄十五年夏より秋に至る記事を収載）

には、「三代集」書写の件が次のようにある。

京都《みやこ》にても内に聞《き》こしめしつけて、さるべき公卿に「三代集」を配《くば》りて書て奉るべき勅ありけるを、程《ほど》なく事終《ことおは》りていみじう装《よそ》ひて此頃《ごろ》下し給はす。歌、物語《がたり》やうの物、数多《あまた》焼けぬとて、かく取《と》り分《わ》き仰《おお》せ付《つ》けて給へるなりけり。全《すべ》て世《よ》には類《たぐひ》なかりきかし（注二同書・五三五頁）。

一方、吉保時代の柳澤家の公用日記『楽只堂年録』第百四巻、元禄十五年閏八月九日の条に、

右衛門佐の局より、三代集を送り致さる、是は、吉保が宅、当夏火災にかゝるによりて、家に蔵めし歌書などこと〳〵く焼失する事叡聞に達し、かたじけなくも公卿達に勅詔有て書写なさしめ給ひ、御内〻より吉保に下さるゝよしを、町尻中将兼量卿より傳へらるゝとの事なり（私に句読点を付した）、

とあって、『松陰日記』と同様の内容が記録されている。しかし『楽只堂年録』の方がより詳しく、直接に三代集送致に関わったのは右衛門佐であること、町尻兼量が勅諚を得ていたことなどが知られるのである。そして本節（一）に引いた吉保礼状は、「右衛門佐の局より、三代集を送り致さる」ことに対する返礼であったと思い至るのである。

（五）　水無瀬家と町尻家

では町尻とは誰か。そして何故町尻が「勅諚」を得たのであろう。『公卿諸家系図―諸家知譜拙記―』（昭和四一年初

版・平成五年第五刷・続群書類従完成会）によれば、町尻は水無瀬庶流。略系譜は左のようになる。

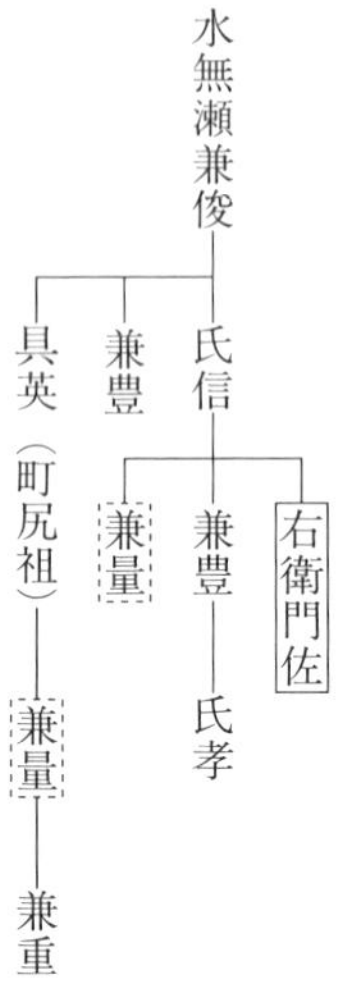

水無瀬兼俊の息男で、氏信兄弟の具英が祖となったのが町尻家。継嗣兼量は水無瀬氏信の息男。右衛門佐は水無瀬氏信の娘であったから、継嗣になった兼量と右衛門佐は兄弟姉妹のよしみをもって、柳澤家支援を要請したものと思われるのである。

『公卿補任』によれば、兼量は元禄十三年（一七〇〇）、三十九歳で従三位に叙任。当該火災の元禄十五年も非参議従三位であった。兼量は姉妹の右衛門佐の要請を霊元院中宮房子に伝える役をまずは担った。そして兼量に「勅諚」がくだり、彼が書写の采配を振るうことになったのである。

（六）　三代集筆者目録

では三代集の筆者はどういう顔ぶれであったのであろう。『楽只堂年録』にはそれが記録されている。貴重な史料であるので翻刻して載せておく。なお、筆者の下に丸括弧で括って示したのは、『公卿補任』に知られる元禄十五年当時の官位と年齢である。

古今集筆者

假名序　鷹司左大臣兼凞公[注三]（正二位・四十四歳）
春上　妙法院宮尭延法親王[注四]（一品・二十七歳）
春下　勧修寺前大納言経慶卿（正二位・五十九歳）
夏　平松中納言時方卿（従二位・五十二歳）
秋上　梅小路宰相共方卿（参議正三位・右兵衛督・五十歳）
秌下　鷲尾頭中将隆長朝臣（参議正四位上・左中将・三十一歳）
冬　藤波二位景忠卿[注五]（非参議従二位・五十七歳）
賀　風早前中納言實種卿（正二位・七十二歳）
離別　滋野井中将公澄卿（正四位下・右中将・三十三歳）
羇旅　東久世三位博高卿（従三位・四十四歳）
物名　清水谷前大納言實業卿（従二位・五十五歳）
恋一　九条内大臣輔實公（正二位・三十四歳）
恋二　飛鳥井宰相雅豊卿（正三位・左衛門督・三十九歳）
恋三　交野三位時香卿（非参議・従三位・三十九歳）
恋四　石山中将基董朝臣[注六]（非参議・従三位・三十四歳）
恋五　中山大納言篤親卿（従二位・四十七歳）
哀傷　油小路前中納言隆真卿（従二位・四十三歳）

雑上　冨小路兵部大輔貞維朝臣（正四位下・兵部卿・三十五歳）
雑下　桑原三位長義卿（非参議・正三位・四十二歳）
雑躰　東園宰相基長卿（従三位・左中将・二十八歳）
御歌所　中院前大納言通茂卿（正二位・七十二歳）
真名序　醍醐中納言昭尹卿（正三位・右兵衛督・二十四歳）

拾遺集筆者

春　聖護院宮道尊法親王[注七]（二品・二十八歳）
夏　今出川右大将伊季卿（正二位・権大納言・四十三歳）
秋　裡[注八]松前中納言意光卿（従二位・五十一歳）
冬　野宮中将定基朝臣（非参議・左中将・正四位下・三十五歳）
賀　武者小路三位実蔭卿（参議・右中将・従三位・四十三歳）
別　六条中将友慶[注九]朝臣（正四位下・三十二歳）
物名　園中納言基勝卿（従二位・四十歳）
雑上　堀川《(マヽ)》三位康綱卿（非参議・正三位・四十八歳）
雑下　阿野中将公緒朝臣（従四位上・左中将・三十七歳）
神祇　西洞院前中納言時成卿（従二位・五十八歳）
恋一　姉小路大納言公量卿（従二位・五十二歳）

恋二　櫛笥中将隆実朝臣（従四位下・左中将・二十七歳）
恋三　庭田前大納言重條卿（従二位・五十三歳）
恋四　風早三位公長卿（非参議・従三位・三十七歳）
恋五　冷泉少将為久朝臣（従四位下・左少将・十七歳）
雑春　高倉前宰相永福卿（正三位・四十六歳）
雑秋　柳原前大納言資廉卿（正二位・五十九歳）
雑賀　久世中将通夏朝臣（正四位下・左中将・三十三歳）
雑恋　冷泉宰相為経[注一〇]卿（参議・正三位・四十九歳）
哀傷　徳大寺大納言公全卿（従二位・二十五歳）

後撰集筆者

春上　近衛右大臣家熈公（正二位・三十六歳）
春中　曼殊院宮良[注一一]應法親王（二品・二十五歳）
春下　二条左大将綱平卿（従二位・権大納言・左大将・三十一歳）
夏　中院中納言通躬卿（従二位・三十五歳）
秋上　日野頭辨輝光朝臣（正四位上・右大弁・三十三歳）
秋中　竹内二位惟庸卿（非参議・従二位・六十三歳）
秋下　坊城宰相俊清卿（従三位・参議・左大弁・三十六歳）

冬　藤谷中将為信朝臣（従四位上・左中将・二十八歳）
恋一　久我大納言通誠卿（正二位・四十三歳）
恋二　石井宰相行豊卿（正三位・参議・右衛門督・五十歳）
恋三　山本前中納言実冨卿（従二位・五十八歳）
恋四　愛宕中将通晴朝臣（従四位上・右中将・三十歳）
恋五　松木前大納言宗顕卿（従二位・四十五歳）
恋六　冷泉三位為綱卿注二（非参議・治部卿・従三位・三十九歳）
雑一　山井修理大夫兼仍朝臣（従四位上・修理権大夫・三十二歳）
雑二　大炊御門中納言経音卿（正三位・二十一歳）
雑三　万里小路前大納言淳房卿（正二位・五十一歳）
雑四　石井少納言行康朝臣（正四位下・少納言・三十歳）
離別羇旅　日野西前宰相国豊卿（従二位・五十歳）
慶賀　清閑寺前大納言凞定卿（従二位・四十一歳）
三部外題筆者　関白基凞公

（七）　生母の配慮

勅諚により、法親王三人を含む堂上方六十二人を動員して書写された三代集。外題は関白近衛基凞が書いた。それはまさに「世《よ》に類《たぐひ》なかりき」（前引『松陰日記』）ものであったことであろう。吉保が右衛門佐宛の書状の中で、「此たひ拝領いたしこの後は、焼失いたし候草紙の事もわすれ申へき」と言っていたのも社交辞令でないのは筆者目録からも想像できる。

右衛門佐が町子の生母でかつ大奥総取締役であり、以前は新上西門院に仕える上臈であったことは、こうして吉保に新たな歌書をもたらした。罹災して落胆しきりの吉保も、「勅諚」を得た右衛門佐の兄弟、町尻兼量の采配により見事な三代集を手にし、灰燼に帰した歌書類への未練を捨てることが出来たのである。

一見さりげない礼状に見える書状の背景にも、母右衛門佐の娘町子に寄せるそれとない愛情のドラマが存在していたといえるのかもしれない。

〔注〕

一、天福本『伊勢物語』に関しては、本書第一部第四章第一節「吉里筆『伊勢物語』」で触れてある。

二、このあたりの事情については、宮川葉子『柳沢家の古典学（上）―『松陰日記』―』の解説の、「二、正親町町子の背景」で詳述してある（三三一～四七頁）。

三、鷹司兼凞は房輔の息男。霊元院中宮新上西門院房子の連枝。

四、尭延は、『本朝皇胤紹運録』によると、霊元院第六皇子。東山天皇弟宮。延宝四年（一六七六）生まれ。一品。俗名周慶。天台座主。母菅中納言局。

五、藤波景忠は大中臣景忠のこと。祭主。神祇大副。

六、石山基董は壬生庶流。基起次男。

七、道尊は、『本朝皇胤紹運録』によると、後西院第九皇子。上野宮公辨法親王の弟宮。延宝三年（一六七五）生まれ。二品。俗名昌隆。三井寺長吏。母按察使局。

八、裡松は通行では「裏松」。
九、六条友慶は『公卿補任』には「六条有慶」とある。『楽只堂年録』の書損か。
一〇、冷泉為経は下冷泉。
一一、良應は、『本朝皇胤紹運録』によると、後西院第十皇子。注七で述べた聖護院宮道尊法親王の弟宮。上野宮公辨法親王の弟宮にもあたる。延宝六年（一六七八）生まれ。一品。俗名勝明。天台座主。母六条局。
一二、冷泉為綱は上冷泉。

第二部　環境の諸相

第一章　六義園

第一節　六義園の歴史
——庭園と東屋と下屋敷——

（一）　元禄十五年七月までの六義園

吉保時代の公用日記『楽只堂《らくしどう》年録』（柳沢文庫蔵。全二二九巻。楽只堂は吉保の号、以下『年録』と略）にたどれる六義園の変遷について見ておく。もっとも六義園の名は後の命名で、初期はもっぱら「駒込《こまごめ》の山里」「駒込の別野《べっしょ》」「駒込の下屋敷」などと呼ばれていたが、本章では「六義園」と統一して呼ぶ。

六義園は、元禄八年（一六九五）四月二十一日の『年録』に、

城北駒込村にて、松平加賀守綱紀が上け屋敷を拝領す、坪数、四万八千九百弐拾壱坪なり（三〇巻）、

とあるのが始発。翌二十二日には早速前田綱紀から受け取った（同巻）。以後、吉保は自らの手で和歌の精神に則った設計・造園を手がけ、元禄十五年（一七〇二）七月五日に完成を見るのであるが、それまでにも変遷があった。

その第一が『年録』元禄十年（一六九七）七月二十八日の条。当年は、一月十八日に綱吉（五二歳）が吉保の四〇賀を祝い、継嗣吉里《よしさと》（十一歳）も独立へ向け別棟を与えられるなど、吉保の将来も次世代の成長もが期待できる状況になりつつあった。『年録』には、「駒込の下屋敷の地つゞきにて、長さ七十三間、横二十間の地を拝領し、今日、請取る」（四八巻）とあり、約千五百坪の追加拝領が確認できる。「地つゞき」からだけでは、どの方角を指すのか定かではないが、ともかくこれによって、二年四箇月前の四月に拝領の「四万八千九百弐拾壱坪」は、五万三百八拾壱坪に増大したのである。

次が元禄十一年（一六九八）八月二十三日。この年は、吉保を総奉行に二月から東叡山《とうえいざん》寛永寺の根本中堂の普請がなされ、成功裏に任務を終えた論功行賞として、七月、吉保は左近少将に補任され大老格に到る。そうした中で迎えた八月二十三日とは、完成した根本中堂の安鎮・地鎮の修法が大々的に行われた日であった。『年録』には「駒籠の下屋敷の作事、今日成就す」（五六巻）とある。元禄八年四月二十一日の時点で、既に「松平加賀守綱紀が上け屋敷」と呼んでいるから、それなりの「屋敷」はあったと想定されるが、吉保は独自に「下屋敷の作事」をなしていたのである。改築、増築の類か、はたまた侍小屋などの充足か、ともあれそれが成就したのであった。

三番目が元禄十三年（一七〇〇）三月廿九日。吉保（四三歳）は、五月下旬の実姉珠光院玉窓妙眉大姉逝去による愁傷がきっかけで病臥。七月末まで平常勤務をなせない状況となるのであるが、土地の追加拝領はその二箇月前にあたる。『年録』には、「駒籠の下屋敷の地つゞきにて、麟祥院が上け屋敷、長さ百四十八間、広さ四間の地を拝領し、今日請取」（七二巻）とある。

そもそも麟祥院は三代将軍家光の乳母《めのと》春日局の法号。家光は綱吉の父。そうした関係もあって綱吉は吉保に土地を下賜したか。いずれにせよ綱吉の吉保寵愛の一端と見てよいのであろう。さて「長さ百四十八間、広さ四間」は、五百九十二坪にあたるがかなり細長い土地である。「麟祥院上け屋敷」の一部を細長く削っての拝領を覗わせるのであるが、それはともかくこれにより六義園は、総計五万九百七十三坪となった。

注一　注二

なお当年八月二十二日、病後の癒しも兼ね、吉保は六義園に赴き一日のんびりと過ごし、七日後の八月二十七日、北村季吟から古今伝を受けたのであった。結果的に、それまでの滅私奉公に疲れ切った吉保が生き方を振り返り、愛好する文芸の世界に一歩も二歩も近づく機会であったとも言える。それまで六義園の作事の実際はすべて家臣まかせであったのが、一日のんびりと遊ぶなどはそれを伺わせる。

麟祥院上げ屋敷の敷地の一部を得た元禄十三年、十一月十三日の『年録』には、

駒込の下屋鋪の侍小屋より出火して、小屋二十軒斗焼亡す、幸に隣宅に及ばず（七七巻）、

とある。六義園内の侍小屋火災の記事である。一軒に何人が住まっていたかは定かでないが、侍達の多くは家族持ちであったと思われ、平均八人程度は同居していたか。ということは、「小屋二十軒斗」で焼け出された人数は百五、六十人程になる。しかも全侍小屋が焼失したのではなさそうで、焼け残った小屋にも侍達が住まっており、相当な人数が六義園の経営に携わっていたのが推測される。考えてみれば、五万一千坪近くの土地と、それに付随する下屋敷の管理・運営には、多大な人手が必須のはずであった。人件費の凄まじさも見え隠れするというものである。そこへ起きた火災。復興には時間も費用も要したと思われるが『年録』に関連記事はない。

翌元禄十四年（一七〇一）四月二十五日には、綱吉生母桂昌院が、王子稲荷等歴訪の帰途に六義園を訪問。吉保は野趣を尽くした設営でもてなす。園の完成までにはまだ一年半近くある時期ながら、完成度は完成時に大差なかったと知られる。注三

桂昌院の六義園訪問の二日後にあたる四月二十七日の条に、

今日、安通が実母、駒込の下屋敷にて、大奥の女中、右衛門佐の局、大典侍の局など数人を振舞ふ、贈り物品々なり（八二巻）、

とある。「安通が実母」は、吉保側室の正親町《おおぎまち》町子。安通《やすみち》は町子腹の吉保二男である。「右衛門佐《えもんのすけ》の局」は町子の実母。詳細は宮川葉子『柳沢家の古典学（上）―『松陰日記』―』注四及び本書第一部第五章第二節に譲るが、当時大奥総取締の任にあった右衛門佐の局の招きで、京都から関東に下り吉保の側室になった町子。生涯独身が掟《おきて》故、町子の実父正親町公通《きんみち》と離縁して勤める大奥総取締の任を労い、吉保は町子とその実母の対面の機会を六義園に設営してやっていたのである。

（二）　元禄十五年七月以降の六義園

元禄十五年（一七〇二）七月五日になった。この年は、三月に二万石の加増を得た吉保の禄高は、都合十一万二千三十石に到っていたが、四月六日、神田橋の上屋敷が炎上。綱吉の御成御殿をはじめ、吉保が長年収集して来た古典籍や家宝の多くが灰燼に帰した。家族は中屋敷、下屋敷に分散して避難生活を送る。注五程なく上屋敷の再建開始。夜を

昼に継ぐ突貫工事は効を奏し、五月九日には再建が成った。その約二箇月後が六義園完成の七月五日にあたる。
『年録』には、

駒込の別墅、営構《ゑいこう》成就す、地の広さ三万歩、築山・泉水等を設けて野趣を尽せり（一〇二巻）、

とある。「歩」は「坪」と同等の田地の単位であるから、三万坪の地に、築山や泉水を設けて野趣溢れる庭にしたというのである。六義園の地は増大され、「総計五万九百七十三坪」となっていたから、三万坪を差し引いた残り二万一千坪弱は、一つは下屋敷の建物群、二つは侍小屋など、三つは田畑（後述）として使われたと思しい。三万坪の庭園に、その七掛けほどの広大な面積の建物群や田畑が併存する、それが六義園の完成直後の規模であった。六義園のその後を追って見よう。

同年八月十三日の『年録』には、「駒込の下屋鋪営構成就して、今日はじめて遊ぶ」（一〇三巻）とある。庭園完成後、一箇月以上経った時点でのことで、この間に下屋鋪の経営も順次完成度を高めていたらしい。「遊ぶ」がどの程度を意味するのかは不明ながら、吉保の満足な表情が窺える。

その三箇月半後の十月二十一日（当年は閏八月があった）、吉保は再び六義園を訪れた。『年録』には、

今日、駒込の別墅に遊びて、様〻の名所を設く、園を六義園といひ、館を六義館と云、射場を観徳場と云、馬場を千里場と云、毘沙門山を久護山と云、凡て八十八境、記を作りて其あらましを述ぶ（一〇八巻）、

とある。この日、吉保はこの地を「六義園」と命名。「凡て八十八境」の名所《などころ》も定めた。「記を作りて」の「記」は、「八十八境」の詳細を載せる「六義園記」注六のことで、それはまさに当該『年録』の一〇八巻に収載されているのである（以下該本を「六義園記」と呼ぶ）。

なお六義園に初めて遊んだ八月十三日から、当該十月二十一日までには、上屋敷復興の磨き上げも同時になされていた。因みに閏八月九日には、霊元院の指揮下、法親王三人を含む堂上方六十二人の書写にかかる『三代集』を賜る。炎上で多くの古典籍を失い悲嘆していた吉保への見舞であった。仲介は右衛門佐局。吉保側室町子の生母であるのは既に述べた。注七また九月十四日には吉保邸内の御成御殿も完成。それを待ち構えるように、同月二十一日には綱吉の御成を得た。

元禄十六年（一七〇三）三月二日のこと。『年録』には、

吉保が駒篭の下屋敷の内にて、久護山といへる額を、公辨親王遊ばして下さる（一一四巻）、

とある。「久護山《ひさもりやま》」は所謂八十八境ではない員外の境地であるが、「六義園記」に、

毘沙門と、ひさもりと、五音相通なり、播磨をはりまとよみ、鴈をかりとよむ類ひなり、毘沙門は、北方多聞とて、須弥の巳寅とはいへ共、北方を司るゆへ、鞍馬も京より巳のかたなり、尤相応の土地にて、六義の園を長く久しく守り給ふへき霊地なり、

とあるように、六義園の守り神が宿る霊地と位置づけられていた。染井門の内側にあたるが、現在は申し訳程度の小高い盛り土が残るばかりで毘沙門を忍ばせるものは存在しない。

公辨親王染筆[注八]の久護山の扁額からは、毘沙門天を祀る堂宇を予測させるが、果たして「六義園記」に付載された「六義園図」[注九]の東北隅には、「久護山」と「毘沙門堂」の表記が見える。額はここに懸けられたのである。因みに公辨親王は五歳で毘沙門堂に入り、四七歳で薨去し（正徳五年〈一七一五〉）京都山科の毘沙門堂に葬られたように、毘沙門堂との縁は深い。そうしたことあっての染筆依頼であったのかもしれない。

公辨親王が染筆した三日後にあたる元禄十六年（一七〇三）三月五日の『年録』には、

　駒籠の下屋鋪の東隣にて、堀左京亮直利[注一〇]が屋敷を拝領す（一一四巻）、

とある。そもそも六義園は北側半分以上（三万坪）が庭園、南側に家屋群があった。「六義園図」（前掲）によると、庭園の東は、千里場《せんりば》と呼ばれる馬場が南北に通り、外界と一線を画したようになっているから、その東隣を拝領しても、それを取り込み庭園を拡張させるのは無理だと判断される。ということは家屋群の「東隣」の意で、家屋群を充実させ得る土地が増大したということであったのか。改めて考えたい。

右記事の二日後、即ち三月七日の『年録』に、

　一昨日拝領せる駒篭の下屋敷の東隣、五千九百九坪の地を、今日受取る。西の方、七拾壱間三尺、東の方、七十二間三尺、南の方、八十二間四尺、北の方、八拾壱間三尺なり（一一四巻）、

とあって、堀直利の屋敷は、若干東西に長い土地であったとわかる。六義園の総計は、五万九百七十三坪になっていたから、この度の拝領分を合わせると、五万六千八百八十二坪になる。元禄八年（一六九五）四月に前田綱紀の屋敷を拝領した時は、四万八千九百弐拾壱坪。以後、元禄十年（一六九七）七月二十八日、元禄十三年三月二十九日及び今回と三回の増地を経て八千坪近くも増大していたのである。この後、同月十三日には、綱吉息女で紀伊徳川綱教へ嫁した鶴姫、続いて水戸家へ嫁ぐ予定の綱吉養女八重姫が各々来園、四月四日には、吉保側室正親町町子の来園が確認できる[注一一]。

さて論はいささか遡るが、堀直利の屋敷を拝領した二週間後の三月二十一日は、公辨親王の六義園来訪が予定されていた。そのためであったのか、『年録』に「藤代峠の下、水分石の上、久護山に腰掛をまふけ、池中に舩をうかべ、野趣を尽せり」（二一六巻）とある。

藤代峠《ふじしろとうげ》は園内の中央部に位置する園内最高の小山で、「六義園記」には、「紀国にあり。四方を見おろす景地にて、無双の景々とかや。哥には「藤代の三坂」と読めり」とある。前述したように、六義園は和歌の浦を写しとり、和歌の精神を存分に摂取して設計されていた。その和歌の浦に鎮座する玉津嶋社、それを勧請した京都松原五条の新玉津嶋社、さらにそれを勧請した六義園の「新玉松」と、吉保の中では、玉津嶋への崇敬が一筋に連なっているのであるから、和歌の浦を見下ろす藤代峠は是非とも模さなくてはならないものであったはずなのである。

水分石《みずわけいし》は、園の南西部にある水遊びを楽しめる納涼の地。「六義園記」には、「水を三つにわけたる石なり。東山殿[注一二]の図にも水分石といふ石あり」とある。そして久護山には公辨親王染筆の扁額が掛けられていたはず。それら三箇所に腰掛を設営したというのである。庭内回遊に疲れた折の休息に供する意図であったのであろう。それのみならず「池中に舩をうかべ」てもあった。和歌の浦に見立てた広い池は、船遊びの場でもあったのである。

（三）　宝永元年二月までの六義園

元禄十六年（一七〇三）四月二十二日の『年録』には、「今日、一位様へ、駒篭の菜園の前栽物壱籠、鮮鯛壱折を進上す」（一一七巻）とある。六義園の「菜園」に生った「前栽物」（青物、野菜）を桂昌院（綱吉生母）に贈った記事である。「菜園」に関しては、巻子本「六義園記」の最終項（一〇二番目に該当）に、「楽秋圃《らくしゅうほ》　菜園なり。江万里が詩に、「欲知太守楽其楽。楽在田園歓笑中」」（記事内の「　」は宮川、以下同じ）として登場しているが、『年録』収載本「六義園記」には見えない境地。『年録』収載本と巻子本の各々「六義園記」の間には、成立にかかる時間的なずれがあり、その間に名所・境地が増大、あるいは統合されるという現象が見られ、[注一三]「楽秋圃」もその類と判断される。ただ、当該元禄十六年四月二十二日に、桂昌院に生りものの献上が可能であったのも事実で、そうなると、菜園は初期の八十八境には数えられなかったものの、あるいは前年七月の六義園完成時から機能していたのかもしれないと考えられてくる。本節「（二）元禄十五年七月までの六義園」の侍小屋失火の記事において、かなりな人手が六義園の経営・管理に投入されていたらしいのを見た。そうした彼らに、ある程度の自給自足を促せる田畑が用意されていたと見ることはできまいか。総計五万六千八百八十二坪の土地から庭園部分の三万坪を差し引いた二万七千坪弱が、下屋敷の建物群、侍小屋など、そして田畑ではなかったかと推定しておいた所以である。

因みに当該生り物の描写は、『松陰日記』最終巻「月花」の次の記事を彷彿させる。「月花」は、隠退して妻妾達と六義園に移り住んだ吉保が、浮き世の義理に惑わされず、和歌三昧の余生を過ごす中で擱筆される巻であるが、その中に、

園《その》、方《かた》を西《にし》に離《はな》れて、竹の林広《はやしひろ》〴〵と打回《めぐ》らしつゝ、此方彼方畑《こなたかなたはた》うち均《な》らし、時《とき》〴〵の生《な》り物絶《た》えず。山城《やましろ》の

戸畑《とばた》にはあらぬ瓜作《づく》りの翁共《おきなども》、さる方《かた》にいとよく扱《あつか》ふ。色《いろ》〳〵の果物《くだ》あるを、女原《ばら》騒動《そうど》き歩《あり》きて争《あらそ》ひ取《と》り、「これおだいに参《まい》らせよ」と言《い》へば、虫《むし》の付《つ》きたるをむつかしと思ひたる気配《けはい》もおかし。楽秋圃《ラクシウホ》とかや言《い》ふめれば、秋の田《た》の実《み》又いとこちたく栄《さか》へたり（前掲同書一〇七六頁）。

とある。「楽秋圃」は吉保隠退以後も、六義園に住まう人々に生り物を提供し続けていたのである。

元禄十六年（一七〇三）十月朔日になった。『年録』には、「五の丸様、鶴姫君様へ、駒籠の下屋敷の前栽の花壱桶（中略）を進上す」（一二一八巻）とある。「前栽の花」は、居住区に作られてあった庭で採取したものらしい。

ところで柳沢文庫に蔵される水木家旧蔵文書（以下「水木文書」と略）の中に、六義園の全景を写し取った淡彩の絵図があり、それによると、六義園には侍小屋や作業場が建つ地域と屋敷地との境に、かなり広い花壇が二箇所見られ、それは栽培農家の花畑かと見まがうほどの規模である（口絵Ⅰ）。「楽秋圃」のごとく名所《などころ》に数えられる存在ではないながら、六義園内にはこうして専門に花を育てる空間も存在していたのである。吉保やその家族は、和歌の浦を写し取った庭園で自然の移ろいを堪能するのみならず、花壇で育てた花々を切り取って生け花を楽しんでいたものと考えたい。

年号は宝永となった。宝永元年（一七〇四）二月十日の『年録』に、

去年拝領せる駒籠の下屋敷の東の方、五千九百九坪の地を、西南隣り、右京大夫輝貞が下屋敷に換ふ。その地は、六千七百坪余なり（一二三九巻）、

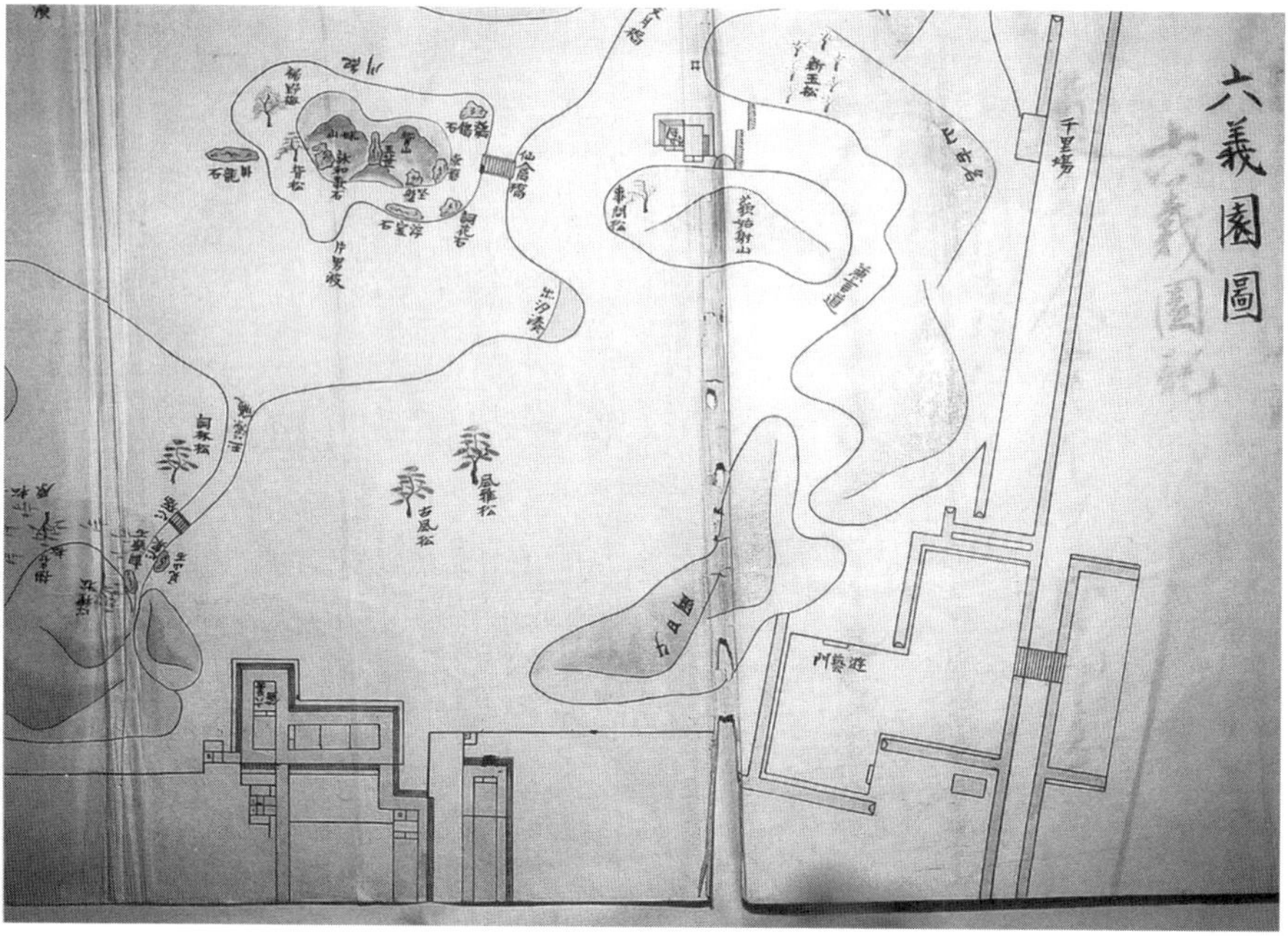

六義園図

の記事がある。「去年拝領せる駒籠の下屋敷の東の方、五千九百九坪の地」とは、元禄十六年（一七〇三）三月五日に拝領し（一一四巻）、翌々日に受け取った「堀左京亮直利が屋敷」の「五千九百九坪の地」（同巻）にほかならない。その地を「西南隣り、右京大夫輝貞が下屋敷」と交換の話が持ち上がり、同年三月十三日に、

　先月、右京大夫輝貞と換たる下屋敷を、今日、請取る（一四〇巻）、

とあって土地交換は完了する。

　吉保の「五千九百九坪の地」と、右京大夫輝貞の「六千七百坪余」を単純に比較すれば、吉保の方が約八百坪の増地。以前は五万六千八百八十二坪であった六義園は約八百坪を得て、総面積五万七千七百坪弱程になったのである。但し、増地の度に全てが六義園の中に取り込まれ庭園の拡大に使われたと

考えるのは早計であろう。堀直利の屋敷を庭園に取り込むには馬場が邪魔していた。そしてこの度、西南隣りの松平右京大夫輝貞の下屋敷と容易く交換できたのも、堀直利の屋敷地は手つかずで保管されていたからこそではなかったか。

　では右京大夫輝貞とは誰か。吉保の女婿に他ならない。そもそも柳澤家は男児に恵まれず、養子・養女を入れて家の存続を図って来た。それは吉保の代でも例外ではない。とはいえ適当な親族の男児を養子とし、家督を継がせればこと足りるかと言えばそうではない。もし養子縁組後に側室などに男児が誕生しようものなら、養子は廃嫡の憂き目に遇う。このあたりは吉保の義兄にも起きた悲しい事実であるが、詳細は宮川葉子『柳沢家の古典学（上）―『松陰日記』―』（前掲）に譲る。

　松平輝貞は、吉保養女市子《いちこ》（栄子・永子とも）の女婿となった。市子の実父は折井《おりい》淡路守正辰《まさとき》。折井正利の息男であった。折井氏は、柳澤氏や吉保正室定子の実家曾雌《そし》氏同様、武田信玄の家臣団として活躍した武川衆《むかわしゅう》。一方吉保・定子夫妻は婚姻数年経っても子に恵まれない。これは吉保の父安忠に男児が授からず、吉保を得るまでに経験した困難を髣髴させる。そこで吉保は定子側の親族の女子幾人かを養女にし、そこに聟を迎える構図を考えた。継嗣無き家筋は断絶という憂き目に遇いたくないという、当時の武家の必死な気持ちがそこにはあったのである。

　結果として、吉保、定子夫妻は四人の女子を養女に入れ、市子が輝貞と結婚したのであった。吉保の女婿として、また綱吉の寵臣として、輝貞は活躍するのであるが、[注一四]当該土地の交換は、岳父吉保対《たい》女婿輝貞で内々に進められていたとも考えられるそれであった。

（四）　宝永六年六月十八日までの六義園

宝永元年（一七〇四）五月八日の『年録』には、「駒篭の下屋敷の毘沙門堂を復構す。今日、霊雲寺比丘戒琛を請して、遷座の法を執行はしむ」（一四四巻）とある。「毘沙門堂」は公辨親王染筆の額が懸かる久護山。「遷座の法」が執り行われていることから、一時的に毘沙門を他所に遷して修復、この日、新堂宇への遷座がなされたらしい。「復構」の理由は記録に見えないが、前年（元禄十六年〈一七〇三〉十一月二十二日、関東は大地震に見舞われており、その折の倒壊・半潰などが原因であったかと推測される。因みに「霊雲寺比丘戒琛」とは、吉保が私的に帰依、綱吉の延命祈祷を始め自家の安泰も含め、自邸の増築、改築などへの祈祷を依頼していた霊雲寺（現在文京区湯島二丁目・幕府の祈願寺）の僧侶である。続く七月二十九日の『年録』に六義園増地に関する次の記事が載る。

吉保が深川の屋敷の内にて、七千拾四坪余の地に、土井周防守利益が駒込の屋鋪の内にて、八千二百八拾坪余と、外道六百九十坪余の地とを引替賜はるべき事を願ひ奉りて、今日、願ひ叶たるとの仰事有、同じ地続きにて、右京大夫輝貞が先頃返し上げたる、千百五十七坪の地をも拝領す（一四八巻）。

元禄十六年（一七〇三）三月十三日に、六義園は「堀左京亮直利が屋敷」[注一五]と「西南隣り、右京大夫輝貞が下屋敷」とを交換、総面積五万七千七百坪程になっていた。今回は吉保の深川屋敷内の「七千拾四坪余」と、土井利益[注一六]の駒込屋敷内の「八千二百八拾坪余」及び「外道六百九十坪余」の合計九千坪余を交換。その上、右京大夫輝貞返上の地続き「千百五十七坪」も拝領。総計六万七千八百坪余に到ったことになる。土井利益の駒込屋敷の全貌は未詳ながら、吉保の下屋敷の中では唯一隅田川の川向こうにあたる使い勝手の悪い深川屋敷との交換を望んだところに、六義園の地続きで、しかも右京大夫輝貞の下屋敷とも隣接する位置関係にあったものと想定したい。この受け取りは、宝永元年八月九日のことであったが、今回の一万坪余の獲得は、下屋敷拡張のためではなかったかと思われるのである。その証左が次の記事である。土井利益の駒込屋敷「八千二百八拾坪余」を請け取った翌日にあたる八月十日の『年録』注一七には早速のごとく、

駒籠の下屋敷の普請をするによりて、今日、霊雲寺比丘戒琛を請して、安鎮の法を修せしむ、また、去歳、大地震の後なるによりて、地鎮の法をも執行はしむ、是によりて、比丘戒琛へ銀五枚（以下略）」（一四九巻、傍線宮川）、

とある。傍線箇所から大地震の経験を踏まえた地鎮法執行も知られ、五月の毘沙門復構も大地震と無関係ではなかろうと改めて推測されるのでもある。ともあれ約一万坪の増地は並大抵ではない。以前の総面積の二割にも相当する広大な面積。その地を下屋敷拡張のためのみに使ったのであろうか。結論的に言うなら、増地の一部は新たな造園のために供されたものと考えるのであるが、これについては本節「(六) 壺中天」で改めて論じる。

宝永元年も十月になった。その二十一日、「日光御門跡公辨親王へ、駒篭の新墾田《にいはる》の新米五俵、但壱升入、同所前栽の蕎麦一箱を進上す」（一五一巻）とあり、六義園の「新墾田」で刈り入れた新米と蕎麦を公辨親王へ献上した記事が見える。

六義園の名所は、初期の八十八景に加え順次増設され、それらは巻子本「六義園記」にのみ見られること、その一つが「楽秋圃」と呼ばれる菜園であったことは本節「(三) 宝永元年二月までの六義園」で述べた通りである。ここ

の「新墾田」も増設された名所なのである。ただし、巻子本「六義園記」にも名のみ見えて、内容の記載がないのであるが、書いて字の通り新たに開墾された田畑であったのは容易に想像が付く。そこでは米も蕎麦もが栽培されていたのである。

二年近く経過した宝永三年（一七〇六）三月廿四日、「駒篭の下屋鋪の家臣等が長屋焼亡す、是によりて、右京大夫輝貞、井上河内守正岑へ使者をつかはして、そのよしを告ぐ」（一八三巻）とある。元禄十三年（一七〇〇）十一月十三日、まだ完成していない六義園の侍小屋から出火、小屋二十軒ほどが焼亡したことは既に述べた（本節「（一）元禄十五年七月までの六義園」）。火災には神経質であったはずでも、こうして再度長屋が焼亡しているのである。

さらに二年ほど経過した宝永五年（一七〇八）三月から四月に至る一連の『年録』を見ておきたい。

三月朔日、「黄檗山の悦峯和尚、参府せらる、によりて、吉保が駒込の下屋鋪へ招きて逗留せしむ」（二一七巻）、翌二日には、「退出の時に、駒篭の下屋鋪へ到りて、悦峰和尚と筆談す」（二一七巻）、廿三日には、「悦峰和尚、今日、駒籠の下屋鋪にて、燄口の法を執行はる」（同巻）と続き、四月十二日の条には、「駒込の下屋鋪に到りて、悦峰和尚と議して、稳之山を龍華山と、霊台寺を永慶寺と改む」（二一八巻）と記録されている。

悦峰和尚は、宇治黄檗山萬福寺八世。中国浙江省杭州西湖の生まれ。宝永四年（一七〇七）九月、初めて江戸へ下向、吉保と対面し仏教談義を交わした。今回の下向は二回目にあたる。この折吉保は悦峰を六義園に長期逗留させ、筆談をもって仏教談義をなしたのである。

結果、四月十二日の条に知られるように、吉保の菩提寺を龍華山永慶寺と改名するに至るのでもある。さらに付け加えるなら、綱吉薨去をうけ六義園に隠退、出家剃髪し保山元養と名乗った吉保の戒師は悦峰であった。因みに三月から四月に至る長期逗留の間に、悦峰は六義園の妹背山に「放鶴亭」の経営を勧めたと思しい。注一八 初期には八十八箇所であった名所は、こうした経緯で増大することもあったのである。

柳澤家にとって大転換が突然やってきた。宝永六年（一七〇九）一月十日のことである。前年暮れから体調のすぐれなかった綱吉は、年頭行事も継嗣家宣に託し休養をとっていたが疱瘡と判明。一時は全快の酒湯まで使う程に快癒したかに見えたが、一月九日に急変。翌日早朝、六四歳の生涯を閉じた。

吉保は即刻隠居を願うが、新将軍の治世が正式に帆を揚げるのを見届けるよう家宣に慰留される。命令に応じたものの、吉保は隠退後の準備を着々と進める。その一端が『年録』四月十三日に、「駒込別墅の居館を廣む、今日、釿初なり」（二二七巻）とある記事。吉保は六義園で余生を送る予定にしていた。居館拡大は、妻妾達と始める新たな生活のためであった。そして六月十八日、「吉保、并妻、今日、駒籠の下屋敷のやかたへ移徙す」（二二九巻）とあって、吉保と妻定子がまずは六義園へ移徙したのを知る。因みに「吉保、并妻、今日、駒籠の下屋敷のやかたへ移徙す」の一文は、『年録』の最末尾の記事である。

（五）　新玉松

六義園の名所の一つ「新玉松《にいたまつ》」は、柳澤家の和歌上達を願う吉保にとって、六義園の守護神毘沙門天を祀る「久護山」と互角な、神聖かつ大切な場所であった。宝永元年（一七〇四）六月廿三日の『年録』に、「今日、駒篭の別業六義園の、新玉松、久護山に和哥を奉納す」（二四六巻）とあるのがそれを語る。「新玉松」は、「爰《ここ》もあつまの新玉津嶋なれは、七本の松をかくもやいふへき。玉津嶋姫のみかけるひかりもいよ〳〵あらたならん事を祝して」（年録本「六義園記」）、「新玉津嶋を勧請して、松を七本植たり」（巻子本「六義園記」）と説かれ、ご神体《しんたい》は七本の松であった。

一方、柳沢文庫蔵「六義園絵巻上巻」[注一九]には「新玉松」及び、朱塗りの鳥居と神垣《かんがき》が描かれる〔口絵Ⅳ〕。その鳥居に掛けられた額字の原本と思しい吉保自筆の一枚を掲載しておく[注二〇]〔口絵Ⅴ〕。

では鳥居や額字はいつから存在したのであろう。見てきたように六義園の完成は、元禄十五年（一七〇二）七月五日であった。その初期から鳥居はあったのか。ここで『年録』の元禄十六年（一七〇三）七月廿八日の記事に目を転じたい。六義園が完成して丸一年後にあたる。

　吉里が実母、今日、鳥居を六義園の新玉松の前にたつ、吉保、新玉松の三字を大文字に書て是に掛く、額の裡に、元禄十六年癸未七月吉旦園主源朝臣敬書と記し、羽林次将と、松平吉保との二印を用ゆ（一二〇巻）、

この記事こそ、朱の鳥居と吉保の額字について語る貴重なものである。しかも、鳥居は「吉里が実母」、即ち吉保側室、飯塚染子《そめこ》の奉納であったのだ。吉保正室曾雌定子に婚姻後数年経っても子供が授からないのを案じた柳澤家では、吉保生母了本院《りようほんいん》の侍女染子を側室に入れた。染子は吉保との間に五人の男女児を産むが四人が夭折、結果吉里のみが生き残り、継嗣として柳澤家を支えて行くことになった。

一方鳥居に掛ける額字は吉保染筆。陽刻「羽林次将」も陰刻「松平吉保」も『年録』の記事と一致、旧「豊田家文書」の「新玉松」に他ならない[注二〇]。額そのものが存在しない現在、確認できないのが残念であるが、額の裏には、「元禄十六年癸未[注二一]七月吉旦園主源朝臣敬書」とあったはずなのである。「七月吉旦敬書」を『年録』と合わせ見る時、七月二十八日の吉旦《きつたん》、即ちよき日に吉保が慎んで染筆したものと知られるのである。

染子には、本章「第五節　六義園と和歌―新玉松と「六義園新玉松奉納和哥百首」」に揚げたように「同百首」の夏十

五首での「橘」題、雑十首での「神祇」題の詠歌はもとより、「染子歌集」と仮題（『柳沢文庫収蔵品仮目録』での命名）される吉保との詠歌贈答[注二一]、吉保の信仰告白『勅賜護法常應録《ちょくしごほうじょうおうろく》』付載の「故紙録《こしろく》」[注二二]、その他『松陰日記』の随所に見られる柳澤家内の歌会での詠歌や散文に類推できるように多くの文芸事績が残る。同じく吉保側室で、和歌の家の末流として歌才を発揮した正親町町子との実力差はともあれ、染子の歌才は後々に吉里が生涯二万首以上の和歌を詠む才能に受け継がれたものと思う。勿論吉保の歌才も半分は継承しているのは申すまでもないのであるが。そして、元禄十六年七月二十八日に、「新玉松」の前に朱の鳥居を献上するところに、当時、柳澤家内における染子の歌才は、少なくとも吉保の認めるところであったのも見逃してはなるまい。

（六）　壺中天

巻子本「六義園記」には、増大したと考えられる名所の一つに「壺中天《こちゅうてん》」があり、「李白か詩に、「寥廓壺中天」といへり。境界の各相なる事をいふ」とある。一方『松陰日記』（前掲）巻三十「月花」十三段には次の記述がある。

まことや玉川の夕涼《すゞ》みこそ、いとゞ憂《う》き世の濁《にご》りなき心地《こゝち》すれ。流《なが》るゝ水に差《さ》し掛《か》けたる東屋《あずまや》一《ひと》つ、いとさゝやかにて反《そ》り橋《はし》を渡《わた》りつゝ行《ゆ》き通《かよ》ふ。水に臨《のぞ》みて酒呑《さけの》みたるなどもおかし。欄干《らんかん》に寄《よ》りて見《み》れば、此方彼方《こなたかなた》通《とを》り行《ゆ》く水のさすがに浅《あさ》きものから、水底清《みなぞこきよ》く澄《す》み優《まさ》りて細石《さゞれ》も数《かぞ》へつべし。御前《おまへ》の山水とは程《ほど》を隔《へだ》て、何《なに》となき木の下道《みち》を、そこはかと分《わ》け来《く》と思《おも》ふに、こゝもとに来《きた》りて俄《には》かにはた、月日の光広《ひかりひろ》く異《こと》なる世界に到《いた》れらん心地《こゝち》して、誰《だれ》も〱手を打《う》ちて驚《おどろ》く。昔仙人《むかしヤマヒト》の、壺《つぼ》の中に天地《あめつち》を入れけん例《ためし》に準《なずら》へつゝ、「壺中天《コチウ》」と言《い》ふ額あり。流《なが》れをもと、構《かま》へたる所なめれば、さしも広《ひろ》らかに、そこら水遠《とを》く流《なが》れたる景色《けしき》言《い》はん方《かた》なし（一〇七五頁)。

これによればつぎのような光景が浮かぶ。玉川と名付けられた川での夕涼みのすばらしさ。その流れに懸けられた反り橋を渡って行くと小さな東屋。水に臨むそこでの飲酒は風情満点。東屋の欄干に寄りかかれば、此方彼方と流れゆく川筋。浅く清く澄み通っているため、水底の細石も数えられそうである。(和歌の浦を写した)庭園に見られる山水とは若干離れた、何でもない樹木の中を分け入ったかと思うと俄に開ける空間。月日の光さえ広大に輝く別世界に至った気持ちに誰もが手をたたく。昔、壺中へ天地を閉じ込めた仙人の伝説に準じ、東屋には「壺中天」の額が懸けてある。川の流れを専ら楽しむ意図で造られた場所。それこそ広々と遠くまで流れ行く景色は言いようもない。

初期にはなかった名所「壺中天」は、巻子本「六義園記」に姿を見せ、右『松陰日記』にも「昔仙人の、壺の中に天地を入れけん例に準へつゝ、「壺中天」と言ふ額あり」と登場しているのである。ここから、現在の六義園には見られない東屋、玉川等が存在していたことが知られる。

その位置を特定するのは難しいのであるが、「水木文書」の「六義園図」を参考にして考察してみたい。当該文書は柳沢文庫現蔵の、未装幀の淡彩絵図一枚。(口絵Ⅰ)に全貌を掲載したので参照願いたい。それは六義園の庭園部分を南に外れた所に、建物群に割り込むよう配され、「御泉水」と書かれた中嶋を持つ簡略な絵図。北側の小高い山の中腹には四角の建物があり、泉水には三箇所に橋がかかる。残りの部分には小道が芝を廻り、その東側は建物群へと連なっている。

ここで、巻子本「六義園記」に再度目を転じたい。そこには年録本「六義園記」には見られなかった名所として、

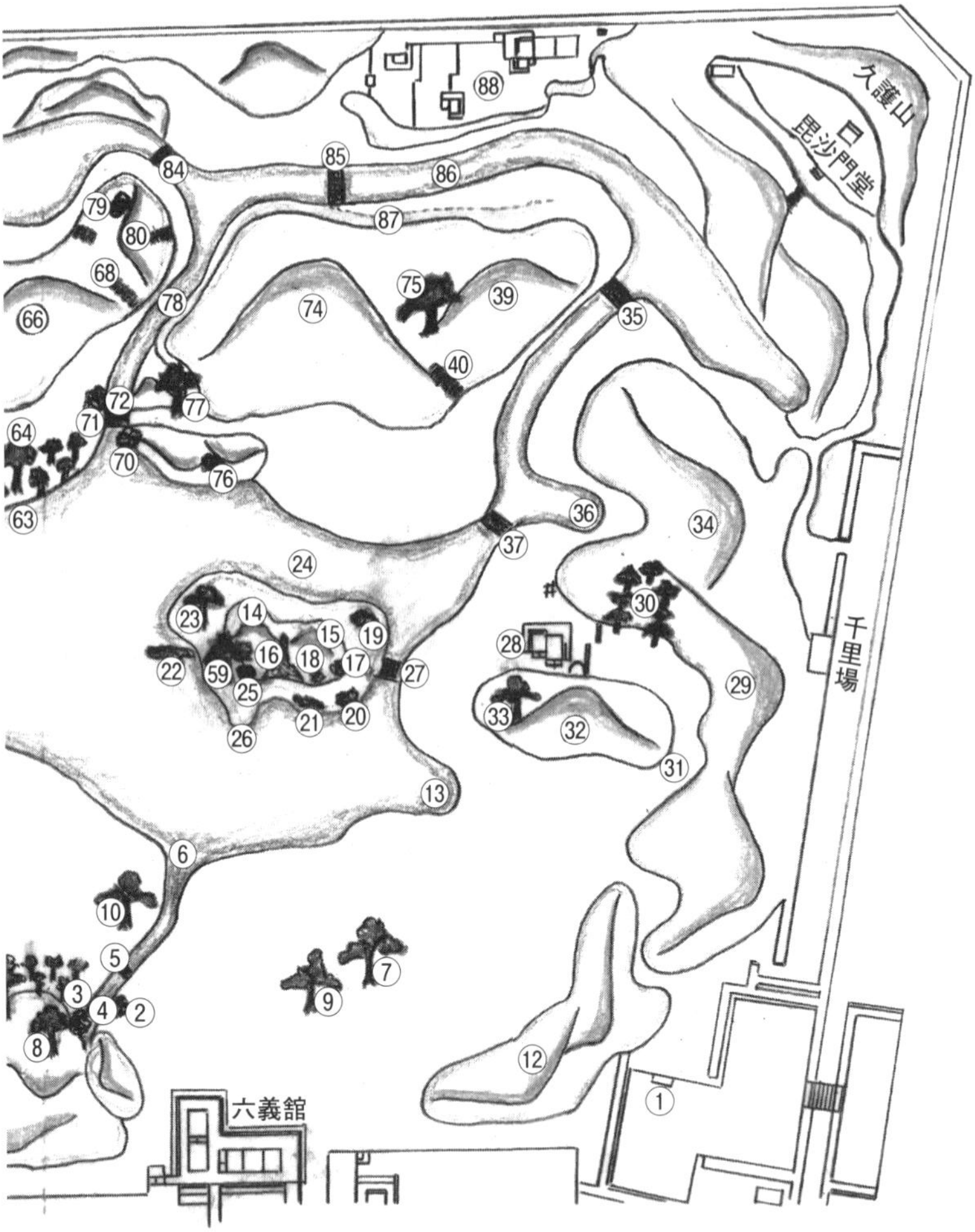

六 義 園 図

六義園八十八境

1	遊藝門	31	兼言道	61	亀浮橋
2	見山石	32	藐姑射山	62	霞入江
3	詞源石	33	事問松	63	吹上濱
4	心泉	34	過勝峯	64	吹上松
5	心橋	35	藤波橋	65	吹上小野
6	玉藻磯	36	宿月湾	66	吹上峯
7	風雅松	37	渡月橋	67	木枯峯
8	心種松	38	和歌松原	68	霞停坂
9	古風松	39	老峯	69	雲香梅
10	詞林松	40	千年坂	70	桜波石
11	掛名松	41	朧岡	71	浪花石
12	夕日岡	42	紀川上	72	白鷗橋
13	出汐湊	43	朝陽岩	73	藻塩木道
14	妹山	44	水分石	74	藤代峠
15	背山	45	枕流洞	75	擲筆松
16	玉笹	46	拾玉渚	76	能見石
17	常磐	47	紀路遠山	77	布引松
18	堅磐	48	白鳥関	78	不知汐路
19	鶺鴒石	49	下折峯	79	座禅石
20	詞花石	50	尋芳径	80	萬世岡
21	浮宝石	51	吟花亭	81	水香江
22	臥龍石	52	峯花園	82	花垣山
23	裾野梅	53	衣手岡	83	篠下道
24	紀川	54	掛雲峯	84	芙蓉橋
25	詠和哥石	55	指南岡	85	山陰橋
26	片男波	56	千鳥橋	86	剡渓流
27	仙禽橋	57	時雨岡	87	蛛道
28	蘆邊	58	覧古石	88	藤里
29	名古山	59	妹松		
30	新玉松	60	背松		

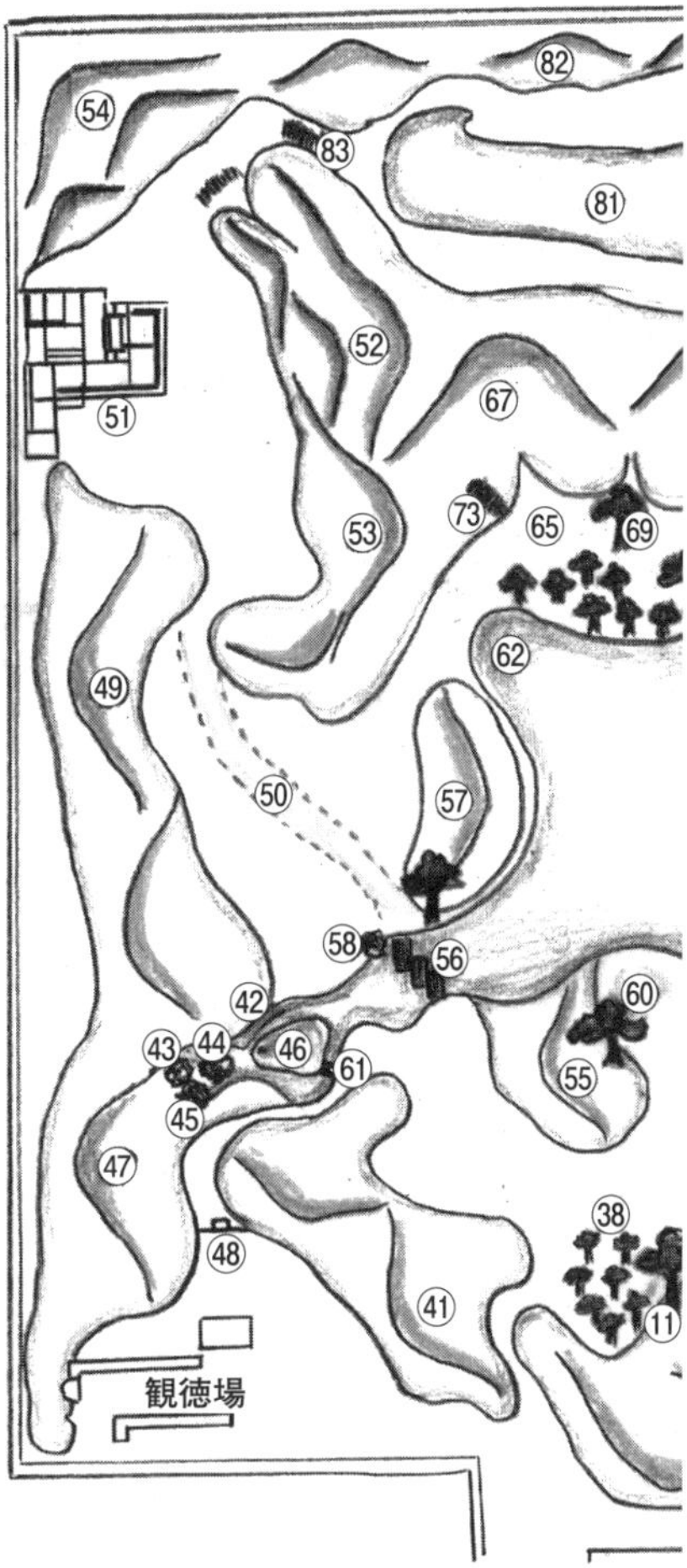

『楽只堂年録』収載の「六義園記」に付載された六義園図（495頁に一部載せてある）をもとに、八十八境が見やすいように私に描き改めたものである。

「甘露味堂」「小玉川」「壺中天」「架空梯」の四つが連続して登場する（私に付した番号の九四～九七に相当、五四五・五四六頁参照）。この四つと（口絵Ⅰ）とを丹念に比較してみよう。

まず、「小玉川」。「六義園記」に「此園の、玉川の流をひきてかけたる処なれは也」とあるのから類推すると、道幅三間半とある道が、西側へ九十度折れ曲がる東北角に白い四角が示されていて、そこが玉川の流れの引き入れ口と思しいのである。そこから水路は東側へ向かって「藪」「土手」「堀幅四間半」「土手」と直角に貫き、さらに道を越えて内陸部まで引かれている。その脇には「上水樋」とあり、玉川からの入水を管理する水門であったとわかる。これこそが「玉川の流れをひき」いれる水道であったのである。その水道は一端地下に潜り、庭内に姿を見せる時は、絵図の西側中央部北西よりの、細い流れの発端となる仕組みであったようである。それは程なく幅のある流れとなり、中央部の小嶋の両端を洗うように「御泉水」となって北側へと太い水脈を保ちつつ流れ登ってゆく。

次に「壺中天」。中央部の小嶋に渡る橋は一箇所のみ。おそらくこれを渡った嶋中に「壺中天」の額が掛かる四阿があったものと考えられる。そして嶋にわたる「反《そ》り橋《はし》」こそが「架空梯」であったのであろう。さらに、北側の小高い山の中腹に建つのが「甘露味堂」ではなかったか。

では「水木文書」に見える、こうした新たな庭はいつ出来上がったのであろう。『松陰日記』巻三十「月花」は、隠退後の吉保の和歌三昧の日常を描く巻であるのは述べた通り。しかも、吉保が隠退する宝永六年六月までに六義園の庭園部分の改築の記事は見られず、隠退以後の造作のように思われる。

本節（三）において、約一万坪の増地の一部は、新たな造園のために供されたのではないかと予測を示しておいた。新たな庭が居住部分に食い込むように配されていることに類推し、吉保は庭の拡張と居住区の充足を図ろうと意図していたのは間違いあるまい。ただ、それがいつのことかは特定できない。[注二四]

ただ本節(四)で、六義園の総計は六万七千八百坪余に到ったと述べたが、「水木文書」には、「惣坪数四万九千弐拾坪六合三夕」とあり、最大規模時と比較すると一万八千八百坪程の減少となっている。その差二万坪弱は如何様になったのか。もっとも絵図を丹念に見ると、「楽秋圃」や「新墾田」が見えない。『松陰日記』最終巻によれば、「楽秋圃」は「園《その》ゝの方を西に離れて」あったのであり、『松陰日記』が擱筆される時点までは存在していたはずである。以後、「水木文書」の絵図が描かれるまでの間に、「楽秋圃」や「新墾田」を含む二万坪近くが柳澤家の所有を離れた――、その時点を伝えるのが「水木文書」の絵図なのではあるまいか。

むすび

六義園は元禄八年(一六九五)、前田綱紀の上地を得て以後、吉保が足かけ八年かけて和歌の精神を生かして造園した庭。幾たびかの増地も経て、宝永六年(一七〇九)六月十八日以降は、正徳四年(一七一四)十一月二日に五七歳の生涯を閉じるまでの吉保の終の棲家となった。しかしそれ以前は、悦峯和尚に会うため、一箇月のうちに数度足を運ぶなどというのは例外的で、年に数えるほどしか園を楽しむゆとりはなかった吉保。隠退後は和歌三昧の日々を送りたかったことは『松陰日記』に十二分に知られるのであるが、それとて、五年半足らずで終わってしまう。足かけ八年の造園の成果を堪能出来たのは五年半足らずであったのだ。時の最高権力者に到達した吉保の忙しすぎた日常、片時も定着した状況にはなかった六義園の変遷に改めて思いを馳せる次第である。

六義園はその後どうなってゆくのか。吉里時代の公用日記「福寿堂年録」を追いながら、報告できる時を待ちたい。

〔注〕

一、東京都文京区湯島四丁目にある臨済宗妙心寺派の寺。山号は天澤山。通称枳殻寺《からたちでら》。寛永元年（一六二四）、春日局（法名麟祥院）の建立。開山は渭川周瀏。報恩山天澤寺と称したが、春日局の没後、現在の寺号に改称された。彼女の墓所がある。

二、実父斎藤内蔵助利三、生母稲葉右京進某女。稲葉重通《しげみち》に養われ、その息男正成《まさなり》の室となり、正勝、正定、正利等を産むが後に離縁。徳川三代将軍家光の乳母となり、家光が将軍継嗣になるに功績があった。彼女の伝記を述べるゆとりはないが、寛永十一年（一六三四）正月、長子正勝に死別。愁傷のあまり自らも法名をつけて麟祥院と号し、寛永元年（一六二三）に湯嶋に建立していた一宇、報恩山天澤寺を、天澤山麟祥院と改めた。ここでいう麟祥院は、寺としてのそれであろうと思われる。

三、宮川葉子『柳沢家の古典学（上）―『松陰日記』―』巻十「から衣」（平成十九年一月・新典社）。

四、注三同書「解説」の「二、正親町町子の背景」（三三～四七頁）を参照願いたい。

五、本書第二部「第二章　上屋敷―常盤橋・神田橋屋敷の関係―」「第三章　下屋敷―茅町屋鋪と芝の屋鋪―」で論じた。

六、本書第二部第一章「第二節　六義園記―『楽只堂年録』収載本をめぐって―」、「第三節　六義園記―巻子本をめぐって―」で論じた。

七、本書第一部第五章「第二節　右ヱ門佐宛書状の裏面」。

八、後西院皇子。一品。俗名秀憲。元禄三年（一六九〇）三月、江戸に下り、輪王寺宮となり、同年六月には天台座主にも任じられた。この他にも東叡山主、日光山主も兼帯する「三山管領宮」として活躍。柳澤家とも懇意で、吉保の家族罹病の折には加持祈祷にも心を砕き、吉保邸、六義園、待乳山《まっちやま》の別邸への来訪などもあった（宮川葉子『柳沢家の古典学（上）―『松陰日記』―』〈注三同書〉解説（二）四六頁等参照）。

九、淡彩の絵図面。本節五〇四・五〇五頁に掲載してある。但し掲載の写真は白黒にせざるを得なかったし、私に書き改めたものである。

一〇、父堀直吉《なおよし》、母堀直次《なおつぐ》女。万治元年生まれであるから吉保と同年。天和年間には越後光長の事件で越後国に赴き、糸魚川を守護。後に奏者番、寺社奉行を兼務。正徳元年（一七一一）致仕。享保元年（一七一六）卒去。享年五十九歳。室は松平丹

波守光永女（『寛政重修諸家譜』巻第七百六十六）。

一一、『年録』に、「今日、駒籠の下屋敷へ、安通が実母行て遊ぶ」（一一七巻）とある。

一二、東山殿は足利七代将軍義政。「東山殿の図」は慈照寺銀閣の庭を描いた絵図面類を意味するものと思われるが、現在の銀閣の庭に水分石は存在しない。

一三、注六同節で論じてある。

一四、吉保と側室正親町町子の間に誕生した二男経隆《つねたか》と三男時睦《ときちか》が、後に前者は越後黒川藩祖、後者は越後三日市藩祖と、いずれも柳澤家とは無関係な越後に所領を得ることができたところには、義兄としての松平右京大夫輝貞の活躍があったことなど、本書第二部第五章「第四節　正親町町子腹の二男児—その転封に果たした松平右京大夫輝貞の役割—」で論じた。

一五、注五同章。

一六、土井周防守利益については、注五「第三章　下屋敷—茅町屋鋪と芝の屋鋪—」の「（一）深川の下屋鋪」注一を参照されたい。

一七、『年録』宝永元年（一七〇四）八月九日の条に、「先頃、吉保が深川の屋鋪の内と引替にせし土井周防守利益が駒篭の屋敷の内、八千二百八拾坪余の地を、今日請とる」（一四九巻）とあって確認できる。

一八、本章「第三節　六義園記—巻子本をめぐって—」において、巻子本「六義園記」の「放鶴亭」の説明に、「宋の林和靖か隠たりし孤山に放鶴亭有。此嶋（私注・和歌の浦に見立てた六義園中央部の池に浮かぶ妹背山と呼ばれる島）孤山に似たりとて、「此亭を構へよ」と西湖悦峯子のたまひしなり」とあり、悦峰の提起で放鶴亭が新たに建てられたのが知られることを論じた。

一九、当該絵巻は破損状態が酷く、現在閲覧停止となっている。口絵に掲載した写真も、当時の柳沢文庫学芸員故西村幸信氏撮影・提供のもの。朱塗りの鳥居は充分確認できよう。

二〇、口絵に掲載の「新玉松」と墨書された堂々たる額字は、現在大和郡山市教育委員会の保管にかかる旧「豊田家文書」。撮影者は柳沢文庫元職員故米田弘義氏。氏より額字の由来等のご教示と写真一葉を賜った。縦五四・五センチ、横三五・八センチの鳥の子紙に書かれ、左下に「羽林次将」（朱の陽刻）と「松平吉保」（朱の陰刻）の角印を持つ。

二一、「元禄十六年癸未」の「癸未」は「みづのとのひつじ」、元禄十六年（一七〇三）に間違いない。

二二、本書第二部第五章「第一節　吉里生母の死―「染子歌集」を中心に―」で論じた。

二三、「故紙録」は、『柳澤吉保公参禅録・勅賜護法常應録』（永慶寺・昭和四十八年三月）末尾に全二巻が翻刻されて載る。

二四、森守氏著『六義園』（財団法人東京都公園協会発行・一九八一年五月第一版、二〇〇四年三月第四版発行、第四版による）には、「六義園の完成をみた二年後の宝永元年（一七〇四）に吉保は、またまた園の西側地続きに約九千坪（二万九千七百平方米）の土地を賜り、造園に着手し、彼が側用人の職を辞した翌年宝永七年（一七一〇）に完成をみている。この庭は、今までの華々しい「和歌の庭」から一変して、阿弥陀堂（甘露味堂）を庭の北側に、その南には池を掘り、その池中に「四阿」（あずまや）を建て、それに反橋を架け、池の周囲には樹木を植えた、大変簡素な庭であった。特に池中の四阿には「壺中天」（こちゅうあん（マヽ））と名付け、将軍綱吉亡きあとを偲び、自らの隠生を心静かに過ごす、浄土思想の別世界の庭を造ったのである。彼の日記『楽只堂年録』第百九二巻（宝永三年十月）に「穏斎記」を記して、その創意を述べている。また、柳沢家所蔵の「六義園全図」にも、ここの部分が描かれている」（第四章、八九頁）とある。本節で辿ってきたのと類似の記事ではあるが、「宝永七年（一七一〇）に完成をみている」とされる根拠の提示がなく確認が取れない。吉保継嗣吉里の公用日記「福寿堂年録」の宝永七年に掛かる箇所にも、六義園の新たな造園の記事はない。

第二節　六義園記（一）
――『楽只堂年録』収載本をめぐって――

（一）　翻刻

吉保時代の公用日記『楽只堂年録』第一〇八巻、元禄十五年（一七〇二）十月廿一日の条には、長大な記事と絵図が収載されている。これこそが六義園のごく初期の姿を伝える貴重な史料なのである。

吉保は元禄八年（一六九五）四月二十一日、綱吉から染井村に別墅の地、四万八千九百坪余りを与えられた。以前松平加賀守綱紀の別邸地であった。それを整備、六義園（正確には駒込の山里と呼ばれていた）が完成したのは元禄十五年七月五日のことであった。

落成の約一箇月半後にあたる八月十三日、[注一]吉保はここを訪れた。その時の記録が当該『楽只堂年録』収載の「六義園記」（以下「年録本」と略）で、「六義園」と定められたのもその時のことであった。以下がその翻刻である、なお句読点は宮川が適宜振ったものである。

翻刻

元禄十五年十月廿一日

一、今日駒籠の別墅に遊ひて様〻の名所を設く。園を六義園といひ、館を六義館と云。射場を観徳場と云。馬場を千里場と云。毘沙門山を久護山と云。凢て八十八境。記を作りて其あらましを述ぶ。

六義園記

道は人によりてひろまること、國のいにしおしへすてにしかなり。さかいは名をもてつたふ。大和哥のふるきならはしまた同し。此ゆへに根をこゝろのつちによすれとも、かならす三の聖のつちかひうへしおしへをかりて枝葉しけり、さかりなることを忩たり。あとを口のいしふミにとゝむ共、もし八雲のひかりあまねきまほりにあらさらましかハ、いかてか山川とともに長くひさしかるべき。吉保、幸にやすくたいらかなる御世にむまれて、をふけなくゆたかにあつきうつくしミをかふふる。ふくろにおさむる梓弓、やなきのいとなミしけき政のいさをしなれるにいたり、ときもりをまちて、鳥かなく東のミやこおさまれる代のこゝ忩たのしひをともにす。爰におほやけよりまかてぬるいとま、家にまとひするゆふはへに、あるハ花鳥のいろねをもてあそひ、あるは風月のひかりとかけとにさまよふ。五もし七もしのことの葉、やうやくにしてかたミにミちもたて、千里のミものもへをいつることをまたすなりぬ。ついにこまこめのはなれたるたちにつきて、いさゝかに和哥の浦のすくれたる名ところをうつす。それ、いもの山、せの山のまろかれたるあり。ときはかきはのうこきなきあり。あさひゆふ日は山邊、柿の本のふかきあちわひをふくめり。

山を見、浦をなかむる、かれと是との妙なること、はたをかよはせり。山と枩とはあたらしきとふるきとあひなりて、きはまりなきなり。泉と石とは、こゝろとことはとのおなしくいてゝ二つなきなり。たまをひろふも藻をとるも、ひとしく紀氏のなかれをくミ、むめのくもゝ、桜のなミも、ともになかき秋のかとにありけり。あるはふちはらの昔をさゝかにのミちにたつね、あるはならの葉のいにしへを千鳥のあとにみる。のりのおしへのもしあることは、吾ミちのひろくおほふなり。からうたの詞あることは、わかめくミのあまねくいたるなり。春なつ秋冬のおもしろき、大いにそなはり、松竹鶴亀のめつらしきこと〳〵くまつたし。やそちやつのさかいのあらましは述ふへけれ共、草〳〵のありさまのくわしきことは何としてかつくさまし。元の名をきゝては、そのところを彼国にしゝむるかとうたかはれ、今のかまへを見ては、其古をこのふミにかふかへたることをあきらかにせまし。あゝうらはすなはちやまと哥なり。爰にあそへるものは、此ミちにあそへるなり。園は是むくさなり。爰にさとれる人は、此ことはりをさとれるなり。今此ことのおこり、あにたゝ君のめくミをまのあたりにほこるのミならんや。神のあとを後の代にたれまくおもふゆへ、心のたねをふんての林によせて、くちのミを文のそなふにむすふといふことしかなり。

六義園八十八境

六義園（むくさのその）＊（　）内は本来ルビ。音訓二種のルビ又は混合の場合は音を片仮名で、訓を平仮名で表記する。

六義館（むくさのたち）

一、遊藝門（ユウゲイモン・ゆきのもん）（以下、八十八境に論展開の都合上漢数字で通し番号を付す）。論語にいはく、「志於道拠於徳依於仁遊於藝」（以下、和歌・漢詩等の引用文にはカギ括弧を付した）といへり。朱子の説にも、「道者當然之理藝者道之所寓」といへれは、道と藝と二つなし。此園に遊ふ人は皆道の遊ひにして、活ける世を楽む。音を二十一字につらぬるなるへし。

二、見山石（ケンサンセキ・やまみるいし）拾遺ニ人丸[注二]「おほなむちすくな御神の造れりし妹背の山を見るそうれしき」

三、詞源石（シゲンセキ）詞源は言葉の源なり。杜子美か詩に、「詞源倒流三峡水」といへる文字なり。心泉の出る源なれは、詞はふるくこゝろは新くといふ事をもおもひ出て。

四、心泉（こゝろのいづみ）「心の泉いにしへよりもふかく、詞の林昔よりもしけし」と千載集の序[注三]に見えたり。此泉は庭の心より池の心に流れぬれは、詞の源の石といふに對して。

五、心橋（こゝろのはし）心の泉の橋なれは名つけぬ。又こゝろの泉を汲、言葉の林にあそひ、和哥の浦のしらぬ汐路にあこかれ、六義園の草〳〵に心をよせて、大和言の葉の水上にさかのほるも、皆心をはしにかくるよりあゆミを始るならし。

六、玉藻磯（たまものいそ）俊成[注四]「和哥の浦に千〻の玉藻をかきつめて萬代までも君か見んため」。是は心の泉の流のすゑなり。小石まけれは、石の中に玉を求るといふ事もあれハ。又見山石に人丸の哥をとりたるよりうけ續て、爰には俊成の哥をとれり。

七、風雅松（フウガセウ・かせたゞしきまつ）新千載[注五]「玉よする浪ものとけき御代なれや風もたゞしき和哥のうら松」。正面の松なり。松のかたちも正し。玉藻の磯のつゝきなり。和哥の浦の松の哥には、ことに目出度哥なるゆへ是をとれり。風雅といふは六義の内の二つなり。詩経にても風雅の正を太平の音に用るゆへ、歌書にても風たゞしきとよミて、風雅集の序[注六]にも見ゆ。正風体の事をいへり。

八、心種松（シンシュのまつ）新續古今[注七]「皆人の心の種もかはらねは今もむかしの和哥のうら松」。古今の序[注八]に、「人の心を種として萬の言の葉とそなれりける」といへるに本つきてよめる哥と見えたり。心の泉の本なれは、詞林松にも對しぬ。殊に心を種といへるは、哥の本源なれは、見山石に人丸を寄せたるにもかなふやうにて。

九、古風松（コフウセウ）「年経ぬる松はしるらんむかしより吹つたへたる和哥のうら風」[注九]。和哥の松原の方より、浦風を此松に吹つたふるやうにおもはれてなん。殊にこゝろを古風に染、詞を先達に習は誰人か詠せさらん、と詠哥大概[注一〇]にも侍るをや。

一〇、詞林松（シリンセウ）「あつめ置詞のはやし散もせて千年かはらし和哥のうら松」[注一一]。古今真名序[注一二]に、「夫和哥は（者カ）託其根於心地發其花於詞林」共いへり。彼千載集の序[注一三]に、心の泉に對せし詞なれはその餘情もあれハなるへし。

一一、掛名松（クワメイセウ・なかくるまつ）「をよふへき便もあらハ松枝に名をたにかけよ和哥の浦浪」[注一四]。此松は磯邊より少はなれたれは、をよふへき便もあらはといふ言葉に叶へきや。

一二、夕日岡（ゆふひのをか）左に朝陽岩あるに對して右には此岡なり。遊藝門よりのさし入なれは、此園に入る人は、さし入よりはや風景の面白さに日をくらすへきこゝちす。又向の方には、詠哥石、片男波、仙禽橋、芦邊の亭、皆赤人にこゝろよせて[注一五]はたはりひろく侍れは、人丸の傳授をふくミて見山石のつなきにもと。

一三、出汐湊（でしほのミなと）「和哥の浦に月の出汐のさすまゝによるなくたつのこゑそさひしき」[注一六]。夕日の岡のわたりなれは、月の出汐もほとちかく、仙禽橋を右に見ぬれは、よるなく靏といへる風情もうつるやうなり。藐姑射山、渡月橋なと、月の縁もあり。さて出汐のミなとといふは、湊にかゝる舟はかならす出汐を待心なり。

一四、妹山（いものやま）

一五、背山（せのやま）

一六、玉笹（たまざゝ）「いもせ山中に生たる玉さゝの一夜のへたてさもそ露けき」[注一七]。妹と背の山の中にある石なれは、中に生たるといふ言葉、へたてといふ言葉に縁をとりて。

一七、常磐（ときは）常のいはほとよむ。

一八、堅磐（かきは）かたきいはほとよむ。何も岩の名として妹背のミち長久ならん事を祈る。常磐堅磐といふ詞、神書におほし、中臣祓にもありと覚ゆ。

一九、鶺鴒石（せきれいセキ）妹背山の入口の石なれは名付ぬ。伊弉諾、伊弉冉尊、鶺鴒に夫婦の道を習ひ給へる事、日本ふミ[注一八]に有。賀茂保憲か女の集[注一九]にも「世の中はしまりけるときむかしハにはたゝきといふ鳥のまねをしてなむ男女は定けるに」とあれは、妹背山の道を教るといふこゝろにて。

二〇、詞花石（シクワセキ・ことばのはないし）花のやうなる紋有り。詞のはなといふは和哥の事なれは和哥の浦の石なるゆへに縁をとるなり。

二一、浮宝石（フハウセキ）素戔嗚尊、眉の御毛をぬきて浮宝となし給ふ事[注二〇]、やまとふミに見えたり。舟の形に似たれは、石にてもうかふにやとおもはれて。

二二、臥龍石（グワレウセキ）龍のふしたることくにて、水に入たるやうに見えたる石なり。扶桑名勝[注二一]の内、和哥のうらの八景、玉津嶋の詩にも「枕頭高臥兩蒼龍」といふ句有り。ひめたつひこたつ、此水中にすむよし、土民のいひ習はす事なり。

二三、裾野梅（すその、むめ）「春くれは裾野ゝ梅のうつり香に妹背の山やなき名たつらん」[注二二]。妹背山にあるよしなり。

二四、紀川（きのかわ）人丸「人ならは親の思ひそ朝もよひ紀の川つらの妹と背の山」[注二三]。妹背山の北を流るよしなり。

二五、詠和哥石（ヱイカセキ）ゐほうしきたるやうなる石なれは、赤人に心うつして[注二四]、片男波、仙禽橋、蘆邊の亭と意を貫ぬく。詠和哥の文字は、哥をよむは和哥のうらをなかむるはよむへきなり。此石のかたち、人の哥よミて居たるかたちにやあらんとてなり。

二六、片男波（かたをなみ）

二七、仙禽橋（センキンケウ・たづのはし）詠哥石、片男波もちかく、芦邊亭のわたりなれは、赤人の哥のこゝろ[注二五]をとれり。鸖は仙家の禽にて数千年をたもつ目出度物なれは。

二八、蘆邊（あしべ）

二九、名古山（なもふるやま）玉葉ノ賀哥[注二六]、後嵯峨院「三代までに古今の名もふりぬひかりをみかけ玉津嶋姫」。新玉松に對して新古の二字を用る事、哥の奥儀にもかなふへきや。殊に三代、古今の文字も有る哥によりて、かく名付ぬれは、玉津嶋姫もいよ〳〵新玉松の光あらたにミかき給ふへしと思はる。

三〇、新玉松（にいたままつ）爰もあつまの新玉津嶋なれは、七本の松をかくもやいふへき。玉津嶋姫のミかけるひかりもいよ〳〵あらたならん事を祝して。

三一、兼言道（かねことのミち）續古今「祈り置し我兼言のいやましにさかゆく御代は神そしるらん[注二七]」。玉津嶋へまいる道なれは、人〻のかくそ祈るへき。

三二、藐古射山（はこやのやま）「曇りなきはこやの山の月影にひかりをそへよ玉津嶋姫[注二八]」。藐古射の山は荘子に、「藐古射の山に神人有り」といふ事あり。仙人のすむ山なり。仙洞の事をも藐古射山といへり。

三三、事問松（こととふまつ）「玉津嶋入江の小松老にけりふるき御幸のことやとはまし[注二九]」。入江に有松なり。道のかたはらなれは、玉津嶋の古事をもとはまくおほえて。

三四、通勝峯（すぎかてのミね）「すきかてに見れともあかぬ玉津嶋むへこそ神の心とめけれ[注三〇]」。道のほとりの峯なれは、過かてにこゝろもとまりぬれは。

三五、藤波橋（タウハケウ・ふじなミのはし）藤の里より渡る橋なり。藤波の二字、「我宿の池の藤波[注三一]」など古今にもよめる言葉なり。

三六、宿月湾（シュクゲツワン・つきやとるわだ）「玉津嶋やとれる月の影なからよせくる波の秋の汐かせ[注三二]」。湾は水のまがりたるよし也。

三七、渡月橋（トゲツケウ）「和哥の浦蘆邊の田靏の鳴こゑに夜わたる月の影そさひしき[注三三]」。わたるといふ詞にて橋に用ふ。

三八、和歌松原（わかのまつばら）「雪つもる和哥の松原ふりにけりいく代へぬらん玉つしま守[注三四]」。松はらにすへき境致なれは爰を。

三九、老峯（おいがミね）和哥の浦と老若の縁也。和哥のうら、老か峯、妹背山、妹背松にて、老若男女を兼備て、千載集[注三五]、新續古今[注三六]なとの序に、「此境に来りと来り此代に生れと生れたる人和哥を現はすといふ事なき」なといへるこゝろをふくミて。

四〇、千年坂（ちとせのさか）老か峯の坂なれは、千載集[注三七]の「面かはりせぬ」といへる心をおもひ合て。

四一、朧岡（おほろのをか）「玉津嶋磯邊の松の木の間よりおほろに霞む春の夜の月[注三八]」。和哥の松原の松生長せば、此岡にて春の月を見んに、此哥にかなふへくや。

四二、紀川上（きのかわかミ）きの川つらより見わたして、水出る源なれは、「朝もよひきの川上を詠れはかねのミたけに雪ふりにけり[注三九]」とよめるたよりもあらん。

四三、朝陽岩（テウヤウカン・あさひのいはほ）「あさもよひき[注四〇]」といふ縁なり。朝陽とは朝日あたりの事なり。朝日もあたる所なれハ。

四四、水分石（スイブンセキ・みづわけいし）水を三つにわけたる石なり。東山殿[注四一]の図にも水分石といふ石あり。

四五、枕流洞（シンリウトウ・まくらのほら）石のかたち、流に枕して下に洞あり。枕流洞と書きて、まくらのほらとよむ事、妙寿院の集[注四二]にもあり。流に枕すとは、流にのそむといふ事なり。世説と云書に、孫楚といふ人の詞に「流に枕し石に漱く」といふ本文有。隠者の事をいへり。紀の川上は隠者の住所[注四三]なること、古記にも見えたり。

四六、拾玉渚（シフキヨクノなぎさ・たまひろふなぎさ）「和歌の浦にみかける玉を拾ひ置ていにしへ今のかすを見るかな[注四四]」。紀の川上の方にちかき渚なり。なきさとは小き淵の事なり。貫之の哥にてはなけれ共、「いにしへ今」といへる詞を「こきん」にあてゝ、貫之にこゝろを寄せ侍る[注四五]。六義の園にて和哥のうらなれは、哥のミちの先達にこゝろをよする名所をまうけたく侍て。

四七、紀路遠山（きぢのとをやま）紀の川上のかたに遠く續たる山なれは、「春寒ミ猶ふき上の濱風にかすミもはてぬ紀路の遠山[注四六]」。

四八、白鳥関（しらとりのせき）紀の川上の名所なり。鴨長明哥集[注四七]、「おもふにはちきりもなにか朝もよひ紀の川上の白鳥の関」。

四九、下折峯（しをりのミね）吟花亭へ行道のかたはらにあれハ、新古今、西行、「吉野山去年のしをりの道かへてまた見ぬかたの花を尋ねん[注四八]」。妹背山に吉野を結ひたる哥とも多きによりて、吟花亭を吉野の里とも名付たく侍れ共、あまりにとりあつめたるやうに侍り、また御諱[注四九]の字にもはゝかる所あれは、何となく下こゝろにこめて。

五〇、尋芳径（ジンハウケイ・はなとふこミち）「尋芳」の二字、朱文公の詩「勝日尋芳泗水濱」といふ事あり。はなをとふといふ心なり。芳の字、よし野、吉の字にも用ひ侍れは、吉野の哥に尋入るといふ事おほきにおもひよりて。

五一、吟華亭（キンクワテイ）楽天が詩ニ「花開催鳥吟」。花多き亭なれは、此詩の心をおもひやりて。

五二、峯花園（ミねのはなぞの）常盤井入道前太政大臣[注五〇]、「三吉野ゝ峯の花その風吹はふもとに曇る春の夜の月」。吟花亭のむかひの、ちいさき岡多きところを。

五三、衣手岡（ころもてのをか）「夕されは衣手さむしみよし野ゝよし野ゝ山にみゆきふるらし」[注五一]。袖のやうなる岡なれは。

五四、掛雲峯（クワウンホウ・くもかゝるミね）桜の咲たるを、雲のかゝるによそへたる哥とも多し。

五五、指南岡（しるべのをか）新千載ニ、「尋行和哥の浦ちの濱千鳥あとあるかたに道しるへせよ」[注五二]。千鳥のはしのこなたなれは、哥の心もかなふやうにて。

五六、千鳥橋（ちどりのはし）ちとりにかけたる橋[注五三]なれは。

五七、時雨岡（しくれのをか）ならの木のわきなる岡なれハ、「時雨ふりをけるならの葉」[注五四]といふ事もあれは。

五八、覧古石（らんこせき）「和哥のうらやしほ干の方にすむ千鳥むかしの跡をみるもかしこし」[注五五]といふ哥も侍れは、千鳥の橋のわきなる石を名付侍る。ちかきわたりのならの木も、むかしのあとなれは、また萬葉の事までおもひ合ぬ。古を見るといふに、覧古石といふ文字は熟字なり。

五九、妹松（いものまつ）妹の山なれは、妹の松もあるへし。女松に枝させる男松、海川を隔てゝ心かよひつへふ見ゆ。

六〇、背松（せのまつ）

六一、亀浮橋（キフケウ）庾信か橋の詩に、「浮亀継断航」。六角の石なれは、亀共いひつへし。仙禽橋もあれハ、靏鳴亀浮て、妹背の枩とともに和哥のうらのちとせを願ひ舞へしや。

六二、霞入江（かすむいりゑ）「人とはゝみすとやいはん玉津嶋かすむ入江の春の明ほの」[注五六]。正面よりも、玉津嶋の方よりも霞て見ゆる入江なり。

六三、吹上濱（ふきあげのはま）和哥の浦にある名所なり。

六四、吹上松（ふきあげのまつ）。

六五、吹上小野（ふきあげのをの）。

六六、吹上峯（ふきあけのミね）。

六七、木枯峯（こがらしのミね）家隆、[注五七]「秋の夜を吹上の峯の木枯によこ雲しらぬ山の端の月」。時雨の岡の對なり。

六八、霞停坂（かすまぬさか）「藤代の三坂をこえて見わたせはかすミもやらぬ吹上のはま[注五八]」。「停」の字、「ぬ」のかなに多く用ゆ。木枯の峯の哥の、「よこ雲しらぬ」こゝろもあり。藤代にもちかし。霞入江に對して。

六九、雲香梅（ウンカウバイ）定家、[注五九]「谷風のふき上にたてる梅の花天津そらなる雲や匂はん」。

七〇、桜波石（ワウハセキ）家隆、[注六〇]「時しあれは桜とそおもふ春風の吹上の濱に立てるしら波」。浪のやうなる石なり。哥のこゝろをおもひ合するに、桜には似すともありなん。

七一、浪華石（ラウクワセキ）菅家御哥、[注六一]「秋風の吹上にたてる白菊は花かあらぬか浪のよするか」。新千載にも、[注六二]「立浪の花かあらぬか浦風の吹上にすめる秋の夜の月」。浪にされて花の紋有石也。紀國の和哥の浦に天神の社あるゆへに、[注六三]天神の御哥をこゝにとり侍る。

七二、白鷗橋（かもめのはし）千五百番資成、[注六四]「鷗ゐる吹上のはまの塩風にうらさひわたる冬の夜の月」。「浦さひわたる」ともいふへきわたりなれは。

七三、藻塩木道（もしほぎのミち）「ちきり置し契りの上に添をかん和哥の浦路のあまのもしほき[注六五]」。和哥の浦、吹上の濱の、あまの風景なり。

七四、藤代峠（ふぢしろたうげ）紀國にあり。四方を見おろす景地にて、無双の景ゝかや。哥には「藤代の三坂[注六六]」と讀り。

七五、擲筆松（チヤクヒツセウ・ふですてまつ）藤代峠に巨勢金岡[注六七]か筆すて松あり。

七六、能見石（ノウケンセキ）藤代峠に金岡か硯石有とかや。又能硯石と名付る事は、萬葉[注六八]に、「玉津嶋よく見ていませ青《あお》丹《に》吉《よし》奈良なる人の待とハ、いかに」。能見はよく見るなり。見石の二字は硯の分字なり。また鎌倉の筆すて松に能見堂あり。かた〳〵おもひ合て。

七七、布引松（ぬのびきのまつ）是も和哥の浦に有。哥に讀たるためしあるへけれ共、撰集には見えす。和哥の浦八景の一つなり。

七八、不知汐路（しらぬしほぢ）「和哥の浦や知らぬ汐路にこき出てみにあまる迄月を見るかな[注六九]」。舩の行方のしれぬやうに覚ゆれは。

七九、座禅石（ざぜんせき）石の形にて付侍る。異国の石の名にもあり。栂の尾の明恵上人の旧記[注七〇]にもあり。高山の麓にて、静なる川の流に臨たる景地をおもひやりて。

八〇、萬世岡（よろずよのをか）竹あるわたりなれは。

八一、水香江（スイカウのゑ）杜子美か詩、「芰荷一水香」、李白詩「風動荷華水殿香」、華厳経「香水海中有大蓮花」。はすの花有入江なれは、花のさかりには水も匂ハん事をおもひて。

八二、花垣山（はなかきやま）権中納言公雄續後拾遺[注七一]、「神垣は花の白ゆふかほるらし吉野ゝ宮の春の手向に」。此園のかこひの山なれは。

八三、篠下道（すゝのしたミち）風雅覚誉法親王[注七二]、「吉野山花のためにも尋ねはやまた分初ぬすゝの下ミち」。「ちきりあらハまたや尋ん吉野山露わけわふるすゝの下道」[注七三]。此外吉野山におほき言葉なり。

八四、芙蓉橋（ふようのはし）芙蓉は蓮の事なり。蓮池の橋なれは。

八五、山陰橋（サンヰンケウ・やまかげのはし）山陰のはしなるによりて。

八六、剡渓流[注七四]（ぜんけいのながれ）唐にて王子猷といふ人、山陰に居たりしか、雪後の月夜に戴逵といふ人の事をおもひやりて、小舟にのり、剡渓の流に棹さして戴逵を訪らひたりしに、門のきわまて行て帰る。或人、何とて戴逵にあわすして帰るやととふ。答ていはく、乗興而来り。興尽而反。何必戴安道に見んや、といへり。名高きふる事なれハ、哥にもよむへし。山陰橋をかけたる流なれは、又剡渓の藤といふ事をも思ひ合て。

八七、蛛道（さゝがにのミち）「我かせこ[注七五]」の御哥にもとつく。蛛の糸なと、ほそき事に用ふれは、道の名とせり。又哥のミちのたえせぬ事に寄せて、讀たる哥もあれは。

八八、藤里（ふじのさと）藤のはなの近きわたりなれハ名付く。衣通姫[注七六]は藤原の里におはせしよし、日本紀に見ゆ。哥にも、「頼かな我か藤はらの都より跡たれ初る玉津嶋姫[注七七]」。

観徳場（クワントクヂヤウ）禮記にいはく、射可以観徳行といへり。徳ある人は心正し。心正しけれハ矢はづれす。故に射にて人の徳を見るといふこゝろなり。

千里場（センリヂヤウ）杜子美か詩ニ千里奮霜蹄。馬のよくすゝむ事をいへり。

久護山（ひさもりやま）毘沙門とひさもりと、五音相通なり。播磨をはりまとよミ、鳫をかりとよむ類ひなり。毘沙門は北方多聞とて須弥の巳寅とハいへ共、北方を司るゆへ、鞍馬も京より巳のかたなり。花相應の土地にて六義の園を長く久しく守り給ふへき霊地なり。

右合八十八境　六義園　六義館　観徳場　千里場　久護山　此五つ非数内ニ

八十八の数は八の数を十一合せたり。八は八雲に叶へり。惣して吾朝にて八の数を多き事に用ふ。十は数の極、一は数の始なり。八十八は八雲の道其至極にいたり、終りてはまた始り、春夏秋冬の廻りてやまさることく、窮もなく、やむ事もなく、天地とともに長久なる心なるへし。

（二）解説

吉保自身は八十八境に通し番号を振ってはいない。しかし、八十八境は次の順になっている。

まず遊藝門を入ると六義館前を過《よ》ぎり、その北西にある見山石・詞源石へ。いずれも和歌の根源を語源とする。次に見山石・詞源石二つの石の奥に湧く心泉とそれに懸かる心橋。心泉が和歌の浦（中央の池を吉保は和歌浦に見立てる）に流れ込む河口の玉藻磯。いささか戻り、六義館前の風雅松。その隣りの古風松には触れずに詞源石付近の心種松へ。風雅松も心種松も和歌の根源に関わる命名の松。その次に古風松、玉藻磯近くの詞林松、心種松近くの掛名松と全て和歌に出典のある松が続く。

以上六種の松が終わると、出発地点近くの夕日岡へ。そこから池に臨んで出汐湊を通過すると妹背山へ。新玉津嶋を象ったここでは盛りだくさんの境地が続く。終わると仙禽橋を渡って対岸の芦辺へ。名古山・新玉松・兼言道・藐姑射山・事問松が続く。

次に過勝峰を右手に見ながら聊か北へ進み藤波橋。そこで折り返すと宿月湾・渡月橋と月に関連の二箇所。この後はいきなり六義館の西側一帯に広がる和歌松原へ。松原の次には妹背山を対称点とした方向にある老峰。和歌の「若」と、老峰の「老」を対照させる。

続いて「老」の縁で峰へ上る千年坂。再び妹背山を対称点として和歌松原の西隣の朧岡へ。朧岡の次は紀川上付近が続く。朝陽岩・水分石・枕流洞・玉拾渚・紀路遠山・白鳥関がそれらである。そこからは九十度折れて北へ向かう。左手の下折峯、その麓の尋芳径。

尋芳径を通過して吟花亭へ。吟花亭の東側一帯に広がる峯花園・衣手岡と続いた後は、吟花亭の北側一帯の掛雲山へ。そこまで順調に時計回りに進むのであるが、いきなり指南岡へ移る。

続いて岡の西麓の千鳥橋。それを渡った時雨岡・覧古石。再び妹背山に戻り、島の西側の妹松。和歌浦を越え指南岡の麓、池に臨む背松。背松の南西側の玉拾渚へ渡る亀浮橋。少し北へ離れた時雨岡北麓の霞入江。

続いて入江から東に伸びる吹上濱。ここでは濱の北側に広がる吹上松・吹上小野・吹上峯と続き木枯峯へ。次には吹上峯の東側の霞停坂。再度吹上浜辺に戻り雲香梅。梅を受けて吹上濱東端の白鷗橋を渡った所の桜波石へ。

次は波の縁で白鷗橋を吹上濱側に戻ったところの浪花石。そして白鷗橋。木枯峯へと戻り西麓の藻塩木道。そこからいきなり藤代峠・擲筆松へ。続いては藤代峠の南麓、紀川に臨む能見石。その北側の布引松。白鷗橋の下を北から流れるのが不知汐路。そこを北西へ抜けた所の座禅石。座禅石のとなりの萬世岡。

そして木枯峯・吹上峯の北側に広がる水香江。この江の北側一帯の花垣山。花垣山と峯花園の間の篠下道。続いて水香江の東端に掛かる芙蓉橋へ。水香江と不知汐路が合流する剡渓流。そこに掛かるのが山陰橋。剡渓流に添った蛛道。そして最後が剡渓流の北側に広く拡がる藤里。

多少複雑になってしまったが、「六義園図」（五〇四・五〇五頁）を参照しつつ辿ってゆくと、吉保は八十八境を、回遊順ではなく、和歌の精神を踏まえながら、かつ対照性を意識しつつ命名していったらしいと分かるのである。

〔注〕

一、吉保が当該八月十三日に六義園で「今日は縁日なれば」と、「言《こと》の葉も家をも守れあとたれて万代照《て》らす玉津嶋姫」と詠み（『松陰日記』巻第十四「玉かしは」。以下『松陰日記』の引用は、宮川葉子『柳沢家の古典学（上）―『松陰日記』―』〈平成十九年一月・新典社〉による）、翌元禄十六年（一七〇三）三月十三日、紀伊中納言徳川綱教に嫁した綱吉長女鶴姫が六義園を訪問し新玉松に詣でた（『松陰日記』巻第十五「山水」）。さらに、本章第五節で論じた「六義園新玉枩奉納和哥百首」が六月廿三日に奉納されているのは、新玉松の縁日が「三の日」であったのを語ろう。

二、拾遺ニ人丸…『拾遺和歌集』巻第十／神楽歌／たびにてよみ侍りける／人まろ／おほなむちすくなみ神のつくれりし妹背の山を見るぞうれしき（『新編国歌大観』六一九番歌。以下歌番号は『新編国歌大観』による。なお当該注二のように、「拾遺ニ人丸…」の形式で「六義園記」に登場する和歌等の出典を示したり、若干の解説を施す。）

三、千載集の序…『千載和歌集』序に、「しきしまのみちもさかりにおこりて、こころのいづみいにしへよりもふかく、ことばのはやしむかしよりもしげし」とある。

四、俊成…『玉葉和歌集』巻第七／賀歌／千載集奏覧の時いれて侍りける手箱にあしでにまきたりける歌／皇太后宮大夫俊成／和歌の浦にちぢのたまもをかきつめて万世までも君がみんため（一〇九三）

五、新千載…『新千載和歌集』巻第十七／雑歌中／百首歌たてまつりし時、浦松／徽安門院一条／玉よする波ものどけき御代なれば風もただしきわかのうら松（一九七九）

六、風雅集の序…『風雅和歌集』仮名序の末尾近くに、「なづけて風雅和歌集といふ、これ、色にそみなさけにひかれてめのまへの興をのみおもふにあらず、ただしき風いにしへのみちすゑの世にたえずして、人のまどひをすくはむがためなり」とある。

七、新續古今…『新続古今和歌集』巻第十八／雑歌中／題しらず／よみ人しらず／みな人の心のたねもかはらねば今もむかしのわかのうら松（一八九一）

八、古今の序…『古今和歌集』仮名序冒頭部分に、「やまとうたは人のこころをたねとしてよろづのことのはとぞなれりける」

とある。

九、年経ぬる…『新千載和歌集』巻第十七／雑歌中／題不知／権大僧都宋縁／年へぬる松はしるらん昔より吹きつたへたるわかのうら風」（一九七四）。

一〇、詠哥大概…『詠歌大概』（『日本歌学大系』第三巻所収）序の末尾に、「染二心於古風一、習二詞於先達一者、誰人不レ詠レ之哉。」とある。

一一、あつめ置…『続千載和歌集』巻第廿／賀歌／百首歌めされし次に／法皇御製／あつめおくことばのはやしちりもせでちとせかはらじわかの浦松（二一三〇）。

一二、古今真名序…『古今和歌集』真名序の冒頭部分に、「夫和歌者託其根於心地発其華於詞林者也」とある。

一三、注三で引用した箇所に同じ。

一四、をよふへき…『新後拾遺和歌集』巻第十六／雑歌上／述懐歌中に／よみ人しらず／およぶべきたよりもあらば松がえに名をだにかけよ和歌の浦波（一三一五）。

一五、はたはり…機張り、則ち幅を意味する。

一六、和哥の浦に…『新古今和歌集』巻第十六／雑歌上／和歌所歌合に、海辺月といふ事を／前大僧正慈円／和歌のうらに月のでしほのさすままによるなくつるの声ぞかなしき（一五五六）。

一七、いもせ山…『夫木和歌抄』（『新編国歌大観』第二巻私撰集編所収本）巻第廿八／雑歌十／六帖題、新六五／信実朝臣／いもせ山中におひたる玉ざさの一よのへだてさもぞつゆけき／〔葛草木雖未勘暫就草字草部入之了〕（一三三〇六、〔　〕内本来左注）。

一八、日本ふみ…『日本書紀』（岩波古典文学大系本。以下『日本書紀』の引用は同書による）巻第一に、「遂に合交《みあはせ》せむとす。而《しか》も其の術《みち》を知らず。時に鶺鴒《にはくなぶり》有りて、飛び来りて其の首尾《かしら》を搖《うごか》す。二の神《ふたはしら》、見《みそなは》して学《なら》ひて、即ち交《とつぎ》の道《みち》を得つ」（八四〜八五頁）とある。

一九、賀茂保憲か女の集…『賀茂保憲女集』（『新編国歌大観』第三巻私家集編Ⅰ所収本）の長大な序の中程に、「世中はじまりけるとき、むかしはにはたたきといふとりのまねをしてなむ、をとこ女はさだめけるに、草のたねなくておひけるは、このとりのをしへたりけるになんありける」とある。

二〇、素戔嗚尊…『日本書紀』巻第一神代上第八段に、「素戔嗚尊の曰《のたま》はく、『韓郷《からくに》の嶋《しま》には、是《これ》金《こがね》銀《しろかね》有り。若使《たとひ》吾が児の所御《しら》す國《くに》に、浮寶《うくたから》有《あ》らずは、未《いま》だ佳《よ》からじ』とのたまひて、乃《すなは》ち鬚髯《ひげ》を抜《ぬ》きて散《あか》つ。（中略）眉《まゆ》の毛は是橡樟《くす》に成る。（中略）『杉及《およ》び橡樟、此《こ》の両《ふたつ》の樹《き》は、以《も》て浮寶《うくたから》とすべし（後略）』」（一二七～一二八頁）とある。浮宝は舟のこと。

二一、扶桑名勝…『国書総目録』に「扶桑名勝詩集」とあるものか。とするなら三巻三冊からなる漢詩集。吉田光俊編、延宝八年（一六八〇）刊。写本としては「扶桑名所詩集」の名で内閣文庫本が、版本は国会図書館本をはじめ各所に多数残る。

二二、春くれは…『夫木和歌抄』巻第三／春部三／家集、梅／清輔朝臣／春くればすその梅のうつり香にいもせの山やなきなたつらん（七〇〇）。

二三、人丸…『万葉集』（『新編国歌大観』第二巻私撰集編所収本）巻第七／雑歌「人在者《ヒトナラバ》　母之最愛子曽《オヤノマナゴソ》　麻毛吉《アサモヨイ》　木川辺之《キノカハツラノ》　妹与背之山《イモトセノヤマ》／ひとにあらば　ははがまなごぞ　あさもよし　きのかはのへの　いもとせのやま」（一一九八）

二四、赤人に心をうつして…『万葉集』（同上）巻第六／雑歌「神亀元年甲子冬十月五日幸㆓于紀伊国㆒時山部宿祢赤人作歌一首并短歌」の詞書を持つ長歌に続く二首の反歌の二首目に、「若浦尓《ワカノウラニ》　塩満来者《シホミチクレバ》　潟乎無美《カタヲナミ》　葦辺乎指天《アシヘヲサシテ》　多頭鳴渡《タヅナキワタル》／わかのうらに　しほみちくれば　かたをなみ　あしへをさして　たづなきわたる」（九二四）とある。この赤人の歌には、和哥浦、片男波、芦辺、仙禽（鶴）の全てが含まれていることを述べたいのであろう。

二五、赤人の哥のこゝろ…注二四に引いた赤人の『万葉集』所収歌に詠み込まれた歌材。

二六、玉葉ノ賀哥…『玉葉和歌集』巻第七／賀歌／文永三年三月続古今集竟宴おこなはせ給ふとてよませ給うける／後嵯峨院御製／三代までもいにしへいまの名もふりぬ光をみがけ玉津嶋姫（一〇九四）。

二七、續古今…『続古今和歌集』巻第七／神祇歌／神祇歌の中に／荒木田延成／いのりおきしわがかねごとのいやましにさかゆく御代は神ぞしるらん（七一一）。

二八、曇りなき…『夫木和歌抄』巻第卅六／雑部十八／千五百番歌合／前大納言兼宗卿／くもりなきはこやの山の月かげにひかりをそふる玉つしまひめ（一六八〇二）。

二九、玉津嶋…『古今和歌六帖』（『新編国歌大観』第二巻私撰集編所収本）第二／みゆき／山のうへのおくら／たまつしま入江の小松おいにけりふるきみやこ《みゆきカ》のことやとはまし（一一二五）、及び『夫木和歌抄』巻第二十三／雑部五／題不知、六三／読人不知／玉津島入江の小松おいにけりふるき御幸の事やとはまし（一〇四七八）。

三〇、すきかてに…『玉葉和歌集』巻第十五／雑歌二／海路名所といふ事をよませ給うける／崇徳院御製／過ぎがてにみれどもあかぬ玉津島むべこそ神のこころとめけれ（二〇八三）。
三一、我宿の…『古今和歌集』巻第三／夏歌（巻頭歌）／題しらず／よみ人しらず／わがやどの池の藤波さきにけり山郭公いつかきなかむ／（左注）このうた、ある人のいはく、かきのもとの人まろがなり（一三五）。
三二、玉津嶋…『題林愚抄』（『新編国歌大観』第六巻私撰集編Ⅱ所収本）秋部三／第十／島月／新千／源親長朝臣／玉つしまやどかる月の影ながらよせくる浪の秋のしほ風（四一六八）。
三三、和哥の浦…『新勅撰和歌集』巻第四／秋歌上／うへのをのこども、海辺月といへる心をつかうまつりけるついでに／御製／わかのうらあし辺のたづのなくこゑに夜わたる月のかげぞさひしき（二七一）。
三四、雪つもる…『続後拾遺和歌集』巻第二十／神祇歌／題しらず／鎌倉右大臣／雪つもるわかの松原ふりにけりいく世へぬらん玉津島もり（一三五三、巻末歌）。
三五、千載集…『千載和歌集』序に、「この代にむまれとむまれわが国にきたりときたる人は、たかきもくだれるもこのうたをよまざるはすくなし」とある。
三六、新續古今…『新続古今和歌集』仮名序に、「世をほめ民をなで色にふけ心をのぶるなかだちとして、このさかひにむまれとむまれ、わが国に来りときたれる人、たかきも賤しきもさかしきもおろかなるも、ひろくまなびあまねくもてあそばずといふ事なし」とある。
三七、千載集…『千載和歌集』巻第十六／雑歌上（巻末歌）／わかのうらをよみ侍りける／祝部宿禰成仲／ゆくとしは浪とともにやかへるらんおもがはりせぬわかの浦かな（一〇五一）。
三八、玉津嶋…『夫木和歌抄』巻第二十三／雑部五／玉津島三首歌合、島春月／右兵衛督為教卿／たまつ島磯辺のまつの木の間よりおぼろにかすむ春の夜の月（一〇四七七）。
三九、朝もよひ…『夫木和歌抄』巻第廿四／雑部六／きの川、紀伊／家集／法橋顕昭／あさもよひきの川上を見わたせばかねのみたけに雪降りにけり（一一二三八）。

四〇、注三九に引いた顕昭の歌の、第一句と第二句冒頭を続けると、「あさもよひき」となるのを指すものと思われる。

四一、東山殿の図…東山殿は足利七代将軍義政。ここの図は慈照寺銀閣の庭園を描いた絵図の類を意味するものと思われるが見つけ出していない。また、水分石は、普段は拝観できない国宝東求堂内の四畳半の書院同仁斎《どうじんさい》（草庵茶室の源流、また四畳半の間取りの始まりと云われている）の付け書院から眺められる北側庭園に瀧があるが、そのあたりに存在する石か。これも確認できていない。もっとも本章第三節「六義園記―巻子本をめぐって―」の「五三　水分石」には、「そのかミ、東山殿の庭にも此名の石あり」となっていて、「そのかミ」からは嘗てその名の石があったというだけに過ぎないのかとも思われ、現在の慈照寺に痕跡をたどるのは無理なのかもしれない。

四二、妙寿院の集…未詳。ご教示賜りたい。

四三、紀の川上は隠者の住所…未詳。ご教示賜りたい。

四四、和歌の浦に…『続千載和歌集』巻第廿／賀歌／文永三年三月、続古今集竟宴歌／前大納言為氏／わかのうらにみがける玉をひろひ置きていにしへいまの数をみるかな（二一三七）。

四五、貫之にこゝろを寄せ侍る…「いにしへ今」を「古今」と音読する時、それは『古今和歌集』を意味する。その撰者の一人で、かつ仮名序の作者紀貫之は、歌道の先達として尊崇されるべき存在であり、彼に因んだ名所を設けたかったというのである。

四六、春寒ミ…『新続古今和歌集』巻第一／春歌上／遠山霞といふ事を／権中納言雅縁／春さむみ猶ふきあげの浜風に霞みもはてぬ紀ぢのとほ山（二九）。

四七、鴨長明哥集…『新編国歌大観』第四巻に「鴨長明集」が収載されるがそこに当該歌は見えない。但し『夫木和歌集』巻第廿一／雑部三／しらとりの関／家集／鴨長明として、「おもふには契もなにかあさもよひきのかはかみのしらとりのせき／（左注）しきなみのせき、国未勘之」（九六〇〇）とある。

四八、新古今…『新古今和歌集』巻第一／春歌上／花歌とてよみ侍りける／西行法師／よしの山こぞのしをりのみちかへてまだ見ぬかたの花をたづねん（八六）。

四九、御諱の字…吉保が寵愛を受けた徳川五代将軍の諱は綱吉。吉野の「吉」と綱吉の「吉」が同一なのを憚ったというのである。

五〇、常盤井入道前太政大臣…西園寺実氏のこと。『玉葉和歌集』巻第二／春歌下／春月を／常盤井入道前太政大臣／みよしののみねの花ぞの風ふけばふもとにくもる春の夜の月（一三五）。

五一、夕されは…『古今和歌集』巻第六／冬歌／題しらず／読人しらず／ゆふされば衣手さむしみよしののよしのの山にみ雪ふるらし（三一七）。

五二、尋行…『新千載和歌集』巻第十六／雑歌上／父淑文朝臣玉津島にて、和歌の浦に名をとどめけるゆゑあらば道しるべせよ玉津島姫、とよめることを思ひてよみ侍りける／紀淑氏朝臣／尋行く和歌のうら路のはま千鳥跡ある方に道しるべせよ（一八一七）。

五三、ちとりにかけたる橋…斜めに打ち違いに木材を並べてかけた橋のこと。

五四、時雨ふりをける…『古今和歌集』巻第十八／雑歌下／貞観御時、万葉集はいつばかりつくれるぞととはせ給ひければよみてたてまつりける／文屋ありすゑ／神な月時雨ふりおけるならのはのなにおふ宮のふることぞこれ（九九七）。

五五、和哥のうらや…『続後撰和歌集』巻第十六／雑歌上／百首歌たてまつりし時、潟千鳥／前太政大臣／わかの浦やしほひのかたにすむちどりむかしのあとを見るもかしこし（一〇二六）。

五六、人とは丶…『続後撰和歌集』巻第一／春歌上／建長二年詩歌をあはせられ侍りし時、江上春望／参議為氏／人とはば見ずとやいはむたまつ島かすむいりえのはるのあけぼの（四一）。

五七、家隆…『壬二集』（『新編国歌大観』第三巻私家集編Ⅰ所収本）／院百首　建保四年、于時宮内卿従三位正月五日叙之／秋／秋のよを吹あげの峰の木がらしによこ雲しらぬ山のはの月（八五四）。

五八、藤代の…『続後撰和歌集』巻第十九／羇旅歌／名所百首歌たてまつりける時／僧正行意／ふぢしろのみさかをこえて見わたせばかすみもやらぬ吹上の浜（一三一五）。

五九、定家…『拾遺愚草』（『新編国歌大観』第三巻私家集編Ⅰ所収本）／夏日侍〔千五百番歌合是也　或本土御門内大臣可為定由披露、依為時儀書之不可為後例、平無先例、如此書由内府披露、仍随時儀〕（〔 〕内は本来三行の割注）／太上皇仙洞同

詠百首応製和歌／正四位下行左近衛権少将兼安芸権介臣藤原朝臣定家上／春廿首／谷かぜのふきあげにさける梅の花天つ空なる雲やにほはん（一〇〇六）。

六〇、家隆…『新勅撰和歌集』巻第十九／雑歌四／題しらず／正三位家隆／時しあればさくらとぞおもふはるかぜのふきあげのはまにたてるしらくも（一三二八）。

六一、菅家御哥…菅原道真の歌。『古今和歌集』巻第五／秋歌下／おなじ御時（私注・直前の大江千里の歌の詞書に「寛平御時きさいの宮の歌合のうた」とある）せられけるきくあはせに、すはまをつくりて菊の花をうゑたりけるにくはへたりけるうた、ふきあげのはまのかたにきくうゑたりけるによめる／すがはらの朝臣／秋風の吹きあげにたてる白菊は花かあらぬか浪のよするか（二七二）。

六二、新千載…『新千載和歌集』巻第四／秋歌上／文永七年八月十五夜内裏五首歌に、海月／山本入道前太政大臣／たつ浪の花かあらぬか浦風のふきあげにすめる秋のよの月（四四〇）。

六三、天神…ここでは菅原道真のこと。

六四、千五百番資成…『千五百番歌合』に資成詠が収載されているという意味であろうが、『千五百番歌合』のみならず、『新編国歌大観』の限りにおいて「かもめゐる」云々の歌を見いだしていない。また資成という名の歌人も『和歌大辞典』（明治書院）などに見えない。一方、歌人で著名なのは資業。資成も資業も「すけなり」と読むから、その辺りでの錯誤かとも思うが、としても資業は『千五百番歌合』の作者ではない。ご教示を賜りたい。

六五、ちきり置し…『新勅撰和歌集』巻第十七／雑歌二／西行法師自歌を歌合につがひ侍りて、判の詞あつらへ侍りけるに、かきそへてつかはしける／皇太后宮大夫俊成／ちぎりおきしちぎりのうへにそへおかむわかのうらぢのあまのもしほ木（一一九七）。

六六、藤代の三坂…注五八で引用の『続後撰和歌集』収載歌に同じ。

六七、巨勢金岡《こせのかなおか》…平安時代の宮廷画家。菅原道真の詩集『菅家文章』などに名の見える人物。現在藤代峠には金岡が地元の少年と画を競争し負けた時、自らの絵筆を投げ捨てた所に生えたとの伝承が残る松が植わっている。ただし、一度松が枯れたため、現在のは二代目とも伝わる。

六八、萬葉に…『万葉集』巻第七／雑歌／玉津嶋《タマツシマ》　能見而伊座《ヨクミテイマセ》　青丹吉《アヲニヨシ》　平城有人之《ナラナルヒトノ》　待問者如何《マチトハバイカニ》／たまつしま　よくみていませ　あをによし　ならなるひとの　まちとはばいかに（一二〇五）。

六九、和哥の浦や…『続古今和歌集』巻第十九／雑歌下／弘長二年勅撰の事おほせられて後十首歌講じ侍りしに、海辺月を／藤原光俊朝臣／わかのうらやしらぬしほぢにこぎいでて身にあまるまで月を見るかな（一七三二）。

七〇、明恵上人…『私家集大成』第三巻中世Ⅰ所収の「明恵上人歌集」には、「高尾ノ草庵」（三四番歌詞書）、「高尾ノ住房」（四六番歌詞書）などとある。一方、吉保が記すように、栂尾《とがのお》には、明恵が再興した高山寺《こうざんじ》（鳥羽僧正筆と伝わる「鳥獣戯画」でも著名な寺）がある。それを「明恵上人歌集」は「高尾」とするのは不審。もっとも古来、高雄（高尾）・槇尾《まきのお》・栂尾は、三尾《さんび》と称された紅葉の名所であるという経緯を勘案する時、三尾の各々の明確な区別はなされていなかったことを語るのであろうか。再考を要する。また「明恵上人歌集」には、「坐禅入観」（八四番歌詞書）、「花宮殿ニ入テ坐禅ス」（一〇〇番歌詞書）などとあり、「坐禅」の語は見えるが、「坐禅石」そのものの語は見えない。「明恵上人の旧記」は、どの書を指すかは当面未詳とするしかない。

七一、権中納言公雄續後拾遺…『続後拾遺和歌集』巻第七／物名／源氏の巻巻の名をよみ侍りける歌の中に、ゆふがほ／権中納言公雄／神がきの花のしらゆふかほるらし芳野の宮の春のたむけに（五二四）。

七二、風雅覚誉法親王…『風雅和歌集』巻第十五／雑歌上／百首歌たてまつりし時、春歌／覚誉法親王／吉野山はなのためにもたづねばやまだ分けそめぬすずのしたみち（一四五五）

七三、ちきりあらハ…『新後撰和歌集』巻第十八／雑歌中／弘安元年、百首歌たてまつりし時／二品法親王覚助／契あらば又や尋ねんよし野山露わけわびしすずのしたみち（一三七五）。

七四、剡渓…中国浙江省嵊《しょう》県地方の曹娥《そうが》江の上流。王子猷《おうしゅう》は東晉《しん》の人。剡渓は一名戴渓ともいう。杜甫の「壮遊詩」に「剡渓蘊ニ秀異ニ」とある（『角川大字源』参照）。

七五、我かせこ…『古今和歌集』仮名序／そとほりひめのうた、〈わがせこがくべきよひなりささがにのくものふるまひかねてしるしも〉。また同じく『古今和歌集』「家家称証本之本乍書入以墨滅歌今別出之」とある中、巻第十四・恋歌四に属するものに、「そとほりひめのひとりゐてみかどをこひたてまつりて／わがせこがくべきよひなりささがにのくものふるまひかねてしるしも（二一一〇）とある。

七六、衣通姫…允恭《いんぎょう》天皇妃。『日本書紀』巻第十三　雄朝津間稚子宿禰天皇　允恭天皇七年十二月～八年二月に、「皇后の色《みおもへり》平《よ》くもあらず。是《ここ》を以《も》て、宮中《みやのうち》に近《ちか》けずして、則ち別《こと》に殿屋《との》を藤原《ふぢはら》に構《た》てて居《は》らしむ。（略）八年の春二月《はるきさらぎ》に、藤原に幸《いでま》す。密《しのび》に衣通郎姫《そとほしのいらつめ》の消息《あるかたち》を察《み》たまふ。是夕《こよひ》、衣通郎姫、天皇を戀《しの》びたてまつりて獨居《ひとりはべ》り。其《そ》れ天皇の臨《いでま》せることを知《し》らずして、歌《うたよみ》して曰《い》はく、／我《わ》が夫子《せこ》が　来《く》べき夕《よひ》なり　ささがねの　蜘蛛《くも》の行《おこな》ひ　是夕著《こよひしる》しも」（四四二～四四三頁）とある。

七七、頼かな…『新続古今和歌集』巻第二十／神祇歌／新玉津島社歌合に、神祇／後福光園摂政前太政大臣／たのむかなわが藤原の宮こより跡たれそめし玉つしま姫（二一四四、巻末歌）。ここの藤原の宮は持統天皇が営んだ宮。また藤原鎌足が生まれたのも大和高市郡の藤原とされ（『日本書紀上』四四二頁・頭注六）、鎌足を祖とする藤原氏にとっては、嘗て衣通姫が住んだ地でもあった伝承も手伝い、縁深い地名であったというのである。

第三節　六義園記（二）
――巻子本をめぐって――

（一）解説

柳沢文庫には、本章第二節で扱った『楽只堂年録』収載本「六義園記」の他に、同名の巻子仕立ての一本がある。書誌のあらましは次の通りである。

一軸。縦三十一・二センチ。全長百八十七・八センチ。裏表紙三十一センチの金箔散らし。表表紙は四角の図案模様をもつ萌黄色と茶褐色の金襴。料紙は天に青、地に茶で立雲を描いた楮紙。冒頭に「新羅参郎廿十世後胤」の縦長四角の陰刻朱印。続いて数十行からなる真名序が置かれ、末尾に「寶永改元甲申臘月廿八日」の日付と、「従四位下行左近衛権少将兼美濃守源朝臣吉保記」とある吉保の自署、及び陽刻「甲斐少将」陰刻「松平吉保」の朱印（正方形）が縦並びに押される。これにより、該本は吉保自筆にかかるものと知られる。

「甲斐少将」の陽刻朱印が語る所は次である。宝永元年（一七〇四）十二月廿一日、吉保は甲斐・駿河のうちに十五万一千二百三十石を得て甲斐国主となった。これは同年同月五日、五代将軍綱吉が甲府宰相綱豊を継嗣と決めるにあたり、吉保が尽力したことへの見返りであった。甲斐源氏出身の柳澤家はことのほかそれを喜んだ。

もう一つの陰刻朱印「松平吉保」の四文字は、元禄十四年（一七〇一）十一月二十六日、綱吉から松平の姓を許され、諱の「吉」字を賜って保明から吉保と改名して後の名乗りである。真名序冒頭の「新羅参郎廿十世後胤」、末尾の「甲斐少将」「松平吉保」計三つの印は、一介の小姓から身を起こし、甲斐源氏の出世頭の一人に至った吉保の実に輝かしい印《しるし》に外ならなかった。

では、当該巻子本はいつ作られたのであろうか。「真名序」末尾の「寶永改元甲申臘月廿八日」の日付から判断すると、甲斐国を与えられた一週間後の十二月二十八日であるかのように見える。

しかし、「真名序」に続いて掲載される「勅撰六義園十二境」「勅撰六義園八景」は、宝永三年（一七〇六）十月に霊元院から賜ったもの。末尾の「六義園八十八境」も本章第四節で改めて考察するが、宝永五年（一七〇八）三月以後に追加されたとしか考えられない記事を含む。

ということは、「寶永元年」十二月二十八日の成立にかかるのは「真名序」のみではなかったのか。いやそれも違うのである。後年、恐らくは宝永五年三月以降に、吉保が改めて「真名序」「勅撰六義園十二境」「勅撰六義園八景」「六義園八十八境」の四部を編纂、清書し一巻に仕立てたのが当該巻子本であったと考えられてくるのである。

というのも、「真名序」の中で「勅撰六義園十二境」「勅撰六義園八景」に言及しており（左の翻刻中、七行目の「帝畿好事之聞忽達」以下）、正確には「真名序」の内容そのものも、宝永元年時点でのものばかりであるとは言い難いからである。

ここに、六義園の初期の姿を求めようとするならば、やはり本章第二節で翻刻した『楽只堂年録』収載本に依るのが最適であるということになる。なお、「勅撰六義園十二境」「勅撰六義園八景」に関しては、宮川葉子『柳沢家の古典学（上）―『松陰日記』―』「第廿四巻　むくさの園」で詳述したのでくり返さない。

以下翻刻に際し、「真名序」は概ね一行十一字、表題・自署も含め五十八行からなるが、改行箇所を一画空きで示した。また、「真名序」に続く「勅撰六義園十二境」「勅撰六義園八景」「六義園八十八境」の表題はポイントをあげて示した。

(二)　翻刻

道因人弘異邦往訓既爾境　以名傳和歌舊風亦同是故　託根心地必借三聖培植之　教誨然後得枝葉茂盛留迹　口碑苟非八雲光被之擁衛　豈能興山河長久哉吉保幸　生泰平之朝忝蒙優渥之　寵韞橐梓弓　柳営庶政之績底成待漏金　雞　東都治世之音偕楽於是　公退之暇内集之夕或翫花　禽之音容或吟風月之光景　五七言什漸而盈筺百千里　観不竢出戸遂就駒籠離舘　聊摹弱浦勝槩夫妹山背山　之混成常磐堅磐之牢固蘆　邊紀川含山柿之玄旨見山　枕流通仁智之妙理山興松　新舊相生無窮泉興石心詞　同出不二或尋藤原之昔於　蛛道或覧楢葉之古於鳥跡　有釋教之字者吾道廣覆也　有詩家之語者吾化旁達也　春夏秋冬之竒大備松竹鶴　龜之祥悉全八八之境梗槩　可述種種之景微妙曷彈聴　原稱則疑其縮地於彼州視　今構則審其稽古於斯文豈　意風流之迹漸施　帝畿好事之聞忽達　仙洞於是　叡慮遙運　綍音潜下擇二六於多境之中　抜五三乎群景之萃迺　詔参議為綱定其題中書王邦　永亜槐公通宗顕實業重條　黄門輝光基長諫議實陰光禄共方光顕銀青有慶同咏　其歌弊園之誉籍甚公卿間　幽賞之稱昭揚　日月邊譬諸如来神通現淨土　於穢土眞人幻術移仙境於　凢境悉為虚假何能況擬辱　此　寵賁有踰衮榮嗚呼浦即和歌　游乎斯者遊乎斯道也園是　六義喩乎斯者喩乎斯理也　仲況一草一木興　昭回爭光八十八境倶天地弗　朽豈啻誇　君恩于當今将欲垂　神迹于　後來故寄心種於翰林結口　實于文圃云爾

寶永改元甲申臘月廿八日　従四位下行左近衛権少将　兼美濃守源朝臣吉保記

（陽刻）甲斐少将　（陰刻）松平吉保

勅撰六義園十二境

本来は表題・詠者で一行、歌は二行書きの計三行からなるが、紙幅の関係で、表題・歌・詠者の順で一行にまとめた。

初入岡　染そはむ色はまたるゝをく露にまたはつしほの岡のもみち葉　中書令邦永

玉藻磯　かけうつす底の玉藻も同し色に緑そふかきいその山まつ　亜槐宗顕

出汐湊　松たてる出しほのみなと風こえてちとせの数に浪もよすらし　光禄大夫共方

妹與背山　いもとせのやまの下ゆく河ミつにうつるや松もあひおひの陰　黄門輝光

新玉松　さかゆへき生さき見えていまよりや新玉まつのかけしけるらむ　銀青光禄大夫有慶

蘆邊　むれてすむ田鶴もちとせの聲そへよ和哥のうらわをうつすあしへに　特進公通

藤代根　春秋をわくとしもなし花ならぬふち代の根の松のみとりは　諫議大夫為綱

若松原　たちつゝく波のみとりも春あきの色にそこゆる和かのまつはら　特進實業

紀川上　見すやこのなきさをきよミ玉ひろふ紀の川かミのみつのいはかね　黄門基長

嶺花園　にほへなをあかぬこゝろの色そへて千とせの春にみねの花その　光禄大夫光顕

霞入江　おもかけにおなし霞のなをとめて入江の春や波もしのはむ　八座親衛實陰

藤里　なつかしく咲花かつら千世かけてすむともあかし春のふち里　特進重條

勅撰六義園八景

若浦春曙　和哥の浦の松のミとりも色そへてかすむそあかぬ春のあけほの　中書令邦永
筑波陰霧　つくはねの峯は朝日のかけはれてすそわの田井に残る秋きり　特進重條
吟花夕照　しはし猶入日のあとも暮やらてひかりをのこす花そめかれぬ　光禄大夫共方
東叡幽鐘　きゝわたすあつまのひえの山かせにたくふもとをき入相のかね　光禄大夫光顕
軒端山月　いつるより月もへたてすむかふ夜の軒端そ山のかひはありける　八座親衛實陰
蘆邊水禽　波たゝぬあしへもとめてミつ鳥のなれもしつけきこゝろとやすむ　左金吾為綱
紀川涼風　けふもまたすゝしさあかてきの川や岩こすなミにかよふ秋かせ　黄門輝光
士峯晴雪　峰といふみねゆく雲のうへはれてあふけはたかきふしのしら雪　特進實業

六義園八十八境　適宜句読点を付し、引用は「　」で示した。また論の都合上、漢数字で通し番号を振った。なお末尾の漢数字は第二節で翻刻した『楽只堂年録』収載本に振った各名所の通し番号である。

一　遊藝門　論語。「志於道攄於徳依於仁遊於藝」。（一）
二　初入岡　またきより紅葉すれはなり。
三　六義舘

四　妹與背山　（一四・一五）

五　山見石　拾遺、人丸。「おほなむちすくな御神の造れりしいもせの山をみるそうれしき」。（二）

六　裾野梅　夫木集、清輔朝臣。「春くれはすその、梅のうつり香にいもせの山やなき名たつらむ」。（一三）

七　鶺鴒石　妹与背山の入口の石なり。伊弉諾伊弉冉尊、鶺鴒の尾をもて地をたゝけるを見て夫婦の道をなし給へる事、日本記に有。（一九）

八　心泉　「心の泉いにしへよりもふかく」と千載集の序にかけり。（四）

九　心橋　こゝろのいつミにかけし橋なり。（五）

一〇　詞源石　心の泉の出る源にあり。杜子美か詩に、「詞源倒流三峡水」といへり。哥も詞になかれ出るといへと、みなもとを尋れは心なれたなり。（三）

一一　心根松　新續古今、讀人不知。「みな人の心のたねもかハらねは今もむかしの和哥のうら松」（八）

一二　風雅松　新千載、徽安門院一条。「玉よする浪ものとけき御代なれやかせもたゝしきわかの浦まつ」（七）

一三　玉藻磯　玉葉、俊成。「和哥のうらに千ゝの玉藻をかきつめてよろつ世までも君か見むため」（六）

一四　名掛松　新後拾遺、讀人不知。「をよふへき便もあらはまつかえに名をたにかけよわかのうらなミ」（一一）

一五　古風松　新千載、権大僧都宋縁。「年遍ぬる松はしるらむむかしよりふきつたへたるわかのうらかせ」（九）

一六　詞林松　續千載、法皇御製。「あつめをく詞のはやし散もせて千とせかハらし和哥の浦まつ」（一〇）

一七　出汐湊　新古今、慈円。「和哥のうらに月の出しほのさすまゝによるなく田鶴のこゑそさひしき」（一三）

一八　蘆邊　（二八）

一九　田鶴橋　あしへのかたより渡る橋なり。（二七）

二〇　詞花石　若のうらの石にて、花のやうなる紋有。（二〇）

二一　浮寶石　素戔嗚尊、眉の毛をぬきて、浮寶となし給ふ事、日本記に見えたり。舟の形に似たる石なり。（二一）

二二　潟於無　若浦のみきハ也。（二六）

二三　紀川　人丸。「人ならは親の思ひそあさもよひきの川つらのいもとせのやま」（二四）

二四　背松　男松なり。妹松の方へ枝さして、海川をへたても心通ふ気色なり。（六〇）

二五　臥龍石　龍のふしたる如くなる石なり。扶桑名勝の内、若浦の八景、玉津嶋の詩にも「枕頭髙臥兩蒼龍」といふ句あり。（二二）

二六　新玉松　新玉津嶋を勧請して、松を七本植たり。（三〇）

二七　蛛道　新玉松の方へゆく細みち也。衣通姫の哥に、「わかせこかくへきよひなりさゝかにの蛛のふるまひ兼てしるしも」（八七）

二八　名茂古山　玉葉、後嵯峨院。「ミ代までにいにしへ今の名もふりぬひかりをみかけ玉津しま姫」。新玉松につゝきたる山なり。（二九）

二九　嶋江松　夫木集、「玉津しま入江の小まつ老にけりふるき御幸のことやとハまし」（三三）

三〇　過賀立峯　玉葉、崇徳院。「過かてにみれともあかぬ玉津しまむへこそ神のこゝろとめけれ」（三四）

三一　月入江　新千載、源親長朝臣。「玉津しまやとれる月のかけなからよせくる浪の秋のしほかせ」（三六）

三二　若松原　續後拾遺、鎌倉右大臣。「雪つもるわかの松はらふりにけりいく代へぬらむ玉津しま姫」（三八）

三三　朧岡　夫木集、為教。「玉津しま磯邊のまつの木のまよりおほろにかすむ春の夜の月」（四一）

三四　擲筆松　紀州の藤代峠にも、巨勢金岡か筆すて松有。（七五）

三五　能見石　見石は硯のわけ字なり。筆すて松のちかき邊にあり。万葉、「玉津しまよくミていませ青によしならなる人の待とハ、いかに」（七六）

三六　渡月橋　月の夜に風景あるはしなり。（三七）

三七　老峯　若浦といふに對して也。（三九）

三八　千年坂　老峯のさかなり。（四〇）

三九　布引松　紀州の若浦にもあり。（七七）

四〇　吹上濱　（六三）

四一　吹上小野　（六五）

四二　吹上峯　（六六）

四三　吹上松　（六四）

四四　藤代根　續後撰、僧正行意。「藤代の御坂をこえて見わたせはかすミもやらぬ吹上のはま」（七四）

四五　汐路　續古今、藤原光俊朝臣。「和哥のうらやしらぬしほちに漕出てみにあまるまて月をミる哉」（七八）

四六　浪花石　なミにされたる石也。菅家、「秋風のふきあけにたてる白菊ハはなかあらぬか浪のよるすか」（七一）

四七　櫻波石　吹上のはまにある石なり。家隆、「時しあれハさくらとそ思ふ春風のふきあけのはまにたてるしら波」（七〇）

四八　白鷗橋　千五百番歌合、資成。「かもめゐる吹あけのはまのしほ風にうらさひわたる冬の夜の月」（七二）

四九　指南岡　新千載、紀淑氏朝臣。「尋ゆくわかのうらちのはまちとりあとあるかたに道しるへせよ」（五五）

五〇　拾玉渚　續千載、為氏。「若の浦にみかける玉をひろひをきていにしへ今のかすをみるかな」（四六）

五一　妹松　女松なり。背のまつのかたへ枝させり。（五九）

五二　龜浮橋　庚信か橋の詩に、「浮龜繼断航」。龜に似たる石橋なり。（六一）

五三　紀川上　紀の川つらより見渡して水出る源也。顕昭、「朝もよひきの川かミをなかむれハかねのみたけに雪ふりにけり」（四二）

五四　水分石　水のなかれを分たる石なり。そのかミ、東山殿の庭にも此名の石あり。（四四）

五五　朝陽岩　朝日の風景ある處なり。（四三）

五六　枕流洞　紀川上に有。石のかたち、なかれに臨て下に洞あり。世説に孫楚か詞に「流に枕し石に漱く」と隠者の事をいへり。紀川上ハ隠者の住處なる事、古記にも見えたり。（四五）

五七　白鳥関　鴨長明集。「思ふにハ契りもなにかあさもよひきのかはかミのしら鳥のせき」（四八）

五八　観徳場　礼記。「射可以観徳行」。

五九　覧古石　續後撰。前太政大臣。「若のうらやしほひのかたにすむ千鳥むかしのあとをみるもかしこし」。此石の傍にならの木有。是はそのかミ、この別荘を賜りし時、異木ハなくて唯一もとありける木なり。いにしへを見るといふをおもひ合せて也。（五八）

六〇　時雨岡　ならの木の傍なる岡也。「時雨ふりをけるならの葉」といへり。（五七）

六一　千鳥橋　（五六）

六二　尋芳径　朱文公の詩に、「勝日尋芳泗水濱」。（五〇）

六三　紀路遠山　新續古今、雅縁。「春寒ミなをふきあけのはまかせに霞もはてぬきちのとを山」（四七）

六四　枝折峯　新古今、西行。「芳野山ミねのしをりのミちかへてまたミぬかたの花をたつねむ」（四九）
六五　衣手岡　古今、讀人不知。「夕されハ衣手寒しみよし野のよしの丶山にみゆきふるらし」（五三）
六六　峯花園　玉葉、常磐井入道前太政大臣。「みよしの丶峯の花そのかせふけハ麓にくもる春の夜の月」（五二）
六七　吟花亭　（五一）
六八　分雲峰　さくら猶深けれはなり。（五四）
六九　篠下道　風雅、覺誉法親王。「よし野山花のためにも尋ねはやまた分そめぬす丶のした道」（八三）
七〇　水香江　蓮の花ある入江なり。杜子美か詩に、「芰荷一水香」。李白か詩に、「風動荷花水殿香」。華厳経「香水海中有大蓮花」。（八一）
七一　芙蓉橋　蓮池の橋なり。（八四）
七二　花垣山　此園のかこひの山なり。（八二）
七三　霞入江　續後撰、為氏。「人とハ丶みすとやいはん玉つしまかすむ入江の春の曙」（六二）
七四　藻鹽木道　新勅撰、俊成。「ちきりをきし契りの上にそへをかむ和哥のうらちのあまのもしほ木」（七三）
七五　木枯峯　家隆。「秋の夜をふきあけの峯の木枯によこ雲しらぬ山のはの月」（六七）
七六　雲香梅　定家。「谷風の吹上にたてる梅のはなあまつそらなる雲やにほハむ」（六九）
七七　坐禅石　もろこしにも此名あり。栂尾の明恵上人の舊跡にも有。山のふもとにて、静なる川の流に臨たる處にあり。（七九）
七八　萬世岡　竹あるわたりなり。（八〇）
七九　剡渓流　山陰橋をかけたる流也。王子猷か山陰といふ處にありて、雪後、月夜に剡渓流に棹さして戴逵を訪

たる意をとれり。（八六）
八〇　山陰橋　山陰にある橋なり。（八五）
八一　藤里　藤の花あるわたりなれは也。うちに聴雪窓あり。（八八）
八二　新墾田
八三　軒端山
八四　駒留岸　俊成。「駒とめて猶水かはむやまふきのはなの露そふ井手の玉川」
八五　久護山　毘沙門堂なり。
八六　下照道　久護山の紅葉ある麓なれハ也。
八七　藤波橋　藤の花ある處なり。（三五）
八八　千里場　杜子美か詩に、「千里奮霜蹄」。
八九　常磐　（一七）
九〇　堅磐　（一八）
九一　玉笹石　夫木集、信實。「いもせ山中に生たるたまさゝの一夜のへたてさもそ露けき」（一六）
九二　烏帽子石　ゑほうしの形也。（二五）
九三　放鶴亭　宋の林和靖か隠たりし孤山に放鶴亭有。此嶋孤山に似たりとて、「此亭を構へよ」と西湖悦峯子のたまひしなり。
九四　甘露味堂　阿弥陀堂也。
九五　小玉川　此園の、玉川の流をひきてかけたる處なれは也。

九六　壺中天　李白か詩に、「寥廓壺中天」といへり。境界の各相なる事をいふ。

九七　架空梯　壺中天に渡る橋なり。

九八　夏雲根　陶淵明か詩に、「夏雲多奇峰」。又賈嶋か詩に、「移石動雲根」。雲根ハ石を云。

九九　跳珠泉　周燾か詩に、「夜深不見跳珠碎」と泉の事をいへり。

一〇〇　富春園　周茂叔か愛蓮説に、「牡丹者花之富貴者也」。又麗子陵か隠れし處を富春山といへり。

一〇一　晒錦畔　蜀の院花渓は、錦を花にたとふ。爰ハ又花を錦にたとへたり。

一〇二　樂秋圃　菜園なり。江万里か詩に、「欲知太守樂其樂、樂在田園歓笑中」。

第四節　六義園の初期の姿
――八十八境総括――

（一）　はじめに

元禄十五年（一七〇二）七月五日に駒込の山里は完成した。その三ヶ月半後の十月二十日（当年は八月が閏月）、吉保はそれを「六義園」と命名。八十八境の撰定もなし、『楽只堂年録』に「六義園記」を録した。翌宝永元年六月二十三日、吉保は北村季吟、賀茂社の権祢宜鴨祐之も加え、一族と家臣の計五五名による「六義園新玉松奉納和哥百首」（本章第五節）を詠み、六義園の新玉松、久護山の二箇所に奉納した。新玉松は新玉津嶋を勧請した「あつまの新玉津嶋」（『楽只堂年録』収載「六義園記」三〇の「新玉松」解説、以下「年録本」と略）。久護山は毘沙門堂。六義園の守護神毘沙門天を祀る。吉保は和歌の神と園の守護神に百首歌を奉納、和歌上達を祈ったのである。

そして後年、吉保は自筆による「六義園記」と称する一軸を作成した（第三節、以下「巻子本」と略）。しかし、「年録本」、「巻子本」の間にはかなりな相違がある。形態上も前者は「仮名序」と「六義園八十八境」の二部仕立てであるのに対し、後者は「真名序」「勅撰六義園十二境」「勅撰六義園八景」「六義園八十八境」の四部からなる。

さてこのうち二者に共通の「六義園八十八境」部分を比較すると、「年録本」から「巻子本」に至る間にかなり変更がなされたのがわかる。ここの変更とは、境地の取り消し、統合、呼称変更、表記変更、そして追加を意味する。

さらに各境地のいわれを説明する吉保の筆致も、後者ではかなり簡略化がなされていて、正確に言うなら「六義園八十八境」は「年録本」にのみ存在、「巻子本」のそれは八十八境とは呼びがたい状況なのである。

もっともこうした変更は、吉保が八十八境制定後も再考に再考を重ねた姿を語るのであろうし、それほどに六義園造園の意図を大切に扱おうとした姿も見えてくる。ただ繰り返したいのは、「六義園八十八境」そのものを扱う場合、「年録本」から「巻子本」への変更を見逃してはならないという点なのである。

（二）「年録本」と「巻子本」の間―その一―

では「年録本」から「巻子本」に到る間の変更の具体例を、「巻子本」に登場する順に見ておこう。論の都合上通し番号を付した。

①「初入岡」二。（以下四角で囲んだ漢数字は「巻子本」に付した通し番号）。「夕日岡」（一二）。以下（　）を付した漢数字は「年録本」の通し番号）の呼称変更か。

②「妹與背山」四。「妹山」（一四）、「背山」（一五）の二境を統合。

③「山見石」五。「見山石」（二）の表記変更。

④「心根松」一一。「心種松」（八）の呼称変更。

⑤「名掛松」一四。「掛名松」（一一）の表記変更。

⑥「田鶴橋」一九。「仙禽橋」（二七）の呼称変更。

⑦「潟於無」二二。「片男波」（二六）の表記変更。

⑧「名茂古山」二八。「名古山」（二九）の表記変更。

⑨「嶋江松」二九。「事問松」(三三)の呼称変更。
⑩「過賀立峯」三〇。「通勝峯」(三四)の表記変更。
⑪「月入江」三一。「宿月湾」(三六)の呼称変更。
⑫「若松原」三二。「和歌松原」(三八)の表記変更。
⑬「藤代根」四四。「藤代峠」(七四)の呼称変更。
⑭「汐路」四五。「不知汐路」(七八)の呼称変更。
⑮「枝折峯」六四。「下折峯」(四九)の表記変更。
⑯「軒端山」八三。「藐姑射山」(三二)の呼称変更か。
⑰「烏帽子石」九二。「詠和哥石」(二五)の呼称変更か。

　見てくると、軽微なものまで含め十七境地において変更がなされている。中でも①・②・⑥・⑨・⑪・⑭・⑯・⑰の八境地は無視できない。以下本章第一節五〇四・五〇五頁の「六義園図」を適宜参照願いたい。

　①の「初入岡」は以前「夕日岡」とあったものではないかと思われる。六義園めぐりの出発点である遊藝門をはいり、すぐ左手の岡。一体、吉保は八十八境の各々の変更に際し、否定的語感やマイナスイメージを伴う命名は避ける傾向にあるように思われる。

　例えば、「年録本」によると「夕日岡」は、そこから園の眺望の素晴らしさに、はやくも一日を過ごしてしまったという錯覚にとらわれるほどである点と、園の西奥の「朝陽岩」(四三・五五)に相対、即ち朝日に対する夕日となる点をもって命名したとある(「年録本」一二)。しかし、散策開始の冒頭が落日のイメージを伴う「夕日岡」ではいかがかと判断したのではなかったか。そこで吉保は「初入岡」に変更した。「巻子本」には、「またきより紅葉すればはなり」とある。恐らく紅葉を多く植え、その色づきがいちはやいことをもっての命名であったのであろう。「初入」はいかにも園廻りの冒頭に相応しい語感を伴っていよう。

ところで「巻子本」に付載される「勅撰六義園十二境」の冒頭は、邦永親王による「初入岡」。既に「夕日岡」からの変更後の題になっている。それは、「勅撰六義園十二境」が下賜された宝永三年（一七〇六）十月以前に呼称変更がなされたのを語る。この類の変更は、②の妹與背山、⑫の若松原、⑬藤代根の三境についても同様で、さらには「勅撰六義園八景」の「軒端山月」（⑯）も同類かと考える。改めて述べるが、軒端山は以前の「藐姑射山」ではなかったかと想定されるからである。

さて②の妹與背山。以前は「妹山」「背山」の二境に数えていたものが統合されている。そもそも吉保は、六義園の造園意図を「和哥の浦のすくれたる名ところをうつす」（「年録本」仮名序）、「爰もあつまの新玉津嶋なれは、七本の松をかくもやいふへき。玉津嶋姫のミかけるひかりもいよ〳〵あらたならん事を祝して」（「年録本」三〇・新玉松）、「聊摹弱浦勝槩夫妹山背山之混成」（「巻子本」真名序）、「新玉津嶋を勧請して、松を七本植たり」（「巻子本」[二六]・新玉松）などとして、和歌浦の玉津嶋に依ったことを明確に述べていた。和歌浦の玉津嶋は妹背山とも呼ばれ、和歌三神の一つとして崇敬されている（『和歌大辞典』）ことに鑑み、和歌浦に見立てた六義園の池の中嶋に築いた妹山、背山を妹背山と一括して呼ぶことにしたのは妥当な変更であったようである。

⑥の「田鶴橋」は、以前の「仙禽橋」。妹背山へ渡る橋である。かつて山辺赤人は和歌浦の玉津嶋付近の光景を、「わかの浦にしほみちくれはかたをなみあしべをさしてたづなきわたる」（『古今和歌集』仮名序、『続古今和歌集』巻第十八・雑歌中・「神亀元年十月、紀伊国に行幸の時よめる」の詞書をもつ一六三四番歌）と詠じた。吉保が当該詠歌を大いに意識していたのは、「詠和哥石」（「年録本」二五）や、「蘆邊」（「年録本」二八、「巻子本」[一八]）、「片男波」（「年録本」二六、

「巻子本」〔二二〕、但し「潟於無」の表記）などの命名に見てとれる。仙禽も田鶴もいずれも鶴のことながら、赤人詠歌に一層忠実であるために、田鶴に変更したものと考えられる。

⑨の「鳴江松」は、以前の「事問松」。妹背山へ渡る田鶴橋（以前の仙禽橋）をのぞむ「藐姑射山」（「年録本」三二。「巻子本」〔八三〕の「軒端山」に呼称変更か）の西麓に植えられる松。「年録本」は、「入江に有松なり。道のかたはらなれは、玉津嶋の古事をもとはましくおほえて」とする。玉津嶋を眼前に見据えて来た松なら、玉津嶋に詳しいであろう、いろいろ教えておくれとの意図での命名であったらしい。しかし、そう説明されれば納得できても、単に「事問松」だけでは玉津嶋との関連に思いを馳せにくい。「鳴江松」なら、六義園にある唯一の嶋たる玉津嶋の入江にある松として、所在の推定も可能な命名ということになろう。

⑪の「月入江」は、以前の「宿月湾」。渡月橋の右手奥の入江。「年録本」（三六）・「巻子本」（三二）のいずれもが『新千載和歌集』の源親長の、「玉津しまやとれる月のかけなから」云々の歌を引くように、「宿月湾」の方が、「やとれる月」に忠実であろう。しかし歌語の雅やかな語感を大切にするなら「月入江」とあるべきなのであろう。

⑭の「汐路」は以前の「不知汐路」。「不知」が外されている。本歌は『続古今和歌集』藤原光俊詠の「和哥のうらやしらぬしほちに漕出て」で、確かに「しらぬしほち」の方が歌に忠実ながら、「不知」にこもる否定的イメージを遠ざけての呼称変更であったのではあるまいか。「夕日岡」を「初入岡」に変更したように（①で論じた）、マイナスイメージ、否定的語感を避けた例といえよう。

⑯の「軒端山」（八三）は、以前の「藐姑射山」（三二）かと考えている。妹背山を西に臨む地点にある山である。「年録本」は、「藐姑射山」は仙人の住む山であり、また仙洞のこともかく呼ぶと解説するのであるが、「軒端山」に変更した理由は想定しづらい。仙洞（基本的にはもと帝の意。当時の仙洞は霊元院）の立場を、一介の武士が別荘庭園の

小山に冠せることを憚った結果か。ではここの軒端はどこの軒場か。芦辺の亭のそれであろうと考える。亭は軒端山の北西に位置するから、東から上った月はこの山を影絵のように見せながら、芦辺の亭の軒端に光を注ぐことになる。しかも付近には月入江、渡月橋と、月に因む入江と橋が用意されており、それに山が加われば月を観賞する道具立てが三種揃うことにもなるのである。

⑰の「烏帽子石」は、以前の「詠和哥石」と同一と考えられる。「年録本」は、「ゑほうしきたるやうなる石なれは、赤人に心をうつして、片男波、仙禽橋、蘆邊の亭と意を貫ぬく。詠和哥の文字は、哥をよむは和哥のうらをなかむるはよむへきなり。此石のかたち、人の哥をよミて居たるかたちにやあらんとてなり」（二五）と解説した。烏帽子を着した山辺赤人が詠哥にふける姿を想起させるというのが命名の根拠である。しかし、「巻子本」ではあっさりと「ゑほうしの形也」（九二）としてしまっており、赤人云々への言及はない。ここに、初期においては、何もかもを和歌に事寄せようと意気込んでいた吉保が、さりげなさを優先するようになった成長を認めてもよいのかもしれない。

（三）「年録本」と「巻子本」の間―その二―

次に、「年録本」には見えながら、「巻子本」では境地として扱われなくなった二箇所を見ておこう。

一つは「兼言道《かねことのみち》」（三一）。「名古山《なもふるやま》」（「巻子本」では「名茂古山」（二八）と表記）と藐姑射山に挟まれた細道で、「年録本」の説明によれば「玉津嶋へまいる道」なので、人々が「祈り置し我兼言のいやましにさかゆく御代は神そしるらん」（『続古今集』収載歌）といのりつつ通過するはずの道であるのをもって命名したとある。

しかし、「六義園図」（五〇四・五〇五頁）を見ると、玉津嶋へ詣でるのに必ずここを通る必要はなく、池に沿った道でもよいとわかる。しかも、「蛛道」(二七)を「新玉松の方へゆく細みち」として改めて扱っており、そのあたりが取り消しの理由なのかもしれない。

二つは「霞停坂《かすまぬさか》」(六八)。「吹上峯」(六六)の北東山麓にあり、「坐禅石」(七九・七七)に至る坂。「年録本」の解説によれば、「藤代の三坂をこえて見わたせはかすミもやらぬ吹上のはま」の歌の第四句「かすミもやらぬ」に因むのだという。ただ、既述したようにマイナスイメージは遠ざけて呼称変更したらしいことから判断すると、「霞停」というのは否定の語感を伴う。敢えて一境に数える必要はないと判断したのが境地から外した理由ではなかったか。

(四)「年録本」と「巻子本」の間—その三—

「巻子本」で増加している境地もみておこう。

「年録本」末尾に、「右合八十八境　六義園　六義館　観徳場　千里場　久護山　此五つ非数内ニ」とあり、八十八境に含まない五箇所を列挙していた。「巻子本」ではこのうち、六義園を除く四箇所を全て新たな境地に含めているのである。六義園の建築物のうち、池にもっとも近くに位置する「六義館」(三)、園の南西隅にある弓道場「観徳場」(五八)、園の東端に南北に走る馬場の「千里場」(八八)、それに北東隅に置かれた毘沙門堂のある山「久護山」(八五)がそれである。

右四箇所以外に新たに加えられた境地には、「新墾田」(八二)、「駒留岸」(八四)、「下照道」(八六)、「放鶴亭」(九三)、「甘露味堂」(九四)、「小玉川」(九五)、「壺中天」(九六)、「架空梯」(九七)、「夏雲根」(九八)、「跳珠泉」(九九)、「富春園」(一〇〇)、「晒錦畔」(一〇一)、「樂秋圃」(一〇二)の十三箇所があり、前の四箇所と合わせると十七箇所の追加になる。結局六義園八十八境と総称される境地は八十八境ではすまなくなった。初期の八十八境(「年録本」）からは、統合が一件、二境地が消滅したから、一旦八十五境になった。そこに新たに加えられたのが十七境。合計一〇二境になってしまったのである。数値にだけこだわれば、到底八十八境とはよべない。吉保は「年録本」末尾に、

八十八の数は八の数を十一合せたり。八は八雲に叶へり。惣じて吾朝にて八の数を多き事に用ふ。十は数の極、一は数の始なり。八十八は八雲の道其至極にいたり、終りてはまた始り、春夏秋冬の廻りてやまさることく、窮もなく、やむ事もなく、天地とともに長久なる心なるへし。

と述べ、八十八に拘る姿勢が実に見事に述べられていた。しかし、結果として一〇二境に増大してしまったことを、吉保はどのように弁解するつもりでいたのであろう。「巻子本」末尾は、「樂秋圃　菜園なり。江万里か詩に、欲知太守樂其樂、樂在田園歓笑中」の説明文でいきなり終わっており、奥書等一切書かれていない。そこには、以後も境地の増減がなされる可能性が示唆されていると見るべきなのであろうか。

（五）「放鶴亭」についての考察

追加された境地のうち、「放鶴亭」（九三）についていささか言及しておきたい。追加の実際と時期を語る貴重な史料と考えるからである。

「放鶴亭」の説明には、「宋の林和靖か隠たりし孤山に放鶴亭有。此嶋孤山に似たりとて、「此亭を構へよ」と西湖悦峯子のたまひしなり」とある。林和靖は宋の人。浄因の先祖。浄因は龍山に従い来朝。奈良に住み和靖の山房の傍

らで、嘗て見た庵蔓樹の実を真似て、我が国最初の饅頭を作り、それを生業とし、日本女性と結婚して二児をもうけたが、龍山の死去で望郷の念を断ち切れず、ついに帰国してしまったという（宮川葉子『三条西実隆と古典学（改定新版）』平成十一年・風間書房・七五五頁参照）。和靖は浮世を逃れ孤山に隠れ、放鶴亭を経営、そこで鶴を飼っていたという伝承が残る。続く「此嶋孤山に似たり」の「此嶋」は妹背山をさす。孤山と似る妹背山に放鶴亭を構えるよう勧めたのは「西湖悦峯子」であったのである。

西湖悦峯子とは、宇治にある黄檗山萬福寺八世の悦峯和尚。西湖（中国浙江省杭州にある湖。南宋の首都臨安の近くに位置する）の生まれ。『松陰日記』巻二十六「二もとの松」では、二度の江戸下向が語られる。初度は宝永四年（一七〇七）九月。中国語が話せない吉保は筆談で仏教談義をなした。再度は宝永五年（一七〇八）三月。吉保の勧めに従った悦峯は六義園に長期滞在をなした。この折、六義園を充分に堪能した悦峯が、妹背山に放鶴亭設営を勧めたことは推測に難くない。ということは、放鶴亭は少なくとも宝永五年三月以降に建てられ、六義園の一境に加わったということになる。

以上、八十八境は元禄十五年十月の「年録本」の時から、宝永三年十月の「勅撰六義園十二境」「勅撰六義園八景」を経て、悦峯の勧めが実現された宝永五年四月頃までの、約数年をかけて変更がなされたことが指摘できる。そしてそれら変更の中には、悦峯和尚の例に知られるように、六義園に感動した客人からの要請を受けた場合もあったのである。

（六）　吉保の和歌上達への思い

六義園に籠めた吉保の和歌上達の思いの支えは新玉松であろう。「年録本」に「爰もあつまの新玉津嶋なれば、七本の松をかくもやいふへき。玉津嶋姫のミかけるひかりもいよ〳〵あらたならん事を祝して」（三〇・新玉松）とあり、「巻子本」に「新玉津嶋を勧請して、松を七本植たり」（二六・新玉松）とあったのが全てを語ろう。さらに「年録本」に「五もし七もしのことの葉、やうやくにしてかたミにミちもたて」、「いさゝかに和哥の浦のすくれたる名ところをうつす」、「あゝうらはすなはちやまと哥なり」、「園は是むくさなり」（仮名序）とあったり、「此園に遊ふ人は皆道の遊ひにして、活ける世を楽む。音を三十一字につらぬるなるへし」（遊藝門の説明文）とあるのも同類の思いを伝えている。また八十八境（「巻子本」では一〇二境に増加したが）の各境地の説明に引かれた和歌の出典も夥しい。勅撰二十一代集では、『古今』『拾遺』『千載』『新古今』『新勅撰』『続後撰』『続古今』『新後撰』『玉葉』『続千載』『続後拾遺』『風雅』『新千載』『新後拾遺』の十四集に及ぶ。この他にも、『万葉集』『菅家御集』『賀茂保憲女集』『鴨長明家集』『夫木和歌抄』『壬二集』『拾遺愚草』『古今和歌六帖』『題林愚抄』など、さらには『詠歌大概』にも及んでいる。これは和歌を大いに学んでいた吉保の姿勢を充分語るものであり、多くの歌集に支えられ、まさに和歌の庭として六義園が成っていることは明白である。ここに吉保が六義園に「新玉津嶋を勧請」して「松を七本」植え、「玉津嶋姫のみかけるひかりもいよ〳〵あらたならん事を祝し」、和歌上達を祈念したことは間違いない。その最たる作品こそが新玉松と久護山に奉納された「六義園新玉枩奉納和哥百首」であった。

第五節　六義園と和歌
――新玉松と「六義園新玉杂奉納和哥百首」――

（一）　解説

『楽只堂年録』第百四十六巻は、宝永元年甲申（一七〇四。当年三月十三日、元禄十七年から改元）六月二十三日の一日だけにかかる記事を収載する。

この日、吉保は六義園の新玉松《にいたままつ》と久護山《ひさもりやま》に百首和歌を奉納したのであった。新玉松は、七本の松をご神体に、朱塗の鳥居が奉納されていた「東《あずま》の新玉津嶋」であり、久護山は六義園北東部に位置する園の守り神であった。特に新玉松に関しては、本書第二部第一章第一節（五）で論じたので繰り返さない。

さて巻末の「作者」一覧からは、吉保一族、賀茂神社の権祢宜鴨祐之、吉保が古今伝受し、かつ吉里の和歌指南役でもあった幕府歌学方の北村季吟、そして多数の柳澤家の家臣が参加していたのが知られる。総勢五十五名。うち女性が六名。彼女らにいささか説明を加えておく。定子は吉保室。染子は飯塚氏、吉保側室で継嗣吉里の生母。翌年五月十日に三十九歳で逝去するから、当該奉納和歌は彼女の最晩年の作品でもある。頼子は吉里室で、当年一月二十八日に輿入れした酒井忠挙女。町子は申すまでもなく吉保側室、正親町公通を父に、水無瀬氏信女を母に産まれ、『松陰日記』を遺した女性。当時二人の男児をあげており、「作者」一覧に「安通生母」とある安通は、元禄七年（一六九四）十一月生まれの経隆《つねたか》。重子（繁子とも）も吉保側室。横山氏。元禄八年（一六九五）春子（又稲子・由子）を産む（以上、『柳沢家譜集』〈柳沢史料集成第四巻〉）。残る一名は、藤原全故妻。全故が古典学者、歌人として、また芭蕉の『奥の細道』の素龍本筆者として、それなりの名を挙げていたこと、及び後に吉里に同道して甲斐国へ下り、吉里に『源氏物語』を講釈したこと等については、本書第一部第三章第一節「甲陽驛路記―宝永七年吉里初入国―」で述べた。彼の妻も柳澤家臣の扱いで、こうした場で歌を詠んでいたのである。

とくに雑十首における吉保の「松」題の歌、「幾千世もひかりをそへよ七本の玉松か枝にみかくことの葉」からは、新玉津嶋を勧請、七本の松を植えた新玉松に向かい、和歌のさらなる上達を祈念する思いが充分に読み取れる。同様に雑の九首目、染子の「神祇」題、「七本の玉松か枝の神かきやいくちよかけてみかく言の葉」や、十首目、吉里の「祝」題、「神垣やひさしく御代をてらすらん此玉松のたえぬひかりに」にも同様の思いを看取できる。因みに右二首の「神垣」（その他、春二十首の「霞」「鶯」題にも「神垣」が見える）から、松七本が植わる新玉松に「神垣」が施されてあったことが確認できる。

松七本を朱の神垣で囲った新玉松。そこへ百首和歌を奉納するところに、吉保の造園意図は間違いなく和歌上達を祈念するところにあったと断言できる。なお翻刻にあたっては、本来題名・作者で一行、歌は二行書きで計三行からなる体裁を採るが、紙幅の関係上、表題・和歌・作者の順に一行にまとめて示した。

（二）　翻刻

宝永元年六月廿三日、

一、今日駒篭の別業六義園の新玉松久護山に和哥を奉納す、

六義園新玉埀奉納和哥百首

春二十首

立春　春に今朝雲の衣の長閑にてかすみもひとへたちそめにけり　吉保
霞　神垣やかすミのま袖うちはへて光りをつゝむ玉津しま山　祐之
鶯　鶯は千とせの春のやとりとか声ものとけき神垣の埀　重祐
残雪　松にのミ去年のかたミを忍へとやもらぬ日影の雪のつれなさ　正家
朝若菜　いつる日のあしたの原に里人やのこる雪まの若菜つむらし　町子
里梅　おもハすも梅のにほひにさそはれてたつねてそミる小野ゝ山里　種貞
檐梅　あかなくに幾春も経ん此宿の軒端の梅の花の下風　定子
春月　所からおほろにかすむ月影も光ことなる玉つしま山　勝長
春曙　角田川のとかにかすむ春の色もなかめにあかぬ波の明ぼ　吉里
帰鴈　心あらハ月にやすらへ帰る雁俤よりなれし空の名残りに　祐孝
春雨　春雨のはれまも見えす山姫のかすミの衣ほしやわふらん　正甫
柳　さほ姫のくり返しぬるいとなれやよる人もなき春の青柳　頼子
待花　とく暮て日数そひゆけさかぬまの花には過る春もおしまし　正堅
初花　咲そむるうす花いろにみよし野ゝ山のしら雲たちもおよはす　重子
見花　なかき日もあかぬ色香のさくら花遠山とりのおのへなからに　行次
盛花　立かすむ空にもみちんさく花のさかりに匂ふ四方の春風　貞行

落花　風の上にありかさためぬ花ミれはちりのうき世そおもひしらるゝ　季吟
款冬　夕日さす峯の山吹かけ見えてひかりうつろふ波の玉川　重遐
藤　ちきりあれやつれなき松もなつかしきそめいろ見えてなひく藤なミ　儀朝
暮春　花にのミまかひし峯の白雲もけふ行春のかたミとやミん　楨幹

夏十五首

更衣　夏衣はるのいろなくかへてたにこゝろにのこる花のおもかけ　重祇
卯花　はるを今よそに隔てし垣ほとや色にそ分るさとの卯の花　仙甫
待郭公　よしさらは心さためてまたしとはおもふも物をやまほとゝきす　儀朝
関郭公　をちかへりしらても来なけほとゝきすよるもとさゝぬあふさかの関　仙甫
早苗　雨ふれは日もミしかしないとまなく小田の早苗に今日くるゝ空　直亮
橘　橘のかほれは袖のたゝならすいかにしのふるむかしなるらん　染子
五月雨　また幾日降る五月雨の山の端にはれまも見えす雲のかゝれる　光政
夏草　末遠き野にしけりゆく夏草も道ある御代と風になひける　楨幹
夏月　はしゐしてまち出し月の面影をほとなくミする入かたの山　元孝
鵜川　いける世におもへ鵜舩の篝火も消てはまよふやミの淵瀬を　全故
螢　をく露のひかり涼しくとふ螢かけもなひける風の草むら　弼種
夕立　楢の葉の梢すゝしき風すきて日かけもはるゝ夕立の空　仙甫
蟬　露なからさそふもすゝし鳴蟬のこゑも木高き杂の下風　正武

納涼　烋の風袖にやかよふ松高き岩ねの清水むすふ夕は　弼種
夏祓　御祓川夕波よする風見えて白ゆふかけし瀬〻の岩かと　元孝

烋二十首

初烋　烋のいろはそれともわかぬ朝明にまつ音たつる軒の下荻　玄真
七夕　年のをの長きちきりを七夕のかはすにたえぬかさゝきの橋　行次
荻　つねよりも身にしむ風の荻の葉に音つれわたるよハのさひしさ　勝旨
萩　たか袖もむらさき匂ふ露なから分行野邊の萩か花すり　定護
虫　分て行烋の夕の浅茅原いとふかむしのかれ〳〵の声　直行
雁　烋風のやとりや寒ミかりかねの聲を雲井に鳴わたるらん　元則
鹿　もみち葉のつもる思ひは鳴鹿の声の色にもしるき山里　政府
烋夕　暮毎の秋の心をたねとして尾花かもとの草や生けん　貴亮
烋田　穐の田にひくやなるこの声そへて夜寒の風のをちにきこゆる　光政
山月　立そひて月こそミかけ山の端の雲吹はらふよハのあらしは　正永
野月　幾烋もかハらぬかけをむさし野ゝ千種にみする月のくまなさ　義武
関月　名残あれや月はとゝめぬ関の戸も明ゆく比のあふさかの山　正武
橋月　夜をかけて往来あやうき丸木橋月にそわたるきその山人　従長
浦月　うら風に浮霧はれて明石かたはるかにすめる波の上の月　定子
菊　千ゝの烋なを咲匂へをきむすふ露のひかりもませの八重菊　町子

擣衣　うつ音も身にしむはかりさよ更てきぬたをさそふ風のさむけさ　儀正
霧　めにちかき軒端の山もそことなくたとるはかりの八重の朝霧　貴亮
杜紅葉　うすくこく時雨に染し紅葉ゝの梢の烌のころもての杜　集布
河紅葉　山川のいはかき紅葉日にそひて浪さへ烌の色をふかむる　玄真
暮烌　むしの音も草葉もかれて行秋の今ハの空の更にさひしき　正堅

冬十五首

時雨　時雨行雲まをもれて松にそふひかりや露の玉津嶋山　儀朝
落葉　ふミ分てゐそこえやらぬ山道に積る紅葉は関ならねとも　成福
霜　見し烌の草葉も今ハをきわたす霜にいろなき野邊のさむけさ　勝由
寒草　冬かれの梢は霜にさえ〳〵てのこるもひさしもりの下草　政勝
冬月　あらハなる軒の月影さむき夜に残る枩さへあらし吹けり　元孝
氷　梢吹夜半のあらしに音たえて氷にとつる谷の下水　盛継
霰　朝清め塵をもすへぬ苔の上にしくや霰の玉の真砂地　祐之
千鳥　浦かせのさゆる波路に幾度かわかるゝちとり友したふらん　重子
水鳥　池水の青きを色にすむ鳥のはねは氷にあらハれにけり　倫衡
残雪　道やすくとふ人あれやあさまたきつもらぬ先の雪のミきりを　茂卿
深雪　降る雪の積るみきりを見るかうちに枩と竹ともけちめわかれす　季吟
神楽　身にしめて恵ミをあふけ天てらす日影にむかふ朝倉のこゑ　閑子

鷹狩　御狩野や雪の行幸のふることも今はた鳥の跡にしるらし　茂卿
炭竈　今朝見れハ雪のうへなる一すちの烟にしるき峯のすミかま　祐之
歳暮　いかてかく年のくれぬといそくらんあすたつ春もおなし月日を　玄真

恋二十首

寄月恋　あらハなる姿を人やとかめましたゝすむ月の庭の木陰も　吉保
寄雲恋　わすられすなかむる空の浮雲にやかてたちそふ人のおもかけ　元孝
寄風恋　身にしまハあわれやしらんうき人の袂にもふけ夲の夕かせ　儀朝
寄雨恋　待宵のさはりとなりしつらさより終に身をしる雨もをやます　祐之
寄露恋　むすひつる露の契りハ浅茅原なひくと見しもあたになり行　種貞
寄山恋　あらしそふ高まの山の雲なれやみたれてよそになひく心は　景寛
寄原恋　きえねたゝしられぬ中に月日へてしのふかはらの露のいのちハ　貴亮
寄海恋　たくへ見よ蜑の苫屋の煙よりうミよりまさるふかきおもひを　重□
寄橋恋　あはてのミふるの高橋わたる身ハうき年月や中にかけけん　楨幹
寄関恋　くれなゐのすそひく計いひよれといかにゆるさぬ下紐の関　貴亮
寄木恋　人よしれ露心なき木の道もあたなるかたはすてしさためを　全故
寄草恋　かれそゆくつれなき中の色なるを忍ふの草のなに茂るらん　正堅
寄虫恋　秋にあへハ野邊にすたきし虫の音をわかたくひそと聞も物うき　光政
寄鳥恋　ほしあへぬ袖師の浦の波たかくわれもちとりのねのミなくらし　正堅

寄獣恋　よひ〳〵に人しつめてとちきれともかともる犬のこゑそひまなき　玄真

寄玉恋　こゝろにもゑこそまかせねつゝめとも落てそ瀧は袖のしら玉　儀豊

寄鏡恋　見し人の影ともなれんわすられぬこゝろをうつすかゝミなりせは　茂卿

寄枕恋　しらせはやはらハぬ床の塵ひちにまくらも山とつもるうらミを　従長

寄衣恋　あた人の心のいろよはなころもうつろふ袖にかゝるなミたは　仙甫

寄糸恋　かた糸につらぬく玉の緒をよハミおもひミたれて待そくるしき　行次

雑十首

暁鶴　逢坂や八こゑの鳥に関の戸もあけたつ空をいつる旅人　吉里

松　幾千世もひかりをそへよ七本の玉尞か枝にみかくことの葉　吉保

竹　一ふしに行末しけれ呉竹のよゝにたえせぬやまとことの葉　種貞

山家　岩たかミいやかさなれる山住のたゝこの軒に雲そゆきかふ　俊満

田家　烁毎に苅田の面の露さむミ幾夜を馴て守明すらん　重祐

旅　越かゝる山に入日の影見ても身はうき旅の宿もさためす　廣政

浦鶴　和哥のうらに蘆邊の田鶴のむれたちて君よろつ代と聲よはふらし　頼子

述懐　世にひろく神の隔ぬ言の葉の道はふかしないかにしらはや　全故

神祇　七本の玉松か枝の神かきやいくちよかけてみかく言の葉　染子

祝　神垣やひさしく御代をてらすらん此玉尞のたえぬひかりに　吉里

作　者＊（　）内は柳澤家での立場や本姓名を意味する。本来（　）はないが私に付した。

三首　従四位下行左近衛権少将兼美濃守源朝臣吉保
二首　源定子（松平吉保室）
二首　源頼子（松平吉里室）
二首　藤重子（源稲子實母）
四首　賀茂権祢宜正四位下行左京権大夫鴨縣主祐之

臣

三首　源種貞（依田十助）
三首　源正堅（池田才次郎）
三首　橘楨幹（志村三左衛門）
一首　源定護（平手七郎右衛門）
一首　源政府（小田清右衛門）
一首　源重祇（山崎孫助）
二首　橘正武（飯塚常右衛門）
一首　源正永（疋田三十郎）
一首　源儀豊（中沢藤左衛門）
二首　源弼種（小俣三郎右衛門）
四首　仙甫（立野通庵）

三首　従四位下行侍従兼伊勢守源朝臣吉里
二首　橘染子（松平吉里實母）
二首　藤町子（松平安通實母）
二首　法印季吟（北村再昌院）
二首　源従長（吉川源十郎）

三首　源行次（岡田新平）
四首　橘儀朝（矢野仁兵衛）
三首　物部茂卿（荻生惣右衛門）
一首　平政勝（的場甚大夫）
一首　藤原重祐（山田新蔵）
一首　源儀正（牛場源八）
一首　丹治直亮（小岩井権之進）
一首　丹治直行（小岩井軍右衛門）
一首　源成福（下川源蔵）
三首　藤原全故（柏木藤之丞）
四首　玄真（成田宗庵）

一首　月奉景寛（月岡佐次右衛門）
一首　源正甫（林源之助）
四首　紀元孝（服部幸八）
一首　藤原貞行（設楽市郎兵衛）
四首　藤原貴亮（今立六郎大夫）
一首　源正興（辻波右衛門）
一首　源祐孝（近藤善六）
一首　源重敞（針谷甚内）
一首　源勝由（高橋傳蔵）
一首　源勝長（矢作仙右衛門）
一首　源集布（江嶋新助）
一首　藤閑子（全故妻）

一首　源元則（三好十郎左衛門）
一首　源正家（木村定右衛門）
一首　藤原盛継（鈴木惣左衛門）
一首　源倫衡（竹内勝之進）
一首　源重遐（山崎庄蔵）
一首　平勝旨（佐久間興右衛門）
一首　藤原廣政（稲毛五右衛門）
一首　源俊満（天方喜右衛門）
一首　源義武（塙門平）
一首　源重祐（内藤新七）
三首　光政（柳原）

第二章　上屋敷——常盤橋・神田橋屋敷の関係——

はじめに

本章では、柳澤家が拝領していた神田橋の上屋敷について考察する。上屋敷は一言で言うなら武家の江戸市中の本邸であるが、柳澤家の場合、常盤橋の屋敷との関連は今まで明確ではなかった。本章においては吉保が拝領した数々の屋敷・屋敷地の全てを含め、大老格に至った吉保の本邸はどのような存在であったのかを論じたい。

『文昭院殿御実紀』（六代将軍家宣にかかる実紀。新訂増補国史大系本『徳川実紀』第七篇・吉川弘文館）巻十四、正徳二年（一七一二）六月廿五日の条に次のようにある。

大目付中川淡路守成慶。普請奉行島田佐渡守政辰。目付天野彌五右衛門昌孚。渡邊外記永倫。こたび仰出されたる屋敷地の事検察の事奉るべしと命ぜらる。

唐突に右の一文が録されるだけで、前後関係が不明なのであるが、それを吉里時代の柳澤家の公用日記「福寿堂《ふくじゅどう》年録」（柳沢文庫蔵。引用にあたっては私に翻刻、句読点のみ付した）に見てみよう。『文昭院殿御実紀』より一日前の記事である。この年、吉里は参勤交代で国許《くにもと》甲斐にいたため、留守居役の者が老中秋元但馬守喬知《たかとも》に呼び出され、書付をわたされた。書付には、

上下屋敷之外、所〻屋鋪、次ニ抱屋敷／之分、所并坪数書付、可被差出候。預り／地茂有之候はゞ、是又書付可被出候。／但家来抱地茂書付可被出候／六月（巻第三八・一七ウ～一八オ。なおスラッシュは改行位置を示す。以下同じ。）

とあった。ここに「屋敷地の事検察の事」（右『徳川実紀』）の内容が理解されるのである。上屋敷、下屋敷を問わず、所有、或いは預かり屋敷・屋敷地の所在地と坪数を書き出し提出しろというものであったのだ。続いて同年七月十日（巻第三九・一三オ～一八ウ）、七月廿一日（同・二二ウ～二四ウ）、八月三日（巻第四〇・七ウ～九オ）と三回にわたり、目付衆や町奉行からの廻状が到来、提出の際の細々した規則を知らしめている。

では何故のお達しであったのか。目的が明確ではないが、江戸もこの頃には人口が膨張、武家地も町屋も新たに捻出するのが難しくなっており、幕臣等の土地の所有を正確に把握し、有効活用しようとしていたかと思われるが、今後も検討すべき問題であり、結論を急ぐのは差し控えたい。

さてお達しに対する吉里の応答が次である。同年八月廿日の条である（同・一七ウ～一九ウ）。

上中下の屋敷、并に先年返上したる所〻の屋敷、并に安通、時睦が屋鋪まで、のこらず絵図にし、坪数を記して留守居役の者、大久保加賀守忠増が亭へ持参す。其書付爰に記す（以下論の展開上、通し番号を付した）。

覚

①上屋敷〔坪数計。但間数ハ不書付候〕（〔　〕内は本来割注。読みやすいよう私に〔　〕に入れ一行書で表記した。以下同じ）／②同東之方上ヶ屋敷〔坪数　間数〕／③道三河岸上ヶ屋敷　同行／④新向屋敷　同行／⑤神田橋外上ヶ屋敷　同行／⑥小日向上ヶ屋敷　同行／⑦芝上ヶ屋敷　同行／⑧谷ノ蔵上ヶ屋敷　同行／⑨霊巖嶋上ヶ屋敷　同行／⑩四谷千駄ヶ谷屋敷　同行／⑪深川上ヶ屋敷　同行／⑫茅町屋敷之内上地　同行／⑬刑部少輔・式部少輔居屋敷　同行　但坪数は不書付候／⑭同牛込下屋敷〔坪数　間数〕／⑮駒込下屋敷　同行／⑯小菅抱屋敷　同行

正徳二年八月の時点までで、柳澤家が関連した屋敷は十六箇所にのぼっていたのである。この内、①上屋敷、②同東之方上ヶ屋敷、⑤神田橋外上ヶ屋敷、⑬刑部少輔・式部少輔居屋敷の四箇所が本章の考察の対象である。

第一節　屋敷の概説

先を急ぎたいところであるが、吉保の生涯を把握するためにも、右の「福寿堂年録」の記事（①・②・⑤・⑬は除く）を概観しておきたい。

（一）道三河岸上ヶ屋敷

元禄十五年（一七〇二）五月二日の『楽只堂年録』に、「道三川（河カ）岸の屋敷に稲荷明神の社を勧請す」（一〇〇巻・二ウ）とあるのが初出だが、拝領の時期については未詳。当地は宝永四年（一七〇七）六月廿七日に、「吉保が預りたる道三河岸屋鋪の内にて、東西五拾四間、南北拾間の地を、豊前守直重が預り屋鋪となし給ふ。今日、渡す」（二〇三巻・三七オ～三七ウ）とあって、黒田豊前守直重に割譲されている。直重は吉保養女土佐子《とさこ》（実父折井市左衛門正利）の女婿。岳父吉保が女婿直重に分け与えた構図であった。そして宝永六年（一七〇九）三月七日、綱吉薨去後二箇月ほど経ったこの日、「吉保が預りたる道三河岸の屋敷と、普請小屋跡の屋鋪とを返し上ぐべき事を絵図にし」（二二七巻・五ウ）、間部《まなべ》越前守詮房《あきふさ》にお伺いを立て、翌日許可を得て、三月廿六日に返還している（同上巻・二〇オ～二〇ウ）。なお、『江戸城下変遷図絵集一』（朝倉治彦氏解説監修・一九八五年七月・原書房。原本は幕府普請奉行編「御府内沿革図書」）収載の「寶永六己年之形」（七一頁・本章末六三九頁の〈絵図Ⅰ〉）には、「道三橋」と、南が広く堀に面した「今大路道三」[注一]がある。道三橋を北に渡ったすぐ東側に「黒田豊前守」の文字が見える。道三河岸屋鋪とは、このあたりであったと認定してよいようである。

（二） 新向屋敷

この屋敷の名を聞かない。ただ室町中期の古典学者三条西実隆《さんじょうにしさねたか》は、自らの妻や、息子公条《きんえだ》の妻を「北向」「東向」などと呼んでいる例があり、ここもその類とするなら、「新向」とは、吉里の新妻、即ち酒井雅楽守忠挙《うたのかみただたか》の娘頼子《よりこ》ということになる。仮にそうであるなら気に掛かるのが、『楽只堂年録』元禄十五年五月廿六日の条に、「吉里が奥方の用意にて、今日柱立す」の記事（一〇〇巻・四〇オ）。この年の四月六日、柳澤邸は火災に遭い、一時にして壮大な屋敷が灰燼に帰す。再建が急がれていた中での右記事である。そしてこの時、「吉里が奥方の用意」によって建てられた建物、それは吉里に嫁ぐ娘のために、酒井家で用意したものであったと思しく、それを「新向屋敷」と呼んでいるのではあるまいか。この点については再度述べることになる。

（三） 小日向上ヶ屋敷

元禄十四年（一七〇一）三月廿二日の『楽只堂年録』に、「小石川にて、酒井靭負佐忠門が返し上たる屋敷を拝領す、東西百間、南北百四拾間、坪数壱万壱千六百二十三坪なり」（八〇巻・二六ウ～二七オ）とあり、小石川での屋敷拝領を知る。小日向と小石川は現在の住居表示でも隣同士の位置関係で、小日向と呼んだり小石川と呼んだりしていたようである。この屋敷は、元禄十五年四月の柳澤邸焼亡の折、家族の避難場所として機能。元禄十六年十一月廿九日には、水戸藩邸からの出火で焼け出された吉保生母の避難場所ともなった。

（四）　芝上ヶ屋敷

これについては、本書第二部第三章「第二節　芝の屋鋪」に詳述したので、それに譲る。

（五）　谷ノ蔵上ヶ屋敷

元禄十二年（一六九九）一月廿八日の『楽只堂年録』に、「去年、吉保が霊巌嶋の下屋敷、類焼するによりて、谷の御蔵跡の地を、引替て下屋敷に拝領す」（六〇巻・二五ウ）とある。この土地の坪数は「五千三百三十七坪七合四夕」（六一巻・四〇ウ）であった。元禄十四年（一七〇一）十二月十八日には、稲荷大明神を勧請（九三巻・二七オ）。翌十五年四月六日の火災では、一旦茅町の別業へ避難した側室正親町町子とその腹の二男児がここに移っている（九九巻・一九ウ）。さらにその翌年、即ち元禄十六年（一七〇三）十一月廿九日には、水戸藩邸からの出火による火災で、「吉保が谷の屋敷、茅町の屋しきも焼亡す」（一三五巻・一六オ〜一六ウ）とあり、その焼亡を知る。そして元禄十七年（一七〇四。三月十三日に改元、宝永元年になった）正月十八日の『楽只堂年録』に、「吉保が谷の下屋敷を返上し、榊原式部大輔勝乗が篠笘の池の端のあげ屋敷を拝りやうす、件の屋敷は、五千三百三十七坪余也」（一三八巻・七ウ〜八オ）とあって、谷の下屋敷返上と、不忍の池の端の上げ屋敷拝領を知る。池の端の地は、同年二月廿七日に、「篠笘の池の端の屋敷を返上す」（一三九巻・三六ウ）とあり、わずかな間に返上されている。

（六）　霊巖嶋上ヶ屋敷

元禄二年（一六八九）閏正月十六日の『楽只堂年録』に、「霊巖嶋にして、中屋鋪を拝領す、井上筑後守政栄がもと有し屋しきなり」（四巻・六ウ）とあり、同月廿二日に受け取っている（同上巻・七オ）。吉保が賜った最初の中屋敷であった。元禄四年（一六九一）十一月十一日には、吉保生母が移りすみ（九巻・一四オ）、同六年（一六九三）九月七日には、生母の「居館」も完成（一九巻・一六オ）した。しかし、元禄十一年（一六九八）十二月十日、綱吉御成に賑わう中、「今日、石町よりの出火にて、母堂の居給へる霊巖嶋の屋敷も類焼」（五九巻・二八ウ）。その後、元禄十二年（一六九九）一月廿八日の『楽只堂年録』の、「去年、吉保が霊巖嶋の下屋敷、類焼するによりて、谷の御蔵跡の地を、引替て下屋敷に拝領す」（（五）谷ノ蔵上ヶ屋敷に引用）とあるのと関連して来るのである。因みに、同じ霊巖嶋の屋敷を「中屋鋪」と呼んだり「下屋敷」と呼んだりしているのから察するに、柳澤家内では、敢えて「中屋敷」「下屋敷」と厳密には区別していなかったものと思われる。

（七）　四谷千駄ヶ谷屋敷

元禄四年（一六九一）三月朔日、千駄ヶ谷に下屋敷を拝領（七巻・一二オ）。霊巖嶋に次ぐ初期の拝領地にあたる。この土地に関しては、『楽只堂年録』元禄六年（一六九三）九月八日に興味深い記事が収載されている。

横田傳四郎某といへる人の屋敷、月桂院の側に有、月桂院せばきよしを聞て、吉保申願ひて、吉保か千駄谷の屋敷の内をわけて引替へ寄進す、間数、東四十七間五尺・西四十七間・南五十八間・北五十六間三尺也（一五五頁。以下『楽只堂年録』の引用において、三六巻〈元禄八年十二月〉迄は、宮川葉子校訂『樂只堂年錄』第一〈史料纂集・古記録編・第一六二回配本、二〇一一年七月・八木書店〉によることとする。従って漢字は正体で示し、また引用巻及び丁数は頁数で表示する）、月桂院は柳澤家の菩提寺。吉保父安忠《やすただ》の逝去後、正覚山《しょうがくざん》月桂寺と改め、准関東十刹に加えられた。現在も新宿区河田町に存する。その寺域を拡げるため、千駄ヶ谷の土地の一部と、月桂寺に隣接する横田傳四郎某の土地を交換したというのである。右の数値から計算すると、総坪数二千六百五十三坪程になる。この後、千駄ヶ谷の屋敷は、元禄八年（一六九三）四月朔日の『楽只堂年録』から返上が知られる（二四二頁）。

（八）　深川上ヶ屋敷

元禄十五年（一七〇二）八月廿二日、吉保は深川に下屋敷を拝領（一〇三巻・二四オ）。この土地は、半分が駒込の六義園増大のため、半分が芝の屋敷地増大のために利用されたことは、本書第二部第一章第一節及び第三章第二節に述べたので繰り返さない。

（九）　茅町屋敷之内上地

これが現在の待乳山の地点であろうことも含め、本書第二部「第三章　下屋敷―茅町屋鋪と芝の屋鋪―」で考察したので、それに譲りたい。

（一〇）　牛込下屋敷

当節（三）で扱った「小日向上ヶ屋敷」のその後はどうなったのか。宝永五年（一七〇八）六月廿日の『楽只堂年録』に、小日向の屋敷と、酒井修理大夫忠音の牛込の屋敷のうちで「壱万千六百弐拾三坪」とを交換したい旨を申し出て、同日付で許可され一週間後に実行された記事が載る（二一九巻・一八ウ～一九オ・二六オ）。この牛込は恐らく吉保が誕生した市ヶ谷の安忠邸を含む地域ではなかったかと考えている。

ところで本章「はじめに」に引いた十六項目からなる「覚」の、「⑬刑部少輔・式部少輔居屋敷　同行　但坪数は不書付候」「⑭同牛込下屋敷〔坪数　間数〕」とあった『年録』の記事に注意したい。「⑭同牛込下屋敷」とある「同」は、⑬の「刑部少輔・式部少輔」を指す。つまり牛込の屋敷は、町子腹の二男児、経隆《つねたか》と時睦《ときちか》に下屋敷として与えられていたらしいのが知られるのである[注二]。

（一一）　駒込下屋敷

これこそ吉保が隠居した六義園の地。六義園については、本書第二部第一章第一節～第五節に詳述したので、それに譲りたい。

（一二）　小菅抱屋敷

元禄十二年（一六九九）八月廿九日の『楽只堂年録』末尾に、「今月、小菅におゐて、拾万千五百七拾坪の地を買ふ」（六六巻・一七ウ）とあり、吉保が土地を購入しているのが知られる。吉保が所有する土地では最も広い坪数を誇る。但しここは「抱屋敷《かかえやしき》」であった。「抱屋敷」は「武家・寺社・町人が江戸近接農村で百姓地を購入し、所持したもの」（岩淵令治氏『江戸武家地の研究』二〇〇四年・塙書房・一六頁。なお氏の同書は手堅い武家地研究の成果として、本論をまとめるにあたっては大いに参照させていただいた）。武家側は百姓地を購入し自らの支配下におくことで、私有財産としての年貢等を徴収できるのが利点。百姓達は、武家側の言いなりの年率で年貢徴収がなされる不利点はあるものの、近隣の百姓達との諍いなどに対し、所有者の権力に頼れる利点があった。詳細を述べるゆとりはないが、吉保は小菅

（現在は東京拘置所の所在地として著名。東京都葛飾区西部で荒川放水路の東岸に位置、綾瀬川が合流する地点の近く）に農地を確保。百姓達に耕作させていたと思われるのである。能吏としての吉保は、個人経営の農地も所有していたということか。その意味では、他の屋敷とは趣を異にする存在であった。

さて、十二項に分け概観して来た屋敷であるが、②、③、⑤、⑥、⑦、⑧、⑨、⑪の八箇所に共通して見られる「上ヶ屋敷」の表記について触れておく。これは全て返上した土地であることを意味する。そしてこれらは吉保が引退する時に、返上作業を終えたものであった。但し、千駄ヶ谷の屋敷だけは、『楽只堂年録』に元禄八年（一六九三）四月朔日の返上が記録されながら、吉里の時代まで柳澤家の所有となっている点については未詳。後考を俟ちたい。[注三]

〔注〕

一、道三橋を渡った右手に、南側が広く堀に面した東西にながい方形の土地に、「今大路道三」とある。今大路家は正盛―正紹《まさつぐ》の代まで曲直瀬《まなせ》を称し、二人とも道三と号した。特に正盛（一五〇七～一五九四）は日本医学中興の祖とされる。正紹の子親《ちか》清《きよ》は、文禄元年（一五九二）二月、十六歳にして時の後陽成帝から橘氏及び今大路の家号を拝領、今大路を名乗り、以後「道三」は剃髪後の号となる。宝永六年の当該絵図に見える「今大路道三」は正盛から数えて六代目の親顕《ちかあき》か。今大路家は代々典薬頭を勧めたことに知られるように、幕府の御薬園をまかされ、薬学医学に明るかった（『新訂寛政重修諸家譜』巻第五百九十三）。道三河岸は、道三に関連しての呼称であるとは考えるが、詳細は不明である。

二、のちのことになるが、「福寿堂年録」六六巻、正徳四年（一七一四）九月廿五日の条に、「酒井修理大夫忠音が白山御殿跡の屋敷と、時睦の牛込の下屋鋪と相対替にしたき由を願たるに、願ひのごとくすべきよしを、老中傳らる。双方ともに、屋鋪坪数五千六百坪余なり」（一八ウ～一九オ）とあり、正徳四年には、再び酒井忠音《ただおと》との間で屋鋪の交換がなされているのがしられる。それと共に、上記に時睦の「牛込の下屋鋪」とあるのからは、町子腹の年少の男児「式部少輔」屋敷であるのは間違いないが、では「刑部少輔」すなわち年長の経隆のそれはどうなったのかという疑問が残る。

三、本章「はじめに」で引用の「覚」に「四谷千駄ヶ谷屋敷」(⑩)とあり、「上ケ」の文字は見えない。

第二節　神田橋への道のり

（一）　愛宕下の屋敷

天和元年（一六八一）七月十一日、二十四歳の吉保は初めて屋敷を賜った。同年四月には三百石の加増も得て、父安忠の家督であった稟米《りんまい》[注一]三百七十俵を采邑《さいゆう》[注二]に改めた上で、都合八百三十石の禄高になっていた。その上での屋敷拝領である。『楽只堂年録』には次のように記録される。

愛宕の下にて、多羅尾左兵衛光武が屋敷を賜はる、すなはち、安忠が時より住きたりしいちがやの屋敷をは返し上る、新に給りし宅は、住むべき、いゐなきにより、材木を拝領す（一九頁）、

吉保は、万治元年（一六五八）十二月十八日、武蔵国豊島郡一谷庄《いちがやのしょう》[注三]に誕生した。父安忠が拝領していた「いちがやの屋敷」でのことであった。それ以来市ヶ谷に住して来たのが、今回「愛宕の下」[注四]で多羅尾光武[注五]の屋敷を拝領したというのである。と同時に、市ヶ谷の屋敷は返上。しかし、「住むべき、いゐなき」ため、幕府から材木を拝領したというのである。「光武が屋敷を賜はる」とあることと、「住むべき、いゐなき」とは齟齬をきたす。光武はどこへ住まっていたのかということになるからである。ここでは光武の屋敷が、吉保達が住まうにしては狭かったということらしい

と解釈しておく。

（二）　西の丸下の屋敷

貞享元年（一六八四）八月廿一日の『年録』に次のようにある。

　西の丸の下におゐて、品川采女氏尹が屋鋪を拝領す、愛宕の下の屋敷をハ返し上る（二一頁）、

当年吉保は二十七歳。前年（天和三年）正月には、二百石の加増を得て、都合千三十石取りになっていた。愛宕下の屋敷に約三年住まった吉保は、この日、西の丸下に新たな屋敷を拝領。愛宕下のそれは返上したのである。西の丸下の屋敷は、もと品川采女氏尹[注六]の屋敷。市ヶ谷、愛宕下にくらべ、西の丸下[注七]は江戸城に近い。吉保は出世に伴い、その屋敷も城に至近な場所に拝領し始めていたと見るべきなのであろう。

（三）　ひとつ橋の屋敷

元禄元年（一六八八）六月七日、三十一歳になっていた吉保は、「ひとつ橋の内におゐて、松平隼人正忠冬[注八]か屋敷を拝りやう」。同月十日に転居。西の丸下の屋敷を返上する（二八頁）。西の丸下の屋敷は、四年足らずの生活の場であった。

さて元禄元年は、吉保にとって記念すべき年。一橋の屋敷を賜って半年足らずの十一月十二日、壱万石の加増を得て、小《しょう》大名ながら大名の列に加わったからである。これをもって家禄は都合壱万壱千三十石になった。また、側用《そばよう》

人《にん》に取り立てられ、以後、将軍綱吉の側で滅私奉公してゆくことになる。さらに前年（貞享四年）九月三日には、側室飯塚氏染子《そめこ》の腹に継嗣吉里《よしさと》（初名兵部）が誕生。ほぼ時を同じくして（九月十七日）、父安忠が逝去したのは痛恨の極みであったが、[注九]大名としての柳澤家の基礎はここに固まったのであった。

〔注〕

一、扶持米（主君から家臣に給与した俸禄）の異称。一日玄米五合を標準としてこの一年分を米または金で給与されること。

二、領地。知行所。采地。

三、現在の新宿区市ヶ谷。

四、愛宕は、東京都港区芝公園の北方にある標高二十六メートルの小さい丘。「愛宕の下」は、この愛宕山の麓。上屋敷は江戸城に近い西の丸下、丸の内、外桜田、愛宕下あたりに設けられるのが普通であったという。

五、多羅尾《たらお》氏は藤原氏の支流。近江国甲賀郡信楽《しがらき》庄を領し多羅尾を家号とした。光武《みつたけ》は、実父を山口光廣、母を山口長政女に誕生するが、多羅尾光重の養子となり多羅尾を名乗る。万治二年（一六五九）三月二十一日遺跡を継ぐ。延宝八年（一六八〇）逝去。享年五十歳。法名了山。信楽の浄土寺に埋葬。妻は、油小路《あぶらこうじ》大納言隆基女（『新訂寛政重修諸家譜』〈以下『寛政譜』と略〉巻第九百四十六）。

六、品川氏は、今川氏真次男高久《たかひさ》（母、北条氏康《うじやす》女）からの名乗り。二代将軍秀忠から、今川の称号は宗家に限り、以後は品川を称すべき旨の仰せがあってのことであった。ところで「氏尹」は「伊氏《これうじ》」の誤りではなかろうか。『寛政譜』品川の項（巻第九十四）に「氏尹」の記述を見ないからである。仮に伊氏であるなら、実父は松平修理亮重治、母は久世大和守廣之女で、品川高久の息男の養子となり品川を継いだ人物。伊氏は元禄元年（一六八八）十一月に奥高家となり、十二月には侍従に叙任して豊前守と称し、元禄十年（一六九七）二月九日の女御（有栖川《ありすがわ》幸子女王）入内の折には、本多中務大輔忠国に従い上洛するなど、良家の出身らしい活躍をしてゆく。正徳二年（一七一二）逝去。享年四十四歳。

七、西の丸は、江戸城本丸の南西の方向にある一廓で、将軍の世子の居所や、将軍の隠居所などとして機能した。

八、深溝《ふかうず》松平家。松平兵庫頭忠隆の次男。母は山岡主計頭景以女。慶安三年（一六五〇）、家綱の附属として西城の御書院番となったのを皮切りに、貞享元年（一六八四）には『東武実録』四十巻で、秀忠の事跡を書き綴り、さらには自らの家祖家忠の事跡を校訂増補した『家忠日記増補追加』を纏めるなど、実録の記録者としても活躍。元禄十五年（一七〇二）逝去。享年七十九歳。

九、将軍に直属した一万石以上の禄高を拝領する武家の意で用いる。

第三節　神田橋を本拠地に

（一）　神田橋の地

元禄二年（一六八九）正月十一日、ひとつ橋の屋敷を拝領して半年後のこと。新年を迎えた吉保は三十二歳である。「神田橋の内におゐて、水野隼人正忠直[注一]が屋敷を拝領」（『楽只堂年録』二九頁）。坪数は総計「三千百二十二坪半」（同上）。約一万三百平方メートルであった。市ヶ谷、愛宕下、西の丸下、ひとつ橋内と、四箇所の屋敷を移り住んで来た吉保であったが、どの屋敷についても坪数の記録はない。当該神田橋の屋敷に至って初めて「三千百二十二坪半」と明記しているのは注意しておいてよかろう。

なお神田橋は、綱吉が館林宰相と呼ばれていた時代の神田御殿があった一帯。現在は千代田区大手町一丁目の東部の内で（章末六四〇頁〈絵図Ⅱ〉下段「千代田区大手町、丸の内周辺」）、大手町合同庁舎、日本経済新聞社、経団連、国際電電（ＫＤＤＩ）などが建ち並ぶ。[注二]そもそも大手町は江戸城正門の大手門の目前。城に至近な地に屋敷を拝領したのは、綱吉の寵愛がただならぬものであるのを予測させる。結果的に言うなら、この神田橋の屋敷こそが、吉保の本邸（上屋敷）として機能して行くことになる。同月廿一日には、神田橋の屋敷に転居。ひとつ橋の屋敷は返上した（同『年録』二九〜三〇頁）。ひとつ橋の屋敷での生活は半年余。引っ越しに忙殺されはしなかったかと心配になるが、そうした記述は『楽只堂年録』に一行もない。

（二）　居宅の増地

神田橋の屋敷を得て約三ヶ月後にあたる元禄二年（一六八九）三月廿六日の『楽只堂年録』に、

居宅せばき事、上聞に達し、うら隣、松平備前守正信[注三]が屋敷を拝領す。坪數合て三千八百三坪なり（三二頁）、

とあり、さらに翌廿七日には、

きのふ拝領せる屋しきをうけ取（同上）、

とある。ここの「居宅」は申すまでもなく当年正月に拝領の神田橋の屋敷。時の坪数は「三千百二十二坪半」であったのを、この度、新たに「うら隣」の松平正信の屋敷地、「三千八百三坪」が加わったというのである。結果、総計六千九百二十五坪半。約二万三千平方メートル。かなりな広さである。それも「居宅せばき事、上聞に達し」た故の増地。綱吉の寵愛が透けて見える。かくして吉保は江戸城本丸の至近距離に、約七千坪の足場を得たのであった。

（三）　三千両の借金

さて、神田橋の屋敷地が約二倍になった翌年、すなわち元禄三年（一六九〇）三月廿八日の『楽只堂年録』には、

拝借の願かなひて、金三千両をうけとる〔以下付載の証文略〕（四三頁）、

とある。幕府への「金三千兩」の借金がかなったのである。恐らく居宅拡張工事のためであったのであろう。一橋の屋敷も半年で明け渡して移住した神田橋の屋敷。以後そこを上屋敷として充分活用するべく綱吉の内意を得た吉保が、居宅拡張工事にかかる。しかし、建設費用が足りない。「金三千兩」を申し入れた、という経緯を想定しておきたい。

(四)　御成御殿の経営

神田橋の屋敷に落ち着いてほぼ二年が過ぎようとしていた。元禄四年（一六九一）二月十三日の『楽只堂年録』には次のようにある。

御成經營のため、金壹万兩を拝借す（六一頁）、

前年三月には三千両の借金を自邸建築に充てた吉保。この度は、「御成經營のため」に、一万両の借金を申し入れたらしい。前年からの借金総額は、一万三千両にのぼる。ここの「御成經營」とは、吉保邸への綱吉の御成希望を満たすための御成御殿の建設費用、及び当日にかかる付帯経費であったらしいのは改めて述べる。

そもそも綱吉は、「來る三月廿二日、吉保が亭に成らせ給ふべきの仰有」（六〇頁。『楽只堂年録』当年一月廿九日の条）とあるように、御成の約二ヶ月前にその希望を伝達していた。綱吉の自邸への御成――。それは幕臣にとっていかに名誉であったか。御三家、あるいはお気に入りの老中、高家へと、それまでも時々なされていた御成。そこに吉保も随伴したことがあり、名誉の程は身に浸みている。まさかと思うそれが自らに対してなされるというのであるから、

一家一族が総力を集結し準備にかかったのは当然であった。

吉保は早速御成御殿建設に取りかかる。同年二月朔日（当年の一月は廿九日まで。朔日は御成希望を得た翌日にあたる）、「今日、御成御殿の釿初《てをの》なり」（同上）とあるのがそれを語る。そして同年三月廿二日、綱吉の初御成を迎えた。吉保が借財して設営した御成御殿（章末六四七頁「御成御殿図（あ）」及び『樂只堂年録』第一　口絵三頁）。出し物（漢籍講釈や演能等）の豊かさ、家族や家臣の寸分の狂いもない応接の様《さま》、用意された見事な献上品の数々――。それらすべてが綱吉を感動させずにはおかなかった。注四

以後、綱吉は生涯に五十八回に及ぶ御成を繰り返すのであるが、神田橋に吉保邸を構えさせた効果は充分にあったというべきであった。本丸から神田橋は目と鼻。寵愛する幕臣の居宅が至近距離であるのは、綱吉の心の安らぎの保障ではなかったか。それを吉保も暗黙裏に了解していた。吉保の二十四時間体制ともいえる滅私奉公注五を物理的に可能にしたのも、本丸との至近距離を無視しては語れない。かくして精神的にも地理的にも、綱吉と吉保は堅く結ばれるに至るのである。

（五）　男児達の居宅

元禄六年（一六九三）になった。吉保三十六歳。三月十八日の条に、「安暉が宅の經營、今日棟上也」（一三五頁）とあり、翌月の二日には、「安暉が居宅、經營成就して移徙す」（一三六頁）とある。安暉《やすてる》は吉保側室飯塚氏染子に生まれた継嗣、後の吉里《よしさと》である。誕生は貞享四年（一六八七）九月であるから当年七歳。七歳といえば学問初めの年齢。しかも継嗣としてきちんと武家教育をするためには、独立した生活の場を与えなければならないという判断であったか。ともかく安暉用の居宅が完成、そこへ移ったというのである。この居宅が神田橋の屋敷のどのあたりに位置して

いたかは特定できない。

ただ、吉保正室定子の逝去に関して、吉里が自作、自筆で供えた哀悼文[注六]に、「いはけなき比より、此御いつくしみふかく、ひるよるめでなづそひ給ひ」とあり、子どものなかった定子が、柳澤家の継嗣吉里を、腹を痛めた我が子のごとく愛しんだ姿を窺うことができるのに鑑み、あるいは定子の居室[注七]に近い場所に経営されたのであったかもしれない。

同年八月十六日には、「安基が居宅經營成就して、覺彦、慶範、札を押す」（一五〇頁）とあり、三日後の十九日には、安基が新宅に移徙している（同上）。安基は元禄五年（一六九二）五月十日に染子の腹に誕生した安暉の同腹弟。当年二歳に過ぎないが、吉保は別宅を与えたのである。因みに覚彦、慶範は、吉保が建立した建築物に、魔除けの守り札を押したり、加持をなすなどして信任を得ていた幕府の祈願寺霊雲寺《れいうんじ》の比丘《びく》[注八]である。

こうして僅か二歳にして「居宅」を得た安基であったが、結果的に翌元禄七年（一六九四）三月二十一日、三歳にして夭折。乳幼児がまともに育つ確率の極めて低かった当時の実体も忍ばれる。

（六）　町子腹の男児の居宅

安基を三歳で亡くした吉保であったが、同年十一月十六日、側室町子の腹に四郎安通《やすみち》（後の経隆《つねたか》）が誕生。再び男児を手にすることができた。町子が吉保の側室となった正確な年月日は未詳ながら、少なくとも安通誕生の十ヶ月以前であるのは確かで、筆者は元禄六年（一六九三）あたりを想定している。

さて元禄八年（一六九五）七月廿二日の『年録』に、「安通が部屋の經營成就して、今日移徙なり」（二五六頁）とある。見てきたように安通誕生は前年の十一月。それから一年も経たないうちに、二歳の男児用にと「部屋」の経営がなされたのである。ただ、ここで注意しておきたいのは、染子腹の安暉、安基の場合は、「居宅」とあったのが、安通の場合は「部屋」とある点。「居宅」より規模が小さかったからか、あるいは町子の居住区中に設けられた一部門ででもあったためか。断定する根拠を持たない。

〔注〕

一、『寛政譜』によれば、「水野忠直」は四人存在するが、ここは隼人正を名乗る忠職息男の忠直。承応元年（一六五二）生まれ。万治二年（一六五九）八歳で初めて家綱に拝謁。江戸近辺の水利工事に携わることが多かった。正徳三年（一七一三）松本において逝去。六十二歳。

二、本章末（六四〇頁）に〔絵図II〕としてあげた「御曲輪内大名小路絵図」と「千代田区大手町、丸の内周辺」の二葉は、ロム・インターナショナル編『東京を江戸の古地図で歩く本』（河出書房新社・二〇〇六年九月第五版）一一九頁から転載させていただいたものであるが（一部不鮮明な文字を印刷し直してある）、上下の地図を見比べてみると、現在の大手町一丁目は、北側の神田橋御門、東側の常盤橋御門にはさまれた扇形の地域にあたるのが知られる。

三、『寛政譜』に松平備前守正信なる人物を見ない。これは松平（保科）正容《まさかた》ではあるまいか。とするなら、初名正信《まさのぶ》で肥後守。保科正之《まさゆき》の六男である。そもそも正容の父、保科《ほしな》正之は台徳院殿（二代将軍秀忠）末男。「故ありて御子の数になされ」なかった故に、保科肥後守正光に養われ保科を名乗ったのであった（『寛政譜』巻第四十九）。正容は寛文九年（一六六九）会津に誕生。延宝六年（一六七八）初めて四代将軍家綱に拝謁。天和元年（一六八一）二月十九日に襲封。同年十二月二十七日に従四位下侍従に叙任し、肥後守を兼務。以後、綱吉の寵愛を得て、綱吉の柳澤邸御成の折には幾度か先立ちを勤め、名門の出身らしい役職を経る。享保九年（一七二四）には、重ねて越後国魚沼郡に七万石余の地を預けられ、同十年四月九日には、惇信院殿（九代将軍家重。八代将軍吉宗の長男。生来の病弱により政務に耐えられず、側用人大岡忠光が権勢を振るった）の元服にあたり理髪の役を勤めるなど、八代将軍吉宗の信任も篤かった。室は阿部豊後守正武女。継室は家臣横山九右衛門常定女。

四、なお初御成を『徳川実紀』と『松陰日記』を丹念に追った、宮川葉子・池田友美の「「徳川実紀」と「松陰日記」」(『国際経営・文化研究』第十三巻第二号〈二〇〇九年三月〉)巻末にも、初御成御殿図を収載した(二九頁)。

五、ほぼ毎日の宿直、綱吉の家族、例えば綱吉生母桂昌院、御台所《みだいどころ》、鶴姫生母五の丸、綱吉女鶴姫、綱吉養女八重姫等への頻繁な御機嫌伺い、一旦城から帰っても気になる事態があれば再登城する等、将軍の身辺への配慮は誰にも真似のできるものではない。ごますりだけで出世したなどといった下世話な発言の矢面に立たされる吉保であるが、その滅私奉公ぶりは超人的であったのは史料が語っている。

六、本書第二部第五章「第二節　吉里嫡母の死―「定子追悼文」を中心に―」に全文翻刻した。

七、本書第二部第五章「第一節　吉里生母の死―「染子歌集」を中心に―」で、染子が「松戸亭」と称する自室を保持していたことを論じたが、そこで「柳澤家の女輩達は、各自所生の子供、乳母、侍女達と別棟形式の、かなり独立性の高い住居に暮らしていた」らしい点にふれた。当然定子にも正室としての居宅、居室部分があったであろうとの判断による。これについては改めて後述することになろう。

八、出家得度して具足戒《ぐそくかい》(僧侶が守らなくてはならない戒律。比丘には二五〇戒、比丘尼には三四八戒あるとされる)を受けた男子。

第四節　神田御殿地のゆくえ

（一）　神田御殿の跡地―その一―

元禄九年（一六九六）になった。吉保三十九歳である。その七月四日の『年録』に、

吉保が居宅の南の方の大路に、神田御殿の跡の地を添て、東西百二十二間、南北拾九間を拝領す（四〇巻・一九ウ～二〇オ）。

との記事が載る。本章末六四四頁に〈絵図Ⅵ〉として転載した『江戸城下変遷絵図集一』（前掲）「元禄年中之形」（一七頁）を見ていただきたい。そこに「柳澤出羽守」とあるのが吉保の神田橋の屋敷地。「居宅の南の方の大路」とは、「神田御殿」と柳澤邸の間に存する道を指すものと思われる。その「大路」に、「神田御殿の跡の地」を添えて拝領したというのである。神田御殿は申すまでもなく綱吉が館林宰相時代の御殿。その拝領は、いよいよもって吉保への寵愛がなみなみならぬことを窺わせる。

「東西百二十二間、南北拾九間」は、二千三百十八坪にあたるが、どこの面積をさすのであろうか。本章第三節「(二) 居宅の増地」（五八三頁）において、増地された神田橋の屋敷地は、総計六千九百二十五坪半であった。〈絵図

Ⅵ」から割り出すに、神田御殿と大路を合わせると、七千坪以上になってしまいそうである。しかし二千三百余坪の拝領であるのも事実である。

断定は避けたいが、この度の拝領は「大路」と、それに接する神田御殿の北側の一部を東西に細長く切り取っての割譲であったのではあるまいか。ともあれこれにより、吉保の神田橋の屋敷地は総計九千二百四十三坪半になった。

ここで当該元禄九年時の吉保の状況を確認しておこう。論はいささか遡るが、元禄七年（一六九四）一月七日、吉保は一万石の加増を得て川越城主となり、家禄は都合七万二千三十石に及んだ。三月四日には家臣団が城受取に出発。しかし定府《じょうふ》の吉保は江戸に残る。

翌元禄八年（一六九五）一月九日は綱吉の五十賀。吉保は一家一族をあげ、誠心誠意の祝意を籠めた。そして同年四月二十一日、吉保は駒込に別墅《べっしょ》の地、四万九千坪弱を賜るのである。前田綱紀の上地《じょうち》であった。後の六義園の地である。

同年十月下旬からは、川越城主として、三冨《さんとめ》開発に着手。十一月下旬には、三冨地区に寺社の建立を予定。これが多福寺《たふくじ》と多聞院《たもんいん》。いずれも翌元禄九年（一六九六）六月九日に落成する。その翌月に、神田御殿の一部も含め、当該二千三百余坪の拝領に至ったのである。

（二）　借金の帳消し

神田御殿の一部も含め、二千三百余坪を拝領したのと同じ元禄九年の、十一月二日の『年録』に次の記事がある。

庚午の年に、金子三千両を拝借し、辛未の年に、吉保が亭に御成の経営のために、金子壱万両を拝借せしを、直に拝領なさしめ給ふよし、仰事有、辛未の年より当年迄、千九百両を返納せしをも、ひとつに拝領す、〔四日に千九百両をうけ取る、〕（四三巻・二四ウ～二五ウ）

「庚午の年」は元禄三年（一六九〇）。本章第三節「（三）三千両の借金」の項で述べたように、前年三月、神田橋に総計約七千坪の足場を得た吉保が、自邸の建築に必要な額として幕府に申し入れ、許された借金であった。

一方「辛未の年」は元禄四年（一六九一）。同じく「（四）御成御殿の経営」で述べたように、同年二月、翌月の綱吉初御成を迎えるための御成御殿建造等にかかる費用として申し入れた借金であった。総計一万三千両の借金を、この度「直に拝領なさしめ給ふよし」の綱吉の仰事があったというのである。「直に」の意味が曖昧なのであるが、ごく普通に「すぐに」と訓んで「ただちに」の意味あいでよいと考える。綱吉が借金相当額を吉保に「ただちに」与えるとはまさに借金の即刻帳消し。吉保に債務はなくなるのである。しかも、「辛未の年より当年迄、千九百両を返納せしをも、ひとつに拝領す」とあるのからは、元禄四年から吉保が弁済してきた分も合わせて返還されたとわかる。

ただここで気に掛かるのは、「辛未の年より当年迄、千九百両を返納」したとある部分。辛未の年は御成御殿経営に掛かる一万両の借金をした年。その一年前になした三千両の返済義務は、当然その時点に派生しているはず。それをも合わせて「辛未の年より」返済を開始したとあるのは、帳消し額が御成御殿経営に掛かる一万両にのみ派生したもののようにも思われる。しかしそれなら、何故敢えて「庚午の年」の三千両から記述を開始する必要があったのか。これ以上は憶測になるので控えるが、ともかく吉保は元禄四年から九年までの五年間に、「千九百両」を弁済していたのである。借金の本体が一万三千両だとすれば一割五分弱、一万両とすれば二割弱の弁済額にあたる。その弁済分が新たに与えられ、借金も棒引きになったのであるから、特例中の特例。もっとも、綱吉にしてみれば、気楽な時を過ごせる御成御殿経営のために出費させた額は、身銭を切って賄うべきとの判断であったのかもしれない。それほどに綱吉は、吉保邸の御成御殿の心地よさを評価していたのである。

(三)　神田御殿の跡地―その二―

元禄九年後半以降の吉保は、神田御殿の一部拝領、借金の帳消しなど幸運続き。元禄十一年(一六九八)、四十一歳の吉保は、東叡山《とうえいざん》寛永寺の根本中堂普請の総奉行を勤め、その功績により左近衛権少将に任じられ大老格となった。翌十二年には、大和地方の旧帝陵の補修等に采配を振るい、皇室との関係も円滑なものに持ち込んだ。しかしその疲れも手伝ったのか、元禄十三年(一七〇〇)になると、五月二十三日の姉の逝去に殊の外衝撃を受け、それがきっかけで七月末まで病臥がちで、従来の滅私奉公型の勤務からは遠ざからざるを得なかった。注一

一方、その間の綱吉の心労は並大抵ではなかった。詳細は『楽只堂年録』、『松陰日記』に譲るが、医師や薬師《くすし》の手配、祈祷の指図等、あらゆる手段を構じ快復祈願がなされた。それが通じたのか吉保は復活。八月一日からようやく通常勤務へ復帰。その翌日にあたる八月二日の条に、

神田御殿の跡の地を拝領す、居宅の南つゞきなり、坪数、七千四百三拾七坪なり(七四巻・一四ウ～一五オ)。

とあるのである。神田御殿の一部と大路を合わせ、二千三百十八坪を拝領(〔(二)神田御殿の跡地―その一―〕)して約四年。この日、追加で拝領したのが、「七千四百三拾七坪」の「神田御殿の跡の地」であった。

かくして吉保は、以前からの九千二百四十三坪半に、七千四百三拾七坪を合わせ、一万六千六百八十坪半を拝領し

たことになる。神田御殿の五割増しの屋敷地であった。ここに窺えるのは、五月下旬から七月末までの二ヶ月半、吉保の病臥に心を砕ききった綱吉が、心底から弾んだ祝儀の表明なのである。

さて、同年十月廿一日の『年録』には、

八月二日に拝領したる神田御殿の地に、作事成就したりとて、小普請奉行より告来るによりて、今日請取（七六巻・二三オ）。

とある。「小普請奉行」は若年寄に属し、江戸城本丸以下幕府関係の建物の営繕を掌る役。その彼らから「作事成就」（この範疇がどこまでであるのかは断定できない）の報告を得て、受け取ったというのであった。

（四）　神田橋の屋敷の活用

神田橋邸は、「七千四百三拾七坪」の増地により、いっそう上屋敷にふさわしい様相を呈したと思しい。ではその後の神田橋邸は、どのように活用されていったのであろう。元禄十三年（一七〇〇）十一月十三日の『楽只堂年録』に、

水野隠岐守勝長、今日、吉保が宅内に移る〔此外、御弟子の輩、吉保が宅内に移り居れるもの十余輩なり、十余年来の事なり〕（七七巻・九ウ）。

とある。

水野勝長については、既に詳しく述べた[注二]ので繰り返さないが、当時、大老格（ここでは吉保）の邸内に、徳川将軍家を心底支援する、あるいは徳川家にゆかり深い人物で、将軍が認めた者を移り住まわせる方式が採用されていたことを語るらしい。そうであるなら幕府運営上の政治的問題であり、文化探究を目指す本書の目的からは逸れる恐れがある。

しかし、たとえ幕府の制度として成文化されていなくとも、将軍に近しい幕臣、今の場合は吉保のような立場の人間が、将軍ゆかりの人物の面倒を見るという表向きの口実のもと、一族としての結束を図る意図があって、吉保が勝長の面倒を見るという構図になっていたのだとしたなら、それは大老格に到った者の義務であったのかもしれない。

こうして、大老格吉保は、市ヶ谷の土地での暮らしからは想像もつかない、複雑な人事に組み込まれることにもなったのであった。

(五)　御成御殿の修理

一方、勝長を自らの邸内に住まわせて半年後、元禄十四年（一七〇一）四月十三日の『年録』には、

私亭の御殿、修理成就するによりて、護持院前大僧正隆光来りて、札を押さる、使者にて謝儀五百疋、昆布壱箱を贈る（八一巻・一一ウ～一二オ）。

とある。「私亭の御殿」とは、神田橋の吉保邸に附属する綱吉の御成御殿に他ならない。

思い出してみれば、元禄四年（一六九一）二月十三日に、一万両を借金して御成御殿を経営してから（第三節「(四)御成御殿の経営」）、既に十年の歳月が流れている。御成御殿も「修理」を必要とする状況に至っていたのであろう。もっとも「御成御殿図（い）」（六四八頁）は、初御成と同年の十月のもの。「（あ）」と比べ南西部分が改築されているのが知られる。このように御成御殿は折にふれ使い勝手がよいように手直しされて来ていたらしいと推測されるが、今度の修理は大がかりなそれであったと思しい。その修補成就に、「護持院前大僧正隆光」が来訪し、守り札を押したというのである。

ここの「隆光」は、「大僧正」が語るように、当時、幕府で最も珍重されていた僧。もっと述べるなら、綱吉生母桂昌院が帰依してやまなかった僧侶で、桂昌院の依頼を得ては、綱吉の治世の安泰祈祷を仰せつかっていたのであった。詳細を述べるゆとりを持たないが、後に大火により護国寺に統合された護持院は、焼失さえしなければ、本丸の至近に位置する、護国寺以上に権威ある寺院であった（宮川葉子前掲『松陰日記』参照。なお二〇一〇年二月、校訂者を坂本正仁氏に『神田橋護持院日記』（史料纂集・古記録編〈第一五五回配本〉八木書店）が刊行され、口絵等もあわせ貴重な史料を提供してくれている）。

(六)　神田橋の屋敷の充実

神田橋の土地を拝領し設営した御成御殿も、修復の時期を迎えていたのは見てきた通りである。それは吉保の自邸においても同様であった。元禄十四年（一七〇一）六月十一日の『年録』に、

頃日、吉保が居宅の勝手を修理して、今日、移徙す（八四巻・一〇ウ）。

とある。御成御殿が十年経って修理を要するなら、吉保の居宅の勝手（台所）も修理を要する状況であったのであろう。その修理が完了し、この日に関係者（台所を任されている賄奉行《まかないぶぎょう》等）が移住したというのであるらしい。

ここに察せられるのは、広大な面積を有し、いかなる無理も強制しやすい状況で建築された武家屋敷も、十年も経過すれば、彼方此方修理を要する状況になっていたらしい事実である。江戸の火事と喧嘩は巷間に聞こえた名高さであったのが語るように、江戸市中の火事など、大小を問わなければ日常茶飯事であった。火消《ひけし》が纏《まとい》を振りかざす様を描いた役者絵などは、あまりに頻発する火災の象徴でもある。[注三] 結果、焼失した建築物の再建も速い。現代の建築術をもってしても叶わない速さでの再建は、『楽只堂年録』に多く知られるところで、一ヶ月半もあれば多くの建物が建つ。それは権力による突貫工事が可能であったなどといった特例ではなく、武家も町人も住むところを失っては生きてゆけないという、切羽詰まったところに考え出された江戸市民のアイデアであったとしか言いようがない（この点については後述する）。

（七）　再びの増地

神田橋の屋敷の十年目の補修がなされたのと同年（元禄十四年）十月九日のこと、『年録』に次の記事がある。

吉保が宅内せばき事、上聞に達し、小笠原右近将監清遙[注四]が神田橋の外の屋敷を拝領す（八八巻・二二一オ〜二二一ウ）。

そして一週間後の同月十五日には、

先頃拝領したる神田橋外の、小笠原右近将監清遙が上げ屋敷を、今日請取、〈坪数二千三百六十坪なり〉（八九巻・八オ～八ウ）。

とあって受取も確認できる。第四節「（三）神田御殿の跡地―その二―」で見てきたように、綱吉の神田御殿の旧地も拝領し、総計一万六千六百八十坪半になっていたはずの所に、さらにに小笠原清遙に返上させた屋敷を受け取ったというのであるらしい。坪数は二千三百六十坪。これによって吉保の神田橋の屋敷の総坪数は、一万九千四十坪半、二万坪近い面積に及ぶ。小笠原清遙の屋敷と、吉保のそれとの位置関係については、本章「第六節　神田橋屋敷と常盤橋屋敷」で改めて考察するが、「吉保が宅内せばき事、上聞に達し」ての拝領であるところに、吉保邸と地続きであったと考えてよかろう。そしてそこには、「総計一万六千六百八十坪半」でも狭いという吉保の当時の発展ぶりが推測されるのである。

上屋敷には普通、藩主、藩士のほか、奉公人や女中などが住み、その数は大藩で三～五千人、小藩で三～五百人。敷地内には藩主や正室、側室、子供達の住む御殿、藩士が住む長屋の他、諸役所、蔵、馬場なども備わっていたという（注三引用同書、四八頁参照）。もっとも吉保の場合は川越藩主ながら定府であったので、所謂参勤交代する藩主の江戸藩邸内とは若干様子を異にする部分もあるのであるが、上屋敷内での家族や家臣達の同居は同様である。川越藩の石高は七万石余ながら既に吉保は大老格。敷地内に同居する家臣・奉公人・女中達の総計は、少なくとも三千人には達していたと推定され、以後も吉保の出世につれて膨れあがることが予測されるそれら家臣団の生活空間確保のために、どんどん土地が必要となっていたのであろう。大老格に到れば当然の成り行きではあった。

〔注〕

一、珠光院殿玉窓妙眉大姉。吉保の義兄（男子が出来なかった安忠が養子にした男児。養子縁組以降に吉保が誕生した）と結婚するも、恵まれない生涯を送ることになった気の毒な女性。詳細は宮川葉子『柳沢家の古典学（上）―『松陰日記』―』第九「わかのうら人」（元禄十一年秋より同十三年秋にいたる）の「七段　姉の逝去と吉保の病臥」（三六四頁）を参照されたい。

二、宮川葉子「徳川綱吉書幅―水野勝長拝領品の背景―」（淑徳大学国際コミュニケーション学部学会機関誌『国際経営・文化研究』第七巻第一号・二〇〇三年一月）において、勝長は延宝七年（一六七九）に水野勝直の長男として大出氏を母に誕生し、結城藩主に至ったこと、水野家は家康生母於大（伝通院殿）の実家の家筋であったことなどを述べた。

三、寛永二十年（一六四三）、幕府は大名火消と呼ばれる消防組織を作った。六万石以下の大名十六家を四隊に分け、一組十日ずつ交代で江戸城の消火活動に当たらせるというもの。しかし、明暦の大火（明暦三年〈一六五七〉一月十八日）が江戸のほぼ全域を焼き尽くし、江戸城天守閣とともに城内の多くの施設を焼失させてしまった時、幕府は江戸城のみを守れば事足りるのではないことに気付く。そして万治元年（一六五八。因みに当年は吉保誕生の年でもある）に定火消《じょうひけし》を設置。旗本数名に火消屋敷と扶持を与え、消火活動の任務に当たらせた。一組百人以上の組織で、火消屋敷は、赤坂溜池、半蔵門、小川町、駿河台、御茶ノ水、市ヶ谷左内坂などの江戸城周囲に配置された。但し「いろは四十八組」の町人のための町火消の登場は、享保三年（一七一八）、八代将軍吉宗の時代の産物である（歴史探訪倶楽部編『歴史地図本　知る・味わう・愉しむ　大江戸探訪』二〇〇八年・大和書房を主に参照）。

四、初清貞《きよさだ》。後清遙《きよはる》、忠遙、忠晴など。最終的に忠基を名乗る。織部、織部正、遠江守。右近将監従四位下侍従。父小笠原忠雄、母小笠原備中守眞方養女。天和二年（一六八二）誕生。元禄四年（一六九一）初めて綱吉に拝謁。時に十歳。同九年（一六九六）十二月、従五位下織部正に叙任し、同十年（一六九七）十二月、遠江守に改める。享保二年（一七一七）八月、父の所領北九州小倉へ赴き、異国船漂流の備えに就くよう八代将軍吉宗の命をうけ、成功裏に復命。同十年（一七二五）八月、遺領を継ぎ、同年十二月従四位下に昇る。同十八年（一七三三）十二月、侍従に進み右近将監に改める。寛保二年（一七四二）十二月、豊後国玖珠《くす》、速見《はやみ》、国東《くにさき》三郡のうちに、三万二千石余の地を預けられる。宝暦二年（一七四九）二月五日卒去。享年七十一歳。良巖際仁洪済寺と号す。浅草の海禅寺に埋葬、後葬地となる。室は松平安芸守綱長女。

五、畑尚子氏『徳川政権下の大奥と奥女中』（岩波書店・二〇〇九年十二月）によれば、大名家にも江戸城大奥に準じた奥向があり、そこが正室・側室・子供達の生活空間であったという。

第五節　神田橋屋敷の再建

（一）　吉保居宅罹災

綱吉の御成御殿も含め、神田橋の上屋敷は二万坪近い面積を有する壮大な規模になっていたのであったが、それが一時にして灰燼に帰す。元禄十五年（一七〇二）四月六日の火事によってであった。家族は各所の下屋敷に分散避難、不便な生活を強いられるのであるが、ここでは神田橋の屋敷の再建について見ておきたい。

大老格吉保の上屋敷が焼失したというのは、現在でいうなら首相官邸が焼け落ちたのと同義。再建は火急を要する必須の事態であった。罹災後六日目の四月十一日の『年録』には、

居宅の造作、今日、斧はじめをす（九九巻・一二ウ）。

とあり、同月廿三日には「居館の造作上棟す」（同上巻・三五ウ）と続く。夜を昼に継ぐ突貫工事がなされ（このあたりは『松陰日記』に詳しい）、五月九日には、「吉保が居宅の造作の事を、家臣、平岡宇右衛門資因つかさどる。早速成就して、今日、移徙す」（一〇〇巻・一二ウ）るまでにこぎ着けたのであった。

吉保が手がけていたのは「居宅の造作」だけではない。御成御殿に関しても同時進行で再建工事の計画が進められ

ていたらしく、再建なった居宅に吉保が移徙した同じ日の『年録』に、

御殿造作の事、上聞に達して、御手自、目録を下されて頂戴す、其詞に曰、材木（同上巻・一〇ウ～一一ウ）。

とある。綱吉から御成御殿再建用の「材木」が下賜されたのである。「材木」の二字は、『年録』の中にひときわ大字で書かれてあり、綱吉も自らの御殿の再建を強く望んでいたのを窺わせる。

（二）　家族の居所

吉保の居宅が再建されてのち、五月十一日には、正室定子のそれが成就。「霊雲寺覚彦比丘を請じて法を修せ」しめている（同上巻・一四ウ）。その二日後の五月十三日には、継嗣吉里のそれが成就。覚彦比丘が来訪（同上巻・二〇ウ～二一オ）。三番目の成就は、吉里実母染子の居所。五月十四日のことで、覚彦比丘は同様であった（同上巻・二三オ）。そして同月十五日には、定子が「新宅に移徙」（同上巻・二四ウ）。廿二日には吉里と染子が新宅入りを果たした（同上巻・二九ウ）。その間にあたる五月十九日、町子の二男児の居所と吉保養女のそれらも成就、覚彦比丘が法を修し（同上巻・二八オ～二八ウ）、同月廿七日に移り住んだのであった（同上巻・四〇ウ）。

ここで気になるのが次の記事である。吉保の家族の居宅が次々に完成。移り住む記事が続く中、五月廿六日の条に、

吉里が奥方の用意にて、今日柱立す（一〇〇巻・四〇オ）。

とある。この点に関しては既に第一節「(二) 新向屋敷」で触れたが、「吉里が奥方」とは酒井雅楽頭忠挙女頼子。吉里と頼子は以前から許婚《いいなずけ》であった。吉里が彼女と実際に婚姻するのは、元禄十七年（一七〇四、三月十三日に宝永に改元）一月二十八日のこと。正式の納采もその前年（元禄十六年）十一月一日のことで、元禄十五年のこの時点では「奥方」とは呼べない。もっとも、『楽只堂年録』は、吉保邸が今回の火災に遭い、過去の記録類の多くを焼失してしまった中、各所に残る資料を渉猟し、纏め直された経緯をもつため、纏め直しの時点では既に吉里の奥方になっていた頼子を、「奥方」と呼んだ可能性も考えられる。それにしても、頼子の「用意」により「柱立」がなされたとはどういう意味か。推測の域を出ないが、酒井家では許婚者吉里のところに起きたこの度の火災に対し、火事見舞いの意味も込め、娘が入輿した際、住まわせるべく一棟の建築を申し出たといったことがあったのではあるまいか。「(二) 新向屋敷」の項で「後述」としておいた所以でもある。

(三)　御成御殿再建

元禄十五年五月九日、御成御殿の再建を期待する綱吉から「材木」が下賜されたことは既に述べた（第五節「(一) 吉保居宅罹災」）。その後、吉保及び家族の居宅完成、それに伴う移徙が続いたが、いよいよ御成御殿再建の時がやってきた。六月廿八日の『年録』に、

今日、屋鋪の内の、御殿の釿初をす（一〇一巻・二三ウ〜二四オ）。

とある。八月十一日は「御殿の柱立」であった（一〇三巻・五ウ）。

ところで続く閏八月十四日には、「私宅の舞台、柱立なり」（一〇四巻・一六ウ）とある。これは、吉保邸に属する舞台で、御成御殿のそれではなさそうである。因みに、謡曲好きの綱吉のために、初期から御成御殿には能舞台が設えてあった（本章末の御成御殿図（あ）・（い）・（う））。ということは、神田橋の屋敷には、御成御殿の能舞台と柳澤家の能舞台の、二つがあったということになる。詳細はいずれ述べる機会もあろうが、吉保自身は謡曲には疎いと言った方が正確で、せいぜい「お謡《うたい》」（能の詞章に節をつけて謡うこと）程度であったのに比して、吉里は、幼い頃から綱吉の期待に背かず演能の習練に懸命で、綱吉から度々の能衣裳、能道具の拝領を仰いだことは、『楽只堂年録』の御成の記事や、登城しての謡初めの記事に多々窺える。

さて御殿の再建が進む中、閏八月廿一日には、

新に構たる宅内の御殿の前に、井水、湧出づ。一家賀慶す（同上巻・一九オ〜一九ウ）。

などという記事も見える。新御殿の前に泉が湧き出たというのである。吉保は沈着冷静な政治家であるが、俗にいう縁起を担ぐ人間でもあった。吉兆に対して必要以上に敏感なのである。ここもその類であったようで、綱吉から材木を拝領して再建中の新御殿の前に泉が湧いた――、二度とこの御殿を火災に遭わせないで済むとでも思ったのか、「一家賀慶」に及んだらしい。そして九月十四日、いよいよ新御殿が完成。『年録』は、

吉保が宅の御成御殿の経営成就するによりて、護持院大僧正隆光来りて、安鎮の法を修す（一〇六巻・八オ）。

と記録。吉保の個人的建築に関しては、霊雲寺の覚彦比丘が安鎮の法を引き受けていたのは見てきた。しかし、御成御殿ともなると、護持院大僧正隆光の出番なのである。[注一]隆光は桂昌院が帰依していた高僧。綱吉が将軍職に就けたのも、隆光の祈祷故と信じて疑わなかった桂昌院（『松陰日記』・『神田橋護持院日記』）、御成御殿落成にあたり、隆光に祈祷を依頼するのも故なしとしない。その折の設計図が本章末六四九頁の「御成御殿図」（う）である。タイトルに「壬午九月新行殿図」とあるそれは、元禄四年次の（あ）・（い）と比べ、東や東北に土蔵をそなえるのみならず、内部の部屋部屋も建て増され、大規模に充実が図られているのがわかる。

（四）　家宣の新御殿

宝永元年（一七〇四）は吉保四十七歳。その十二月五日、綱吉は、吉保の尽力と奔走により、甲府宰相綱豊（綱吉の兄家綱の息男。後の家宣）を将軍継嗣に決定することが出来た。そして同月二十一日、恩賞として吉保に甲斐国の一部を与えたのである。ここに吉保は自らの出身地甲斐国において、国持ち大名となることができた。表高《おもてだか》十五万石余、内高《うちだか》（含み益）も合わせ実質二十二万石余[注二]であった。

綱豊も吉保に大いに感謝、綱吉同様、吉保邸への御成を望む。宝永二年（一七〇五）十二月朔日の『年録』に、

来春、私亭に、大納言様御成なるべきによりて、御殿を経営す、今日、釿初なり（一七六巻・二オ）。

とあり、越年した宝永三年（一七〇六）一月十五日には、

吉保が宅へ、大納言様注三の御成あるべき経営にて、あらたに御殿をしつらふ、今日、上棟なり（一七九巻・二七ウ）。

と続く。二万坪近い神田橋の屋敷の中に、綱吉用の御成御殿とは別に、綱豊のための御成御殿も新設されたのである。そして同年二月三日、

護持院前大僧正隆光を招きて、大納言様の御成御殿に札を張しむ（一八〇巻・四ウ～五オ）。

とあって、綱吉の時同様に隆光による札貼りがなされた注四。因みに綱豊は同年二月十一日に初御成を果たすのであるが、その折の『楽只堂年録』の書きようから、綱吉用に立てられた初期の御成御殿（「御成御殿図」（あ）・（い））と大差のない規模であったと推測される。勿論、この度新たに再建なった綱吉用の新御殿は、かなり大規模なものになっていたので（同（う））、それとくらべれば簡素であるが、綱吉・綱豊用の二つの御成御殿を建て得る、それが神田橋の吉保邸の敷地であったのである。

〔注〕

一、この日、隆光がなした御成御殿への祈祷を、『神田橋護持院日記』（前掲同書）に見ておきたい（二八～二九頁）。

一、同十四日、朝六ツ時、松平美濃守殿（柳澤吉保、側用人）御成御殿安鎮御祈祷、御休息上間ニ而護摩修行、□□（安鎮）万タラ（陀羅）御休息之天井之上へ納候、
其以後御札押□、

御札押候覚
一、御休息（行カ）間、丸札雷水天、五方竪長札壱枚、／同御次ノ間長札（／は改行を示す）、
一、同所奥御座敷、長札水天、五方竪壱枚、
一、表御書院上段、丸札雷除水天、五方竪長札壱枚、／同御次三ノ間雷除、
一、御布舞台、雷除、同所御拝見所長札雷除、
一、御湯殿、水天雷除、
一、御舞台、雷除、
一、御装束之間ノ上段、長札雷除水天、以上、

二、綱吉の朱印状には二十二万八千七百六十五石とある。

三、綱豊は『楽只堂年録』の中で、将軍宣下時までは「大納言様」と呼ばれている。

四、この日、隆光がなした祈祷は、『神田橋護持院日記』（注一同書）に次のようにある。

一、三日、晴天／松平美濃守殿（柳澤吉保、側用人）江大納言様来十一日御成、御休息之御殿江御札張ニ、大僧正五半時御出被成候、日輪院も参候、所化中一人伴僧（一五九頁）、

右に「御休息之御殿」とあるのからは、休息の間を中心に据えた、綱吉の御成御殿よりは規模の小さいものが想定されよう。

第六節　神田橋屋敷と常盤橋屋敷

（一）　再三の増地

宝永四年（一七〇七）になった。吉保も五十賀。その六月十一日の『年録』に、

吉保が神田橋の外の屋敷の東隣にて、千八百八拾坪余の地を拝領なさしめたまふとの仰事あり。其図、爰に載す（二〇三巻・一七ウ）

とあり、章末六四一頁に〈絵図Ⅲ〉として載せた絵図が付載されている。本章第四節「（七）再びの増地」の時点で、都合一万九千四十坪半になっていた神田橋の上屋敷は、更に千八百八拾四坪余[注一]の拝領を得て、都合二万九百二十四坪余になる。同月廿六日には、それを受け取った記録がある（二〇三巻・三四ウ）。そして翌月の二日に、

神田橋の外の屋鋪の稲荷の社、遷座なり、愛染院法印俊任を請じて、其法を執行はしむ（二〇四巻・三ウ）。

とあり、稲荷社の遷座もなされた。[注二]

ここで注意しておきたいのは、「神田橋の外の屋敷」の呼称である。かつて「吉保が宅内せばき事、上聞に達し、小笠原右近将監清遙が神田橋の外の屋敷を拝領す」（既に第四節「（七）再びの増地」に引用）とあって、一週間後の同月十五日には、「坪数二千三百六十坪」の「小笠原右近将監清遙が上げ屋敷」を請け取っていた。そこにおいて、吉保の宅内の狭さが綱吉の聞くところとなっての拝領であるところに、「吉保邸と地続きであったと考えてよさそうである」としておいたのを思い出したい。「神田橋の外の屋敷」とは、「常盤橋の屋敷」であったと考えられるからである（この点、再度後述。第七節）。従って、ここの稲荷は、もともとは常盤橋の屋敷地にあったそれを神田橋の屋敷内に遷座させたということらしい。

こうして神田橋の屋敷は、二つの御成御殿を抱え、ますます大老格吉保に相応しい規模になっていたのであったが、町子の二男児達も成長していた。今や安通十四歳、時睦十二歳。それぞれに居宅の確保が必要な時に来ていた。増地はそれにうってつけであったし、その辺りを勘案しての綱吉の下賜であったのかもしれない。

（二）　町子腹二男児の居宅

この年（宝永四年）の十二月廿一日の『年録』に、

安通、今日、水野摂津守勝政が居たりし亭へ移徙す（二一二巻・五一ウ）。

とある。ここの「水野摂津守勝政」は、水野勝長の実弟。既に第四節「（四）神田橋の屋敷の活用」で述べたが、元禄十三年（一七〇〇）十一月十三日、綱吉の「御弟子の輩」と共に吉保の神田橋の屋敷に移り住んだ二十二歳の勝長。

後に結城《ゆうき》城主に任じられるが、定府であったらしく、ずっと吉保邸内に生活の場を得ていた。
既述したように、水野家は徳川家康の母方の家筋。その子孫として綱吉は厚遇したらしく、吉保邸へ御成の折には、同じ敷地内の勝長宅を徒歩で訪問したりもしている。しかし勝長は病弱であった。元禄十六年（一七〇三）十二月二十二日、わずか二十五歳の若さで逝去してしまうのである。遺跡は実弟の水野勝政が継いだ。[注三]
その後、宝永四年（一七〇七）五月廿五日の『年録』に、

水野摂津守勝政、兄隠岐守勝長が遺跡を続きて、吉保が宅内にありたるを、御側向の勤めに宜しからぬとて、外様の大名の格になし給ふ、件の仰事を、吉保が亭にて勝政へ申し渡す、右京大夫輝貞列座す、是によりて、勝政、自分の屋鋪へ移りぬ（二〇二巻・二一ウ～二二ウ）。

とあり、柳澤邸を離れたのが知られる。この辺りの事情を『松陰日記』は、

津《つ》の守と聞ゆる公人《おほやけ》預《あづか》り申給ふが、年頃《としごろ》おはします地に続《つゞ》きて、ありつき住《す》み給へるが、如何《いか》なる事にか他様《ほかざま》になり給ふて、その住《す》み給へる所も返《かへ》し給へれば（以下略。巻廿六「二もとの松」十段）

とのみ記した。「津《つ》の守と聞ゆる公人《おほやけ》」とは、申すまでもなく水野摂津守勝政。しかし何故《なぜ》「他様《ほかざま》になり給ふ」のかが明確ではなかった。それが『年録』により、「御側向の勤めに宜しからぬ」故であったと理解されるのである。
勝政はそれまで側衆《そばしゅう》を勤めていた。御側は、将軍と老中を取り次ぐ役として設置された綱吉独特のシステム。吉

保もこの御側を見事に勤めあげることで大老格に到ったのである。もっと言うなら、吉保は正式に「大老」と呼ばれることはなく、あくまで「御側《おそば》」であり続けた。

このあたり、綱吉自身は寵愛する吉保の職位に対し、さほど拘泥しなかったかに見えるのであるが、正直なところを言えば、吉保は内心かなり拘っていたのではなかろうか。それは『年録』に見られるとおり、諸行事の折の将軍への謁見の席次をはじめとし、幕臣としての公的場面での席次に、執拗なほど拘っているのに推測できる。そしてこのあたりを把握するには『楽只堂年録』を丹念に読み込む必要があるのであるが、稿を改めたく今は割愛する。

綱吉がもし、職位の呼称に拘る吉保の状況に気付いても、「これほどに寵愛し、政権運営は全てお前に委ねてあるのだから、大老だの何だの、余分な職位の呼称に拘るに及ばず」と言い切ったかもしれない。ということは、「大老格」でありながら、正式には「大老」とは呼ばれることのなかった吉保の立場を、綱吉の過度な個人的寵愛による、うやむやを許さざるを得なかった土壌という面から、再考を要するのかもしれない。

かくして勝政の居所が空いた。そこへ町子腹の安通が移り住んだのである。続く十二月廿七日には、

安通、時睦が前〻より居たりし館を一つに合せて経営成就して、今日、時睦移徙す（二一二巻・六四ウ）。

とある。兄安通と弟時睦が同居していた館から、安通が勝政旧宅に移ったため、二人分の面積を時睦一人で使うようになったのであった（章末六四五・六四六頁〔絵図Ⅶ・Ⅷ〕）。若干向きが異るためわかりづらいが、〔絵図Ⅶ〕に「水野摂津守」とある所、〔絵図Ⅷ〕では「松平刑部少輔」とあるのが知られる。刑部少輔は申すまでもなく安通のことである。

（三）　その後の神田橋屋敷（その一）―御弟子の移徙―

麻疹《はしか》に冒された綱吉は、十日ほど病臥した末、宝永六年（一七〇九）一月十日の早朝に薨去。六十四歳であった。吉保の落胆の程がいかばかりであったかは、『松陰日記』に多く知られるところである。

しかし『年録』には、『松陰日記』に延々と述べられる、綱吉薨去に掛かる吉保慟哭の様相は一行も認められない。吉保の落胆の程は『松陰日記』をもってのみ窺い知れるのであり、その意味においても『松陰日記』の存在は無視できない。

吉保は早速隠居し、さらには出家したいと希望する。しかし家宣は許可しない。早速の隠退は新将軍への反目とも映る可能性があり得策ではなかろうというのがその理由であった。家宣から、適当な引退時期の通知を待つよう諭された吉保は、従わざるを得なかった。しかし吉保は、来るべき隠退の日の準備だけは怠りなくしたかったらしく、着々と身辺整理にかかる。その最たるものが、以下に述べる一連の拝領屋敷返上作業であった。その最初が宝永六年三月六日の記事である。

吉保が居屋鋪の内に居られたる御弟子衆、屋敷を拝領して、いづれも移らす（三二七巻・四オ）。

「吉保が居屋鋪の内に居られたる御弟子衆」とは、元禄十三年（一七〇〇）十一月十三日の条に、「御弟子の輩、吉保が宅内に移り居れるもの十余輩」（第四節（四）に既引）とあり、おそらくはさらに増加していたと思しき面々。綱吉の学問の弟子である（「御弟子」の「御」は綱吉のそれを語る）。一番弟子であった吉保は、弟弟子《おとうと》ともいえる「御弟子衆」十数人の同居を、かなり以前から引き受けていたらしいのだが、綱吉亡き今、もはやその必要もない。吉保は各人が移るべく屋敷を手配、神田橋の屋敷から移住させたというのである。既に述べたように（はじめに）、吉保は六義園に余生を送ることを計画していたから、以後神田橋屋敷には、嫡子吉里、町子腹の二男児達がそれぞれ住むことになる。その構図を吉保は練っていたのであった。

（四）　その後の神田橋屋敷（その二）　―式部少輔時睦の屋敷地―

「御弟子」達が神田橋屋敷から別所へ移り住んだのと同じ月（三月）の廿三日の『年録』には、

安通には、今まで居たりし屋敷をそのまゝに拝領なさしめ給ひ、時睦には、吉保が屋敷の内にて、前方、豊前守直重が上げたりし地を拝領なさしめ給ふ事を願ひぬれば、今日、いづれも拝領なさしめ給ふとの仰事あり（二二七巻・一六オ～一六ウ）。

とある。豊前守直重は吉保の女婿。折井市左衛門正利女土佐子を吉保が養女にし、そこへ迎えた聟。その「上げたりし地」に関しては、宝永二年（一七〇五）十一月廿八日の条に、

黒田豊前守直重が詔屋敷を、吉保が預り屋敷となしたまふ、今日、請取る、坪数、弐千五百八十坪余也（一七五巻・四二ウ～四三オ）。

とあった。

章末の六四三頁〈絵図Ⅴ〉を東を左手にして見ていただきたい。そこの西寄り半分には、南から東にかけてL字型の広大な土地に、「美濃守居屋鋪　坪数壱万五千三百九拾坪程」とある。そしてL字部分を埋める位置関係にある南東の角地には、「刑部少輔屋鋪　坪数三千坪程」とあり、この度、「安通には、今まで居たりし屋敷をそのまゝに拝領なさしめ給」とあったそれと知られる。

続いて安通の土地の東側に、行きどまりの道を隔て、「式部少輔屋鋪　坪数二千八百坪程」とある。それが、「黒田豊前守直重が詔屋敷」であった（六四五・六四六頁〈絵図Ⅶ〉〈絵図Ⅷ〉を比較されたい）。もっとも直重の「詔屋敷」の坪数は「弐千五百八十坪余」（前掲六一二頁、宝永二年十一月廿八日の条）。図面での「式部少輔屋鋪」の坪数は「二千八百坪程」とあって、二百二十坪ほどの差があるのは気がかりではあるが。

こうして吉保の隠退に伴い、「美濃守居屋鋪　坪数壱万五千三百九拾坪程」は、家督相続した吉里の屋敷となり、町子腹の二男児には三千坪内外の土地が確保される構図が整ったのである。

再度整理してみよう。本節「（二）再三の増地」において、神田橋屋鋪は二万九百二十四坪余になったとしたが、宝永二年の時点で「直重が詔屋敷」の「弐千五百八十坪余」も加わっていたのであるから、総坪数二万三千五百坪余であったと言った方が正確かもしれない。その内、「三千坪程」が安通に、「二千八百坪程」が時睦の屋敷地になったのであった。宝永六年五月廿八日の『年録』には、

時睦、先頃拝領せし吉保が屋敷の内にて、前方、豊前守直重が上げたりし地に経営成就して、今日移徙す（二二八巻・四六ウ）。

とある。吉保が預かっていた女婿直重の上地を時睦が拝領。そこに屋敷を経営したのである。〈絵図Ｖ〉には「常盤橋通」に向けてと、行きどまりの地点の二箇所に門があり、独立した屋敷地であるのが確認できる。こうして町子腹の年少の男児も、一人前に一戸を構えるに至ったのであった。

（五）その後の神田橋屋敷（その三）―御成御殿のその後―

神田橋屋敷には綱吉を幾度も迎えた御成御殿があった。元禄十六年の被災後、再建なった豪華壮大な御殿であったが、それは如何様になったのであろう。宝永六年三月廿六日、『年録』には次の記事が載る。

吉保が宅内の御成御殿を壊し、其地をも返上すべき事を願ひぬれば、昨日、間部越前守詮房、手紙来りて、御殿を壊す事は勝手にすべし、其地の事は、重て伺ふべきよしを伝ふ、是によりて、今日より御殿を壊つ〈御殿地四千五百坪なり〉（二二七巻・二〇ウ〜二一オ）。

ここで再度章末六四三頁の〈絵図Ｖ〉を参照されたい。式部少輔時睦の土地の北側、吉保の屋鋪の東側の土手に沿って「御殿地　坪数四千五百坪程」と見える。此処こそが焼けて後に再建された御成御殿地であったのである。主《ぬし》の利用がなくなった御成御殿はもはや無用の長物。吉保は御殿を壊し、「御殿地四千五百坪」も返還したいという。家宣の参謀、間部越前守詮房の手紙によれば、土地の返上は改めてお伺いを立てるように、ただし「御殿を壊す事」はどうぞご自由にというものであった。そこで吉保は早速御殿の解体を開始したのである。

右「吉保が宅内の御成御殿」には、恐らく家宣用に新築された御成御殿も含まれていたと考える。生涯に五十八回の綱吉の御成を得てきた吉保。しかし吉里の時代になれば、単なる表高十五万石余の甲斐国主。その屋敷に、家宣の御成があるはずもないと判断し、同時に棄却なされたと考えておきたい。

柳澤家はこの時点で、将軍の御成とは無縁の一《いち》大名家になってしまったのである。吉保が築いた大老格兼甲斐国主兼左近衛権少将の地位は、吉保一代の特例でしかなかった。

（六）御殿地の代替

宝永六年も四月三日になった。『年録』に、次の記事がある。

御殿地の代りに、居屋敷の東の方にて、四千五百坪ほどの地を返上し上ぐべきやと云ふ事を絵図にして伺ふ事を、間部越前守詮房への手紙を、西の丸へつかはしてたのみぬれば、勝手次第にすべきよしを其返書に伝ふ。やがて返し上ぐべきなるを、其後、詮房、物語せし序に、御殿地の代りは当分御用にもなき事なれば、一両年過て後に、返し上げてもくるしからぬよしを詮房演述しぬるゆへに、さあらば、家臣の住居の長屋等をもたて替て後に返し上ぐべきよしを挨拶す（二一七巻・二九ウ～三一オ）。

再三になるが、六四三頁〔絵図V〕を参照されたい。「式部少輔屋鋪」・「御殿地」の東側に二重線（本来朱色）が南から東に折れる形でL字に加えられた土地がある。そこには、「四千五百坪程　此所《ハリカミ》ニ而朱引之通御殿地之替差上候様ニ可仕哉」の記述が見える。御殿地の返却に関しては、改めてお伺いを立てるよう沙汰が出て以降、吉保が考えたのは、御殿地とほぼ同坪数の地続きの土地を代替として返上しようというもの。そして絵図面に手紙を添え間部詮房に差し出した。〔絵図Ⅴ〕はまさにその時のものなのである。

詮房からの返事は、「勝手次第にすべきよし」、則ち、吉保の判断にまかせるというものであった。即刻の返上を期していた矢先、詮房との談話のついでに、「御殿地の代りは当分御用にもなき」土地なので、「一両年過て後に、返し上げてもくるしからぬ」とのこと。「一両年」のゆとりがあるのならば、「家臣の住居の長屋等をもたて替て後」に返却させていただきたいということになったのである。

ここに知られるのは、四千五百坪程の「御殿地之替」の土地には、「家臣の住居の長屋等」が建っていたらしい点である。吉保の隠退に伴い神田橋屋敷を後にすることになる吉保の家臣らに、新しい移徙先を確保するまで土地の使用が許されるならありがたい。こうして、「御殿地之替」の地の使用権が保障されたのであった。もっともそれは「一両年」の猶予でしかなかったが。

総決算しよう。本節「㈣その後の神田橋屋敷（その二）―式部少輔時睦の屋敷地―」において、吉保の神田橋屋敷の総坪数を二万三千五百坪余としておいた。しかし、そこには、御殿地の「四千五百坪程」と、御殿地の代替地として返上しようとした「四千五百坪程」の合計九千坪ほどは含まれていなかった。〔絵図Ⅴ〕に描かれた「美濃守居屋鋪」「刑部少輔屋鋪」「式部少輔屋鋪」「御殿地」「代替地」を総計すると、なんと吉保が拝領していた神田橋の屋敷地は、三万二千五百坪程にも及んでいたのである。まさに、大老格吉保に相応しい上屋敷の面積であった。ところが実はさらに一万三千坪ほどの坪数を加算すべきなのである。

〔注〕

一、〔絵図Ⅲ〕の図面、即ち西の「松平美濃守」（吉保）と「三河町貳町目　道巾四間」及び東の「町屋」にはさまれた南北に細長い区画の左から、「松平伊豫守上ケ地　七百二十三坪三合」「小嶋彦四郎上ケ地　三百六十二坪二合」「長嶋的庵上ケ地　貳百三十九坪六合」「森専益上ケ地　貳百五拾四坪九合」「人見又兵衛上ケ地　三百四坪七合」の総計千八百八拾四坪七合のこと。

二、同〔絵図Ⅲ〕の「松平伊豫守上ケ地」の東北の隅に「稲荷」と見える。

三、「徳川綱吉書幅―水野勝長拝領品の背景―」（第四節「(四) 神田橋の屋敷の活用」の注二同論文）。

第七節　常盤橋屋敷

（一）　常盤橋の屋敷の位置

神田橋の上屋敷に紙幅を割いたが、幾次かに分けてなされた上屋敷増大の経緯が確認できた。一言で上屋敷といっても、その規模の増減、別地への移転等は、恒常的にどの大名にも起きうる事態であったのを知ることもできた。吉保の場合、神田橋に屋敷地を賜って以降、幸いにも増地こそ度々なされたものの、別地への移転などはなく、御成御殿の築造も含め、安定した上屋敷経営に携わることができた。これは、同時代における御三家（尾張・紀伊・水戸）の上屋敷・中屋敷・下屋敷が移転することなく、固定的になっていたのと同様の扱いといえる。綱吉の吉保への寵愛はこうした点にも認められよう。

さてこの節では、常盤橋の屋敷を詳しく考察する。既に「第六節（一）再三の増地」において、吉保が「神田橋の外の屋敷の東隣」に土地を拝領していたこと、「神田橋の外の屋敷」とは、「常盤橋の屋敷」そのものであったと考えられることを指摘し「後述」を約しておいた。

そもそも常盤橋は第三節（一）の注二で、六四〇頁の〔絵図II〕を示してふれたが、現在の日本銀行の西側一帯にあたる。日銀側から皇居方面に進むと、掘割とそれにかかる常盤橋、小規模ながら江戸城の石積みを残す常盤橋公園、複数のＪＲ線ガードを潜ったあたりで、東京国際郵便局、逓信博物館など、通信関連の機関が集まる地域。吉保の神田橋屋敷の東の地続きという位置関係にあたる。

前節で幾度か参照した六四三頁〔絵図Ⅴ〕に再度目を転じよう。式部少輔屋鋪と、御殿地の代替として差しだそうとした「四千五百坪程」の南側には、通りをはさんで「黒田豊前守屋鋪」の表示が見え、その間の通りに「常盤橋通」と表記されているのが語るように、常盤橋はまさにこの通りを東側へ進んだ地点にあった。

（二）　常盤橋屋敷の初出

時を少し遡らせよう。元禄四年（一六九一）二月三日。『楽只堂年録』に次の記事がある。

> 常盤橋の内にて、土井甲斐守利治が宅を拝領す、去年七月、彼宅の半を西郷越中守治員拝領し、半は小笠原遠江守清遙に御預けなり、其遠江守か預りしを、今日、吉保拝りやうす、惣坪数三千四百八十坪なり（六一一頁）、

常盤橋屋敷に関する初出である。この日、常盤橋内において、土井利治[注一]の宅を拝領したというのである。そもそもこの土地は、「去年七月」、則ち元禄三年（一六九〇）七月に、利治宅の半分を西郷治員[注二]が拝領。半分は、小笠原清遙へお預けとなっていた。その清遙が預かっていた土地を吉保がこの度拝領したというのである。惣坪数は三千四百八十坪。しかし記事はこれだけで、その土地の利用に関しては記録がない。

（三）　常盤橋屋敷の増地

元禄五年（一六九二）になった。常盤橋内に三千四百八十坪の土地を拝領して一年余経った三月晦日、『楽只堂年

録』には、

今日、小笠原遠江守清遙が屋鋪の屮を拝領す。去る庚午の年、土井甲斐守利治が宅の屮を、西郷越中守治員に下され、屮を小笠原遠江守清遙に御預け有しを、翌辛未の年、遠江守清遙が預りたるを吉保拝領し、此度は又、清遙が元より住し屋敷の屮を拝領す（九七頁）。

とある。

「去る庚午の年」とは元禄三年。この時、「土井甲斐守利治が宅の屮を、西郷越中守治員に下され、屮を小笠原遠江守清遙に御預け」のことがあった。この部分は、元禄四年二月三日の『楽只堂年録』に、「土井甲斐守利治が宅を拝領す、去年七月、彼宅の屮を西郷越中守治員拝領し、屮は小笠原遠江守清遙に御預けなり」（前項（二）に引用）とあったのに重なる。そして「翌辛未の年、遠江守清遙が預りたるを吉保拝領」したのが常盤橋屋敷の初出であった（前項）。「翌辛未の年」とは申すまでもなく元禄四年。さらに「此度」（元禄五年三月晦日）は、「又清遙が元より住し屋敷の屮を拝領」したというのである。このあたりを略図（次頁）に描いてみよう。

本来はA・Bブロックが土井利治の旧宅。C・Dブロックが小笠原清遙宅であった。それを元禄三年七月時点で、Aブロックを西郷治員が拝領、Bブロックを小笠原清遙が預かり、清遙はB、C、Dの三ブロックを一括経営管理することになった。その翌年、Bブロックを吉保が拝領。更にその翌年、Cブロックも拝領。清遙にはDブロックのみが残された。

さてCブロックの受け渡しは、同年四月朔日の『年録』に、昨日拝領の屋敷を受取る、五千五百三十坪余なり（九七頁）。

とあって確認できる。これによって、吉保は常盤橋内に、九千坪余の土地（B・Cブロック合計）を拝領したのである。しかし、この時も常盤橋屋敷の利用の記録はない。

〔土井甲斐守利治旧宅〕	（Aブロック）	元禄三年七月時点　西郷越中守治貞拝領 元禄七年時点　吉保拝領　三千五百坪程度？
	（Bブロック）	元禄三年七月時点　小笠原遠江守清遙預かり ⇦ 元禄四年二月三日時点　吉保拝領　三千四百八十坪
〔小笠原遠江守清遙宅〕	（Cブロック）	元禄五年三月晦日時点　吉保拝領　五千五百三十坪余り
	（Dブロック）	元禄五年三月晦日時点　小笠原遠江守清遙宅半減 元禄十四年十月時点　吉保拝領　二千三百六十坪

（四）　上屋敷の地続き

さらに二年経った。元禄七年（一六九四）三月十一日の『年録』には次のようにある。

西郷越中守治員が去比返し上たりし屋敷をはいりやうす、常盤橋の内にて、吉保が屋敷つゞきなり（一八七頁）、

「西郷越中守治員」は、元禄三年時点で、「土井甲斐守利治が宅」の半分、右図でのAブロックを拝領した人物。治員はその屋敷地を先頃返還。それをまた吉保が拝領。「常盤橋の内にて、吉保が屋敷つゞきなり」とあるのは、吉保の神田橋の上屋敷と常盤橋の土地が境を接していることを意味する。この土地の面積の記録はないが、「土井甲斐守利治が宅」の半分が「三千四百八十坪」であったことに推し、三千五百坪程度であったか。同月十三日には、

去る十一日に拝領せし屋敷を、細川越中守綱利[注三]より受取る（同上）。

とあり、これにより、吉保はA、B、C三ブロックからなる、少なくとも一万二千五百坪程度の土地を拝領したのであった。

（五）　神田橋の外の屋敷と常盤橋の内

ここでいささか気がかりな点を考察しよう。既に第四節「（七）再びの増地」（五九六頁）で述べたように、元禄十四年（一七〇一）十月九日の『楽只堂年録』に、「小笠原右近将監清遙が神田橋の外の屋敷を拝領」（八八巻・二二オ～二二ウ）した記事があった。坪数は「二千三百六十坪」（八九巻・八オ～八ウ）。ここの「神田橋の外の屋敷[注四]」とは、まさに右Dブロックに相当するのではあるまいか。

仮にそうであるなら、吉保は結果的にA～Dブロックの全てを拝領、それらの惣坪数は一万五千坪近くに及んだこ

とになる。と同時に、Dブロックを「神田橋の外の屋敷」と呼んでいること、前に「常盤橋の内にて、吉保が屋敷つゞきなり」（『年録』一八七頁）とあったのを勘案する時、吉保の神田橋の上屋敷と常盤橋のA～Dブロックとは地続きで、従って上屋敷としての神田橋屋敷には、三万二千五百坪程（第六節（六）の末尾に既述）に、常盤橋屋敷の一万二千五百坪程を加算して考えるべきなのではないかと思い到るのである。注五

そもそも常盤橋内に屋敷拝領の記録がありながら、Aブロックを拝領した元禄七年三月十三日以降、『楽只堂年録』に常盤橋屋敷の記事が登場しないのである。返上の記事もないので、吉保の拝領は続いていたものと推測しつつも、史料が少なく常盤橋屋敷の位置づけができないでいた。

しかしここに来て、「神田橋の外の屋敷」こそ、常盤橋屋敷そのものであり、神田橋の上屋敷と常盤橋屋敷とは一体化。神田橋の上屋敷に取り込まれてしまった状態が考えられるようになった。これにより元禄七年以降に、常盤橋屋敷と称する記事が『楽只堂年録』に登場しないことも納得が行くのである。

結論を急ごう。吉保は神田橋の上屋敷の地続きである常盤橋に、何度かに分けて屋敷地を拝領。初期は常盤橋の屋敷と呼ばれていたものが、神田橋の上屋敷の一部として取り込まれ、敢えて区別して呼ぶ必要がなくなった。結果、上屋敷の惣坪数は四万五千坪を超えるほどにもなった。四万五千坪――それが大老格に至った吉保の、神田橋上屋敷の総面積であったのである。

〔注〕

一、初利治《としはる》、後に利知《としとも》。父土井利房、母某氏。延宝元年（一六七三）誕生。天和三年（一六八三）十一歳にして遺領を継ぐ。こ

の年、常憲院殿（綱吉）に初て謁見。元禄元年（一六八八）従五位下甲斐守に叙任。享保七年（一七二二）奏者番となる。寛保元年（一七四一）辞職、同三年致仕。延享二年（一七四五）越前大野にて逝去。享年七十三歳。室は稲葉丹後守正往の養女。

二、初重員《しげかず》。後治員《はるかず》、寿員《しげかず》。靫負《ゆげい》、越中守などと呼ばれる。従五位下。致仕後は同夢と号す。実父は大村因幡守純長、母相沢氏。元禄元年（一六八八）七月、西郷延員の養子となり、その女を室として同年九月、初めて綱吉に拝謁。時に十六歳。同二年五月、御小姓に列し、同年十二月に、従五位下越中守に叙任。同三年十二月襲封。同五年二月、安房国の領地を、下野国都賀、河内、芳賀三郡のうちにうつされ上田に住す。同六年十一月、中奥の御小姓に移る。しかし同十二月、さきに昵近の列にありながら其動よからずということで中奥に移動になりながら、猶つゝしみが足りないとして、所領の半ばを削除される（傍線宮川・以下同じ）。同八年八月、お咎めを受けて後もなお謹慎の程度が足りないとして、逼塞させられる。逼塞は同九年五月にゆるされるが、拝謁を憚る身となる。同十一年三月、下野国の采地を近江国野洲、浅井、坂田、甲賀四郡のうちにうつされ、五千石を知行。宝永二年（一七〇五）二月、拝謁を憚ることを許される。元文三年（一七三八）五月致仕、寛保元年（一七四一）卒去。享年六十九歳。法名日諦。妻は延員女。いささか長い引用になったが、吉保のように滅私奉公の幕臣がいる一方で、素行の悪い幕臣もいたのである。特に傍線を引いた箇所に注目したい。治員が元禄六年十一月に中奥の小姓に移されたのは、将軍のお側に仕え信頼に足るはずの昵近の列にありながら、慎みが足りなかったからであり、結果所領の半ばを削られてしまったのである。この時、削られた中に、元禄七年三月、吉保が拝領する常盤橋の屋敷地の一部もふくまれていたものと思われる（六二一頁のAブロック）。土地の召し上げの理由は様々あったのであろうが、素行がよくないことも充分な理由であったらしい。

三、細川忠興《ただおき》―忠利《ただとし》―光尚《みつなお》―綱利《つなとし》とつながる名門。寛永二十年（一六四三）誕生。母は清水氏。正保二年（一六四五）十一月、初めて家光に拝謁。時に三歳。慶安三年（一六五〇）四月、遺領肥後国を継ぐ。承応二年（一六五三）十二月、四代将軍家綱の御前で元服。諱の一字を賜り、従四位下侍従に叙任し、越中守綱利と称す。寛文十一年（一六七一）、先祖藤孝（幽斎）遺稿の詠歌を集め、飛鳥井雅章に託す。雅章はこれを全集となし、後水尾院の叡覧に備え、宸筆による『衆妙集』の勅題を賜る。院は又一本を書写し霊元院に。天和元年（一六八一）四月、綱吉治世での初めての入国に際し、綱吉より左文字の脇差を賜る。同年七月、松平越後守光長の家臣、小栗兵庫某男、岡之助、八之助、六十助、小三郎を召し預けられる。元禄九年（一六九六）十二月、任少将。元禄十五年（一七〇二）十二月、浅野内匠長矩の旧臣大石内蔵助良雄等十七人を召し預けられ、翌十六年二月、十七人全員が死を賜る。宝永六年（一七〇九）十二月、常憲院殿の御霊屋の普請を助け勤める。正徳二年（一七一二）七月致仕。同四年（一七一四）十一月卒去。享年七十二歳。雲嶽宗龍妙應院と号す。葬地は品川東海寺。室は松平讃岐守頼重養女。『衆妙集』や、大石良雄等の記事など興味深い部分があるが、今は割愛する。但し、吉保が綱利から土地を受け渡されているのは、越後守光長の家臣や大石良雄等を召し預けられている点などを勘案するとき、綱吉の信任篤い重鎮であったのが忍ばれる。

四、「神田橋の外の屋敷」の表現は混乱を来す恐れがある。そもそも神田橋御門と常盤橋御門の位置関係を略図で示すと左のようになる。「神田橋の外」というと、神田橋御門の外側とも解されうる。しかしそうなると、常盤橋の内と神田橋の内側にあった吉保の上屋敷とは地続きにはならない。神田橋がかかる御堀により、分断されてしまうからである。従って、「外」は「他（ほか）」の意で、「神田橋にある別な屋敷」と解すべきであろう。

五、「清遙が神田橋の外の屋敷」二千三百六十坪は既に上屋敷の中に加え計算してあるのでそれを差し引いた数値。

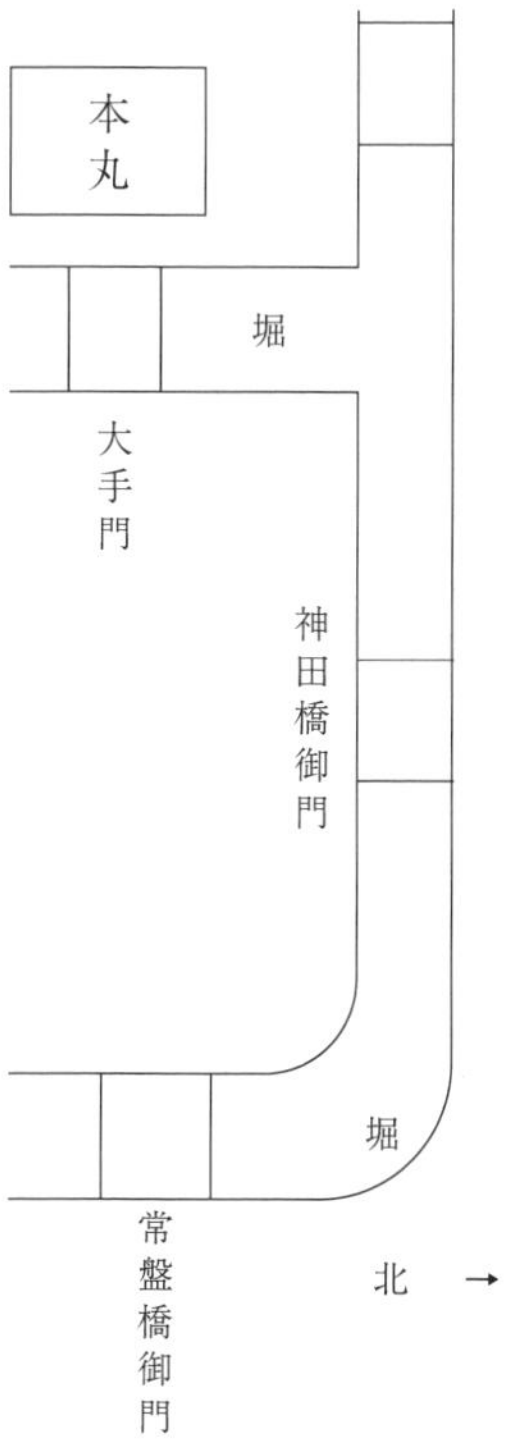

第八節　上屋敷後日談

第六節「(六) 御殿地の代替」において、吉保が御殿地の代替地を返上すべく間部詮房に意向を伺ったところ、当面代替地利用の予定はないので、一両年過ての返上でかまわないということになり、家臣の長屋等を建て替えてから返上に及びたい旨を吉保が返答したこと（『楽只堂年録』宝永六年四月三日の条）については既に述べた。その後、代替地はどうなったのであろうか。

(一)　返上の意志表明

「福寿堂年録」巻一一、宝永七年（一七一〇）四月八日の条に次の記事がある。吉保が「御殿地の代替」の意志を表明してから約一年後にあたる。

神田橋外の屋敷を返上すべしといふ事を、荻原近江守重秀を頼みて、間部越前守詮房へ達す、其趣は、御殿地の代り地をまづ返上すべきなるを、不勝手にて家臣の居所を経営しがたきによりて延びぬ、秋中に返上すべし、神田橋の外の屋鋪は、失火等も覚束なければ、まづ是を返上すべし、外廻りの長屋は其ま丶にして置き、内長屋は上屋敷へ引とりて家臣を居くべしといふ事を傳へたまはるべしとなり（一三ウ～一四ウ）。

とある。

ここで再度確認しておきたい件がある。「神田橋外の屋敷」即ち常盤橋屋敷の中には、「御殿地の代り地」と常盤橋屋敷が併存していた点である。従って返上も二段構えになる。

右「福寿堂年録」は、申すまでもなく前年四月、御殿地の代替返上に一両年の猶予を得た吉保が、改めて返上の意志表明をしているもの。しかし、隠退前の昨年とは異なり、この度は家督相続をした吉里が表舞台に立ち、父親の意志を勘定奉行荻原重秀[注一]を通し、間部詮房に伝達しているのである。

「不勝手にて家臣の居所を経営しがたきによりて延びぬ」とは、家臣の居所の設営が思うにまかせないまま、一年経ってしまった言い訳である。突然の綱吉薨去に伴い派生した家臣達の居所確保は、吉保にとって負担が大きかったようだ。しかしともかく本年の「秋中」には返上すると約す。

それにあたっては、「神田橋の外の屋鋪は、失火等も覚束」ないので、まずその方から「返上」したいと言う。では何故「神田橋の外の屋鋪」の返上が「御殿地の替地」より先なのか。ここに常盤橋屋敷はおもに柳澤家の家臣団の宿舎として利用されていたのが、彼らの転居が完了し、空き家状態になっていたからではあるまいかと思い至る。

では、「外廻りの長屋は其まゝにして置き、内長屋は上屋敷へ引とりて家臣を居くべしといふ事を傳へたまはるべしとなり」とあるのは何を語るのか。語尾の「傳へたまはるべしとなり」からは、吉保が吉里に伝言を依頼している口調が察せられる。それによれば、「外廻りの長屋」は現在あるがままにし、内長屋は上屋敷、即ち吉里邸へ移築し、そこへ家臣を住まわせるよう父が申しておりますと伝えたものらしい。そして外廻りの長屋（門の両側が長屋となっている長屋門的なものか。それなら、おもには下男達を住まわせたもの）と内長屋（敷地内にある家臣等の住まいとしての長屋か。それなら長屋門に住まう家臣等よりは一段上等の家臣が住まう長屋）の記事は、御殿地の替地内に関するものではなかろうか。そこに外廻りの長屋と内長屋があり、内長屋部分を神田橋の上屋敷内に移築せよと吉保が吉里に依頼して来た構図が見て取れるのである。そして外廻りの長屋はそのままにするというのは、それらの移築には手を染めないということであって、そこに住む家臣達は、神田橋の上屋敷に移築する内長屋に同居すべく計画されていたのではあるまいか。ここに一年の猶予を得たものの、新たな土地を確保し、御殿地の替地に住まう家臣達を引き上げさせるのが不可能であった吉保側の経済的事情が見え隠れするのである。

（二）　吉保の借り入れ返済と家臣の移徙

吉保が四万五千坪にも及ぶ上屋敷を拝領していたのは見てきた通り。その他にも所々の下屋敷等も含め、それらの経営は相当な経済的負担を強いるものであったと思われる。それを推測させるのが、「福寿堂年録」宝永六年九月十八日の記事である。

保山公、年来拝借したまふ金、高壱万五千七百両なり、三分の一を返納すべきよしなるによりて、今日、金五千弐百三拾三両壱分、銀五銭目を返納す（巻四・一八ウ）、

保山公は吉保。吉里に家督相続した同年六月の時点で、吉保には年来の借金が「壱万五千七百両」あった。総額の三分の一を返納すべくお達しが届き、この日、吉里が「金五千弐百三拾三両壱分、銀五銭目」を返済したというのである。一見華々しかった大老格吉保も内情は厳しかったか。そうした状況であったから、一両年のうちに、御殿地の替地に住まう家臣等の転居先を新たに確保したいと思いつつも、段取りがつかなかった――、それが「不勝手にて家

臣の居所を経営しがたきによりて延びぬ」（本節（一）に引用の「福寿堂年録」巻一一）ではなかったか。

とはいえ、いつまでも返上猶予に甘えてはいられない。結果、吉里の上屋敷に、御殿地の替地に建つ内長屋を移築、家臣等を移り住ませる案を採ったらしい。なお、借金返済額が本来の三分の一で済んだのは、「福寿堂年録」及び『文昭院殿御実紀』に理由が記録される。それについては本書第二部第五章第五節「(一一) 吉保の借金」で改めて論述したい。

(三)　常盤橋屋敷返上の実際

右の関連として、「福寿堂年録」宝永七年四月廿四日の条には、老中井上河内守正岑へつかわした吉里の書付が記録され、そこには、

神田橋外屋敷揚上可申段、／同姓保山、去年中申上置候、／此節家来共引払申候、／御役人中江相渡申度候、其指図被成可被下候、／以上、／四月廿四日／松平甲斐守／井上河内守様（巻一一・六四オ〜六四ウ）

とある。「神田橋外屋敷」（常盤橋屋敷）の件につき、昨年保山（吉保）が申し上げていた通り、この度家来が引き払ったので、返上に関して指図願いたいというもの。翌廿五日、井上河内守正岑から、「神田橋外の屋鋪を、普請奉行衆へ渡すべきよし」（同上・六七オ）との返答があった。それを受け、四月廿六日の条には、

一、神田橋の外の屋敷を返上す、其指図并に坪数の事は、前かた屋敷を拝領せし所に記ぬれば、爰に載せず、

一、井上河内守正岑、間部越前守詮房が亭へ使者をつかはして、神田橋の外の屋敷を返上せし事を達す（同上・六八ウ～六九オ）、

とあって、「神田橋の外の屋敷」、即ち常盤橋屋敷が正式に返上されたのを知る。

（四）御殿地跡替地返上の実際

これで屋敷返上は完了と見えたが、同七年閏八月六日の「福寿堂年録」には、

一、大久保加賀守忠増へ呈したる書付、爰に記す、
私居屋鋪之内、／御殿地跡替地ニ東之方ニ而／差上可申段、同姓保山、去年／中、申上置候、此節家来共／引払申候、御役人中江相渡／申度候、御差図被成可被下候、／以上、／閏八月六日／松平甲斐守（巻一六・八オ～九オ）

との記事が載る。これこそ、当年四月廿六日の時点で完了した「神田橋の外の屋敷」の返上に続く第二段の返上であり、「福寿堂年録」巻一一、宝永七年（一七一〇）四月八日の条にあった、「御殿地の代り地をまず返上すべきなるを、不勝手にて家臣の居所を経営しがたきによりて延びぬ、秋中に返上すべし、」（本節（二）で引用）に関わるもの。「御殿地跡替地」がそれを語る。時は閏八月、まさに「秋中」である。この件は、同じ閏八月十一日に、

一、御殿地の代り地を、今日、普請奉行衆へ渡す、秋元但馬守喬知へ使者をつかはして、そのよしを達す、
一、右の地、時睦へ預けらる（同上・九ウ〜一〇オ）、

とあり、普請奉行へ「御殿地の代り地」（「御殿地跡替地」）を返上、その地が時睦の預り地となったのを知る。時睦《ときちか》（式部少輔）は正親町町子腹の男児。経隆《つねたか》（刑部少輔）の同母弟である。ところが同年九月二日、

一、去る比、御殿地の代りに常盤橋御門の内にて、御殿地の坪数ほど返し上げたりしを、時睦に御預けなりしが、松平下総守忠雅[注二]が上屋敷に拝領せしゆへ、今日、御普請奉行高山庄左衛門某等に引渡す（巻第一七・六ウ〜七オ）、

とあって、時睦へのお預けは解除となっている。ここで章末六三九頁〔絵図Ⅰ〕を見てみよう。そこに西側から東側にかけて松平美濃守（吉保）、松平刑部少輔（経隆）、松平式部少輔（時睦）、松平下総守と並んでいるのが確認できる。時睦にお預けになっていた御殿地替地は、時睦の屋敷の東隣にあたり、それを今回下総守が上屋敷として拝領したものであったらしい。そして更にこの絵図に窺えるのは、式部少輔時睦の屋敷は、所謂「神田橋外の屋敷」、即ち常盤橋屋敷内にあったという点である。これは注意しておきたい（後述）。更に、〔絵図Ⅳ〕と〔絵図Ⅰ〕とを比較してみよう。今回、時睦にお預けになり、松平下総守が上屋敷として賜った同地は、もともと吉保が出羽守時代に拝領していた常盤橋屋敷そのものであったのである。

（五）　式部少輔時睦の移徙

時は正徳三年（一七一三）になった。その三月晦日の「福寿堂年録」に次のようにある。

一、時睦が許へ老中連名の奉書到来す、御用あるにより、明日、登城すべしとなり、

一、時睦、登城しぬれば、時睦が常盤橋の内の居屋敷を、御用なれば、返上すべし、其替地とて、浅草鳥越松平大炊頭吉邦が居屋敷の内にて、三千坪拝領せしめらる、との仰渡されなり（第四七巻・五四ォ〜五四ウ）、

前項（四）で触れておいたように、時睦の屋敷は所謂常盤橋屋敷の内にあった。それ故「福寿堂年録」は「時睦が常盤橋の内の居屋敷」と記述するのである。常盤橋の居屋敷の代替地は、「浅草鳥越松平大炊頭吉邦が居屋敷」[注三]のうちの三千坪。鳥越は、東京都台東区鳥越一・二丁目。[注四]返上しろと言われれば「ありがたき仰せ」と感謝しつつ実行にうつさなければならないのが当時の幕臣。同年四月十一日の「福寿堂年録」には、

時睦、今日、居屋敷を引払て、安通が亭へ引越し居るによりて、時睦、阿部豊後守正喬が亭へ往きて、其よしを述ぶ（第四八巻・二五オ）、

とあり、兄の安通（経隆）の屋敷に同居する形で、取り敢えず居屋敷を明け渡したのがわかる。おそらく鳥越屋敷の整備が済んでいなかったためであったと思しい。そして同年五月廿六日の「福寿堂年録」に、

時睦、今日、鳥越の屋敷へ移徙す（巻四九・二三一オ）、

とあり移徙が確認できる。かくして、町子腹の二男児のうち一人は、神田橋外の屋敷（常盤橋屋敷）とは無縁になってしまったのであった。吉保が綱吉の寵愛を十二分に得て、江戸城本丸とは目と鼻の先に住していた時代とはうって変わってしまったのである。

（六）　神田橋上屋敷と霊元院

柳沢文庫の『柳沢文庫収蔵品仮目録』（財団法人柳沢文庫・昭和五十八年三月二十日発行）第一頁には、吉保関連の書・和歌・下賜品等が載る。その上段十二項に、「硯　霊元下賜品箱付　宝永六年十二月廿日　面一」とある。これによれば、吉保が霊元院より箱付の硯を拝領。それは宝永六年（一七〇九）十二月廿日のことであったということになる。しかし、宝永六年十二月とは、同年一月十日に五代将軍綱吉が薨去した年末で、その重鎮であった吉保は同年六月に正式に隠居を認められ、継嗣吉里に家督を譲った上、妻妾共々駒込の六義園に移り住んで半年後にあたる。隠居の身の吉保に霊元院からの下賜品というのは、どういう意味あいを持つのであろう。

吉里時代の柳澤家の公用日記「福寿堂年録」には、そのあたりの事情が記されている。硯一面を紹介しながら、それらの関係を明確にしておきたい。

「福寿堂年録」宝永六年十二月二日の条に、

此度の御法事によりて、正親町前大納言公通卿下向せらる、今日、其の旅館に往きぬれば、仙洞御所よりの拝領

物、短冊二十枚、硯一面を傳へらる〔短冊の題、梅遠薫は、仙洞御所の宸翰にて、其外は、公家衆寄合書也〕
（巻七・一オ〜一ウ）（〔　〕内は本来割注。読みやすいように私に〔　〕を付して一行書きにした。以下同じ）。

とある。「御法事」とは、綱吉の一周忌のこと。もっとも本格的な一周忌は翌月なのであるが、これは綱吉の霊廟が正式に完成したことを含めての、事前の法事の意味あいか、あるいは以後の法事に比し、一箇月前の法事が定例であったか。改めて報告したい。ともかくそのために正親町公通が下向して来たのである。公通は吉保側室正親町町子の実父。紆余曲折を経て、吉保側室となった町子を、兄という立場で支援し続け、柳澤家と堂上、特に霊元院、及びその歌壇との連絡役でもあったのは多く述べて来たところである（宮川葉子『柳沢家の古典学（上）―『松陰日記』―』）。右の条によると、公通が下向。吉里が「其の旅館に」赴いたところ、仙洞御所、即ち霊元院からの拝領物を手渡されたというのである。拝領物は、「短冊二十枚、硯一面」。「短冊二十枚」に関しては、後日報告することにして、本書では「硯一面」に拘りたい。

実物は章末六五〇頁の写真（硯図関連）（Ⅰ）〜（Ⅴ）を参照願いたいが、まずは（Ⅰ）の、硯が収められている桐箱の箱書に目を転じたい。そこには、

巳年／仙洞様ゟ御拝領御硯石／宝永六巳丑年十二月二日於／傳□屋鋪正親町前大納言様御渡

と見える。□は、文字の消滅で判読不能ながら、「傳」を頼ると「奏」字ではないかと思われる。つまり、箱書から推測するなら、当該硯は、巳年、即ち宝永六年、仙洞様（霊元院）より拝領の硯で、「於傳□屋鋪」、正親町公通が滞

在する武家伝奏屋鋪で、公通より手渡されたものであるという内容なのである。「福寿堂年録」にある「其の旅館」とは伝奏屋敷であった。

（Ⅱ）・（Ⅲ）が硯を上から撮影した全形である。縦二十四・六センチ、横八・六センチ。舟を型どり、舳《へさき》には中国の官人と思しき一人の男が悠々と寝そべっている。硯の裏（Ⅳ）には舳・胴体・艫《とも》の三箇所に別々の文字が刻まれている。舳（官人が寝そべる裏側）の裏には、「元童」の二文字、真ん中の胴体部分には「文皿」の大文字、更に艫の裏には四角に囲まれた「子孫宝之」の文字が各々彫られているのである。[注五] 舟の側面（Ⅴ）には波の紋様を彫り込む。そして何より興味を引くのが、舳の船縁に冠を着して寝そべる男性。太公望はよく知られる存在だが、これも同様、世俗との接点をあまり持ちたくない風情で昼寝を決め込んでいるのである。とも綱の彫り、側面の波形の彫り、更には獲物を入れるためであろう生け簀と思われる装置の各々に施されたきめ細かい細工。そして、実際に硯として機能したであろう胴体部分には、黒檀の蓋まで備わるのである（Ⅱ）。実に見事な作品と言う以外の表現を持たない。丘はかなり使い込まれて摩耗しているのが（Ⅲ）、愛用の歴史を語っている。

吉里は、父吉保の隠退を受けて、宝永六年六月に家督を相続。その年の十二月、父の側室町子の実父正親町公通と対面、霊元院からの拝領品としてこの硯を拝受したのである。吉里が家督相続した祝儀の意が込められていたのかもしれない。とするなら『柳沢文庫収蔵品仮目録』が、吉保の項に当該拝領品を分類するのは誤りで、吉里の項に移すべきであるし、「宝永六年十二月廿日」の日付も「二一日」と訂正されるべきである。

（七）　むすびにかえて

柳澤吉保は、神田橋内と常盤橋内に四万五千坪の上屋敷を拝領した。絵図を見ると、その一帯には自らの子供、女婿等の邸宅などが集結しているのがわかる。吉保の上屋敷とは、神田橋内のそれと、常盤橋内のそれとが同一化していたのであった。地続き故の利点である。

綱吉の神田御殿地を拝領、綱吉の御成御殿や家宣の新御殿まで経営した吉保の上屋敷。江戸城本丸との位置関係は、まさに目と鼻。そこに吉保が邸を構えていたからこそ、綱吉も生涯に五十八回に及ぶ御成が可能であったことも述べて来た通りである。

ただ、考察を進めてくると、本書第三章で論じる各所に拝領した下屋敷群も合わせ、それらを経営するのに、吉保はかなりな経済的負担を強いられていたであろうことも見えてくる。

そもそも参勤交代は国持ち大名達を経済的に疲弊させるのが目的であったと言われるが、参勤交代はなかった吉保。しかし多くの屋敷の経営は、参勤交代以上の疲弊を伴うものであったように思う。だからといって綱吉はそこまで計算して吉保に屋敷を下賜し続けたのではなかったであろう。上屋敷も、おもだった下屋敷、即ち六義園も待乳山も旧芝離宮恩賜庭園も、吉保を偉大に見せる道具立てであったのは事実で、そうした権威づけを求めての下賜であったと考える。

綱吉の突然の薨去により、柳澤家はあてどない不安に封じ込められた。何の目処も立っていない中での薨去であったから、まずは隠退を前提に財産整理から手をつける以外になかった。拝領したもの、預かっているものの仕分けだけでも大変である。そして、膨れあがっていた家来達の住み処の確保。次第に財政困難になって行く幕府。倹約令発布も間近に迫っているのは雰囲気でわかる。

そんな時に、吉里が家督相続するのである。しかも彼は甲斐国主として参勤交代をなさなくてはならない。江戸藩邸で起きたことは飛脚を用いてほぼ毎日のように情報が甲府にもたらされてはいたが、何かにつけ、隔靴掻痒の感は拭えなかったのが「福寿堂年録」に窺える。

吉保時代に確保されていた屋敷地も次第に返上され、様相が変わってくるのも見てきた通りである。ただ、だからといって柳澤家がこれっきりで終わったわけでは勿論ないし、学芸・文化の面での発展は、むしろ吉里時代になってからの方が活発であったとも言える。今後は、「福寿堂年録」全巻を丹念に読み込みながら、吉里時代の柳澤家を探究して行きたい。

〔注〕

一、家宣時代の勘定奉行。貨幣改鋳を行い、一時的に幕府の財政難を救うが、私利を貪ったとして新井白石の弾劾により失脚した（生没一六五八～一七一三）。

二、曾祖父忠明は家康の外孫（母が家康息女亀姫。父は奥平信昌）であったことから家康の養子となり、松平の称号を賜り、代々松平を称することになる家筋。忠雅《ただまさ》は忠明—忠弘—清照と続く清照を父に、母を安西氏に天和三年（一六八三）白河に誕生。元禄元年（一六八八）、清照が病者で嫡を辞したため、祖父忠弘の継嗣となる。同四年（一六九一）三月、九歳ではじめて常憲院殿（綱吉）に御目見。同五年（一六九二）十二月、襲封。同九年（一六九六）十二月、従五位下下総守に叙任。同十三年（一七〇〇）正月、山形をあらため備後国福山城をたまい、宝永元年（一七〇四）十二月、従四位下に昇る。同六年（一七〇九）十月、家宣の御代、禁裏造営を助け務め、行宮に参内。暇申《いとまもうし》の時、「古今集」などを勅賜されている。同七年（一七一〇）閏八月、福山を改め伊勢国桑名城に移され、溜詰となり、同年十二月侍従に進む。正徳三年（一七一三）、有章院殿（家継）の将軍宣下（四月二日）につき、同月七日、御使として京都にいたり、五月十二日参内、龍顔を拝し、天盃を賜い、新女院より熨斗鮑を賜る。同月十八日、暇申の時、仙洞御所より勅製の薫物、新女院より紅白の巻衣や香などを拝領。閏五月、勅許により少将に任ぜられる。延享三年（一七四六）六月二十日卒す。享年六十四歳。ここで「福寿堂年録」の正徳三年三月晦日の記事を思い出したい。時睦に常盤橋の屋敷を返上するよう言い渡されたのは、松平下総守忠雅がそこを上屋敷として拝領することになったからというものであった。そして、その二日後の四月二日に家継に将軍宣下が下り、七日には忠雅は幕府の使いとして京都に赴いているのである。家継時代の参謀として家筋からいっても期待されていたらしい忠雅。その上屋敷は、どうしても江戸城近くに手配されなくてはならなかったらしいのが窺えるこの度の召し上げであった。

三、福井松平家。以下は『徳川諸家系譜第四』（斎木一馬・岩沢愿彦・戸原純一校訂、昭和五十九年十二月・続群書類従完成会）による。元和元年（一六八一）正月十二日、分家の松平昌勝六男として江戸に誕生。元禄十四年（一七〇一）、松平昌親（吉品）の養子となる。因みに養父吉品は、宝永七年（一七一〇）七月、致仕し鳥越邸に移り、同年八月には福井に移り、正徳元年（一七一一）九月、福井において逝去する。付け加えるなら、吉品の父綱昌の項にも「貞享三年（一六八六）閏三月六日依病蟄居于鳥越邸」とあり、鳥越邸は福井松平家の江戸屋敷として機能していたのが偲ばれる。さて吉邦、元禄十四年十二月、叙従四位下任大炊頭、昌邦と改名。宝永元年（一七〇四）十月、綱吉より諱の一字を拝領、吉邦と改める。同年十二月任侍従。同七年七月家督相続。正徳四年（一七一四）十二月任左近衛権少将、伊予守に改める。享保五年（一七二〇）六月、河北十万三千石を仮知行。同六年十二月、福井において逝去。在職十三年。ここに知られるのは、時睦が代替地として拝領した鳥越の地は、歴代の福井松平の江戸屋敷の一部。常盤橋屋敷から見ると、江戸城からの距離に鑑みてもいささか下落の感があるのは否めない。

四、ＪＲ総武線浅草橋駅から真北に数百メートル行った地点。鳥越神社の祭神は日本武尊・天児屋根命・徳川家康。日本武尊が東国平定の道すがら、当時白鳥村と呼ばれていたこの地に滞在。村民が威徳をしのび白鳥明神として奉祀したのを起源とする。

五、篆刻文字の解読にあたっては、淑徳大学小川博章氏にご教示を得た。氏によれば、「子孫宝之」は「子孫これを宝とせよ」と訓《よ》み、「文皿」は「硯の意か」、「元童」は人名かとされた。

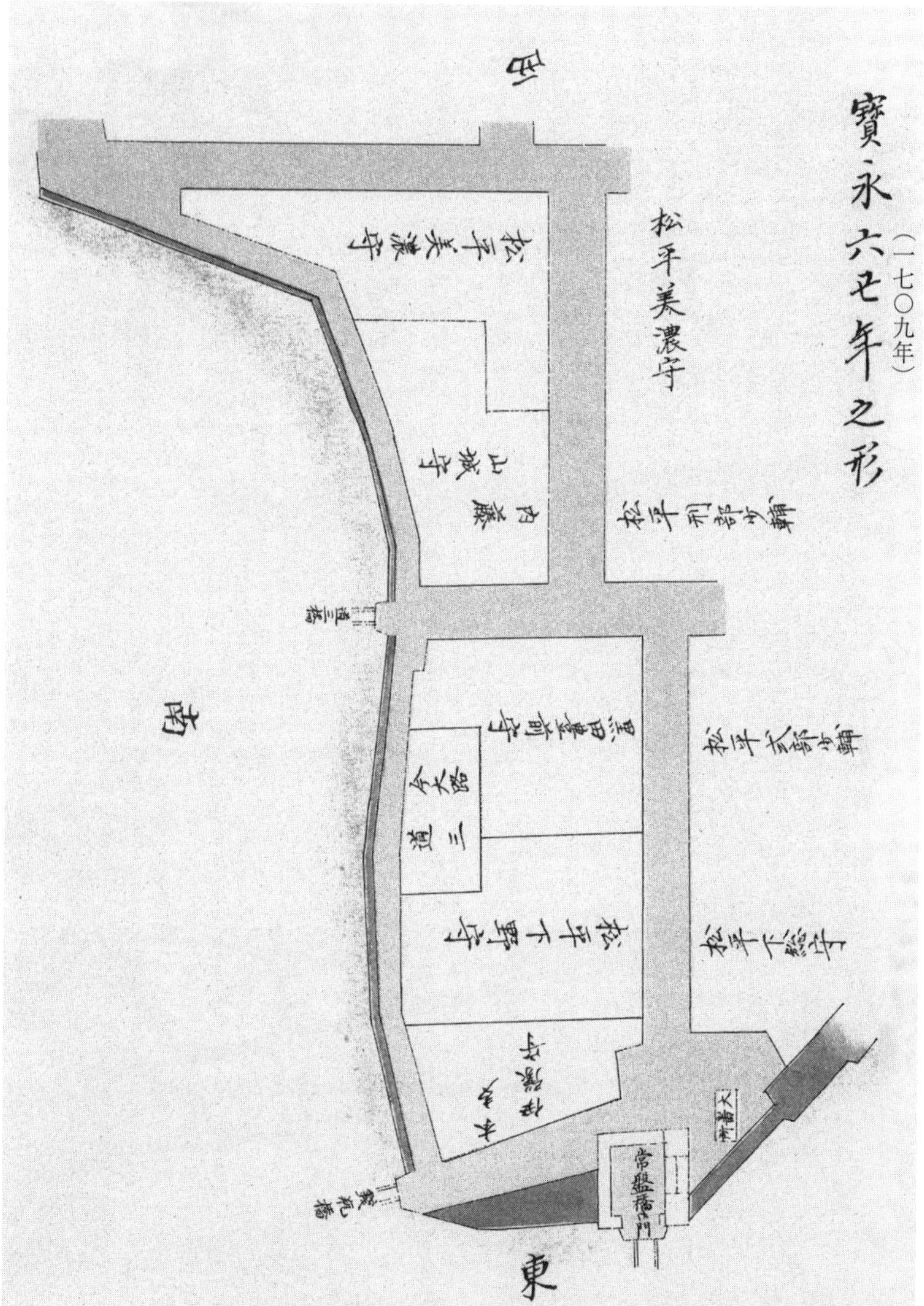
寶永六己年之形
（一七〇九年）
西
松平美濃守
松平美濃守
内藤山城守
松平刑部少輔
黒田豊前守
今大路道三
松平式部少輔
松平下野守
松平下総守
南
東

〔絵図Ｉ〕

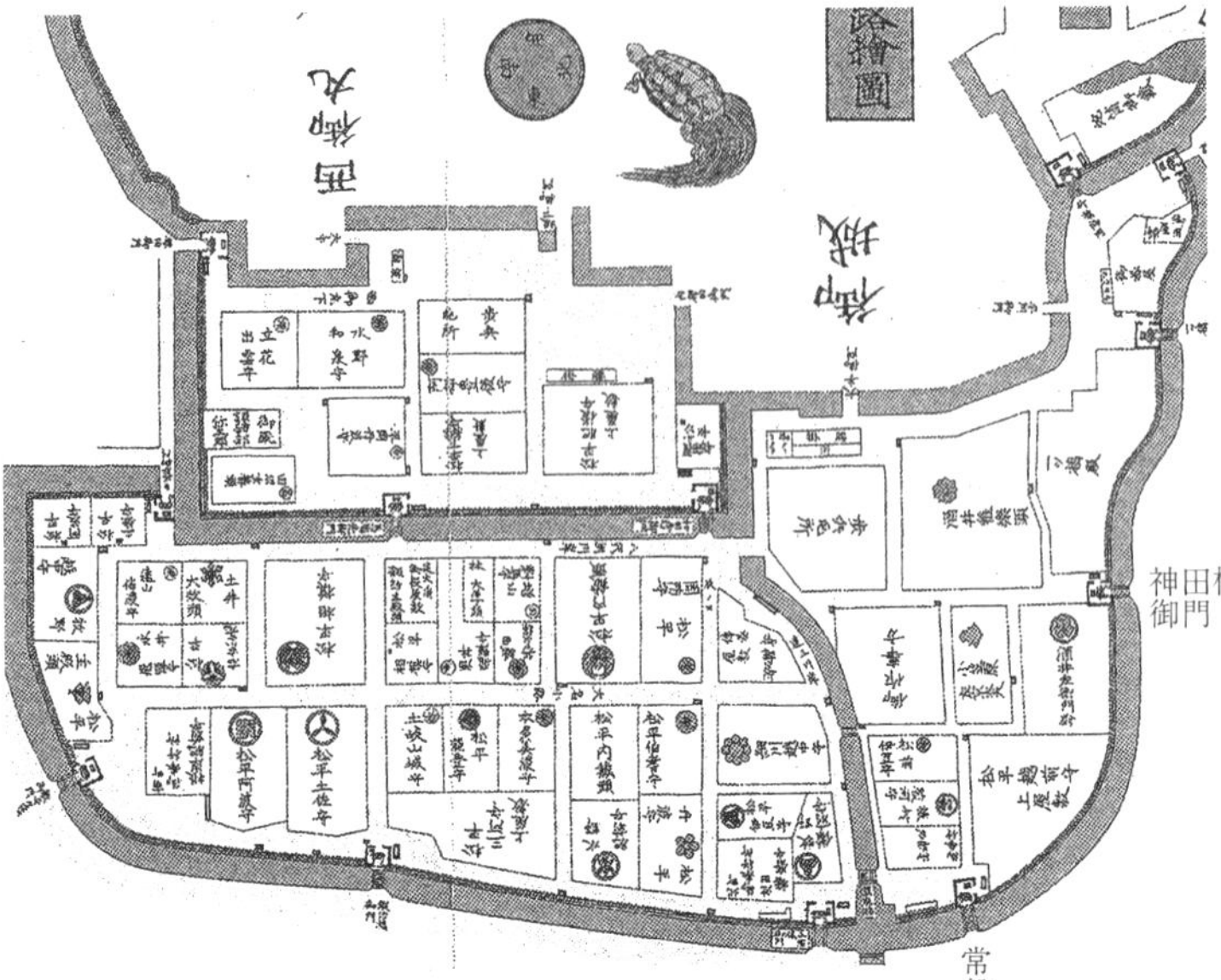

御曲輪内大名小路絵図（一八六五年／部分）

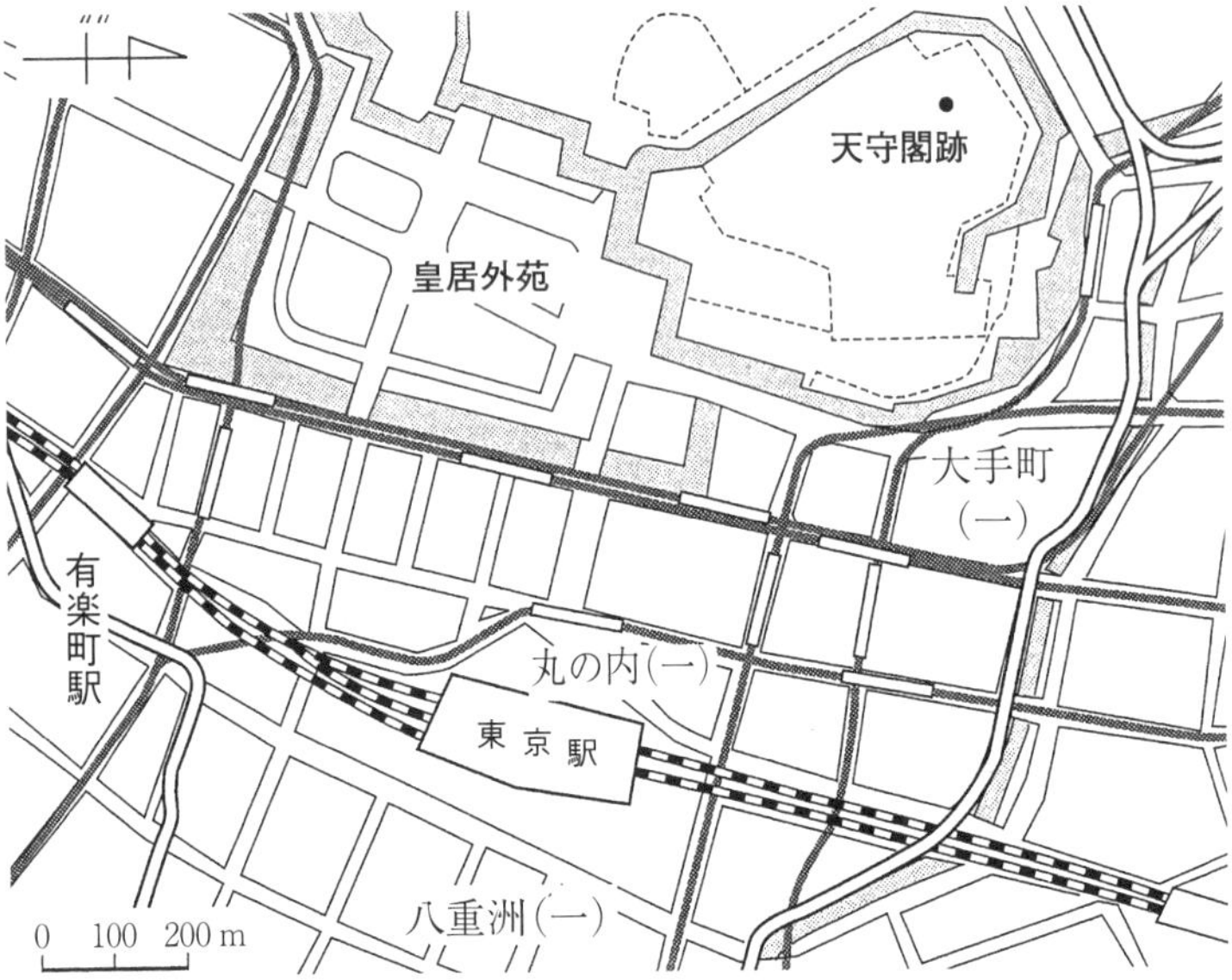

千代田区大手町、丸の内周辺

〔絵図II〕

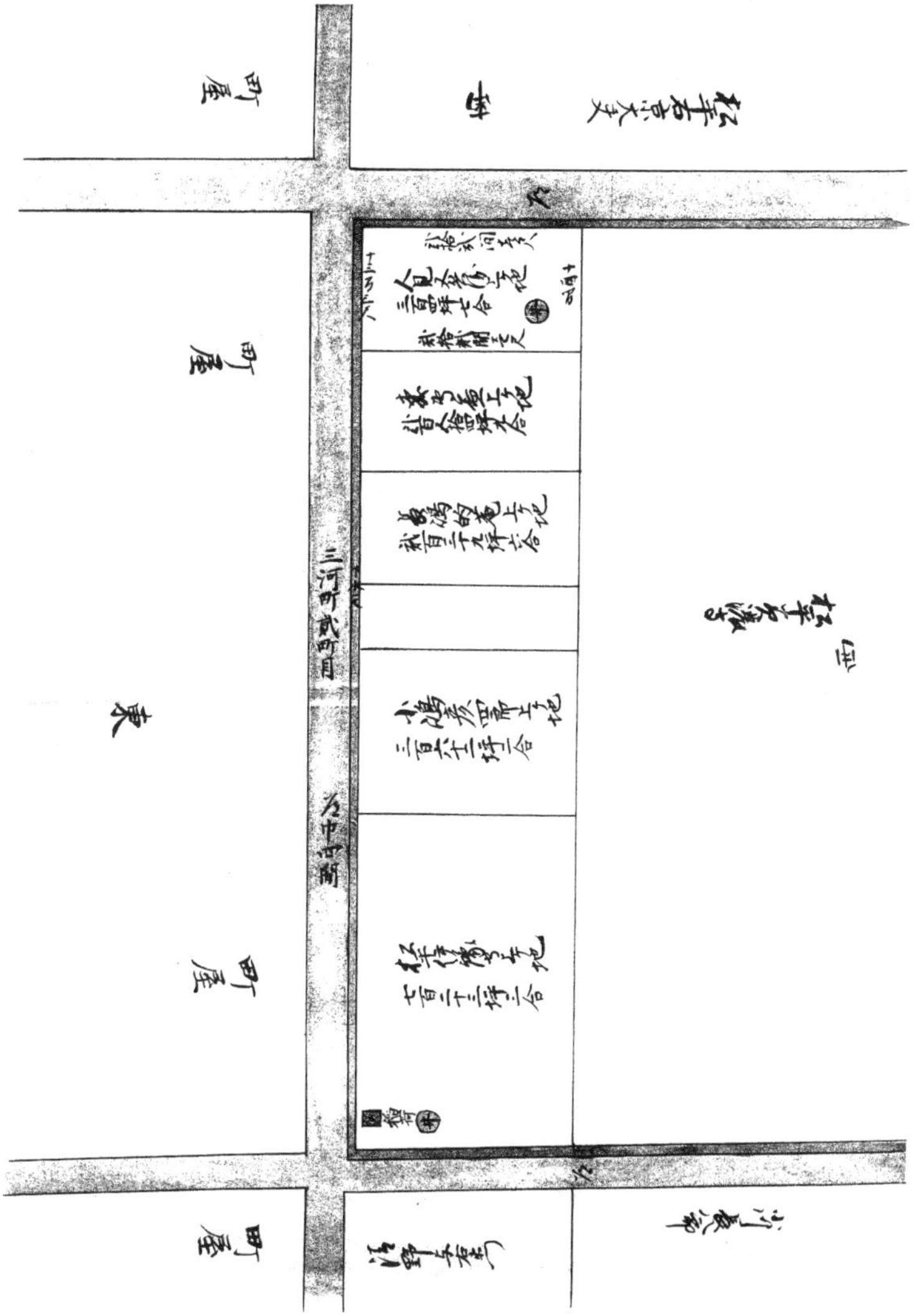

〔絵図III〕

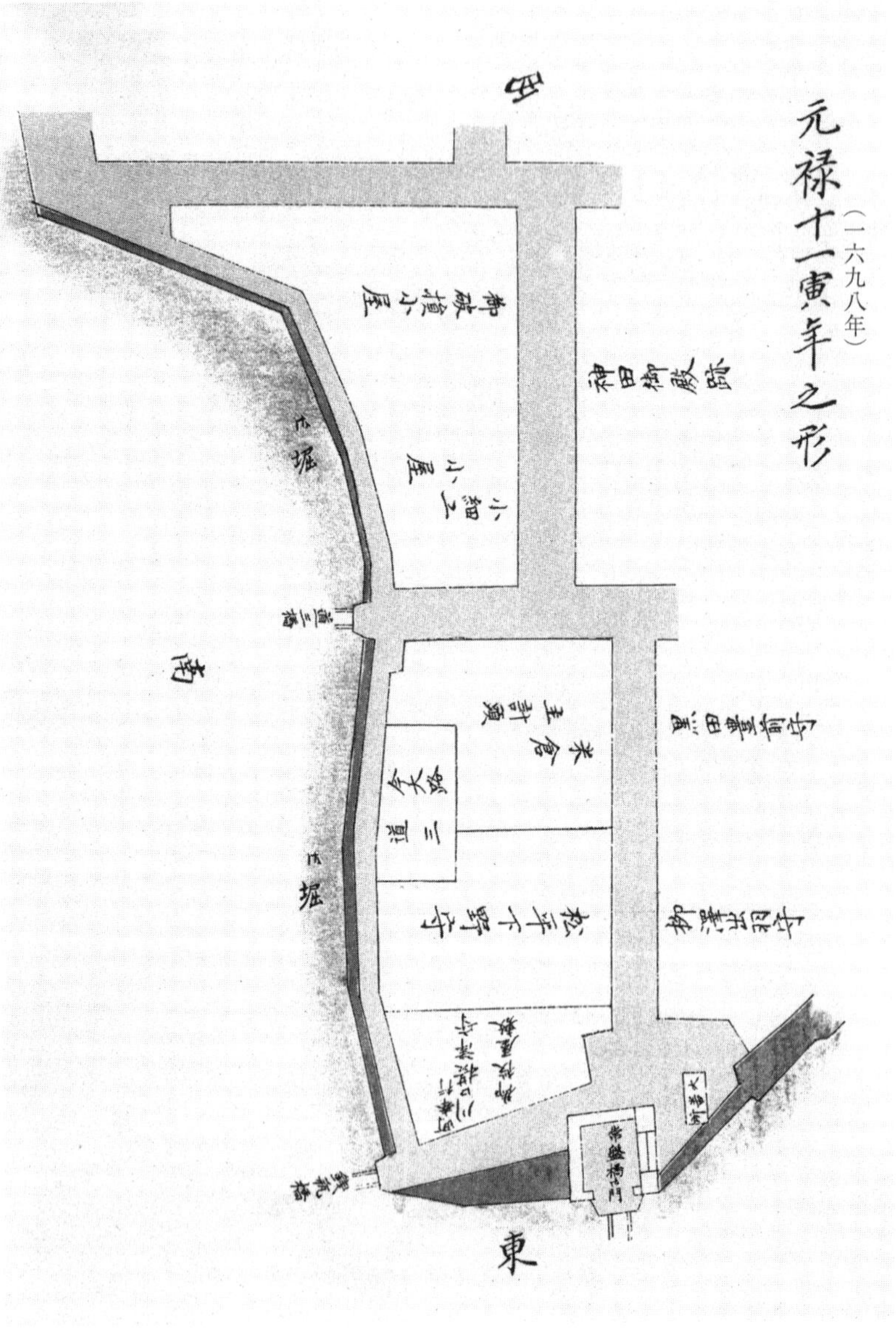

〔絵図Ⅳ〕

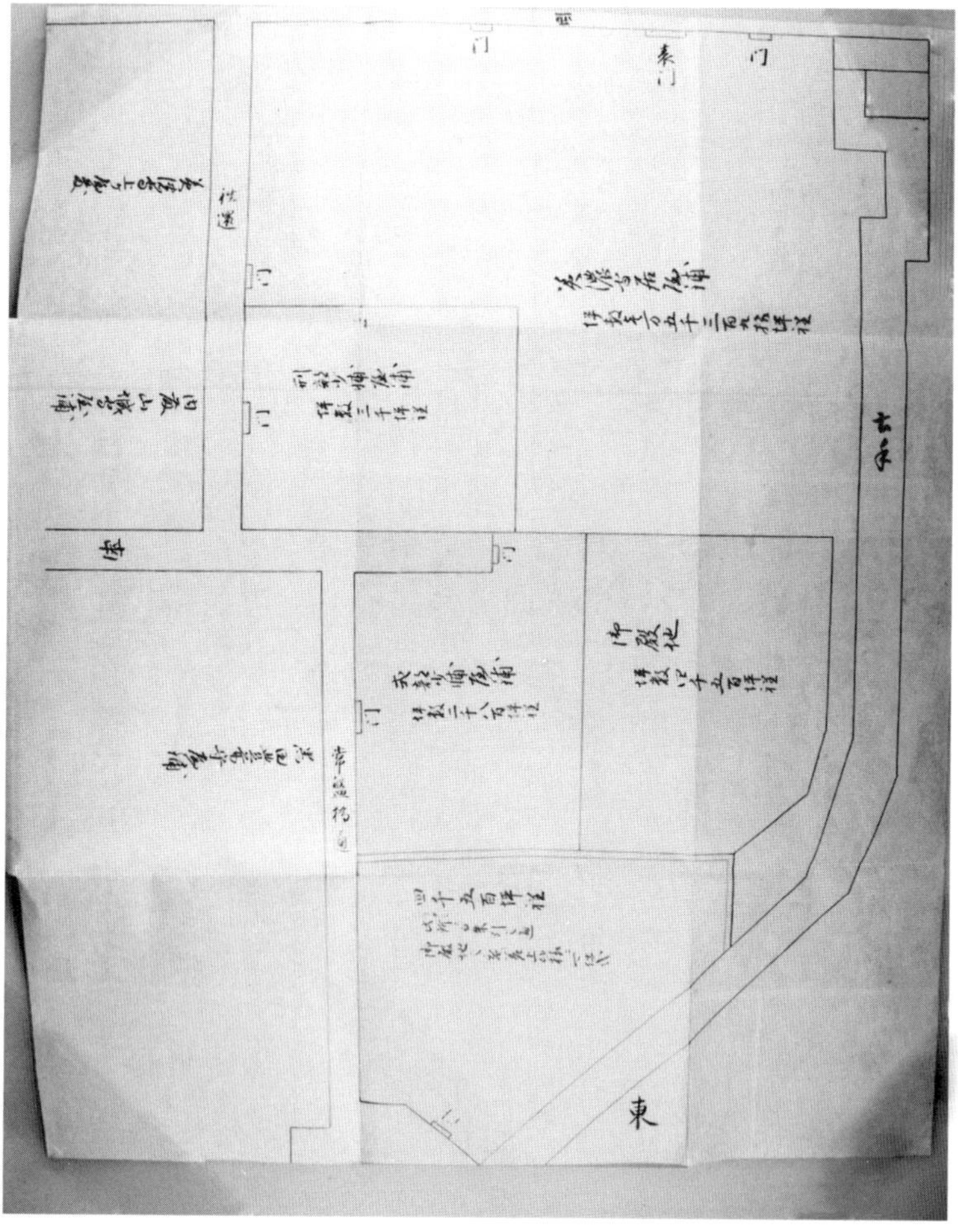

〔絵図Ⅴ〕

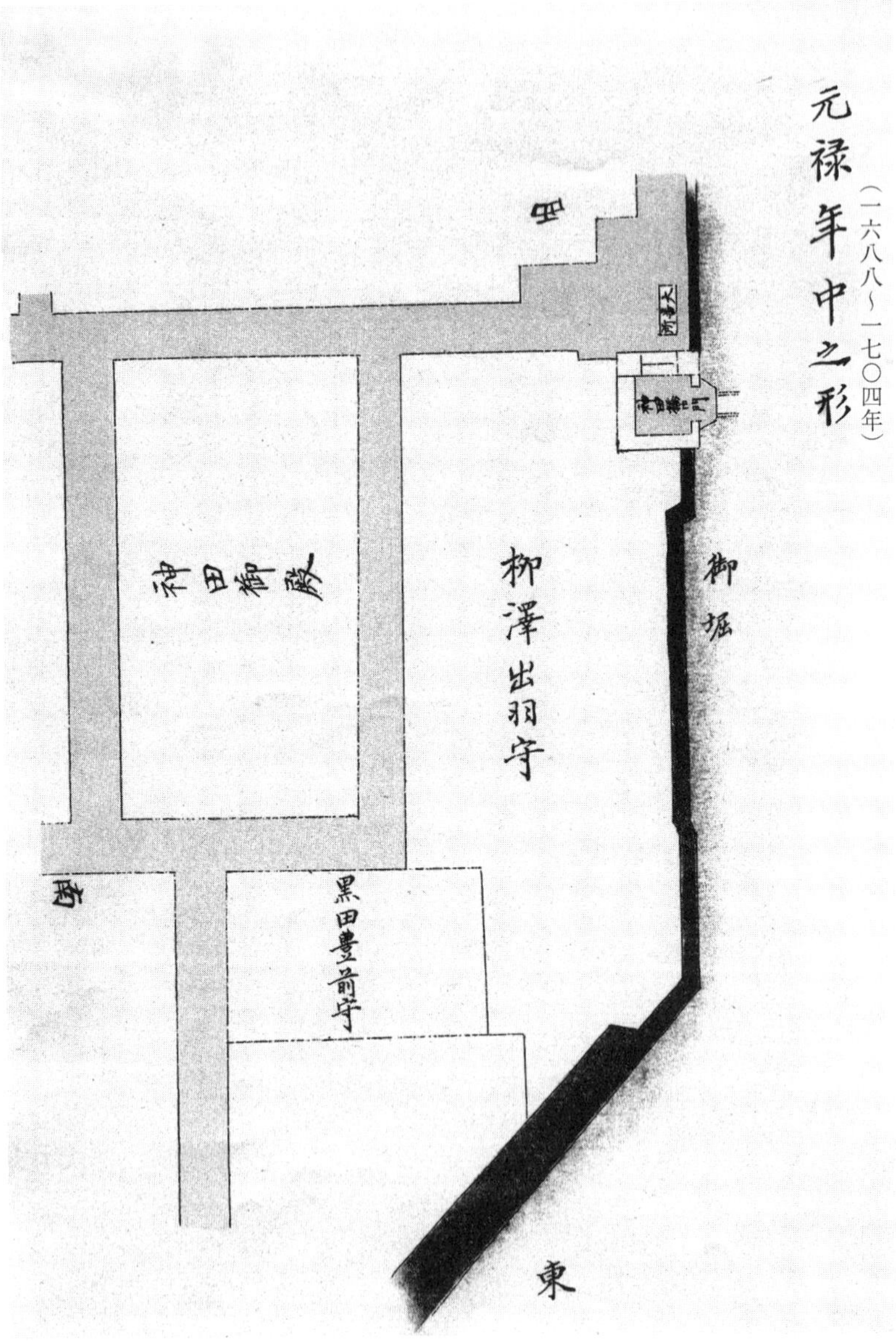
元禄年中之形
（一六八八～一七〇四年）
柳澤出羽守
神田御殿
黒田豊前守
御堀
東

〔絵図VI〕

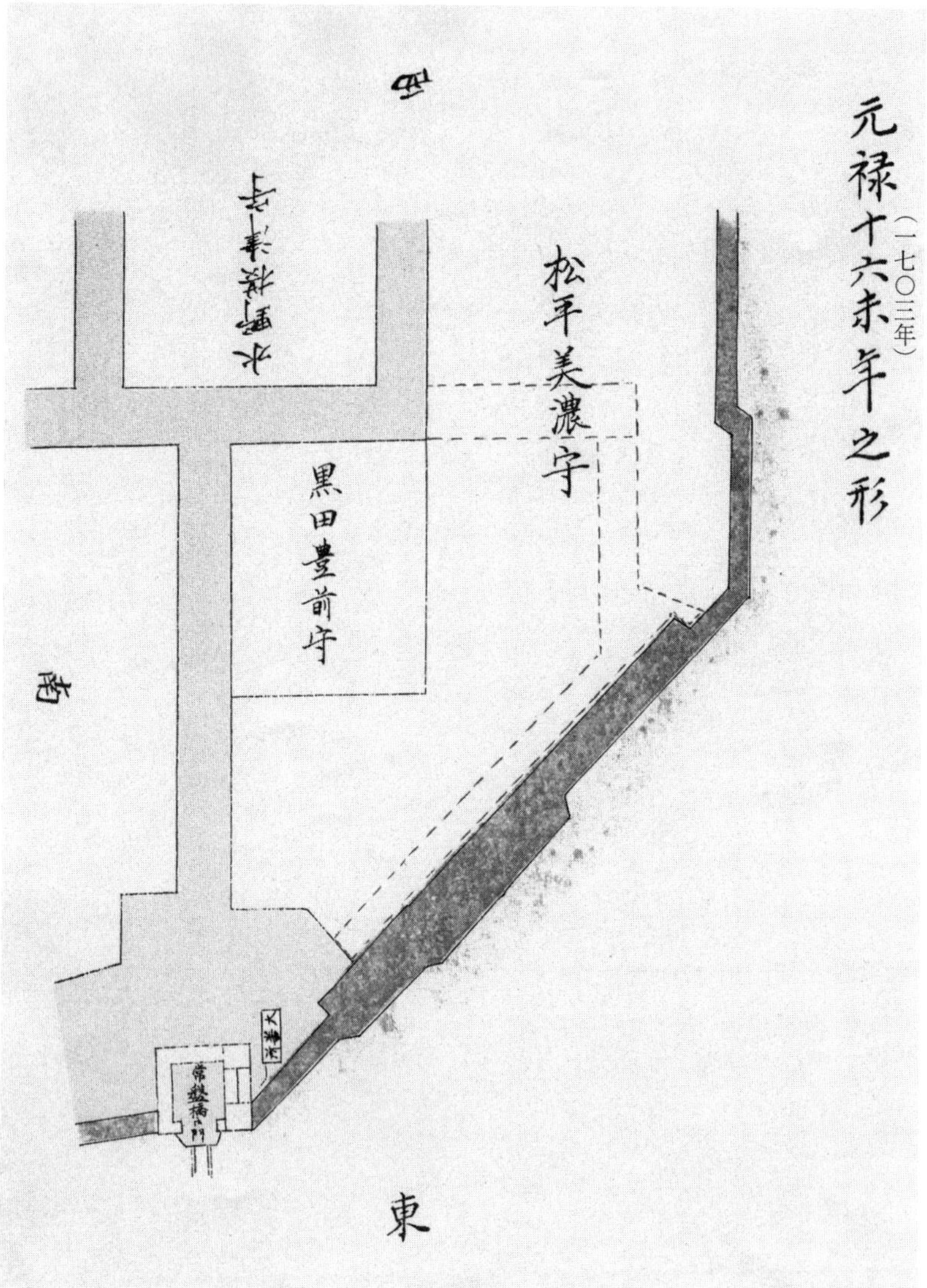

〔絵図VII〕

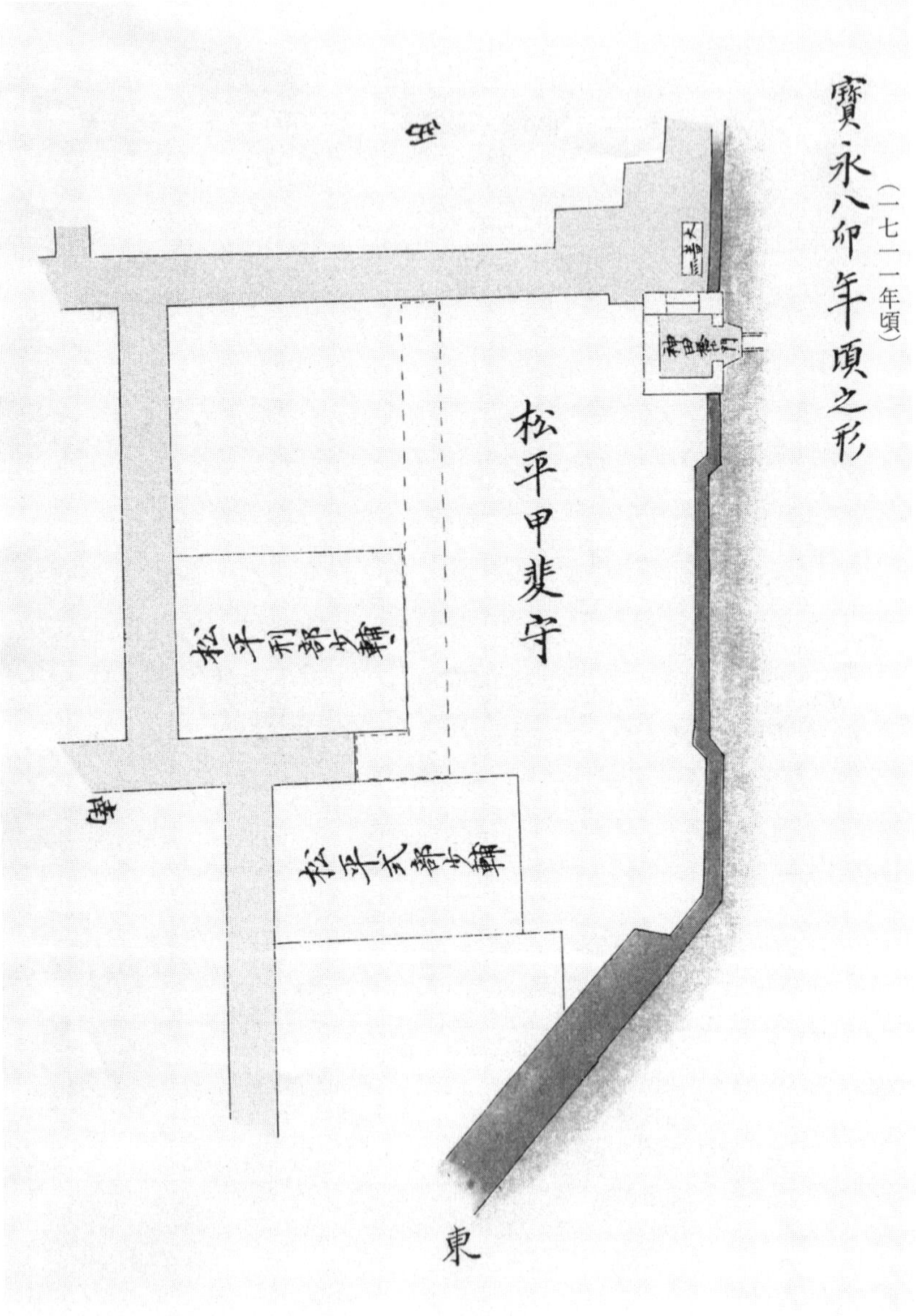
寶永八卯年頃之形
(一七一一年頃)
松平甲斐守
松平刑部少輔
松平式部少輔
東

〔絵図Ⅷ〕

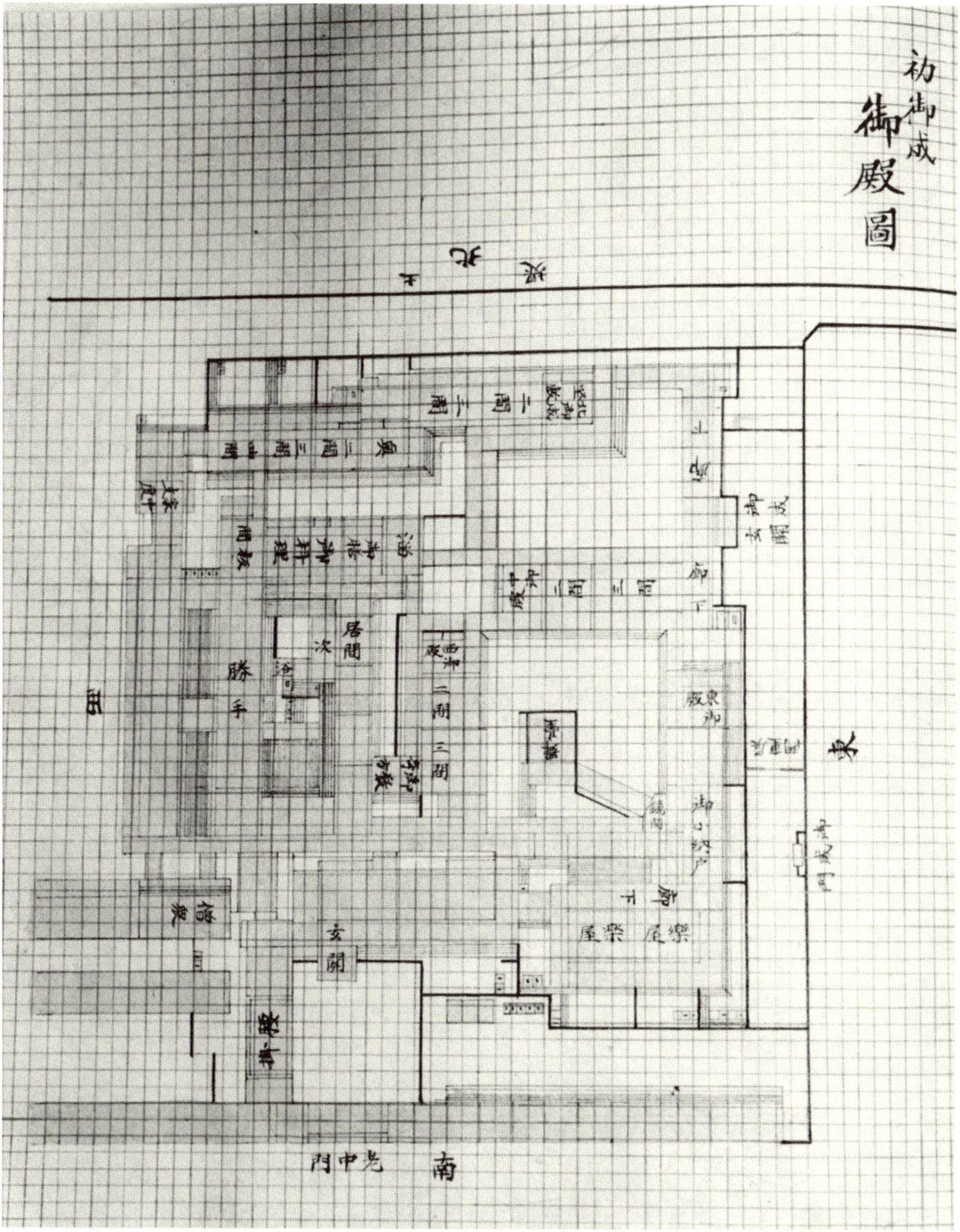

御成御殿図（あ）・元禄４年３月

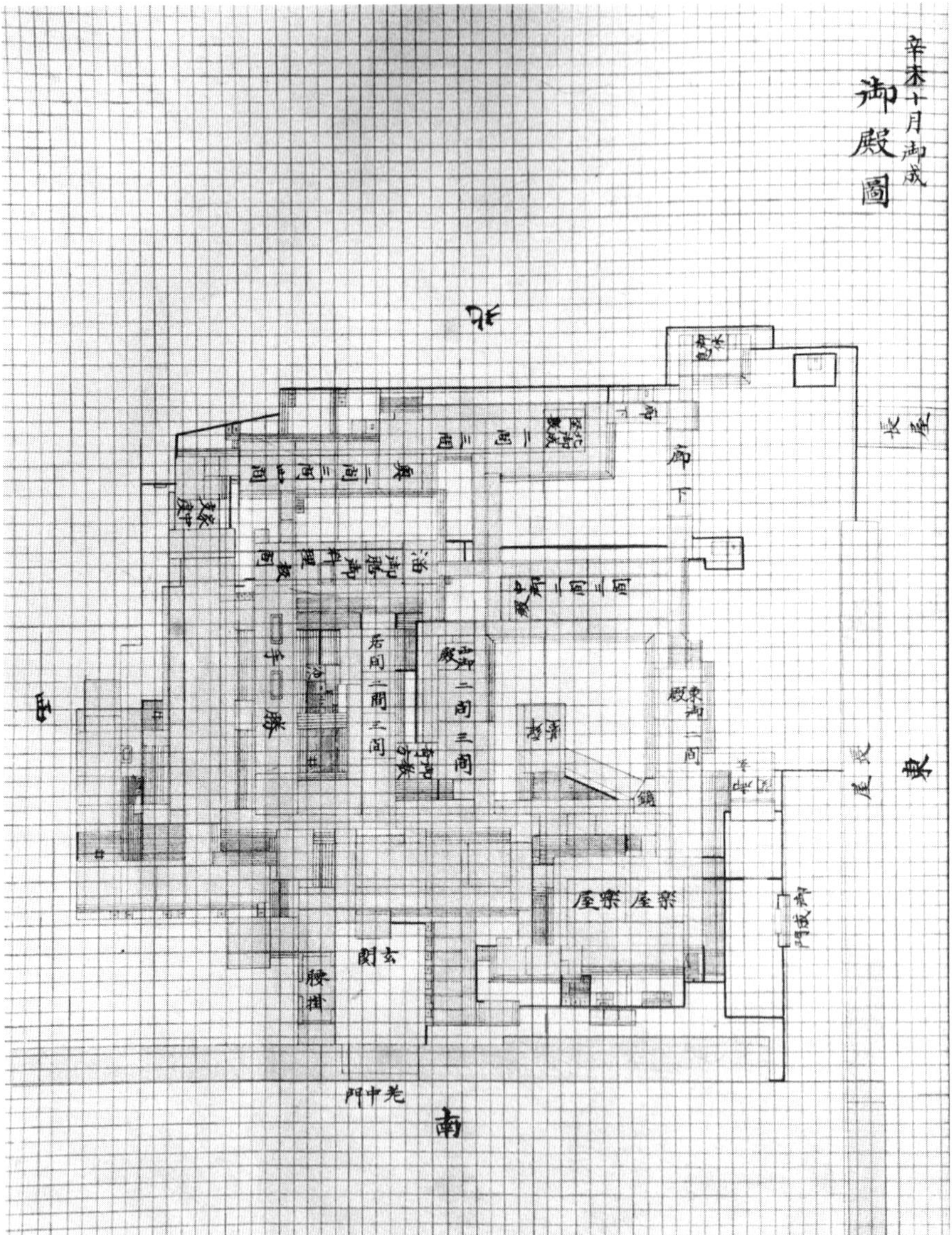

御成御殿図（い）・元禄４年10月

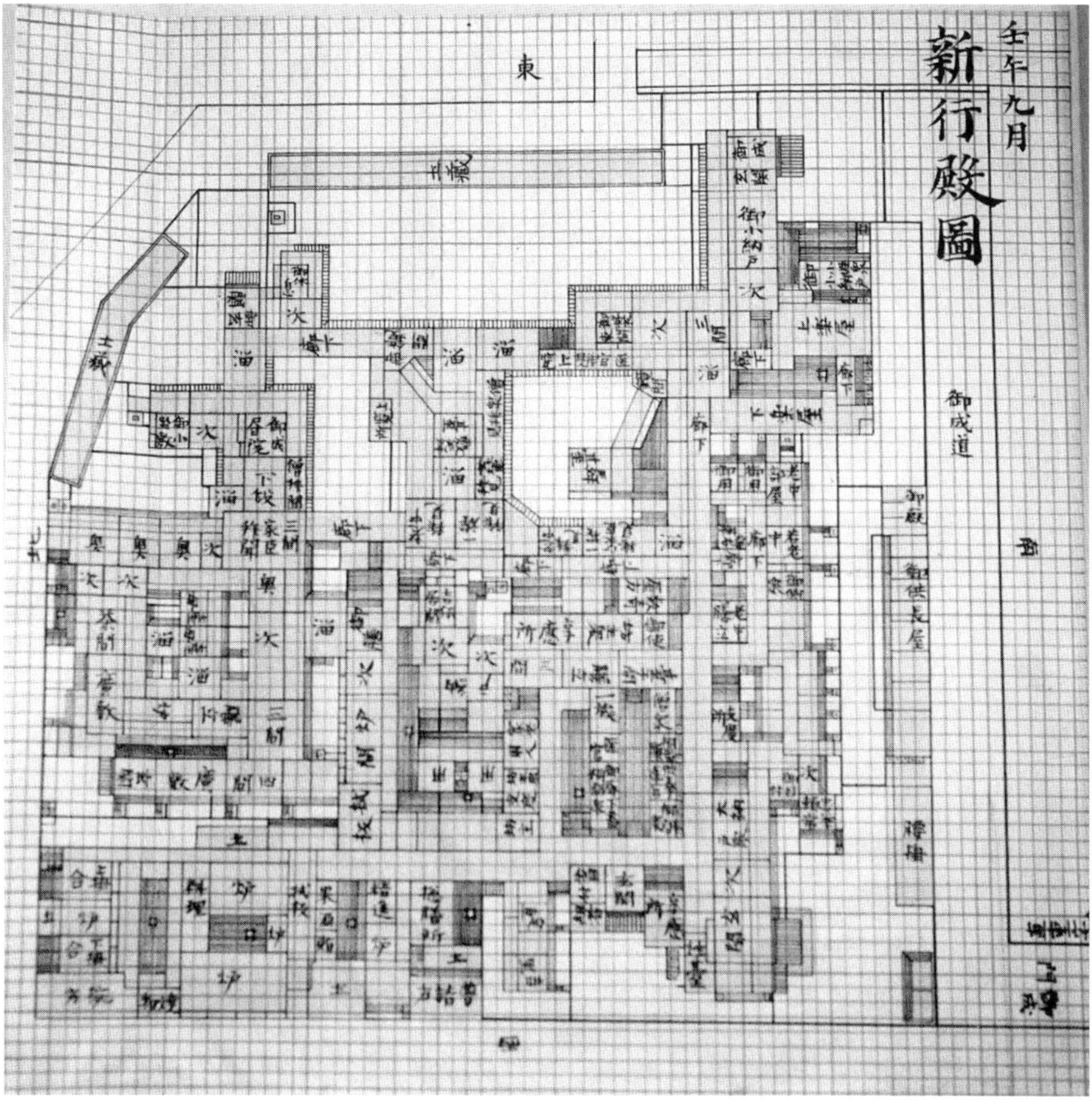

御成御殿図（う）

Ⅰ

Ⅱ

Ⅲ

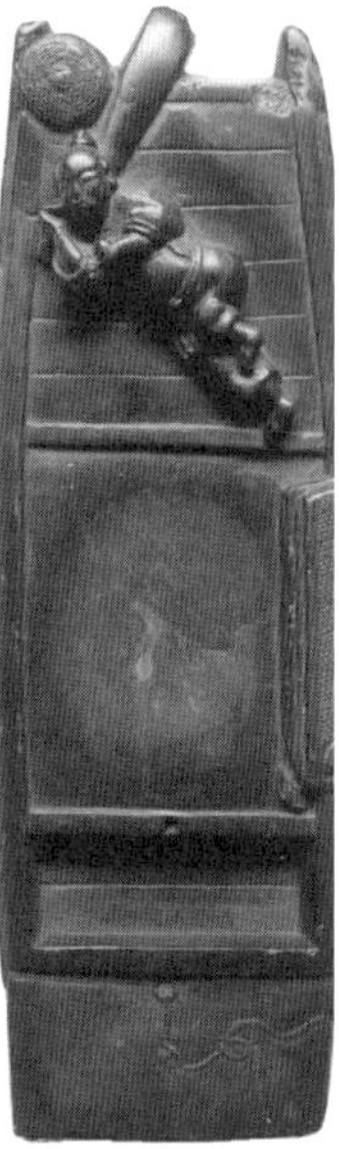

Ⅳ

Ⅴ

〔硯図関連〕

第三章　下屋敷 ――茅町屋鋪と芝の屋鋪――

はじめに

柳澤吉保はその生涯において、十三箇所の下屋敷を拝領した。吉保時代の公用日記『楽只堂年録』[注一]全巻をたどる時、それらの場所、環境、面積、拝領の経緯等、実に多彩であるのが知られる。

上屋敷（本邸）経営の一方で、災害時の避難場所や別荘としての機能を託されていた下屋敷。本稿ではそのうち、茅町《かやまち》と芝の屋鋪《やしき》の二箇所を論じたい。両所共に従来吉保との関連が論じられることはなかったからである。

吉保の下屋敷として名高いのは駒込の六義園。ここは吉保が和歌の精神を取り入れ作庭した広大な庭園を持つ下屋敷中の下屋敷で、吉保終焉の地でもあった。現在もその庭園部分が国の名勝として確たる地位を保持している。しかし、そこ以外に吉保の遺構があるのなら、見過ごすわけにはゆかない。吉保の人物像と文化環境を知る貴重な存在だからである。

ところで稿者はこのたび『楽只堂年録』の全巻翻刻を試みた（出版は順次、注一参照）。柳沢文庫に残る一級史料を、一字一字読み解く地道な作業を通してこそ得られた事実の大きさ。それは研究の初歩の初歩ながら、改めて常道の強みと大切さを思い知らされたのであった。加えての実地踏査。その上で、下屋敷に焦点を合わせて試みたのが本章である。なお、六義園については同類の下屋敷ながら、論ずることも多く、第二部第一章に別稿を立てた。

本章の構成は、第一節で茅町の屋鋪、第二節で芝の屋鋪を論じる。各節には項を設け、それぞれに小見出しを付けた。また〔注〕は各節の末に置き、そこに引用した幕臣の略歴は、『新訂寛政重修諸家譜』（続群書類従完成会・平成元年第六刷）によった。

〔注〕

一、本書各所で述べて来たが、全二二九巻からなる長大な記録。柳沢文庫には、現在三種類の『楽只堂年録』が蔵される。二本は和文体、一本は漢文体で、内容に差異はない。しかし和文体の一本は、完本であること、格調高い体裁であること、冒頭に押された印の状況等を勘案し、これを底本とした。但し首巻から一九四巻までのサイズは、縦二九・八センチ、横二一・八センチであるのに対し、一九五巻以降最終巻までは、縦二七・一センチ、横一九・八センチと若干小型化している。これは漢文体にも指摘できる。そこには編集のあとが疑われ、仮にそうなら記事の真偽も気になるところであるが、別本の発見等、将来何かの変化があるまでは、底本とした和文体の一本を最善本として扱っておく。なお、平成二十三年七月から、宮川葉子校訂で『樂只堂年錄』全巻の翻刻が、史料纂集古記録編として八木書店より九冊本として順次刊行中である。

第一節　茅町の屋鋪

（一）　本所の屋鋪

元禄六年（一六九三）六月十一日の『楽只堂年録』（以下『年録』と略）に次のようにある。

本所にて屋鋪を拝領す、坪數六千五百七十坪也（一四四頁）、

本所《ほんじょ》の名は、現在の墨田区本所一～四丁目注一と、吉良義央《きらよしなか》下屋敷跡として名高い本所松坂町公園、及びそのすぐ側の本所警察署に残るが、江戸期の本所は隅田川東岸の宏大な地域を指していたから、吉保の言う「本所」の特定は難しい。ともかくその屋鋪は、三日後の六月十四日に受け取られた（同上）。ところがさらに四日後の六月十八日には、

本所の拝領屋敷を、萱町にて、本多出雲守政利が屋敷と引替て拝領す（同上）、

とあり、拝領して一週間足らずで本多政利注三の「萱町《かやまち》」の屋敷と交換しているのである。実際の引き渡しは、六月廿一日。

萱町の拝領屋鋪を請取〔坪數、壹万四千百二十七坪〕（同上。〔　〕内は本来割注。読みやすいよう私に〔　〕を付して一行書きにした。以下同じ）、

とあって確認できる。本所の屋敷は「坪數六千五百七十坪」であったのが、萱町は「壹万四千百二十七坪」。単純に比較しても二倍以上、吉保に利がある。政利の気持ちや如何にと忖度したくなるが、その点に関しては六六一頁・注三を参照願いたい。翌廿二日の『年録』には、

覺彦比丘、萱町下屋鋪の加持を執行ふによりて、糒十袋、昆布一箱を贈る（同上）、

とあり、早速覚彦《かくげん》比丘に加持を執り行わせている。覚彦は、既述の通り吉保の私邸に関わる加持――建物の安鎮地鎮であったり、屋敷地内への稲荷や毘沙門の遷座などに際してのそれ――を一手に引き受けていた霊雲《れいうん》寺の比丘である。

（二）　萱町の屋鋪

では萱町の拝領屋鋪の位置はどこにあたるのか。『年録』に「浅草茅町」と表記されるので、浅草付近であろうとの見当がつくのであるが、結論から言うなら、現在の聖天《しょうでん》[注四]が祀られる台東区浅草七丁目（浅草寺の東北）の待乳山《まつちやま》であると考える。それを証するのが『松陰日記』[注五]十三段「山さくら戸」（元禄十五年春から夏に至る記事を収録）に載る、公辨親王の御成の記事。そこには、

　この日〔私注・三月十九日〕、上野《の》、宮を別業におはしまさせ給ふ。「夕こえ暮《く》れて」と詠《よ》みけん待乳山《まっち》の辺《わた》りにて、隅田川《すみだ》などたゞ此前《まへ》に流《なが》れたり〔四八六頁〕。

とある。

　待乳山は「隅田川の眺望がよく、安藤広重は、「待乳山上見晴の図」で山頂から臨む江戸市街を、「雪景之図」では、白銀に包まれた待乳山と今戸橋、さらには隅田川に浮かぶ舟などを向島方面から眺めて描く。江戸時代の名所の一つであった」〔『松陰日記』四八八頁〔注釈〕五〕。

　一週間ほど拝領しただけの本所屋敷の様相は知る由もないが、それと交換で拝領した萱町〔茅町〕のそれは、面積が二倍以上になっただけのみならず、景勝の地でもあったのである。

　覚彦比丘に加持をさせた後、吉保が茅町の下屋敷の整備にかかっていたのは、『松陰日記』の記事〔四八六〜七頁〕に推測されるのであるが、右公辨親王招請〔元禄十五年三月十九日〕に至るまでの、当地の変遷を『年録』に辿っておこう。

〔三〕　待乳山屋鋪

　茅町の下屋敷を拝領して約五年後にあたる元禄十一年〔一六九八〕三月十五日、『年録』に、

　　茅町の下屋敷の地つゞきにて、二百七坪の地を添て拝領し、今日請取る〔五四巻・九ウ〕。

とある。本多政利と交換した時の面積は、壱万四千百二十七坪。その地続きに、「二百七坪の地を添て拝領」したのであるから、惣坪数は一万四千三百三十四坪にのぼる。現在の待乳山の面積は極めて狭く[注六]、一万数千坪にはるか及ばないが、吉保が拝領した当時の待乳山は相当な面積をほこり、景色も良いとあれば下屋敷としてうってつけであった。特に吉保は、水辺のこの下屋敷を気に入っていたと思しい。というのも、六義園はあくまで内陸。中央に大きく池を配し、玉川上水の支流から水を堰《せ》きいれてはあっても、天然自然の水辺ではないからである。それが「隅田川などたゞ此前に流れ」（前引『松陰日記』）る小丘陵など、そうそう得られるものではない。

吉保は定府であったから、川越城を拝領し、城下に多福寺や多聞院を建立しても、出かけていって実際に見ることは叶わなかった。最高の権力者になっても、そうした自由な外出は難しかったのである。このあたり、後に吉里が甲斐守として甲府と江戸を参勤交代。道中の風物を「甲陽驛路記」[注七]に、任国内の巡見を「やよひの記」[注八]にまとめたりする機会があったのとは立場を異にしていた。そうした吉保の心を慰め、日帰りで足を運ぶことが出来るのが、自ら設計した六義園と、隅田川が下行く待乳山ではなかったか。

ほぼ同時代、全国を行脚できた俳聖松尾芭蕉、反体制精神を胸に秘めながらも古典の世界に自由に遊んだ戸田茂睡[注九]がいた一方で、吉保のこうした不自由さは、政府高官になり登った故の一種悲哀でもあった。

（四）　茅町屋敷の焼亡

ところが元禄十三年（一七〇〇）二月六日、『年録』に、

今日、下谷[注一〇]黒鍬町[注一一]より出火して、吉保が浅草茅町の屋敷焼亡す（七一巻・五オ）、

とあり、その焼失が知られる。焼け地が気に掛かるところであるが、同じ月の廿九日には、

今月、茅町の屋鋪を検地して、二百五十二坪八合を打出す、都合、壱万四千五百八十六坪二合なり（同巻・四五ウ）、

とあり、検地（土地の測量調査）が知られる。結果「二百五十二坪八合」を打出し、「都合、壱万四千五百八十六坪二合」になった。検地により捻出できた土地は、総面積からすれば一・八パーセント弱ながら、現代の庶民の目からするなら疎《おろそ》かにできない面積である。そして検地をしてまで彼地にこだわったのは、吉保が余程気に入っていたのを類推させる。早速再建が進められたと思われるが、茅町の記事は公辨親王招請まで待たなくてはならない。

（五）　公辨親王招請と石壁構築

すでに『松陰日記』巻十三を引用しつつ述べたところであるが、元禄十五年（一七〇二）三月十九日の『年録』に、

日光御門跡公辨親王を、茅町の別墅に招請す（九七巻・二一オ）、

とあり、公辨親王の御成が確認できる。この時の「茅町の別墅」がいかに風雅に富むものであったかは、『松陰日記』を参照願いたい（四八九頁）。

さて、公辨親王を迎えた同じ月の廿四日、『年録』には、

稲葉丹後守正通[注一二]、下知して云、吉保が茅町の下屋敷、石壁を築き出して、松平日向守重賢[注一三]が宅と同じ様にすべしと云々（九八巻・二四ウ～二五オ）、

とある。茅町の下屋敷に石壁を築くべく綱吉の命が下ったのである。恐らく先年の焼失（本節（四））を教訓に、火に強い壁を回らすようにという意味合いであったのであろう。

ここで想起されるのが、現在の聖天に残る築地塀である。案内板には「築地塀　江戸時代の名残りをとどめる唯一のもので、貴重な文化財である。全長二十五間（四五・五メートル）。広重の錦絵にも描かれている」とのみあり、誰が築いたとも記されていない。そこで本章末六八〇頁の吉保遺構の石壁〔写真1〕を参照されたい。石壁は瓦を横に何層にも積み重ね、間を漆喰で塗り固めた築き方で、上には瓦屋根が重々しく載っている。高さは二メートル、厚さは最大で七十センチほどである。小高い丘陵の段差を丁寧に考慮して築かれており、荘厳な雰囲気を持つ[注一四]。

（六）　能見松平家

では何故この時点で綱吉は石壁を築けと命じたのか。それもなぜ「松平日向守重賢が宅と同じ様に」しなければならないのか。

前項注一三に述べたように、松平重賢は正保三年（一六四六）生まれであったから、吉保より十三歳の年長。だがその生涯は華々しいとはお世辞にも言えない。元禄七年（一六九四）に五十歳で奏者番[注一五]になり、同九年には五十二歳で寺社奉行を兼ねるあたりまでは何とか来たものの、同十五年（一七〇二）、五十九歳の折に両職とも免職になり、帝鑑間から雁間へと降格。以後、約二十年間無職のまま生涯を終わるのである[注一六]。『新訂寛政重修諸家譜』には免職の裏

に何があったかは辿れないが、もう少し出自の面から考察してみよう。

重賢は能見《のみ》松平家の出身。当家は、家康の祖父清康《きよやす》の曾祖父親忠《ちかただ》の弟光親を祖とする家筋。三河国額田《ぬかだ》郡能見《のみ》に住したことからの称。生母の父松平康信《やすのぶ》は形原《かたのはら》松平家の出身。当家は能見松平家より一代前、即ち親忠の父親信光《のぶみつ》を祖とする家筋。父方も母方もが先祖を家康と同じうする名門旧家なのである。それでも何代か経つうちには、徳川将軍家と一介の松平の分家の間には格差が生まれてしまったということなのであろう。藤原北家冬嗣を共通の祖先にしながら、道長と紫式部の父為時では、摂関家と受領という大差が生じてしまっていたのが想起される。

さて、石壁を築くよう稲葉正通の下知を得た元禄十五年三月を遡ること約半年。元禄十四年（一七〇一）十一月二十六日、綱吉は吉保邸に御成。吉保・吉里には松平の称号と、綱吉の諱の一字「吉」を、町子腹の二男児にも松平の称号が与えられ、以後、一族と認めるとの懇ろな仰せも得ていた。名門旧家の重賢と、俄に松平の称号を与えられて一族に列した柳澤家に、松平家としての歴史の重さに差があるのは誰の目にも明かであったにもかかわらず、綱吉はそれを無視したのではあるまいか。それこそが「松平日向守重賢が宅と同じ様に」石壁を築けの意味するところであったと考える。吉保には松平家に相応しい石壁の存在が必要だということなのである。

一方、「重賢が宅と同じ様に」ということは、それをモデルにせよということであるから、重賢の邸宅には重厚な石壁が築かれていたことになる。もっとも「重賢が宅」の「宅」は、上屋敷か下屋敷か俄には判断がつかない。しかし、重賢の出世ぶりに鑑みる時、各所の下屋敷の存在は想定しにくく、ここは本邸か。とするなら、重賢の本邸に築かれているような立派な石壁を、吉保の下屋敷の一つに築けという下命ということになる。家筋が正統に将軍家の先祖につながる重賢より、俄に称号を与えることで一族に組み入れた吉保の方を重んじていた証左になるのではなかろうか。これも綱吉の吉保に対する寵愛の一端と見てよかろう。

以上の次第で、現在の聖天に残される石壁は、吉保に因む三百年以上昔の遺構であるのみならず、同類の石壁が重賢宅にも築かれていたことを語る貴重な存在なのである。

（七）萱町別業への避難

公辨親王を迎えて二週間後の四月六日。吉保の神田橋の上屋敷が焼亡してしまう。焼け出された家族は各所の下屋敷に分散して避難、不便な生活を強いられることになった。それが『年録』の次の記事である。

妻、吉里が産母、安通、信豊、定直が妻、女輩、みな〳〵、茅町の別墅に火をさく、吉里は、茅町の別墅に移る（九九巻・七オ）、

「妻」は吉保正室定子《さだこ》。「吉里が産母」は飯塚染子で、吉保生母の侍女として仕え、その推薦を受け吉保の側室となり吉里を生んだ女性。安通《やすみち》、信豊《のぶとよ》（後の時睦《ときちか》）は同じく吉保側室正親町町子腹の二男児。「定直が妻」は吉保女《むすめ》の春子（稲子、由子とも）。生母は横山繁子。後に土屋出羽守源定直室となるが、定直逝去後、内藤山城守政森に再嫁する。元禄八年（一六九五）正月、神田橋の上屋敷での誕生であるから、当年八歳の幼女。町子や繁子、その他女中達も含まれていたのであろう「女輩、みな〳〵」は「茅町の別墅」に避難。継嗣吉里も同所を当面の居所と定めた。

ここには、下屋敷の機能が明確に窺える。下屋敷は郊外の避難所兼別荘といった役割を担っていることは既に述べた（「はじめに」）。その一つの典型が今回の避難先としての活躍ぶりである。公辨親王の御成と合わせ見る時、二つの機能がはっきり確認できる。

（八）再びの焼亡

ところがその翌年、元禄十六年（一七〇三）十一月廿九日のこと。『年録』に、

暮六つ時過に、水戸宰相綱條卿の屋敷失火して、類焼数多、明朝五つ時過に止む、両国橋焼て、男女死する者多し、吉保が（中略）茅町の屋しきも焼亡す（一三五巻・一六オ～一六ウ）、注一七

とある。「暮六つ時過」とは夕方の六時頃。夕闇迫り来る時間帯であった。萱町の下屋敷は、既に元禄十三年（一七〇〇）二月六日、下谷《したや》黒鍬町からの出火により焼亡の経験を持つ（当節（四））。その三年後、検地での捻出や再建も空しく、またしてもこの日、灰燼に帰したのである。綱吉が築くよう下命した石壁の効力もなかったというべきか。それ以後、萱町の屋敷は柳澤家の記録からしばらく存在を消す。その意味で当節（五）で考察した、今に残る石壁の存在意義は大きい。あの石壁だけが吉保の別業を今に語るからである。〔補節　茅町屋鋪の後日談（二）六七五頁参照〕

〔注〕

一、隅田川の東岸。現在の墨田区。厩橋《うまやばし》を通過する春日通りを挟んだ南と北一帯。

二、ＪＲ総武線両国駅の南側一帯。

三、寛永十八年（一六四一）誕生。父本多政勝、母有馬左衛門佐直純女。彈正左衛門、出雲守、従五位下。明暦元年（一六五五）十二月、初めて家綱に拝謁。時に十五歳。寛文十一年（一六七一）十二月、父政勝の遺領のうち六万石を分かち賜り、郡山の城郭内に住す。延宝七年（一六七九）六月、郡山の所領の内三万石を、兄政長（実は政勝父政朝《まさとも》の二男であるから政利の

叔父）の長男忠國に賜り、政利は旧領を転じて播磨国において六万石を領し明石城に住す。天和二年（一六八二）二月、家政（家としての政策。家の経営）がよくないのみならず、巡見《じゅんけん》（領地の見廻り）時の使者の扱いが綱吉の趣旨に添うものではなかったことを理由に、明石城を召し上げられ、陸奥国岩瀬《いわせ》郡内に一万石を賜り出仕を止められる。もっとも出仕停止は同年十二月にゆるされた。ところが、綱吉の度々の忠告にも関わらず不行跡は改まらず、さほどの罪もない侍女を殺害するなど、思いやりのない所行の数々が綱吉の聴くところとなり、元禄六年（一六九三）六月十三日、領地を没収され、酒井左衛門尉忠眞に召し預けられてしまう。以後も反省はなく、酒井家でも家臣等をみだりに打擲。そうした非義の振る舞いは死刑にも値すると綱吉の激怒を買うが、狂気の所為故、寛容にせざるを得まいということで、元禄十五年（一七〇二）水野監物忠之の三河国岡崎の領地に移され閑居させられてしまう（傍線宮川。以下同じ）。政利のごとく、素行不良が原因で閉門を命じられたり、領地や屋敷の没収に遇う武家も多かったが、それを忖度するのが本節の目的ではない。傍線部「元禄六年六月十三日」に領地を没収され、酒井忠眞にお預けの身となってしまう部分に注目したいのである。政利の茅町の土地と、本所の屋敷とを交換した箇所で、政利の気持ちや如何にと述べたが、政利はそうなっても致し方のない状況であったのである。酒井忠眞にお預けとなった「六月十三日」とは、吉保が茅町屋敷を拝領した六月十八日の五日前。その意味で茅町の下屋敷拝領は、吉保にとっては政利の不行跡の賜物でもあった。さらに述べるなら、政勝が拝領、政利も住んだ大和郡山城に、後年吉里が転封になるところに、父子二代にわたる運命的な関連が思われてならない。

四、十一面観世音菩薩を本地仏とする大聖歓喜天。仏法と仏道を行ずる人々を守護する天部の神。

五、以下、『松陰日記』に関しては、宮川葉子『柳沢家の古典学（上）―『松陰日記』―』（平成十九年一月・新典社）による。

六、『待乳山聖天』（待乳山本龍院発行）には、「海抜九米半、わずか千坪に満たない小丘陵」とある。

七、本書第一部第三章第一節。

八、本書第一部第三章第二節。

九、生没一六二九～一七〇六。歌学者、歌人。駿河に生まれた。通称茂右衛門《もえもん》。梨本《なしもと》、隠家《かくれが》と号す。岡崎藩主本多氏に仕官した時期もあったが、思うような出世を果たせず、江戸浅草に隠棲した。二条家の歌学を批判し、用語の自由を主張。著作に「梨本集」「紫の一本《ひともと》」「僻事調《ひがごとしらべ》」などがある。なお、「いちょう」二〇二号（待乳山本龍院発行・平成二十一年九月二十日）

の第一面に、「戸田茂睡歌碑」と題された一文が載り、元《もと》本龍院執事横田真精氏著『戸田茂睡という人』を参照したとある。ここの戸田茂睡歌碑とは、その詠「あはれとは夕越えてゆく人もみよまつちの山に残すことの葉」を刻んだもので、七十八歳で卒した茂睡の二百五十回忌を記念し、昭和三十年（一九五五）、歌人佐佐木信綱氏が中心となり、山上に建立したもの（前掲『松陰日記』四八八頁参照）。

一〇、現在の台東《たいとう》区下谷《したや》一～三丁目にその名が残る。JR上野駅の東側の地域。地名は西側の上野の山が台地をなすのに対し、低地にあったことに由来する。上野駅に近い南部は大名屋敷や武家町、北部は小商工業地として発達して来た。

一一、黒鍬者が住んでいたことからの地名か。黒鍬者は江戸城内の城番・作事・防火・掃除などの雑役に従事した者。

一二、家光の乳母春日局の孫にあたる。初義雅《よしまさ》、後正通《まさみち》、さらに正往《まさゆき》を称す。丹後守従五位下。侍従従四位下。致仕後内匠頭。父は稲葉正則、母は毛利甲斐守秀元女。寛永十七年（一六四〇）誕生。十二月、初めての宮詣の折、春日局の配慮で家光に拝謁。慶安四年（一六五一）初めて家綱に拝謁。時に十二歳。承応三年（一六五四）十二月、従五位下丹後守に叙任。寛文三年（一六六三）、家綱の日光詣での前駆を勤める。延宝六年（一六七八）、父正則上京の際、後西院より後柏原院宸筆の御製及び懐紙を賜る。天和元年（一六八一）四月奏者番になり、寺社奉行を兼務。同年十一月、京都所司代に転じ、同十二月には従四位下侍従に昇進。同三年閏五月襲封。十万二千石を領有。貞享二年（一六八五）九月、京都所司代をゆるされ、十二月、小田原を転じ越後高田城に住す。元禄十三年（一七〇〇）三月、大御留守居となり、同十四年正月、老中に進み、同年六月、越後高田の城地を下総佐倉に移される。宝永元年（一七〇四）、厳有院殿（四代将軍・家綱）二十五回忌の総奉行を勤める。同四年八月病により辞職。同年十一月、内匠頭に改める。享保元年（一七一六）十月卒去。享年七十七歳。仁裕龍澤高徳院と号す。葬地は祖父正勝が開基の湯嶋養源寺。室は保科肥後守正之女。継室は田邊氏女。なお右『年録』に、「稲葉丹後守正通、下知して云」とあったのは、右傍線箇所に明かなように、前年正月に昇進した老中の立場としてであった。

一三、初直之。後に重實《しげざね》、重賢《しげかた》。重栄《しげよし》を名乗る。主馬、志摩守、丹後守、日向守。従五位下。父は松平（能見）英親《ひでちか》、母松平若狭守康信女。正保三年（一六四六）誕生。明暦二年（一六五六）初めて家綱に拝謁。時に十一歳。万治三年（一六六〇）十二月、従五位下志摩守に叙任。元禄五年（一六九二）十二月襲封。帝鑑間《ていかんのま》（小田原の大久保、大垣の戸田、大和郡山の柳澤

など、城主格以上の譜代大名六十家と、準譜代大名〈外様だが譜代に準ぜられる大名〉の詰め所）に伺候。同七年（一六九四）十一月、奏者番となり、同九年（一六九六）十月、寺社奉行を兼ね、丹後守に改める。同十五年（一七〇二）正月、日向守に改め、同年閏八月、両職を免され雁間《かりのま》（溜《たまり》の間〈会津若松、高松、桑名の各松平家、井伊、酒井などの家門、準家門および譜代の名家、老中の歴任者など、城中で重きをなす大名の詰め所〉、帝鑑間以外で、城主以上の譜代大名の詰め所）に伺候する。この席次は子息親純《ちかずみ》に至るまで続く。宝永五年（一七〇八）十一月致仕、享保五年（一七二〇）二月卒去。享年七十五歳。高誉傑叟淨山霊覚院と号す。葬地は下谷の英信寺。室は本多兵部少輔康将女。離縁し継室は岡十郎左衛門秀安女。

一四、章末六八〇頁の湯島聖堂の石壁〔写真2〕を御覧頂きたい。綱吉が上野忍ヶ丘から移した後の昌平坂《しょうへいざか》学問所、即ち湯島聖堂である。文治政策を採った綱吉は儒学を丁重に扱い、結果、孔子を祀る聖堂をこのように荘厳に建立したのであった。詳細は省くが、以後聖堂は幾度かの災禍を潜り、現在は鉄筋コンクリート造りの頑強な建物となっている。今はその周囲に残る石壁と、萱町の下屋敷の石壁の類似に注目したいのである。現在の湯島聖堂発行の書籍類には何の言及もないが、この石壁自体は江戸期の絵図にも描かれている。待乳山のそれが江戸期の遺構であるなら、聖堂のこれも同様で、吉保時代の遺構と言えるのではあるまいか。

一五、大名・旗本が将軍に謁見する時、姓名や進物を披露し、下賜品を伝達する取次ぎ役。城主の格式を持つ譜代大名が勤めるのをたてまえとした。

一六、因みに元禄七年時点の吉保は三十七歳。一月に一万石の加増を得て都合七万二千三十石の川越城主に任じられていた。吉保の出世ぶりの華々しさは例外としても、その分、重賢の遅々たる出世ぶりが浮かび上がる。

一七、綱吉にかかる記録『常憲院殿御実紀』巻四十八（新訂増補国史大系本・吉川弘文館）に、「けふ小石川水戸の邸より失火しけるに」とあるのから、火元は水戸藩邸、いわゆる上屋敷と知られる。

第二節　芝の屋鋪

（一）　深川の下屋鋪

元禄十五年（一七〇二）八月廿二日の『年録』に、

深川の築地にて、下屋敷を拝りやうす（一〇三巻・二四ウ）、

とある。この九日前の八月十三日、『年録』には、

駒込の下屋鋪営構成就して、今日、はじめて遊ぶ（同巻・七オ）、

とあって、元禄八年（一六九五）に前田綱紀の屋敷地拝領に端を発した六義園経営が、いよいよ完成したのがわかる。その九日後に、「深川」に下屋敷を拝領したというのである。深川は両国橋より一つ河口に近い永代橋を越えた東側に当たる。

この土地の受け渡しは、同年閏八月十二日。

去月、拝領せる深川の下屋鋪を受取る、坪数、壱万八千九百六十坪（一〇四巻・一四ウ）、

とあり、坪数も知られる。さらに宝永元年（一七〇四）八月九日の『年録』に、

先頃、吉保が深川の屋鋪の内と引替にせし、土井周防守利益が駒篭の屋敷の内、八千二百八拾坪余の地を、今日、請とる（一四九巻・八オ）、

とある。「壱万八千九百六十坪」の深川の下屋敷の一部と、土井周防守利益《としま す》が「駒篭の屋敷の内」に所有する「八千二百八拾坪余の地」とを交換したというのであるから、深川屋敷の坪数は、一万六六百八十坪に減少していたはずである。「駒篭」は六義園の地。二年前の元禄十五年七月五日に完成し、八月十三日、吉保は彼の地に遊んでいた。その二年後にあたるこの時点で、駒込に土地の工面をしているのは、吉保なりに六義園増大の意図あってのことと思われるのであるが、詳細は本書第二部第一章第一節に譲り、ここでは六義園に寄せる吉保のさらなる意欲の萌芽を指摘しておきたい。

かくして、六義園増大のために一部を割譲した深川の下屋敷は、宝永四年（一七〇七）七月十二日に、

深川の下屋敷を返し上ぐ（二〇四巻・二九オ）、

とあり返上されているのだが、七月十二日の日付だけは記憶しておかなくてはならない。

（二）　深川の屋鋪と芝の屋鋪

宝永四年（一七〇七）六月十一日、『年録』に、

吉保が深川の下屋鋪の内にて、五千坪の地と、永井伊豆守直敬[注二]が芝の屋敷と、引替にすべきとの事を願ひぬれば、今日、願のごとくすべきとの仰を蒙る（二〇三巻・一八オ）、

とある。これは深川の下屋鋪を返上するまさに一ヶ月前にあたる。一部を土井利益の駒込の土地と交換したため、一万六百八十坪になっていたうちから、五千坪をこの度の交換に利用。深川の土地は五千六百八十坪になっていたはずである。そして五日後の十六日には、

永井伊豆守直敬と、引替にしたる芝の屋敷を、今日受取る、坪数三千四百四拾九坪余なり（二〇三巻・二四ウ）、

とあるのから、「芝の屋敷」の坪数を知りうる。ところが続く同年七月十二日には、

芝の下屋敷狭きによりて、その西隣にありたる町屋の地を拝領なさしめたまふ（二〇四巻・二九オ）。

とあり、八月十一日の条に、

芝の下屋鋪の地つゞきにて、拝領せる町屋の地を、今日、受取る、坪数五千八百七拾九坪余也（二〇六巻・五三オ～五三ウ）、

とあって、隣接の町屋[注三]の入手も知られるのである。

ここで注意したいのは、前項（一）末尾で記憶を促した「七月十二日」の日付。前項によれば深川屋敷を返上したのがこの日であった。そして芝の町屋入手も同日なのである。しかも町屋の面積は「五千八百七拾九坪余」。深川屋敷のそれは「五千六百八十坪」になっていたはずであるから（当節（二））、二百坪ほど芝の方が広いがほぼ同等といえる。

吉保はそれまで交換という手段で新地を入手して来た。しかし、「町屋」は江戸町奉行管轄の、いうなれば「お上《かみ》」の土地。それを入手するためには、幕府に一旦同等の面積を返上し、新たに別地を拝領するという手続きが必要であったらしいのが理解されるのである。

こうして、結局深川の土地は、一部は六義園の増地のため、一部は芝の屋敷の「三千四百四拾九坪余」、残りは「町屋」入手のために活用し尽くされたのであった。

（三）　旧芝離宮恩賜庭園

交換に使った深川の五千坪（（二）引用二〇三巻）と比べ、千五百坪ほども狭い直敬の芝の土地（同上）。それでも吉保はどうしても入手したかったようだ。町屋を合わせても九千五百坪ほど。確かに従来拝領の下屋敷と比べて狭い。しかし、狭さにさえ目をつぶれば、芝の屋敷は吉保が賜った、どの下屋敷よりも格調高いものであったと考えるが、

かの地をどれほど愉しんだかの記録はない。

宝永六年（一七〇九）三月廿三日になった。綱吉が一月十日に薨去して五十日余経った頃である。『年録』に、

芝の屋鋪を返し上ぐべき事を絵図にして、間部越前守詮房をたのみて窺ふ（二三七巻・一八ウ〜一九オ）。

とあり、美しく彩色された絵図面が収載されている（本節末六八一頁〔絵図1〕）。絵図面は二区画からなり、西寄りが「五千八百四拾八坪」。東寄りが「三千五百三坪半」。「惣坪数九千三百五拾壱坪半」とある。そして同年五月十二日の『年録』には、

芝の屋鋪を返し上ぐべき事を、先頃願ひぬれば、願のごとくすべきとのよしなるによりて、今日、返し上ぐ（二二八巻・二〇オ）。

とあり、返上なされたのである。

ここで「芝の屋鋪」にもう少しこだわってみたい。現在、財団法人東京都公園協会の管理下になる都立庭園の中に、「江戸最古の大名庭園」と銘打った庭園がある。名勝旧芝離宮恩賜庭園である。ＪＲ山手線浜松町駅から徒歩一分、港区海岸一丁目に位置する。ここは小杉雄三氏『旧芝離宮庭園』（東京公園文庫）にも詳しく紹介されているが、手軽なところを引用し概略を述べれば次のようである。

唐津藩主大久保忠朝が延宝六年（一六七八）に作庭し、「楽寿園」と命名した庭園跡。その後、曲折を経て紀州徳川家の浜屋敷となった。浜離宮同様、海水を引いていたが、現在は淡水の池を中心とした泉水庭園となっている（歴史探訪倶楽部編『歴史地図本　大江戸探訪』二〇〇八年・大和書房・四七頁）。

因みに右の「浜離宮」に関し同書は、

江戸初期は将軍家の御狩場であった場所を、承応三年（一六五四）に、甲府宰相徳川綱重[注四]が庭園とした。その後、将軍家の浜御殿とし、現在の広大な潮入庭園を造り上げた。海水を引き入れた池には二ヵ所の鴨場があり、江戸時代の大名庭園の規模の大きさを感じさせる（同上）。

とする。浜離宮恩賜庭園と、旧芝離宮恩賜庭園とは至近距離。いずれも東京湾に面した浜の御殿であり、後に離宮になるような風光明媚な場所なのである。

そこで口絵に載せた、吉保が返上用に描かせた「芝の屋敷図」〔口絵Ⅲ〕と、現在の入園者用のパンフレットに載る略図（六八一頁〔絵図1〕）とを比較すると、細かい部分では当然変化を来しているのであるが、池の形、通路の様など、基本的な部分が一致しているのを認めざるを得ないのである。

改めて申すまでもなかろう。吉保の芝の屋敷とは、旧芝離宮恩賜庭園そのものであった。前に吉保がどうしても入手したかったらしいこと、恐らくはどの下屋敷に比べても格調高いものであったらしいと述べた理由もこのあたりにある。さらにこうした美しい彩色画を『年録』に収録しているところに、吉保がこの屋敷に寄せた拘りが窺える。因みに五千八百坪ほどの「町屋」は、「西隣り」とあったことに鑑み、現在高架になっているＪＲ線の線路をくぐり、浜松町貿易センターあたりまでを射程距離に入れて考えておいてよいのであろう。

かくして旧芝離宮恩賜庭園の地は、足かけ三年ではあったが、間違いなく柳澤吉保拝領の地であったのである。待乳山に残る石壁も吉保の下屋敷の遺構であった。それよりさらに大規模なのが、旧芝離宮恩賜庭園なのである。「曲折があって」などと端折ることは許されない歴史の重みを再認識する必要があろう。

〔注〕

一、小左衛門。利益《とします》を称する。周防守、従五位下、従四位下。父土井利隆《としたか》、母中川氏。慶安三年（一六五〇）古河《こが》に誕生。万治元年（一六五八）九月、父の領地常陸国河内《かうち》、下総国豊田、岡田、結城四郡のうちにおいて一万石を与えられる。時に九歳。同月、初めて厳有院殿に拝謁。寛文二年（一六六二）十二月、従五位下周防守に叙任。延宝三年（一六七五）五月、兄利重《としげ》の継嗣利久《としひさ》夭折。継嗣なきにつき領地を納められるところ、祖父利勝の功績をもって新たに下総国古河城七万石を利益に賜る。天和元年（一六八一）二月、古河を改め、志摩一国及び伊勢国渡会《わたらい》・多気《たけ》・飯野《いいの》、近江国蒲生《がもう》、三河国宝飯《ほい》・渥美《あつみ》・額田《ぬかだ》・設楽《したら》八郡のうちに移され、鳥羽城を賜る。同三年（一六八三）二月、奏者番となり、元禄四年（一六九一）二月、鳥羽をあらため、肥前国松浦《まつら》、筑前国怡土《いど》二郡のうちに移され唐津城を賜る。同十年（一六九七）五月、任務をゆるされる。宝永五年（一七〇八）五月、従四位下に昇る。正徳三年（一七一三）閏五月、卒去。享年六十四歳。郭誉高岸徳雄諦玄院と号す。室は太田備中守資宗女。

二、初尚富《ひさとみ》。大学。伊賀守、伊豆守。従五位下。父永井尚庸《ひさつね》（永井信濃守尚政《なおまさ》三男）、母尚庸継室の太田備中守資宗女。寛文四年（一六六四）誕生。延宝二年（一六七四）八月、初めて厳有院殿に拝謁。時に十一歳。同五年（一六七七）五月、遺領山城国紀伊《きい》、摂津国嶋上《しまがみ》・嶋下《しましも》、河内国大縣《おおかた》・安宿《あすかえ》・古市《ふるいち》・交野《かたの》・茨田《ばらだ》を継ぐ。同年閏十二月、従五位下伊賀守に叙任。貞享元年

（一六八四）十一月、永井相模守直増《なおます》（尚庸の弟尚春《なおはる》の継嗣であるから、直敬には従兄弟にあたる）を召し預けられる。同二年八月、直増の罪許される。同年九月、奏者番。同四年九月六日、諸士拝謁の時、過失あるにより御前を憚るが、同月十四日許される。同年十月、領地をあらためて下野国に移され、烏山城主となる。元禄二年（一六八九）正月、直増故ありて閉門になるところ、狂気故と再び預けられる。同七年（一六九四）十一月、寺社奉行を勤める。同十五年（一七〇二）九月、城地を播磨国赤穂にうつされ、三千石の加増を得て都合三万三千石を領す。宝永元年（一七〇四）十月、若老中に列し、同二年九月、伊豆守に改める。同三年正月、所領を信濃国飯山に移され、十月には西城（当時は家宣）附属となる。正徳元年（一七一一）二月、飯山をあらため、武蔵国岩槻城を賜る。同年六月卒去。享年四十八歳。傑眞寛英正功院と号す。室は松平駿河守典信女。卒去のため継室に永井伊予守直右女を娶る。因みに当節（一）で述べた土井周防守利益の室は太田備中守資宗女であった（注一）。直敬の母も資宗女。恐らく次の系譜につながるのであろう。

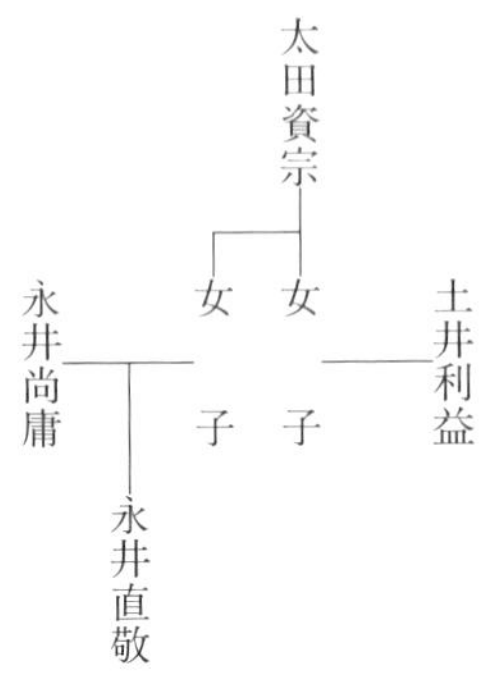

三、民家のうち、商家や職人の住まいを指す。

四、綱重は綱豊（六代将軍家宣）の父。家宣は将軍継嗣としての大納言時代から、簾中（近衛基熙女熙子〈天英院〉）を伴い時々「浜の御殿」（のちの浜離宮）へ出向いた記事が『楽只堂年録』に登場する。

補節　茅町屋鋪の後日談

（一）　幕府御用の五千坪

吉里時代の公用日記「福寿堂年録」第三四巻、正徳二年（一七一二）二月二十七日の条に、

一、大久保加賀守忠増が亭へ、留守居役の者を呼て、浅草茅町の屋敷を拝領せし年号、月日、并に絵図、惣坪数を書付て、今日中に持参すべきよしを申渡さる、によりて、書付を持参す。

浅草萱町下屋敷

一、表通り西　　百三拾五間
一、川通り東　　百弐拾七間
一、入堀通り北　　百拾間
一、南堀　　八拾七間
惣坪数壱万四千五百八拾六坪余
右之通御座候、以上、
二月廿七日　　松平甲斐守

覚

一、浅草萱町下屋敷、元禄六
年癸酉年六月十八日、同苗保山
拝領仕候、以上、
二月廿七日　　松平甲斐守（一一ウ～一三ウ）

とあって、久々に萱町の下屋敷が登場するのである。ここの「松平甲斐守」は吉里。『楽只堂年録』の記事の範囲内では、元禄十六年（一七〇三）十一月廿九日の火災の記事をもって、萱町の下屋敷は以後、柳澤家の中から存在を消すのであるが、「福寿堂年録」の右記事により、萱町の下屋敷（建物に関しては一切不明。再建されていたか）は、あの火災の後も、十年近く柳澤家の拝領地として存続し続けていたのがわかるのである。

この日、老中大久保忠増に呼びつけられた吉里の留守居役は、萱町の屋敷の拝領にかかる経緯を、絵図面と共に即刻提出するように要請される。「惣坪数壱万四千五百八拾六坪余」は、元禄十三年（一七〇〇）二月六日の焼亡の後、吉保が検地を行い新たな坪数を「打出」した、「都合、壱万四千五百八十六坪二合」（『楽只堂年録』同月廿九日の条・第七一巻・四五ウ）に合致。さらに、「元禄六年癸酉年六月十八日、同苗保山拝領仕候」は、「本所の拝領屋敷を、萱町にて、本多出雲守政利が屋敷と引替て拝領す」（一四五頁）とあったのと一致している。「同苗」は申すまでもなく吉里同姓、即ち柳澤姓のこと。「保山」は、出家した吉保が名乗った号（因みに吉里は、家督相続後、「福寿堂年録」では父吉保を「保山公」と呼ぶ）。当該下屋敷は、元禄六年（一六九三）六月十八日に、確かに吉保（保山公）が拝領したものであると述べているわけである。

　では老中からの要請に、拝領の経緯等を報告した結果はどうなったのか。二週間余り後の「福寿堂年録」正徳二年三月十一日の条には次のようにある。

　一、阿部豊後守正喬が亭へ、留守居役の者を呼て、書付を渡さる（第三五巻・四オ〜四ウ）、
　　浅草茅町屋敷之内、
　　御用候間、御蔵之方ニ而
　　五千坪可被指上候、
　一、右之儀によりて、水野対馬守重格、嶋田佐渡守□□（二字分アキ）が亭へ使者を遣はす（第三五巻・五オ）、

　幕府御用として必要になったから、「御蔵之方」（屋敷内の倉庫群がある地点か）の土地を「五千坪」ほど返却せよというのが幕府側の要請であった。そのための「経緯」報告の事前要請であったのである。勿論穏便に返却がなされたものであろうが、それについては次項（二）で述べる。

（二）　二度の差上げと裏門道の代地

　幕府御用につき、萱町の屋敷地を五千坪ほど返却せよとの要請が下ったことまで前項（一）で論じた。本項では、その後の同所を「福寿堂年録」に見ておきたい。

同正徳二年三月十六日には、

嶋田佐渡守□□（二字分アキ）へ萱町屋敷の絵図を持せつかはす（三五巻・五オ）、

とあって、萱町屋敷の絵図を普請奉行嶋田佐渡守政辰へ持参させている。しかし、絵図そのものの写しなどは「福寿堂年録」に収載されてはいない。かつて吉保は、『楽只堂年録』に執拗なほどにこうした場合の絵図の副本を収載していたが、吉里になると編纂方針が異なったか。その二日後の十八日には次のようにある。

萱町屋敷の分割の絵図に、吉里が屋敷と、今度上ぐべき屋敷との間に境引したると、并に坪数の書付とを吟味し、改めて大久保加賀守忠増へ呈す（同上・六七オ～六七ウ）、

これは更に二日後の廿日に、

嶋田佐渡守□□（二字分アキ）が亭へ留守居役之者を呼て、絵図境引のごとくに仕切をすべきよしを申渡さる（同上・六八オ）、

とあるのを合わせ見る時、吉里が要求された五千坪の返上地と、手元に残る土地とに境界線を引いた絵図を作成、それを改めて大久保忠増（老中の一人）に提出し、その通り仕切るよう許可が下ったのがわかる。同年四月五日の条には、

今日、茅町の屋鋪の内、御蔵の方にて坪数□□□□□（五字分アキ）を上ぐるを、本多中務大輔忠良拝領す、是によりて、吉里が家臣、塚本郷右衛門勝房、日岡佐次兵衛昭参、山本与三左衛門某、角田還右衛門豊次等、嶋田佐渡守□□（二字分アキ）が家臣と立合て、本多中務大輔忠良が家臣へ引渡す、これによりて、阿部壱岐守正喬、嶋田佐渡守□□（二字分アキ）、水野対馬守重格が亭へ使者を遣はす（第三六巻・四オ～五オ）、

とあり、「御蔵の方」の土地（恐らくこれが五千坪なのであろう）を返上。それを本多中務大輔忠良[注一]（老中の一人）が拝領したのであった。

正徳二年も六月十四日になった。吉里は大久保加賀守忠増へ書を呈している。大久保忠増も当時の老中の一人。

一筆致啓上候、然者、先頃浅草／萱町蔵屋敷之内、二度／目差上候裏門道之代／地被下之旨、去九日、留守／居之者被召呼被仰渡／候趣、承知仕、難有仕合／奉存候、右為可申上以愚札／如此御座候、恐惶謹言、／松平甲斐守／六月十二日／判／大久保加賀守様（第三八巻・八オ～九オ）、

右忠増宛の書に見られる「二度目差上候裏門道」とは何か。萱町の土地に関しては、二度にわたる返上要請があったと見る以外にないのではないか。この点に関し「福寿堂年録」に詳細な記述がないのが惜しまれるが、一度目は「御蔵の方」で「五千坪」の返上を求められ、二度目は「裏門道」の要請ではなかったのか。ところが、「裏門道」に関しては、「裏門道之代地被下之旨」とあり、代替地が用意されたのが知られる。そして、六月廿三日の条に、

今日、浅草萱町蔵屋鋪の裏門通道の代地、表口四間、裏行弐拾壱間四尺の地を請取、立合は、嶋田佐渡守が家臣吉田庄大夫某、小倉半右衛門某、家臣塚本郷右衛門勝房、日岡佐次兵衛昭参、山本与惣左衛門光俦、角田還右衛門豊次等なり（第三八巻・一六オ〜一六ウ）、

とあり、代替地を受け取っている。それは、「表口四間、裏行弐拾壱間四尺」とあるから、約九十坪。ただし場所の詳細は知れない。このように吉里は、五千坪に加え、九十坪程の土地も返上していたらしいのである。これに関し、吉里は大久保忠増に書を呈す。六月廿九日のことであった。

一筆致啓上候、然者、去廿一日、留／守居之者被召寄、被仰渡候通、／浅草萱町蔵屋敷裏門道之／代地、嶋田佐渡守方より家来之者／被相渡請取候由、申越承知仕、／難有仕合奉存候、右為可申上／呈愚札候、恐惶謹言、／松平甲斐守／六月廿六日／判／大久保加賀守様（同上・二七ウ〜二八ウ）、

これに対し、七月三日、大久保忠増から奉書が到来する。

御状令披見候、其方浅草／茅町屋鋪裏門道之代／地、被請取候付、被申越之趣、／得其意候、紙面之通承届候、／恐々謹言、／大久保加賀守／七月三日／判／松平甲斐守殿（第三十九巻・七オ〜八オ）

とあり、吉里の呈した書への返事であった。それに対し、吉里は忠増へ「奉書の御請の書」を呈する。七月九日の

「福寿堂年録」に、

一筆致啓上候、然者、私／浅草茅町蔵屋鋪裏門／道之代地、請取候付、呈愚／札候処、被成下御奉書／致拝見、忝仕合奉存候、為／御請如斯御座候、恐惶謹言、／松平甲斐守／七月六日／判／大久保加賀守様（同上・一一ォ～一二ウ）

とある。こうした丁寧な文書のやりとりは、吉里の時代になって急に増え、江戸期の武家の書札礼として定着していたようである。この辺りは、大老格に至った吉保の『楽只堂年録』には殆ど見られない現象であった。もっとも吉保は幕臣からの書札を受け取る側、即ちここでは大久保忠増の立場であったのであるから、それも当然といえば当然であった。なお日記に録される日付と書札のそれとに時差が生じている場合もあるのは一応心得ておく必要があろう。

〔注〕

一、本多家は代々家康を支えてきた家筋。忠良は本多肥後守忠英《ただひで》の長男として母を某氏に元禄三年（一六九〇）誕生。同十四年（一七〇一）十一月、綱吉に初御目見。十二歳。宝永六年（一七〇九）九月、本多忠孝《ただたか》が十二歳で逝去。断家になるところ、本多氏の勤労ぶりが評価され、忠良に家を継がせ、五万石をたまい、村上城に住み、帝鑑間に伺候するべく下命を得る。因みに忠孝は元禄十一年（一六九八）生まれであるから、継嗣の方が八歳年長という奇妙な現象となる。宝永六年十二月、従五位下中務大輔に叙任。同七年五月、領知を三河国狩屋（刈谷）に移され、九月、御側に勤仕。十二月、従四位下に昇る。正徳元年（一七一一）六月、侍従に昇る。その後も順調に昇進。特に八代将軍吉宗の寵愛を得るが、宝暦元年（一七五一）七月十五日卒す。享年六十二歳。

〔写真1〕吉保遺構の石壁（待乳山聖天）

同　上

〔写真2〕湯島聖堂の石壁

〔絵図１〕旧芝離宮恩賜庭園発行の入園者用パンフレット付載の地図

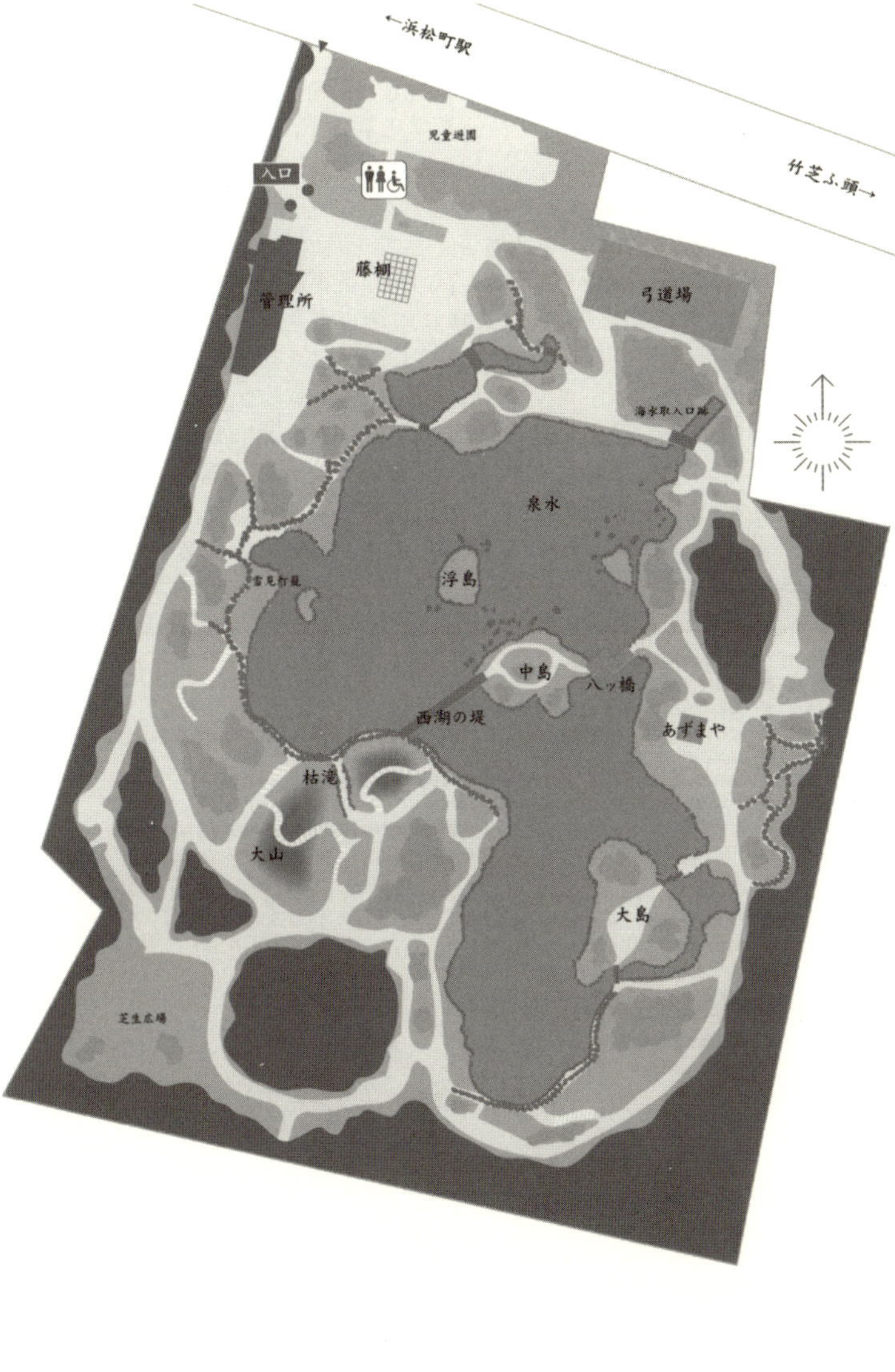

第四章　京都屋敷 ――御所警護と京都火消――

はじめに

本章は、京都にあった柳澤吉保邸について考察を加えたものである。

今から十年近く前になろうか、東京神田の中野書店の店主、中野実氏のご好意により、京都の柳澤邸に関するものと思しい絵地図を拝見する機会を得た。

鳥の子紙一枚に淡彩で色づけされたそれには、二階建てと思しい一軒の建物と、迂曲した道筋が描かれ、建物には「柳澤京都屋敷」、そこへ至る道には「山科街道」及び「荒神口」と墨書されてあったと記憶する。

絵図は破損が激しかった。写真撮影を認めて戴いたものの、ほんの僅か手を触れただけで破損を広げるようで、撮影は遠慮すべきであろうと判断。絵図を記憶にたたき込むだけで終わってしまった。ただ、この絵図の存在により、吉保が京都の荒神口に屋敷を与えられていたことを知ったのである。

その後、京都を訪れては荒神口付近を尋ね廻った。荒神口は、鴨川にほぼ平行して走る河原町通りと、それに直交する荒神口通りの交差点（六九二頁〔地図Ⅲ〕参照）。そこから西へ百メートルほど進むと寺町通りに突き当たり、その向こうには京都御苑が広がる。逆に東へ五〇メートルほど進むと荒神橋西の橋詰。申すまでもなく荒神橋は鴨川に架かる橋である。一方、荒神口を北へ百メートルほど上ると、京都府立大学の大学病院に至る。しかし、絵図にあった「山科街道」の名を見つけることはできないでいた。

そうした中で、柳澤吉保の京都屋敷を特定出来た経緯を報告するのが本章の目的である。一応章立てにしたが、原稿の分量を勘案し、あえて節は設けなかった。

（一）　京賀茂川の宅地

拙著『柳沢家の古典学（上）―『松陰日記』―』（平成十九年一月・新典社）を纏めていた時である。巻廿九「爪木《つまき》のみち」に次のような記述が登場して来た。

所《ところ》〴〵物し給へる家なども、後しもさてあるまじく、又は公方《おほやけがた》に御心映《ばへ》あらん方《かた》をば地を返《かへ》し奉り給（九九六頁）、

「爪木のみち」は、五代将軍綱吉の薨去を受け、その寵臣であった吉保が隠退に向け着々と準備をなしてゆく過程を記す巻。

宝永六年（一七〇九）一月十日、綱吉は麻疹《はしか》で呆気なく六十四歳の生涯を閉じた。七歳の時から四十年以上滅私奉公し、綱吉の寵愛を存分に得て来た吉保。綱吉亡き後の政界に最早何の未練もなく、きっぱりと隠退を決めたのである。しかし、家宣（甲府宰相綱豊）から、正式に六代将軍宣下が下るまで待つよう説得される。説得に逆らいはしなかったものの、吉保は身辺整理に余念がない。その中での記事が右『松陰日記』なのである。「所々に所有しておら

れた家屋なども、以後は所持すべきでなく、また公方《おほやけがた》のお考えもあろうと土地は返上された」（九九七頁〔通釈〕）というのである。

一方、『文昭院殿御実紀』（家宣にかかる『徳川実紀』第七篇〈新訂増補国史大系本・吉川弘文館〉）宝永六年三月十二日の条には、次のようにある。

松平美濃守吉保が道三河岸。常盤橋の邸宅并に京賀茂川の宅地を召上られ。（後略）

「京賀茂川の宅地」とは荒神口のそれを指すのではあるまいか。やはり京都屋敷は荒神口付近にあったらしいと意を強くしたのであったが、しかしそれ以上は進まない。

（二）　藤本仁文氏論文

そんな時、当時柳沢文庫に学芸員として勤務されていた藤本仁文氏（現在京都府立大学教員）より、玉稿「近世中後期上方における譜代大名の軍事的役割―郡山藩を事例に―」（『日本史研究』第五三四号〈二〇〇七年二月〉）を恵まれた。藤本氏は、柳澤吉里が入城した大和郡山のような藩は、譜代大名として「幕府直轄郡の配置と並ぶ江戸幕府の軍事戦略における中心」（二〇頁）を担っていたことを明らかにされ、大和郡山は奈良・大坂・京都への睨みをきかせるに格好の地理的条件にあること、換言すれば軍事的拠点に位置していたこと、何らかの軍事的出動を必要とする時は、常々編成されている軍勢を率いて駆けつける任務を担っていたこと、但し、平穏な江戸中後期にあっては、その任務は専ら京都火消[注一]に絞られていたこと、などを論じられた。譜代大名への幕府の期待と評価を再認識させるに足る好論であったが、それは今ひとまず置き、京都火消について藤本氏のご論を引用したい。

京都火消に関しては前稿〔注〕一同論文の意）の分析によりながら、郡山藩に即して概略を示しておく。元禄三（一六九〇）年、外様小藩が任命され、三〇〇人前後が京都に詰めて月番を勤める京都火消御番が設立され、宝永三（一七〇六）年に一旦廃止されるものの、同五年の大火を機に、翌六年京都常火消として復活した。この京都常火消は洛中を担当する大名火消として復活し、同時に御所を担当する膳所・淀・亀山・郡山の譜代四藩が勤める禁裏御所方火消が設立された。郡山藩は宝永五年に京都大名火消に組み込まれることとなったが、奈良の防衛と大きく異なる点は、騎馬一〇騎、足軽六〇人を京都に常駐させるように命じられたことである（中略）。さらに享保七年（一七二二）の制度改革により、京都常火消は廃止され、禁裏御所方火消の四藩が洛中をも担当範囲として確立した。しかし、翌八年郡山藩本多氏は断絶したため、郡山藩の代わりに高槻藩が勤めるようになった。

享保九年（一七二四）に郡山に入封した柳澤氏[注二]は（略）、京都大火の際は、騎馬一三騎、惣人数三一五人、二番手は騎馬九騎、惣人数二四三人、三番手は騎馬一〇騎、惣人数一四三人、合計騎馬三二騎、総人数七〇〇余が出動し、さらに藩主自身が出馬する場合はこれに、騎馬六騎、惣人数二九二人が加わる（略）。柳澤氏は、壬生に所在する藩邸に、前藩主本多氏が禁裏御所方火消を勤めた時と同様に、騎馬一騎、足軽六〇人、これに中間や鳶を加えた三〇〇人程度が詰めて当番を務めた（一一頁～一二頁）。

（三）　柳澤屋敷から火消屋敷へ

右のうち特に注目したいのは、前任本多氏の時代から、「膳所・淀・亀山・郡山の譜代四藩が勤める禁裏御所方火消」が設立されており、その後任として柳澤家も「禁裏御所方火消」を勤めたこと。柳澤氏の藩邸は「壬生」にあり、そこに常時「三〇〇人程度が詰めて」いた点である。

述べて来たように、吉保は、綱吉薨去後に「召上られ」た「京賀茂川の宅地」を拝領していたのである。「賀茂川の宅地」とは荒神橋西の橋詰にあったと思しかった。その宅地と壬生の藩邸とはどうつながるのであろう。

そこで私は藤本氏に手紙で質問した。嘗て吉保は鴨川の荒神橋付近に宅地を拝領していたらしい絵図を見たことがあるのだが、それと壬生の藩邸とはどういう関係にあり、絵図に見える「山科街道」は、どの道を指すのかと。その結果、藤本氏から提供を受けたのが、本章末の絵図〔地図Ⅰ〕・〔地図Ⅱ〕である。さらに藤本氏により、「山科街道」という特別な道があるのではなく、山科方面から京都へ続く道は全て「山科街道」と呼ばれたというご教示も得た。

さて、宝永六年（一七〇九）正月の絵図〔地図Ⅱ〕には、鴨川べりに「松平美濃守」と見える〔丸印を付して示した〕。付近に見える「院御所・中宮御所」「女院御所・仙洞御所」「九條殿」「鷹司殿」などと比べ、敷地はかなり広かったことがわかる。

これが「宝永改正洛中洛外之図」になると、その同じ位置に纏《まとい》のマークと共に「火けしやしき」の文字が見られるようになるのである〔地図Ⅰ〕。ということは、宝永六年三月十二日の『文昭院殿御実紀』に見られた「京賀茂川の宅地を召上られ」云々の記事の後に、同地が「火けしやしき」になり、それを描いたのが「宝永改正洛中洛外之図」という関係になるらしい。

（四）柳澤屋敷の任務

享保九年（一七二四）、吉里が甲斐国から大和郡山に転封になり、前の藩主本多氏に倣い禁裏御所方火消の役を担った時、京都での藩邸は壬生であった。しかしそれとは別に、吉保は綱吉治世の晩年、京都鴨川べりに屋敷を拝領。そして吉保がその地を返還して後、そこは「火けしやしき」として利用されたのである。「火消」というキーワードが非常に気に掛かるところではあるまいか。

それにしても何のために吉保は京都に屋敷を拝領していたのか。そしてそれは何時のことであったのか。禁裏方面に至近な鴨川べりのその地は、後に「火けしやしき」として機能したことに鑑み、すでに吉保の時代に禁裏方の火消としての役割を担ってのものではなかったのか。

前に引用した藤本氏論文には、「元禄三（一六九〇）年、外様小藩が任命され、三〇〇人前後が京都に詰めて月番を勤める京都火消御番が設立され、宝永三（一七〇六）年に一旦廃止されるものの、同五年の大火[注三]を機に、翌六年京都常火消として復活した。この京都常火消は洛中を担当する大名火消として復活し、同時に御所を担当する膳所・淀・亀山・郡山の譜代四藩が勤める禁裏御所方火消が設立された。」とあった。あるいはこの五年の大火がきっかけとなり、当時大老格になっていた吉保に、京都における幕府方の防災の拠点として、京都所司代や禁裏御所方火消の総取締を任せたといった意図があり、そのための京都屋敷であったのではなかろうか。

それを証すると思われるのが、『年録』の宝永五年（一七〇八）七月廿六日の条である。綱吉が薨去する半年前にあたる。

　京都荒神口にて、屋鋪を下さる、との事を、穏直に仰せを蒙ふる、坪数六千六百坪余なり（二二〇巻・一四ウ）、右により、京都屋敷拝領は、宝永五年七月廿六日と特定することができた。ということは、やはりこの屋敷拝領の裏には、述べてきたように、宝永五年三月八日の京都大火（注三参照）が大きく作用していたと考えてよいのであろう。ただ、その返上に関しては、『楽只堂年録』にも「福寿堂年録」にも記事を見ず、本章（一）で引用した『文昭院殿御実紀』宝永六年三月十二日の記事によってのみ知られるのは変わらない。

当時吉保は定府の甲斐守。将来子息吉里が郡山藩に転封になるなど予測だにつかない時点でのことではあるが、子孫の郡山藩政を知る我々からすると、京都火消役の前哨のように吉保に京都屋敷が与えられていたとなると、運命的な縁《えにし》を感じるのである。

この屋敷は、「宝永五年の大火を機に」与えられたと考えるのだが、仮にもう少し早い時期に与えられていたとするなら、『松陰日記』作者の正親町町子の実家正親町家にも至近距離（〔地図Ⅱ〕。丸で囲んだが、柳澤屋敷の北西部分に当たる。距離にして百メートルほども離れていない）。何らかの連絡が執りやすい位置関係であったことになる。

町子を側室として迎え、その実父正親町公通を窓口に、霊元上皇や公家衆との和歌を介在させた文化交流に熱心であった吉保の後半生を鑑みる時、注四拝領の京都屋敷が担った文化的役割の方面への想像を膨らませたくなるのではあるが、京都屋敷の任務とその拝領時期をそこまで広げて考えるのは危険かもしれない。正親町家とは地理的に至近距離であったという事実のみ覚書として記しておく。

〔注〕

一、京都大名火消については、藤本仁文氏「近世京都大名火消の基礎的考察」（『史林』八八—二・二〇〇五年）に詳しい。

二、享保九年、柳澤吉里がそれまでの任国甲斐国から大和郡山に転封になったための入封。

三、宝永五年三月八日のこと。『常憲院殿御実紀』巻五十七には、「この八日京油小路辺より火おこり。仙洞にうつり。大内。東宮。女院の御所どもこと〴〵く炎上し。主上。東宮。中宮は近衛関白基熙公の第に行幸し給ひ。上皇は一條大納言兼香卿の邸に御幸なり。女院。女二宮もおなじくうつり給ひ。大准后。女一宮は庭田前大納言重條卿のもとにうつらせ給ひし旨注進あり。よて急脚をはせて。先御方々の御けしきうかゞひ給ふ。」とある。

四、宮川葉子著『柳沢家の古典学（上）―『松陰日記』―』（平成十九年一月・新典社）に詳細に述べたので参照願いたい。

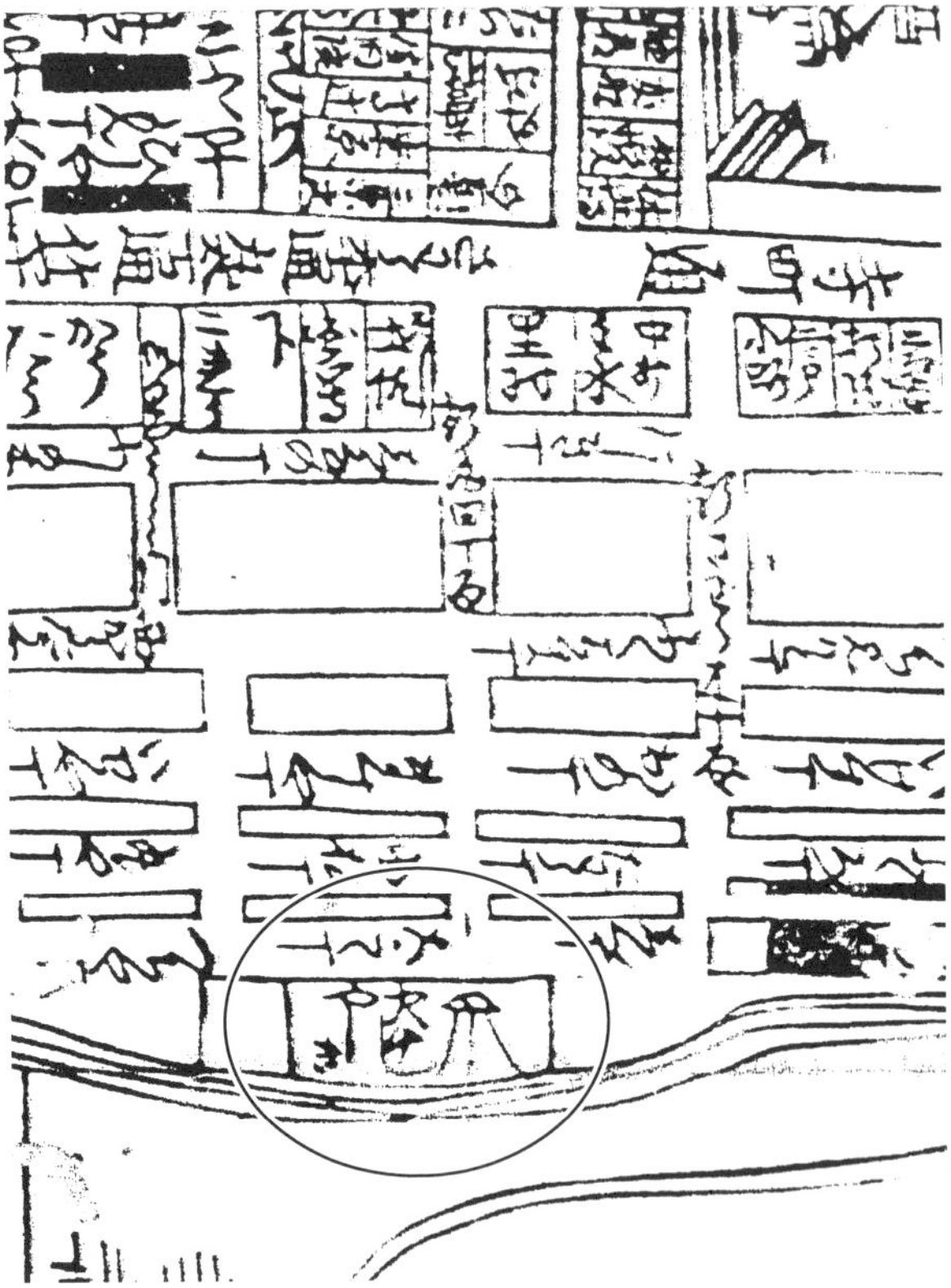

〔地図Ⅰ〕「宝永改正洛中洛外之図」（京都府立図書館蔵）。〔地図Ⅱ〕の「松平美濃守」の箇所が纒のマークと「火けしやしき」になっているのが確認できる。

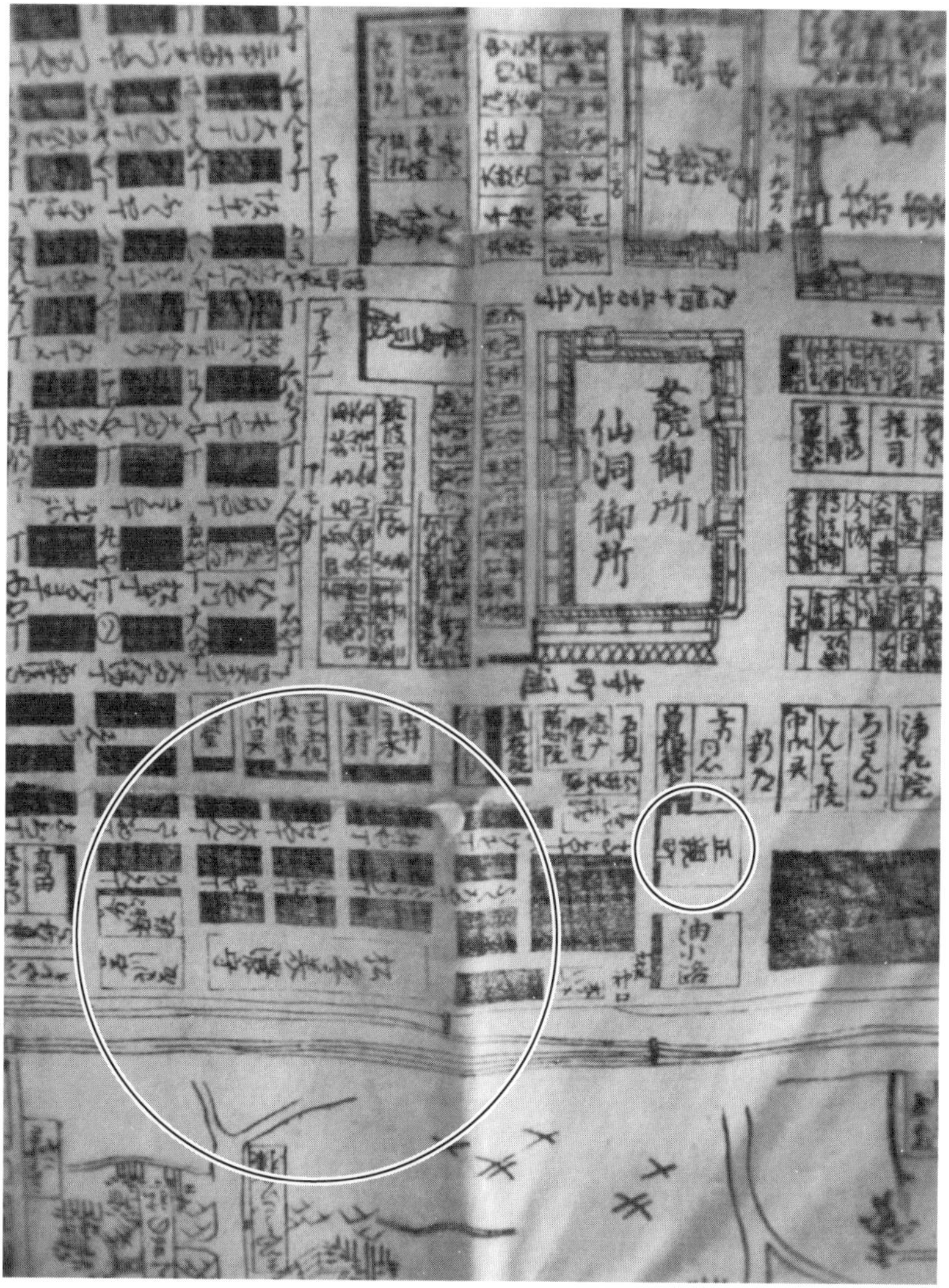

〔地図II〕　吉保京都屋敷（京都府立図書館蔵）「松平美濃守」（即ち吉保のこと）の部分を拡大した絵図。丸で囲んで示した。同じく丸で囲んだ正親町邸が至近距離にあるのも確認できる。

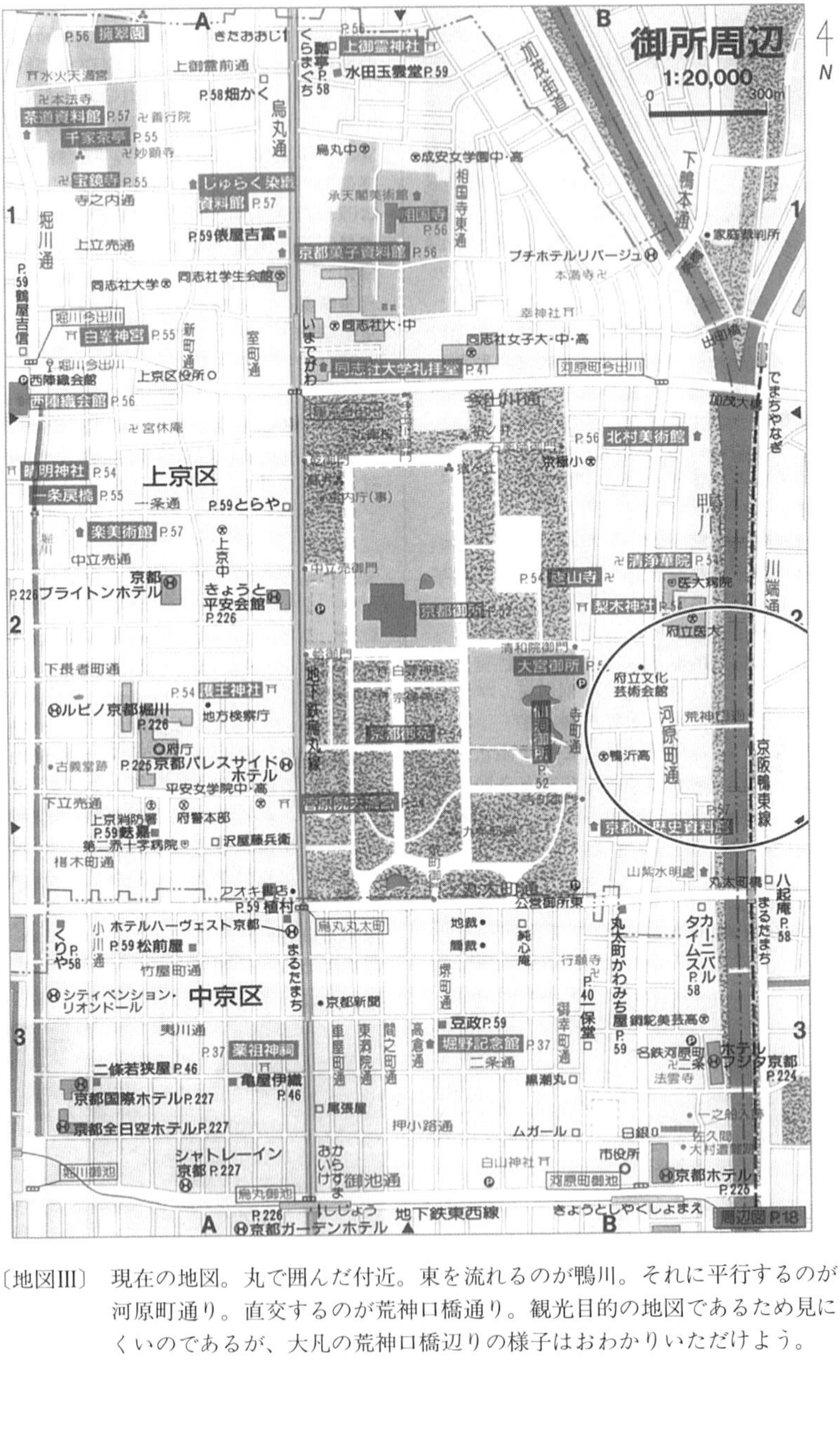

〔地図III〕　現在の地図。丸で囲んだ付近。東を流れるのが鴨川。それに平行するのが河原町通り。直交するのが荒神口橋通り。観光目的の地図であるため見にくいのであるが、大凡の荒神口橋辺りの様子はおわかりいただけよう。

まとめにかえて

筆者は町子自筆の『松陰日記』を底本に、『源氏物語』の受容という面から研究を続けて来て、『柳沢家の古典学（上）―『松陰日記』―』をまとめることができた。当初の見解では、『松陰日記』は、吉保が町子に書かせた自らの栄華の記録であり、それは『楽只堂年録』を参照にしつつ、漢文体の息吹で描かれる男性社会の文化等を、筆致や採録内容などに配慮し、婦女子にわかりやすい和文体で書き換えたものであると考えた。それは大筋では間違っていない。しかしそれに対し、今は亡き柳沢文庫職員の米田弘義氏より、『楽只堂年録』を全巻翻刻した後に、再度結論を出してみるのもよいのではないかといった趣旨のご指摘を受けた。

それまでも約四半世紀にわたり、部分的には読んで来た『楽只堂年録』であったが、このたび全二二九巻を翻刻し終えてみて、余りに重い史料であることを改めて思い知らされのである。基本的に『松陰日記』と『楽只堂年録』に記事の齟齬はない。しかし、公的記録と私的な栄華物語とでは史料の重みが違うのである。米田氏のご指摘がなかったら、『楽只堂年録』の全貌を知らないまま、吉保像を描いて事足れりとしていたかもしれないと思うと恐怖すら覚える。ここに改めて紙面を借り米田氏へ心から感謝を捧げたい。

一方に、貴重な史料であることはわかっていても、出版など私の経済力の及ぶ範囲ではないことも事実であった時、平成二十二年十月、柳沢文庫創立五十周年の記念行事の一環として出版の話がもちあがり、八木書店から史料纂集古記録編の一連として、平成二十三年七月から順次出版が開始されている。しかし全二二九巻が出版され揃うのは十年近く先のことになろう。その間このまま活用せずにおくのはあまりに惜しいという思いから、全巻の翻刻をなし終えた故に語れるテーマを取り上げ、少しずつでも柳澤吉保の人間像、柳澤家の文化等を明らかにしてゆくことにした。いつしかそこに「福寿堂年録」の一部も加わり、見通せる史料の幅も拡がっている。

第二部第一章「六義園」、第二章「上屋敷」、第三章「下屋敷」、第四章「京都屋敷」と、屋敷に焦点を合わせて考察して来ると、実に多くの下屋敷が吉保を通り過ぎていったし、実に度々の上屋敷の増地もなされ、綱吉の寵愛を上屋敷、下屋敷の有りように充分たどることができた。中でも、茅町と芝の屋鋪を取り上げて論じたのは、従来これら両所が吉保に関係あるものとしては扱われて来なかったからである。

現代のように不動産が、登記というシステムで法的に守られている時代とは異なり、言うなれば将軍の一言で増大、召し上げ、交換、などがなされていた当時、いつ取り上げられるかわからない中での屋敷の経営は不安定そのものであったと推測される。〔注〕に述べた幾人かの幕臣にも、悲哀の中で召し上げられた人物がいたように。そうした中で、柳澤家は幸いにも屋敷経営の中に文化を育める環境を整えることができたのであった。

第五章　人　事

第一節　吉里生母の死
――「染子歌集」を中心に――

（一）吉里の歌才

本節は、柳澤吉保の嫡男吉里《よしさと》の生母飯塚染子《そめこ》の逝去を考察したものである。

考察にあたっては、吉保側室正親町町子《おおぎまち》の『松陰日記《まつかげ》』[注一]巻廿一「夢の山」、吉保時代の柳澤家の公用日記『楽只堂年録』[注二]、染子の詠歌を手鑑にした「染子歌集」（柳沢文庫蔵）をおもに参照した。

因みに『松陰日記』は本書の各所でふれたように、吉保一代の栄華の記録。『源氏物語』をはじめ平安期の文学作品を多く引用しつつ綴られた擬古文で、しかも江戸期における公家の息女の作品という特別な位置づけを持つ。最上級の武家に至った柳澤家の研究のみならず、『源氏物語』の受容という観点からも、大いに活用されるべき存在である。

さて吉里は、和歌を愛した父吉保の薫陶よろしきを得て生涯二万首以上の歌を詠んだ。初期の和歌師匠は幕府歌学方の北村季吟。後には正親町町子の縁で開けた公家との交流の中で、中院通茂《みちもち》、同通躬《みちみ》父子の添削を受ける。さらには町子の実父正親町公通《きんみち》を窓口に、吉保共々数年間にわたり霊元院（一六五四〜一七三二・在位一六六三〜八七）の添削にも与る。また季吟から古今伝受した吉保（元禄十三年〈一七〇〇〉八月）は、それを吉里に授けた（宝永三年〈一七〇六〉七月）。こうした吉里の環境に関しては、本書第一部第二章第一〜五節及び『柳沢家の古典学（上）』（注一同書）で述べたところであるので繰り返さないが、本節では武家歌人としての吉里の才能は、父親のみならず母親染子譲りでもあったことを「染子歌集」を通して確認したい。

それと同時に、嫡母と実母が共に暮らす柳澤家の中での嫡男のありようとは如何なるものであったのか、その現実も把握しておきたい。吉里が嫡母定子の逝去に際し綴った哀悼文[注三]はそれを窺うに足る史料。そこに盛り込まれた吉里の文学的素養も勘案しながら、江戸期の一夫多妻の一面を捉えたい。

（二）飯塚染子

元禄時代（一六八八〜一七〇三）を中心とする五代将軍綱吉（一六四六〜一七〇九・在職一六八〇〜一七〇九）の治世、側用人として大老格に至り、天領（幕府直轄地）甲斐国を賜ったのが柳澤吉保（一六五八〜一七一四）である。柳澤家は武田信玄の家臣団の武川《むかわ》衆。自らの出身地を賜ったのは最上、最高の栄誉であった。

一方吉保には、正室曾《そ》雌《し》定子《さだこ》の外に、飯塚染子、正親町町子、横山繁子、上月柳子（祝園《ほうその》閃《とら》子《こ》、吉保逝去後、上月平左衛門に嫁す）、片山梅子と都合五人の側室があった。もっとも全員同時に側室であったわけではなく、順次、柳澤邸入りを果たしたのであったが、今はその詳細は省く。

延宝四年（一六七六）二月、十九歳の吉保は同族の曾雌定子十七歳と婚姻。しかし二人は十年近く経っても子供に恵まれない。時に吉保は二十八歳。その五年前（延宝八年〈一六八〇〉）の綱吉将軍就任後は着々と出世。従五位下出羽守、小納戸上席、一千石を頂く身分に至り、お世継ぎの確保は必須となっていた。そこに最初の側室として入ったのが吉保生母（了本院・佐瀬氏）の侍女、飯塚染子であった。

一族の期待の中、嫡男吉里が誕生。貞享四年（一六八七）九月三日のことである。前年染子は一男児（葬地・法号共に不詳）を儲けたが生後二日で夭折。それを承けての誕生であった。その後も染子は二男一女を上げるがいずれも早世。結局五人のうち四人が三歳を待たない旅立ちとなった。当時の幼児の死亡率の高さを語る悲しい現実である。生き延びた吉里の方が例外的であると言っても過言ではなかったのである。ここに個人的感情はともかく、お世継ぎ確保を目的とする側室の存在の重要性が理解されなくもない。まさに一族の繁栄は子宝、それも男児誕生の有無にあった。

それから二十年近くが経過。宝永二年（一七〇五）五月十日、染子は逝去した。享年三十九歳。同年二月には吉保が甲斐国を賜り（決定は前年十二月二十一日。実際に家臣が甲斐国へ向かい、受け取りの儀式をなしたのが二月十九日）、実質的な石高は二十二万石余に至った記念すべき年でもあった。

（三）染子病臥

実際の染子の病臥の様を、『松陰日記』に見てみよう。

後《のち》の卯《う》月にもなりぬ。侍従君の母君、此頃《ころ》そこはかとなく悩《なや》みわたり給ふが、その事《こと》ゝたてゝいみじき心地にもあらねば、御薬《くすり》の事などまめやかに物し給へど何《なに》のしるしもなし。いと強《つよ》き心物し給ふ本上にて、年頃常《ごろつね》の篤《あつし》さなどはおはせぬ程《ほど》に、いさゝなる風の祟《たゝ》りのやうにて、しばしは試《こゝろ》み給へれど、やう〳〵日数に添《そ》へて身なども温《ぬる》みがちに、物心細《こゝろぼそ》けれは、御前《おまへ》にも御心騒《さは》ぎし給はせつゝ、医師などの事まめやかに仰《おほ》せおりたち扱《あつか》ひ給（七六二頁）。

「後の卯月」とあるように宝永二年は四月が閏月であった。その閏四月、侍従吉里の母君染子が、取り立てて何処だというのではないけれど加減が悪くなったのである。「いと強《つよ》き心物し給ふ本上」からは、従来心身ともに頑強な染子の様子が察しられ、病臥は誰からみても意外であったらしい。風邪かもしれないと、その方面の投薬などもなされたが効果はなく、日が経つにつれ「温《ぬる》みがち」になっていった。

一方、『楽只堂年録』の閏四月十九日の条には、「吉里が実母の病気重きによりて、登城せず[注四]」（一六五巻・二六オ）とあり、殆ど無欠勤で綱吉に仕えていた吉保の欠勤が知られる。染子の「病気重きにより」、「病状危篤故」（注四・漢文体）であったからである。具合が悪くなったのはいつ頃からかははっきりしないのであるが、閏四月十九日には危篤であったことだけは確かである。

因みに、「そこはかとなく悩《なや》みわたり給ふ」は、『源氏物語』御法巻冒頭部で、紫上の病状が悪化する箇所に、「紫の上、いたうわづらひたまひし御心地の後、いとあつしくなりたまひて、そこはかとなく悩みわたりたまふこと久しくなりぬ。」（小学館日本古典文学全集本〈旧版〉四七九頁。以下『源氏物語』の引用は同書）とあるのを意識しての表現であるのは、一言一句違わない引用に明らかであろう。

さらに、「温《ぬる》みがち」にも、若菜下巻、女楽直後の紫上の発病を、「夜更けて大殿籠りぬる暁方より御胸を悩みたまふ（略）御身もぬるみて、御心地もいとあしけれど」（二〇三〜二〇四頁。傍点宮川、以下同）云々とあるのと、手習巻で、一向に快方に向かわない浮舟を介護する妹尼が、「いかなれば、かく頼もしげなくのみはおはするぞ。うちはへぬるみなどしたまへることはさめたまひて、さはやかに見えたまへば、うれしう思ひきこゆるを」（二八五頁）と嘆く箇所に見える。熱がある病状を「温む」と表現する『源氏物語』の用例は右の二箇所のみで、町子はそれを意識していたと思しい（『松陰日記』七六四頁〔注釈〕二一・三参照）。

（四）回復とぶり返し

周囲の手厚い看護や、東叡山寛永寺の公辨法親王[注五]の祈祷、綱吉や綱豊[注六]や御台所、御簾中等からの見舞いなどが効を奏したのか、染子は一時持ち直す。

菖蒲《あやめ》さす頃《ころ》は、まして軒端《ば》の露も涼《すゞ》しくこぼれわたるを、大方《かた》の心地だにおかしきに、かくてをこたり給へる有《あり》様《さま》の甲斐《かひ》ありと皆思《みなおも》ほし宣《のたま》ふに、片《かた》へは催《もよほ》されて臥《ふ》しなどもしたまはず。端近《はしぢか》く寄《よ》り居《ゐ》てせめて見出《いだ》し給（七六六頁）。

「をこたり給へる有様《ありさま》」に、周囲は看病の甲斐があったと喜ぶ。染子は「片《かた》へは催《もよほ》され」、即ち周囲の期待に励まされ「臥《ふ》しなども」しない。しかしそれはものに寄りかかって「せめて」（なんとか頑張って）庭を見いだす程度の回復でしかなかった。御法巻で、臨終間近な紫上が、「前栽見たまふとて、脇息によりゐたまへる」（四九〇頁）場面を彷彿させる（七六八頁〔注釈〕一三参照）。この頼りない束の間の快復は程なく悪化。

「今《いま》はさりとも常《つね》の様《さま》ならんも程《ほど》なくや」など人々思《おも》ふに、一二日《ヒトヒフツカ》過てまた悩《なや》ましうなどいふ程《ほど》に、誰も〳〵ありしよりけに思ひ惑《まど》ひて、修《ず》法などもまたさるべき人々召《め》して事加《ことくは》へて宣《のたま》ひつ、（略）侍《さぶら》ふ人々など内外《うちと》ゝなく皆夜昼《みなよるひる》扱《あつか》ひこうじにたれど、「猶つゐにいかに見《み》なし聞《き》こえん」と思《おも》ふがいみじければ、すべて物も思《おぼ》えず扱《あつか》ひ聞ゆ（七六九頁）。

という事態に陥ったのである。

「今《いま》はさりとも」以下、「思ひ惑《まど》ひて」のあたりまでは、葵巻で、葵上が夕霧を出産した直後の場面に、「多くの人の心を尽くしつる日ごろのなごりすこしうちやすみて、今はさりともと思す」とあるのや、同巻の葵上の急逝に遭遇した左大臣邸の有様を、「今はさりともと思ひたゆみたりつるに、あさましければ、殿の内の人、物にぞ当る」（四〇頁）などを意識しての表現であろう（七七〇頁〔注釈〕一参照）。さらに「侍《さぶら》ふ人々など内外《うちと》ゝなく皆夜昼《みなよるひる》扱《あつか》ひこうじにたれど」の「こうじにたれど」は、明石巻冒頭部近くで、源氏の夢枕に立った桐壺院の亡霊が、「海に入り、渚に上り、いたく困《こう》じにたれど」（二二九頁）云々と、須磨までたどり着くのにひどく疲れたと訴える箇所に用いられている。このように『松陰日記』が『源氏物語』の表現を大いに意識しているのは改めて指摘するまでもなかろう。

（五）染子の最期

ついに来るべき時が来てしまった。染子の臨終は次のように語られている。

かくて十日の昼《ひる》つ方《かた》、「いたう苦《くる》しう」など俄《にはか》に人騒《さは》ぎ聞ゆる程《ほど》もなく、やがて失《う》せ給ひぬ。今《いま》は限《かぎ》りとも誰《だれ》かは思ひなさん。たゞ呆《あき》れに呆《あき》れて珍《めづ》らかにいみじう思《おも》ひ惑《まど》ふ。君はさるべき年頃《としごろ》の御契りなをざりならず、かう見なし給ふべくは夢にだに思《おぼ》しかけねば、たゞくれ惑《まど》ひ給《たま》ふ程道理《ほどことはり》に、見《み》る人さへ涙は浮《う》きぬばかりしほれて、内外《うちと》の男《おとこ》女ある限《かぎ》りよゝと泣《な》きぬ。まして侍従君のせちに思《おぼ》し嘆《なげ》く様《さま》、又こしらへかねたり（『松陰日記』七七〇～七七一頁）。

ここの十日は五月十日である。「菖蒲《あやめ》さす頃《ころ》」、「軒端《ば》の露も涼《すゞ》しくこぼれわたる」（前項（四）七六六頁の引用前半）のを頼りなげに眺めていた染子。このあたりの描写は、『玉葉和歌集』巻第三夏歌収載の、「百首御歌の中に」の詞書をもつ後鳥羽院御製、「あやめふくかやが軒ばに風過ぎてしどろにおつるむらさめの露」（三四五番歌）を意識しているかと思うが、それはともかく、十日の昼つ方、染子はついに帰らぬ人となった。

そもそも、『松陰日記』は、柳澤家の栄華を女子供《おんなこども》にも理解がたやすいよう、擬古文を用い、『楽只堂年録』をかみ砕いて綴り直したものと考えられるのであるが、その分、右の描写に察しられるように、個人的な感情も大いに盛り込まれているのである。

「君はさるべき年頃《としごろ》の御契りなをざりならず」とは、吉保と染子の二十年以上に及ぶ夫婦の契りのありようを語るものである。既に述べたように、染子は最初に柳澤邸に入った側室。しかも吉保との間に五人の子供を設けたのである（もっともうち四人は早逝であったのはすでに述べた）。契りの深さは疑うべくもない。染子の死を眼前にした吉保は「たゞくれ惑《まど》ひ給《たま》ふ」ばかりであった。時に吉保四十八歳。

そして吉里。「まして侍従君のせちに思《おぼ》し嘆《なげ》く様《さま》、又こしらへかねたり」がその悲しみを充分に代弁していよう。吉里十九歳。前年一月、酒井忠挙女頼子と婚姻関係に入っていたのであったが、やはり実母を喪った悲しみは妻の存在で慰められる種類のものではなかったらしい。誰の慰めも受け入れられないでいた様が伝わってくる。

一方『楽只堂年録』は、染子の逝去を、「今日八つ時前に、吉里が実母橘染子死去す、吉保は、遠慮三日、吉里は、忌五十日、服十三月、吉里が妻は、忌三十日、服百五十日なり」（一六六巻・三一オ）とのみ記録する。公用日記の性格上、個人的悲しみは除かれ、事実の記述のみに徹しているのがわかる。さらに側室の死に際し吉保には服喪の義務はなく「遠慮三日」のみであった。いかに吉保と染子の年来の関係が「なをざり」ではなくとも、それと服喪の義務の有無とは無関係なのである。それが江戸期の武家の規律であった。側室の立場の軽さが窺える。

実は『松陰日記』にはないのだが、『楽只堂年録』には、五月十三日以降同月晦日まで、ほぼ連日、吉里の落胆を彷彿させる記事が録される。それらは、「吉里が朦気を御尋とて」云々と始まり、綱吉を初め綱豊、御台所、御簾中、五の丸（綱吉側室。亡き鶴姫の生母）等が、吉里の朦気《もうき》（気が塞がっている状況）を心配して見舞を寄越すのである。「朦気」の文字は五月晦日を限りに『楽只堂年録』から姿を消すが、吉里が本当に立ち直れたのは、同年七月十二日に妻頼子が女児（保子）を出産した時であったかもしれない（一六九巻・八ウ）。保子は吉保が自らの名の一字を採って命名したのであったが、染子の生まれ変わりのようなタイミングでの誕生であった。もっともこの子も翌宝永三年九月三日にわずか二歳で逝去してしまうのであるが。

（六）　野辺送り

染子の葬儀は五月十一日になされた。前日十日の正午過ぎに逝去、その夜が通夜、そして翌日が葬儀という手順であったらしい。『楽只堂年録』には、

暮六つ時に、吉里が実母、橘染子を龍興寺に葬る、法名霊樹院月光寿心大姉（一六六巻・三五オ）、とある。一方『松陰日記』は、

骸《から》を見《み》つゝはなぐさめ難《がた》う憂《う》き道理《ことはり》を嘆《なげ》かせ給（七七一頁、八段末尾）。

泣く〳〵葬《はうぶ》りの事、とかく扱《あつか》ひ騒《さは》ぐ程《ほど》又いみじう悲《かな》しき事多《おほ》かり。龍興寺にぞ率《ゐ》て行《ゆ》くめり。何《なに》くれと厳《いかめ》しういみじきも事果《ことは》てゝ、たゞ儚《はかな》き御名のみきら〳〵として残《のこ》れるぞ、見るに目《め》くれ惑《まど》ひて悲《かな》しう、送《をく》りせし人々もやがて覆《おほ》ゝれ臥《ふ》したり。霊樹院殿とぞ言《い》ふめる。（中略）四十路《よそぢ》に今一《ひと》つ足り給はず。さる類《たぐ》ひなき栄《さかへ》を目《ま》のあたり見さして消《き》え給ひぬるが、いみじう惜《あたら》しき事、誰《だれ》も〳〵朝《あした》の露に異《こと》ならぬ世を、今さらに驚《おどろ》かされて涙《なみだ》のみ尽《つ》きせず（七七四頁）。

と表現する。「骸《から》を見《み》つゝはなぐさめ難《がた》う」は、『古今和歌集』巻第十六哀傷歌収載の、「ほりかはのおほきおほいまうち君身まかりにける時に、深草の山にをさめてけるのちによみける」の詞書を持つ僧都勝延の歌、「空蝉はからを見つつもなぐさめつ深草の山煙だにたて」（八三一番歌）を本歌とする。町子の有効な引用である。

そもそも柳澤家の菩提寺は、江戸市ヶ谷の正覚山月桂寺である。吉保の父安忠が卒した際、吉保は寺領を寄進して増改築を手がけ、綱吉に頼み関東准十刹に列せさせた寺である。正覚の山号も安忠の法名に依っていた。しかし染子が葬られたのは龍興寺。これは染子の実家飯塚氏の菩提寺であったと思しい。同月二十四日、つまり二七日《ふたなのか》にあたる

日、吉保は、龍興寺とその塔頭《たっちゅう》愚休庵に毎年百石の寄進を約し、染子とその腹に誕生し夭折した四人の子、及び、染子の両親の位牌を祀らせている。

さて「僔《はかな》き御名のみきら〳〵として残《のこ》れる」とは、位牌に刻まれた法名「霊樹院月光寿心大姉」のこと。特に「月光」とあるのから「きら〳〵」と表現したらしいが、「きら〳〵」しいのは位牌の文字のみになってしまったのである。まさしく「誰《だれ》も〳〵朝《あした》の露に異《こと》ならぬ世」であった。

（七）「染子歌集」―翻刻―

柳沢文庫に「染子歌集」として残される折帳一冊がある。吉保と染子が取り交わした折々の贈答歌のうち、染子の詠歌（大半が吉保からの贈歌へ対する返歌なのであるが）を彼女亡き後、吉保が整理。手鑑《てかがみ》（染子自筆の短冊を画帳に貼り込んだ物）に仕立てた一本である。あまり知られていないが、吉里生母の貴重な記録でもあり、ここに翻刻して収載しておく。

その場合、詞書にあたる吉保の解説は【　】内に入れて表示した。和歌は大半が二行書きであるが、紙幅の関係上、一行書きに改めた。また適宜句読点と濁点を付した。丁数は〔　〕を付して示した。さらに論の展開上、各歌に漢数字で通し番号を付した。

〔一オ〕

染子より贈答の哥、まへ〳〵のは、元禄十五のとし、四月五日に焼失し侍りぬ。其後とりかはし、みづからかくれけるを、我文匣よりたづねあつめて手鑑になしぬ。みな当座の詠哥にて、後、また引なをされしにより、彼歌集とは、哥ざま粗ちがひ侍る也。題にむかひて当座によまれし哥も、我方にて、みづからかゝれしをあつめて末にのせ侍る也。

宝永二年八月廿日　甲斐少将〔花押〕

〔一ウ〕

一　【元禄十五年秋、菊に添て哥遣しける返しに】
返し　秋までもあせぬ契やしらぎくのはなははへある露の言の葉

二　【また返しの哥、遣しける返しに】
又御かへし　あだなりし花の色かはいにしへのためしもきくの千代の契を

三　【元禄十五年の冬の頃、哥遣しける返しに】
契をきしそのむつごとを命にてつれなき世どもすごしぬるかな

四　【元禄十五年歳暮の哥を遣しける返しに】
御返し　このくれやにきはふ春を松竹にしめゆひはゆる千代のことぶき

〔二オ〕

【元禄十六年正月二日、春のことぶきを衣に添て哥遣しける返しに】

御返し

五　千代をまつながきちぎりのうれしさをつゝむこ袖や身にあまりぬる

六　けふことに松のときはやあひ思ふ万世ちぎるはじめなるらん

七　よろづ世もかならずしるしあら玉の春のためしのなかのちぎりに

〔二ウ〕

【元禄十六年秋、菊に添て哥遣しける返しに】

八　御返し　千代も見んみぎりの菊の花の色にかはらずふかきことのはの露

【元禄十七年春、花に添えて哥遣しける返しに】

九　御返し　手折来しまがきの花の色になをたづきながらを見まくほしけれ

【元禄十七年春、花の頃、駒込よりこされける哥】

一〇　みせまほしかならずむかふ春ながらまだ待どをき花のさかりを

【元禄十七年春、花の頃、駒込にゐられけるに、哥遣しければ返しに】

一一 御返し　かばかりもあたらさくらをみぬ人に吹つたへてよ花の山かぜ

【宝永元年夏、芥子の花送られけるに、哥遣しければ、返しに】

一二 御返し　ことの葉にかけしは深き露なれやいろもにほひもなつ草の花

一三 御返し　誰がためといはでもにほふおみなへしなさけをくれぬ露のよそほひ

【宝永元年秋、菊に添て哥遣しける返しに】

〔三オ〕

一四 言の葉にかけてもや見んにほはねど花むらさきのゆかりばかりは

【宝永元年秋、紫苑の花に添てこされける哥】

一五 あかずのみ千種をわけし帰さの名残と手折花を見せばや

【宝永元年秋、駒込より帰られける時、花に添てこされける哥】

一六 咲ぬともまたしらきくの花の色にちとせやむすぶかつにほふ露

【宝永元年秋、菊に添て哥遣しける返しに】

【宝永元年秋、尾花に添て哥遣しける返しに】

一七　御返し　　手折来し見るに尾ばなも誰をかはまねきなれたる袖の秋かぜ

【宝永元年秋、菊に添てこされける哥】

一八　いかに見むむらさきふかき一もとの花にうつろふ菊の上の露

【宝永元年秋、菊に添て哥遣しける返しに】

一九　御返し　　こゝろざしふかき色香にをきそへてふりぬ千年を菊のしら露

【宝永元年秋、菊に添て哥遣しける返しに】

二〇　御返し　　契るぞよさかゆく宿にうつしをく露も千とせの菊の色かを

〔三ウ〕

【宝永二年春の末に、牡丹に添て哥遣しける返しに】

二一　御返し　　露ながら手おれる花のふかみ草ふかき心の色とこそしれ

【宝永二年春の末に、山吹に添て哥遣しける返しに】

二二　御返し　　行春の名残とやみる心よりことの葉ふかく匂ふ山吹

二三　御返し　【宝永二年四月、中の十日の比、三色の花に添て哥遣しける返し　是を終とはおもはざりき】
まちつくし折そふ花のかきつばたにほへどふかき色はへだてず

二四　名所花　【会につらなれりける終】
山ふかみかすみも色ににほはせてはなによしの丶春の名高き

〔四オ〕

二五　暮秋雨　【年月不知】
軒端もる音もひさしくそぼちつ丶ふり行秋の夕ぐれの雨

二六　歳暮　【元禄十五年】
あひ思ふこ丶ろのま丶にまどゐしていはふにあかぬ年のくれ哉

二七　試筆　【元禄十六年春】
あら玉の春のみどりの松にふく声ものどけき千代のはつかぜ　そめ

二八　六月祓　【宝永元年】
おもふ事をのがさまぐ\みたらしの河瀬はおなじ御祓成らん

〔四ウ〕

【宝永元年秋、紅葉に添てこされける哥】

二九　山ふかみ紅葉はさぞなこのころのしぐれにもれぬ色をみせばや

【宝永元年秋、紅葉に添て哥遣しける返しに】

三〇　御返し　またたぐひあらじもよきてからあゐのにしきにまぎる宿のもみぢば

【宝永元年秋の末に、松の戸の紅葉の比、こされける哥】

三一　花の、ちとひ来ぬ人をまつの戸の蔦は紅葉の色もかひなし

【宝永元年冬、雪ふりける朝、梅の花に添て哥遣しける返しに】

三二　わきてこの匂ひにぞしる梅がえにふりはゆる雪の色にまがへと

【宝永元年十二月廿一日、甲斐国拝領の慶賀に】

甲府たまはらせ給ふを

三三　浅からずそひし恵にきみがしるかひのしらねの雪や見ゆらん

【宝永二年春、紅梅に添て哥遣しける返しに】

三四　御返し　　くらべずもいかにひもときかほるこの花にあかもの色はおよばじ

〔五オ〕

【宝永二年、吉保居間にての当座】

　二月十九日、甲斐の国をうけとらせ給ふをことぶきて

三五　かひがねをこゝろにまかせいく千代もさかへむはるのけふにのどけき

〔五ウ〕

【宝永二年】

三六　三月三日　　今日のえにかざせ咲そふもゝの花いろに三千世の春を契りて

【宝永二年四月朔日の夜、吉保居間にての当座花鳥の色音ばかり　かきりにはあらで】

三七　暮春　　花とりのいろ音もけふにかぎるよりなれ来し春のおしき夕暮

【右同夜当座】

三八　更衣　　花はまだ木ずえに見るを名残なくけさぬぎかへし袖は匂はず

（八）「染子歌集」の分析

吉保の手になる「染子歌集」序文後半に、「題にむかひて当座よまれし哥も、我方にて、みづからかゝれしをあつめて末にのせ侍る也」とあるのから、当該歌集は、前半に染子の返歌を収載、後半は、染子の歌会での当座詠と、染子が自らの居室で詠んで染筆したものとを、吉保の文匣から探し出して収載したという編纂のありようがわかる。三五番歌の詞書「宝永二年、吉保居間にての当座」などからは、柳澤家の私的な歌会は吉保の居間でなされたことも知りうる（三七・三八番歌も同様）。

歌集全体を眺め渡して知られるのは、花に添えた贈答が多いということであろう（一・八・九・一二〜二三番歌）。季節の草花に歌を添え、料紙の色にも配慮を惜しまない贈答は、『源氏物語』にも多く見られるところであるが、染子が返歌に用いている小短冊は、かなり凝った唐紙が多く、吉保との贈答が雅な王朝趣味に包まれていたのが察せられる。

ついでに以下三〜四箇所、注目しておきたい記事がある。

その一つ。一〇・一一・一五番歌の詞書に見られる「駒込」である。これは柳澤家の下屋敷六義園のこと。ここは和歌の精神を最大限取り込み、紀伊国和歌浦周辺を写し取って作庭され、四季折々の風情が楽しめるよう、吉保自らが八年がかりで設計した池泉回遊式庭園であった。染子はそこへ出かけ吉保に和歌を贈って来たのである。一〇・一一番歌は春、一五番歌は秋に出かけたことがわかるが、こうした記事は、六義園が側室達の気晴らし先としても大いに活用されていたのを窺わせる。

次に二三番歌の詞書、「宝永二年四月、中の十日の比、三色の花に添て哥遣しける返し　　是を終とはおもはざりき」。「まちつくし」の歌が染子の辞世となってしまったのである。

宝永二年四月中の十日とは、彼女が発病する一ヶ月前にあたる（宝永二年は閏四月があったのは既述）。この頃は元気であった染子。まさか二ヶ月後に逝去するとは…の思いが、「是を終とはおもはざりき」に看取できる。この文言は、『伊勢物語』百二十五段（最終段）の「つひにゆく道」に、「むかしおとこわつらひてこゝちしぬへくおほえければ　つゐにゆく道とはかねてきゝしかときのふけふとは思はさりしを」とあるのを踏まえるか。注七

気になるのが三一番歌の詞書と和歌に見られる「松の戸」「まつの戸」である。「松」に「待つ」を懸けるのは常套であるのは今おき、ここの「松の戸」は染子の居住区内の庭に建てられた「小齋」の呼称であったらしいからである。

『楽只堂年録』第一七〇巻、八月廿日の条は、染子の百ヶ日にあたり、その遺品の多くが龍興寺に奉納される記事を収載する。その中に、

霊樹院が居たりし庭に、小齋を構へて松戸亭と名づく、それに掛たる狩野常信が画ける小倉山庄の絵に、冷泉為綱卿の讃ある掛物一幅（二四オ～二四ウ）、

があった。これにより「松の戸」の意味するところが明らかになるのである。「小齋」は小規模な離れの書斎のようなものであったかと想定するが、五人の子の四人までを亡くした染子は、仏道にも極めて熱心であったから、注八念誦堂のような役割を果たす存在であったかもしれない。

一方、近年柳沢文庫に入った「大井家文書」の一つに、「松戸明題部類　全」と題される詠歌題を集めた一冊があり、拙著（前掲『柳沢家の古典学（上）』─『松陰日記』─）を纏める際、標題の「松戸」は松戸亭に因み、「染子の居室の

呼び名か」（七八五頁〔余説〕（二））としておいたが、ここに染子専用の「小齋」の名であったと断定できることになった。「松戸明題部類　全」も、この「小齋」で編まれた故の命名であったのであろう。染子が和歌に相当に熱心であったのを窺わせるに足る。

最後である。二七番歌の試筆（書き初め）の末尾に「そめ」とある。染子が自らを「そめ」と記し付けたのであるが、通行「染子」と表記する彼女の発音は、「そめ」であったと知られる。

女子の名は果たしてどう発音されていたのかは常に不安な点で、一条天皇中宮彰子でさえ「アキコ」と発音される決定的な証拠はなく、「ショウシ」に留める向きが多いし、それが果たして本名《もとな》（元名。女性が独身時代に呼ばれていた名）かとなると、一層判断が複雑になる。

かつて「平安期における女性の名前考―皇妃に見る命名の由来―」[注九]において、「婚記」（『群書類従』巻第五百二十五・二十九輯）をおもに参照しながら女性の名前を考察したことがあった。本名《もとな》と名字《めいじ》（出仕や結婚を境に改めた名）が区別して示され、しかも万葉仮名で発音が表示されているありがたい例もあったものの、結局大半が不明という結論に終わった。本名と名字の二つを持っていた可能性は、男性の元服名などから察してありそうであるが、では実際にどう呼ばれていたかとなると知れない。

本論の趣旨からは外れるのでこれ以上は述べないが、『松陰日記』の作者町子にしてからが、系譜には本名は「弁子」とあり、名字が町子（「まち」と呼ばれていた可能性は高い）であったと思しい。染子の本名は知れないものの、「そめ」と呼ばれていたのであろうということだけは確かであろう。

（九）生母の歌才の継承

見てきたように、「染子歌集」に収録される染子詠はわずか三十八首に過ぎない。しかし、吉保が染子の逝去後、自らの文匣に残る詠を探しだし、「染子歌集」として手鑑に仕立てたところには、世継ぎ吉里の生母への絶大な思いを認めねばなるまい。

「わずか三十八首」と述べたが、これには理由がある。吉保が綴った「染子歌集」の序文に、「染子より贈答の哥、まへ〳〵のは、元禄十五のとし、四月五日に焼失」（二オ）してしまったとある。

元禄十五年（一七〇二）四月五日、神田橋にあった柳澤邸は、「下の屋」（身分の低い家臣の宿所）から出火し全焼。綱吉のための御成御殿も焼失。家族は各別邸に別れて避難生活を余儀なくされる。三条西実隆が「舟流したる」云々と詠んで奥に書き付け、駿河今川へ譲渡した所謂定家筆天福本『伊勢物語』をはじめ、多くの古典籍が灰燼に帰したのもこの時であった。[注一〇] 染子と吉保との贈答和歌も、これにより焼失してしまったのであった。従って現存の「染子歌集」には、元禄十五年（一七〇二）秋の一番歌以降、染子逝去の直前、宝永二年（一七〇五）「四月、中の十日の比（中略）是を終とはおもはざりき」（二三番歌詞書）までの、足かけ四年分の染子詠しか収載されていないということになる。

但し序文に「染子より贈答の哥、まへ〳〵のは」云々とあるのに推し、それ以前にも「染子より贈答の哥」が存在したのは疑いなく、それは吉保と染子の二十年余の関係に鑑み、最低でも現存「染子歌集」の五、六倍の歌数が想定できる。また柳澤邸ではしばしば私的な和歌会が催され、そこでも染子は詠じていたから、かなり多数の歌数を詠んでいたはずなのである（二四番歌以降がそれらの一部であり、歌会はおもに吉保の居間でなされていたことなど既述）。

以上見てくると、吉里が父吉保のみならず、母染子からも歌才を譲られ、生涯に二万首余の歌を詠み、「積玉集」

をはじめとする私家集を編纂する必然に思い至るのである。

〔注〕

一、宮川葉子『柳沢家の古典学（上）―『松陰日記』―』（平成十九年一月・新典社）。
二、全二二九巻。漢文体と和文体が存するが、完本であることをもって和文体に依った。楽只堂は吉保の号。
三、本章第二節「吉里嫡母の死――「定子追悼文」を中心に――」。
四、『楽只堂年録』漢文体には、「吉里ヵ産母ノ病状危篤故ニ不二登城一セ」とあり、「危篤」の二文字が明確に録されている。
五、後西院皇子。輪王寺宮。天台座主。柳澤家とは昵懇であった。
六、六代将軍家宣。一六六二〜一七一二・在職一七〇二〜一二。吉保の尽力で甲府宰相から綱吉の養継嗣となり、当時は西の御所と呼ばれていた。
七、大和郡山市教育委員会保管文書『伊勢物語』に依った。吉里自筆本で、「宝永六年周正初二」に書写の旨の奥書を持つ。詳細は本書第一部第四章第一節で論じた。
八、吉保の参禅録で、書名と序を霊元院に賜った『勅賜護法常應録』（中尾文雄氏訓読編輯・永慶寺発行・昭和四十八年三月）に合綴される染子の信仰告白が『故紙録上・下』である。
九、宮川葉子『源氏物語の文化史的研究』（平成九年十二月・風間書房）第一章補説。
一〇、本書第二部第二章第五節で詳細を論じた。

第二節　吉里嫡母の死
――「定子追悼文」を中心に――

（一）正室と側室

本節は、柳澤吉里自作自筆の「定子追悼文」[注一]をおもに参照しつつ、吉里の嫡母曾雌《そし》定子の逝去を考察したものである。

第一節で述べたように、飯塚染子は恐らく十九歳ほどで吉保側室となり、子供のできない正室曾雌定子に代わってお世継ぎ吉里をなしたのであった。染子の享年（三十九歳）に鑑み、吉里出産時は二十一歳頃か。

かたやそうした側室の存在を認めざるを得なかった定子の立場とは、いかなるものであったのか。『源氏物語』にも多く語られるように、一夫多妻故《ゆえ》とは知りつつも嫉妬に苦しむ感情が定子になかったとは言い切れない。

しかし医学も科学も進んだ現在と違い、幼児が育つ確率が極めて低かった当時（染子が産んだ五人のうち、吉里のみ生き延びていた）、側室を入れてお世継ぎを確保し、お家安泰を計るのが暗黙の掟。個人的な嗜好を持ち出すゆとりはないのである。

「石女」。「ウマズメ」。多くの国語辞書は「子供のできない女」と解説する。昨今はこうした差別用語も影を潜め、不妊に対する医学的研究も進んでいるが、婚姻後、十年近くも子をなせないなら、側室の存在を容認せよというのが、当時二十六、七歳の定子に突きつけられた状況であったと想像される。

もっともこの間、一族の女子三人、即ち土佐子[注二]、永子[注三]、悦子[注四]を養女に迎え、そこに婿を娶る構図も練っていた吉保夫妻ではあったが、やはり吉保直系のお世継ぎの存在は、吉保が綱吉の寵臣であればあるほど必須になっていたのであろう。子供が出来ないのは、夫婦何れの側の欠陥かは知れない。側室を入れた上で判定を下すべきであろうというのが一族の結論であったらしい。

そこに側室として染子が入った。以後は男児誕生の有無に拘わらず、生涯定子は染子との同居を強いられるのである。妻妾の同居を穏便に送る工夫は各家にまかされた個人的問題であったのであろうが、一個の女性として感情面から忖度する時、それは決して生やさしいものではなかったと思われる。

しかし『松陰日記』や『楽只堂年録』からは、妻妾間の確執などほんのわずかも浮かび上がっては来ない。そこに存した緩衝材は、正室と側室の厳然たる区分、すなわち妻妾間の身分秩序の保持であったと考える。それは『楽只堂年録』での呼称にもっとも顕著に現れている。定子は常に「妻」と表示されるが、染子は「吉里が実母」（漢文体では「吉里産母」とする）の表示で、あくまで子供の母親としての資格に過ぎないのである。これは町子やその他の側室の場合も同様で、町子は「安通が実母」（安通は町子腹の男児）といった具合であった。

また綱吉御成の場合には、「女輩」（柳澤家に集う妻妾達を『楽只堂年録』は斯く呼ぶ）を代表して挨拶をなし、拝領品、献上品を第一に授受するのも定子の役目であった。さらには元禄十五年（一七〇二）三月に江戸城に招かれ、綱吉と御台所から歓待を受けたのも定子一人である。

こうした所に見られるのは、定子に女輩の支配が任されていた構図なのである。『源氏物語』における女三宮降嫁までの紫上の立場を彷彿させる。とはいえ、そこは女性。内心は悶々としたものもあったことであろうが、定子の性格の良さも手伝ったのであろう、少なくとも表面的には穏便が保たれていた。

もっとも柳澤家では、妻妾間の軋轢がおこりにくい配慮もなされていたと考える。それは、各女輩の生活空間がきちんと確保されていた点にある。察するに柳澤家は、吉保個人の生活空間と、女輩達のそれは別仕立てになっていた。女輩達は、各自所生の子供、乳母、侍女達と別棟形式の、かなり独立性の高い住居に暮らしていたのである。それは六条院の各町を想起させるような壮大さでもあった。ごく早い時期（元禄二年〈一六八九〉三月）、吉保は常盤橋に屋敷地を拝領、そこに建設された私邸でさえ、既に「三つ葉、四つ葉に殿造りて」と表現されている（『松陰日記』巻第一「むさし野」一三六頁）。

これは初音巻の臨時客の盛宴に、六条院の栄華を讃えて謡《うたい》出された催馬楽「この殿は」の一節で、町子が意識して引用したのは間違いあるまい。それだけに、柳澤邸の広大さも忍ばれ、女輩同士が不必要な接触を持たずに独立して過ごせる生活空間の確保がなされていたと述べた所以でもある。その意味でも前述の松戸亭（第一節）は染子が誰にも邪魔されない空間であったと思しい。

（二）吉保と定子の葬地

女輩を仕切る立場にあった定子。しかし本来が頑健な身体ではなかった。[注五]宝永四年（一七〇七）などは、七月から十月まで病臥。折から江戸に下向していた黄檗山萬福寺の第八世、悦峯和尚に吉保は病気平癒の祈祷を依頼したりしている。

そしてその六年後の正徳三年（一七一三）九月五日に定子は逝去。五十四歳であった。

正徳三年とは、吉保が下屋敷六義園に妻妾共々隠退して足かけ五年後にあたる。[注六]和歌の世界を堪能しながら余生を楽しんでいた頃である。

一方吉里は、隠退した父を承け家督を相続。翌宝永七年五月には、領国甲斐へと参勤交代の旅に出発。正徳三年は四月三日に甲府を発し、同月六日に江戸に到着しているから、[注七]定子が逝去した九月は在府。その臨終にも立ち会えたはずである。因みに『楽只堂年録』は吉保隠退と同時に、吉里の「福寿堂年録」に受け継がれるから、『楽只堂年録』にも『松陰日記』にも定子逝去の記事はない。

因みに定子逝去の翌年の正徳四年二月九日に江戸を発った吉里は、同月十二日に甲府着。しかし、同年九月二十七日、吉保病臥の報が入る。そこで十月九日、吉里は出府願を提出。許可されて同月十一日に江戸到着。父の看病にあたるが効果なく、十一月二日、吉保も逝去。五十七歳。定子の一周忌を済ませた直後にあたっていた。[注八]

吉里は、甲斐国を拝領しながら定府のため一度も国に赴くことのなかった父の遺骸を甲府まで運び、龍華山永慶禅寺へ埋葬する。これは吉保の遺言であった。永慶禅寺は吉保が生前、黄檗山萬福寺の悦峯和尚に相談し建立しておいた自らの菩提寺。そこには前年、定子が葬られていた。

享保九年（一七二四）四月十二日、吉保と定子は、吉里の手によって恵林寺に改葬された。吉里が大和郡山へ転封になったからである。武田信玄の家臣団として活躍した柳澤家と曾雌家。甲斐国主に至った吉保夫妻を改葬するのに、恵林寺はいかにも相応しかった。今も二人の立派な墓が並んで恵林寺に残る。

永慶寺自体は吉里が郡山城に隣接する地点にうつした。現在も大和郡山で柳澤家の菩提寺として残り、その本堂には吉保と定子夫妻の座像が安置され、吉保の先祖から近々までの柳澤家一族の位牌が整然と管理されている。

一方、柳沢文庫には「万歳集」（『柳沢家譜集』同上収載）と題された、歴代の家族を生誕順に列記した過去帳がある。その吉保、定子に関わる項には次のようにある。

第二十世吉保公
永慶寺殿保山元養大居士
正徳四甲午年十一月二日
　甲州山梨郡山窪村　龍華山永慶寺
享保九甲辰年四月十二日
　同国同郡小屋舗村　乾徳山恵林寺へ御改葬

吉保公之御前様
　曾雌甚左衛門盛定様御女於定様
真光院海月映珊大姉
正徳三癸巳年九月五日
　右同上

これによって、永慶寺から恵林寺への改葬も確認されるのである。左記に翻刻する吉里の哀悼文が恵林寺所蔵となったのも、こうした経緯があったからであった。さらに哀悼文のみならず、吉里が定子の霊前に贈った石灯籠も恵林寺に移されている。その台は、今は苔むしてはいるものの、

右燈台　弐基

真光院殿海月映珊大姉霊前
正徳三年癸巳九月五日
嫡男国主侍従吉里

と彫られた文字が確認できる。様々な人間的感情を措くならば、定子はあくまで「吉保公之御前様」と呼ばれ、「嫡男」から石燈台二基を贈られる存在であった。定子は側室の存在に脅かされることはなく、また脅かすような側室もおらず、吉保の異例の出世により、その正室として厳然たる立場を保持できたのではなかったか。

(三)「定子追悼文」―翻刻―

吉里が定子のために自作し、かつ自筆で供えた追悼文にうつろう。奉書紙に書かれたそれは、一行平均二十字、日付と署名の行もいれると、全二十四行からなる。現在は軸装になっているが、初期からそうであったか否かは俄には判断できない。ただ、総じて柳澤家はこうした文書の扱いを丁寧にしており、永慶寺に納める時から装幀が加えられていたものと考えている。

なお翻刻にあたっては、必要最低限の句読点と濁点を付し、改行は／でしめした。

あるを見るだに悲しきこずゑの秋の初つかた、／いかなりけるうき日にや、母のかりそめなるやうにあつ／しくおはしけるを、月ごろもすくよかならぬみな／らひに、やがてさはやぎ給ひなんと、みくすりなどす丶め／奉り、ひとひ、ふつか心み侍るうちに、いとうおもらせ／給ひ、くすし典薬の数〳〵、神にもねがひをたて、／仏にずほうをこなひ、ことぶきをいのり、あしを／そらになし、心ざしを尽しつるやくもなく、たゞ／そのほどに今はの水をたむけ奉りしぞ、せん／すべなきなげきの袖、紅に染、藤の衣、露にしほれて、／つく〴〵と思ふに、いはけなき比より、此御うつくしみ／ふかく、ひるよるめでなづそひ給ひ、ひとゝなりては／世のつとめによりてとをざかり侍ても、御心のうち／には露もわすれ給はぬあはれびのみけしきなりし。／こゝろおさなくて、御いたはりつかへ奉るといふばかりの／事もなし侍らず。これをおもへば、たゞわが身ひとりの秋と／おぼえて、くるしみやらんかたなし。せめてなき御からを／かひあるさまにもと、まもれる国の龍華山に、その／暁の月かけてをくり奉る。いまや／真光院殿とゝなふるも、夢のうちの夢心して、／かきつらね侍りき／

　せきとむる袖もなみだにかきくらすみだりこゝろぞいかにはるけん

正徳三年九月十八日　　侍従源朝臣吉里

（四）『古今和歌集』と『源氏物語』を引きながら

一行目の「あるを見るだに悲しき」は、『古今和歌集』巻第十六哀傷歌、「きのとものりが身まかりける時よめる」の詞書をもつ壬生忠岑の歌、「時しもあれ秋やは人のわかるべきあるを見るだにこひしきものを」（八三九番歌）を引歌としているのは間違いない。

『古今和歌集全評釈（下）』[注九]の【通釈】には、

（紀友則が亡くなった時に詠んだ歌）　忠岑

時節はほかにもあるのに、選《よ》りに選って秋という季節に人が死別するなんて。秋という季節は生きている人に逢っても恋しい気持ちが切実であるのに。

とある（三七頁）。古今伝を父吉保から受けた吉里にとって、面目躍如たる書き出しと言えよう。

「母のかりそめなるやうにあつしくおはしけるを」の「かりそめなるやうに」には、まさかこれが重態のきっかけであるはずはないと、全快への祈りが籠められていながら、続く「月ごろもすくよかならぬみならひに」には、年来頑健ではなかった定子の健康状態への懸念が広がっている。周囲は、復活を期待しつつ服薬を勧める。

しかしその効果はなく、一両日のうちに「いとうおもらせ給ひ」、危篤状態に陥ったらしい。「くすし典薬の数〳〵、神にもねがひをたて、仏にずほう」をおこなう。医学的な治療は勿論、神に願を立て、仏に修法（加持祈祷）をさせるのである。「あしをそらになし、心ざしを尽しつるやくもなく」結局定子は逝去。ここの「あしをそらに」は、須磨巻で、三月上巳の祓の折の俄な暴風に人々が度を失う場面に、「足を空にて」とあるのを意識する。急激な状況の変化を須磨巻の暴風に重ねる所に、吉里の『源氏物語』への傾倒が伺える。というのも、吉里は、宝永七年五月に甲府へ着任した直後から、吉保お抱えの国文学者であった柏木全故《たけもと》（素龍《そりよう》）を師匠に、『源氏物語』全巻を半年ほどで読破しており、[注一〇]当該定子への追悼文に充分知識を生かせる状況であったからである。

（五）慈しみへの謝意

祈りも投薬も空しく、定子はあの世へ旅立つ。「せんすべなきなげきの袖、紅に染」と吉里は綴る。「せんすべなき」人知を越えた力には無抵抗である以外にない。吉里は「なげきの袖」を「紅に染」めたという。勿論「紅涙」は悲嘆の底で流す涙のこと。所謂腹を痛め産んでくれた実母ではないにも関わらず、あるいは文飾かもしれないながら、吉里は、「紅涙」を流したというのである。そして「藤の衣、露にしほれ」ながら、つまりは喪服の袖を涙に浸しながら吉里は回想にふけるのである。それが以下の追悼文の中核をなす。

いはけなき比より、此御うつくしみふかく、ひるよるめでなづそひ給ひ、

とは、吉里の幼時体験である。「此御うつくしみ」は申すまでもなく定子のそれ。定子は吉里の幼時から、彼を慈《いつく》しみ、昼夜可愛い存在としてまとわりつかせていたというのである。

ここに見えてくるものは何か。定子が吉保のお世継ぎとしての吉里を、実子でもそこまではといえるほど愛育した姿ではないのか。『源氏物語』では、明石御方が姫の将来を思い、紫上に託する悲しい母子の別れが描かれるが、吉里の場合もそれを彷彿させるのである。『松陰日記』にも『楽只堂年録』にも、吉里が実際には如何様な環境で育てられたのか、実母との密着度はどの程度であったのか、などということは聊かも描かれていない。しかし「此御うつくしみ」には、吉里が定子のもとで過ごす日時が多く、故に定子に馴染み親しんでいた姿が想起されてならない。

（六）甲斐ある葬り

吉里は「ひと、」なった。成人し参勤交代をなす立場になったのである。それでも定子の「御心のうち」には、「露もわすれ給はぬあはれびのみけしき」が漲っていた。

そんな嫡母に対し、吉里自ら振り返る。「こゝろおさなく」て、配慮が至らないため、お世話になったご恩返しに、「御いたはりつかへ奉るといふばかり」で、まともに実行出来ずにしまった。それを考えると、まさに「たゞわが身

ひとりの秋とおぼえ」てならず、深い悲しみに苛まれるのであると。

「わか身ひとつの秋」云々は、『小倉百人一首』にも収載されて有名な、「これさだのみこの家の歌合によめる」の詞書をもつ大江千里の歌、「月見ればちぢに物こそかなしけれわが身ひとつの秋にはあらねど」[注二一]を踏まえる。千里の歌は、悲しみは自分だけではないとの発想であるが、吉里はそれを「たゞわが身ひとりの秋」と受けとめ、嫡母を喪った悲しみを自分一人に向ける。一般論はどうであれ、私一人が「くるしみやらんかたなし」なのだという強い思いの表出である。

そこで吉里は「せめてなき御からをかひあるさまにも」と思う。定子の亡骸を「かひあるさまにも」とは、「甲斐」国の国主である自らの立場として、甲斐ある状況に葬りたいというのである。吉里は「まもれる国の龍華山」、即ち自らが守をつとめる甲斐国の永慶寺に、「曉の月かけて」葬送を行ったのであった。

（七）夢のうちの夢心

定子の法名は真光院殿。法名のみが残された嫡母の死を、「夢のうちの夢心」としてしか捉えられない吉里。歌を詠む以外になかった。その和歌が「せきとむる袖もなみだにかきくらすみだりこゝろぞいかにはるけん」であった。袖を濡らす涙にくれている日々、「どうしたら気持ちが晴れるのか。その方法はあるのか」という意味であろう。

嘗て実母染子の死に際し、かなり長期にわたって吉里が「朦気」にあったことは見てきた通りである。嫡母の死の悲しみを「みだりこゝろ」とするそれは、まさに朦気であろう。吉里には、実母と嫡母の死に際する感情に隔てはなかったと言うべきか。

勿論追悼文など、文飾に次ぐ文飾で、本当の思いなど伝わって来るわけもないのかもしれない。しかし、吉里のこの追悼文の中には、実母染子と確執があったような定子の姿は見えてこない。のみならず吉里はひたすら嫡母から愛され、それを糧として生きてきたのではなかったか。何も親孝行らしいことも出来ずに終わってしまったお詫びの証《しるし》に、定子を自らの領国甲斐国の龍華山永慶寺に葬るのだと述べる吉里の追悼文の中に、文飾だけではないものを感じる。

吉保の妻妾達の束ね役を演じるしかなかった石女の定子。しかし、「吉保公之御前様」（前掲「万歳集」）として、最初の側室に生まれた吉里を、なさぬ仲といった視点では捉えず、我が家の世継ぎとして精一杯いとおしんだ姿は、柳澤家の後の発展に鑑みる時、吉保正室として、まさに賢夫人として人後に落ちない見事な姿であったというべきであろう。

（八）定子の威容

柳澤吉保には五人の側室がいた。その第一番が飯塚染子。正室定子に子供ができず、婚姻後約十年後に迎え入れられた側室で、お世継ぎ吉里をなすことができた。しかし、染子はそれを嵩にきるような女性ではなく、その家集「染子歌集」に見る限り、吉里へ文芸の才を譲り渡すに充分な格調高い婦人であったと思われる。

かたや正室定子も、側室腹だからと、吉里に敵意を見せることはなかったどころか、彼を柳澤家の嫡男として大切に愛しんだ。このあたりは、あるいは『源氏物語』でもっとも性格美人として描かれる花散里が、葵上亡きあと、夕霧の母親役としてしっかりと根をはってゆく姿に重ねて見てみてもよいのかもしれない。

子供が生まれても、三歳足らずで多くが死に至った時代、武家社会ではなんとしてでも男児の誕生を確保する必要があった。その意味で、五人の子をなしながら、吉里のみが生き延びた染子とは異なり、二人の男児をあげ、二人ともを成人させ得た町子の運の強さは、『松陰日記』執筆や、霊元院に評価された「千首和歌草」[注一二]などにも伺えるのであるが、それはそれとして、決して目立とうとはせず、しかし、しっかりと足場を持っていた正室定子。そして、決して定子をないがしろにすることなく、吉里にあれほどの追悼文を書かせた側室第一号の染子。

　彼女達の関係は、江戸期の武家の妻妾の鑑であったのかもしれない。

〔注〕

一、山梨県甲州市（旧塩山市）にある武田家の菩提寺恵林寺《えりんじ》蔵。

二、折井市左衛門正利女、黒田豊前守丹治直重室。

三、折井淡路守正辰《まさとき》女、松平右京大夫輝貞室。

四、曾雌庄右衛門女、内藤山城守藤原政森室。

五、『楽只堂年録』巻一六は、元禄六年（一六九三）三月・四月の記事を収載するが、四月九日の条に、「今日、妻首途して、東《(塔)》の沢に趣く」（一三九頁）とあり、箱根まで湯治にでかけたのが知られる。こうした転地療養を必要とするところに、身体の弱さがみてとれる。

六、宝永六年（一七〇九）一月、綱吉が薨去すると吉保は早速辞任を表明。許されて六義園に移り住んだのは同年六月中旬。

七、『参勤交代年表　上—宝永七年より安永二年まで—』（柳沢史料集成　第六巻・平成九年十一月）

八、吉保の死については、本書第二部第五章第三節で論じた。

九、片桐洋一氏著・一九九八年二月・講談社。

一〇、宮川葉子「徳川大名柳沢吉里と『源氏物語』—「詠源氏巻〻倭歌」を中心に—」（『近世文芸』五五・平成四年二月）後に、『三条西実隆と古典学（改定新版）』（平成十一年・風間書房）に収載。本書第一部第二章第五節に再掲した。但し、それにあたっては全面的に改稿した。

一一、『古今和歌集』巻第四秋歌上・一九三番歌。『小倉百人一首』では二三番歌。
一二、詳細は宮川葉子『柳沢家の古典学（上）―『松陰日記』―』（平成十九年一月・新典社）

第三節　吉保の死

――豊田家文書「吉保追悼文」を中心に――

吉里の二人の母の死については、前節で述べて来たが、父親吉保の死に関してはどのような史料が残るのか。勿論吉里時代の公用日記「福寿堂年録」が伝えないはずはない。しかしそれ以外に吉保逝去前後を伝える記録に、吉里の「吉保追悼文及び和歌」がある。大和郡山市教育委員会蔵の「豊田家文書」である。

奉書紙一枚に、和歌共に二十二行書きのそれは、何の変哲もない書付に見えるが、「福寿堂年録」には録されることのなかった、吉里の悲しみの様が伝わって来る。そこには哀傷の和歌二首も載る。次が翻刻である。

侍従朝臣源吉里

よを長月の中半の比よりかりそめなるやうに
家君こゝちいたましめ給へるよし度〳〵に甲陽へ
告来り神無月の初つかたよりはおもくなやませ
られ、典薬のかた〳〵かはる〳〵医術をつくされけりと
いへともそのしるしなくおほつかなきさまに見えさせ

らる丶のよし承侍りて上懇願奉り奉書十日の昼到来いた丶き侍る其ま丶駒をはせてひとひとよのうち駒込に十一日の夜至りつきそれよりさま〳〵に御やまひをかへりミたすけ侍れともや丶よはりもておはして霜月二日の日午の時に終に卒去なし給へり其ほとの悲しみむねかきくもりてやつる丶藤衣もひかたきに又甲城へ立帰り御ほうむりのことなんと心いられ何くれといはむかたなし去年の長月はしめにたらちめにおくれ其うれいまた晴れかたきに此冬は千代もと祈るたらちおの別に声をのミ侍るせむかたなさうれいふかふして言はたり候はねと二首の愚詠をつらね永慶寺殿の牌前にさ丶け奉ると言爾

かなしミのなミたの時雨降しきてふちのころもをほすひまそなき

かきくる丶なみたにぬれて行さきもいと丶物うきたひのころも手

右を少しずつ区切り、「福寿堂年録」と重ね合わせながら見て行きたい。論展開の都合上、追悼文の区分に漢数字を振った。

（一）よを長月の中半の比よりかりそめなるやうに家君こゝちいたましめ給へるよし度〳〵に甲陽へ告来り

これは、正徳四年（一七一四）九月中頃から、家君、即ち吉保が、一時的に痛みを訴える症状が続いていることが、甲府の吉里のもとへ度々伝えられたことを述べている。「福寿堂年録」（以下「年録」と略）では、九月廿七日の条に、

比日、保山公持病の癪積發り、多日により、今日より久志本左京亮治療す（第六六巻・二八オ～二八ウ）。

とある。追悼文に「長月の中半の比より」とあるにも関わらず、吉保の病状が伝わってきたのは九月も末になってからであった。そこには吉里に心配を掛けまいと、連絡を思いとどまらせた吉保の姿が見え隠れする。

痛みは頻発する癪が原因だという。癪は、胸や腹が急に痙攣を起こして発する胆石症かなどとも言われるが、正確にはわからない。ただ、「持病の癪積發り」とあるから、宿痾として本人も周囲も捉えていたのが知られる。治療には久志本左京亮[注一]があたっていた。

（二）神無月の初つかたよりはおもくなやませられ、典薬のかた〳〵かはる〳〵医術をつくされけりといへともそのしるしなくおほつかなきさまに見えさせらる、のよし承侍りて

これは「年録」十月九日の条の、「此二三日以来、保山公病證（症カ）重りたまふ」（第六七巻・一ウ～二オ）とあるのに相応する。「典薬のかた〳〵」とあるから、久志本左京亮以外にも医療関係者が投入されたのであろうが、効果はなかった。危篤が迫った情況が甲斐に伝わる。

㈢　上懇願奉り奉書十日の昼到来いた、き侍る

「年録」の同上条に、「今朝、経隆を名代として口上書を月番大和守重之の亭へ持参せしめ、出府して看病し度由を願ふ」、続く同日、「右之儀によりて八つ時頃に老中連名の奉書到来す」とある。甲府にある吉里は、弟経隆（町子腹）を名代に、口上書を月番の老中、久世大和守重之宅へ持たせたところ、領掌の奉書が当日中に到来したのである。因みに口上書は、

同姓保山儀、先頃より相煩、久志本左京亮、薬服用仕候処、大切ニ付為看病同姓甲斐守参府之儀奉願候、以上、

十月九日　松平刑部少輔（「年録」同条収載「口上覚」）

というものであった。署名の松平刑部少輔とは経隆。経隆が手にした老中連名の許可証は早速吉里に届けられた。早飛脚が利用されたものと判断される。

㈣　其ま、駒をはせてひとひとよのうち駒込に十一日の夜至りつきそれよりさま〳〵に御やまひをかへりミたすけ侍れともや、よはりもておはして

「年録」には、十一日の条に、「吉里、今夜四つ時過に、駒込屋鋪へ到着す」（一五オ）とある。吉里は老中連名の許可証を受けとると、一昼夜馬を駆り続け、駒込屋鋪即ち六義園に到着したのである。

父の看病に専念したかったであろうが、吉里は老中への臨時の参府御礼、各所からの見舞い拝受の応対などに忙殺されている。中で、「年録」廿四日の条に、

常憲院様御實紀壱部三拾冊を、東叡山の本坊へ奉納し給ふ、是によりて、准后へ銀百巻、昆布一箱を進上したまふ（三二ウ〜三三オ）、

とあるのは注意しておきたい。瀕死の吉保が為した最後のご奉公ともいえるからである。「常憲院様御實紀壱部三拾冊」とは、綱吉の生涯の実録、『常憲院贈大相国公実紀』（内閣文庫所蔵・史籍叢刊第十七巻・昭和五七年・汲古書院）の初版ともいうべき一本。注二 それを「東叡山の本坊」、すなわち寛永寺の公辨法親王へ奉納したのである。

（五）霜月二日の日午の時に終に卒去なし給へり

霜月になった。前月十一日の深夜に参府以降、忙しいながらも約二十日は看病にあたることが出来た。しかし、ついに来るべきが到来。十一月二日の「年録」には次のようにある。

保山公医療叶ひたまハず、今日未の上刻に卒去したまふ、享年五十七歳、法名ハ永慶寺殿元養大居士と称す（第六六巻・一ウ〜二オ）、

嘗て綱吉政権下で大老格に上り詰めた柳澤吉保。その逝去を『有章院殿御実紀』巻第十、正徳四年十一月三日の条は次のように録す。因みに当日は綱吉七回忌法会の中日でもあった。

致仕松平保山入道吉保昨日卒しければ。奏者番松平兵庫頭乗紀御使して。その子甲斐守吉里を吊慰せらる。

吉里には続いてなすことが沢山あった。「年録」をたどってみてみよう。

まず留守居役を使者に忌服申請書を提出。吉里の「忌」は、十一月二日より十二月廿一日迄の五十日、「服」は十一月より来年の十一月迄の十三箇月であった。「年録」には、「松平保山忌掛ㇼ候面々」として、吉里を筆頭に、吉保生母了本院・次男松平刑部少輔（経隆）・三男松平式部少輔（時睦）等、吉保の服忌に関係する二十一人の名が上がる。

（六）其ほとの悲しみむねかきくもりてやつる、藤衣もひかたきに又甲城へ立帰り御ほうむりのことなんと心いられ何くれといはむかたなし

「年録」には記されない吉里の悲しみが伝わってくる。「追悼文」はこのあたりから、感情が高まった筆致になるのであるが、眼前には為すべきことが山積していた。同月三日になった。その「年録」には次のようにある。

永慶寺殿の遺骸を、領国内の永慶寺へ葬りたきよしの書付、并に吉里帰国したきよしの書付と、二通を、豊後守正喬の亭へ留守居役の者をして持参せしむ（六オ～六ウ）、

吉保は生前、自らの葬地は甲斐と定め、菩提寺永慶寺も建立していた。武川衆出身で、柳澤家中興の祖ともいえる吉保にとって、甲斐国こそ永眠の地に相応しかったのである。その遺言を受けて甲斐国への埋葬許可申請書を提出するのがまず一つ。さらに特例的に参府を許されていた吉里は、任務復帰のために「帰国したきよし」の願書も提出する必要があった。双方共に許されて、五日の「年録」には、

今日七つ時過に国許へ發駕す（一五オ）、

とあり、吉里が江戸を出発したことが語られる。取り敢えずと馬で駆けつけた江戸下向とは異なり、この度は駕籠であった。七日には、

今昼八つ時過に城着す（一五ウ）、

とある。藤衣の涙も乾かない先になすべきことが立ちふさがっていた――、それこそが「甲城へ立帰り御ほうむりのことなんと心いられ」であったのである。

一方「御ほうむり」の一連は「年録」によれば次であった。同月八日、

今夜八つ時に、永慶寺殿、駒込の下屋鋪より出棺（一六オ）、

とある。こうして吉保の遺骸は終の棲家であった六義園を出発する。そして十二日には、

今日午の刻に、甲府城追手の門外まで着棺し給ふ、吉里、麻上下を着して出迎ふ、暫有りて、龍華山へ入りたもふ節も歩従行す（一七ウ～一八オ）、

とある。

生前一度も甲斐の地を踏むことのなかった吉保は、遺骸になって初めて領国の甲府城の追手門外に到着したのである。一歩先に帰国していた吉里は、武家の礼装麻上下を着して出迎える。「暫有りて」に、吉保の棺が聊かでも城内へ入ったかとも読めるが、死穢という面から判断すると、如何であったか。追手門外で城の全貌を物言わぬ父に眺めてもらったというのが、正直な有りようであったかもしれない。

その後、龍華山へ向かう棺にも吉里は徒歩で従ったという。龍華山は永慶寺の山号である。

そして十四日。「年録」に、

今日、申の刻に、吉里麻上下を着して龍華山へ往きて、永慶寺殿葬送の礼儀を執り行ふ、導師ハ紫玉なり、石槨の蓋の内に銘文を彫付く（一八オ〜一八ウ）、

とあり、以下銘文が続く。吉保の略歴を端的に語る内容である。[注三]

同日には次の記事もある。

黄檗山の悦峯和尚、龍華山へ到着す、永慶寺殿の法事を執行すべきためなり（二一オ）、

翌十五日には、

龍華山にて、永慶寺殿追善の法事初日なり、悦峯和尚焼香せらる（二一ウ）

とある。

黄檗山悦峯和尚は、吉保が帰依していた京都宇治萬福寺の中国僧。吉保と筆談で禅問答を交わし、六義園に長期滞在したこともあったこと、菩提寺の名を龍華山永慶寺としたのも、悦峯の発案によることなど、本書第二部第一章第三節で述べたので繰り返さない。悦峯和尚は吉保との好誼を通し、こうして法要のために宇治から甲斐へ出向いたのであった。

（七）去年の長月はしめにたらちめにおくれ其うれいまた晴れかたきに

本書第二部第五章第二節「吉里嫡母の死―「定子追悼文」を中心に―」に詳述したように、吉里嫡母（「たらちめ」）、即ち吉保正室曾雌定子は、正徳三年九月五日、享年五四歳で逝去した。因みに吉保が持病の癪を悪化させたのは、「長月の中半の比」（当該「追悼文」冒頭部）であったから、定子の一周忌を終えて間もなくということにもなる。吉里も定子逝去の悲しみから充分立ち直れないでいたのである。

（八）此冬は千代もと祈るたらちおの別に声をのミ侍る

嫡母に続き、此冬（十一月）には、「千代もと祈るたらちお」（父親）との別れがやってきて、驚愕に声を呑まんばかりであるというのである。

「千代もと祈る」は、『伊勢物語』八十四段に、長岡に住む老母から子に、「老ぬればさらぬ別れのありといへばいよく〳〵見まくほしき君かな」との文が届く。年をとると避けられない死別があるというから、一層そなたに逢いたいという。それを見た子は、ひどく泣き濡れながら、「世の中にさらぬ別れのなくもがな千世もといのる人の子のため」と返した（『伊勢物語』の引用は、『岩波日本古典文学大系』本〈旧版〉による）。この世に死別はあって欲しくない、千世もと祈る子の気持ちなのであるからというのであるが、子の返歌の下の句に見られる文言を引いているのである。このあたりになると、和歌を嗜み、堂上の添削や多くの歌書の学習を経て、力量を磨くことに懸命であった吉保の庭訓が息づいている。

（九）せむかたなさゝうれいふかふして言はたり候はねと二首の愚詠をつらね永慶寺殿の牌前にさゝけ奉ると言爾

かなしミのなミたの時雨降しきてふちのころもをほすひまそなき

かきくるゝなみたにぬれて行さきもいと〳〵物うきたひのころも手

言っても詮方ないとは思うものの、深い悲しみを二首の歌に託して、吉保の位牌の前に捧げたという。前者は、「むねかきくもりてやつるゝ藤衣もひかたき」（前掲〈六〉に引用）に通じ、時雨のように降り落ちる涙は喪服を干すゆとりもないと詠じる常套的な詠い様であるが、後者の、「行さきもいと〳〵物うきたひのころも手」は、取り敢えず父の遺骸を江戸に残し、ひとまず任国甲斐へと帰国を急いだ一大名吉里の姿を髣髴させる。定府であった吉保には一度もない経験であった。

正室定子に子供が生まれず、側室飯塚染子腹に出来たのが吉里であった。子供五人を産みながら、育ったのは吉里たった一人という極めて低い生存率。こうして吉里が、実母・嫡母・父親を見送れたのは、むしろ奇跡的であったのかもしれない。当年吉里二十八歳であった。

〔注〕

一、ここの久志本左京亮は常勝と思われる。万治三年（一六六〇）に十四歳で遺跡を嗣ぐ。貞享元年（一六八四）五月、番医となり、同三年六月侍医に列し、同年十一月、御匙（将軍または大名の侍医。御殿医。おさじ医師とも）となり、翌月従五位下左京亮に叙任、稟米三百俵の新恩を得る。元禄八年（一六九五）十一月、常憲院殿（綱吉）親筆の和歌及び「誠実」云々の語を賜る。元禄十四年（一七〇一）、鶴姫（綱吉長女）麻疹の折、投薬の奏功により増封。宝永三年（一七〇六）、綱吉不予の折の投薬が奏功。武蔵国橘樹（たちばな）都筑両郡において八百石加増、全て二千石を知行するに至る。同六年（一七〇九）の綱吉薨去により、二月に務をゆるされ、寄合となり、享保元年（一七一六）致仕、同四年（一七一九）七月死去。享年七十三歳（『新訂寛政重修諸家譜』巻第千百七十八）。綱吉の寵愛を得た御殿医である。もっとも綱吉薨去にほど遠からぬ時に辞職しているから、吉保の治療に当たったときは、寄合であったことになるが、綱吉時代からのよしみもあり、吉保にとっては気楽に治療を受けられる人材であったはずである。

二、福井保氏の解題には、次のようにある。

日光輪王寺門跡、天台座主公弁法親王は早くから徳川綱吉や柳澤吉保と親交があった。それで、綱吉の没後、公弁法親王は本書の撰述を思い立ち、これを吉保に依頼した。吉保が長年にわたって側近に仕え、綱吉の公私両面の生活に通じているのと、多数の儒臣を抱えているので、本書の撰述者として最も適任であると認めたからであろう。また、吉保自身も綱吉に対する報恩のために、喜んでこれを受諾した。吉保は直ちに本書の撰述を儒臣荻生徂徠と服部南郭に命じた。徂徠らは資料を収集して執筆、校訂を進め、正徳四年（一七一四）正月に至って三〇巻附録一巻、三〇冊の大冊を完成した。本書の巻三〇末に「正徳四年甲午正月十日　源吉保入道保山謹録」と成立年月を明記している。翌二月、林大学頭信篤（鳳岡）は序文を草して吉保に贈った。当時病床にあった吉保は本書一部を繕写させて、かねて依頼のあった公弁法親王に贈呈した。同時に幕府および御三家にも各一部を献上した。また序文を草した林大学頭や撰述に関係した家臣たちにもそれぞれ賞賜を与えた。このとき主編集者荻生徂徠は百石を加増されて五百石となった。これらの処置を終ると共に、同年十一月に吉保は没した（四頁）。

三、吉里が石槨の蓋の内に彫付けた銘文は次のようである（改行部分は一画空けて示した）。

永慶寺殿前国主故　左少将保山元養大　居士之柩大居士姓　源諱吉保子明新　羅三郎二十世裔也　萬治戊戌十二月十　八日巳時生貞享乙　丑叙爵元禄甲午陞　従四位下同甲戌補　侍従同戊寅任左少　将同辛巳賜松平称　号将軍家御諱一字寶永庚午封甲斐国主同　巳丑致仕入道正徳　甲午十一月二日庚　子午時卒于武蔵国　駒籠別館享年五十　七歳葬于甲斐国龍華山永慶禅寺

〔補記〕当該大和郡山市教育委員会蔵の「豊田家文書」のうち、「吉保追悼文及び和歌」に関しては、元柳沢文庫職員の故米田弘義氏の文書によるご教示（平成十九年一月二十一日発信）で、米田氏がデジタルカメラで撮影された一葉も提供いただいた。ご教示がなければ、吉保の死を悼む吉里の私的な面を知らずに終わってしまうところであった。今は亡き米田氏ながら、紙面を借りて御礼を申し上げたい。

第四節　正親町町子腹の二男児
——その転封に果たした松平右京大夫輝貞の役割——

（一）はじめに―本節の目的にかえて―

本節は、柳澤吉保側室、正親町町子所生の二男児経隆《つねたか》、時睦《ときちか》が、後代、前者は越後黒川藩祖[注一]、後者は越後三日市藩祖[注二]と、いずれも越後国に所領を得たところにあった、柳澤家の内部事情を考察したものである。

そこには、三条西実隆の正統な子孫として、『松陰日記』[注三]を著し、多くの和歌を詠んだ町子の文才を受け継いだ二男児が、越後国へ堂上文芸を伝播させる可能性が存したのではないかと想定するからである。但し、本節では具体的な伝播の様相に言及する紙幅のゆとりを持たず、後日の報告にゆだねざるを得ない点を予めお断りしておきたい。

（二）吉保と吉里―甲斐国から大和郡山へ―

宝永元年（一七〇四）十二月、吉保は五代将軍綱吉から甲斐国を賜る[注四]。甲府宰相綱豊[注五]を綱吉の養継嗣に決定すべく尽力した恩賞であった。時に吉保四十八歳。吉保が賜ったのは当時の天領（幕府直轄地）であった甲斐国の一部分ながら、石高は十五万石余。内高《うちだか》（いわゆる含み資産）を併せると実質二十二万石余であった。同時に甲府城も賜り、実質的な国持大名《くにもちだいみょう》へと一大躍進を遂げる。

ところが四年後の宝永六年（一七〇九）一月十日、綱吉は麻疹《はしか》に罹りあっけなく薨去。享年六十四歳であった。当時五十二歳の吉保の落胆は想像に余りある。館林宰相時代の綱吉（当時十九歳）に、七歳で初御目見して以来四十五年。滅私奉公の日々を重ねて来た吉保は、綱吉と一体であったと言っても過言ではなかったからである。

吉保は早速、家宣（綱豊）に隠退を願う。しかし、「いましばし。綱吉様の葬礼等、事後処理が滞りなく終わるまで」と慰留され、従わざるを得なかった。

家宣は、自分を養継嗣にしてくれた綱吉、そこに至る諸々に尽力を惜しまなかった吉保コンビに、いきなり去られたのでは、新将軍への支持の弱さが露呈する、せめて、ある程度の目処が立つまで猶予が欲しいと訴えたのである。以来半年間、吉保は家宣の招集に応じる以外は隠退の準備を着々と進めた。そして同年（宝永六年）六月、家宣から正式に隠退許可がおりた時点で、家督を吉里に譲り、自らは妻妾を伴い駒込の下屋敷六義園に移った。同時に、経隆と時睦には、甲斐国内で各一万石の地が割譲されたのであった。

正徳四年（一七一四）、吉保は六義園に逝去する。五十七歳。遺言により遺骸は甲斐国主吉里が甲斐国まで運び、柳澤家の菩提寺永慶禅寺に葬った。[注六] 甲斐国を賜っても、定府[注七]のため一度も下ることのなかった吉保は、こうして初めて自国の土を踏んだのである（このあたり本章「第三節　吉保の死」に述べた）。

吉保逝去から十年余。甲斐国主として十五年を経た享保九年（一七二四）、吉里は甲斐国から大和郡山に転封（国替《くにがえ》）になる。『有徳院殿御実紀』[注八] 三月十一日の条に、

松平甲斐守吉里甲斐国より封を転じて大和郡山の城をたまはる。

とある。因みに綱吉の跡を襲った家宣は、足かけ四年の在任後、五十一歳で薨去。半年間の将軍不在時期を経て就任した家継（家宣四男）も、足かけ四年、八歳で薨去。それを襲ったのが吉宗であった。吉里が甲斐守であった十五年間に、将軍は、家宣→家継→吉宗と交代したのである。

それはともかく、転封先の大和郡山には吉里異腹弟の経隆と時睦に割譲できる新田のゆとりがない。そこで二人に幕府（直接には吉宗）の裁量で、越後国に、各一万石宛の土地が与えられた。『有徳院殿御実紀』同年閏四月廿八日の条には、

松平甲斐守吉里へ仰下されしは。その父美濃守吉保致仕せしとき。その乞により領地の内にて。刑部少輔経隆。式部少輔時睦に各一万石の地を分ちたまひしが。こたび転封の地新墾の田少きによて。経隆。時睦には。越後国にて各一万石の地をたもふべしとなれり。

とある。

では何故《なぜ》、経隆・時睦の新領地は、吉保・吉里父子が関与した川越・甲斐国・大和郡山等とは無縁な越後国であったのか。

（三）町子の生母―右衛門佐局―

正親町町子は柳澤吉保側室。延宝七年（一六七九）、京都に生まれる。父正親町公通《きんみち》。母水無瀬《みなせ》氏信女《うじのぶのむすめ》。共に中世の古典学者、三条西実隆の正統な子孫であったから、町子も当然その正統につながる。

しかし、氏信女[注九]が江戸城大奥に出仕することになり町子の両親は離別する。大奥に仕える女性は生涯独身が掟であったからである。

では何故の出仕であったのか。延宝八年（一六八〇）八月、将軍職に就いた綱吉の御台所《みだいどころ》、浄光院殿信子[注一〇]の要請を得て、大奥整備に着手するためであったと思われる。このあたりの経緯は、『柳営婦女伝系』[注一一]巻之十三「常憲公御代局・右衛門佐局之伝系」に次のようにある。

> 右衛門佐局、始の名ハ常盤井と号し、帝都新上西門院（霊元中宮鷹司房子）の侍女にして、水無瀬中納言氏信卿の女也、新上西門院は、常憲公（綱吉）の大夫人浄光院殿の御連枝鷹司関白房輔公（教平カ）の姫君にして、浄光院殿の御姪也、故に浄光院殿より新上西門院の御方へ、才智ある女儀を御所望の由仰遣されし時、数多の官女の内より撰み出され、関東へ差下し、右衛門佐と名を改而浄光院殿へ近仕也、奥表の女中を支配し其名籍甚たり、且つ容貌も殊に勝れける故に、常憲公の御旨に協ひ、浄光院殿より御貰ひ有て御年寄になされ、甚だ御出頭有て、惣女中の頭と成し、千石の御擬ひを賜ひ（後略）

幕府の都合で夫婦・親子の離別を余儀なくされた公通・常盤井・町子には、耐え難い苦痛であったであろうことは今は置き、当時、常盤井（後の右衛門佐）は二十三歳程、町子はわずか二歳であったと思われる。

時は流れ町子は十五歳程になった。大奥総取締（惣女中の頭）に出世を遂げた母右衛門佐から町子に誘いが届く。京都での貧乏暮らしに甘んじるのも結構だが、江戸にもそれなりの暮らし方がある、発想を転換してはどうかと。町子の心理を分析するゆとりを持たないが、結局彼女は母の誘いに従い江戸へ下向するのである。そして程なく吉保の側室となった。吉保、三十六歳頃と推定される。

そもそも柳澤家は男児に恵まれない家筋である。吉保にしてが、父安忠が五十六歳の時、側室にやっと生まれた男児であった。吉里も、吉保正室定子[注一二]に婚姻[注一三]後数年経っても子が出来ないことで、一族相談の上、吉保生母の侍女飯塚染子を側室に入れ、その腹に出来た男児である。その後も染子は二男児俊親《としちか》・安基《やすもと》を産むがいずれも三歳で夭折。

そこへ町子が側室に入り、経隆《つねたか》、時睦《ときちか》と、立て続けにあげたのである。継嗣の男児がいないために、お家断絶の憂き目に遇うことも大いにあった当時。三人の男児を得ることのできた吉保は幸運であったし、うち二人が町子腹というのは町子の運の強さを語る。

（四）町子出産―吉保の三冨開発と平行して―

経隆（安通）は元禄七年（一六九四）十一月、時睦（信豊）は同九年（一六九六）六月の誕生。二人は双子のように育つ。例えば綱吉からの拝領品や柳澤家からの献上品など、常に同一のものが用意されたというように。

経隆が生まれた元禄七年という年は、一月に吉保が川越城を拝領。城持《しろもち》[注一四]大名になった記念すべき年であった。石高は七万二千余石。但し吉保は定府であったから一度も川越に下ってはいない。しかし、城代家老曽祢権大夫貞剋《そねごんだゆうさだとき》を初めとし、有能な家臣団により城の経営は円滑になされた。

川越城主時代の吉保の最大の徳政は三冨《さんとめ》開発であろう。川越領の南部に位置する上冨《かみとめ》・中冨《なかとめ》・下冨《しもとめ》の三冨地区[注一五]は関東ローム層の典型で、水はけが良すぎるために水稲には不向きな茫漠たる原野であった。しかも周辺農民が野銭《のせん》を納め採草していたから入会権《いりあいけん》が錯綜。しばしば騒動が勃発していた。吉保は農民達立合のもとに検地を行い、川越藩の境界を明確にした上で開墾にかかる。灌漑用水路を開き、根菜類を中心とする作物が育つ土地に改良したのである。

整然とした区画整理（地割《じわり》）を行い、[注一六] 入植者を求めた。多くは近隣の小作達であったが、元禄九年（一六九六）から同十三年（一七〇〇）までの五カ年間は免租とし、ともかく入植者を農地に定着させることに成功する。そうした彼らの心の支えとして、菩提寺多福寺《たふくじ》と、祈願寺多聞院《たもんいん》を建立するのである。[注一七] このように三冨開発は、たまたまながら経隆、時睦二男児の誕生時期に平行してなされた事業であったのである。

（五）経隆と時睦

『北越雪譜』[注一八] 二編巻之一（日本庶民生活史料集成　第九巻　風俗）は、経隆・時睦が越後黒川・越後三日市を各々拝領して一一〇年以上後《のち》の「越後の城下」を次のように記述する。

岩船郡に村上〔内藤侯五万九千石ヨ〕、蒲原郡に柴田〔溝口侯五万石〕、黒川〔柳沢侯一万石陣営〕、三日市〔柳沢弾正侯一万石陣営〕（〔　〕内は本来割り注。読みやすいよう〔　〕を付して私に一行書きにした）

右は岩船郡の村上には内藤氏の居城、蒲原郡の柴田（現在の新発田）には溝口氏の居城、同郡黒川には「柳沢侯」、同郡三日市には「柳沢弾正侯」の各々の陣屋があったことを語る。陣屋は城を持たない小《しょう》大名の屋敷のこと。つまり経隆・時睦の子孫達は城持ち大名ではなく、[注一九] 領主のままであったのである。

ところで「岩船郡に村上〔内藤侯五万九千石ヨ〕」とある内藤侯に触れておきたい。

『寛政重修諸家譜』[注二〇] 巻第八百八によれば、ここの内藤氏は藤原氏秀郷流。松平信成《のぶなり》（一五四五～一六一二）が内藤弥次右衛門家長の養子になって興した家筋。信成から五代目の弌信《かつのぶ》（一六五八～一七三〇）は、享保五年（一七二〇）九月、所領を越後国岩船、蒲原、三嶋三郡に移され村上城に住した。弌信から六代目、信敦《のぶあつ》（一七七七～？）に係る尻付には、「室は松平甲斐守保光《（柳沢）》が女」と見える。内藤氏の略系譜は左になる。

信成《のぶなり》―信正《のぶまさ》―信照《のぶてる》―信良《のぶよし》―弌信《かつのぶ》―信輝《のぶてる》―信興《のぶおき》―信旭《のぶあきら》―信凭《のぶより》―信敦《のぶあつ》

一方「松平甲斐守保光」は、左の系図につながる吉保曾孫、吉里孫である。

その保光の娘が内藤信敦室であったというのである。柳澤家の系譜[注二]によると、当該娘は兄保民《やすたみ》同様、嫡母を松平右京大夫源輝高女《むすめ》、実母を家女房大野氏に生まれ、信敦の妻となるも「離縁」とある。そして文化十三年（一八一六）十一月に卒去した。享年等詳細は不明だが、同腹兄の保民が安永九年（一七八〇）の誕生、嫁した信敦が安永六年（一七七七）生まれであったことなどに推し、天明二年（一七八二）頃の生まれか。信敦との離縁に到る経緯も年も未詳であるが、享年が三十数歳であったのは間違いなかろう。

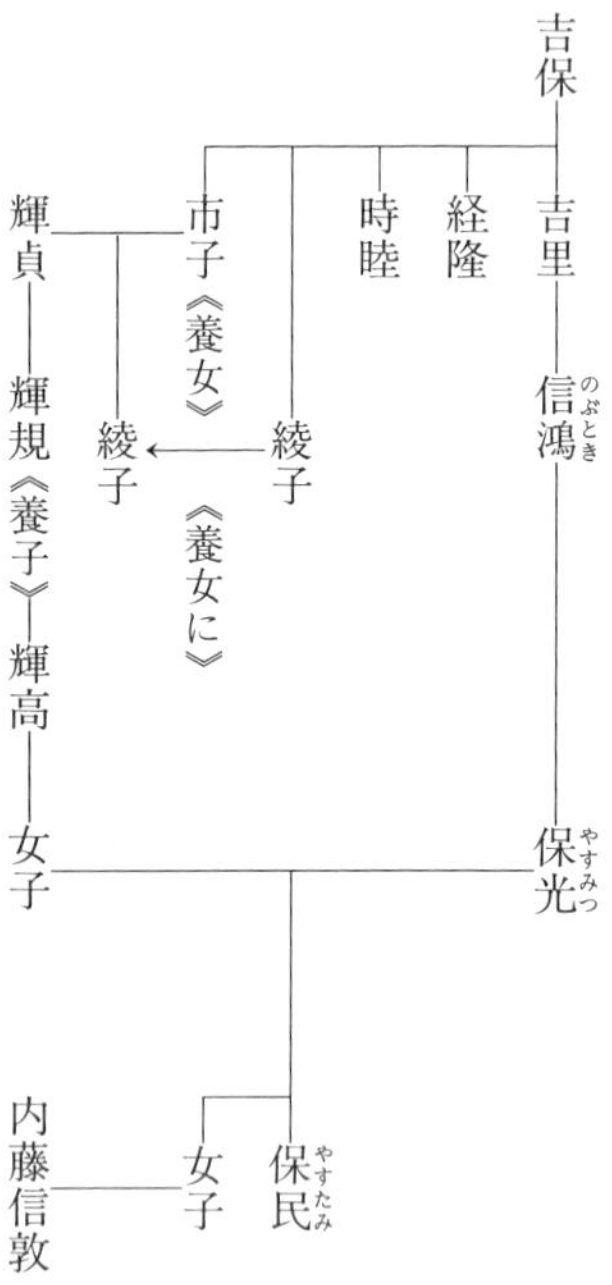

このように、経隆、時睦が越後国に領地を賜ったことで、吉保や輝貞の子孫が細々ながらも越後国に根を張ってゆくことになった。この点については再度触れることになろう。

（六）松平右京大夫輝貞―その略歴（1）―

松平右京大夫輝貞は吉保の女婿である。前述の通り柳澤家は男児に恵まれない家筋。だからといって側室を入れても男児が生まれる保証はない。そのあたりを危惧した吉保は、予め養女を迎えておき、いよいよの時は養女の婿を継嗣にする方法を考えていたらしい。

「門葉譜」（『柳沢家譜集』収載）にたどれる吉保の養女は四人。土佐子、市子（栄子・永子とも）、悦子及び幾《いく》である。但し幾（野宮定基女）はいささか上記三養女とは目的を異にするため、目下の考察からは外す。土佐子の実父は折井市左衛門正利。彼女は黒田豊前守丹治直重[注一二]室となった。

市子の実父は折井淡路守正辰《まさとき》。正利の息男である。折井氏は柳澤・曾雌氏同様武川衆で、居所が折居であったことからの呼称。吉保・定子夫妻双方に縁のある家筋である。そして市子は松平右京大夫輝貞室となった。

残る悦子の実父は曾雌定秋。実母は曾雌庄右衛門女。定子の実家の家筋である。彼女は内藤山城守政森《まさもり》室[注一三]となった。しかし吉保は、これら女婿のいずれにも、柳澤を継がせる必要はなかった。嫡男吉里、町子腹の経隆、時睦が誕生したからである。

さて輝貞は清和源氏頼光流。寛文五年（一六六五）、松平甲斐守輝綱[注一四]の六男として、板倉周防守重守女を母に誕生。年齢的には吉保の八歳年少であった。

輝貞にかかる略系譜は次頁のようになる。なお、論の展開上、後々の系譜も同時に掲げた。殊に信興の養子になって以降の輝貞に連なる系譜は、前項（五）にあげた系譜と重なってくる点に注意されたい。

輝貞の初名は武綱《たけつな》。萬千代、酒之丞、右京亮、右京大夫などと称す。寛文十二年（一六七二）二月、父輝綱の遺領のうち五千石を分賜される。時に八歳であった。延宝三年（一六七五）初めて厳有院殿（四代将軍家綱）に拝謁。綱吉

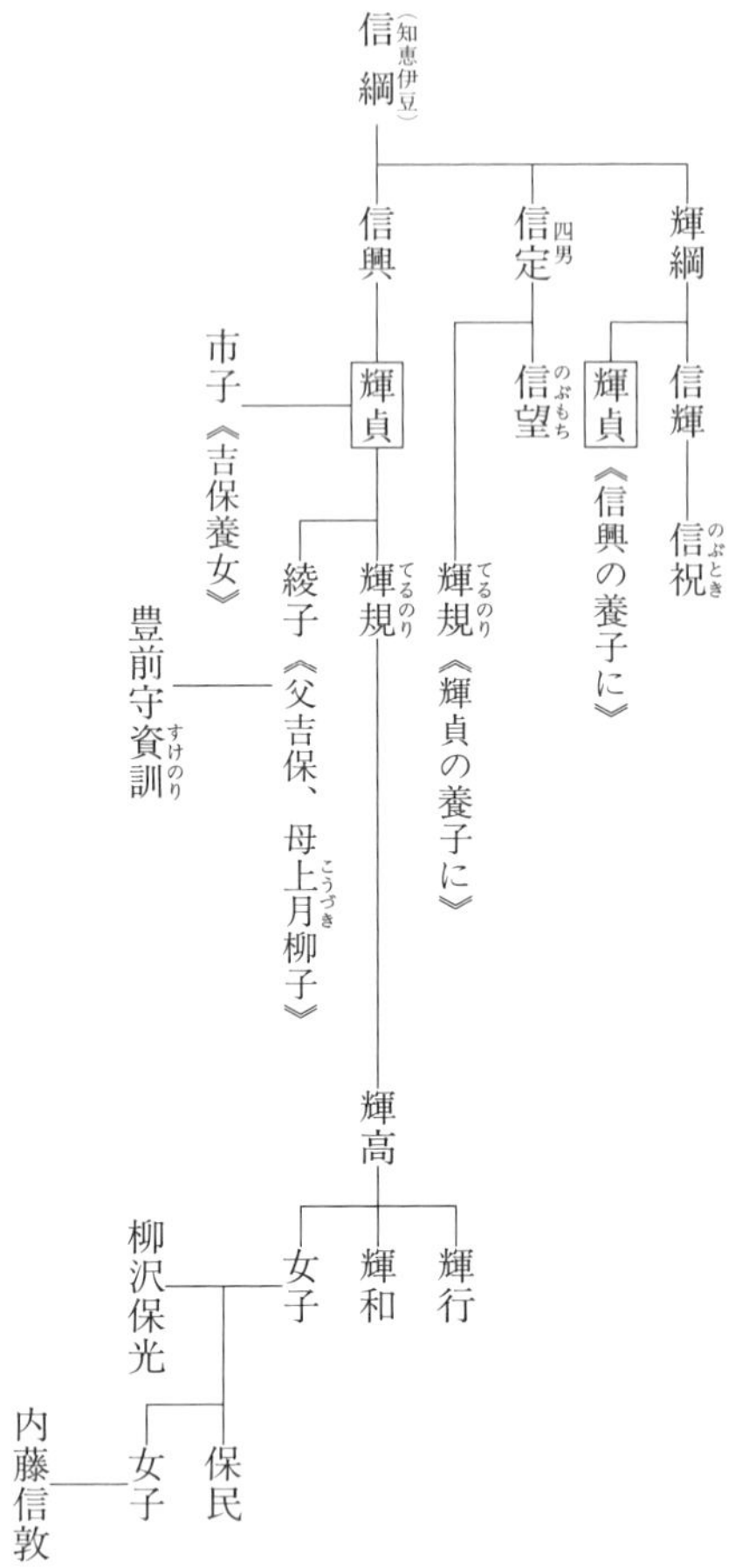

に仕え、中奥の小姓[注二五]となり[注二六]側衆[注二七]に進む。十一歳。元禄二年（一六八九）十二月、従五位下右京亮に叙任。その後新恩二千石を加えられる。二十五歳。ついでに述べるなら、同月廿一日、北村季吟・湖春父子は召し出され、幕府御歌所の師匠[注二八]となった。後に吉保は季吟に古今伝受し、さらに吉保はそれを吉里に伝授することになる。そうした経緯もあって吉里の和歌師匠を勤め、柳澤家の歌会に度々出席するなど、季吟は吉保一族と深く関係した。

同三年（一六九〇）九月、継嗣なきままで逝去した信興の養子となった輝貞は遺領を継ぐ。同年十一月、襲封を謝し、備前盛景の刀、御台所信子には為相《ためすけ》筆の「長秋詠藻」[注二九]を献上。「長秋詠藻」に輝貞の文化的背景がある程度見てとれる。同年十二月、湯島聖堂（孔子廟大成殿）造営の奉行を勤める。二十六歳。

元禄五年（一六九二）二月、土浦を改め、下総国結城、猿島《さしま》、河内国若江、下野国都賀、河内五部に移され、壬生城を賜る。同月、吉保（当時は柳澤出羽守保明《やすあきら》）養女市子と婚姻、吉保の女婿となるのである。二十八歳の時であった。

（七）松平右京大夫輝貞―その略歴（2）―

この項では、輝貞が吉保女婿となって以降、吉保隠退の宝永六年（一七〇九）までを見てゆくが、出世街道を驀進する吉保の女婿であったことは、いかに昇進・昇格・加増に密接に繋がる結果となったかが見て取れる。

元禄七年（一六九四）八月、諸事の沙汰は吉保に従うよう仰せを受ける。平たく言えば吉保の片腕として活躍せよとの綱吉の仰せであった。そして同日、摂津国住吉、河内国河内、下野国都賀、河内四郡のうちにおいて一万石加増。同年十二月、従四位下に昇り右京亮を右京大夫に改める。三十歳。

同八年（一六九五）二月、綱吉の御成に備えるべく自邸の北隣に土地を拝領。注三〇同年五月、初御成を得る。綱吉自ら「大学」を論じ、輝貞も「論語」を講じた上、同日、武蔵国児玉、上野国片岡、群馬三郡のうちにおいて一万石の加増を得て、壬生から上野国高崎城へ転じた。以後、二十三度の御成を得る。吉保邸への綱吉の御成は五十八度であったから、それとは比較にならないものの、他の幕臣達に比すと圧倒的に多い。輝貞三十一歳であった。

同十一年（一六九八）二月、武蔵国児玉の領地を改め、上野国碓氷《うすい》郡に移される。三十四歳。同十二年（一六九九）十月、綱吉御成。諸奉行、諸代官、諸星伝左衛門忠直等の訴訟の裁断を傾聴する。三十五歳。同十三年（一七〇〇）九月、綱吉の「周易」講釈終了を祝い、注三一黄金五十枚、屏風二双、樽肴を献上。相州行光の刀と綿百把、二種一荷を賜る。三十六歳。

同十四年（一七〇一）正月、河内国丹北《たんほく》、八上《やがみ》、若江、讃良《さらら》、河内、丹南《たんなん》六郡のうちにおいて、一万石の加増。三十七歳。同十六年（一七〇三）十一月、関東大地震の折、馳せ参じて伺候。綱吉は着御の羽織を手づから恩賜。すばやい輝貞の行動に感動してのことであった。三十九歳。

宝永元年（一七〇四）十二月、武蔵国新座、摂津国住吉、豊嶋《てしま》、河辺、四郡のうちにおいて、一万石の加増。都合七万二千石に至る。四十歳。同二年（一七〇五）閏四月、領地の御朱印を拝領。朱印状には「武蔵国新座郡の地は、父祖の墳墓あれば、永く領知すべき旨」（『新訂寛政重集諸家譜』巻第二百五十七）が記され、新座の平林《へいりん》禅寺は以後松平家の菩提寺として代々領有されてゆくことになる。注三二 四十一歳。

同四年（一七〇七）八月、代官町御殿の普請奉行を勤める。同年十二月、吉保側室上月《こうづき》柳子腹の女子綾子を養女に迎える。正室市子が子供に恵まれなかったからである。輝貞四十三歳。後に綾子は松平豊後守資訓に嫁し、注三三 宝暦七年（一七五七）七月に逝去した。

ここにはかつて吉保が三人の養女を迎え、各々に婿をとったのと似通った構図が見て取れる。但し輝貞も女婿を継嗣にはせず、伯父にあたる松平伊勢守信定の十男輝規《てるのり》（輝貞とは従兄弟同士）を養子に迎えるのである（前掲略系譜参照）。

輝規は天和二年（一六八二）生まれ。年齢的には綾子の兄にあたる。但し輝規を養子に迎えたのは正徳五年（一七一五）になってからで、輝規は既に三十四歳（『新訂寛政重修諸家譜』同上巻）になっていた。

その約十年後の宝永五年（一七〇八）十一月、輝貞は摂津国住吉の社殿修造奉行を勤める。また大乗院宮と一乗院宮の年頃の訴論を和解させる。注三四 四十四歳であった。

（八）松平右京大夫輝貞―その略歴（3）―

当項は、綱吉薨去を得て吉保は隠退。輝貞の独歩が始まる時代を見てゆく。もっとも四十代も半ばの輝貞。今更の一人歩きでもなかったであろうが。ともかく結果的に輝貞を女婿にした吉保の判断は正しかった。

宝永六年（一七〇九）正月十日、将軍綱吉は麻疹《はしか》にかかり呆気なく六十四歳の生涯を閉じた。前夜から宿直していた輝貞は綱吉の急変を連絡。吉保が慌てて駆けつけた時には既に意識は朦朧としており薬湯も受けつけない。手をこまねくうちに薨去となった。吉保、輝貞の衝撃の程は筆舌に尽くしがたい。

そうした中、輝貞は常憲院殿廟[注三五]造営を輔佐する。同月、江戸城内では雁間《かりのま》[注三六]に伺候すべき仰せを得る。同年二月、常憲院殿の宝塔及び拝殿の造営も輔佐。同年十二月の落成により備前政光の刀を賜る。四十五歳。同七年（一七一〇）二月、初めて城地《じょうち》高崎へ行く暇《いとま》を賜り、雲次の刀を拝領する。同年五月、高崎から、越後岩船、蒲原二郡に転封。村上城を賜る。四十六歳。

七年後の享保二年（一七一七）正月、それは吉宗[注三七]治世になって直後にあたるが、以後は溜間《たまりのま》に伺候して、将軍の御機嫌を伺い、幕府の儀式には、所司代[注三八]、御城代《ごじょうだい》[注三九]のように拝謁すべき仰せを得る。結果的に吉宗の寵愛の発端であった。

同年二月には、村上を転じて旧領越後国、蒲原《かんばら》、下総国海上《うながみ》、上野国片岡、群馬、碓氷五郡のうちに復し高崎城を賜る。

同年九月、常に新番所[注四〇]前の溜りに伺候し、老中政事を議する場に入事することを許される。また、登城の際、老中の出仕口からの往来も許される。五十三歳。

同五年（一七二〇）一月、常憲院殿十三回忌の法会を奉行。青江の刀を賜る。同年七月、老中と共に御名代を勤めるよう仰せを得る。この時点で老中格として扱われるようになったらしい。五十六歳。同六年（一七二一）、上野国伊《い》香保《かほ》温泉に湯浴みの暇を賜る。五十七歳。同十年（一七二五）十一月、唐馬一疋を賜る。六十一歳。同十二年（一七二七）五月、家臣二十人に田安[注四一]朝鮮馬場において騎射をさせる。同年九月、輝貞調練の馬に鞍・鐙等装備を添えて献上。六十三歳であった。

（九）松平右京大夫輝貞―その略歴（4）―

晩年の輝貞を見ておこう。経隆・時睦が越後に一万石宛の領地を拝領したこととは無関係のようであるが、輝貞の人柄やその行動半径を認識する上で必要と考えるからである。

享保十三年（一七二八）四月、有章院殿注四二十三回忌の法会奉行を勤める。同月、吉宗の日光山参詣の折には、大がかりな隊列を組んでの供奉を命じられる。六十四歳。吉宗の輝貞への寵愛は続いていたのが察しられる。貞享元年（一六八四）生まれの吉宗は輝貞の十九歳年少。幕府内部に詳しい老臣として吉宗が頼りにしていた気配も感じられよう。

同十四年（一七二九）十二月には、養父信興撰の甲冑の書や絵巻物を献じ、親筆の馬の画を賜っている。六十五歳。

同十五年（一七三〇）七月、老中と等しく国政を執るべく仰せを受ける。正式な老中就任である。六十六歳であった。

同十七年（一七三二）には、常憲院殿二十五回忌の法会奉行を勤める。六十八歳。

享保十九年（一七三四）七月、七十歳の輝貞は京都へ出向く。土岐丹後守頼稔《よりとし》注四三の所司代就任を宮中へ奏上するためであった。

七月一日、御料の鞍・鐙を賜って江戸を出発。途次駿府城を検視。同月二十三日には参内して中御門天皇注四四に拝謁。天杯《てんぱい》注四五を賜った。そして同月二十六日に京都を後《あと》にする折には、禁裏より公卿集書注四六の「三部抄」や、沙綾《さあや》注四七十巻を、また東宮注四八からは、冷泉為久筆九十賀記注四九と縮緬《ちりめん》五巻を拝賜した。

帰路、大坂城、堺等を巡見し、伊勢の内宮《ないくう》・外宮《げくう》に参詣、駿河の久能山《くのうさん》東照宮にも参拝した。あるいはこの折、大和郡山の吉里との接触があったのではないかとも考えているが記録を探し得ていない。ともあれ、輝貞上洛の旅は、帝にも拝謁し、大坂や伊勢にも足を伸ばす大がかりなもので、参勤交代の旅とは異なる希有な体験であったと考える。

元文三年（一七三八）六月、七十四歳の輝貞は、浄圓院御方（吉宗母巨勢《こせ》氏）の十三回忌法要の奉行を勤める。後の十七回忌も同様であったという。元文五年（一七四〇）十月、常憲院殿三十三回忌法要の奉行を勤める。七十六歳。延享元年（一七四四）十一月、老年にも関わらず御名代、御使等激務をこなしたことを慰労し、吉宗から純子十巻を賜る。八十歳。

同二年（一七四五）三月、日光山への名代を務める。ところが同年九月六日、享年五十九歳で吉里逝去。輝貞にとっては逆さまごと。かなりの衝撃であったはずである。ましてや四年前の上洛時に、郡山で再会の機会など得ていたなら、落胆の程は申すまでもなかろう。そうした中、同年九月二十五日、吉宗までもが辞職。新将軍には吉宗の長子家重が就いた。

同年十二月、終に輝貞は職を辞して致仕した。八十一歳。享保元年（一七一六）から当年まで三十年、吉宗へ忠勤を尽くした輝貞も、吉里逝去や吉宗の辞職によって、急速に光明を失ったようであった。

この後、延享三年（一七四六）には、八十二歳にして熱海に湯浴みに出かけたりもするが、その翌年あたりから病の床に伏すことが多くなったらしく、九代将軍家重や大御所吉宗からの見舞の奉書などを賜っている。

そして延享四年（一七四七）九月十四日、江戸に逝去した。享年八十三歳。東叡山《とうえいざん》の明王院に葬られ、節翁道義天休院と号す。吉保のような華々しさはなかったものの、吉保より四半世紀分《ぶん》長生きした輝貞。吉宗の寵愛も得てまずまずの人生ではなかったか。

（一〇）松平右京大夫輝貞と二男児―輝貞が果たした役割―

宝永七年（一七一〇）二月、輝貞は初めて城地高崎《じょうち》へ赴いた。それは吉里が初めて甲斐国の国主として甲府へ赴く構図に重なる。綱吉薨去により、寵臣吉保は致仕。吉保継嗣吉里も女婿輝貞も状況が一変した。各々任国経営に直接携わることになったのである。

そもそも輝貞が高崎城を拝領したのは元禄八年（一六九五）五月のこと。吉保養女市子と婚姻して三年後、吉保が川越城を拝領した翌年にあたる。この後十年余が吉保にとって人生の最盛期にあたっていたように、女婿として、吉保の右腕輝貞にとっても輝かしい時期であったのは見てきた通りである。ところが家宣時代になると、定府であった輝貞も、高崎城に赴くことになったのである。

しかも高崎に赴いて三箇月あまりで越後国岩船、蒲原二郡に領地を改められ、村上城へと移る。江戸の本邸から高崎へ。高崎城の明け渡し、村上城の受取。村上への移転と、たて続けの忙しさは想像を絶するものがある。

それが七年後の享保二年（一七一七）二月、（八）項において述べたように、輝貞は村上から転封、旧領であった越後国蒲原《かんばら》、下総国海上《うながみ》、上野国片岡、群馬、碓氷五郡のうちに復し、再び高崎城を賜る。

ここで注意しておきたいのは、この度の移封にあたっても、「越後国蒲原」だけは依然として輝貞の領地であったという点である。そして経隆、時睦が享保九年に得た越後黒川も越後三日市も蒲原郡内の土地なのである。

吉保養女市子の女婿輝貞は経隆、時睦にとっては義理の兄。実の兄の吉里には、移封先の大和郡山に割譲する土地がないと判った時、輝貞が自らの領地内で相応の土地を手配した―それこそが経隆は黒川藩祖、時睦は三日市藩祖になる始発点ではなかったのか。

しかも輝貞は黒川・三日市を割譲するにあたり、その土地を予め調査していたと思しいのである。その証左としてあげておきたいのが左の写真一葉である。黒川藩が現在の胎内市の一部に相当することは既に述べた（（一）注二）。黒川藩は森林資源豊かな、現在でも緑したたる地域であるが、そこの郷土資料館の展示品の写真である。高さ一メートル、幅二十五センチメートルほどの、何の変哲もない木札ながら、そこに書かれている文字は重い。「松平右京大夫泊」とあるからである。右肩が欠けていてかすかに「十九日」と読めるが、上にあったであろう月は特定できない。

胎内市郷土資料館展示の木札

「松平右京大夫」とはまさに輝貞その人の呼称。輝貞が黒川を巡見した折に宿泊した本陣[注五〇]に掲げられた宿泊札であったと考えざるを得ない。日時の特定はできないものの、輝貞は間違いなく黒川で宿泊していたのである。そしてその時期を、経隆へ土地を割譲する以前であったと考えてみたいのである。

これと同様の宿泊札が三日市（現在の新発田市の一部）においても見つかれば、輝貞が町子の二男児に割譲前に、予め各々それら土地を検分していた証左として、本節の補強になるのであろうが、残念ながら三日市でのそれは今のところ見つけていない。

（一一）むすびにかえて

松平右京大夫輝貞は、吉保女婿として綱吉の信任も厚く、吉保と共に綱吉体制を支えてきた幕府の重鎮であったし、吉保亡きあとも、吉宗の寵愛を得て、重用されて来たのは見てきた通りである。

享保九年（一七二四）、吉里が甲斐から大和郡山に移封になった頃とは、輝貞が吉宗の信頼も十分に得て、多少の希望なら聞き届けてもらいやすい状況になっていたと考える。義弟達に自らの領地を割譲すべき許可を求める幕臣の希望をかなえてやるなど、将軍にとっては何ら腹の痛むことではない。輝貞の願いは簡単に聞き届けられたのではなかったか。

かくして、経隆・時睦は、越後国の蒲原郡黒川と三日市に新天地を得る。これが発端となって後々も柳澤家は越後と関係が続いてゆくことになるのである。

そこには、養子縁組を盛んに行いながら、ともかくも一族の繁栄を守ろうとした武家社会の連帯意識を見る。もっとも自家の繁栄は誰しもが願うことであろうし、何も江戸期特有の現象でもない。ただ、吉保の女婿となり、かつ、吉保女を養女に迎えた輝貞が、吉保の片腕として力量を発揮したのみならず、吉保亡き後も義兄弟達への支援に尽力する姿は、柳澤家の文芸を語る際にも記憶に留めておく必要があろう。

繰り返すが、輝貞が越後に町子の二男児の領地を用意したからこそ、彼の地に吉保・輝貞の係累が脈々と根付くことになったのである。さらにそこに、吉保と町子が培った文芸の香りの伝播があっても不思議ではない。

ところが残念なことに、経隆は享保十年（一七二五）八月二十三日、三十二歳の若さで江戸駒込の六義園に逝去。黒川藩祖になって一年半後のこと。町子の逝去はその前年であったから、逆さまごとにだけはならなかったのが幸いというべきであろう。

時睦は寛延三年（一七五〇）四月二十四日、五十五歳で逝去。但し「門葉譜」[注五一]（『柳沢家譜集』収載）によると、「享保九年庚辰七月廿六日致仕」とある。ということは、三日市藩祖になって半年も経たないうちに、しかも二十九歳という若さで致仕してしまったことになる。

といった次第で、越後への文芸の伝播は、経隆、時睦から直接に、というのではなく、彼らの養子になって黒川藩、三日市藩を継いでいった子孫達、内藤信敦と婚姻関係にあった吉保曾孫保光の女子らの周辺からということになるのであろう。

〔注〕

一、現在の新潟県胎内《たいない》市。

二、現在の新潟県新発田《しばた》市。

三、『松陰日記』は松平（将軍家の旧姓）を拝領し、そのお陰に生きた吉保栄華の記録。『源氏物語』の文体をまね、体裁は『栄華物語』のそれに倣う。以下本節は、宮川葉子著『柳沢家の古典学（上）―『松陰日記』―』（平成十九年一月・新典社）を参照。

四、実際に城の請けとりがなされたのは翌年（宝永二年）二月のことであった。

五、綱吉兄綱重《つなしげ》（一六四四～一六七八）の息男。後の六代将軍家宣《いえのぶ》。家宣は寛文二年（一六六二）、江戸根津御殿に誕生。宝永元年（一七〇四）十二月五日、四十三歳で綱吉の養継嗣となった。

六、後述するように、享保九年（一七二四）三月、吉里は大和郡山に転封となる。その時、吉保・定子夫妻を乾徳山《けんとくさん》恵林寺《えりんじ》（現在の山梨県甲州市）に改葬。永慶寺は大和郡山に移され現在に至る。因みに、恵林寺は武田家の菩提寺。吉保は甲斐国を請けとった翌月の宝永二年（一七〇五）三月、三日三晩をかけた信玄の百三十三回忌法要を盛大に執行。以後も寺の大規模な修復や多額の献金に私財を投じた。そうした経緯に鑑み、同寺への改葬が可能であったと推測する。

七、参勤交代をしない大名。

八、八代将軍吉宗にかかる幕府の公用日記。『徳川実紀第八篇』（新訂増補国史大系・吉川弘文館）。

九、水無瀬氏信女は当時、霊元院中宮新上西門院鷹司房子の侍女として、常盤井《ときわい》の召し名で宮中で活躍していた。

一〇、鷹司房輔の姉妹で、新上西門院鷹司房子の伯母にあたる。

一一、斎木一馬・岩沢愿彦氏校訂『徳川諸家系譜・第一』（続群書類従完成会・昭和五十七年四月第三刷）。

一二、柳澤家と同族の曾雌《そし》氏。いずれも武田信玄の家臣団である武川《むかわ》衆。

一三、延宝《えんぽう》四年（一六七六）二月、吉保は十九歳で二歳年少の定子と結婚。

一四、城郭を構える大名の意。

一五、上冨《かみとめ》は現在の埼玉県入間郡三芳町の一部、中冨《なかとめ》・下冨《しもとめ》は同県所沢市の一部。

一六、開拓は、地蔵林（後に多福寺や多聞院が建立される地点にあった木《き》の宮《みや》地蔵を回る林）を中心に、幅六間の道を縦横に開く道路整備から着手された。この道の両側の土地を、間口四十間（約七二メートル）、奥行き三七五間（約六七五メートル）の短冊状に区画。一戸あたり五町歩（五ヘクタール）宛の屋敷割を設ける。屋敷割の中は、道路に面した表側を屋敷地、次を耕地、一番後方を雑木林とする。屋敷の周囲には屋敷林が設けられ、竹、欅、杉、檜、樫などが植えられて防風林の機能も持たせた。また各戸との境には一間の農道を通じさせ、境界には卯木《うつぎ》（ユキノシタ科の落葉低木。山野に自生。生け垣にしたり、木釘《きくぎ》や楊枝《ようじ》を作る）を植え、卯木敷《うつぎしき》と称させた（三芳町教育委員会発行『三富新田の開拓』、三富山多福寺発行『三富山多福寺』等参照）。

一七、触れられることが少ないが、吉保は幼い頃から信仰心が厚く、特に黄檗山萬福寺《おうばくさんまんぷくじ》の僧侶との交流を通して、禅宗を心の支えに敬虔な日常を心がけていた。従って引退後の剃髪も黄檗宗に拠っている。心の拠り所となる信仰の必要を説く吉保の一種哲学の結実が多福寺と多聞院であり、その意味で二寺の存在意義は大きい。

一八、江戸後期の随筆。二編七巻。鈴木牧之《ぼくし》著。天保七年（一八三六）～同十二年（一八四一）刊。越後の雪の観察記録を中心に、雪国の風俗・習慣などを記述したもの。

一九、無城故、その屋敷として陣屋を設けて領内を納めた小大名。国主（いわゆる国持ち大名）や城主より地位が低い。

二〇、『新訂　寛政重修諸家譜　第十三』（高柳光寿・岡山泰四・斎木一馬編・続群書類従完成会・平成三年第六刷）

二一、『柳沢家譜集』収載の「系譜」（柳沢史料集成第四巻・平成七年十一月・柳沢文庫保存会）

二二、本書第一部第二章第一節「八景和歌」の（四）「郡山八景和歌」の一本で吉里や他の武家達と享保十九年に「三輪山花」題で一首詠み、後々まで吉里と親交していたことを述べた。

二三、内藤政森は、前項（五）で述べた保光の娘が嫁し、離縁となった内藤信敦とは同族ながら別の家系である。次の略系図につながる。なお、政森に嫁いだ吉保養女悦子は逝去。後室として吉保と側室横山繁子の女子春子（稲子・由子とも）が入る。春子はこれ以前、土屋出羽守源定直に嫁していたが、定直の逝去で婚姻を解消。政森に再嫁したのである。頼もしい女婿は何とか自家に留めておきたいという構図が見て取れよう。

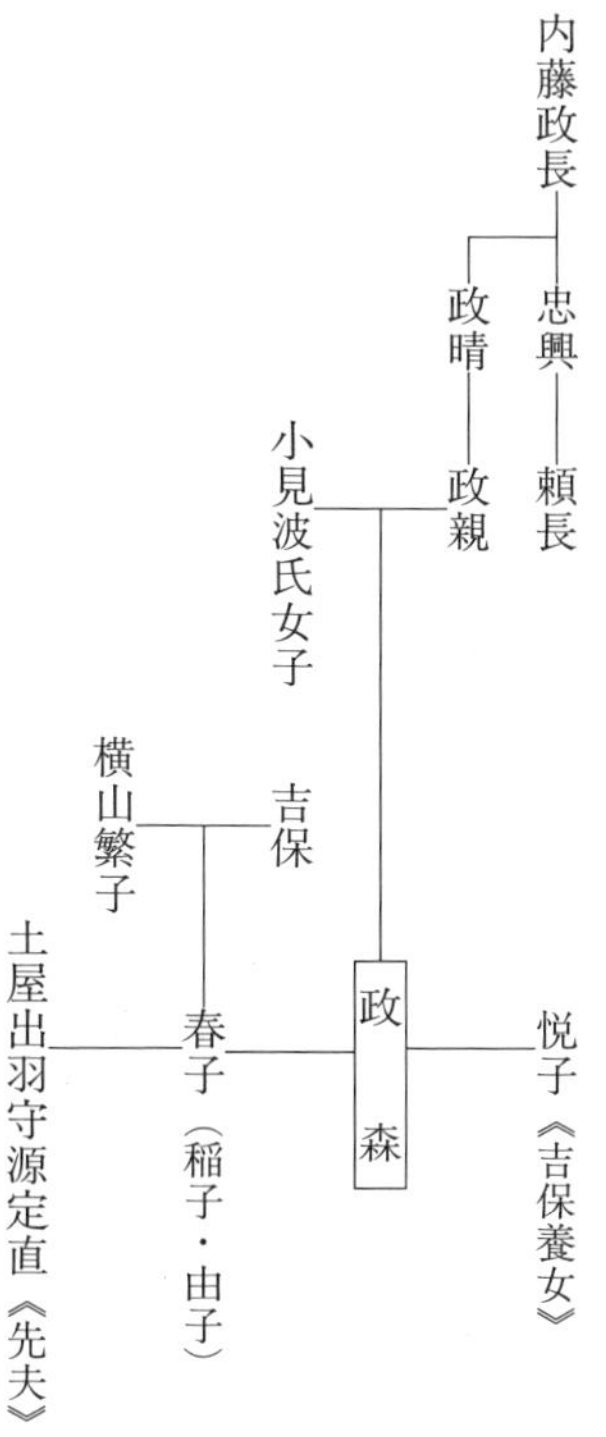

二四、輝綱（一六二〇～一六七一）は、そもそも信綱（一五九六～一六六二）の長子。信綱は、家光・家綱に仕え、島原の乱（一六三七）、由井正雪の乱（一六五一）、明暦の大火（一六五七）などに力量を発揮。伊豆守であったことから知恵伊豆と

渾名されるのであるが、藩主として賜っていたのは川越城。それをうけて輝綱も川越城主となった。

二五、江戸城本丸の一部。将軍が起居したり政務を執る場所。

二六、将軍の側近くに仕え、身の回りの雑用を勤める役。

二七、綱吉が定着させた幕府の命令系統。従来は将軍の直属に老中・若老中が置かれていたが、そこへ将軍に近侍し、交替で宿直して城中の諸務を処理する側用人《そばようにん》（側衆）を挟み込ませた体勢。将軍の命令も、老中・若老中からの上申も、すべて側用人を通してなされた。因みに吉保は全てに配慮の行き届く側用人として綱吉の信任・寵愛を得て、大老格に出世したのである。但し権力は大老以上を誇りながら、所謂「大老」の職名を拝領してはいない。

二八、それまで季吟は京都松原五条の新玉津嶋社の神官であった。元禄十五年（一七〇二）、吉保が自ら設計、和歌の浦のイメージを移して完成させた江戸駒込の下屋敷六義園に、新玉津嶋社を勧請し、和歌神が宿る所として、「新玉松《にいたまつ》」と名付けたのは、季吟の発案であろうとの論もある（島内景二氏）。

二九、治承二年（一一七八）成立の俊成の私家集。三巻。六家集《ろっかしゅう》（平安末期から鎌倉初期の代表的歌人六人の私家集の総称。俊成の「長秋詠藻」、西行の「山家集」、定家の「拾遺愚草」、良経の「秋篠月清集《あきしのげっせいしゅう》」、家隆の「壬二《みに》集」、慈円の「拾玉集」）の一つ。

三〇、こうした土地は、御成御殿を建造するためであったであろうことは、吉保の場合に鑑みて推測できる。

三一、綱吉は元禄六年（一六九三）から八年間かけて、平均月三回の割で「周易」の講釈を続行して来ていた。それが全て終わったというのである。

三二、輝貞が平林禅寺を菩提寺として拝領できたのは、右に引用した朱印状の文言「父祖の墳墓あれば」に推測できる。信綱以来、平林寺を墓所としていたからである。ただここに見落としてならないのは、そこが川越領内であった点である。朱印状の発行された宝永二年（一七〇五）閏四月は、吉保が甲斐国を賜り、甲府城を受けとった三ヶ月後。吉保は甲府城を受けとると同時に、新たな城主秋元但馬守喬朝《たかとも》に川越城を明け渡す。閏四月とは、喬朝が藩主になって以後にあたる。吉保が藩主時代ならともかく、喬朝の代になって後に、その領内の平林寺を吉保女婿が拝領する、これは吉保へ対する綱吉の寵愛の一部であると同時に、家光・家綱時代の知恵伊豆の活躍への恩賞の意味合いもあったものと推測される。

三三、本庄氏。綱吉生母桂昌院の弟宗資《むねすけ》（一六二九～一六九九、享年七十一歳）を祖とする家筋。系譜上では宗資―資俊《すけとし》―資訓《すけのり》とつながるが、資訓の実父は佐野信濃守勝由《かつよし》、母は渡邊氏。元禄十三年（一七〇〇）生まれ。正徳二年（一七一二）、資俊の養子となる。室の有馬中務大輔頼元女、継室の松平安芸守綱長女共に逝去。その後に輝貞養女綾子が嫁した。宝暦二年（一七五二）京都において逝去。五十三歳。極官は従四位下侍従豊後守。

三四、大乗院は、寛治元年（一〇八七）に隆禅が、一乗院は天禄年間（九七〇～九七三）に定昭《じょしょう》がそれぞれ創建した奈良興福寺の門跡である。代々摂関家の子弟が入り、大乗院・一乗院が交互に興福寺別当職（長官）に就いて来たが、当時、そのあたりでの争論が持ち上がっていた。

三五、薨去した綱吉の廟。上野東叡山《とうえいざん》寛永寺の寺域に今も残る。その隣りには、綱吉の一箇月後に、やはり麻疹で逝去した浄光院殿信子の墓所も存する。町子の生母右衛門佐を、姪の霊元院中宮鷹司房子に要請し、大奥の整備にかかった信子も、京都へ帰ることもないまま関東の地に葬られたのである。

三六、溜間《たまりのま》、帝鑑間《ていかんのま》以外で、城主以上の譜代大名の詰め所。因みに溜間は、会津若松、高松、桑名の各松平家、井伊・酒井などの家門・準家門及び譜代の名家、老中歴任者など、城内で重きをなす大名の詰め所。帝鑑間は、小田原の大久保、大垣の戸田、大和郡山の柳澤など、城主格以上の譜代大名六十家と、準譜代大名（外様ながら譜代に準じられる大名）の詰め所。この他、無城の譜代大名の詰め所として「菊間《きくのま》」があった。

三七、吉宗は紀州徳川家の出身。紀州家は家康の十男頼宣に始まる。そのあたりの略系譜は左記になる。吉宗は貞享元年（一六八四）十月、紀州和歌山に誕生。宝永二年（一七〇五）十月、兄頼職の遺領を継ぐ。これ以前、長兄の綱教は宝永二年五月に逝去。綱吉が長女鶴姫を与え、その女婿として六代将軍にと目論んでいた綱教は、前年に二十八歳で逝去した鶴姫の後を追うように亡くなってしまったのである。綱教の遺跡は同年同月に頼職が継いだ。ところが頼職も同年九月に逝去。二人の兄が半年間のうちに亡くなってしまったため、吉宗が頼職の遺跡を継ぐ結果となった。その吉宗に享保元年（一七一六）八月、将軍宣下が出さ

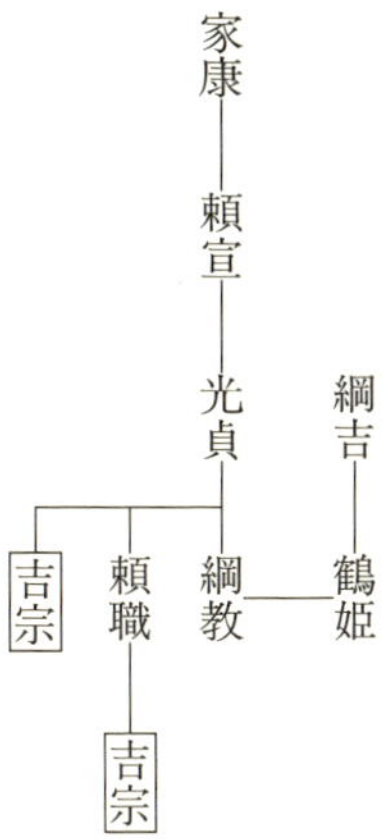

れるのである。

三八、京都所司代のこと。京都に在勤して、朝廷・公家に関する事を司り、京都・奈良・伏見の町奉行を監督。近畿の訴訟を管掌し、寺社を管轄した。室町時代の侍所《さむらいどころ》の所司代に由来し、織豊《しょくほう》時代（織田信長と豊臣秀吉の時代）にも任命。譜代大名から任じられ、当時は単に所司代と呼んだ。慶応三年（一八六七）に廃止された。

三九、江戸幕府の職名。大坂・駿府城を守る者、即ち、大坂城代・駿府城代の称。ここには城主を置かず、譜代大名などをこれに補した。

四〇、新番は江戸城内に交替で勤め、将軍出行の際に先駆《さきが》け、警護をした役。近習番《きんじゅうばん》、新御番《しんごばん》などとも呼ばれる。彼らが詰める番所の前の溜り場に伺候し、将軍の動きをスムーズにすべく監督せよという意味であったと思われる。

四一、ここの田安は田安家祖の宗武《むねたけ》。正徳五年（一七一五）生まれの吉宗次男。吉宗は自らが将軍となった時、子息達に田安家・一橋家を新たに設立させた。

四二、六代将軍家宣の三男。宝永六年（一七〇九）七月誕生であるから、綱吉薨去を受け、家宣が将軍職に就いて直後の誕生ということになる。正徳三年（一七一三）四月、五歳で七代将軍職に就くが、享保元年（一七一六）四月、八歳で薨去。徳川歴代将軍の中で最も幼い将軍であった。

四三、『新訂寛政重修諸家譜』巻第二百九十二（第五巻・二二三頁）によれば、土岐頼稔《よりとし》は清和源氏頼光流。民部少輔頼重の時、美濃国土岐郡明智の里に住して、明智を号したこともあったが、後に土岐に復する。頼重から十六代目が頼稔。頼稔は元禄八年（一六九五）生まれ。父頼殷《よりたか》、母某氏。奏者番、寺社奉行、大坂城代などを歴任、享保十九年（一七三四）六月に所司代に進む。以後、多く文化面での禁裏方の寵を得る。寛保二年（一七四二）、老中に進み、延享元年（一七四四）九月、病にて卒去。五十歳。

四四、第一一四代天皇。一七〇一～一七三七。在位一七〇九～一七三五。東山天皇の第五皇子。輝貞が拝謁した時は三十四歳。

四五、天皇から賜る盃。酒を他の盃に移して飲むのが礼儀とされる。

この折、土岐頼稔も共に帝に拝謁している。

四六、稀覯本《きこうぼん》（古書や限定版など、世間で容易に見られない珍重すべき書物）・古典籍などの書物を大量に集めること。

四七、平織り地に、稲妻、菱垣《ひしがき》、卍《まんじ》などの模様を斜文織りで表した光沢のある絹織物。

四八、中御門天皇第一皇子。後の桜町天皇。一七二〇～一七五〇。在位一七三五～一七四七。和歌に長じ、歌集「桜町院坊中御会和歌」「桜町院御集」などがある。

四九、筆者冷泉為久に鑑み、「俊成卿九十賀和歌」を指すものと思われる。『群書類従』（第二十九輯雑部）に、「俊成卿九十賀記」として収められている。建仁三年（一二〇三）十一月二十三日、後鳥羽院が和歌所において、俊成（法名釈阿）の九十賀の賀宴を催した際の歌会歌二十四首と、翌日の贈答歌からなる。

五〇、街道の宿駅で、大名・公家・幕府役人などが宿泊した公的な旅宿。

五一、「門葉譜」（『柳沢家譜集』収載）に見える範囲で、主筋の子孫の略系譜と尻付をあげておく。〔　〕内が尻付である。直系は皆無で、弟や親戚を養子にしながらつながって来たことがわかる。より詳細な史料としては、『黒川村誌　第二集　近世黒川藩資料』（昭和五十七年七月・黒川村誌編集委員会編）があるが、黒川・三日市での柳澤家の文芸を探究する際に用いることとし、この度は「門葉譜」のみによった。尚、『黒川村誌　第二集　近世黒川藩資料』七一頁以下に掲載の「領主系譜」には、光被の尻付は勿論、それ以後も光昭―光邦と続き明治に至ったことが書かれてあることのみ付記しておく。

○安通《やすみち》〔横手伊織　松平刑部少輔　従五位下　后改経隆　元禄七年甲戌十一月十六日庚辰未上刻　於武江神田生　実母田中氏弁子　享保十年乙巳八月廿三日　於武江駒込卒　三十二歳　号天休院殿実山勝義大居士〕――里住《さとずみ》〔又里済　柳沢千代之助　刑部少輔　伊勢守　実保房五男　享保廿年乙卯十一月二日卒　号鷲峯院殿一枝道花大居士　葬月桂寺〕――里旭《さとあきら》〔新五郎　養子里住甥　実柳沢左兵衛男　元文元年丙辰六月三日卒　号普耀院殿性天智旭大居士〕――保存《やすあり》〔改保卓　政五郎　従五位下　民部少輔　伊賀守　実里旭舎弟　室植村出羽守家通妹　安永三年甲午三月廿三日卒　号大通院殿知山道勝大居士〕――信有《のぶあり》〔政五郎　伊勢守　又和泉守　宝暦二年壬申生　寛政九年丁巳三月廿三日卒　号高雲院殿〕――光被《みつひ》〔金蔵〕

○信豊《のぶとよ》〔左門式部少輔従五位下改時睦　元禄九年丙子六月十二日丙申辰上刻生　実母田中氏弁子　享保九年甲辰七月廿六日致仕　寛延三年庚午四月廿四日卒　号嵩嶽院殿教外単伝大居士〕――保経《やすつね》〔図書　従五位下　弾正少弼　実舎弟　宝暦十年庚辰六月六日卒　号乾峯院殿〕――信著《のぶあき》〔頼母　従五位下　式部少輔　天明二年壬寅三月十日卒　三十歳　号宝泰院殿禅源透徹大居士〕――里之《さとあき》〔信古　又信瑗　来五郎　天明二年壬寅五月七日家督　同年十二月十八日　任従五位下　信濃守〕

第五節　吉保から吉里へ

はじめに

本節は、柳澤吉保から吉里へ代替りした直後を考察するものである。柳澤家の中興の祖ともいえる吉保から、その継嗣吉里への家督相続は、予期しない事態のもとで起きた。人生、何も予測できないのは、今回の東日本大震災により、誰もが思い知らされたことであるが、柳澤家の世代交替もまさにそれであった。

吉保の公用日記『楽只堂年録』[注一]宝永六年（一七〇九）六月十八日の記事は、「吉保幷に妻、今日駒籠の下屋敷のやかたへ移徙す」で終わる。これは『楽只堂年録』全二二九巻の最終巻の最終記事にあたる。それを承け書き始められるのが柳澤吉里の公用日記「福寿堂年録」。序文を除くと年録としての記事本体は、

宝永六巳丑年／吉里二十三歳／六月／十九日、〈十八日より前の事は楽只堂年録に詳なり、〉（〈　〉内は本来割注。以下同じ）。

と始まり、『楽只堂年録』との間に一日の記事のブランクもない。

吉里は、徳川綱吉の寵臣として活躍した柳澤吉保の嫡男。生母は吉保の最初の側室飯塚染子であった。吉保の栄華は既に述べて来たので繰り返さないが、注二 家督相続に至る経緯だけ簡略に述べておきたい。

綱吉の寵愛のもと、微禄の身から甲斐国十五万石を拝領し、注三 大老格として活躍した吉保。しかしその去り際は呆気なくやって来た。宝永六年一月、十日ほどの病臥の末に綱吉が薨去したからである。病因は麻疹《はしか》であった。最期まで人事を尽くした吉保に、最早幕閣の最高位に留まる気持はない。

即刻の隠退を希望する吉保を吉里が継いだ。かつて染子は吉保との間に、三男二女を産んだが大半夭折。残ったのは吉里一人であったし、吉保側室正親町町子腹の二男児（安通《やすみち》・時睦《ときちか》）はまだ十六歳と十四歳。二十三歳の吉里が柳澤家を統率するのは順当なところであった。因みに吉保の家督相続は、延宝三年（一六七五）十八歳の折。それに比べ吉里の二十三歳は早すぎないし、相続させうる子息の用意があった吉保の先見も評価すべきであろう。但し吉里の家督相続を染子は知らない。宝永二年（一七〇五）五月、三十九歳で逝去してしまっていたからである。注四

本節は、「福寿堂年録」の翻刻を通し、吉保から吉里への柳澤家の代替りを多角的に探究することを目的とする。結論の先取りになるが、家督を継いだ吉里は、翌年五月に初めての甲斐国入りをなす。定府のため、一度も国許へ下らなかった吉保とは異なり、一大名として参勤交代することになったのである。以後十五年間、甲州街道を行き来した吉里は、享保九年（一七二四）三月、大和郡山に転封となり、郡山藩が明治維新まで柳澤家の本領となる。そうした経緯を概観する時、吉里は柳澤家と幕府の様々な転換期を経験しつつ、柳澤家を十五万石の大名家に育てあげた吉保をうけ、見事後世に家筋を繋げた人物といえるのである。それは学芸・文芸の方面においても充分指摘できるのは追々論じて行くことになろう。

なお「福寿堂年録」は宝永六年六月十九日に始まり、延享二年（一七四五）十月まで、三十数年にわたる記録を全

四四一巻に編纂した膨大な史料。従って本書で報告できる範囲は限られる。取り敢えず本節では、宝永六年六月十九日から八月末に至る二箇月半を翻刻、トピックスのかたちで十二項目を採り上げ、吉里の家督相続直後を考察した。

（一）「福寿堂年録」命名の由来

「福寿堂年録」の冒頭には序文が置かれる。その中に、

幼時拝二賜ス御書福寿二大字ヲ一、扁ニシテ諸ヲ堂額ニ一、以示レス弗レフヲ忘ラレ、今又命ニシテ其ノ編ヲ一、曰ニ福寿堂年録ト一、

とあり、吉里幼時に拝領した「御書福寿二大字」に因む命名だと知られる。これに関しては、『楽只堂年録』元禄八年（一六九五）十二月十日、綱吉の吉保邸御成《おなり》の条に、「福壽といへる大文字を遊ばして下さる」（一八七頁）とあり確認できる。この二文字は、絹本墨書掛幅装、縦三〇・七×横七〇・五センチ、「綱吉」の自署を持つ[注五]一軸として柳沢文庫に現蔵される。

吉里は貞享四年（一六八七）生まれであるから、拝領当時九歳。元禄四年（一六九一）三月、綱吉は初めて吉保の神田橋屋敷に御成。以後生涯に五十八回の御成を繰り返すが、そうした際に、綱吉自筆の書き物を頂戴することも屢々であった。「福寿」もその類である。

（二）御台所様の叙位

「福寿堂年録」が宝永六年六月十九日の記事に始まることは述べたが、その同じ十九日の記事の一つとして次があ

る。

御台所様、従三位の勅許なりし御祝儀とて、西の丸へ惣出仕なれども、吉里所労ある故に出仕すまじきよしを、昨日（六月十八日）、月番の老中、土屋相模守政直へ達して出仕致さず、故に今日、老中并に間部越前守詮房が亭へ使者をつかはして賀し奉る、保山公より、相模守政直并に越前守詮房が亭へ使者をつかはして賀し給ふ、越前守詮房へは手紙をもつかはしたまふ（六ウ〜七オ）、

ここの御台所様は、近衛基熙女の熙子。母を後水尾院皇女品宮に誕生、延宝七年（一六七九）六月に時の甲府宰相綱豊（家宣）に入輿。後に天英院と称された（『柳営婦女伝系』巻之十五「文昭公大夫人　天英院殿之系」）。彼女が従三位に叙されたのである。このあたりの事は、『文昭院殿御実紀』（家宣にかかる『徳川実紀』）巻三、宝永六年六月十八日の条に、

この日　御臺所従三位に叙したまへる旨仰出さる。御臺所にて御叙位あるは。先々いまだ例なしといへども。このたびは京よりとりわけ仰進らせらるゝによれりとぞ聞えし。

とある。御台所叙位の先例はないが、この度は京都からの強い意向に依るのだという。何故に熙子に特例が適用されたのか。生母が皇女であったことが大きな理由と考えるが、その推進力は那辺に存したか。

当時の皇室の状況を見ておこう。宝永五年（一七〇八）三月十一日、内裏は炎上。時の東山天皇は近衛家熙邸に行

幸しそこを皇居となした。翌六年六月廿一日、中御門天皇九歳が受禅（即位は翌七年十一月十一日）、それを見届けた東山天皇は、同年十二月十七日、三十五歳で崩御となる（『本朝皇胤紹運録』）。将軍家の代替りを承けるように、皇室でも代替りがなされていたのである。

では内裏炎上の際の行幸先が近衛関白家熙邸であったのは何を語るのか。家熙は基熙の継嗣、御台所熙子の兄にあたり、熙子叙従三位当時、関白氏長者の四十三歳。しかも、六月廿一日の中御門天皇受禅以降は、幼帝の摂政として活躍して行く。また熙子の父基熙は当時、前関白左大臣従一位の六十二歳。ここに東山天皇・中御門天皇父子は、名門の摂家近衛家と密接な関係にあったのが知られるのである。右に「こたびは京よりとりわけ仰進らせらる、によれり」とある「京」は、目前に受禅を控えた中御門天皇の摂政としての、近衛家熙の勢力そのものではなかったか。

御台所様の叙位の祝儀に、幕臣達は西の丸へ惣出仕ということになった。しかし、吉里は所労につき出仕を遠慮、使者を遣わし祝意を述べた。「保山公より、相模守政直并に越前守詮房が亭へ使者をつかはして賀し給ふ、越前守詮房へは手紙をもつかはしたまふ」とある保山公は隠退直後の柳澤吉保。月番老中の土屋相模守政直へは使者、側用人間部詮房へは使者も書簡をも遣わし、吉里同様、祝意を伝えたのであった。隠退したとはいえ、現今の側用人間部への配慮を怠らない、それが直前まで綱吉の側用人を勤めた吉保の、幕府との接触のありようであった。

（三）　おすめの御方

宝永六年六月廿五日の条に、「おすめの御方（家宣御部屋、園氏）より、保山公へ檜重一組を恵まる、安通（吉保側室、正親町町子）が実母へは甜瓜一篭なり」（第一巻・一四ウ）とある。「おすめの御方」に関しては、『松陰日記』の巻廿七「ゆはたおび」の第一段に、櫛笥《くしげ》中納言殿の御女《むすめ》の西《にし》の御所に侍《さぶら》ひ給ふは、すめの御方《かた》と聞ゆるぞかし。園池の中将の御姉《あね》にておはしけるを、かの君養《やしな》ひ給ふて出し立《た》て給へるにぞ有ける（宮川葉子『柳沢家の古典学（上）―『松陰日記』―』九三四頁）。

とある女性。『松陰日記』の作者正親町町子と、おすめの方は遠縁（同上書、九三六頁の系図、〔注釈〕三等参照）。そのため、懐妊したすめの御方に「ゆはたおび」を進呈したのを語る記事で、吉保側室町子にとって、次期将軍家宣の御部屋への帯献上は輝かしいことであった。

右の檜重・甜瓜の記事は、新将軍御部屋（側室）との関係を通し、柳澤家が綱吉時代同様、将軍家との接触を保持していたのを語る。なお町子が男児安通《やすみち》の実母としての呼称で呼ばれるのは『楽只堂年録』と同様である。

（四）甲斐守に改名

六月廿六日の条に、「先祖の名なれば、甲斐守と改め度と云ふ事を、柳澤八郎右衛門信尹をして、土屋相模守政直へ達す」（同巻・一九ウ）とあり、二日後の廿八日には、「願のごとく甲斐守と改むべきよしを、土屋相模守政直、伝へらる、やがて彼亭へ往きて御礼を申上ぐ」（同巻・二〇ウ）とある。吉里の以前の名乗りは伊勢守。しかし、家督相続し名実ともに甲斐国主となった今、先祖（ここでは直接には吉保を指す）の名乗りを引き継ぎ、甲斐守と改めたいとの申請が許可されたのである。

柳澤家は甲斐駒ヶ岳の山麓を根城にする武田信玄の家臣団武川衆《むかわしゅう》。一方、綱吉は吉保の尽力により、宝永元年（一七〇四）十二月、甲府宰相綱豊《つなとよ》（家宣）を継嗣に決めた。継嗣決定の大いなる恩賞とし、それまでの綱豊支配の地に関し、同月廿一日、吉保は、駿河・甲斐国の一部を賜る（実際の受け取りは、翌二年二月十九日）。しかし、翌年三月十二日、吉保は駿河国を返上、甲斐国内のみで三万九千二百石余を拝領し、都合十五万千二百石余に至るのである（綱吉よりの朱印状には、二十二万八千七百六十五石余とある）。

自らの出身地を賜った柳澤家の喜びは絶大かつ筆舌に尽くしがたい名誉であった。以後、甲斐国主を名乗った吉保をうけ、同名の名乗りへの許可が今回下ったのである。六月廿九日の条には、「今日、甲斐守と改む、是によりて、麻上下を着して老中、并に間部越前守詮房が亭へ往きて其よしを達す」（同巻・二〇ウ～二一オ）、翌七月朔日の条には、「月次の御礼、例のごとし、今日御礼を申上ぐ時に、甲斐守と奏者番衆披露あり」（第二巻・一オ）とあるように、会衆の面前でも「甲斐守」と披露されたのであった。もっとも六月廿九日の条に、「吉里、願ひのごとく甲斐守と改むべきとの仰事あるによりて、保山公より、老中并に間部越前守詮房が亭へ使者をつかはして、御礼を申上げたまふ」（第一巻・二一オ～二一ウ）ともあるのに察し、きっぱりと政界を隠退したかに見える吉保ながら、父親として、時の側用人への配慮は欠いていなかったのが知られる。

（五）家督相続御礼

「福寿堂年録」七月二日の条に、

家督を続たるによりて、長上下を着して、増上寺の、台徳院様（徳川秀忠）の御仏殿へ参詣し、金一枚を献上す、増上寺へ、紗綾五巻、昆布一箱、御仏殿の別当宝松院、宿坊月光院へ、銀三枚充を贈る、安通・時睦（両人共吉里異母弟、生母町子）も参詣す、御仏殿へ銀一枚充を献上す、増上寺へ昆布一箱、樽代三百疋充を送る（第二巻・一ウ～二オ）、とある。吉里の家督相続の報告に、増上寺に眠る徳川秀忠の仏殿へ、異腹弟安通《やすみち》・時睦《ときちか》共々参詣したのである。直接寵愛を得た綱吉は東叡山寛永寺に眠るが、二代将軍秀忠は、将軍家内の諸々の事情により、三禄山増上寺へ埋葬されていた。このように家督相続し甲斐国主となった報告を、異腹の兄弟共々、三代前の将軍の仏殿へも出向いてなす、それが江戸時代の武家のしきたりであったのか、柳澤家独自の礼儀作法であったのか。

（六）菩提寺建立

前項と同じ七月二日の条に、

永慶寺（柳澤家菩提寺）（在甲斐国）、今日上棟なり、上棟の詞、并に黄檗（宇治萬福寺）の悦峰和尚の偈、爰に記す（同上・二一オ）

とある。吉里は甲斐の地に永慶寺を建立すべく上棟式を迎えた。永慶寺は吉保の本願であった柳澤家の菩提寺。「黄檗の悦峰和尚の偈」が語るように黄檗宗[注六]の寺である。黄檗《おうばく》の悦峰《えっぽう》和尚とは、黄檗山萬福寺《まんぷくじ》の八代住持で（道号悦峰。法諱道章・旧号法賢、杭州出身）、吉保が深く帰依し、和尚の江戸下向の折には、下屋敷六義園《りくぎえん》での滞在を勧め、禅問答を為し、自らの剃髪や菩提寺建立の相談をなしていた僧侶である（注二同書巻廿六「二もとの松」第七段「悦峰和尚との交流」他）。

しかるに上棟に際し悦峰は偈文を寄せているのである。また「奉行　家臣柳澤権太夫源保格」とあるように、建立奉行は吉保父安忠《やすただ》時代からの柳澤家の家老職の柳澤保格であった。本名曾祢権大夫《そねごんだゆう》。息男の帯刀《たてわき》共々、元禄五年（一六九二）に柳澤の姓と、当時保明《やすあきら》と称していた吉保の名の一字「保」を拝領し、吉保の信任あつい家臣として、当時甲府城の城代家老でもあった（同上書、八七五頁〔注釈七〕）。吉里がまだ国入りをしていないこの時期（翌年五月が初めての国入りであるのは既に述べた）ながら、こうした家臣達の手により菩提寺建立が進められたのである。彼等が吉里の代にも引き続き柳澤家を盛り立てて行くであろう構図を予測させる。

総じて吉保が、かくまで出世を遂げた要因の一つに、有能な家臣に恵まれていたことが挙げられる。しかしそれはまた、家臣に対する吉保の配慮が篤ったからでもあった。吉保の栄華の歴史に迫る時、見落としてはならない部分と考える。

（七）左京の御方

「福寿堂年録」七月三日の条に、

今朝五つ時頃に若君様御誕生、世良田鍋松様（徳川家継）と称し奉る、御母は、左京の御方（家宣妾勝田氏）（於喜世之方）なり、大五郎様（家宣二男）（生母鷹司氏於須免之方）御誕生の時の吉例によりて、惣出仕并に老中の亭へまいりて、御祝儀を申上ず（同巻・八ウ～九オ）、

とある。以下その関連として、十二日には、

今日、鍋松様の七夜の御祝儀なるによりて、保山公并に安通（正親町町子）が実母より、献上物あるべきよしを、昨日間部越前守詮房より、保山公へ伝へらるゝによりて、今日、保山公より、鍋松様へ、二種一荷を進上し、左京の御方へ、紅白縮綿（緬、以下同ジ）二十巻、肴二種、樽一荷を進じ給ふ、其女臣二人へ、銀三枚充、惣女中へ、十枚を贈りたまふ、安通が

実母より、鍋松様へ、一種、一荷を進上し、左京の御方へ、紅白縮綿十巻、肴一種、樽一荷を進ず、其女臣二人へ、銀二枚充、惣女中へ十枚を贈る（同巻・一六オ～一七オ）、

と続き、廿三日には、

左京の御方の枕直しの祝儀とて、保山公へ、色羽二重二十疋、樽重一組、肴二種、樽一荷、安通が実母に、色羽二重十疋、行器五荷、ぬり重の内一組、肴二種、樽一荷を恵まる（同巻・二一オ～二一ウ）、

とある。翌廿四日には、

安通が実母より、左京の御方の広敷番二人に、金三百疋づゝ、宰料（領）二人に二百疋充、持人三十五人に、千疋を贈る、昨日御祝儀の使に来れるによりてなり（同巻・二一ウ～二二オ）、

とあって、廿五日には、

保山公より、左京の御方へ、縮綿二十巻、肴二種、樽一荷を進じ給ふ、其女臣二人へ、銀三枚充、惣女中へ十枚を贈りたまふ、安通が実母より、左京の御方へ、縮綿十巻、菓子の折一つ、肴二種、樽一荷を進じ、其女臣二人へ、銀二枚充、惣女中へ十枚を送る、一昨日、恵み物あるによりてなり（同巻・二二ウ～二三ウ）、

とあり、五箇所に渉った関連記事は書き収められる。

ここに想起されるのが『松陰日記』巻廿九「爪木のみち」の次の記事である。

卯月《うづき》になりぬ。左京の君と聞えて御所に侍《さぶら》ひ給ふ御局《つぼね》に、又此辺《あた》りより帯参《おびまい》らする事ありけり。去《い》にし年、若《わか》君の御母君に参《まい》らせたる例《れい》にて御気色《けしき》ありければ、君も「いとめでたき事《こと》なり。愚《をろ》かならず物すべく」の給ふ。

大方《かた》の様《さま》、その時のまゝに変《かは》らず調《てう》じて遣《つか》はしたり（注二同書、一〇〇〇頁）。

左京の君（左京の御方）は七代将軍家継生母の勝田氏。『柳営婦女伝系』巻之十六「有章公実御尊母　月光院殿の伝系」に、「始名喜世　左京　後称㆓月光院殿㆒、従三位　有章公御母公　宝永六年己丑七月二日（『徳川諸家系譜』幕府祚胤伝五では七月三日）奉㆑産㆓鍋松君㆒、御諱家継公而後改㆓名左京㆒、正徳二年壬辰十月十四日〔文昭ロ〕公薨御の時、薙髪称㆓月光院㆒、同三年癸巳十一月十八日有章公将軍宣下内〔時ロ〕、叙㆓従三位㆒、移㆓住吹上御殿㆒」とある。「福寿堂年録」が『楽只堂年録』を承けて書き始められる直前の宝永六年（一七〇九）四月、町子は家宣側室の左京の君に腹帯を献上していたのである。前年にも同じく町子から家宣側室すめの御方に帯を献上（本節（三）「おすめの御方」参照）、その効あってか、宝永五年十二月廿二日、すめの御方は大五郎を無事出産、それにあやかってのこの度の献上要請であったらしい。

左京の君は無事男児世良田鍋松（後の家継）を出産した。それに係る一連が右五箇所に及ぶ記事なのである。逐条辿るゆとりはないが、正親町公通息女町子が持ち込んだ公家文化の香りは、腹帯献上、若君誕生以後の諸行事という晴れ晴れしい行事を通し、吉保隠退後も将軍家とのつながりに寄与していたのである。

（八）本亭移徙祝儀の和歌会

「福寿堂年録」七月十一日の条に、

本亭へ移徙せし祝儀とて、和歌の会を興行す、兼題は、松樹増色、当座の探題二十首、早春雨政徳　檜原霞以直　花匂風恒隆　水辺蛙以直　市郭公貴亮　樗誰家正興　泉忘憂成福　新秋雲恒隆　袖上露貴亮　夜半月吉里　重陽宴政徳　落葉少直行　冬橋月貞清　向炉火勝旨　寄硯恋正興　寄筆恋吉里　寄扇恋直行　山中滝勝旨　望遠帆貞清　寄鏡祝全故（第二巻・一一ウ〜一二ウ）

とある。詠者は吉里付きの家臣。うち、「寄鏡祝」の詠者全故は、吉里が翌年甲斐国へ初入国する際に同道、入国直後から『源氏物語』の講釈に携わった柏木全故《たけもと》（素龍《そりよう》）その人である。[注七] 柳澤家は吉保が北村季吟から古今伝受し、[注八] それを全故と吉里に授け、[注九] 霊元院をはじめその歌壇に集う公家達に和歌添削を願い、六義園自体が和歌の六義にのっとった名所八十八箇所を備え、とりわけ「新玉松」は京都松原五条の新玉津嶋社を勧請した「東《あずま》の新玉津嶋」を意図していたこと等に知られるように、和歌に熱心な家筋でもあった。[注一〇] 吉里はそれを継ぎ、生涯に二万首以上の和歌を詠み、『積玉和歌集』（全七冊・追加三冊・員外八冊）、『潤玉和歌集』（全一冊）、『続潤玉和歌集』（全一冊）を編纂、三条西実隆に倣って『源氏物語』の巻名を素材に二種の「源氏巻〻倭歌」を詠み、石山寺に奉納するなど、文芸の香り高い大名でもあった。なお実隆を規範とした柳澤家の和歌詠のありようは、公通・町子父子が、正統な実隆の子孫であることを抜きには論じられないこと等、既に述べたところである。[注一一]

（九）常憲院殿と吉保父子

「福寿堂年録」七月十三日の条に、

今日常憲院様の仮御仏殿へ蓮の造り物ある燈籠一つを献上す〔蠟燭百挺を添ふ〕、保山公よりも同じ事にて、燈籠の造り物立花なり、安通、時睦よりもきりこ燈籠一つ充を献上す、〔蠟燭十挺充を添ふ〕（二巻・一七ウ～一八ウ）、

とある。常憲院様は申すまでもなく綱吉。当年（宝永六年）一月十日に薨去以後、吉保・吉里父子はその仮仏殿へ足繁く詣でていたのは『楽只堂年録』に充分知られるところである。この日は、吉里が「蓮の造り物ある燈籠一つ」を献上、保山公吉保からも「燈籠の造り物立花」、安通、時睦二人からも注一二「きりこ燈籠一つ充」を献上したのである。

現在、常憲院殿の御廟所は唐門が残る程度で、それ以上の詳細を知り得ないが、そこに吉保父子は灯籠等を献上していたのである。柳澤家の以後の繁栄は、寵愛を得た綱吉への限りない弔いの姿を無視しては語れないと考えるのであるが、こうした参詣関連の記事は、遡る七月十日に、「東叡山《（寛永寺）》の常憲院様《（徳川綱吉）》の仮御仏殿へ参詣す、保山公《（柳澤吉保）》も参詣し給ふ」（同巻・九ウ）、同月十四日にも、「東叡山の三御仏殿《（家光・家綱・綱吉）》へ参詣す、常憲院様の仮御仏殿へは、御香奠銀一枚を供ず」（同巻・一八ウ～一九オ）とあるのなどに確認できる。

（一〇）代替りの誓詞

「福寿堂年録」七月廿六日の条に、

安通、時睦に、御代替りの誓詞を仰付らるゝ事を窺ひぬれば、安通は十六歳なれば、明朝、大久保加賀守忠増が亭へ往きて、誓詞をすべし、時睦が誓詞の事は、来春に到りて窺ふべきよしを、加賀守忠増伝らる（二巻・二三ウ〜二四オ）、

とあり、翌廿七日には、

安通、今朝、大久保加賀守忠増が亭に往きて、御代替りの誓詞をす、誓詞の文、爰に記す（同巻・二四ウ）、

とした上で、「起請文」として、

一、今度、御代替付而、弥重公儀御為第一奉存、聊以御後闇儀不仕、御奉公大切可相勤事、
一、御一門方始諸大名、諸傍輩与以惣心申合、一味仕間敷候、若以計策悪事相頼族於有之者、早速可致言上事、
一、被仰出候御法度之趣、堅相守可申事、
右條〻隆為一事於、致違犯者、梵天帝釈、四大天王、惣日本國中六十余州、大小神祇、殊伊豆箱根両所権現、三嶋大明神、八幡大菩薩、天満、大自在、天神部類眷属、神罰冥罰、各可罷蒙者也、仍起請所件、
松平刑部少輔（柳澤安通）
宝永六己丑年七月　安通判
土屋相模守（政直）殿／小笠原佐渡守（長重）殿／秋元但馬守（喬知）殿／本多伯耆守（正永）殿／大久保加賀守（忠増）殿／井上河内守（正岑）殿

と続く。将軍の代替り以後も、今迄同様公儀に尽すこと、違犯はしないこと等を、梵天帝釈、四大天王はじめ、日本国中の神祇に誓わせているのである。まさに起請文中の起請文といえよう。幕府はこうした方法をもっても、幕臣を束ねていたのである。なお時睦は安通の二歳年少の十四歳。時睦の誓詞は来春にあらためるとあるから、誓詞提出の最低年齢は十五歳であったらしいのも知られる。

（一一）吉保の借金

「福寿堂年録」七月廿九日には、次のような記事もある。

万石以上の輩は、前〻拝借せし金銀高の内にて、三分の一を当年中に返納あるべし、残りての二分は返納するに及ばず、万石以下の輩の拝借金銀は、残らず返納に及ばぬよしを、加賀守忠増伝へらる、保山公の拝借金有によりてなり、是によりて、老中并に間部越前守詮房が亭へ往きて、御礼を申上ぐ（二巻・二八オ～二九オ）、

借金の返済に関わる記事であるが、『文昭院殿御実紀』の同日も見てみよう。

けふ令せられしは。先々より恩貸ありし金銀。年久しきことなれば。年々上納の事をゆるされ。前代までの恩貸はみな下したまはるなり。されど國用も莫大なる折からなれば。万石以上は三分が一を。ことしは上納し。其余はかへし納に及ばず。万石以下は残りなく返納を免さるべしとなり。

とある。幕府貸し付けの金銀のうち、一万石以上の大名は三分の一のみ返済すれば、残りに返納義務はないこと、万石以下の者に返納義務は一切ないことが申し渡されたのである。

この日を遡ること約一箇月、六月廿五日の『文昭院殿御実紀』には、「こたび将軍宣下の御祝により。非常の大赦行はるべし。」とあり、家宣の将軍宣下を祝っての大赦が行われているのに鑑み、この度の借金棒引きも祝いの一環であったかと考える。「國用も莫大なる折」と言う一方で、返納は三分の一でよいというのであるから、なかなか太っ腹に見える。但し今迄年賦で返納していたもの（「年々上納の事」とある）が、いきなり今年中に借金総額の三分の一を返納せよといわれても、返済の目処が立たない大名もあったのではなかろうか。ちなみに、同年九月十八日の「福寿堂年録」には、

保山公、年来拝借したまふ金高壱万五千七百両なり、三分の一を返納すべきよしなるによりて、今日、金五千弐百三拾三両壱分銀五銭目を返納す（第四巻・一八ウ）、

とあり、拝借金の高と返済額と完済が知られる。華々しかった大老格吉保の経済的な内情は厳しかったのかもしれない。なお、右「福寿堂年録」の返済記事に関しては、本書第二部第二章第八節「上屋敷後日談」の（二）「吉保の借り入れ返済と家臣の移徒」でも触れてある。

（一二）霊元院との交流

同じく同「年録」、七月廿九日の条に、「公通卿（正親町、町子実父）の答書到着の日、詳ならず、爰に記す」と断った上で、

仙洞御安全被為成候間、可心以安候、然者、今度美濃守（柳澤吉保）願之通隠居、家督無相違足下江能仰付芳、首尾好一段被思召候、固茲目録之通献上之、則令披露候処、御感御事候、宜申述旨、御気色候、恐惶謹言、

七月十九日　公通

甲斐侍従（柳澤吉里）殿（第二巻・二九オ～三〇オ）

とある。

ここの仙洞は霊元院。吉保・吉里父子及び町子が和歌添削を得た一一二代天皇（生没・一六五四～一七三二、在位・一六六三～八七、後水尾天皇皇子、名は識仁《さとひと》）である。仲介役公通《きんみち》（吉保側室町子の実父であることは既に幾度も述べた）は、柳澤家の家督相続の無事終了を吉里に祝した上で、柳澤家からの献上品目録の披露を大変に喜んだ霊元院から、宜しく伝えるべく沙汰があったことの伝達である。ではここの「目録之通献上之」の内容は何か。「答書到着の日、詳ならず」が気になる。

一方、「福寿堂年録」八月十九日の条には、

保山公より、仙洞（霊元院）御所へ香炉筥一つ、二幅対の掛物を献上し給ふ、公通卿へたのみ給ふ（第三巻・六ウ）、

とあって、

仙洞御所益御機嫌能被成御座、目出度奉恐悦候、然者、別紙書付之通、献上仕候、宜願奏達候、恐惶謹言、

松平美濃守（柳澤吉保）　八月十九日　判
正親町前大納言殿（公通）

との書簡の写しが載る。「答書到着の日、詳ならず」として「福寿堂年録」が七月廿九日の条に収載した意図は知れないが、仮にこれが八月十九日、吉保が霊元院に「香炉筥一つ、二幅対の掛物を献上」したものに対するそれであったとしたら、どういうことが考えられるのか。[注一三]

吉保は自らが引退した後も、霊元院との交流は絶やさなかったのである。右の記事には日時的に齟齬を来す部分もあるが、おそらくは、八月十九日の条の見られるように、吉保は霊元院への献上物をなしており、それに対する公通の返書が七月十九日付のそれであったと考えて間違いないのではあるまいか。以後も、時折、霊元院との交流は続いて行くのは、「福寿堂年録」宝永六年十二月二日の条（第七巻）と柳沢文庫蔵の硯一面（注一同図録㉕）の下賜にも知られる。[注一四]なお硯の拝領については、本書第二部第二章第八節（六）「神田橋上屋敷と霊元院」に写真も含め論じた。[注一五]

〔注〕

一、全二二九冊。紙本墨書冊子装。縦二九・五×横二一・七センチ。柳澤吉保先代の記述に始まり、宝永六年六月、嫡男吉里に家督を譲り、自らは六義園に隠退する迄の吉保の公用日記。元禄十五年（一七〇二）四月の柳澤邸の火災で、それ以前の記録が焼失。吉保は荻生徂徠に命じ、各所に残る記録類を収集させ、同年十二月までに復元させた。和文体二本と漢文体一本があるが、完本は和文体のみ。一方、漢文体の第一一一巻の巻末に、「監対臣　荻生宗右衛門茂卿」とあり、徂徠の監修が確認でき、「今朝改㆓字ヲ子明、号ヲ楽只堂㆒」（『楽只堂年録』第一〇八巻・元禄十五年十月六日条）とあるから、楽只堂が吉保の号であるとわかる（宮川葉子担当『柳沢文庫収蔵品図録』〈平成二十二年十月二日、柳沢文庫創立五十周年を記念して発行された図録〉一〇八頁13参照）。なお『楽只堂年録』和文体の翻刻は、本年（平成二十三年）七月二十八日、第一巻（全九巻の予定）が、宮川葉子校訂・『史料纂集』古記録編・八木書店刊として上梓された。

二、宮川葉子『柳沢家の古典学（上）―『松陰日記』―』（新典社、二〇〇七年一月）他。

三、内高は十五万石であったが、実質的には二十二万石以上に及んでいた（『楽只堂年録』収載の朱印状）。

四、このあたりに関しては、本書第二部第五章「第一節　吉里生母の死―「染子歌集」を中心に―」で論じた。

五、宮川葉子担当『柳沢文庫収蔵品図録』（注一同書）一〇九頁17参照。

六、日本の三禅宗の一つで、渡来はもっとも新しく、承応三年（一六五四）来日の、明の僧隠元《いんげん》を開祖とする。京都府宇治市の黄檗山萬福寺を本山とする。歴代の住持が中国僧で、吉保は五代高泉・六代千呆《せんがい》・七代悦山・八代悦峰にそれぞれ師事していた。

七、本書第一部第二章第五節「源氏物語巻々和歌」で論じた。

八、元禄十三年（一七〇〇）八月廿七日。時に季吟七十七歳、吉保四十三歳であった。

九、全故は宝永三年（一七〇六）六月十八日、吉里へは同年七月二日の『楽只堂年録』に確認できる（この点は注二同書、八六四頁でも触れてある）。

一〇、吉保は側室町子の実父正親町公通を介し、霊元院及びその周辺の公家へ近づき、和歌の添削を通しての交流を持ったことについても、注二同書他に詳細に述べたところである。なお、「六義園絵巻」にみられる新玉松の朱塗りの鳥居は、吉里の生母飯塚染子の奉納であることについては、本書第二部第一章第一節（五）「新玉松」において論じた。

一一、注二同書。解説「二、正親町町子の背景」（三三～四七頁）。

一二、枠を切り子（立法体のそれぞれの角を切り落とした形）に組んで、四方の角に造花や紙、帛《はく》などを細長く切ったものを飾りつけた灯籠。

一三、七月廿九日収載の吉里宛公通書状の七月十九の日付と、八月十九日の公通宛吉保書状の日付が丁度一箇月違いであることも、気に掛かるところである。あるいは、八月十九日付の吉保書状及び献上が先になされ、それに対し公通答書（宛名が吉里であるのは、家督相続以後であることで、当主に向けたものであったと考える）がなされたのではあるまいか。

一四、宮川葉子担当『柳沢文庫収蔵品図録』一一〇頁㉕には、「仙洞様より御拝領御硯石巳／宝永六己丑」十二月二日於伝奏屋鋪正親町前大納言様御渡」と読める箱書の写真も掲載してある。

一五、注一四所引の『図録』をまとめるまで気づかずにいたことがある。箱書の「伝□」の□部分が損なわれていて読めないのを初期は「伝領」屋敷と解してしまった。しかし今回稿を改めるに際し再考の結果、公通が滞在する「伝奏」屋敷の意ではないのかと思い至った。前稿を訂正しておく。

第六節　唐通事との対話

――三百年前の中国語――

（一）はじめに

鎖国下にあった江戸時代、外国貿易（通商）のために、幕府は平戸・長崎に通訳兼商務官（通商・外交の事務を担当する官吏）を配置した。通事《つうじ》・通辞《つうじ》とも称されたこれら「通訳」には、唐《トウ》通事と阿蘭陀《オランダ》通事の二種類があった。読んで字のごとく前者は中国語の通訳、後者はオランダ語のそれである。

こうした謂わば語学の専門家は今置くとして、民間レベルにおいて、中国語はどのように発音されていたのであろうか。その実際を、柳澤吉保時代の公用日記『楽只堂年録』に追ったのが本節である。

（二）家臣唐音で議論

宝永二年（一七〇五）二月五日、徳川五代将軍綱吉は吉保邸に御成《おなり》。『楽只堂年録』（第一五八巻）は、次のように始まる。

今日天気好、私亭へ御成なり（二ウ）、

今回の御成は、吉保が甲斐国を賜って初めてのものであった。以前も年に平均五回程度の御成がなされていたことに今は触れない。

男児なき綱吉の継嗣に、甲斐国宰相綱豊（後の徳川六代将軍家宣）を推薦、決定に持ち込む最大の努力をしたのは吉保であった。その恩賞として甲斐国を賜ったのである。甲斐国の武川《むかわ》衆（武田信玄の家臣団）出身の柳澤家にとって、甲斐国拝領は名誉の極みであった。甲府城を綱豊から請け取った直後の記念すべき御成、それが右である。

通常の御成の際の行事の多くは、大半が儒書、例えば「論語」や「中庸」の講釈と、将軍が率先して舞う能楽であった。この度もその例にもれない。『楽只堂年録』には次のようにある。

御成書院に渡御、上段に御着座にて、論語泰伯の篇にて、大哉堯之為君と云章を御講釈遊ばす（同巻・三〇ウ～三一オ）、

これに続いて、吉保継嗣吉里が同じく「論語」の憲問の篇の一節を講釈した。『楽只堂年録』に、「御成の日、吉里が講釈、此度始て也」（同巻・三一ウ）とあり、公《おおやけ》の場での吉里の初講釈でもあった。それが終わると、次の記事が続く（以下句読点は私に付し、割り注として表記される人名は一行書きに改めた）。

家臣、志村三左衛門楨幹、荻生惣右衛門茂卿、渡邊惣左衛門幹、小俣三郎右衛門弼種、沢田五左衛門正信、津田宗助利行、酒見権之丞俊秀、田中清大夫省吾、辻波右衛門正興、都筑又左衛門春親、村上権平好成、金子権七郎清隣、鞍岡文次郎元昌、中の字を唐音にて議論す（同巻・三二オ～三二ウ）。

後に儒学者として名を馳せた、吉保お抱えの学者達十三人が登場、「中の字を唐音」を用いて議論したというのである。

「唐音《とうおん》」とは、『日本国語大辞典』第十四巻によれば、

日本の漢字音の一種。狭義には、江戸時代禅僧・貿易商人・長崎通事などによって伝えられた明から清初にかけての中国の南方系の字音によるもの（「唐音」③）。

とある。「はじめに」で「通訳兼商務官」に触れたが、語学流通に果たした通訳の役割はやはり大きかったのである。

（三）吉保と阿蘭陀商人

ここで吉保が阿蘭陀商人とも直接接触していた記事を見ておく。どのような場面で、オランダ語を聞く機会があったのかの具体像を知ることで、吉保なればこそのチャンスを確認しておくためである。同様の記事は『楽只堂年録』にいくつか登場するのであるが、左記引用は、宝永二年二月廿九日の条（『楽只堂年録』第一六一巻）のもの。この日は、吉保お抱えの学者達が唐音による議論をなしたのと同じ月の月末にあたる。

阿蘭陀国の商人、昨日登城す、今日、土産の品〻を持て私亭へ来る、かぴたんを、はるてなんとすでごろうどと云、四十四歳也、役人を、やんでろいとるとと云、二十九歳也、外科をひいとろけすてろうとと云、廿九歳也、筆者をひいとろでらんとと云。十七歳なり（六〇ウ～六一ウ）、

「かぴたん」は阿蘭陀商館の館長の意。その名は「ハルテナント・スデゴロード」（以下、読みやすいように平仮名表記をカタカナ表記にし、「　」で括った）。役人、これは商務官の役人と思われる。名は「ヤンデロ・イトルト」。外科医も随行していたようで、彼は「ヒイトロ・ケステロート」。筆者とあるのは、日本人との筆談も可能な通事の意か。名は「ヒイトロ・デラント」。彼は僅か十七歳。あるいは通事は役人の「ヤンデロ・イトルト」で、「ヒイトロ・デラント」は単なる書記であったかもしれない。ただいずれにしても「筆者」とある以上、「ヒイトロ・デラント」は日本語を理解できたことは間違いなかろう。十七歳で、使える日本語を学びとっていたということなのであろう。

一方、右書き出しに「阿蘭陀国の商人、昨日登城す、」とあるのを、『常憲院殿御実紀』（五代将軍綱吉に係る幕府の公用日記。新訂増補国史大系『徳川実紀』第六篇）二月廿八日の条に確認すると、

入貢の蘭人御覧あり。大羅紗二種。猩々緋一種。天鵞絨二種。繻子二種。繻珍一種。純子一種。縞布三種。縮緬二種。紗綾一種。海黄二種。金巾一種。酒二種なり。

とあって、確かに登城した阿蘭陀人達は綱吉に謁見し、十二種類の貢ぎ物を捧げている。しかしその人数、名前、年齢などの記録は一切ない。その点で『楽只堂年録』は、貴重な記録を残してくれているのである。なお、『常憲院殿御実紀』に列挙の貢ぎ物の品々は、『楽只堂年録』いわくの、「土産の品〻」と重なっていたであろうことは言わずもがなであろう。吉保ほどになれば、舶来の到来品も多かったのである。

（四）吉保と黄檗僧と唐音と

阿蘭陀人との接触同様に注意しておきたいのは「禅僧」の果たした役割である。

京都府宇治市郊外にある黄檗山萬福《おうばくさんまんぷく》禅寺は、臨済宗・曹洞宗と共に日本の三禅宗の一つ、黄檗宗の大本山である。中国福建省の黄檗山萬福禅寺（古黄檗《こおうばく》）の住持であった中国僧隠元《いんげん》隆琦を開山とし、寛文元年（一六六一）に創建された。後水尾院や徳川幕府の尊崇を得て発展を遂げる。以後、享保二十年（一七三五）に着任の竺庵浄印《じくあんじょういん》まで、十三代の歴代住持はすべて中国僧であった。そのため、寺域には中国明朝様式を取り入れた伽藍配置の建造物が建ち並び、儀式作法も明代に制定された儀礼に倣い、読経も黄檗唐音（明代南京官話音）で発音される（以上おもに『黄檗山萬福禅寺』（編集発行大本山萬福寺・平成十三年十一月改訂版）。

一方、吉保は幼い頃から心の拠り所となる信仰を求め続け、[注一・二]たどり着いたのが黄檗山の第五代住持高泉《こうせん》和尚への師事であった。以後、六代千呆《せんがい》、七代悦山《えつさん》、八代悦峰《えつぽう》と親密な交流を重ね、致仕後の剃髪（宝永六年十月）は悦峰の手に委ねた。

ことに悦峰との交流は頻繁で、吉保の下屋敷六義園への招待も含めて幾度かなされており、禅宗の解釈に関わる重要な対話は筆談に頼ったものの、それ以外の通常会話は随伴の通事を通してなされていたから、吉保は唐音を聞く機会に恵まれていたのである。こうした環境は、吉保個人にとどまらず、お抱えの学者達にも恩恵をもたらしていたと考えてよかろう。この意味で、吉保にとって「禅僧」の担った役割は極めて大きかったのである。

さて、唐音で議論させた「中の字」とは、所謂「中庸」の「中」と思われる。というのも、右『楽只堂年録』（（二）に引用の議論の記事）の直前、吉里の初講釈の記事に続けて、

次に家臣、辻波右衛門正興、礼記の内、楽記の篇にて、人生而靜天之性也の一節を進講す（第一五八巻・三二ウ）、

とあり、「礼記」の書名が見える。「礼記」は中国の前漢時代の経書で五経の一つ。「中庸」はその一部と云われるからである。それを「唐音にて」議論させたというわけである。

左記にその冒頭にあたる部分を揚げたが、吉保は祐筆に命じ『楽只堂年録』に議論の詳細を記録させ、「唐音」のルビを平仮名によって付させた。それらルビを辿る時、当時の中国語の発音がかなり復元できるのである。

そして唐音で議論させたというのは、吉保自身、ある程度の聞き取り能力を備えていたこと、議論した十三人の学者達はさらに上級の中国語を操れたということ、祐筆達も聞き取った音をルビに固定する程度のリスニング能力を備えていた等々の証左ではないかと考える。

（五）『楽只堂年録』に知る唐音

本節では、「中庸」の内容に踏み込むゆとりを持たない。しかし『楽只堂年録』に収載される議論（一五九巻・二オ～一七ウ）に付された平仮名のルビを手掛かりに、現代中国語との比較をなし（その手段として、漢字の下に中国語の発音符号であるピンイン〈一九五八年公布の漢語拼音方案に基づき、現代中国の共通語である「普通語」の音をローマ字で表記したもの〉と、四声符号を私に併記した）、当時の中国語の「音」を再現し、吉保が聞き、あるいは発音した三百年前の中国語を味わってみたい。

論《lún》題《tí》

志《zhì》村《cūn》楨《zhēn》幹《gān》

恭《こん》《gōng》惟《らい》《wéi》中《ちよん》《zhōng》也《ゑ》《yě》者《ちゑ》《zhě》天《てん》《tiān》下《ひや》《xià》之《つ》《zhī》大《だあ》《dà》本《へん》《běn》
也《ゑ》《yě》和《ほう》《hé》也《ゑ》《yě》者《ちや》《zhě》天《てん》《tiān》下《ひや》《xià》之《つう》《zhī》達《だ》《dá》道《だう》《dào》也《ゑ》《yě》
致《つう》《zhì》中《ちよん》《zhōng》和《ほう》《hé》天《てん》《tiān》地《でい》《dì》位《うい》《wèi》焉《ゑん》《yān》万《わん》《wàn》物《うへ》《wù》育《いよ》《yō》
焉《ゑん》《yān》当《たん》《dāng》今《きん》《jīn》之《つ》《zhī》時《ず》《shí》正《ちん》《zhēng》然《ぜん》《rán》故《くわ》《gù》此《つう》《cǐ》提《でい》《tí》
起《きい》《qǐ》一《い》《yī》個《こ》《gè》中《ちよん》《zhōg》字《づう》《zì》做《つお》《zuò》了《りやう》《liǎo》論《るん》《lún》目《も》《mù》請《ちん》《gǐng》
諸《ちゆい》《zhū》彦《ねん》《yàn》一《い》《yī》挨《やい》《āi》一《い》《yī》拶《つあ》《zā》辨《べん》《bàn》論《るん》《lún》起《きい》《qǐ》来《らい》《lái》
辨《bàn》論《lún》起《qǐ》来《lái》何《hé》

第一問

dì yì wén

酒見俊秀

jiǔ jiàn jùn xiù

歴《り》代《だい》聖《しん》人《じん》伝《でん》授《じう》的《て》只《つゑ》是《づう》一《い》

lì dài xing rén chuán shòu de zhī shì yī

箇《こ》中《ちよん》為《うい》什《し》麽《も》中《ちよん》庸《よん》開《かい》巻《けん》第《でい》

gé zhōng wèi shén me zhōng yōng kāi juǎn dì

一《い》句《きゆい》不《ふ》説《しゆ》中《ちよん》字《づう》却《きや》説《しゑ》天《てん》命《みん》

yī jù bù shūo zhōng zì qué shuì tiān ming

之《つう》謂《うい》性《すいん》

zhī wèi xìng

答

dā

沢田正信

zé tián zhēng xìn

元《ゑん》来《らい》聖《しん》人《じん》之《つう》道《だう》自《づう》従《そん》本《へん》心《すいん》

yuán lái xìng rén zhī dào zì cōng běn xīn

上《ぢやん》説《しゑ》出《ちゆ》来《らい》故《くう》此《つう》中《ちよん》庸《よん》先《せん》前《ぜん》

shǎng shuō chū lái gù cǐ zhōng yōng xíān qián

説《しゑ》 shuō　天《てん》 tiān　命《みん》 mìng　之《つう》 zhī　謂《うい》 wéi　性《すいん》 xìng　以《い》 yǐ　後《へう》 hòu　説《しゑ》 shūo　出《ちよ》 chū

中《ちよん》 zhōng　了《りやう》 liǎo

(六) むすびにかえて

入門程度の中国語を、それも趣味の域を出ない程度にしか学んでいない私が、中国語の音韻について云々する資格はないのであるが、最初にルビをたどった時、正直、現代中国語とあまり変わらない音であったらしいということに驚いた。もっとも四声《しせい》注三の表記はないので、抑揚の復元にまでは至れない恨みは残ったのであるが。

いくつか気がかりな点が存するのであるが、逐条をあげる紙幅がなく、特に気になった三字のみ取り上げてみよう。

一つが「論題」の一行、二字目の「惟」。これを現代中国語の発音で表記するなら、「うえい」となる。それが、「らい」とある。

二つが同じ行の七字目の「下」。「しや」とあるべきが、「ひや」とある。江戸っ子は「ひ」と「し」の区別が付かないという類か。三つが、「第一問」の一行、四字目の「人」。「れん」とあるべきが、「じん」とある。「じん」では現代日本語の発音と同じになってしまう。ただ、明代の音はそのような発音であったのかもしれず、間違いだと否定するつもりはない。

それより、唐音で論議ができる十三人もの学者を雇い入れていたこと、聞き取ってルビに据えることのできる能力の高い祐筆を用意していたこと、そして、オランダ語・中国語の発音を、自らの公用日記に書きとどめさせておいたこと、いずれも柳澤吉保が希求した学問の水準の高さを語るものとして感動を覚えるのである。

〔注〕

一、『樂只堂年録　第二』第三巻「誕生至元祿元戊辰」に、

吉保、此年比（注・延寶五年〈一六七七〉二十歳）、起居動静の上につきて、主たる物あるへしといふ事を、不圖疑ひ發しけれ共、問尋ぬべき人もなくして年月を過しぬるに、ある久參の居士賞歎して、それこそ禪門の祖師の、學者を導きて工夫をなさしむる手段なれ、古人も大疑の下に大悟ありといへり、明師に逢ひて扣問ふへしと教ゆ、是によりて今年（延寶五年）霜月上旬の比、龍興寺（佐瀬氏菩提寺）の竺道和尚に參して開示を請ふ、和尚雲門（文偃）須弥山の話を提撕する事を教《おし》ゆ（一八頁）、

とあり、人知を越えた存在への畏敬の念の萌芽を録する。

二、本書第二部第五章「第一節　吉里生母の死」（注八）において示した（七一六頁）『勅賜護法常應録』の「勅賜護法常応録鈔第三・巻一鈔ノ一」（一九〜二一頁）に竺道和尚に逢い開示を求めた次第が録される。

三、漢字の韻による四種の区別。音の高低と長短との複合により、平声《ひょうしょう》・上声《じょうしょう》・去声《きょしょう》・入声《にっしょう》に分類。現代中国語では、第一声（「一」）・第二声（「／」）・第三声（「∨」）・第四声（「＼」）と表記する。

柳澤吉保・吉里関連年譜

凡　例

○吉保誕生年（万治元年・一六五八）から没年（正徳四年・一七一四）までの柳澤家の動向を中心に扱う。

○年号はゴチックで示し、その下に吉保・吉里（貞享四年九月三日以降）の年齢を記した。

○月ごとに◎印を付した。

○項目ごとに○印を付した。

○主語を示していない記事は吉保関連のものである。

○人名の下の（　）は語釈、漢数字は人物の年齢を示す。

○用字は特別な場合をのぞき、全て新字体によった。

○典籍類は全て「　」で括り、『　』との区別はなさなかった。

○典拠は宝永六年（一七〇九）六月十八日までは『樂只堂年録』第一（宮川葉子校訂　史料纂集古記録編　二〇一一年七月初版第一刷発行・八木書店、以下順次刊行予定）に依り、同年六月十九日以降は「福寿堂年録」（柳沢文庫蔵）に依るので敢えて逐条の典拠は示さなかった。

○柳澤家以外の歴史的な特記事項も適宜収載したが、それらは『日本史総合年表』（吉川弘文館）に依った。これも逐条典拠は示さなかった。

○出典を明らかにしたいものに関しては、やはり末尾に〔　〕を付しその旨述べた。

万治元年（一六五八）一歳

◎十二月十八日　柳澤安忠の長男として江戸市ヶ谷に誕生、生母了本院佐瀬氏、嫡母恵光院青木氏。○廿五日七夜の祝、嫡母弟青木信正、十三郎と名づける。◎閏十二月十九日　産土市ヶ谷八幡に参詣。

万治二年（一六五九）二歳

◎三月八日　箸揃の祝。

寛文元年（一六六一、四月二十五日万治四年より改元）四歳

◎正月廿一日　綱吉の神田御殿罹災。◎二月二十一日　神田御殿修造、安忠修造監督奉行。◎九月廿一日　修造御殿に移徙。

寛文二年（一六六二）五歳

◎十一月十五日　袴着の祝。

寛文四年（一六六四）七歳

◎十一月十五日　帯解の祝　○十二月十八日　綱吉に初御目見、この時主税房安と称す。

寛文六年（一六六六）九歳

◎十一月十五日　初下帯の祝、嫡母妹下帯を贈る。

寛文九年（一六六九）一二歳

◎七月廿七日　姉故山高信吉妻没。

寛文十二年（一六七二）一五歳

◎十一月十五日　半元服、家臣曽祢権大夫貞尅介助。

寛文十三年（一六七三）一六歳

◎十一月十五日　元服。

延宝三年（一六七五）一八歳

◎七月十二日　安忠隠居、吉保家督相続し綱吉に仕える（小姓組）。◎十二月十八日　曾雌盛定女定子へ結納。

延宝四年（一六七六）一九歳

◎二月十八日　定子と婚姻。

延宝五年（一六七七）廿歳

◎六月十六日　嫡母青木氏没、月桂院へ埋葬。◎十一月上旬頃　龍興寺の竺道和尚に参し開示を請う（禅宗への興味の始発）。

延宝七年（一六七九）廿二歳

◎十月十九日　越後国高田藩主松平光長の家中騒動（越

後騒動）。○同日幕府光長の老臣を諸大名に預ける。◎是年　正親町町子誕生（一歳）。

延宝八年（一六八〇）廿三歳

◎四月廿九日　水戸光圀「公卿補任闕」「一代要記」「扶桑拾葉集」を幕府に献上。◎五月六日　家綱不例、綱吉家綱の養継子となる。○同七日　綱吉二の丸に入り、大納言を称す。○同八日　家綱没（四〇歳・厳有院）。◎八月十九日　後水尾院没（八五歳）。◎同廿三日　綱吉に将軍宣下。◎九月廿八日　明の帰化僧慧林、黄檗山萬福寺の住持となり綱吉に謁見。◎林鳳岡「紅葉山文庫目録」編集。◎十一月三日　小納戸役となる。◎この冬、松尾芭蕉江戸深川の芭蕉庵に入る。

天和元年（一六八一）廿四歳

◎二月七日　綱吉、亮賢に高田薬園の地を与え護国寺を建立させる。◎四月廿五日　食禄三百石加増（安忠の本知五百三拾石と合わせ都合八百三拾石）。◎六月三日　綱吉の学問の一番弟子となる。○同廿一日　綱吉越後騒動を裁断。○同廿三日　綱吉自筆曽子書画拝領。◎七月十一日　愛宕下に屋敷拝領。◎十二月廿日　生母了本院佐瀬氏を迎え取る。

天和二年（一六八二）廿五歳

◎正月元日　読書初めの講師（以後定例となるにより逐条は省略）。○同十一日　御筆拝領。◎四月廿一日　六位の装束を賜り布衣に列す。

天和三年（一六八三）廿六歳

◎正月十一日　食禄二百石加増、都合千三拾石。◎六月廿五日　義兄信花西の丸御門前で最期。

貞享元年（一六八四）廿七歳

◎八月廿一日　西の丸下に屋敷拝領。◎十一月十一日精勤褒美に黄金時服拝領。◎十二月九日　御座間普請成就。

貞享二年（一六八五）廿八歳

◎二月廿二日　後西上皇没（四九歳）。◎三月廿六日　住吉具慶幕府絵師となる。◎十二月十日　叙従五位下任出羽守、柳澤弥太郎改め柳澤出羽守と号す。◎是年　芭蕉「野ざらし紀行」（刊行は一六九八年）、西鶴「諸国咄」刊行。

貞享三年（一六八六）廿九歳

◎正月元日　初めて御座の間縁頬にて御礼。○十一日　食禄千石加増、都合二千三十石。◎二月九日　飯塚氏染子男児出産、翌日男児没。◎六月六日　幕府、朝廷に厨費四千両を贈呈。○同廿七日　大広間での御能拝見檜重拝領。○是月　西鶴「好色一代女」刊行。◎九月七日「三河記」校訂終了、「武徳大成記」と命名。◎十月十一日　休息間の柱立、時服拝領。◎十一月廿二日　作事奉行を勤めた休息間の作事成就。◎是年　竹本義太夫、近松門左衛門作「出世景清」初演。○西鶴「本朝二十不孝」刊行。

貞享四年（一六八七）三十歳・吉里一歳

◎一月二日　休息間掃初規式定例。○廿一日　東山天皇即位、霊元上皇院政開始。○廿五日　中宮房子、新上西門院となる。○廿六日　幕府、霊元上皇に供御田七千石贈呈。◎二月十一日　林鳳岡法印となり弘文院と称す。◎八月　父安忠病臥。◎九月三日　染子吉里出産。○九月九日　出生男児七夜の祝、安忠兵部と命名。○同日京都奈良大風雨。○十七日　安忠没。○十八日　弔問上使来臨、香奠拝領。○是月　西鶴「好色一代男」再板。◎十月廿二日　荒忌免許にて登城し勤務再開。◎十一月十六日　後柏原院以来百三十年廃絶の大嘗祭再興。◎十二月廿六日　歳暮時服初拝領（以下定例故省略）。◎是年伊勢内宮の内宮文庫（後の林崎文庫）設立される。

元禄元年（一六八八、九月三十日改元）三十一歳・吉里二歳

◎正月　西鶴「新可笑記」「武家義理物語」「日本永代蔵」刊行。◎三月廿八日　綱吉直筆直判の御書拝領。◎四月廿一日　綱吉、牧野成貞亭御成（臣下亭御成の初例）。◎是頃　綱吉直筆の桜に子連馬絵、四徳五戒の書拝領。◎六月三日　綱吉筆大文字拝領。○一橋内に屋敷拝領。◎九月三日　山王権現初社参供奉。◎十一月十二日　任側用人、一万石加禄、都合壱万二千三十石。◎十二月十三日　煤納に時服拝領。○同日　歳暮の時服初献上。◎同年　幕府長崎に清商の居館設置。○大坂堂島穀

物売買所できる。

元禄二年（一六八九）三十二歳・吉里三歳

◎正月元日　正月・五月・九月と綱吉の祈祷料を知足院隆光に贈る決定。○三日　内々の御謡初に盃拝領。○九日　綱吉誕生日に初献上物（以下定例故省略）。○十一日　神田橋内に屋敷地拝領。○十五日　老人星出現の祝。○廿一日　神田橋屋鋪へ移徙。◎閏正月十六日　霊巖嶋に中屋鋪拝領。◎二月十四日　阿蘭陀人四人登城。○廿一日　忍岡聖堂御成供奉。◎三月七日　年頭の勅使等参向（以下定例故、特記事項以外省略）。○九日　参向の公家衆対顔、吉保亭へも来訪。○十一日　公家衆馳走の演能。○十二日　勅使等暇請。○十八日　鞍置馬拝領。○廿二日　去年の歳暮献上への御内書初めて頂戴（以下定例故省略）。○廿六日　居宅増地。◎四月廿日　寛永寺大猷院霊廟参詣供奉（月例行事故以下省略）。◎廿二日　牧野成貞亭御成供奉。◎五月三日　端午の祝儀の時服初献上（以下定例故省略）。○八日　寛永寺有巌院霊廟参詣供奉（月例行事故以下省略）。○十七日　紅葉山東照宮社参供奉（月例行事故以下省略）。○廿日　紅葉山大猷院霊廟参詣供奉（月例行事故以下省略）。◎六月十五日　山王権現祭礼。○廿五日　吉保義兄柳澤信花七回忌。◎七月十二日　生母了本院の生御霊の祝。○廿六日　庚申に初めて檜重拝領（以後庚申の夜は毎度拝領故省略）。◎八月朔日　八朔御礼、初めて太刀馬代献上（以下定例故省略）。○十五日　月見の祝に初相伴、檜重拝領（以下定例故省略）。◎九月三日　重陽の祝儀に初めて時服献上（以下定例故省略）。○五日　上使として牧野成貞亭来訪。○十七日　父安忠三回忌法要。◎十月朔日　家臣岸田常安登城し初めて御能拝見。○九日　桂昌院仮居所二の丸御成供奉。○廿二日　牧野成貞亭御成供奉。○廿六日　公辨法親王へ毛氈進上。○晦日　白山御殿御成先立。◎十一月十日　牧野成貞亭御成供奉。○十五日　吉里髪置の祝。○同日　月次拝賀に香合初献上。○廿一日　二の丸御成供奉。○廿六日　三の丸作事成就、桂昌院移徙。◎十二月三日　公辨法親王の寛永寺本坊御成供奉。○十一日　牧野成貞亭御成供奉。○廿一日　北村季吟湖春父子幕府

歌学方となる。○廿二日　三の丸へ御成供奉。○廿六日　歳暮の賜物拝領。

元禄三年（一六九〇）三十三歳・吉里四歳

◎正月廿四日　増上寺台徳院霊廟参詣供奉。◎二月十日　山王権現社参後、牧野成貞亭御成供奉。○十八日　知足院御成供奉。○廿七日　三の丸御成供奉。○廿八日　阿蘭陀商人四人登城し吉保亭も訪問。◎三月　浄光院鷹司信子御覧の御能、家臣登城拝見。○十日　三の丸御成供奉。○廿一日　林鳳岡宅御成供奉。○廿二日　三の丸御成供奉。○廿六日　二万石加増、都合三万二千三十石。○廿八日　金三千両拝借。○同日　三の丸御成供奉。○晦日　月桂院にて加禄御礼法要。◎三月二日　三の丸御成供奉。○九日　牧野成貞亭御成供奉。○十七日　勘気を蒙り籠居の山名泰豊御免にて帰府。○廿二日　公辨法親王対顔同座。○廿三日　竺道和尚七回忌、龍興寺に香奠贈る。○廿六日　領地の書出頂戴。◎五月四日　有卦祝の御能、献上物拝領物。○同日　尾張中納言光友・紀伊中納言光貞、任大納言吉保亭来臨。○廿一日　染子男児出産。○同日　牧野成貞亭御成、血忌御免により供奉。○瑞春院御覧の御能に檜重献上。○廿六日　吉保従弟高屋時澄没。○廿七日　出生男児七夜祝、吉保俊親と命名。◎六月朔日　以後毎夜の宿直遠慮在宿を定例とす。○廿二日　俊親宮参り。◎七月朔日　川崎の領地水損。○九日　忍丘孔子廟の湯嶋移転命じられる。○十日　講釈日に家臣登城拝聞、野咏献上。○十五日　初めて刺鯖拝領。○十八日　雷激しく再登城。◎八月十二日　大広間にて諸大名諸役人拝見、家臣登城拝見御能。○十八日　ドイツ人ケンペル出島商館医員として来日。○廿一日　綱吉「大学」講釈、老中拝聞（将軍親講の最初）。◎九月六日　牧野成貞亭御成供奉。○廿一日　黒書院にて林鳳岡講釈。○廿二日　牧野成貞亭御成供奉。○廿九日　大成殿建立の縄張。◎十月十四日　水戸光圀致仕、綱條家督相続。◎十一月十八日　小石川御殿御成供奉。◎十二月九日　牧野成貞亭御成供奉。○十一日　知足院へ吉保釈迦三尊、妻観音像寄進。○十九日　寄進の仏像開眼供養。○廿二日　三の丸御成供奉。○同日　湯嶋大

成殿建立、昌平坂と称す。〇廿五日　叙従四位下。〇同日　月桂院へ位階昇進報告。〇廿九日　新年より家臣に二本道具の許可。

元禄四年（一六九一）三十四歳・吉里五歳

◎正月元日　家臣に二本道具を持たす。〇六日　俊親水痘を煩う。〇九日　俊親水痘癒え酒湯。〇十三日　林鳳岡薙髪し任大学頭、以後儒者は薙髪が定例。〇廿九日　三月廿二日の吉保亭御成予告。◎二月朔日　御成御殿の釿初め。〇三日　常盤橋内に土地拝領。〇七日　忍岡の孔子廟湯嶋大成殿へ遷座。〇十三日　御成経営の一万両拝借。〇廿二日　吉保養女土佐子、黒田直重との縁組内意。〇廿三日　吉保養女ゑん、山名泰豊との縁組内意。〇廿五日　黒田直重・山名泰豊との縁組正式仰せ。〇廿八日　吉里袴着。〇廿九日　黒田直重・山名泰豊結納。◎三月朔日　千駄ヶ谷に下屋敷拝領。〇廿二日　綱吉初御成。◎四月朔日　豊蔵坊へ祈祷料贈る。〇九日　月桂院参詣、近況報告祭文。〇十二日　御三家拝見の御能。〇廿八日　綱吉高野山学侶行人の争論決済。◎五月六日　同月九日の御成予告。〇九日　綱吉御成（第二回）。◎六月十八日　吉保家臣二人直参となる。〇同日　母、綱吉筆大文字「楽寿」拝領。◎七月廿九日　是頃月桂院に先祖の祠堂建立、寺領百石寄進、本尊唐招提寺経由釈迦如来。◎八月廿九日　吉里帯解祝。◎閏八月廿二日　覚彦、湯嶋の地を幕府より拝領霊雲寺を建立。〇廿七日　この間所労により登城遠慮。◎九月六日　同月十一日の御成予告。〇九日　京都・奈良大風雨。〇十一日　綱吉御成（第三回）。◎十月十日　同月十三日の御成予告、御成御殿内に休息間増築。〇十三日　綱吉御成（第四回）。◎十一月十一日　母、霊巖嶋中屋敷へ移徙。〇十五日　鶴姫（綱吉女、生母瑞春院）に初拝謁。◎十二月七日　同月十一日の御成予告。〇十一日　綱吉御成（第五回）。〇廿二日　松平輝貞より結納品到来。

元禄五年（一六九二）三十五歳・吉里六歳

◎正月廿一日　鶴姫、瑞春院より養女いちの成婚祝拝受。〇廿三日　妻定子麻疹。〇廿八日　妻麻疹快気酒湯。◎二月三日　いちの婚礼道具松平輝貞宅に遣わす。

○九日　いち入輿。○十一日　松平輝貞吉保亭を初来訪、一族十人取持。○十三日　大成殿釈菜の儀式、吉保供奉先立。○十七日　俊親不快、山名泰豊綱吉命で来臨。○十九日　同月廿二日の御成予告。○廿二日　綱吉御成（第六回）。○廿八日　俊親髪置祝。◎三月六日　柳澤安吉七回忌。○同日　阿蘭陀商人四人登城、吉保亭にも来る。○七日　年頭の勅使等参府。○八日　東大寺大仏殿再建開眼供養。○十二日　俊親没（三歳）、戒名電光院閃影了心大童子、月桂院へ葬送。○十四日　俊親追善供養。○廿五日　酉刻地震。○晦日　来月三日御成予告。○同日　小笠原清遙屋敷の半ばを拝領。◎四月朔日前日拝領の屋敷受取、五千五百三十坪余。○五日　神田橋宅内の稲荷社、常盤橋方へ仮遷宮。○十一日　綱吉御成（第七回）。○十七日　明国高泉和尚と問答。○廿七日　厳有院十三年遠忌、万部読経法会開始。◎五月三日　厳有院十三回遠忌、勅使等参府。○六日　厳有院万部読経法会結願。◎六月五日　神田橋宅内稲荷社正遷宮。○十日　染子臨月、家臣蟇目鳴弦執行。○十八日　吉保居間経営成就移徙。○廿八日　染子男児出産。◎七月五日出生男児七夜祝、吉保安基と命名。○廿五日　綱吉、高野山学侶行人の争訟裁断、行人千余人を追放し所領没収。○廿九日　安基神田明神社参。◎八月六日　高野山行人、六二七人流刑。○十三日　吉保嫡母（青木氏）弟没。○十八日　牧野成貞亭御成供奉。◎九月廿二日　御作文の「観用教戒」拝領。○廿六日　綱吉御成（第八回）。◎十月十日　牧野成貞亭御成供奉。○廿七日　綱吉御成（第九回）。◎十一月五日　安基箸揃祝。○十四日　三万石加禄、都合六万二千三十石。○十五日　居間に毘沙門天像安置。○十七日　妻実父曾雌盛定没。◎十二月八日　曾雌盛定三七日法要。○十六日　月桂院住持碩筠追放、秀長老入院。○廿日　曾雌盛定供養に僧衆招請。○廿一日　牧野成貞亭御成供奉。○廿七日　筋違従弟高尾八斎没。

元禄六年（一六九三）三十六歳・吉里七歳

◎正月廿八日　来月四日の御成予告。◎二月四日　綱吉御成（第十回）。○十七日　持仏堂経営成就、先祖の霊牌安置。○廿二日　綱吉「中庸」講釈、国持大名以下百四十六名拝聞。○廿八日　阿蘭陀商人参府。◎三月二日　吉里初登城。○六日　鷹司前関白前左大臣房輔参着。○十日　霊巖嶋の下屋敷で母を饗応。○十八日　御台所、鷹司房輔対顔。○廿七日　来月初旬の御成予告。◎四月二日　吉里の居宅経営成就移徙。○五日　綱吉御成（第十一回）。○九日　妻塔ノ沢へ湯治に赴く。○廿一日　綱吉「易経」講釈開講。◎五月七日　妻塔ノ沢から帰着。○十八日　聖観音像を持仏堂に安置。◎六月十一日　本所屋敷拝領、坪数六千五百七十坪。○十六日　吉保嫡母十七回忌。○十八日　本所屋敷と引替に萱町屋敷拝領。◎七月十一日　聖徳太子彫刻の観音を持仏堂に安置。○十八日　染子兄弟飯塚杢左衛門正平没。○廿七日　亡姉秋岩院廿五年忌。◎八月四日　恵林寺住持東法入院。○十日　井原西鶴没（五二歳）。○十六日　安基居宅経営成就。○廿六日　山高信賢、柳澤信尹、同信尚中絶後対面。○廿八日　来月三日の御成予告。◎九月三日　綱吉御成（第十二回）。○八日　月桂院へ土地寄進。○十日　安基髪置祝。○同日　染子臨月、蟇目鳴弦。○十七日　安忠七回忌、祭文読誦。○廿六日　吉里移徙。◎十月廿一日　染子女児出産。○廿五日　牧野成貞亭御成供奉。○廿七日　出生女児七夜祝、吉保幸と命名。◎十一月十五日　吉里改めて帯解祝。○十七日　曾雌盛定一回忌。○廿三日　幸産土神参詣。○廿八日　来月三日の御成予告。◎十二月三日　綱吉御成（第十三回）。○七日　新井白石、徳川綱豊（後の家宣）の侍講となる。○九日　鶴姫と高岳院（瑞春院生母）御殿の火の番仰付。

元禄七年（一六九四）三十七歳・吉里八歳

◎正月四日　吉里疱瘡。○七日　一万石加増、川越城主となる。○十日　藪田重久川越城代、佐瀬政信添城代に任命。○十五日　吉里二番酒湯。○廿九日　来月三日の御成予告。◎二月三日　綱吉御成（第十四回）。○四日　吉保女婿山名泰豊御咎、役儀知行召上られ父矩豊に預けらる。○十日　川越城派遣の諸士の掟を定む。○十一日　川越城受取の日限三月四日に定まる。○十九日　川越城派遣の諸士饗応。○廿七日　川越派遣の先発出発。○幸

箸揃祝。○同日　川越城請取諸士一部出発。○廿九日　郷村等の帳面請取。○晦日　大久保忠朝亭御成供奉。◎三月朔日　川越城米三千石請取。○二日　城請取総勢目代官等川越到着。○三日　川越城引渡の掟制札。○四日　川越城請取。○同日　領内高札立替。○十日　阿部正武亭御成供奉。○十一日　常盤橋内に屋敷地拝領。○十二日　俊親三回忌。○十六日　川越城安全祈祷。○廿一日　安基没（三歳）鳳林寺に埋葬。○廿五日　戸田忠昌亭御成供奉。◎四月十一日　吉保名代、川越城内天神・八幡・氷川明神社参。○十八日　賀茂祭再興。○廿二日　吉保名代、東照宮・喜多院・中院参詣。○廿六日　安基三十五日忌。◎五月十八日　伏見宮貞致親王没（六三歳）。○廿七日　領地の御朱印拝領。◎閏五月一日　幕府辻番規則を出す。○十六日　幸得度易仙と改名。○十九日　領地目録請取。◎六月二日　安基百箇日。○七日　持仏堂入仏。○十一日　桂昌院姉瑞光院殿没。○十九日　幕府武家屋敷の町人への賃貸を禁ず。◎七月二日　月桂院を月桂寺と改め准十刹に列す。○十七日　吉保禅を修し洞天慧水衣鉢を授く。○廿六日　月桂寺に正覚山の額を掛く。◎八月十七日　持仏堂入仏。○廿三日　川越領初物成の祝。○同日　市ヶ谷八幡社参、初物成献上。◎九月三日　綱吉御成（第十五回）。○十五日　川越城内風雨破損修理願提出。○十七日　月桂寺公帖頂戴、僧衆十八人集会斎膳振舞う。○廿六日　川越よりの初年貢米。◎十月十二日　松尾芭蕉没（五一歳）。○十八日　綱吉桂昌院護国寺御成供奉。◎十一月九日　小森西倫直参となる。○十八日　正親町町子男児出生。○廿二日　出生男児七夜祝、吉保伊織と命名。○廿五日　吉保初めて評定所へ出座。◎十二月三日　綱吉御成（第十六回）。○九日　吉保任侍従老中同列となる。○同日　吉里二本鎗許さる。○十八日　伊織安通、神田明神社参。

元禄八年（一六九五）三十八歳・吉里九歳

◎正月九日　綱吉五十賀。○廿五日　養女土佐子婚礼道具を黒田直重宅へ運搬。○廿九日　横山繁子女児出産。◎二月四日　同月十日の御成予告。○五日　出生の女児七夜祝、吉保春と命名。○八日　江戸大火。○同日　吉保異父弟没。○九日　養女土佐子入輿。○十日　綱吉御成（第十七回）。○十四日　易仙没（三歳）龍興寺に埋葬。○廿日　易仙一七日懺法供養。◎三月十九日　易仙三十五日忌。○廿日　安基一周忌。○廿八日　吉里初て演能。◎四月朔日　春、神田明神・宅内稲荷三社参詣。○同日　千駄ヶ谷の下屋敷返上。○二日　易仙四十九日施餓鬼。○七日　伊織安通箸揃祝。○九日　新造舞台上棟。○十二日　松平頼重没。○十三日　牧野成貞亭御成供奉。○廿一日　駒込に前田綱紀上け屋敷四万九千坪弱拝領（後の六義園）。是月　菱川師宣「姿絵百人一首」刊行。◎五月四日　綱吉御成（第十八回）。○十日　綱吉松平輝貞亭初御成。○十二日　阿部正武亭御成供奉。○廿四日　易仙百箇日供養。○廿五日　吉保亭に公辨法親王招請。◎六月五日　吉保亭に黄檗山萬福寺住持高泉和尚招請。○十二日　吉保亭に増上寺貞誉招請一族集会。○十八日　月桂寺龍興寺長老等招請。○十九日　次男安通の称号横手に改める。○廿四日　雷雨強く再登城、千代姫（綱吉姉）の女房部屋に落雷。○廿五日　吉保義兄信花十三回忌。◎七月朔日　龍興寺雲岩和尚と禅問答。○八日　高泉より仏法附属の偈と如意届く。○八月十一日　幕府金銀貨改鋳（元字金銀）布令。○十二日　雷雨強く再登城。○廿九日　高泉と往来の文簡詩章編纂。○是月　陸中国雫石通の農民等大飢饉に減租を代官所に強訴。◎九月十日　綱吉御成（第十九回）。◎十月廿一日　武蔵野三富新田開発。○同日　以後約一箇月所労にて登城遠慮。◎十一月十五日　吉里下帯初結。○同日　吉里綱吉より「大学」初指南。○十八日　安通二歳の誕生祝。○廿三日　武蔵野新田地に一寺（多福寺）一社（多門院）建立の注進。◎十二月十日　綱吉御成（第二十回）。○十五日　吉里の部屋にて忘年の振る舞い。○廿八日　妻と染子、綱吉詠歌拝領。○廿九日　本年より宿直御免。

元禄九年（一六九六）三十九歳・吉里十歳

◎正月九日　武蔵野地蔵林の一寺の縄張。○十三日　桂昌院七十賀。○廿一日　寺地の斧初。◎二月朔日　来る

十一日の御成予告。○二日　伏見・堺両奉行職を廃止。○十一日　綱吉御成（第二十一回）。○十四日　易仙一周忌。○廿二日　清水・三崎・走水三奉行職廃止。○同日偽事を構え召捕らる大内新助、川越に禁獄。○廿五日大内新助川越の獄中で自害。○廿八日　阿蘭陀商人四人登城、吉保亭にも来る。◎三月五日　女婿松平右京大夫輝貞亭御成。○十七日　妻居所経営成就。○廿日　安基三回忌。○廿二日　武蔵野地蔵林の一寺柱建。○廿三日鶴姫着帯。○廿六日　地蔵林の一寺上棟。○廿九日　塵芥を利用し永代島を埋立。◎四月朔日　娘はる稲と改名。○三日　伊織安通髪置。○十一日　荻原重秀任勘定奉行。○廿二日　毘沙門の社地縄張。○廿五日　伊織安通新宅に移徙。○廿七日　厳有院殿十七回忌、万部経読経初日。◎五月八日　厳有院殿十七回忌。○十三日　毘沙門社の別当寮柱立。○十六日　地蔵林の一寺鐘楼成就し懸鐘。○廿九日　毘沙門社と拝殿上棟。◎六月五日吉保亭に公辨法親王招請。○七日　吉保亭に黄檗山住持千呆和尚招請筆談。○九日　武蔵野地蔵林の一寺一社ともに経営成就。○同日　寺を三富山多福寺・毘沙門別当寮を多聞院と命名。○十二日　町子男児出産。○十三日鶴姫産所経営開始。○同日　千呆和尚登城。○十八日出生男児七夜祝、吉保左門と命名。○廿日　吉保亭に千呆和尚招請筆談。○同日　黄檗一流の制禁を定む。○廿二日　強い地震。◎七月四日　吉保居宅南方の大路に神田御殿地を添え拝領。○十三日　三男左門信豊、神田明神に参詣。○十八日　天下の神社仏閣造営に関し調査開始。○同日　吉保亭に護持院前大僧正隆光・覚王院僧正最純招請、仏教論議。○廿八日　多福寺の普請成就。○同日　前東北寺洞天慧水和尚を招請、多福寺開山第一祖に懇請。◎八月五日　京畿の飢饉に三年の借米を実施。○六日　川越多福寺の鐘供養、洞天和尚執行、施主家臣曽祢権大夫。○同日　川越毘沙門天の別当職多聞院へ、四谷愛染院住持栄任、弟子龍淵を率い入院。○七日多福寺にて慧水和尚本尊釈迦牟尼仏像・土地堂善神の像・達磨大師の像の点眼供養をなす。○十一日　洞天慧水和尚多福寺入院の由にて来訪。○十三日　飲酒禁止令を出す。○廿日　川越多福寺・多聞院境内書付を寺社奉行に提出。◎九月六日　吉保亭に多福寺慧水和尚招請。○十日　高岳院没。○十八日　綱吉御成（第二十二回）。◎十一月二日　借金帳消し。○三日　信豊箸揃祝。○十日　明正天皇（後水尾帝第二皇女、母徳川秀忠女和子）没（七四歳）。○廿三日　諸国地図の校訂を命ず。◎十二月十八日　綱吉御成（第二十三回）。○十九日　松平右京大夫輝貞亭御成。○同日　吉里所労晦日快然。◎是年　荻生徂徠吉保に仕える。

元禄十年（一六九七）四十歳・吉里十一歳

◎正月十五日　北村湖春没（五十歳）。○十八日　吉保四十賀を綱吉祝う。○同日　来月三日の御成予告。○同日　信玄取持の毘沙門天像を多聞院に安置。○廿六日　吉里居所経営斧初。◎二月三日　綱吉御成（第二十四回）。○瑞春院四十賀。○十三日　輝貞亭御成。○十四日　易仙三回忌。○十九日　吉里居所経営柱立。○廿五日　八重姫綱吉養女となる。○同日　女御幸子入内。○廿八日　吉里居所経営成就。○同日　阿蘭陀商人御目見。◎閏二月二日　使者上洛、禁裏と女御幸子に献上品。◎三月朔日　無品中務邦永親王下着、伏見殿と申す。○四日　来る十一日吉里居所に御成予告。○同日　紀伊大納言光貞・宰相綱教御城経営。○七日　家臣二人に柳澤の称号授与。○十一日　綱吉御成（第二十五回）。○同日　吉里居所へも御成。○廿二日　吉里居所御成を祝い一族饗応。◎四月六日　水戸宰相綱條来駕。○十一日　紀伊大納言光貞亭御成供奉。○晦日　水戸少将吉孚、八重姫へ結納。◎五月四日　日光へ御成時に駒込屋鋪立寄の仰せ（日光への御成実行されず）。○十五日　甲府中納言綱豊登城。○同日　当冬中の綱豊亭御成予告。◎六月晦日　新鋳造二朱判通用規則発令。◎七月朔日　東叡山根本中堂造営総奉行仰付。○三日　吉保亭に公辨法親王招待。○九日　吉里初めて兵法を習う。○同日　護国寺護持院本堂上棟。○十一日　夕刻より綱吉口中痛。○十八日　尾張中納言綱誠登城。○同日　当春中の綱誠亭御成予告。○十九日　吉保中野へ見分。○廿六日　吉保加禄、都合九万二千三十石。○廿八日　駒込下屋敷の地続き地拝領。◎八月廿五日　護持院御成先立。○廿七日　護国寺御成供奉。◎九月十二日　綱吉御成（第二十六回）桂昌院同道。○同日　桂昌院の詠歌二首拝領。○十五日　京都妙心寺首座玄章一位に転じ虎峯と号す。◎十月十二日　強い地震。○十四日　吉保亭に護持院隆光・覚王院最純・護国寺快意招請。○廿七日　輝貞亭御成。○廿八日　柳澤常房・同政信・同建良に諱を与え保房・保政・保敬と改名。◎十一月朔日　吉里甲冑着初。○同日　娘稲髪置。○十二日　綱豊亭御成供奉。○十四日　綱吉御成（第二十七回）、公事訴訟裁許。○同日　吉里と酒井忠挙女さち（のちの頼子）との縁組仰付。○廿六日　綱吉御成（第二十八回）。○廿八日　吉里さちへ結納。◎十二月朔日　吉保・吉里、酒井忠挙亭訪問。○五日　酒井忠挙、吉保亭訪問。○十一日　綱吉御成（第二十九回）

元禄十一年（一六九八）四十一歳・吉里十二歳

◎正月十八日　尾張中納言綱誠亭御成経営。◎二月九日　綱吉御成（第三十回）。○同日　東叡山中堂柱立。○同日　吉保娘稲と土屋定直の縁組仰付。○廿二日　輝貞亭御成。○廿八日　土屋定直、娘稲へ結納。◎三月朔日　綱誠亭御成経営を見分。○九日　吉里初馬上外出。○十八日　綱誠亭御成供奉。○同日　綱誠娘喜知姫、綱吉の養女となる。◎四月九日　土屋定直を饗応。○十四日　吉里腰物の留糸解く。○廿二日　紀伊綱教家督相続。○廿八日　土屋定直、吉保亭で演能。◎五月四日　吉里の供者行列の持鎗、駕籠より先へ配す。○十三日　黒田直重娘七夜祝、いよと命名。○十七日　吉保異父弟多福寺長老玄章没。◎六月九日　黒田直重娘、産土神参詣。○同日　雷激しく両度登城。○十一日　安通・信豊居所作事成就移徙。○十三日　八重姫、水戸吉孚へ入輿、吉保見送役を勤む。○吉保娘稲の居所作事成就移徙。○廿四日から七月三日まで吉保所労。◎七月六日　綱誠娘喜知姫没。○十八日　東叡山中堂普請見分。○廿一日　中堂普請総奉行を勤め、任左近衛権少将。◎八月朔日　老中の上に列す（実質的大老）。○二日　中堂普請成就。○九日　吉保亭に公辨法親王招請。○十一日　中堂上棟。○十七日　月桂寺へ少将任官を報告。○廿三日　中堂安鎮地鎮の加持。○廿八日　中堂薬師如来正遷座、延暦年中に准じ吉保常燈明掲ぐ。○廿九日　吉保名代細井知愼上洛、伝奏正親町公通亭・柳原資廉亭へ参り、吉保任官の口宣宣旨請取。○晦日　細井知愼参内、吉保任官の礼物献上。◎九月三日　中堂供養の勅会。○六日　四つ過鍋町民家より出火、吉保亭に及ぶが脱難。○同日　東叡山仁王門・本坊・厳有院御霊屋等焼亡（勅額火事）。○廿九日　信州善光寺本願上人智善登城し、上人号紫衣免許の御礼。◎十一月朔日　本願上人智善入院。○四日　千呆和尚招請筆談禅問答。◎十二月十日　綱吉御成（第三十一回）、御膳中に本石町より出火早めに還御。○十一日　石町より出火、霊巖嶋の母居宅類焼。○同日　千代姫没（六二歳）。

元禄十二年（一六九九）四十二歳・吉里十三歳

◎正月九日　母（了本院）七十賀。○十一日　妻四十賀を吉里執行。○廿八日　霊巖嶋下屋敷類焼につき、谷の蔵跡地を代替に拝領。◎二月九日　綱吉御成（第三十二回）。○十三日　寛永寺本坊再建。○廿三日　幕府火災罹災市民に米三万俵貸与。○廿五日　輝貞亭御成。○廿九日　領地九万二千三十石の御朱印拝領。◎三月二日　領地の別紙目録請取。○八日　厳有院御霊屋再建成就正遷座、供養名代。○十二日　年始の勅使等吉保亭訪問。○廿七日　東叡山本坊御成、中堂参詣時の先立。◎四月十日　黒田直重娘いよ没（二歳）。○同日　妻の兄曾雌庄右衛門定秋没。○廿七日　吉里馬の制御を学ぶ。○廿八日　歴代帝王陵修理結果、京都所司代より届く。◎五月廿六日　綱吉御成（第三十三回）。◎六月五日　尾張中納言綱誠没（四八歳）。○十六日　河村瑞賢没（八二歳）。○廿八日　長崎奉行を四人とし各年二人交替。○廿八日　雷激しく再登城。○廿九日　母の居所作事成就移徙。◎七月九日　若老中米倉昌尹没。○廿五日　有栖川宮幸仁親王没（四四歳）。◎八月十日　雷激しく再登城。○十三日　尾張中納言吉通叙従三位。○十六日　本庄宗資没（七一歳）。○十九日　吉里外祖父飯塚氏没。○廿九日　鉢形領今市高蔵寺大風破損、修復費寄進。○是月　小菅に拾万千五百七十坪の土地購入。◎九月七日　妻の甥曾雌才十郎没。〇十日　老中戸田忠昌没（六八歳）。〇十七日　吉保父正覚院殿（柳澤安忠）十三回忌。◎閏九月二日　本庄宗資遺跡、同宗俊継ぐ。〇十日　幕府旗本七六九〇人を賑救。〇十五日　吉保養女悦と内藤政森の婚姻願い提出。〇廿一日　綱吉御成（第三十四回）。◎十月五日　禁裏より宸筆の八景和歌一帖・三夕和歌一軸拝領。〇廿一日　吉保亭に公辨法親王招請。〇廿三日　大奥倹約令発布。〇廿六日　輝貞亭御成。◎十一月五日　内藤政森、悦へ結納。◎十二月三日　綱吉御成（第三十五回）。〇同日　吉里叙従四位下任越前守の仰せ。〇廿八日　士邸の建築規則発令。

元禄十三年（一七〇〇）四十三歳・吉里十四歳

◎正月元日　吉里烏帽子直垂装束で年頭御礼。〇二日　吉里叙位の口宣宣旨位記到着。〇同日　四品直叙の例なきにより、元禄十一年に叙従五位下の位記同時到着。〇廿八日　信豊着袴。◎二月六日　下谷黒鍬町より出火、吉保浅草茅町下屋敷焼亡。〇九日　妻の母（貞心院）七十賀。〇廿二日　綱吉御成（第三十六回）。〇廿五日　輝貞邸御成。〇廿九日　茅町屋鋪検地。◎三月十六日　吉保姉珠光院（柳澤信花妻）病臥。〇廿一日　恵照院（俊親）七回忌。◎四月六日　今月廿日の大猷院殿五十年忌法事日光にて開始。〇十五日　大猷院殿法事結願。〇廿日　東叡山にて大猷院殿五十年忌。〇廿六日　大猷院殿五十年忌・厳有院殿二十一年忌法事に勅使等参府。〇東叡山にて五月八日の厳有院殿二十一回忌の万部読経開始。◎五月八日　厳有院殿二十一回忌。〇廿三日　吉保姉珠光院没（六九歳）。〇廿六日　以後五月一杯所労により登城遠慮。〇廿九日　珠光院一七日法要、柳澤保房執行。◎六月朔日　同月十四日まで所労により登城遠慮。〇十四日　久々に登城。〇十五日　所労快然せず登城遠慮を繰り返す。〇同日　橘隆庵元常、吉保所労治療により叙法印。〇十八日　橘隆庵元常、薬師寺宗仙院元常と名乗る。〇廿一日　薬師寺宗仙院元常息元孝、橘隆庵と名乗るべく仰せ。◎七月二日　以後も七月十七日まで登城遠慮。〇九日　吉里従弟飯塚政容、松平政真の養子となる。〇十二日　吉保姉珠光院四十九日。〇十八日　以

後毎日登城。○同日　幕府捨子厳禁養育奨励。○廿七日　御台所の御殿作事成就。◎八月朔日　所労本復、常の勤務態勢にもどる。○二日　居宅南続きの神田御殿跡地拝領。○十五日　吉保亭詩歌会興行。○廿二日　保養のため駒込下屋敷に遊ぶ。○廿七日　再昌院法印季吟より古今の秘訣を伝受する。○是月　幕府車輌税導入。◎九月六日　綱吉御成（第三十七回）、来駕・帰還御礼の登城吉里が勤む（吉保病後のため）。○同日　吉保、定家筆「伊勢物語」為相筆「拾遺集」拝領。○七日　嵯峨釈迦堂の釈迦如来尊像を吉保亭に招来、家中礼拝。○十三日　吉保亭「難陳歌合」興行。○十八日　養女悦の婚礼道具を内藤政森宅へ運搬。○廿二日　悦入輿。○廿五日　水戸宰相綱條亭御成、吉保・吉里供奉。○廿八日　内藤政森婚儀後初めて吉保訪問。○廿九日　吉保・妻・吉里内藤政森亭訪問。◎十月十六日　尾張大納言光友没（七六歳）。○十八日　吉保亭に公辨法親王招請。○廿一日　神田御殿地作事成就請取。○廿三日　桂昌院先考遺筆和歌懐紙を入手進上。◎十一月二日　輝貞亭御成。○十三日　水野勝長、吉保亭内に移る。○同日　駒込下屋鋪侍小屋より出火焼亡、隣家に及ばず。○同日　川越柳澤保政宅より出火早速鎮火。○十九日　吉保亭廣間作事成就移徙。○廿一日　八年間の綱吉「易経」講釈竟宴。◎十二月六日　水戸中納言光圀没（七三歳）。

元禄十四年（一七〇一）四十四歳・吉里十五歳

◎正月十四日　鶴姫疱瘡。○十五日　次男横手伊織安通初登城御目見。○十八日　吉保亭歌会興行兼題「松契万春」、探題三十五首。○廿三日　吉里妻疱瘡平癒酒湯。○廿四日　鶴姫酒湯。○廿五日　契沖没（六二歳）。◎二月九日　綱吉御成（第三十八回）。○吉里朝登城し御礼。○同日　吉里半元服。○十三日　輝貞亭御成。○廿五日　御台所五十賀。○廿八日　阿蘭陀商人四人登城、吉保亭訪問。◎三月十日　武田織部信冬召出され直参となる。○十四日　勅使御請前に浅野内匠頭長矩、吉良上野介義央傷害。○浅野長矩、田村建顕に御預けの上切腹仰付。○十五日　赤穂藩没収、長矩弟長広閉門。○十八日　紀伊中納言綱教亭に御成、吉保・吉里供奉。○廿二日　小石川で屋敷地拝領。○廿六日　吉里妻痘瘡後初来訪。○晦日　麻布御殿御成、公辨法親王同道、吉保供奉。◎四月十三日　吉保亭の御殿修理成就。○同日　一万石以上の藩、参勤交代時の従者減少を命ず。○廿二日　綱吉御殿改築後初度御成（第三十九回）。○廿五日　桂昌院、王子・道灌山・御殿山・圓勝寺遊覧後駒込下屋鋪立寄。○廿七日　町子駒込下屋鋪で右衛門佐・大典侍等数人振舞。○廿九日　目蓋に出来物出仕遠慮。◎五月六日　輝貞亭御成。○十一日　紀伊綱教来臨。○十五日　京都御霊宮祭日。○十七日　綱吉吹出物。○同日　吉川惟足信長に屈請し神道八雲の秘訣相承。○廿六日　小日向下屋敷の稲荷社遷宮。○廿七日　去年新たに造営の、京都西八條大通寺遍照院六孫王院に社領百石寄附。○同日　六孫王院禁裏より昨年十二月、正一位追贈、権現号勅招。○同日　水戸少将吉孚袖留。◎六月十一日　吉保亭勝手修理成就移徙。○十二日　雷激しく再登城。○廿一日　京都太秦広隆寺僧、寺宝聖徳太子像等持参、妻娘等信施。○廿二日　京都真如堂僧、寺宝無量寿仏像等持参、妻娘等信施。○廿五日　妻の生母故曾雌盛定妻（貞心院）吉保下屋敷にて没（七三歳）。○廿六日　貞心院小日向龍興寺へ葬送、戒名貞心院両界性光大姉。◎七月二日　貞心院初七日。○九日　貞心院二七日、龍興寺にて頓写、吉里参詣。○十日　護国寺護摩堂経営成就上棟。○十四　松平讃岐守頼常、大猷院殿・厳有院殿仏殿警護勤む。○十九日　吉里生母染子所労。○廿一日　大風雨にて川越洪水被害甚大。○廿五日　川越水害書付老中に達す。○廿六日　護国寺護摩堂祝式の弊槌を吉保小日向下屋敷の土蔵に納む。○廿七日　瑞春院先考の二十一年忌法事。○同日　秋岩院乾宝良貞大姉（吉保姉、山高信吉妻）三十三年忌。○晦日　貞心院五七日法要。◎八月三日　川越城中破損箇所の絵図修理願い老中に達す。○五日　安通・信豊所労。○九日　妻所労。○十日　町子所労。○十四日　貞心院七七日。○十五日　吉保亭詩歌会興行兼題「詩万山不隔仲秋月」、和歌兼題「月多秋友」。○十六日　本庄宗資三回忌。○廿三日　御台所五十賀。○廿五日　川越城中風損書付老中に達す。○廿七日　信州善光寺如来尊像吉保亭に招請、子供・女輩等礼拝。◎九月四日　川越領地風損に金子二万両拝借。◎九月十三日　歌会興行兼題「月前管絃」、探題。○廿一日　祇園祭とて御台所振舞献上。○廿八日　安通・信豊・町子三人所労快然。○同日　領地泉州大鳥郡大鳥明神祠改修成就上棟。◎十月九日　綱吉御成（第四十回）。○十五日　神田橋外小笠原清遙上屋敷請取。○廿一日　吉保亭に公辨法親王招請。○同日　公辨法親王詠歌一首短冊下賜。○十八日　物価高騰による市民困窮から、武家の借金年賦返済を規定。○廿一日　安通初めて演能。◎十一月三日　輝貞亭御成、安通御前にて初演能。○七日　安通自室にて演能。○九日　八重姫館にて、合力金増加を告ぐ。○同日　八重姫歯黒めの祝。○十五日　吉里元服。○同日　吉里元服を祝し和歌献上。◎十一月廿六日　綱吉御成（第四十一回）。○同日　松平の称号及び諱一字拝領。○柳澤出羽守保明を松平美濃守吉保。○柳澤越前守安貞を松平伊勢守吉里に改名。○安通・信豊も称号拝領。○同日　吉里元服を祝する綱吉自筆自詠和歌拝領。

◎十二月朔日　宝樹院五十年忌法要。○三日　綱吉御成（第四十二回）。○五日　水戸少将吉孚実母没。○六日　水戸黄門義公一周忌。○八日　吉保・吉里月桂寺参詣、松平称号・諱字拝領を報告。○十七日　寛永寺参詣、公辨法親王より「古今集」一部他拝領。○十八日　谷の下屋敷に稲荷大明神勧請。○同日　称号拝領祝の和歌会興行。○十九日　輝貞亭御成。○廿二日　曾雌定秋宅を曾雌俊昌に下賜。

元禄十五年（一七〇二）四十五歳・吉里十六歳

◎正月四日　桂昌院叙従一位を禁裏に言上。○十八日　吉保亭和歌会興行兼題「松陰春色」、当座探題。○廿二日　吉保母亭で年頭振舞。○廿六日　家臣曽祢権大夫・同八郎左衛門尅平に柳澤姓及び保字下賜。○同日　尅平改め帯刀保誠・権大夫改め保格。○廿八日　坂田藤十郎・近松門左衛門「傾城壬生大念仏」上演。○是月　川船税徴収厳命。◎二月三日　幕府再度新旧金銀貨幣兌換を促す。○五日　綱吉御成（第四十三回）。○十一日　四谷の民家失火品川まで焼亡。○廿二日　輝貞亭御成。

○廿七日　吉保養女輝貞妻、栄と改名。○廿八日　阿蘭陀商人登城、吉保亭来臨。○是月　丹後国宮津領に一揆。◎三月六日　伯考孫柳公十七回忌。○九日　桂昌院（藤原宗子〔改め光子〕・三の丸・綱吉生母）叙従一位。○同日　叙従一位を祝し和歌進上。○十五日　吉里、桂昌院へ和歌献上。○十七日　妻初めて登城、歓待受ける。○十九日　新井白石「藩翰譜」を幕府に呈す。○同日　公辨法親王を茅町別邸（待乳山カ）へ招請。○廿二日　綱吉御成（第四十四回）。○廿四日　茅町別邸に石壁築くべく仰せ。○廿七日　吉里、綱吉・桂昌院護国寺御成供奉。○廿九日　信豊初登城、吉里・安通介添。◎四月六日　明け八つ時、吉保居宅失火、御殿・表門・家族居所焼亡。○同日　妻・染子・安通・信豊等茅町別邸に避難。○同日　吉里茅町別邸へ移る。○同日　吉保宅の南方空部屋へ移る。○同日　家宝大半焼失。○同日　定家筆「伊勢物語」等多くの文芸作品焼失。○同日　吉保公用日記「静寿堂家譜」焼失。○同日　刀剣類焼失。○七日　この日以降火事見舞の品々各所より届く。○十三日　吉保・吉里桂昌院より自筆詠拝領。○同日　九條内大臣輔実娘、尾張宰相吉通亭に入輿。○廿三日　居宅の造作上棟。○廿六日　松平加賀守綱紀亭御成、吉保・吉里参候。○廿八日　松平信治屋鋪内二千四百九坪は吉保、七百九十五坪は黒田直重に御預。◎五月二日　道三河岸屋敷稲荷社勧請。○四日　平居の宅完成。○九日　新宅に移徙。○同日　綱吉より御殿再建木材拝領。○同日　外孫豊髪置祝、直重一家参集。○同日　平岡宇右衛門資因采配、吉保居宅造作成就移徙。○十一日　妻居館成就。○十三日　吉里居所造作成就。○十四日　吉里実母（染子）居所造作成就。○十五日　妻新宅へ移徙。○十九日　安通・信豊・定直妻の居所造作成就。○廿二日　吉里・染子新宅に移徙。○廿三日　珠光院三回忌。○廿七日　安通・信豊新宅に移徙。◎六月朔日　多聞院の神像を居間に安置。○二日　家臣に仙波東照宮・三芳野天神祠・喜多院修復を命ず。○十日　鶴姫より自筆墨絵の梅一幅拝領。○十七日　釈迦三尊像及び先祖位牌七座を持仏堂に安置。○廿五日　貞心院（妻生母）一周忌。○廿六日霊雲寺覚彦比丘入寂。○廿八日　屋鋪内の御殿斧初め。◎七月五日　駒込の下屋敷営構成就。○七日　驟雨雷激しく再登城。○十二日　北村再昌院法印季吟を招請し、再度の古今和歌集口訣を伝受す。○十六日　黒田直重妻土佐子（吉保養女）女児出産みちと命名。◎八月朔日　吉里所労続行。○十一日　屋鋪内の御殿柱立。○十三日　駒込下屋鋪経営成就遊覧。○十五日　吉保亭和歌会興行兼題「依水月明」、即席探題三十五首。○廿三日　深川の築地に下屋敷拝領。◎閏八月七日　右衛門佐局（町子生母大奥総取締）「三代集」送致。○十二日　深川の下屋鋪請取。○廿一日　新構宅内御殿前に出水湧く。○廿八日　領国の御朱印拝領。◎九月朔日　新宅祝儀の能興行し一族饗応。○二日　鶴姫の山の館経営成就。○同日山の館の祝儀に鶴姫より為祐筆「古今集」拝受。○三日公辨法親王登城し紅葉山の霊芝を上覧に供え食禄千石拝領。○十日　高岳院殿七回忌。○十二日　本庄宗俊亭御成、食禄二万石加増、任遠州濱松城主。○同日　宗俊弟牧野康重五千石加増、信州小室へ移転。○同日　老中より郷村目録受領。○十三日　仙波東照宮修復工事開始。○十四日　亭内御成御殿経営成就、護持院隆光安鎮法修す。○十六日　仙波東照宮仮遷宮。○廿一日　綱吉御成（第四十五回）。○廿三日　川越三芳野天神祠仮遷宮。◎十月二日　大風雨にて川越城中崩壊。○六日　字を改め子明、号を楽只堂と称す。○十三日　川越城中崩壊箇所修復願い提出。○十六日　川越蓮馨寺境内民家失火、侍屋敷焼亡。○十八日　吉里、吉川惟足従長より八雲秘訣伝受。○廿一日　駒込下屋敷に様々の名所を設け六義園記編纂。○廿二日　輝貞亭御成。◎十一月朔日　吉里風邪快然せず登城遠慮。○十一日　吉里風邪快然登城。○十五日　水戸少将吉孚任中将。○十九日　伊織安通下帯結う。◎十二月朔日　吉里任侍従。○五日　綱吉御成（第四十六回）。○十一日　輝貞亭御成。○十二日　戸田民興に仙波御名代仰付。○十四日　浅野長矩家臣四十六人吉良義央殺す。○十六日　仙波東照宮正遷座、戸田氏興御名代参詣。○十八日　川越三芳野天神正遷宮。○同日　吉保家の記録再編「楽只堂年録」と号す。

元禄十六年（一七〇三）四十六歳・吉里十七歳

◎正月二日　吉里侍従任官宣旨口宣案捧げ、京より使者帰府。○十八日　吉保亭和歌会興行兼題「松延齢友」、探題三十首。◎二月三日　正親町実豊没（八五歳）。○四日　浅野長矩家臣全員に切腹仰せ付け。○十三日　綱吉御成（第四十七回）。○十八日　信豊水痘。○廿二日　輝貞亭御成。○廿三日　信豊水痘平癒。○廿五日　牧野成貞亭御成供奉。○廿八日　阿蘭陀商人四人登城、吉保亭来訪。◎三月二日　公辨法親王より六義園内久護山額字拝領。○五日　六義園東隣に堀直利屋敷拝領。○九日　禁裏より短冊五十枚拝領。○十三日　鶴姫六義園訪問。○同日　鶴姫より後伏見院宸筆「伊勢家集」拝領。○同日　鶴姫より妻、為右筆「古今集」拝領。○鶴姫より吉里、東野州筆「金葉集」拝領。◎三月十八日　八重姫六義園訪問。○同日　八重姫より「八景和歌手鑑」拝領。◎四月廿二日　桂昌院へ六義園菜園の前栽物進上。○廿六日　大成殿参詣、吉保・吉里供奉、吉里先立を勤む。○廿九日　家臣二人直参となる。◎五月六・七・八日所労により登城遠慮。○七日　近松門左衛門「曽根崎心中」大坂竹本座で初演。○十日　雷雨により吉保・吉里早朝登城。◎六月十一日　雷激しく吉保・吉里再登城。○十六日　嘉祥の祝儀に吉保・吉里列席。○廿五日　貞心院三回忌。○廿六日　吉保日頃詠みためた和歌千四百六十六首を二巻に編纂。○廿七日　覚彦比丘一周忌。○是月　豊竹若大夫大坂道頓堀に豊竹座創設。◎七月二日　正親町公通経由で霊元院に和歌添削希望を伝達、許可おりる。○同日　「名所三百首和歌」（定家筆順徳院・定家・家隆）一冊の外題「音羽川」を公通経由で冷泉為綱に依頼。○十一日　若年以来の法門学習を六巻に編纂。○十九日　公通書状到来返書。○廿六日　霊元院宸筆長点の「詠名所百首」返却。○同日　公通宛ての礼状認める。○同日　勅点を慶賀し千首和歌詠開始。○廿八日　染子六義園新玉松前に鳥居建立。○同日　「新玉松」の額字を掛ける。◎八月九日　仙洞へ礼物献上の公通返書到来。○十五日　和歌会興行兼題「月下交遊」。○廿六日　狩野常信に寿影三幅描かせる。○廿八日　六孫王権現の台筆五文字を遍照心院に渡す。◎九月三日　六孫王権現祠へ石灯台二基寄進。○同日　公通仲介の「名所百首」添削の経緯まとめる。○十三日　和歌会興行兼題「名所月」。○同日　黒田直重妻女児出産。○十五日　先考（安忠）十七回忌に月桂寺へ参詣。○十七日　月桂寺にて入宝の法儀執行。○同日　兼題「寄月懐旧」、当座を一族でなす。○同日　吉保・吉里家臣等先考十七回忌の漢詩を作る。○十八日　川越仙波東照宮に霊芝生じ祝儀献上。○廿六日　綱吉御成（第四十八回）。○廿八日　六義園新玉松法楽和歌会興行。◎十月朔日　六義園前栽の花を瑞春院・鶴姫へ進上。○八日　前龍興寺雲岩全底没後百箇日、偈と香奠を捧ぐ。○十四日　輝貞亭御成。○十六日　桂昌院浅草誓願寺と安養寺の寺領増加。○十八日　桂昌院違例。○廿一日　豊前廣寿山前住法雲和尚を六義園に招請家臣等と詩を賦さしむ。○同日　吟花亭床の密雲圓悟禅師墨跡を法雲に贈る。○同日　「霜葉勝花」を分け韻礎とし、吉保以下家臣等絶句を作る。○廿八日　公通経由で詠歌十首添削を霊元院に依頼。◎十一月朔日　さちの婚礼道具吉里のもとへ運搬。○三日　霊元院勅製の薫物銘「玉椿」拝領。○十八日　四谷伊賀町辺失火、鶴姫の館焼亡。○十九日　鶴姫に火事見舞い進上。○廿一日　去月下賀茂神官梨木祐之参着、吉保亭へ逗留。○同日　明日帰洛の祐之に吉保・吉里詠の「千首和歌」託す。○廿三日　夜八つ半時、希有の大地震、吉保・吉里慌て登城。○同日　地震の規模の大きさ次第に伝わる。○廿五日　余震続く。○廿六日　安通・信豊居所の露地狭く避難場所確保困難につき六義園に暫く滞留。○同日　余震続くため再登城し宿直。○廿九日　暮六つ時過、水戸綱條屋敷失火、類焼数多。○同日　谷の屋敷・茅町屋敷焼亡。○同日　母亀井戸天神祠へ避難、後に小日向下屋敷へ。○湯島天神・昌平坂大成殿・神田明神など焼失。◎十二月七日　水戸家へ火事見舞品進上。○同日　中野の御犬当年分の飼料金壱万六百廿両余御免。○十三日　仙洞御所へ塩鮭献上。○十四日　古着屋惣代・質屋惣代を停止。○十五日　代八車・借駕輿の出金停止。○同日　公通より江戸の大地震・火事憂慮の手紙到来。○廿三日　倹約令発令。○廿五日　梨木祐之に委託の詠草十首へ、中院通茂・清水谷実業・武者小路実陰添削し返却。○廿六日　鶴姫、本丸から麹町館へ帰還。○廿八日　今朝六つ時過、両度の強い余震、去月廿三日より余震千度に及ぶ。○廿九日　吉保・吉里再登城し、吉保余震に備え宿直。○是年　室鳩巣「赤穂義人録」出来る。◎元禄年間　友禅染流行。○尾形乾山京都御室で乾山焼開始。

宝永元年（一七〇四）四十七歳・吉里十八歳

◎正月七日　仙洞御所へ樽代金壱枚献上。○十一日　吉保詠和歌十首に仙洞御所添削。○十七日　地震後初めて紅葉山東照宮社参供奉。○十八日　和歌会興行兼題「寄松祝」。○同日　谷の下屋敷返上し、不忍池端の榊原勝乗上屋敷拝領。○廿二日　桂昌院の違例快然。○廿八日　吉里婚礼。◎二月四日　吉里婚礼後はじめて吉保・吉里・同妻、酒井忠挙亭訪問。○六日　染子去年拝領の梅花を接ぎ木今年開花。○九日　仙洞御所より末廣二本拝領。○十日　水野勝長遺跡を同勝政に与える仰せ。○同日　六義園東方の地と、西南隣り輝貞下屋敷交換。○是頃　火災・地震の復旧に外様大名普請手伝を申し渡さる。○廿二日　不忍池端の屋敷返上、本郷に屋鋪拝領。○廿八日　阿蘭陀商人四人登城。○廿九日　吉里月桂寺参詣、先祖の牌前に銀十枚供す。◎三月四日　公通奉書到来。○同日　旧冬叡覧の「千首和歌」仙洞の官庫に保存となる。○同日　仙洞より吉保に「三部抄」吉里に「小倉百首色紙」を拝領。○五日　旧冬の未曾有の大地震に、綱吉祈祷料を諸山諸社に進献。○六日　年頭の勅使等参府、中院通躬同道。○七日　吉保・吉里、中院通躬に花を贈り和歌所望。○九日　雲岩和尚一周忌、一族・家臣等一首宛詠ず。○十一日　当座和歌画讃贈与の御礼に、中院通躬へ贈り物。○十二日　勅使等吉保亭訪問。○同日　電光院（生母染子）十三回忌。○十五日　市ヶ谷八幡参詣、和歌一首進献。○数日後　東圓寺法印海岸、漢詩二首寄せる。○同日　吉保海岸詩に和韻。○廿一日　地震祈祷料へ諸寺祈祷札巻数献上。○廿五日　仙洞御所へ縮緬・肴献上。○同日　公通へ肴代金千疋・

新大納言局・入江相尚へ五百疋充て贈る。○廿七日　仙洞御所へ硯箱・料紙箱等献上。○晦日　元禄十七年を改め宝永元年となす。◎四月四日　公通経由で仙洞御所に「十首和歌」叡覧。○同日　申下刻吉里妻の居間の上に雛鶴舞い降りる。○同日　雛鶴を祝し一族・家臣で和歌を詠ず。○十二日　鶴姫違例没（二八歳）。○十五日　増上寺にて鶴姫葬儀。○同日　戒名明信院殿澄誉慧鑑光耀大姉。○十七日　公通献上品の礼状到来。○十八日　鶴姫初七日法要。○廿一日　雷激しく吉保・吉里再登城。○同日　厳有院殿廿五回忌に曼殊院門跡良応・梶井門跡道仁参府。○廿三日　公通奉書到来。○廿六日　来月八日の厳有院殿廿五年忌の法事開始。◎五月八日　厳有院殿廿五回忌東叡山御仏殿参詣、吉保先立、吉里供奉。○九日　六義園の毘沙門堂復構。○十日　公通奉書到来。○十二日　鶴姫祥月命日に精進。◎六月二日　五月中旬から所労により登城遠慮、この日快然し登城。○十八日　仙洞御所に甚暑見舞い献上。○廿三日　六義園新玉松・久護山に和歌奉納。○廿九日　公通よりの奉書到来の日時詳細不明。◎七月四日　霊雲寺戒琛、本郷屋敷に地鎮安鎮法修す。○七日　吉保亭和歌会興行兼題「七夕」。○九日　公通経由で吉里詠に仙洞添削請願。○十九日　母本郷下屋敷に移徙。○廿九日　深川屋敷内七千坪余と土井利益駒込屋敷八千坪余を引替。○同日　輝貞返上の地続千二百坪弱も同時拝領。○同日　公通より甚暑見舞い献上への礼状到来。◎八月七日　公通答書到来、吉里詠添削引受通知。○十日　六義園下屋敷普請し、霊雲寺戒琛地鎮安鎮法修す。○十三日　吉里詠を仙洞御所へ遣わす。○十五日　吉保亭和歌会興行、即席探題三十首。◎九月朔日　本郷下屋敷に稲荷社勧請。○八日　吉里詠叡覧の仙洞返書到来。○同日　後水尾院御製宸翰の一首拝領。○十日　雷激しく再登城。○同日　向井去来没（五四歳）。○十三日　吉保亭和歌会興行兼題「月前祝」。○十七日　老中阿部正武没（五六歳）。○廿一日　仙洞へ吉里詠添削の御礼贈呈。○廿七日　詠草三十首へ仙洞添削請願。○廿八日　聖堂柱立、林信篤へ樽代等贈る。◎十月三日　仙洞吉里和歌十首添削。○十六日節操院十三回忌繰上追善和歌会興行、兼題「冬懐旧」。○十九日　仙洞添削御礼献上への公通請取奉書到来。○廿九日　老中阿部正武遺領拾万石を、息正高、新田地五千石を次郎七正晴へ仰付け。○十一月十一日　禁裏へ綱豊右大臣昇進を要請。○十七日　吉保詠草三十首へ仙洞添削。○廿一日　吉里初めて「論語」子路篇講釈。○同日　吉里初講釈に備前兼光一腰・公家衆寄合書「廿一代集」巻頭和歌一巻を与え祝う。○同日　仙洞へ詠草添削依頼。○廿五日　湯嶋聖堂遷座。○廿七日　前廣寿法雲千秋・雪磨・前仏国寺了翁の書翰到来答書。○廿八日　信豊下帯結う。○同日　女院御所少々不例に公通経由で見舞い状送付。◎十二月朔日　「素書国字解」六巻撰ぶ。○五日　綱豊を綱吉養継嗣に決定。○九日　綱豊本丸へ入り諱を家宣と改める。○十一日　仙洞の御機嫌伺いに塩鱈進上。○廿一日　吉保甲斐都合十五万千石余を拝領。○同日　養継嗣決定を祝う公通奉書到来。○廿五日　秋元但馬守喬朝川越城拝領。○廿六日　吉里登城し初講釈。○廿七日　「六義園十二境八景」勅撰。

宝永二年（一七〇五）四十八歳・吉里十九歳

◎正月朔日　吉保平川口・吉里大手より登城。○同日家宣初出御。○五日　講釈初めに吉保・吉里・安通・信豊登城。○六日　公通奉書、和歌三首詠草、霊元院叡覧を伝える。○同日　公通、綱吉六十賀の詠歌献上。○七日　霊元院へ新年賀儀に金壱枚献上。○九日　綱吉六十賀、吉保一族詠歌を捧ぐ。○十五日　領地替えに家中禁令條目を制定、甲斐少将印使用。○十七日　紅葉山東照宮参詣、吉保は綱吉、輝貞は家宣の先立。○十八日　吉保亭和歌会興行、兼題「松樹増色」。○廿一日　来月五日の御成予告。○同日　甲州領地不良につき新規増加再考の仰せ。○同日　吉里、公通経由で霊元院へ樽代千疋他献上。○廿三日　公通奉書到来、所替を祝す。○廿六日　吉里、過去に故雲岩和尚より須弥山の書付授かる。○同日　雲岩より引証を授かる。○同日　引証に紙を続け神儒仏の教え、主将の道など書綴り一巻となす。○同日　去年冬撰定の「素書国字解」共々吉里に伝授予定。○同日　一巻冒頭に「特賜武田累世遺壌中興甲斐一流源氏」末尾に「甲斐少将」の押印。○廿七日　女婿黒田直重四十賀、一族・家臣等兼題「寄若菜祝言」詠を贈る。○廿八日　「六義園十二境八景」霊元院出題の件を公通奉書伝える。○廿九日　川越城引渡し実務開始。◎二月三日　霊元院より吉保末廣二本・吉里一本拝領。○五日　元禄十六年九月廿六日以来約一年半ぶりの綱吉御成（第四十九回）。○同日　家臣等「中」の字を唐音にて議論。○同日　参集の僧衆禅問答。○六日　輝貞四十賀、一族・家臣等兼題「寄若菜契遐年」詠を贈る。○七日　川越より甲州へ引越の輩出発。○同日　小仏関所に略式手形認められる。○同日　霊雲寺戒琛贈与の漢詩に韻を次て応答。○九日　川越城引渡しのため家臣出発。○十三日　甲府城請取のため家臣平岡資因出発。○十六日　甲府城請取の輩府中入り。○十八日　吉保十五首・吉里十首、霊元院叡覧申請。○同日　先頃廣寿法雲和尚より書翰到来、一は綱吉「六十賀祈祷疎文」、一は吉保詠及び所替を祝賀。○十九日　辰上刻甲府城請取。○同日　領分所々の高札。○廿二日　川越城を秋元喬朝に明渡。

○廿五日　柳澤保格を名代に府中八幡宮参詣。○廿八日　柳澤保格を名代に恵林寺参詣、信玄牌前へ奉納物。○同日　「六義園十二境八景」勅撰の礼物を献上。◎三月二日　吉里妻着帯。○三日　吉保・吉里各々に公通答書到来。○五日　年頭勅使等登城。○同日　綱吉右大臣・家宣大納言従二位に各々昇進。○七日　町尻兼量持参の禁裏よりの「八景詩歌」右衛門佐経由で拝領。○九日　公通へ答書発送。○十二日　昨冬拝領地物成不良につき、山梨・巨摩・八代三郡を新たに賜り駿州の地を返還。○同日　伊藤仁斎没（七九歳）。○十三日　近藤武務を名代に、上條地蔵へ参詣。○同日　同人を名代に、一の宮浅間・二の宮義和・三の宮国玉の各大明神へ参詣。○同日　平岡資因甲府城請取業務を終え帰府。○十八日「六義園十二境八景」撰定への礼物請取の公通答書到来。○廿日　月桂寺へ参詣、正覚院牌前に領地替を報告。○廿七日　輝貞亭御成。◎四月二日　住吉具慶没（七五歳）。○九日　甲斐国拝領の書付に奥書を加え整備。○同日　恵林寺にて武田信玄（法性院殿）百三十三回忌、二夜三日の法要執行。○十一日　鶴姫一周忌、増上寺参詣。○同日　法性院殿百三十三回忌に、和歌・説禅語等供す。○十三日　甲州各所の関所修復勝手次第の仰せ。○十五日　市ヶ谷八幡参詣、太刀・馬代・和歌を奉納。○廿一日　禁裏よりの「八景詩歌」へ礼物献上。○廿二日　柳澤保格を名代に、田野景徳院参詣、勝頼等牌前に香奠供す。○廿三日　六義園の杜若を桂昌院に贈る。○廿五日　正親町公通正二位加階慶賀の和歌贈答。○廿九日　源義経筆「素書」一軸、吉保筆「素書国字解」一巻を吉里に贈与。○同日　初めて甲州米を用いる。○晦日　簾中常姫と申すにより家中男女の名に「常」字禁止。○是月　上旬頃よりお蔭参り流行。◎閏四月朔日増上寺焼失。○二日　晩雷激しく吉保・吉里再登城。○水戸宰相綱條屋鋪に落雷無事。○三日　吉里妻の産所成就。○四日　公通奉書到来、吉保「和歌十五首」吉里「和歌十首」叡覧を伝達。○同日　仙洞御所より「源氏物語月次詞書」一軸・勅作薫衣香拝領。○五日　公通へ答書発送。○九日　土屋出羽守定直没（政直息、一七歳）。○同日　柳澤保格を名代に、青木村常光寺参詣、親戚・縁戚牌前へ奉納物。○十三日　領国御朱印拝領。○十八日　染子病重く登城遠慮。○十九日　公辨法親王、根本中堂にて染子病気平癒祈祷。○廿日　染子病若干快癒、登城。○廿一日　染子再び重態、登城遠慮。○廿二日　染子市ヶ谷八幡に簾三通り寄進、「寄進甲斐少将嫡男侍従実母橘氏奉納」と記す。○廿四日　町尻兼量の奉書到来。○廿六日　染子快然各所との祝儀贈答。○廿九日　出仕時着用衣服を老中合意で定む。◎五月三日　甲州諸社へ祈祷料・米寄進。○七日　柳澤保格を名代に、畔村住吉大明神参詣寄進。○同日　近藤武務を名代に、愛宕山・荒神山参詣寄進。○十日　八つ時前染子没（三九歳）。○十一日　暮六つ時、染子龍興寺に葬送、法名霊樹院月光寿心大姉。○十四日　紀伊中納言綱教没（四一歳）。○十五日　吉保精進落とすべく上意。○廿三日　黄檗山悦山和尚入院御礼に参府。○同日　吉保亭に招請し供養問答詩偈贈答。○廿四日　龍興寺愚丘庵に百石宛て改増寄附。○廿九日　家の女房横山繁子女児出産。○晦日　町尻兼量書簡到来。◎六月五日　出生女児七夜祝、妻さなと命名。○七日　晩雷激しく再登城。○九日　桂昌院不予快然祈祷を護国寺に依頼。○十日　霊樹院（染子）初月忌。○十二日　老中連署の領地目録受取、表高十五万千二百八十八石七斗三升七合。○同日　領地目録内高七万七千四百七十七石一斗二升八合四夕。○十三日　家臣後藤栄を紀州に遣わし、綱教牌前へ香奠を捧ぐ。○十四日　龍興寺塔頭愚丘庵に位牌堂修補、位牌六座を遷ず。○十五日　北村季吟没（八二歳）。○十八日　公通へ書を呈し霊元院へ甚暑見舞。○廿二日　桂昌院没（七九歳）、戒名桂昌院殿従一位仁誉興国恵光大姉。○同日　五十日間城下鳴物停止。○廿三日　夜亥の刻、桂昌院増上寺廟所入り、導師貞誉大僧正。○廿五日　龍興寺に位牌堂修補、位牌曾雌氏等廿一座を遷す。○七月朔日　吉里忌明け後初登城。○六日　吉保・吉里増上寺参詣、桂昌院位牌拝す。○九日　甲斐に開山派の一寺建立発案。○同日　故雲岩和尚を開山、武州小日向龍興寺東水座元を二世とすべく岱首座に伝達。○十日　龍興寺位牌堂に霊牌を遷じ香奠を供す。○十一日　岱首座、東水座元領掌を伝える。○十二日　吉里妻女児出産、三日間蟇目を射さす。○同日　桂昌院弔問の公通奉書到来。○十三日　大老格としての勤務を外れ、綱吉専一に仕えたき旨申し出て領掌される。○十四日　在国諸大名の呈書贈物を廃止。○十五日　黄檗悦山・前廣寿法雲へ返書。○十八日　出生女児七夜祝、吉保、保と命名。○十九日　天下の寺社修復願帳を輝貞へ渡す。○廿三日　綱吉、桂昌院の精進落ち。○廿九日　本郷元町失火、吉保本郷下屋敷無事。◎八月五日　高野山天徳院権大僧都問津信玄取り持ちの毘沙門像贈恵。○七日　桂昌院の遺物拝領。○同日　吉保二条為重筆「続古今集」俊成筆繪讃ある三幅対掛け物拝領。○同日　吉里二条為世筆「後撰集」拝領。○八日　対山公徳川光貞没（八〇歳）。○十三日　吉里女保、神田明神へ参詣。○同日　吉保の禅録書名要請を霊元院領掌。○十八日　公辨法親王兄照高院門跡二品道尊法親王没。○廿日　霊樹院百ケ日、遺物を龍興寺愚丘庵に奉納。○同日　偈一首を作り龍興寺に奉納。○廿一日　黒田直重妻女子とし出産。○同日　甲斐国山梨郡岩窪村に菩提寺建立を老中へ申し出。○廿三日　霊元院、吉保の禅録を「護法常應録」と命名。○廿四日　霊樹院遺物「源氏物語」他献上。○同日　甲斐国建立予定の菩提寺名を「穏云山霊台寺」と定む。○廿五日　吉保の禅録書名拝領の御礼に、霊元院公通等へ貴重書画等献上。○廿八日　綱吉忌明後初出御。◎九月朔日　安通（十二歳）信豊（十歳）登城し「四書」素読。○三日　家臣岩田正甫を紀州へ遣わし、対山公徳川光貞牌前に銀廿枚供す。○六日　当月廿六日の御成予告。○八日　月桂寺秀長老退院にあたり吉保に偈を贈呈。○同日　徳川頼穉没（二六歳）。○十八日　吉里詠草十首を霊元院叡覧請願。○十九日　信豊の名乗りを時睦と改む。○廿六日　綱吉御成（第五十回）。○同日　甲府城内外所々を改名。◎十月二日　保初めて妻定子の居所訪問。○三日　桂昌院百箇日。○五日　改葬により清揚院（徳川綱重）の柩、伝通院より増上寺へ入る。○七日　龍興寺へ寄進のため、小日向夏目直重抱屋敷・小間遣勘右衛門町屋敷、都合六百坪弱買上。○十日　買上地を龍興寺に寄進。○十二日　改葬により長昌院（家宣生母）の柩、東叡山へ入る。○十五日　八重姫疱瘡。○廿三日　八重姫酒湯。○廿五日　長昌院仏殿前に石灯台二基寄進。○廿八日　女婿内藤政森妻（悦子）疱瘡。◎十一月二日　輝貞亭御成。○三日　吉里西の丸へ参上、来春の家宣御成予告へ御礼。○七日　前廣寿法雲和尚の答書絶句一篇到着。○八日　吉保養女悦子没。戒名珠松院忍誉慈法貞玉大姉。○十一日　清揚院仏殿前に石灯台二基寄進。○十二日　さな水痘癒え酒湯。○十八日　来月四日の御成予告。○同日　甲府城曲輪修復箇所を絵図にし伺う。○十九日　水戸中将吉孚疱瘡順快。○廿二日　公通奉書到来、吉里詠十首叡覧の由を伝達。○廿三日　水戸中将吉孚酒湯。○廿五日　甲府城曲輪修復許可。○廿七日　霊元院より筆者東園基長、外題清水谷実業の「思儘日記」一冊拝領。○廿八日　黒田直重詔屋敷を吉保預かり屋敷となす。○同日　公通へ答書発送。◎十二月朔日　来春御成予定の家宣用の御殿斧初め。○二日　水戸宰相綱條

任中納言。○四日　綱吉御成（第五十一回）。○五日　輝貞亭御成。○七日　霊元院へ塩引鮭献上。○十日　「護法常應録抄」序を撰ぶ。○同日　「故紙録」二巻序も撰ぶ。○十三日　霊元院より「護法常應録」御製序拝領。○十四日　御製序拝領の御礼を献上。○十七日　「護法常應録」自序を撰ぶ。○十八日　綱吉御成（第五十二回）「新古今集」巻頭和歌三首進講。○同日　家婢佐喜、「詩経」樛篇首章を講釈絶句一首作る。○廿五日　公通答書到来。○廿八日　末廣吉保二柄・吉里一柄霊元院より拝領。

宝永三年（一七〇六）四十九歳・吉里二十歳

◎正月七日　霊元院へ年始祝儀樽代金壱枚贈る。○十二日　公通答書到着。○廿一日　綱吉来月五日・家宣十一日御成予告。○廿二日　増上寺桂昌院廟所に銅灯台二基奉納。○廿六日　悦山和尚・道龍上人より書簡到来し、故高泉和尚への国師号勅許を謝す。○同日　吉保答書。○廿八日　霊元院より掛緒吉保三筋・吉里二筋拝領。○廿九日　大典侍姪いくを、吉保養女にすべき仰せ。○同日　吉里掛緒の礼状発送。◎二月三日　養女いく、吉保亭に引き取る。○六日　綱吉御成（第五十三回）。○同日　いく・さな初御目見。○同日　強風につき早めの還御。○九日　輝貞亭御成。○十一日　家宣御成（初御成）に御筆和歌一首拝領。○十三日　霊元院領地三千石加増。○十六日　「護法常應録」勅題勅序に謝表奉る。○廿一日　養女いくと大久保忠英の縁組仰付。○廿九日　阿蘭陀商人四人、吉保亭来訪。○同日　土産物請け取らず、贈り物せず。○同日　法雲和尚より書簡到来、詩を恵贈、返翰を呈し和韻二首贈る。◎三月二日　「護法常應録」一部七冊「鈔」一部三十三冊を霊元院の叡覧に供す。○三日　雷激しく再登城。○九日　近衛前関白家熙（家宣簾中父）と即興詩歌贈答。○十日　家熙より料紙硯箱一通り・手鑑一箱拝受。○十一日　公通答書到来。○同日　右衛門佐局逝去（町子生母）。○廿一日　慧照院（安基）十三回忌。○廿三日　簾中より「百人一首」を色紙に認めた一箱他拝領。○廿四日　六義園の家臣長屋焼亡。◎四月四日　公通奉書到来、霊元院「護法常應録」同「録鈔」叡覧を伝達。○十二日　鶴姫三回忌。○十九日　霊元院より吉保「公家衆自詠歌手鑑」一帖、吉里は「自讃歌」一冊、筆者冷泉為綱、外題妙法院堯延拝領。○廿日　大久保忠英、養女幾へ結納。○廿一日先頃依頼の和歌七首叡覧。○廿四日　竺道和尚二十五年忌。○晦日　龍興寺に「勅賜護法常應録鈔」全三十三冊「故紙録」全部二冊を寄附。○同日　月桂寺にも同書を寄附。◎五月二日　妙心寺に「勅賜護法常應録鈔」一部「故紙録」一部を寄附。○九日　悦山瑞祥寺鉄心招請。○十日　霊樹院一周忌龍興寺にて法事執行。○同日　仏国寺に「勅賜護法常應録鈔」一部「故紙録」一部寄附。○廿日　悦山、吉保亭来臨、吉里偈一首恵贈される。○同日　吉里、悦山偈に韻次で答え、首に「新羅三郎二十一世後胤」、尾に「字子万福寿堂主人」とある印を押す。○同日　悦山に「勅賜護法常應録鈔」一部「故紙録」一部寄附。○廿一日　公通奉書、献上の「護法常應録」同「録鈔」官庫永久保存の栄誉を伝達。◎六月三日公辨法親王に「勅賜護法常應録鈔」一部「故紙録」一部進上。○四日　金地院に「勅賜護法常應録鈔」一部「故紙録」一部を贈呈。○七日　秀吉朝鮮征伐の折に小西行長が得たる一顆の玉、紆余曲折を経て家臣より吉保に捧げらる。○十一日　霊元院に甚暑見舞贈る。○十七日桂昌院一周忌、増上寺にて万部読経開始。○十八日　家臣柏木藤之丞全故へ「古今集」の秘訣を伝授。○廿一日桂昌院法事結願。○廿四日　前東北寺長老慧水に「勅賜護法常應録鈔」一部「故紙録」一部を贈呈。○廿五日悦山道龍の書簡到来、答書送付。◎七月七日　一乗院門跡二品貞敬法親王薨去（五八歳）。○十一日　都留郡の郷村帳勘定所より請取、高合弐万六百七拾九石八斗三升。○廿九日　封内での金貨（甲州金）鋳造許可。◎八月二日　公通答書到来。○同日　甲府城内に霊芝生じ祝いの能興行。○十六日　安通・時睦初めて西の丸へ参上。○二十五日　先頃相国寺に「勅賜護法常應録鈔」一部を贈呈、諸老より謝詞六篇恵贈。○廿七日　来月三日御成予告。◎九月三日　綱吉御成（第五十四回）。○同日　法雲和尚遷化。○十二日　保所労。○十三日　夜五つ時過吉里娘保没（三歳）、吉保一日・吉里三日遠慮。○十五日　夜四つ半時前強い地震再登城。○廿一日　来月五日家宣御成予告。○廿四日　先頃妙心寺へ贈呈の「勅賜護法常應録鈔」一部「故紙録」一部に住持ら謝礼の「蔵山記」恵贈。○廿五日　先頃の地震により護持院堂屋破損、綱吉参詣停止。○廿六日　養女幾登城し、大典侍局の部屋へ至る。○廿八日　甲府の屋形上棟。○同日　屋形上棟祝儀を家臣国内の寺社へ与える。◎十月五日　家宣御成（第二回）。○六日　甲州西郡筋中條村内の新府の城跡を西の森と称す。○十二日　吉保詠草七首・吉里詠草五首を霊元院叡覧に備う。○十四日　「六義園十二境八景」公卿筆和歌到来。○同日　「十二境八景和歌」到来により仙洞御所に呂洞賓書の「穏斎記」一巻、その記の心を描いた狩野常信の画一巻を献上。○廿二日　綱吉聊か違例再登城。○廿八日　違例により月次御礼家宣受ける。◎十一月　朔日　違例により月次御礼家宣受ける。○七日　違例漸く快然し初て行水。○八日　珠松院（養女悦子）一周忌、内藤政森法事執行。○十八日　自著の「素書国字解」全八冊を家宣に進呈。○同日　公通奉書到来へ再報。○廿二日　公通より綱吉違例見舞状到来。○廿三日　吉里より霊元院に書棚を献じ御機嫌を伺う。○廿六日　違例後初めて出御、「和漢朗詠集」上巻世尊寺行能筆・下巻六條有忠筆二巻拝領。○廿七日　来月十一日の御成予告。○同日　町子所労快然。○晦日　妙心寺よりの返書到来。◎十二月朔日　違例後初めて月次御礼受ける。○二日　吉里甲州恵林寺へ「大般若経」六百巻寄附。○四日　娘稲（生母横山繁子・十二歳）へ内藤政森より結納。○同日　霊元院へ塩鱈献上し御機嫌を伺う。○七日　家宣御成（第三回）。○十一日　綱吉御成（第五十五回）。○十四日　霊元院より三千石加増分の新穀収蔵祝として橘の打朶の香合拝領。○十五日　公通答書到来、献上の書棚への礼及び吉保七首・吉里五首詠叡覧を伝達。○同日　霊元院吉保七首・吉里五首を手鑑内に押す。○十七日　紅葉山東照宮参詣、綱吉吹出物で中止。○廿五日　公通より塩鱈の答書到来。

宝永四年（一七〇七）五十歳・吉里二十一歳

◎正月七日　霊元院へ年頭祝儀の樽代金壱枚他献上。○十六日　公通十二月廿八日付答書到来。○十八日　吉保五十賀各位よりの詩歌。○廿一日　瑞春院五十賀。○廿九日　林大学頭信篤、吉保五十賀を祝し詩三首恵贈、その韻を次て応答。○九日　家宣御成（第四回）。◎二月六日　綱吉御成（第五十六回）詠歌拝領。○十一日　霊元院へ手鑑用の吉保・吉里詠歌短冊を公通経由で届ける。○同日　吉保短冊「玉川里緑竹」・吉里短冊「時雨旅」。○同日　吉保・吉里詠草五首宛叡覧に入れる。○十三日　公通年頭祝儀の礼伝達。○十四日　霊元院より末廣吉保二本・吉里一本拝領。○十八日　公通へ答書発送。○十九日　安通（十四歳）・時睦（十二歳）甲冑着初。○廿五日　護持院隆光隠退。○廿七日　故紀伊大納言光貞簾中天真院没。○廿九日　阿蘭陀商人吉保亭訪問。◎三月朔日　吉保妻所労。○四日　年頭の勅使・公家衆・三宝院門跡前大僧正房演来臨。○七日　悦山和尚書簡到来。○九日　輝貞亭御成。○十日　公通答書到来、吉保・吉里和歌短冊を手鑑に押されし由伝達。○十一日　西の丸女臣太田氏（法心院、家千代生母）懐妊。○十二日　賀茂権祢宜梨木祐之の上洛に吉保作詩。○十三日　吉保養女幾、大典侍の部屋へ至り綱吉・御台所へ御目見。○十八日　吉里・安通・時睦初めて西の丸にて演能。◎四月四日　仏国寺大仙和尚、吉保五十賀の偈恵贈。○十五日　養女幾の婚具を大久保忠英宅に遣わす。○廿一日　公通奉書到来し西の丸女臣太田氏懐妊を祝す。○廿五日　家宣誕生日に祝儀物献上。○同日　公辨法親王京都へ発駕。○廿六日　養女幾、大久保忠英亭へ入輿。○廿八日　吉保並びに妻、大久保忠英宅訪問。◎五月朔日　先頃中院前内大臣通茂より自筆文簡到来、自筆書簡を送る。○十日　霊樹院三回忌、龍興寺にて法事執行。○廿一日　狩野養朴に張良と諸葛孔明を描かせその讃を作り自筆で書す。○同日　甲府城内に毘沙門天王社建立。○廿五日　雷激しく再登城。○同日　水野勝長遺跡を継いだ弟勝政、吉保亭から自邸へ移る。◎六月二日　吉里自画の張良と諸葛孔明像に讃を書き与える。○三日　甲府城内の稲荷社改造。○五日　松平讃岐守頼保妻（町子妹）死去。○八日　米倉一閑（吉保従弟）九四歳の頌並びに和歌恵贈に答書。○十一日　神田橋外の屋敷東隣に土地拝領。○同日　深川屋敷と長井直敬の芝屋敷を交換。○十七日　桂昌院三回忌、増上寺にて法事初日。○廿二日　桂昌院三回忌法事結願。○廿五日　貞心院（妻定子生母）七回忌、龍興寺にて法事執行。○同日心性院（吉保義兄信花）廿三回忌、家臣柳澤保房月桂寺にて法事執行。○廿六日　霊元院に甚暑見舞献上。○廿七日　吉保預の道三河岸屋鋪の一部を黒田直重預とする。◎七月二日　公辨法親王任天台座主職宣下。○同日神田橋外屋鋪の稲荷社遷座。○三日　綾宮（伏見中務卿邦永親王御息所、福子内親王、霊元院皇女）没（三二歳）。○九日　甲州山梨郡龍巖山海嶋寺荒廃に新たに御朱印拝領。○十日　西の丸女臣太田氏臨参。○十一日　若君誕生、生母太田文次郎正資妹（右近の御方）。○同日　蟇目大久保忠増、矢取大久保忠英。○同日　産所際徳神簾中化粧の間への先立を吉保勤む。○同日　若君家千代と命名。○同日　家千代を簾中の養子となす。○同日　仏国寺大仙和尚より書簡到来返翰。○十二日　芝下屋敷狭きにつき西隣の町屋の地を拝領、深川下屋敷返上。○同日法性院（武田信玄）の武略に従い、家臣を十一備に組定め、書と画と木図制作。○十三日　間部詮房へ壱万石加増。○十五日　公通奉書到来、知恩院宮入寺を伝う。○十七日　月桂寺内の旧祠を広げ先祖の霊牌十五座を添えて安置。○十八日　家千代七夜祝。○十九日　前月桂寺長老碩秀、偈を恵贈、韻を次で応答。○同日　甲府城内の稲荷社・毘沙門社扁額を書く。○廿六日　妻定子少々不快。○廿九日　公通奉書到来甚暑見舞の礼。○是月　各街道の運賃二割から三割増加の高札建てる。◎八月朔日　小日向鼠戸明神下より出火、吉保下屋敷類焼。○同日　公通の家千代誕生を祝う書簡に返書。○同日宝永二年制定の家中禁令條目改訂。○六日　妻不快。○同日　公通奉書到来答書送る。○十六日　家千代七夜に献上物せしに、老中連署の奉書到来、吉里・安通・時睦頂戴。○廿一日　吉里画の「寒山拾得」絵に賛を書き与える。○廿三日　米倉入道一閑没（九四歳）。○廿五日吉保不快。○同日　妻所労快然せず。○廿六日　所労にて廿九日まで登城遠慮。○廿九日　吉里に小笠原長重・本多正永連署の奉書到来　○同日　来月三日の家千代誕生祝儀の能見物招待。○晦日　家千代誕生祝儀の能。◎九月三日　西の丸にて家千代誕生祝儀能、吉里家千代に拝謁。○四日　登城時、吉保・吉里供に打物御免の上意。○九日　公通奉書到来、霊元院町子詠を初めて添削の由伝達。○同日　公通奉書吉保・吉里の「六義園十二境八景」和歌詠叡覧添削を伝う。○十日　八重姫着帯。○十一日　町子詠添削につき霊元院へ礼物献上。○十四日　公通奉書到来霊元院下賜の「十二月花鳥和歌」一帖・勅製匂玉三つを伝う。○十五日　家臣医成田宗庵元真直参となる。○十七日　妻所労重く紅葉山参詣供奉遠慮。○廿三日　松庵已千が薬効用なく杉浦玄徳が薬に変更。○廿四日　黄檗悦峯和尚住職御礼に参府吉保亭に招く。○同日　数日前恵贈の悦峯偈の韻を吉保・吉里次ぐ。○廿七日　家千代違例。○廿八日　家千代没（一歳）。○同日　家千代戒名智幻院　○同日　十月三日まで鳴物停止。○廿九日　暁八つ時、家千代の柩伝通院へ入る。◎十月三日　吉里伝通院へ参詣し智幻院の位牌を拝す。○四日　伝通院にて智幻院法事、吉保・吉里香奠を供す。○五日　朝六つ時過、強い地震、登城し御機嫌を伺う。○七日　上方表の地震強きにつき、公通へ書を呈し仙洞御所の安否を尋ねる。○同日　四日未明の地震による領内破損箇所の書付を持参。○十四日　仁和寺門跡二品法親王覚寛（寛隆、霊元院皇子）没（三六歳）。○廿二日　四日未明の地震による領内破損箇所の書付を持参。○同日　公通奉書到来、家千代薨去を悼む。○晦日　四日未明の地震の諸国注進の書付届く。○是月　地震による買い占めを禁じ物価高騰抑制を命じる。◎十一月六日　宝池院前大僧正房恕（御台所兄）没。○十四日　妻所労快然。○同日　妻所労の治療に薬師寺宗仙院元常現効。○同日　悦峯書簡到来返翰。○同日　妻所労の祈祷せし領内社寺へ祝儀物文簡を与う。○十八日　廣寿山天津和尚書簡に返翰。○廿二日　公通答書到来。○廿三日　安通・時睦叙爵、綱吉安通を刑部少輔・時睦を式部少輔と名付く。○同日　安通、綱吉筆「仁孝」・時睦「孝敬」の大文字拝領。○同日　大久保忠英半元服。○同日　廿三日まで富士山噴火、雷鳴り灰降る。○晦日　富士山噴火による火事を見聞せし徒目付の書付来る。◎十二月三日　家の女房上月柳子女児出産。○七日　小日向筋に火事、八重姫館へ参上。○九日　出生の女児七夜賀宴、妻綾と命名。○同日　妻病後初めて浴す。○十一日　公辨法親王准后宣下に進上物拝受物。○同日　甚寒見舞いに霊元院に塩引鮭献上。○十七日　悦峯の書簡到来返翰。○十八日　紀伊宰相吉宗中納言に昇進、吉保亭に来訪。○廿一日　綾を輝貞養女にすべき仰せ。○廿五日　大仙書簡到来返翰。○廿七日　安通・時睦、以前居住の館合体経営成就、時睦移徙。○廿九日　妻病後初めて床上げ。○是月　霊元院より「公事五十番歌合」拝領。

宝永五年（一七〇八）五十一歳・吉里二十二歳

◎正月元日　安通・時睦烏帽子大紋で元日初登城。○同日　読書初めに安通・時睦初読み。○五日　講釈始め、安通・時睦も登城。○七日　霊元院へ年頭祝儀献上。○同日　吉保・吉里詠作叡覧を依頼。○九日　綾、産土の神田明神参詣。○同日　公通甚寒見舞いの礼状到来。○慈福院悦山・黄檗悦峯より書簡返翰。◎閏正月九日　本郷丸山で火事、八重姫の館を見舞う。○十日　公通奉書到来、吉保・吉里詠草叡覧を伝達。○十一日　吉保・吉里詠草叡覧礼状発送。○十八日　来月三日の御成予告。○廿日　仙洞御所より吉保二本・吉里一本の末廣拝領。○廿一日　末廣拝領への礼状発送。○廿九日　阿蘭陀商人吉保亭訪問。◎二月朔日　家の女房片山氏梅子男児出産。○同日　八重姫女児出産。○三日　綱吉御成（第五十七回）、「徒然草」「己をすて、人に従ふ」の段家臣嶋川勾當仙市講釈。○同日　綱吉筆大文字家族一同拝領。○七日　出生の男児七夜祝、大膳（保教）と命名。○同日　八重姫出産の女児美代姫と称す。○同日　飯田町坂下辺で失火、八重姫館を見舞う。○十三日　輝貞亭御成。○十四日　悦山詩を恵贈、その韻を次ぎ応答。○同日　金戒光明寺の桂岳和尚詩を恵贈、韻を次ぎ応答。○十八日　家宣御成（第五回）。○廿一日　松平忠徳亭御成供奉。○廿三日　綾色直し。◎三月朔日　大膳、神田明神参詣。○同日　悦峯和尚参府、六義園に逗留。○二日　六義園に出向き悦峯と筆談。○六日　六番町に失火、西の丸へ見舞いに参上。○八日　京都大火、禁裏・院の御所焼亡。○同日　天皇（東山院）下鴨行幸に継ぎ近衛家熙邸に移る。○十一日　悦峯、妻に亡樋水懺法を執行。○同日　公通へ火事見舞の書を呈す。○十二日　電光院（俊親）十七回忌、月桂寺にて法事執行。○十三日　仙洞御所へ火事見舞の料紙硯他献上。○十八日　富士山噴火灰降下の修地を奨励。○同日　大龍寺の香国和尚偈を恵贈、韻を次ぎ応答。○廿日　六義園で悦峯と筆談。○廿三日　悦峯六義園で特別な法を執行。○廿四日　悦峯登城の帰途吉保亭訪問、紅袈裟・紫道袍・尼師檀他恵む。○廿七日　綱吉、尾張中納言綱誠女を養女にする。○同日　綱吉養女松姫君と称す。○廿九日　悦峯詩の韻を次ぐ。○是月　下金屑金を金座に売るべく命ず。◎四月二日　悦峯に詩を恵贈、和尚韻を次で応答。○九日　松平綱紀に松姫と若狭守吉治の縁組の上

意を言い渡す。○十二日　六義園で悦峯と相談、「穏之山」を「龍華山」、「霊台寺」を「永慶寺」と改正。○十七日　悦峯に詩を贈る。○十八日　悦峯発駕上洛。○廿九日　公通答書到来。○晦日　夜九つ時前に娘さな没（四歳、生母横山繁子）。◎五月十四日　禁裏造営助役を諸大名に命ず。○是月　貝原益軒の「大和本草」出来る。◎六月廿日　小日向屋鋪と酒井忠音牛込屋敷交換。○廿九日　是月　霊元院へ氷砂糖献上。◎七月十八日　西の丸女臣すめ懐胎、町子帯進上。○廿日　安通・時睦麻疹。○廿一日　清閑寺前大納言熙定、娘竹姫を御台所の養女となす。○廿六日　竹姫と松平久千代正邦婚姻の件を、松平肥前守正容に申し渡す。○同日　安通酒湯。○廿七日　時睦酒湯。○是月　宝永大銭を鋳造。◎八月廿三日　京都大火罹災の公卿・堂上等に再建費を贈与。廿六日　大膳の居所経営成就移徙。◎九月七日　美代姫宮参に八重姫へ進上物。◎十月　今月十一日家宣御成予告。○五日　綱吉御成（第五十八回）。○十一日　家宣御成（第五回）。◎十一月朔日　すめ新宅へ移徙、町子献上

物。○九日　吉保所労登城遠慮、以後十五日まで登城せず。○十七日　松姫、松平若狭吉治亭へ入輿の申し渡し。○十八日　霊元院より公家衆寄合書「三十六歌仙」他拝領。○廿三日　大久保忠英元服。○廿四日　小石川門内に失火再登城。○廿五日　松姫入輿。◎十二月九日家宣麻疹。○十三日　家宣酒湯。○十五日　悦峯偈を恵贈、韻を次ぎ復書。○同日　慈福寺悦山和尚の書簡到来復書。○十八日　家宣三番酒湯。○廿一日　簾中麻疹。○廿二日　今朝西の丸にて若君誕生。○同日　若君大五郎と称す。○若君生母櫛笥前中納言隆慶養女、園池中将実守姉すめ。○廿三日　町子御台所へ進上物。○同日簾中酒湯。○廿六日　松平久千代正邦没。○廿八日　不例により出御なし。○廿九日　不例により吉里・安通・時睦も登城し御機嫌伺い。○同日　不例により講釈納め停止。○同日　不例により晩七つ半時過に再登城。○晦日　西の丸へ参り、大五郎七夜祝儀の使者を勤む。○同日　仙洞御所へ塩鱈献上。○是年　大坂住吉神社社殿出来る。

宝永六年（一七〇九）五十二歳・吉里二十三歳

◎正月元日　不例により表への出御なし。○同日　家宣白書院出御にて御礼受ける。○九日　綱吉誕生日により一族より祝儀献上。○十日　朝六つ半前に登城、吉里・安通・時睦も登城し御機嫌を伺う。○同日　俄に重態五つ時過に没（六四歳）。○同日　家宣に吉保の身分のことを相談。○同日　晩七つ半時過に再登城。○十一日　朝五つ半時前に登城、西の丸へも参る。○同日　西の丸へ惣出仕にて吉里も参る。○同日　晩七つ半時に再登城。○十二日　朝五つ半時前に登城。○同日　晩七つ時前に再登城。○同日　今晩綱吉入棺。○同日　西の丸へ万石以上出仕につき吉里も参り直に登城。○十三日　朝五つ半時前に登城、吉里・安通・時睦も登城。○同日　晩七つ半時過に再登城。○十五日　朝五つ半時過に登城、西の丸へも参る。○同日　晩七つ時過に再登城、退出時に御台所御殿に参る。○同日　御台所を浄光院・五の丸を瑞春院・北の御部屋を寿光院と称す。○十六日　朝五つ半時過に登城。○同日　晩七つ時過に再登城。○十七日朝五つ半時過に登城。○同日　晩七つ時前に再登城。○十八日　朝四つ時に登城、吉里も登城。○同日　晩七つ時前に再登城。○十九日　朝四つ時過に登城。○同日　出棺予定雨天延期。○廿日　朝四つ半時に登城、西の丸へ参る、吉里も登城。○同日　今日も雨天出棺延期。○同日　間部詮房を請い「生類憐れみの令」廃止を老中へ申し渡す。○同日　晩七つ時過再登城。○廿一日　朝四つ時前に登城。○同日　晩七つ時前再登城。○同日　時睦疱瘡。○廿二日　今晩出棺により、昼九つ半時前に登城。○同日　出棺時、のしめ麻上下を着し庭先まで供奉、それより先に東叡山へ参る。○同日　吉里も出棺時に縁頬にて拝し、東叡山へ参る。○同日　酉の刻に出棺し東叡山本坊に入り公辨法親王の法尊。○同日　公通の十二月十八日付の書簡到来。○廿三日　『楽只堂年録』に「希有に登城した日のみ記すことにする」と断る。○同日　浄光院疱瘡。○同日　晩八つ半時に熨斗目上下を着し東叡山へ参る。○廿四日　朝四つ時に浄光院殿の御殿に参り御機嫌を伺う。○同日　吉里東叡山へ参る。○同日　晩八つ時麻上下を着し東叡山へ参る。○同日　公通奉書到来答書遣わさず。○廿五日　朝四つ半時前に浄光院の御殿へ参り御機嫌を伺う。○同日　吉里西の丸へ参り御機嫌を伺う。○同日　晩八つ時過に、熨斗目麻上下を着し東叡山へ参る。○同日　安通疱瘡。○廿六日　朝四つ時に浄光院様の御殿に参り御機嫌を伺う。○同日　安通・時睦疱瘡。○同日　吉里東叡山へ参る。○同日　晩八つ時前に東叡山へ参る。○廿七日　朝四つ半時前に東叡山へ参る。○廿八日　御棺今宵遷座。○同日　昼九つ半時前に熨斗目麻上下を着し東叡山へ参る、吉里も衣冠を着し巻纓で参る。○同日　葬送。○廿九日　少々所労により東叡山へ参詣遠慮。◎二月朔日　東叡山の中堂廟所へ参る。○二日　朝四つ時前に西の丸へまいり、それより浄光院様の御殿へ参る。○同日　今日万石以上並びに嫡子中堂参詣位牌に拝礼。○四日　東叡山へ参る。○同日　時睦酒湯。○五日　東叡山へ参る、吉里も同じ。○六日　朝四つ時過に西の丸へまいり、それより浄光院の御殿へ参る。○七日　浄光院夜中勝れずの由、今朝五つ時過に御殿に参る。○同日　安通酒湯。○同日晩七つ時浄光院御殿を再訪問。○八日　東叡山へ参る。○九日　朝四つ半時に浄光院御殿へ参上。○同日　晩六つ時前に浄光院御殿へ再度参上。○同日　浄光院病状悪化の注進に、夜五つ時過に再々度参上。○同日　夜四つ時前浄光院没。○十日　東叡山参詣、吉里も同じ。○十一日　東叡山参詣。○同日　今日よりさかやきすべき仰せにより、吉里さかやきする。○同日　浄光院逝去により西の丸へ惣出仕。○十二日　朝四つ時過に西の丸へ参り御台所の御殿へも参る。○十四日　東叡山に参詣。○十五日　法事の結願により朝四つ時前に東叡山へ参る。○同日　今日より老中諸臣残らずさかやきする由を、大久保忠増告げ知らせ、吉保さかやきする。○十六日　御贈位により公家衆中堂へ参詣、尊号を常憲院と称す。○同日　公家衆馳走人前田利昌、今夜東叡山にて同役織田秀親を殺害。○同日　晩八つ半時過に東叡山へ参る。○十七日　所労により東叡山に参らず。○十八日今朝常憲院の牌前へ香奠捧ぐ。○十九日　暮六つ時浄光院出棺により、朝四つ半時過に彼御殿に参る。○廿日御城の女臣の今後を吉保申し渡す。○廿一日　晩八つ時過に浄光院法事のため東叡山へ参る。○廿四日　東叡山に参り浄光院の位牌を拝す。○廿五日　朝四つ時に麻上下にて西の丸へ参り誓詞を出す。○同日　吉保隠居願い。○廿六日　浄光院法事結願。○廿八日　浄光院牌前へ香奠を供す。○廿九日　常憲院の牌前へ菓子折・花一桶を供ず。○晦日　朝四つ時に麻上下を着し、西の丸へ参り常憲院の遺物を拝領。○同日　遺物、牧渓画の二幅対掛け物。○同日　晩八つ時に東叡山に参る。◎三月朔日　綱吉精進明け吉保・吉里精進を解く。○二日　阿蘭陀商人四人参府御礼なし。○六日　吉保居屋鋪内の弟子衆、屋敷を拝領し移徙。○七日　吉保預かりの道三河岸屋敷と普請小屋跡屋鋪返上すべきを絵図に認む。○八日居所及び作所へ奉公の物二十七人赦免す。○十日　吉保・吉里常憲院仮仏殿へ参詣。○十五日　家の女房上月氏女児出産。○廿一日　東大寺大仏殿再建供養。○廿三日　安通は今迄の屋敷を拝領、時睦は吉保屋鋪内で黒田直重返上の地を拝領。○同日　町子より西の丸女臣左京御方へ帯献上の仰せ。○同日　出生の女児七夜祝、妻国と命名。○廿四日　朝四つ時常憲院の廟へ参詣。○廿九日　屋敷内の御成御殿を壊す（御殿地四千五百坪）。○廿七日　浄光院遺物「古今集」一部拝領。○廿八日　常憲院の仮仏殿へ参詣。◎四月朔日　御代替りの御礼。○三日　御殿地の代わりに、屋敷地東の方の一部を返上すべく絵図に認む。○同日　間部詮房代替地暫く不用の伝言。○十日　朝四つ時、常憲院廟及び仮仏殿参詣、吉里・安通・時睦も同道。○十三日　六義園の居館を増築。○同日　大五郎色直箸初。○十九日　新井白石「通鑑綱目」を家宣に進講。○廿日　常憲院百箇日　○廿一日　悦峯書簡到来復書。○廿三日　霊元院より吉保・吉里へ末廣下さる由公通伝達。○廿五日　大五郎髪置。◎五月朔日　将軍宣下。○三日　吉保母（了本院）八十賀。○四日　勅使馳走の奥能へ安通・時睦も登城し見物。○五日　妻定子五十賀。○十二日　芝の屋鋪返上。○廿八日　吉保の隠居来月三日に内定と決定。◎六月三日　吉保隠居許可。○同日　悦峯へ隠居を知らせる。○十日　今後文簡に花押をやめ、全透の丸印を用ゆ。○十二日　西の丸へ隠居の御礼を申し上ぐ。○同日　安通・時睦も西の丸へ参り新田内分けの御礼を申し上ぐ。○同日　各所へ隠退御礼の献上物。○十五日　家督相続の祝儀の和歌会興行、兼題「松色緑久」。○十七日　悦峯和尚偈を恵む。○十八日　吉保・定子駒込下屋鋪へ移徙。

〔六月十九日以降「福寿堂年録」〕

○十九日　吉保、御台所より土用御尋拝受。○同日　吉保八重姫・松姫より下屋鋪移徙祝い拝受。○同日　御台所叙従三位御祝儀、登城遠慮。○廿一日　吉保・吉里御台所叙従三位御祝儀進上。○廿三日　土用の御機嫌伺いに林檎献上。○同日　定子、八重姫より拝受物。○廿五日　吉保・町子すめの御方より拝受物。○同日　吉保樽重拝領。○同日　吉保献上の端午賀儀へ御内書到来。○廿九日　伊勢守を甲斐守と改める。◎七月二日　増上寺参詣、家督相続を報告。○三日　家宣に男児誕生、生母左京御方。○七日　本亭へ移徙。○十日　吉保・吉里東叡山の常憲院仮仏殿へ参詣。○十一日　月桂寺・龍興寺に家督相続報告。○同日　本亭移徙祝儀の和歌会興行。○同日　領内の寺社へ家督相続の祝儀贈進。○十二日　吉保・町子、鍋松七夜祝儀進上。○十三日　常憲院仮仏殿へ、吉保・吉里・安通・時睦燈籠等献上。○十九日　国（吉里妹）箸揃の祝い。○廿三日　吉保・町子左京御方枕直の祝儀拝受。○廿六日　安通、大久保忠増亭にて御代替りの誓詞。○廿八日　山王権現に家督相続報告。○廿九日　幕府への恩貸金宥免。○是月　七月十九日付の公通書状到来。◎八月朔日　八朔御礼定例。○四日　吉保、八重姫より檜重拝領。○五日　吉保、御台所より塗重の内他拝受。○十日　東叡山の常憲院仮仏殿参詣。○十一日　領内産の梨子献上。○同日　定子、八重姫より鯛拝受。○十九日　吉保、霊元院へ香炉掛物献上。○廿九日　正覚院廿三回忌を早めて執行。◎九月三日　重陽賀儀に時服献上。○同日　御台所へ初進上物。○五日　浜の御殿御成。○七日　将軍宣下祝儀に老中以下幕臣を招く。○八日　東叡山の厳有院仏殿参詣、今後正・五・九月参詣を定例とす。○十日　吉保・吉里東叡山の常憲院仮仏殿参詣。○十三日　将軍宣下祝儀に一族・幕臣等を招く。○十五日　黄檗悦峰和尚代替御礼、駒込屋鋪に逗留。○十八日　吉保年来借金三分の一返納。○十九日　将軍宣下御祝儀に残りの幕臣等を招く。○廿一日　定子、御台所より拝受物。◎十月朔日　吉保、御台所より拝受物。○二日　玄猪に餅飯頂戴。○五日　悦峰和尚黄檗山へ発駕。○十日　吉保・吉里東叡山の常憲院仮仏殿参詣。○十二日　禁裏の造営成就移徙、祝儀を贈る。○同日　水戸吉孚没（二六歳）、十六日まで鳴物停止。○十三日　吉保水戸家へ書を呈し御機嫌を伺う。○十五日　吉保に公通奉書到来、霊元院より「百人一首」一帖拝領。○同日　吉里霊元院より家督相続祝いの「新勅撰集」二冊拝領。○十九日　禁裏の疱瘡平癒。○廿一日　安通・時睦より東叡山の常憲院仏殿前に石燈籠献上。○廿三日　重陽の時服献上に初内書到来。◎十一月二日　家宣本丸へ移徙。○十日　吉保・吉里東叡山の常憲院仮仏殿参詣。○十三日　吉保・定子、御台所より拝受物。○十九日　常憲院仏殿上棟。○廿一日　来春の甲斐国巡見仰付。○廿二日　吉保、霊元院より宸翰懐紙他拝領。○同日　甲斐恵林寺に吉保寿影堂営造上棟。○廿三日　禁裏造営成就遷幸。○廿五日　黄檗山の悦峯和尚撰「永慶寺鐘の銘文」。○廿八日　常憲院一回忌初夜。○廿九日　東叡山にて万部読経法事初日。◎十二月二日　常憲院法事にて正親町公通下向。○同日　吉里公通旅館に赴き霊元院より硯・短冊拝領。○八日　万部読経結願。○十日　家宣常憲院仏殿へ参詣。○十三日　公通を吉里亭へ招請。○十七日　東山院没（三五歳）。○廿二日　吉保・町子すめより大五郎誕生祝い拝受。○廿五日　御部屋すめより吉保に拝受物。

宝永七年（一七一〇）五十三歳・吉里二十四歳

◎正月元日　新年登城、吉保・吉里太刀馬代献上。○同日　吉保・吉里東叡山常憲院仏殿参詣。○七日　吉保登城、時服拝領。○十一日　具足餅の祝い。○同日　霊元院へ年頭祝儀献上。○廿九日　家督相続祝儀に老中招請。◎二月四日　甲州都留郡花崎宿に出火。○九日　浄光院一周忌法要。○同日　吉保、常憲院仏殿・浄光院牌前参詣。○十三日　吉保、御台所より余寒見舞拝受。◎三月朔日　幕府諸国に巡見使派遣。○廿一日　中院通茂没（八〇歳）。○安基（生母染子）十七回忌。○廿五日　甲州八代郡石和宿に出火。○廿九日　稲（吉里妹）の婚具を内藤政森亭に遣わす。◎四月二日　稲、内藤政森亭へ入輿。○五日　飛鳥井難波の蹴鞠上覧。○七日　安通袖留め。○同日　霊元院より末廣拝領。○八日　神田橋外の屋敷返上具申。○十二日　恵林寺にて恵林寺殿の影像遷座。○十五日　幕府新井白石草稿の「武家諸法度」の句解頒布。○廿一日　上使老中井上正岑来臨、帰国の暇を告知。○廿五日　勘定奉行荻原重秀謁見を停止さる。○廿六日　神田橋の外の屋敷返上。◎五月朔日　国許へ発駕の暇乞いに老中間部詮房、若老中亭へ行く。○二日　国許へ発駕（この折の日記が「甲陽驛路記」）。○五日　午の上刻国許へ到着。○六日　国許到着の御礼に柳澤保格を遣わす。○九日　辰の上刻城内を見分。

○十五日　本丸にて熨斗ならびに三汁八菜の料理を祝う。○同日　法度を読ませ諸士に聞しむ。○同日　柳澤保格登城し国許到着の御礼を申し上げる。○十八日　吉保使者を遣わし国許到着を祝う。○同日　吉保の名代恵林寺・稲荷・毘沙門・八幡・住吉へ代参。○同日　国許で到着の祝儀和歌会興行。○廿一日　老中小笠原長重眼病により辞職隠居。○廿三日　柳澤保格甲斐到着。○同日　吉保の使者江戸へ出発。◎六月朔日　府中八幡宮他参詣。○五日　徳川吉宗簾中没。○同日　甲斐に巡見使来るにつき役人を申付く。○十二日　時睦、月番老中大久保忠増亭へ行き御代替りの誓詞をする。○廿二日　吉保側室上月氏男児出産。○廿六日　柳澤保格隠居、息保誠家老職を止め大寄合とする。○廿七日　上月氏出産の男児七夜祝、吉保頼母（後の保経）と命名。◎七月朔日　本丸女臣斎宮御方懐妊、町子へ帯進上の仰せ。○同日　巡見使三人巨摩郡長沢村到着。○二日　吉保、御部屋より檜重拝受。○同日　公辨法親王より匂袋拝受。○三日　吉保・町子左京御方より鍋松誕生日の拝受物。○同日　長沢村で巡見使を饗応。○四日　吉保黄檗山悦峯を請じ、永慶寺開山第一祖とし山門に吉保自筆の額を掛ける。○六日　吉保・町子、すめの御方と左京の御方より拝受物。○同日　巡見使三日町到着。○七日　巡見使三日町出発。○十日　吉保常憲院仏殿参詣。○十一日　巡見使上野原村出発。○十三日　吉保・吉里・安通・時睦、常憲院仏殿へ燈籠献上。○十四日　悦峯、吉保に永慶寺進山法語贈呈。○十八日　安通・時睦へ壱万石宛ての新田分与。○廿五日　鍋松髪置に町子鍋松と左京御方へ樽代他進上。○同日　吉保・町子、左京御方より拝受物。○同日　本丸の女臣斎宮御方死去。○廿九日　永慶寺に「勅賜護法常應録」一部七冊・「同抄」一部三十三冊寄附する。◎八月朔日　吉保・吉里八朔の祝儀献上。○十日　悦峯甲府到着。○十一日　悦峯永慶寺に進山。○十二日　大五郎逝去。○十四日　永慶寺にて請儀の観式執行。○十六日　吉保名代永慶寺参詣。○十九日　竹姫と有栖川宮縁組調う。○廿一日　吉保御台所より拝受物。○廿八日　居屋敷内の稲荷社遷座。○同日　御嶽山神祠へ参詣。◎閏八月三日　巡見終わる。○六日　御殿地跡代替地返上の準備調う。○十一日　御殿地跡代替地普請奉行へ引き渡す。○十八日　安通、一ツ橋御門番勤務仰付。○同日　大膳（保教、生母片山梅子）米倉昌照の養子となる。○廿二日　永慶寺内に霊樹院（染子）の石塔建立供養。○同日　永慶寺に三百七十石の領地寄進。○廿七日　悦峯甲府発駕。○九月朔日　知恩院の宮へ進上物。○二日　常盤橋御門内の御殿地跡代替地を松平忠雅上屋敷として拝領。○三日　鍋松根津権現社参。○同日　時睦、馬場先門番勤務仰付。○四日　安通、一ツ橋御門番を小笠原基方と交替で勤務。○十日　紅葉山の新仏殿造営成就、御成、安通初供奉。○十一日　時睦、馬場先門番勤務開始。○十四日　家宣増上寺御成安通・時睦各番所へ詰める。○同日　清揚院法事に吉保・吉里香奠奉納。○廿三日　米倉昌照、大膳を養子にした祝儀を贈る。○廿七日　大膳、米倉昌照亭に移る。○廿八日　東叡山にて常憲院三回忌法要、位牌遷座。◎十月十日　東叡山にて常憲院三回忌法要。○十八日　初入国の祝儀に甲府惣町中の家持に青銅五百貫文与える。○廿一日～廿八日　初入国の祝儀に楽屋曲輪で能を奏で、吉里も演能し諸士等見物す。○廿八日　即位祝儀献上覚到来。◎十一月三日　有栖川宮より竹姫へ結納。○六日　初入国万事好首尾につき、吉保の厚恩を謝し時服代他贈呈。○十一日　禁裏（中御門）即位。○十二日　老中井上正岑より奉書到来し来年四月中の参勤を伝達。○十三日　琉球人登城。○十五日　鉄炮証文を提出。○廿一日　琉球人登城し舞楽を奏す。○廿六日　国（吉里妹、生母上月氏）喜久と改名。◎十二月二日　琉球人へ帰国の暇。○三日　吉保・町子に御部屋・左京の御方より拝受物。○九日　喜久没（二歳）、月桂寺に葬送（法名雪庭院寒光了徹大童女）。○十一日　歳暮の祝儀献上。○十五日　公辨親王へ寒中見舞。○十六日　町子、鍋松に破魔矢を進献。○十七日　節分寒中見舞献上。○十八日　吉保、寿光院より拝受物。○廿五日　代替による判物改めの書付到来。○廿七日　来年二月の淨光院三回忌法事香奠献上覚到来。

正徳元年（一七一一）五十四歳・吉里二十五歳

◎正月元日　年頭の御礼吉保・吉里・安通・時睦定例。○同日　天皇元服。○二日　判物改めの書付提出。○四日　北条団水没（四九歳）。○七日　吉保年賀の登城定例。○同日　吉保錠口より入り御台所・おすめ御方・左京御方に拝謁。○同日　町子、おすめ御方・左京御方より拝受物。○同日　年始の祝儀に霊元院へ樽代他献上。○同日　年始の祝儀に正親町公通・新大納言局・入江民部権少輔へ肴代進上。○十日　吉保、東叡山の常憲院仏殿参詣。○十八日　府中の八幡以下参詣年賀奉納。○廿一日　家の女房佐藤氏三保子、甲府城内で男児出産。◎二月朔日　吉保竹姫より拝受物。○四日　出生男児二七夜ながら七夜賀宴をなし、吉保多門と命名。○七日　幕府朝鮮来貢の式を定める。○九日　浄光院三回忌。○十五日　即位・元服の祝儀を平岡資因名代で献上。○十九日　御朱印改めにより御朱印の写し提出。○同日　安通前髪を取る。○廿日　時睦額直し。○廿一日　多門、住吉神祠参詣、甲金万疋他奉納、帰途藪田重守宅訪問。○廿八日　東叡山の仏殿御成、安通・時睦番所へ詰る。◎三月三日　吉里・妻、寿光院より上巳の祝儀拝受。○同日　吉保・妻、寿光院より上巳の祝儀拝受。○同日　町子、おすめ御方・左京の御方より上巳の祝儀拝受。○十三日　家宣五十賀に吉保献上物。○廿五日　神田橋の明き地返納。○是月　近松門左衛門の「冥土の飛脚」大坂竹本座で初演。◎四月二日　四つ時過、国許発駕。○同日　吉里預かりの神田橋外の明き地を植村正朝拝領。○五日　四つ半時過江戸駒込の下屋敷まで到着、吉保・定子と対面後、老中他重鎮亭訪問。○同日　側衆・番衆他へ使者により到着を報告、七つ半時前に居屋敷到着。○六日　吉里参府により、上使井上正岑来臨。○七日　甲金の信を乾の字金の信に改鋳。○十二日　参府御礼の登城。○十三日　東叡山に参詣。○十五日　家中の諸士吉里参府を賀す。○廿三日　朝鮮人信使来聘の規則伝達。○廿九日　町子より鍋松に進上物定例。○是月　紀海音の「お染久松袂の白しぼり」大坂豊竹座で初演。◎五月朔日　年号を正徳と改元。○三日　端午の賀儀献上。○五日　吉里・妻・定子、寿光院より端午の賀儀拝領。○十日　霊樹院（吉里生母染子）七回忌、龍興寺で法要、吉里・妻参列。○十一日　多門箸初めの賀宴。○十六日　霊元院より末廣拝領定例。○十八日老中本多正永没（六七歳）。○廿六日　幕府江戸市中に風俗令を出す。◎六月二日　朝鮮人信使来聘の人馬供出に関する規則伝達。○三日　朝鮮人信使来聘の装束に関する規則伝達。○同日　吉里自筆観音経を甲州萩原村裂石山雲降寺へ納経。○六日　吉保、御台所より暑気見舞い拝受。○七日　定子、御台所より暑気見舞い拝受。○十日　東叡山の常憲院仏殿参詣。○十二日　吉保暑気見舞いの檜重拝領。○十八日　吉保・町子、おすめの御方より拝受物。○廿三日　桂昌院七回忌、吉保香奠を牌前に供す。◎七月五日　御朱印改め代々の先観の旨に任せらる。○七日　吉里・妻・定子七夕の祝儀を寿光院より拝受。○同日　幕府、禁裏・仙洞御料地の境杭に、禁裏・仙洞御用等の文字を記すを禁止。○八日　巡見使勝沼に到着饗応。○十二日　朝鮮人信使来聘の規則確認伝達。○十三日　吉保・吉里・安通・時睦常憲院仏殿へ燈籠他献上定例。○同日　朝鮮人信使来聘の往来に関する規則伝達。○十八日　多門没（一歳）、甲州城下一蓮寺へ葬送（戒名秋消院）。○廿一日　多門没により家中鳴物七日・普請三日停止。○同日　朝鮮人信使来聘一行の旅程伝達。○廿二日　吉保側室祝園《ほうその》氏女子出産。○廿三日朝鮮人信使来聘一行の登城の道筋伝達。○廿八日　出生の女児七夜賀宴、増と命名。○晦日　大雨により甲州領内損亡。◎八月朔日　吉保・吉里等に八朔の祝儀届く。○十日　昨夜中より強風領内損亡。○十四日　濱松駅へ出置く人馬国許出立。○十五日　巡見の結果善政成らず、旧弊改まざるところあるを戒告。○十九日　朝鮮人信使来聘一行との軋轢を起こさぬようとの伝達。○廿三日　朝鮮人信使来聘一行、登城の折の吉里居屋敷周囲の構えに関する書付到来。○同日　風雨にて領内損亡。○廿五日　桃井内蔵（町子義父、右衛門佐養子）允没、安通・時睦忌服。○廿六日　甲州領内損亡箇所の書付大久保忠増へ提出。◎九月朔日　去月廿三日の領内損亡箇所書付を大久保忠増へ提出。○同日　頼母（吉里弟）髪置・増（吉里妹）宮参り。○四日　去月十日の領内損亡箇所書付を井上正岑へ提出。○六日　安通の縁組（正親町公通女）の願書を井上正岑へ提出。○廿二日　朝鮮人江戸到着、再度の詳細な規則書付到来。◎十月五日　吉保側室上月氏女子出産。○八日　朝鮮人信使来聘一行に、見苦しき物見せぬよう注意書き到来。○十一日　出生の女児、吉保美㐂と命名。○十八日　暮六つ時朝鮮の三使浅草本願寺到着。○廿五日　吉里五月廿五日より準提観音佛呪を唱え、その時持ちたる念数十具を甲州永慶寺へ寄附。○廿六日　安通縁組許可。◎十一月朔日　朝鮮信使五つ半時過に常盤橋通りより登城。○三日　朝鮮信使の饗応。○四日　初雪、朝鮮信使登城し曲馬を上覧に備ふ。○八日　珠松院（吉保養女悦子、内藤政守室）七回忌、内藤政森光台寺にて法要。○十一日　朝鮮信使へ帰国の暇下りる。○十五日　駿府城石垣修復の手伝仰付。○十九日　朝鮮信使出発。○廿六日　時睦前髪を取る。○廿七日　駿府手伝場所へ遣わす家来役人を届け出る。○是月　安房国北条藩農民等江戸に強訴。◎十二月朔日　浅見絅斎没（六十歳）。○同日　貝原益軒「五常訓」「家道訓」出来る。○十一日　江戸大火。「福寿堂年録」十二月分（第三十二巻）欠。

正徳二年（一七一二）五十五歳・吉里二十六歳

◎正月七日　吉保年始の登城拝領物。○同日　吉保、御台所以下年始の祝儀拝受。○同日　定子、各所より年始の祝儀拝受。○同日　霊元院へ樽代他献上定例。○十六日　駿府の巴川清掃の仰付。○十九日　郡内吉ケ窪村観音堂寺順恵より出火、百姓家三軒焼失。◎二月朔日　美㐂（吉里妹、生母上月氏）箸揃の賀宴。○二日　幕府諸大名に江戸防火を命じる。○十日　加賀国大聖寺藩に年貢減免一揆起こる。○廿七日　浅草茅町屋敷拝領の経緯及び絵図を提出。○同日　新井白石、参府の阿蘭陀人に海外事情を聞く。○是月　幕府大判金貨の遠隔地回送を禁止。◎三月三日　吉保等各所より上巳の拝受物定例。○六日　阿蘭陀商館長に密貿易を戒告。○七日　幕府駅路規則を出す。○九日　駿府にて家臣普請小屋場受取る。○十一日　浅草茅町屋敷内五千坪を御用地として召上。○十六日　高札改訂郡内の高札建替。○十八日　茅町分割絵図に境界線を引く。○廿一日　藪田重守に柳澤の二字を与え柳澤市正と改名。○同日　郡内新屋村の百姓家より出火類焼多し。○是春　新井白石、家宣に国史「読史余論」の進講開始。○是春　近松門左衛門「夕霧阿波鳴渡」大坂竹本座で初演。◎四月朔日　駿府普請の予定表到着。○五日　茅町屋敷内の五千坪を返納する。○十日　東叡山仏殿参詣時の質素戒告。○十二日　駿府へ家臣到着。○十四日　新上西門院鷹司房子没（六〇歳）○十五日　駿府にて鍬初観式。○同日　六つ半時過、地震出火により浜御殿少々焼亡。○十六日　昨日大雨にて馬入川満水につき飛脚遅延。○十九日　登城し判物頂戴。○廿一日　上使阿部正喬来臨帰国の暇下る。○同日　駿府普請斧初。○同日　馬を拝領。○廿三日　幕府参勤諸大名従者数を制限。○廿五日　吉保・定子・祖母へ帰国の挨拶。○廿六日　朝六つ時に江戸出発。○廿八日　国許到着。◎五月朔日　城内の稲荷・毘沙門堂参詣。

○三日　家臣を江戸へ遣わし国許へ無事到着の報告。○九日　領内の百姓家より出火。○十日　永慶寺参詣。○十三日　晒他献上し帰国の御礼。○十四日　甲州都留郡内領、去冬度々大雪にて麦作根腐れの旨井上正岑へ報告。○廿二日　米倉昌照、大坂にて没、彼の地の法輪寺へ葬送、大膳定式の忌服受く。○廿三日　珠光院十三回忌、家臣柳澤保房月桂寺にて法要執行。○廿六日　高野保春没（六二歳）。◎六月朔日　吉保、大膳を保武と名乗らす。○同日　使者を法輪寺に遣わし米倉昌照牌前に香奠を供す。○五日　牧野成貞没（七九歳）。○六日　柳澤信尹、吉保の俗名・法名・本国・生国等を要請その書付を遣わす。○十一日　安通・時睦新田拝領の書類調整。○十二日　都留郡見分（五月八日より当日まで）。○十七日　吉保・定子、御台所より暑気の拝受物。○同日　霊元院へ甚暑の御機嫌伺い贈呈。○廿三日　吉保暑気伺いとて檜重拝領。○同日　浅草茅町の返納代替地請取。○同日　吉保、右近御方・すめの御方・左京の御方より拝受物。○同日　町子、すめの御方・左京の御方より拝受物。○是月　幕府評定所に事務停滞なきよう戒告。◎七月朔日　上屋敷その他所々の屋敷・抱屋敷の詳細書付を秋元喬知へ提出。○同日　幕府勘定吟味役を設置。○五日　幕府諸局に倹約を命ず。○十三日　東叡山常憲院牌前へ燈籠献上定例。○十四日　盆中により永慶寺・常憲院牌殿へ参詣、香奠献上。○十七日　秋消院（吉里長男多門）一回忌、一蓮寺にて法要執行。○十九日　浅草茅町屋鋪に稲荷社建立。○同日　米倉昌豊、大膳保武の名代として登城、昌照が家督を保武相続すべく阿部正喬に伝達。○廿五日　米倉大膳保武家督相続につき、老中へ連署を呈す。○同日　禁裏・堂上築地入用金銀を城下金蔵へ納入。○廿八日　米倉昌豊、大膳保武の名代として家督相続の御礼を申す。○是月　吉保黄檗真光院の記を作成。◎八月十八日　都留郡領内の高札條目建替。○同日　甲州風雨強く川々満水、田畑損亡、所々橋落ち百姓家流れ破損したる家多し。○廿二日　甲州猿橋流れ落ちしを吉保聞き内意を達す。○廿八日　近衛家熙摂政を退き、九條輔実継ぐ。○是月　中国地方水害。○是月　薩摩国海浜に外国船隠顕。◎九月三日　家宣誕生日に山王権現へ代参。○五日　幕府評定所・三奉行所規則を制定。○六日　去年の郡内領の年貢の内、二千両を定例で御城の金蔵へ納入。○十一日　勘定奉行荻原重秀罷免。○十三日　純清院（吉里長女保子）七回忌、月桂寺にて法要執行。○十四日　家宣の容体を気遣う奉書に間部詮房・本多忠良より無事の奉書到来。○十五日　恵林寺へ参詣。○廿日　十八日よりの雨で都留郡花崎の橋落下。○廿三日　幕府新銀改鋳を停止。○廿八日　諸大名出仕に家宣不例故、月次の御礼なし。○是月　越中国射水郡の農民貢租の減免を要求し一揆を起こす。◎十月朔日　諸大名出仕、不例により家宣出仕せず。○二日　家臣瀧口長宥没。○同日　甲州、去九月十九日より廿一日まで雨降り続き水溢れ損亡甚だし。○三日　幕府再び佐渡奉行二人を復する。○四日　書を呈し不例を老中に尋ねる。○十四日　家宣没（四八歳）。○同日　今迄の金銀を、往古東照宮の定めのごとく吹替仰せ付け。○同日　林信篤、家宣の遺言を読む。○十九日　吉保妻定子より、御台所の女臣に文を遣り悔みを申し上げる。○同日町子より、おすめの御方・左京の御方の女臣に文を遣り悔みを申し上げる。○同日　定子より養仙院の女臣に文を遣り悔みを申し上げる。○廿日　酉の刻、北撥橋より出棺、増上寺本坊へ入棺。○同日　安通・時睦番所へ八つ時より夜五つ時まで詰る。○同日　直参の面々鬚剃り、陪臣さかやき剃るべく下命。○廿二日　家宣遺言の書付の写しを渡さる。○同日　御台所を天英院・御部屋を法心院・おすめの御方を蓮倫院・左京の御方を月光院と称す。○三十日　幕府通貨買収を禁止。◎十一月二日増上寺にて酉の刻入廟観式。○六日　駿府石垣普請、今日よりまた開始。○八日　吉保増上寺へ参詣位牌拝す。○十日　中陰中により永慶寺へ参詣。○十一日　阿部正喬奉書到来、来年四月中の参府を告げる。○十七日　家宣の尊号、文昭院殿贈正一位大相国との宣下。○十八日文昭院三十五日により、安通・時睦月代を剃り登城。○同日　卯年の領内年貢金三千両を金蔵へ納入定例。○十九日　松平貞清を任家老職。○廿一日　鉄炮改めの証文提出定例。○廿六日　領内百姓家から出火類焼多し。◎十二月七日　吉保、先祖家伝の弓矢一張・重藤陰陽鏑矢・雷上動水破矢・兵破矢を新造しめ吉里に贈る。○九日　雪庭院三回忌、月桂寺にて法要執行。○十一日霊元院へ塩鱈献上定例。○十二日　定子、天英院より拝受物。○十四日　吉保寿光院・法心院より拝受物。○十八日代替祝儀。○廿一日　吉保・町子蓮淨院より拝受物。○同日　町子、月光院より拝受物。○廿五日　諸大名惣出仕、上様正二位権大納言に昇進、諱を家継と称す旨伝達。○同日　駿府城石垣普請手伝終了。○是年　江戸数回の大火あり、その都度幕府防火規制を発令。

正徳三年（一七一三）五十六歳・吉里二十七歳

◎正月四日　家継袴着。○六日　吉保登城し年始の祝儀進上。○同日　霊元院へ樽代他献上定例。○九日　駿府普請小屋場を引き渡し。○廿一日　府中の八幡他参詣。○廿五日　文昭院百箇日。○廿六日　郡内領卯年分仕切勘定、残金三千百三十四両を金谷新蔵へ納入。○廿七日安通、駿府御城石垣普請手伝仰せ。○同日　狩野常信没

（七八歳）。◎二月五日　駿府城普請成就。○九日　幕府新銭鋳造・大銭改鋳を停止。○十六日　常盤橋内松平下総守屋敷を安通に御預け。○十七日　東叡山にて家宣生母長昌院殿五十回忌の法要始まる。○廿五日　甲州都留郡黒野田宿に失火。○廿六日　東叡山法要結願。◎三月二日　老中連名奉書到来、安通に東叡山厳有院仏殿火之番仰付。○同日　幕府新銭改鋳を命ず。○三日　上巳の祝儀各所から拝受。○九日　近衛家熙参府。○十一日　老中土屋政直より家継元服祝儀の書付到来。○十三日　廿六日の家継元服の覚書廻状到来。○十七日　来月発駕により永慶寺へ参詣し常憲院の位牌を拝す。○同日　四月の将軍宣下の祝儀の書付到来。○十八日　幕府旗本の奢侈を戒告。○廿四日　従弟山高信賢（吉保甥）死去。○二十六日　家継元服の観式。○廿九日　来月二・十一・十二・十三・十六日の将軍宣下関連行事の廻状到来。○晦日　時睦に常盤橋内の居屋敷返上の下命。○同日　時睦、替地として浅草鳥越松平大炊頭吉邦居屋敷内にて三千坪拝領。○是月　新井白石「采覧異言」出来る。◎四月二日　将軍宣下。○同日　養女美㐂（吉保女、生母上月氏）没（三歳）、法名幼顔院醒夢妙覚、深川浄心寺へ葬送。○三日　朝六つ時、甲府発駕勝沼に昼休し猿橋泊。○同日　美㐂の死亡届け提出。○四日　上野原に昼休し八王子泊。○五日　府中泊。○六日　四つ半時前に駒込の屋敷到着吉保・定子に対面。○同日　老中・若老中等の亭へ到着報告。○七日　上使老中阿部正喬来臨。○十一日　天英院（家宣御台所）従一位に昇進。○同日　時睦、居屋敷引き払い安通亭へ移徙。○十三日登城し参府御礼。○同日　時睦拝領の浅草鳥越屋敷地増地。○十四日　東叡山の仏殿参詣。○十五日　将軍宣下祝儀の奥能。○十八日　家中の小姓以上の諸士、吉里の参府を賀す。○十九日　時睦、鳥越屋敷請取。○廿三日井上正岑亭へ行き代替誓詞血判。○廿五日　武光権之進（松平右七郎）罪科公儀仕置仰せ付け。○廿六日　甲州・駿州堺、万沢元巣関所の印鑑渡さる。○廿八日　将軍宣下、諸家祝儀饗応を節約すべき書付到来。◎五月五日端午御礼定例。○六日　豊原権左衛門勝羨を家老職にす。○八日　武光権之進罪科実行につき、幼少二男児伯父家臣松平勘八生閑へ御預け。○十日　東叡山の常憲院仏殿参詣。○十九日　甲州都留郡十ケ〔日〕市場村百姓家より出火七拾八軒焼失。○廿一日　幼顔院（養女美㐂）七七日。○廿五日　幕府長崎表へ渡る糸類少なく京都織屋倒産続出、国産糸兼用を命ず。○同日　女装の華美を禁制。○廿六日　時睦、鳥越屋敷へ移徙。○同日　吉保月桂寺仏殿建立。○廿九日　幕府屋敷改の役を設置。◎閏五月朔日　京都上下賀茂・貴船社造営。○廿一日　巡検使谷村へ到着。○廿四日　甲府城中にて家の女房山田氏佐代子男児出産。○廿五日　定子、貞心院（定子実母）十三回忌を龍興寺にて執行。○廿九日　巡検使大月宿到着。◎六月朔日　出生の男児七夜祝、吉保、弥太郎と命名。○二日　巡検使郡内入りに使者を遣わし労う。○同日　吉保・定子、一位様（天英院）より暑気見舞拝受。○五日　郡内見分済み巡見使駿河へ出発。○七日　霊元院へ氷砂糖献上定例。○同日　定子・町子より一位様・蓮浄院へ暑気見舞進上。○九日　幕府銅の売買制敷き、諸銅山の銅を大坂に送り、長崎に回送し外国貿易に利用させる。○十六日　嘉祥により登城、菓子・熨斗鮑頂戴。○十八日　月桂寺にて入佛法会。○是月　日向国福島の農民一揆勃発。◎七月四日　風雨にて甲州満水。○七日　七夕御礼定例。○九日　甲州水損被害届けと修復願提出。○十三日　吉保・吉里東叡山の常憲院仏殿へ花瓶の燈籠・蓮花桶燈籠他献上。○同日　甲州横山水損の詳細書付を提出。○同日　甲州領内強風。○十八日　秋消院（吉里息多門、生母佐藤氏三保子）三回忌、一蓮寺にて法要。○廿二日　金地院普済禅師「国師日記」「異国日記」を幕府に献上。○廿五日　大久保忠増病気により御役御免即日没（五八歳）。○廿六日　大久保忠増没により家中七日の鳴物停止。○同日　尾張中納言吉通没（二五歳）により家中七日の鳴物停止。○是月　幕府租税・堤防調査規則を出す。◎八月三日　久世大和守重之に老中職仰付。○八日　預かりの郡内領引渡し。○同日　来月廿二日に将軍宣下祝儀に来臨の伝達。○十五日　息男弥太郎の実名を、吉保、信睦《のぶちか》と命名。○廿四日　吉保・吉里・安通・時睦増上寺文昭院仏殿前へ燈籠献上。◎九月三日　信睦、甲州府中住吉参詣。○四日　定子、此日泄瀉を煩い病体悪しきにつき、今夜駒込屋敷に一宿し看病したき由井上正岑へ達す。○五日　定子今夜亥の中刻没（五四歳）。○六日　安通忌中により厳有院仏殿火番御免。○七日　上使来臨愁傷の意伝達。○九日　定子を甲州府中の永慶寺に葬送したき由書付提出。○十三日今夜六つ時過、定子（法名真光院殿海月映珊大姉）遺骸出棺、永慶寺へ送る。○十五日　正覚院二十七回忌、吉保月桂寺にて三日間の法事を執行し祭文を読ましむ。○十七日　真光院殿遺骸府中永慶寺着棺。○十九日　暮時永慶寺にて真光院殿の葬礼観式。○廿一日　永慶寺にて今日より廿七日まで真光院殿の法事執行。○廿五日　真光院殿三七日、吉保品川大龍寺にて法事執行。○廿六日吉保忌明。○同日　家宣（文昭院殿）廟供養額字、霊元院染毫。○廿七日　村々の高札改建。◎十月三日　文昭院法事開始。○同日　悦峯和尚永慶寺到着、真光院の法事執行。○五日　真光院初月忌。○十五日　吉保持病により文昭院仏殿参詣遠慮。○十八日　霊光院七回忌崇渓寺にて法要。○廿四日　吉里忌明。○廿五日　悦峯黄檗山へ発駕。○廿六日　文昭院への香奠を増上寺に納む。◎十一月朔日　来る廿一日に将軍宣下祝儀に老中を私邸に招請。○二日　大久保忠英妻幾子（吉保養女）女子出産。○三日　甲州府中城破損箇所を絵図にし修復を願う。○十一日　聖護院東叡山参詣、安通に大猷院の二天門警護仰付。○十五日　老中月光院（左京の御方）叙従三位告示。○十六日　月光院位階昇進祝儀覚到来。○廿一日　将軍宣下祝儀に老中を私亭に招請。○廿二日　甲府城修復許可。○廿九日　高蔵寺殿（柳澤信俊）百回忌、武蔵国今市高蔵寺にて吉里名代法事執行、吉保祭文作る。◎十二月朔日　各所より寒気見舞。○十五日　真光院百箇日永慶寺にて法要、吉保・吉里名代を送る。○廿一日　吉保来正月七日の登城適否問い合わせ、定例にすべき由の回答。○同日　弥太郎信睦箸揃賀宴。○廿二日西北風強く五つ半時下谷茅町より出火、深川で焼止、浅草萱町蔵屋敷類焼。○是年　貝原益軒「養生訓」出来る。○是年　寺島良安「和漢三才図絵」出来る。

正徳四年（一七一四）五十七歳・吉里二十八歳

◎正月元日　公方出御なし。○三日　謡初め公方幼君故直ぐに入御。○六日　吉保、明日の登城を旧冬よりの持病の眩暈を理由に遠慮申し出。○十日　東叡山の常憲院仏殿参詣吉保不快にて遠慮。○廿七日　上使久世重之来臨帰国の暇告知。○是月　荻生徂徠「蘐園随筆」刊行。◎二月二日　頃日拝領の馬到着。○八日　暇乞いに老中・若老中他へ行く。○同日　絵島事件により山村座断絶。○九日　朝六つ半時国許へ発駕、暇乞いに経隆（安通）・時睦他来る。○十二日　巳の刻城着。○十三日龍華山永慶寺参詣。○十六日　国使者登城し帰国御礼。○廿八日　川口石見貞晴・酒井志摩守貞世を家老職とす。○廿九日　時睦、東叡山大猷院仏殿火の番仰付。○是月　幕府外国船との海上密貿易を禁止。◎三月朔日幕府西洋人ヨハンを禁獄。○五日　幕府大奥老女絵島らを流し奥医師等を処罰する（絵島事件）。○十四日　経隆へ東叡山厳有院仏殿・仁王門・清水口警護仰付。○十五日　幕府荻原重秀を追罰する。○十六日　寺社境内の猿楽・説教・雑劇などの興行を禁じ、芝居の二階桟敷・華美な衣服を禁ず。○廿五日　紫玉龍華山の真光庵に入院。◎四月五日　真光庵へ真光院の位牌を安置、紫玉八十八仏供養執行。○九日　経隆に馬場先御門番仰付。○廿二日　増（吉里妹）、柳澤市正重守宅に到着。◎五月二日　巡検使来国の覚到来。○九日　公辨親王叙二品。○十二日　巡検使御嶽山到着。○十三日　幕府、銀座年寄荻原重秀と結託した者を罰し新金鋳造を停止。○廿日幕府清国との密商調査を九州・中国諸大名に命ずる。○十五日　新古金銀割合制発令。○同日　中銀・三寶・四寶差別禁止。○同日　大坂に金銀引替所設置。○廿七日　紅葉山文昭院霊廟上棟、尊像開眼供養。○廿九日巡検使御嶽山出発。◎六月五日　持明院基輔没（五七歳）。○同日　勝田玄哲（家継生母月光院父）没。○九日龍華山永慶寺参詣。◎七月五日　柳澤保房（安忠養子信花息）没。○七～八日　国許大雨にて所々水損。○九日龍華山永慶寺参詣。○十三日　吉保・吉里・経隆・時睦東叡山常憲院牌前へ燈籠献上定例。○同日〜十五日　甲州大雨各所水損。○十八日　国許の水損実態報告書提出。○廿二日　国許の水損実態報告書第二弾提出。○廿七日　黄檗山真光院へ今年より毎年米三拾俵充て寄進。○廿九日　幕府銭価騰貴によりその買収を禁止。◎八月朔日　吉保・吉里八朔御礼献上。○三日　経隆・時睦の知行郷村を内々に分与。○八日　国許大風雨で所々損毛。○十四日　秋元喬知卒去（六六歳）鳴物三日停止。○十九日　幕府八丈島・青島法度を出す。○廿五日　来月五日真光院一周忌、龍華山真光庵での法事今日より始まる。○廿七日　貝原益軒没（八五歳）。○廿九日　新金通用奨励。○是月　幕府密商の罰則を制定。◎九月五日　龍華山真光庵にて真光院（吉保正室定子）一周忌法要結願。○同日　稲（吉里妹）の実母（横山氏繁子）没、深川淨心寺に葬送、法名了姓院妙達日悟大姉。○六日　松平信庸・戸田忠真に老中職仰付。○十日　初代竹本義太夫没（六四歳）。○十一日　恵林寺の不動尊・寿影堂参詣。○十四日　来る十月増上寺での文昭院三回忌法要関連の書付到来。○廿五日　常憲院七回忌法事関連の書付到来。○廿七日　頃日吉保持病の癪積発作続き今日より久志本左京亮治療。◎十月九日　二三日以来吉保重態、経隆を名代に出府しての看病願い提出。○同日　看病願いに許可。○十一日　吉里夜十時頃駒込屋鋪へ到着。○廿四日　吉保撰述「常憲院様御実記」一部三拾冊を東叡山本坊へ奉納。○同日　「御実記」の世話により林大学頭信篤へ贈り物。○廿六日　弥太郎信睦髪置賀宴、内々に柳澤保政執行。○廿八日　幕府公家衆法度を出す。◎十一月二日　未の上刻吉保没（五七歳）、法名永慶寺殿元養大居士。○三日　吉保の遺骸を領国内永慶寺へ葬りたき願書提出。○同日　吉里帰国したき由の願書提出。○四日　神田橋屋敷へ上使来臨、愁傷の意を伝達。○五日七つ時過に国許へ発駕。○七日　昼八つ時過に城着。○八日　今夜八つ時、吉保駒込の下屋敷より出棺。○十二日　昼午の刻甲府城追手門外まで着棺、龍華山へ入る。○十四日　申の刻、吉里永慶寺で葬送の礼儀執行、導師紫玉。○同日　石槨の蓋の内に銘文を彫付く。○同

日　黄檗山悦峯和尚到着。○十五日　龍華山にて吉保追善法事初日、悦峯和尚焼香香語。○廿一日　龍華山へ参詣法事結願。○廿二日　悦峯和尚吉保廟所へ詣で読経廻向。○廿三日　弥太郎信睦、龍華山へ参詣。○廿四日吉保の顔像を安置するにより、恵林寺に向後毎年米五拾俵寄附。○廿五日　幕府天然痘患者死後の看病人出仕規則を出す。○廿九日　吉保四七日法事悦峯和尚執行。○晦日　甲府城中にて今朝家の女房山田氏佐代子男児（信睦同母弟）出産。○是月　幕府新銭通用妨害者を調査。◎十二月二日　吉保初月忌に龍華山参詣。○同日恵林寺にて吉保の法事執行。○五日　明日吉保五七日故今日より明日まで龍華山にて法事執行。○六日　吉保五七日追福和歌会興行、その懐紙短冊を牌前へ供す。○七日　初雪降る。○九日　琉球人東叡山参詣に吉里屋敷脇他通過のため警護。○十五日　吉保追善のために追放所払等の罪人を赦免。○十八日　明後日吉保七七日故今日より龍華山にて千佛供養の法事執行。○廿日　吉保七七日、吉里脚に腫れ物出来龍華山へ参詣出来ず、代参祭文を読む。○同日　弥太郎信睦龍華山へ参詣。○廿二日町中郷中まで鳴物停止を免ず。○廿二日　常憲院法事中、忌中につき遠慮の香奠を東叡山本坊へ奉納。○同日呉服商会所新銭を発売する。○廿四日　先月出生の男児今日七夜賀宴、長蔵時英と命名。○廿九日　老中連名の奉書到来、来年四月中の参勤伝達。

収録既発表論文

第一部　文芸の諸相

御吉野里歌合―吉保・吉里父子の二人百番歌合―（第二章第二節）
徳川大名柳沢吉保家の歌合―「御吉野里歌合」（解題と翻刻）―（淑徳大学国際コミュニケーション学会機関誌『国際経営・文化研究』第二巻第一号・一九九八年三月）

新春の歌会―宝永四年と享保九年の柳澤家新春歌会―（第二章第三節）
柳沢家の二つの家会始―宝永四年と享保九年のそれをめぐって―（『国際経営・文化研究』第十巻第一号・二〇〇五年十一月）

續明題和歌集―吉里編纂公武類題和歌集―（第二章第四節）
柳沢吉里編纂の「続明題和歌集」―その紹介と翻刻―（『国際経営・文化研究』第八巻第二号・二〇〇四年三月、『同』第十巻第一号・二〇〇五年十一月）

源氏物語巻々和歌（第二章第五節）
実隆の「詠源氏巻々和歌」の受容―徳川大名柳沢吉里の「詠源氏巻々倭歌」―（『三条西実隆と古典学（改訂新版）』・平成十一年四月・風間書房）

甲陽驛路記―宝永七年吉里初入国―（第三章第一節）
徳川大名柳沢吉里「甲陽驛路記」―翻刻と解説―（『国際経営・文化研究』第四巻第二号・二〇〇〇年三月）

やよひの記―享保二年三月身延山方面巡見―（第三章第二節）
　徳川大名柳沢吉里「やよひの記」―解題と翻刻―（『国際経営・文化研究』第六巻第一号・二〇〇二年一月）
霊元院下賜「十二月和歌」（第五章第一節）
　霊元院下賜『十二月和歌』（『国際経営・文化研究』第十一巻第一号・二〇〇六年十一月）
右ヱ門佐宛書状の裏面―柳澤家の罹災をめぐって―（第五章第二節）
　右ヱ門佐宛書状―柳沢家の罹災をめぐって―（『国際経営・文化研究』第九巻第二号・二〇〇五年三月）

第二部　環境の諸相
六義園の歴史―庭園と東屋と下屋敷―（第一章第一節）
六義園記（一）―『楽只堂年録』収載本をめぐって―（第一章第二節）
六義園記（二）―巻子本をめぐって―（第一章第三節）
六義園の初期の姿―八十八境総括―（第一章第四節）
六義園と和歌―新玉松と「六義園新玉莶奉納和哥百首」―（第一章第五節）
　柳沢吉保と六義園―「六義園図巻」と『松蔭日記』を中心に―（『国際経営・文化研究』第七巻第二号・二〇〇三年三月）
　六義園―その初期の姿をめぐって―（『国際経営・文化研究』第八巻第一号・二〇〇三年十一月）
　六義園の歴史―柳澤吉保時代を中心に―（『国際経営・文化研究』第十五巻第一号・二〇一〇年十一月）
上屋敷―常盤橋・神田橋屋敷の関係―（第二章第一節～第八節）
　柳沢吉保の上屋敷―神田橋屋敷と常盤橋屋敷を中心に―（『国際経営・文化研究』第十四巻第二号・二〇一〇年三月）
下屋敷―茅町屋鋪と芝の屋鋪―（第三章第一節・第二節）

柳沢吉保の下屋敷―茅町屋鋪と浜の屋鋪を中心に―（『国際経営・文化研究』第十四巻第一号・二〇〇九年十一月）
京都屋敷―御所警護と京都火消―（第四章）
　柳沢吉保の京都屋敷（『国際経営・文化研究』第十二巻第二号・二〇〇八年三月）
吉保生母の死―「染子歌集」を中心に―（第五章第一節）
吉保嫡母の死―「定子追悼文」を中心に―（第五章第二節）
　柳沢吉里の二人の母の死―付・「染子家集」「定子追悼文」―（『国際経営・文化研究』第十三巻第二号・二〇〇九年三月）
正親町町子の二男児―その転封に果たした松平右京大夫輝貞の役割―（第五章第四節）
　正親町町子腹の二男児―その転封に果たした松平右京大夫輝貞の役割―（『国際経営・文化研究』第十三巻第一号・二〇〇八年十一月）
吉保から吉里へ（第五章第五節）
　柳澤吉里公用日記『福寿堂年録』―解説と翻刻（一）―（『国際経営・文化研究』第十五巻第二号・二〇一一年三月）
唐通事との対話―三百年前の中国語―（第五章第六節）
　三百年前の中国語―「楽只堂年録」宝永二年月五日の記事をめぐって―（『国際経営・文化研究』第十三巻第一号・二〇〇八年十一月）

但し収録にあたっては全面的に書き改めた。項目末尾の括弧内は本書の部立てを示す。

索引

凡　例

一、索引は、人名・書名・事項・歌題からなる。

一、人名索引は、実在の人物のみならず、『源氏物語』等の作中人物も含み、実在の人物は、僧侶・親王など特別な場合を除き、姓名をフルネームで挙げた。

一、人名索引において、男性は通行の氏姓の読みを原則とした。また女性は名ないし通称を出すのを原則とした。

一、書名索引は、単著のみならず論文も挙げた。その場合逐条『　』「　」を付さなかった。

一、事項索引は、地名・寺社仏閣等も含む。

一、歌題索引は、歌題のみを挙げ、初句を挙げるのは控えた。

一、配列は現代仮名遣い・五十音順による。

一、関連事項を↓印と（　）で示した。

（一） 人名索引

あ

相沢……624
愛染院法印俊任……607
葵上……200・202・203・434・700・727
青山忠親……197
明石御方……204・205・725
明石中宮（明石姫君）……206・433
顕氏……208
顕輔……72
秋元……351
秋元喬知……351・568・630・779
秋元喬朝……762
明智……764
朝倉治彦……570
浅野長矩……625
浅野長治……197
朝日の祖師→日蓮
浅利与市……405
足利義詮……130・373・508・530
足利義教……373
足利義政……508・518・530・543
飛鳥井……358・367・374・386・
飛鳥井雅章……624
飛鳥井雅縁……530・543
飛鳥井雅豊……196・199・200・213・217・219・222・231・239・241・243～246・252・259～261・264・268・270・271・273・275・276・281・282・285・286・288～291・456・477
飛鳥井雅光……223・265・272・277・280・282・285
飛鳥井雅康……373・433
飛鳥井雅世……373
按察使局……481
安宅木冬康……198
愛宕通晴……196・291・480
穴山……404
穴山梅雪……393・403
姉小路……100
姉小路公朝……208
姉小路公朝女……321
姉小路公量……195・251・478
姉小路實矩……196
姉小路実紀……315
姉小路済継……22・29・102・
姉小路基継……29
あねば……77・106
阿野公緒……204・217・219・222・225・228・235・241・251・255・259・260・275・283～285・287・289・478
阿野季信……196
阿仏……358
油小路隆典……196・211・222・227・237
油小路隆真……195・477
油小路隆基女……580
安倍仲麿……61・63・96
阿部正喬……228・632・675・677・735
阿部正武……560・561
阿部正武女……587
天野昌孚……567
天方喜右衛門……566
天児屋根命……638
綾子……748・750・752・763
新井白石……637
荒木田延成……528
有川武彦……441
有栖川幸子女王……580
有栖川正仁親王……195・224・261
有馬重廣……198
有馬直純女……662
有馬永純……197
有馬頼元女……763
在原業平……55・92・158
有吉保……126
安西……637
安藤広重……111・361・655・658
安徳天皇……368

い

井伊……664・763
飯塚……703
飯塚染子……27・115・134・312・318・319・351・356・361・501・502・557・558・560・564・565・580・585・586・588・601・660・695～704・709・712～715・717～719・726～728・739・746・767・784
飯塚常右衛門……565
井伊直政……197
伊井春樹……99・320・327・328・443
家隆……370・521・531・532・542・544・762
家忠……581

滑川周瀏……507
以貫……75
幾……318〜320・749
池田亀鑑……443
池田才次郎……565
石井行豊……196・480
石井行康……196・480
石川丈山……198
石川昌勝……197
石野基顕……196・232
石山季董……456
石山基董……196・211・238・250・262・288・477・481
以心庵……366
伊勢……60・95・365
板倉重守女……749
一位様→桂昌院
市川内膳……405
市子……496・748〜750・752・756
市古夏生……190・192
一条公勝……127
一条兼香……690
一条兼良（一条禅閣）……58・93・94
一条天皇……714
一条冬良……39・106
一華堂……75
一色義直……197
伊東一正……198
以直……777
稲毛五右衛門……565
稲葉右京進某女……508
稲葉重通……508
稲葉正喬……198
稲葉正則……663
稲葉正通……658・659
稲葉正往……624
犬公方→徳川綱吉
井上橘仙……198
井上敏幸……294
井上正敦……122〜124
井上正利……197
井上正長……124
井上正岑……499・629・779
井上政栄……572
井上宗雄……209・327
今井源衛……296・327
今大路……576
今川……414・715
今川氏真……580
今川氏親……209
今川高久……580
今川了俊……208
今立貴亮……198・199・565
今出川伊季……456・478
今成定淳……196
妹尼（小野）……699
入江相尚……196・214・216・217・221・223・227・228・232・234・241・244・247・250〜252・255・262・271・275・276・280・287・288・291
岩倉具偈……196
岩倉具統……196
岩沢愿彦……638・760
岩淵令治……575
院花渓……546
允恭天皇……533
隠元……784・790
祝部成仲……529

う

上杉義陳……198
上野宮→公辨親王
植村家通妹……765
浮田秀家……197
浮舟……206・207・699
右京大夫輝貞→松平輝貞
右近……206
氏数……48
氏尹……580
牛場源八……565
氏村……48
宇治山の阿闍梨……299
右大将道綱母……358
宇多天皇……68
空蟬……200・201・289・314・323
梅渓英通……196・252
梅渓通條……196
梅小路共方……196・237・477・537〜539
裏辻公視……196・225・240・269・277
裏松（裡松）……482
裏松意光……196・229・478
雲嶽宗龍妙應院……625
運慶……126

え

永英……198
永慶寺殿保山元養大居士→柳澤吉保
永子（栄子）……496・718・728・749
江嶋新助……566
越後光長……508
悦子……718・749・761
悦山……386・784・790
悦峯和尚……499・507・509・545・554・555・719・720・737・738・773・784・790
悦峯子→悦峯和尚
右衛門督局……68
右衛門佐局……21・25・319・356・419・443・472〜476・480・481・488・490・557・744・745・760・763

円徳院殿信道源証大姉……177

お

王子猷……523・533・544
奥州藤原……368
近江屋源蔵……191
大君……206・299
大石良雄……129・625
大出……598
大炊御門経音……195・203・215・229・239・243・265・272・273・281・480
大炊御門冬宗……119・128
大内政弘……197
大江千里……532・726
大江匡房……65・66・208
大岡忠光……587
正親町……781
正親町院……60
正親町公通……21・22・24・35・125・195・214・219・235・257・262・274・275・290・292・313・315・319・321・322・356・419・448・452・474・488・537・538・557・633～635・689・696・744・745・776・777・781～784
正親町定後……319
正親町実豊……195・410・474
正親町三条公兄女……321
正親町三條公統……195
正親町天皇……320
正親町町子……21～25・27・28・35・36・113～115・125・177・304・313・321・330・351・356・366・371・373・408～410・419・443・448～453・474・481・488・490・492・502・509・557・559・561・565・572・575・576・586・587・601・608・610・612～614・633～635・659・660・689・693・695・696・699・703・714・718・719・728・733・742・744～746・749・757・758・763・767・770～774・776・777・781・782・784
正親町町子腹……631
大久保……664・763
大久保忠朝……670
大久保忠方……320
大久保忠増……197・320・568・630・673・674・676～679・779・780
大澤泰弥……197
凡河内躬恒……60・95
大典侍……318・319・488
太田資宗女……671・672
大館尚氏……197
太田道灌……197
大角……378
大伴連……370・388
大伴家持……61・62・97
大中臣景忠……481
大野……748
大前伯耆……403
大宮公央……196・256
大村純長……624
岡崎国久……196・221・224・233・240・246
小笠原清遙……596～598・608・619～622・625
小笠原忠雄……598
小笠原長重……779
小笠原眞方養女……598
岡秀安女……664
岡田新平……565
岡田利衛……373
岡田善政……197
岡山泰四……761
小川俊清……195
小川博章……638
荻生惣右衛門茂卿（荻生徂徠）……562～565・740・783・787
於喜世之方……774
荻原重秀……626・627
奥平信昌……637
奥平昌春……197
奥山玄建……198
小倉実遠……128
小倉熈季……196・265
小倉半右衛門……678
小栗岡之助……625
小沢久右衛門……379
押小路公音……124・125・195・196・199
押小路実岑……196・199・202・213・215・220・222・225・229・233・235・238・242・243・247・252・258・262・264・267・268・270・272・285・286・289・292
於大↓伝通院殿
小田政府……565
織田信長……355・764
小野小町……101
朧月夜……323
小俣弼種……565・787
小山田出羽……384
小山田兵衛……382
折井……749
折井正辰……496・728・749
折井正辰女↓永子
折井正利……496・570・749
尾張大納言義直↓徳川義直
遠師↓日蓮
女一宮……690
女三宮……204・304・718
女二宮……690

か

快慶……126
甲斐郡山国主↓柳澤吉里

甲斐侍従→柳澤吉里
甲斐拾遺→柳澤吉里
甲斐少将→柳澤吉保
戒琛……496〜498
薫……206・207・299
加賀大納言利家→前田利家
かゞ美遠光……404
柿本人麿……81・96・512・529
覚彦……586・601・604・654・655
郭誉高岸徳雄諦玄院……671
覚誉法親王……522・533・544
隠家→戸田茂睡
風早公雄……522・533
風早公長……196・199・207・211・215・217・223・225・226・228・230・232・235・239・240・249・257〜260・264・270・272・276・278・281〜283・287・291・292・479
風早実種……196・225・227・232・235・242・249・256・262・265・266・279・282・284・287・289・293・315・477
風早実積……196・223・251・256
花山院師賢……97
勧修寺尹隆……196・226
勧修寺経重……127
勧修寺経敬……195・221
勧修寺経慶……195・218・223・231・237・250・251・262・267・278・477
勧修寺致孝……196
柏木……373
柏木全故→藤原全故
春日局……487・508・663
霞の洞の御門→霊元院
片桐洋一……372・728
交野時香……196・477
片山梅子……696
勝明（公辨親王弟）……482
勝田……774・776
勝仁親王……371
賈嶋……546
加藤丹後……380
加藤文章……380
加藤泰恒……197
兼明親王……207
金子清隣……787
狩野常信……198・713
狩野春岑……399
狩野探幽……198
鎌倉右大臣……61・63・529・541
上冷泉……482
上冷泉為綱……456
亀姫……637
亀山院……47・48・372
蒲生氏郷……197・248
鴨長明……358・374・530
賀茂祐之（梨木）……169〜171・176・193・198・246・271・274・547・557・559・562・563・565
賀茂保憲女……516・527
烏丸光雄……196・244
烏丸光栄……196・199・203・213・216・217・219・220・225・228・233・237・243・245・248・249・251・254・257・260・263・268・274・278・285・287・288・290・292・293
川越少将→柳澤吉保
川崎佐知子……41
川鰭実詮……196・233・242・279・283・293
河鰭實陳女……124
菅家……521・542
菅中納言局……481
甘露寺親長……295
甘露寺尚長……196・216・225・233・244・248・258
甘露寺元長女……321

き

徽安門院一条……540
菊亭伊季……195
岸上慎二……443
義俊大僧正……109
喜撰法師……61・96
北尾八兵衛……192
北小路徳光……196・215・224・251・254・271・272
北村季吟……21・22・30・35〜38・56・60・63・65・75・76・88・91・93・95・97・103・105〜107・110〜112・116・127・130・131・134・165・167・193・194・198・298・304・311・313・315・316・328・414・441・448・487・547・557・560・562・565・696・750・762・777・784
北村季任……198・256・279
北村湖元……198・274
北村湖春……130・750
北村再昌院→北村季吟
北村正立……198
橘仙……277
衣笠家良……148・207・208
木下順庵……30
木下長嘯子……297
紀貫之……43・44・46・60・68・70・73・77・82・95・101・102・106・207・358・519・530
紀貫之女……44・207
紀友則……60・95・723
紀淑氏……531・542
木村定右衛門……565
木村純尹……197
木村純長……197
紀元孝……560〜563・565

尭恵……358・371・374
玖山公→九条稙通
休波……75
喜世……776
尭延……481
行基……43・382
尭孝……75・76・103・371・373
京極院佶子……372
京極黄門→藤原定家
京極為兼……296
京極高門……198・243・267
京極為教……529・541
尭尋……75・76
刑部少輔→柳澤経隆
清岡長時……196・217
清貞→小笠原清遙
清輔……72・528・540
吉良義央……653
桐壺院……199・202・700
釣月……191
金吾→藤原基俊
今上→醍醐天皇

く

日下幸男……36・40・99・328
櫛笥隆慶……410
櫛笥隆実……479
櫛笥隆賀……771
久志本常勝……198・732・733・740
九条輔実……193・195・211・213・215・221・239・260・267・271・288・456・477
九条稙通……60・94・295
九条知家……208
久世重之……733
久世廣之……197・580
久世通夏……196・199・206・211・213・215・219・221・225・235〜237・239・244・248・251・254〜257・260・263・265・270・271・277・280・281・287・288・292・319・479
朽木稙元……198
国（吉保女）……189・412
邦高親王……444
邦永親王……195・200・211・213・220・232・242・260・269・271・287・537〜539・550
久保田淳……107
雲井雁……205・206・248・300
鞍岡元昌……787
黒田長興……197
黒田長重……197
黒田直邦……122・123
黒田直重……122・123・197・570・571・612・613
黒田直重室……728・749
桑原長義……196・214・230・231・242・249・252・258・478
黒田用綱……124

け

景行……388
經賢法印……75・76
桂昌院……116・488・493・588・595・604・762
慶範比立……586
月光院殿……776
傑眞寛英正功院……672
月奉景寛……563・565
玄建……276
元光寺……76
玄旨→細川幽斎
源氏……200〜202・204・205・303・304・312・368・433〜437・700
建春門院→平滋子
元常（薬師寺宗仙院）……198
玄真（成田宗庵）……561〜565
玄清……35
賢哲……75
乾峯院殿……765
厳有院殿……663・671・749
建礼門院……368

こ

小出英長……197
小出英安……197
小出吉英……197
小岩井権之進……565
更衣……199
耕雲（花山院長親）……295
高雲院殿……765
康慶（運慶父）……118
孝謙天皇……403
光孝天皇……137
孔子……664
庚信……520・543
高泉……784・790
後宇多院……376
後宇多院后……361
上月……189
上月平左衛門……189
上月柳子……696・750・752
江帥……65
江万里……493・546・554
公辨親王……27・31・105・452・481・482・490〜492・497・498・654・655・657・660・699・734・740
弘法大師……404・405
高誉傑叟浄山霊覚院……664
久我惟通……128・195・212・214・220・222・241・243・270・272
久我通誠……195・212・222・241・249・263・265・272・273・282・287・480

後柏原院……321・371・663
小君……200・207
後西院……31・41・481・482・508・663・716
後嵯峨院……48・144・207・209・517・528・541
護持院前大僧正隆光……594・595・603〜606
小嶋彦四郎……617
五條三品→藤原俊成
後白河院……368・470
小杉雄三……669
巨勢……755
巨勢金岡……522・532・542
後醍醐院……372
孤竹斉……75
後土御門院……371
後藤基政……208
後鳥羽院……701・765
後奈良院……35
後二条院……361・372
後二条准母……361
後仁和寺宮道法親王……470
近衛家凞……195・479・769・770
近衛家久……195
近衛煕子……672・769・770
近衛尚通……75・86・91・102・109
近衛道嗣……127
近衛基凞……195・254・456・480・690・770
五の丸様（綱吉側室）……494・588・702
後深草一女……361
後深草院……48
後深草院二条……126
後福光園摂政前太政大臣……534
後法成寺入道太閤→近衛尚道
小堀政一……197・255
小町……60・69・95
小見波氏女子……761
後水尾院……41・191・209・320・321・366・624・769・782・790
小山朝三……198
後陽成院……41・191・365・366・576
これさだのみこ……726
惟喬親王……92
意陳→川鰭実詮
惟光……203
惟光の娘……437
権大僧都宗縁……527・540
権田百助……397
近藤善六……565

さ

斎院……434
西園寺実氏……209・361・474・531・544
西園寺実俊……127
西園寺致季……195・234・241
斎木一馬……638・760・761
西行……130・519・530・532・544・762
西郷重員……624
西郷延員……619〜622・624
再勝院東素経……35
再昌院法印→北村季吟
西大寺隆業……196
斎藤利三……508
酒井……357・664・763
酒井忠音……574・576
酒井忠門……571
酒井忠相……197
酒井忠挙……177・197・571・602
酒井忠眞……662
榊原政邦……197
榊原勝乗……572
坂上是則……130
坂上田村麿……130
坂本正仁……595
左京の御方……774〜776
左金吾→藤原基俊
佐久間興右衛門……565
桜井氏敬……196
桜町院……765
酒見俊秀……787
佐佐木信綱……663
佐瀬……697
貞通→牧野貞倶
佐藤新左衛門……386
弁子→正親町町子
識仁親王……782
里村昌純……198・228
里村紹巴……193・198・298
佐野勝由……562・763
沢田正信……587・787
三管領（東叡山・日光山・比叡山）の宮→公辨親王
三光院→三条西実枝
三条公忠……127
三条西公勝……124
三条西公国……321
三条西公時……127
三条西実條……320・321
三条西実枝……58〜60・75・86・91・94・297・298・320・321
三条西實澄→三条西実枝
三条西実隆……21・23・24・35・58・59・75・86・91・94・109・125・210・295・297〜304・307・308・312〜314・316・320〜322・327・358・371・374・413・414・419・442・444・571・715・742・744・777

し

慈円……527・540・762
敷津浦人……129・136・165
式部卿重明親王……59
式部少輔→柳澤時睦
紫玉……737
竺庵……790
重子（繁子）……558・559・562
重時……208
滋野井公澄……196・220・225・265・291・477
重栄……664
四條隆安……196
設楽市郎兵衛……565
七條隆福……196・231
七條信方……196・230
持統天皇……534
品川氏尹……579
品川……580
品宮……769
芝崎好高……198・215
芝山定豊……196・315
芝山廣豊……196・212・222・232・244
島内景二……762
嶋田佐渡守……675・676・678
島田政辰……567・676
清水……624
清水谷雅季……196・216・224・227・228・230・232・237・239・242・250・255・258・267・274・278・281・283・289・291
清水谷実業……195・199・206・214〜216・218・229・231・233・236・240・244〜247・255・259・263・270・271・273・275・277・284・290・315・477・537〜539
持明院基時……195
志村楨幹……560・563・565・787
子明→柳澤吉保
下川源蔵……565
下冷泉政為……321
下冷泉……482
釈迦……382
釈阿……765
沙弥祖久……182・184・186
沙弥由己……182
就慶（未詳）……198
従高……75・76・99
周壽……546
鷲峯院殿一枝道花大居士……765
周茂叔……546
種玉庵→宗祇
准后……734
珠光院殿玉窓妙眉大姉……486・598
朱子……513
朱文公……519・543
珠林院→増子
惇信院殿……587
乗阿……75・99
常庵龍崇……35
浄因……554
浄圓院……755
正吉……75
常顕……48
常憲院殿→徳川綱吉
聖護院宮道尊法親王……478・481・482
浄光院殿→鷹司信子
彰子……714
定昭……763
正信（未詳）……198
正徹……103
称名院→三条西公条
聖武天皇……119
逍遊軒……75
逍遙院→三条西実隆
常和……75
如見……75
白河雅充王……196
白河雅喬王……196・236
白川雅冬王……196
真観→葉室光俊
真光院→曾雌定子
新上西門院→鷹司房子
新庄直賢……198
新庄直祐……197
真静（未詳）……198
真存……75
新大納言局……452・453
仁裕龍澤高徳院……663
新羅三郎……404・741

す

嵩嶽院殿……765
末摘花……203
菅原淳嗣……127
菅原秀長……128
菅原道真……125・532
杉原堅盛……197
相高……292
輔通→久我通誠
鈴木健一……320
鈴木惣左衛門……565
鈴木牧之……760
崇徳院……529・541
須原屋平助……191
すめの御方……410〜412・417・770・771・774・776
駿河大納言忠長→徳川忠長
諏訪忠晴……197
諏訪頼旨……197

せ

西華門院……361・372
清閑寺熈定……195・249・318・319・480
清閑寺熈房……319
清閑寺共綱……319
清閑寺治房……196・221
清少納言……64
清慎公（藤原実頼）……59
盛親僧都……64・98
節翁道義天休院……755
切臨……75・99
世良田鍋松……774・776
千呆……784・790
仙覚……208
撰喜……44
仙台左中将→伊達吉村
仙台中納言→伊達政宗
仙洞→霊元院
禅尼……68
仙甫……172・175・560・564・565

そ

宗祇……30・35・42・43・48・53・55・58～60・72・75・76・81・83・84・86・88・91・93・94・100・102・103・109・110・193・198・308・443・444
宗近……42
宗佐……75
荘子……517
僧正行意……531・542
宗訊……103
宗長……75
宗珀……76
宗牧……75・99
相馬万里子……207
宗柳……76
祖師→日蓮
曾雌定秋……749
曾雌定子……23・27・31・116・350～352・356・361・411・412・450・496・500・501・557・559・561・565・586・588・601・660・696・697・717～728・738・739・746・749・759・760
曽雌盛定……356・721
曾雌……749・760
曾雌庄右衛門女……728・749
素純……209
素暹……47・48
素傳……75
衣通姫……523・533・534・541
曾祢権大夫……773
曾祢貞剋……746
園池実守……196・273・410・771
園……770
園基香……196・250
園基勝……195・212・213・219・221・224・230・231・233・241・243・249・252・259・262・266・271・291・478
園基音……219
園基福……195
素明……48
素龍……309・364・373・724・777
尊性……470
尊道法印……404
孫楚……519・543

た

大覚寺准后義俊……86・110
戴逵……523
醍醐昭尹……478
太公望……635
醍醐天皇……68・70・101
大五郎……410・417・774・776
大准后……690
大善寺……386
大通院殿知山道勝大居士……765
台徳院殿→徳川秀忠
平勝旨……172・176・561・565・777
平清盛……368
平滋子……368
平時実……368
平時忠……368～370・387
平時忠女……387
平忠盛……368
平時子……368
平時信……368
平由重……180・187
平政勝……565
高市皇子……46・73
高倉院……368
高倉永福……196・217・226・227・231・237・246・273・281・479
高倉永房……196
高倉永慶……319
高階家仲……208
鷹司兼熈……195・214・217・240・269・282・290・456・477・481
鷹司……774
鷹司信子……588・699・702・718・745・750・763・768～770
鷹司房子……474・476・481・745・760・763
鷹司房輔……481・745・760
高辻豊長女……125
高辻長量……125
高野保光……196・224・748・759・761
高野保春……196・317
高橋小才次……376
高橋傳蔵……566
高柳光寿……761
高山昌賢……199

高山庄左衛門……631
隆弁……208
沢庵……198・214
竹内勝之進……565
竹内惟庸……196・479
竹内惟永……196・200・222・225・235・237・244・256・257・286・292
武田勝頼……31
武田信玄……114・116・310・355・392・398・404・450・496・696・720・759・760・771・787
武田晴信→武田信玄
武田信虎……310
武田義松……403
多々良政弘→大内政弘
橘……576
橘楨幹……565
橘正武……565
橘好蔭……130
橘儀朝……560・562・563・565
立田市人……129・136・165
龍田姫……162
伊達秀宗……197
立野通庵……565
館林宰相→徳川綱吉
伊達政宗……197
伊達宗時……197
伊達宗利……197
伊達吉村……119～121・241・245・248
田中定賢……197
田中定格……197・212
田中省吾……787
玉鬘……434・435・437
玉津嶋姫……517・541・556
田村建顕……197・214・294
田安宗武……764
多羅尾……580
多羅尾光重……580
多羅尾光武……578
丹治直亮……560・565
小岩井軍右衛門……560・565
談天門院……372

ち

中院……76・77・317
長頭丸→松永貞徳
鎮西為朝の母……383

つ

塚本勝房……677・678
月岡佐頭右衛門……565
辻波正興……565・777・787・791
津田宗助……787
土田……327
土田将雄……297・320
土御門院……134
土屋宗直……198
土屋定直……660・761
土屋政直……183・184・197・769～771・779
都筑春親……787
綱豊→徳川家宣
角田豊次……677・678
鶴姫……116・492・494・526・588・740・763

て

転法輪三条公忠……118
寺本直彦……297・305・307・311・314・326
天英院→近衛熙子
伝教大師……405
天神……370
伝通院殿……598
天武天皇……46・73

と

土井利勝……671
土井利重……671
土井利隆……671
土井利治……619～623
土井利房……623
土井利益……497・498・500・666・667・671・672
陶淵明……546
藤閑子→藤原全故妻
等恵……76
道三（曲直瀬）……576
藤重子→横山繁子
東照宮→徳川家康
東常縁……35・48・72・75・76・91・103・197・279
道徹……75
藤堂高堅……197
洞院（西園寺）実雄女→京極院佶子
頭中将……433・437
東野州→東常縁
遠山伊清……198・265
土岐……764
時常……48
土岐頼稔……754・764
常盤井（水無瀬氏信女・後の右衛門佐局）……474・745・760
常盤井入道前太政大臣→西園寺実氏
徳川……21
徳川家重……124・125・587・755
徳川家継……637・744・774・776
徳川家綱……581・587・604・662～664・749・761・762・774・778
徳川家宣……114・367・408～410・412・417・500・535・567・604～606・

611・614・629・635・637・672・684・685・699・702・716・742〜744・756・759・764・769〜771・774・776・781・787
徳川家光……487・508・624・663・761・762・778
徳川家康……294・366・373・598・609・637・638・659・679・763
徳川家康養女……294
徳川清康……659
徳川忠長……197
徳川綱條……661
徳川綱重……670・672・759
徳川綱教……116・192・526・763
徳川綱吉……21・23・24・26・29・30・114・116・119・124・125・170・310・318・319・321・328・329・351・356・357・390・408・409・411〜413・443・450・474・486〜488・490・492・493・496・497・499・500・510・511・526・530・535・570・573・580・582〜585・587〜595・597・598・600〜606・608・609・611・614・618・624・625・627・633・635〜638・658・659・661・662・664・669・679・684・687・688・694・696〜699・702・703・715・716・718・728・734・740・742〜746・749・751・752・755・756・758・759・762〜764・767・768・770〜773・778・786・787・789
徳川秀忠……294・580・581・587・772・773
徳川光国（圀）……197
徳川吉宗……124・587・598・679・744・753〜755・758・760・763・764
徳川義直……193・196
徳川頼宣……197・763
徳大寺公全……456・479
徳大寺実時……127
徳松……124
土佐子……123・570・601・612・718・728・749
杜子美……514・522・523・540・544・545
智仁親王……40・90・109
戸田……664・763
戸田茂睡……656・663
戸原純一……638
杜甫……533
冨小路貞維……196・478
具平親王……54・207
具守女↓源基子
外山勝守……196
外山光顕……124・196・230・236・242・259・267・273・275・537〜539
外山光和……196・211・224・239・269・276・281・282
豊岡資時……196・221・230・252
豊臣秀次母……399
豊臣秀吉……294・764
豊姫（徳川家宣女）……339
虎吉（徳川家宣息）……417
鳥居忠常……197
頓阿……75・76

な

尚侍（朧月夜）……302
典侍直子……108
内大臣（頭中将）……206・300
内藤……248・747
内藤新七……566
内藤信成……748
内藤信敦……748・750・759・761
内藤政長……662・761
内藤政森……660・761
内藤政森室……728・749
内藤家長……747
内藤義英……197
内藤義概……197・276
直行……171・173
長井英太郎……30
永井直右女……672
永井直恒……197
永井直敬……197・283・667・668・672
永井尚政……671
永井直増……672
永井尚廉……671・672
永井尚庸……671・672
中川……671
中川照将……443
中川成慶……567
中川久恒……197
長澤資親……122〜125・197
中沢藤左衛門……565
長嶋的庵……617
中院……210
中院通勝……37・200・210・319〜321
中院道純……319
中院通為……321
中院通躬……22・36・194・195・199・210・215・216・218・221・223・224・226・228・233・234・236・240・246・248・250・253〜255・257・264・266・267・269・275・279〜281・286・288〜293・315〜321・479・696
中院通村……319・321
中院通茂……22・36・168・191・194・195・210・217・218・220・223・224・227・228・231・239・245・247・257・266・268〜270・276・278・282・283・289・290・315・316・318〜321・456・478・696
中君（宇治）……206・299
中野幸一……327
中野実……683
中御門資熙……195

中御門院……754・765・770
中御門宣顕……196・222・234・249・256・257・261
中御門宣誠……196
中山篤親……195・477
中山兼親……196・224・230・241・245・252・262・270・273・291
中山兼宗……528
中山信成……198
中山信治……198
中山信久……198
梨木祐之→賀茂祐之
鍋島勝茂……294
鍋島直條……294
鍋松（家宣息）……775・776
波木井実長……394
奈良甚五右衛門……382
ならのみかど……82
成田宗庵……565
難波宗量……196・226
南部重信……197・240
南部通信……197
南部山城守……397
南部行信……197

に

二位尼→平時子
新野与五右衛門……377
匂宮……206・299
西大路隆栄……196・233・239・240・251・271・284
西の御所→徳川家宣
西洞院時成……195・478
西村源六……192
西村幸信……509
二條……76・77
二条院……59
二條綱平……195・211・213・215・235・278・456・479
二條為明……433
二条為世……75・77・372
二条良基……127
日遠……397
日誉……397
日蓮……369・387・394・397～403・406
日朗……369・387
日興……369
日諦……624
蜷川親昌……198
二品法親王覚助……533
庭田重孝……196・232・241・245・260・263
庭田重條……195・205・212・214・215・219・227・237・238・244・246・251・258・260・266・271・274・279・283・286・287・292・456・479・537・539・690

の

軒端荻……200・201・234
野口武彦……30
野澤公次郎……31
野々宮……210
野宮定基……196・207・210・212・217・219・220・222・223・230・235・238・240・248・250・252・254・256・258・270・272・273・278・280・284・315・316・318・319・478
野宮定基室……318
野宮定基女……749
信豊→柳澤時睦
野村貴次……36
紀氏……513

は

波木井六郎……397
萩原員従……196・219
伯水堂梅風……192
橋本公夏……295
橋本實松……196・205・211・218・247・250・267・293
橋本不美男……41・86・99
長谷範量……196
畠山民部大輔……122・123
畠山基祐……123・125
畠山義里……197
八條智仁法親王……41・195
服部幸八……565
服部南郭……740
花園院……404
花園公晴……196・216・218・219・229・234・243・259・262・272・283・284・288・290
花散里……434・727
塙門平……566
植谷元……310
濱口博章……208
葉室光俊……207・208
葉室頼重……196・764
葉室頼孝……195・254
林源之助……565
林直秀……197・222
林信篤……740
原大隅……396
針谷甚内……566
春子（由子・稲子）……558・565・660・761

ひ

日岡昭参……677・678
東久世博高……196・221・231・233・236・263・272・477
東園基長……196・212・215・218・220・

228・229・234・237・248・250・258・259・
270・276・282・290・456・478・537・538
東園基量……195
東二條院……361
東山院……193〜195・224・235・239・
269・270・277・288・473・481・764・769・
770
東山殿→足利義政
光源氏……372
疋田三十郎……565
比企長左衛門……378
樋口康熙……196・234・238・243・247・
258・259・263・271・272・284
鬚黒……434
ひこたつ……516
常陸介……201
人丸……43・50・60・61・67・68・
82・95・144・151・514〜516・526・
540・541
人見又兵衛……617
日野輝光……195・199・206・212・214・
218・220・221・223〜226・230・235・
236・240・243〜246・248・261・266・
269・273・274・284〜286・288・291・
292・479・537〜539
日野西国豊……196・274・480
日野弘資……124
ひめたつ……516
兵部卿宮……202
平岡資因……600
平手七郎右衛門……565
平野屋吉兵衛……191
平松時方……196・477
広橋兼廉……196・255・263・273・284・
287
廣幡豊忠……195・218

ふ

深草上介……198
福井久蔵……294
福井保……740
福田秀一……126・208
普賢……382
藤壺……201・202・372
藤波景忠……196・215・222・227・233・
247・249・250・255・259・280・281・283・
285・477・481
藤波徳忠……196・250・293
伏原宣幸……196
伏見院……209
伏見中務卿→邦永親王
藤本孝一……443
藤本仁文……685・689
藤本由己……184・198
藤谷為茂……196・317
藤谷為信……196・199・200・204・207・
227・230・232・238・240・241・244・245・
247・249・250・255・256・258〜260・
263・276・277・283・285・288・289・292・
293・480
藤原家良……208
藤原顕昭……529・530・543
藤原貞行……559・565
藤原……580
藤原重祐……559・564・565
藤原俊成……67・76・77・93・134・
209・514・526・532・540・544・545・762・
765
藤原貴亮……170・171・175・176・178・
180・186・188・561〜563・565・777
藤原全故（柏木）……169・170・172・
173・175・193・198・309・310・312〜
314・364・373・558・560・563〜565・
724・777・784
藤原全故妻……558・562・566
藤原鎌足……534
藤原貞友……180・185
藤原為家……47・68・75・77・82・
208・209
藤原為兼……296
藤原知圓……181・183・187
藤原定家……25・42・52・61・68・
74〜77・81・89・95・96・105・
106・209・297・363・379・413・414・453・
470・521・531・544・715・762
藤原忠通……61・63・97
藤原長家……77
藤原長清……208
藤原信実……208
藤原為氏……77・209・530・531・543・
544
藤原勝豊……181・184・186
藤原秀衡……387
藤原正守……181・188
藤原雅幸……127
藤原道長……659
藤原光俊……208・533・542・551
藤原基俊……76・77・89・105・106
藤原盛方……81
藤原廣政……564・565
藤原冬嗣……659
藤原盛継……565
藤原良経……209・762
文昭公→徳川家宣
文屋ありすゑ……531

へ

平家……368
弁尼……299

ほ

法橋顕昭→藤原顕昭

鳳岡→林信篤
北條氏政……197
北条氏康……197・230
北条氏康女……580
坊城俊清……202・222・225・255・259・277・285・287・291・293・479
北条泰時……208
祝園閃子……189・412・696
保山元養→柳澤吉保
保科正光……587
保科正容……587
保科正之……587
保科正之女……663
細川忠興……197・624・761
細川忠利……624
細川行孝……197
細川綱利……622・624・625
細川藤孝→細川幽斎
細川幽斎……37・40・41・75・86・90・91・109・197・200・210・214・241・274・297・298・320・327・624
牡丹花肖柏……55・58・75・76・91・94・99・193・198・308
法性寺殿→藤原忠通
堀田一輝……198・277
堀田正虎……197
穂波経尚……196
堀川康致……196・228・256
堀川康綱……196・478
堀直利……491・492・495〜497
堀親昌……197
堀直次女……508
堀直吉……508
本阿弥光悦……398・399
本願寺光従……75・76
本庄……762
本庄資俊……763
本庄資訓……750・763
本庄宗資……762
本多……663・679・686・687・762
本多重世……197・222
本多忠国……580・662
本多忠挙……357
本多忠孝……679
本多忠英……679
本多忠泰……197
本多忠良……676・677・679
本多利久……197・671
本多政勝……662
本多政利……653・654・656・662・674
本多正永……561・779
本多康将女……664
本多康命……197

ま

前田信濃守……122・123
前田綱紀……25・485・486・492・507・511・590・665
前田利家……197
前田玄長……122〜125
前田賢長……123・125
牧野貞倶……123・124
牧野成貞……124
増子……167・177・178・182・189・192・409・411・412・416
町尻兼重……196・476
町尻兼量……25・472〜476・481
松尾芭蕉……310・558・656
松木宗顕……195・236・480・537・538
松平昭重……197
松平可正……198
松平清照……637
松平式部少輔→柳澤時睦
松平重賢……658〜660・664
松平重治……580
松平典信女……672
松平資訓……752
松平忠隆……581
松平忠成……198・258
松平忠冬……579
松平忠雅……631・637
松平綱茂……197
松平綱隆……197
松平綱長女……763
松平綱紀→前田綱紀
松平綱久……197
松平綱政……197・617
松平綱村……197
松平綱宗……197・277
松平経隆→柳澤経隆
松平輝貞……28・494〜497・499・509・609・742・748〜751〜753〜758・762・764
松平輝貞室……728
松平輝綱……749・750・761
松平友著……197
松平直明……197・274
松平直矩……197
松平成重……197
松平信定……750・752
松平信高……197・243
松平信成……747
松平信綱……750・761・762
松平（能見）英親……664
松平乗興……198
松平乗紀……734
松平乗春……197
松平乗邑……197
松平保山→柳澤吉保
松平正容→保科正容
松平昌勝……638
松平昌親（吉品）……638

松平正信……583・587
松平光隆……197
松平光高……197
松平光仲……197
松平光長……625
松平光永女……508
松平光宗……197
松平光政……173・175・197・560・561・563・566
松平光茂……197
松平吉保→柳澤吉保
松平綱宗……197
松平宗俊……197
松平康信……659
松平康信女……664
松平保光女……748
松平忠成……198
松平吉邦……632
松平吉里→柳澤吉里
松平吉村→伊達吉村
松平吉泰……197
松平頼雄……197
松平頼重……625
松永貞徳……40・60・75・91・94・198・271・297・298
松永永種息……75
松浦鎮信……197
万里小路淳房……195・212・213・216・224・228・229・234・246・260・264・281・285・290・291・293・480
万里小路尚房……196・220・229・247・249・277
的場甚大夫……565
間部詮房……410・570・614～616・626・627・629・669・769・770・772・774・780
曼殊院宮→良応法親王
饅頭屋林宗二……35

み

御子左……76・77
御子左為重……119・128
水野勝直……598
水野勝長……559・593・594・598・608・609
水野勝政……608・609
水野重格……675・677
水野忠直……582・587
水野忠之……662
溝口……747
水戸綱條→徳川綱條
水戸光国→徳川光国
水無瀬氏孝……196・201・226・227・234・236・238・248・250・252・258・266・268・476
水無瀬氏信……21・476
水無瀬氏信女→右衛門佐局
水無瀬兼俊……476
水無瀬兼豊……476
水無瀬具英……476
源稲子→春子
源勝長……566
源勝由……566
源定子→曾雌定子
源定護……561・565
源実朝……97・208
源実豊……474
源重敞……563・566
源重遐……172・174・560・565
源重通……366
源重祐……566
源順……54・144・207
源集希……562・566
源重祇……560・565
源弼種……560・561・565
源正堅……559・562・563・565
源正甫……559・565
源具子（大典侍）……365
源種貞……559・563～565
源親長……529・541・551
源親行……208・372・373
源恒都……179・185
源経信……61・97
源融……92
源敏満……564・566
源俊頼……72・365
源倫衡……562・565
源成福……171・174・562・565
源憲正……181
源祐孝……559・565
源正家……559・565
源正興……565
源當景……179・184・185
源政高……182・185・187
源政直……179
源政永……565
源政徳……171・175・178・179・186・777
源政府……561・565
源幹……180
源光行……208・358・372
源基子……361・372
源具守……361
源基具……361
源元澄……180・183・186
源元則……561・565
源行次……559・561・564・565
源義武……561・566
源儀正……562・565
源義経……368・387
源儀豊……564・565
源儀元……181・182
源頼朝……368・393・394

192〜195・197・279・280・289・304・307・310・311・313・315・317・319・321・322・328・330〜352・356・357・361・367・371・390・408・410〜412・414・419・441・449・448〜453・472〜475・480・481・485〜490・492〜497・499〜502・506〜512・524〜526・530・533・535〜537・547〜550・552・554〜559・563〜565・567・570〜576・578・579・582〜586・588〜598・600〜616・618〜629・631・633〜636・651・653〜661・664・666〜668・670・674・676・679・680・683・684・687〜689・691・693〜698・701〜705・712・715〜722・724・725・727・728・730・732・734〜746・748〜752・755・756・758〜762・766〜768・770〜774・776〜778・780〜784・786〜791
柳澤吉保生母→了本院
柳原資堯……196
藪田……409・412
藪田重守……192
藪田守邦（邦守カ）……167・189・192・412・416
山井兼仍……196・480
山岡景以女……581
山口長政女……580
山口光廣……580
山崎庄蔵……565
山崎孫助……565
山科言緒……209
山田新蔵……565
日本武尊……116・370・388・638
山名矩豊……197
山名玉山……198・274
山名光豊……193・198
山上憶良……528
山辺赤人……60・95・515〜517・528・550〜552
山本公尹……196・254
山本実冨……196・480
山本入道前太政大臣……532
山本光俦……678

ゆ

夕顔……201・323
融覚……47・48
遊義門院……361
夕霧……205・206・300・434・700・727
有章院殿……637・754・776
祐心……76
有徳院殿……124
行氏……48
弓削道鏡……403

よ

陽光院……365
陽明殿……44・83
横井金男……29・36・40・41・98・99・107
横田真精……663
横手伊織→柳澤経隆
横山常定女……587
横山繁子……565・660・696・761
吉川従長……198・565
良清……204
吉田兼敬……196
吉田庄大夫……678
吉田光俊……528
義光→新羅三郎
四辻善成……128
米倉忠明……198
米倉昌明……197・281
米田弘義……189・210・509・693・741
頼殿……764
頼子……129・177・178・183・357・557・559・564・571・601・602・701・702

ら

麗子陵……546
楽只堂→柳澤吉保
楽天（白居易）……151・519
蘭相如……161

り

李白……502・522・544・546
龍山……554・555
隆禅……763
凌雲院胤海……193・198
凌雲院就海……198
良応法親王……479・482
了山……580
良純法親王……365・366・373・385
了本院……356・501・697・735・746
麟祥院……486・487・507・508
輪王寺准后→公辨親王
輪王寺宮→公辨親王
林和靖……509・545・554

れ

霊元院……22・24・25・35・41・125・168・177・191・193〜195・199・202・204・213・216・242〜245・248・251・254・260・261・263・266・275〜280・284・286・292・311・313・315・316・320・321・328・419・444・447〜453・470・473・474・476・481・490・536・537・551・624・633〜635・637・696・728・745・760・763・777・781〜784
姈子……361

霊樹院→飯塚染子
霊瑞院……76
冷泉為和……75
冷泉為相……208・750
冷泉為綱……127・196・201・206・214・216・217・226・230・233・235・238・241・248・249・255・256・260・261・265・267・268・271・279・286・289・315・316・456・480・482・537〜539・713
冷泉為経……196・479・482
冷泉為久……196・199・200・201・205・215・218・220・225・228・229・232・234・237・238・240・242・243・245・246・249・254・256・257・261・263・265・267・274・275・278・282〜284・286・287・289〜291・306・479・754・765
蓮師→日蓮
蓮生……208
蓮浄院殿……411・412・417

ろ

六条有藤……196・203・205・226・227・231〜233・237・238・247・249・251・256・258・259・264・272・278・281・282・284・289・290
六条有慶……482・537・538
六条天皇……134
六条友慶……478・482
六条局……482
六条御息所……202・434・436
六角益通……196・216・226・239・249・250・264・268・279・280・284・291

わ

鷲尾隆長……196・246・279・288・477
和靖……555
渡辺憲司……294
渡邊……763
渡邊幹……185・787
渡邊永倫……567

（二）書名索引

あ

哀悼文……696・721
青表紙本源氏物語……419・433・435〜439・441・443
秋篠月清集……762
東鑑（吾妻鏡）……39・40・65・106・208

い

家忠日記増補追加……581
池田本（桃園文庫蔵）……433
いさよひの記……358・374
石山寺本堂奉納和歌……305〜307・313・314
伊勢物語……22・24・29・39・54・77・88・91・92・106・114・167・372・407・409・410〜414・444・474・712・716・738・739
一字抄……191・209
いちょう……662
隠斎記……510

う

鵜飼……388
浮木……295・327
宇治前太政大臣家歌合……365
歌合の研究……134

え

詠花鳥和謌……470
詠歌大概……22・39・40・60・77・88・95・106・515・527・556
栄華物語……759
詠源氏巻〻倭歌……23・294・295〜298・301・305・322
詠源氏物語巻名和歌……295・296
詠源氏物語巻々和歌……295・297・301・307・320
詠源氏物語巻々和歌の系譜―源氏供養の伝流を軸として―……30・328
江戸時代文学誌……326
江戸城下変遷図絵集一……570・589
江戸武家地の研究……575
江戸名所図会……113
恵林寺の文化財と歴史……31

お

王朝文学の研究　資料編……327
黄檗山萬福禅寺……790
大井家文書……713
大島本源氏物語……418・419・433〜439・443
大島本源氏物語の研究……443
奥入……443
奥の細道……310・391・558
小倉百人一首……39・40・42・68・78・81・88・95〜97・106・371・453・726・729
御成御殿図……595・603〜605・647〜649
御曲輪内大名小路絵図……587・640
女文字手本……24・418・419・433・438・439・441・444・471

か

海道記……358・372・374
河海抄……59
かけろふの日記……358・374
過去帳……720
歌書綜覧……134
花鳥餘情……59・99
甲冑の書……754
角川大字源……533
仮名序……547・550・556
鴨長明家集……519・530・543・556
賀茂保憲女集……516・527・556
下葉和歌集……371
河内本源氏物語……433・435・436・438・439・441
川中島合戦の図……404
菅家御集……556
菅家文章……532
巻子本六義園記……493・500・502・503・509・535・547〜556
神田橋護持院日記……595・604・605
関東近古詠……208

寛平御時きさいの宮の歌合……532

き

聞書……110
紀行……294
徴子女王ノ入内ノ記……59
北村季吟古注釈集成解説／季吟への道のり……36
北村季吟古注釈集成別一……40
旧芝離宮恩賜庭園……669
旧豊田家文書……501・509
九番歌合……134
経書……791
教端抄……78・106・107
京都大学国語国文資料叢書……29・87
享保九年柳澤家新春歌会……177
玉牒秘譚……39・40
玉葉和歌集……208・517・526・528・529・531・540・541・544・556・701
挙白集……297
近世京都大名火消の基礎的研究……689
近世古今伝授の研究 地下篇……40・99
近世中後期上方における譜代大名の軍事的役割―郡山藩を事例に―……685
近世堂上和歌論集……190・326・328・329
近世文芸五五……189・728
金葉和歌集……97・365

く

公卿補任……456・476・482
九十賀記……754
具足戒……588
愚問賢注……371
黒川村誌第二集近世黒川藩資料……765
群書類従……470

け

系譜（柳沢家譜集収載）……761
華厳経……544
源語秘訣……59・93
源氏聞書……308
源氏表白文……297
源氏巻名和歌……296・297・320・327・358・777
源氏物語……21～24・29・39・57・58・60・77・88・91・93・95・106・166・169・199・200・202・207・294～298・301～304・306～308・310・312・320・362～364・372・418・419・438・441・442・444・471・558・693・695・698・～700・712・717・723～725・727・759・777
源氏物語竟宴和歌……295
源氏物語古注釈叢刊第五巻……327
源氏物語古注集成……328
源氏物語駒込の巻……30
源氏物語十二月……444
源氏物語受容史論考 正編……326
源氏物語正続六十三帖……296
源氏物語大成 校異篇……304・419・420・423・435～440
源氏物語注釈史の研究……328
源氏物語月次ノ詞書……313
源氏物語の探究……327
源氏物語の文化史的研究……716
源氏物語巻名和歌二種―実隆の「詠源氏物語巻々和歌」と植通の「源氏物語竟宴記」―……327
源氏物語巻々和歌……210・294・311・321・323・784
源氏六十三首之哥……296
現存和歌六帖……190・208
元禄年中之形……589

こ

耕雲本源氏物語……295
耕雲本跋歌……295・307
江談……65・66
高野参詣日記……358
甲陽驛路記……24・126・308・309・355・357・359・368・371・372・374・390・558・656
公用日記……307
甲陽八景和歌……22・111・114・117・127
郡山八景和歌……22・119・761
古記……519・543
五経……791
古今切紙集 宮内庁書陵部蔵……22・41・80・99・109・110
古今集并歌書品々御伝受御書付……32
古今集幽斎講尺日数……40
古今伝授切紙附録……39
古今伝授の史的研究……29・33・99・104・107
古今真名序……515
古今和歌集……22・25・29・33・37～39・41・44・70・71・81・82・86・88・90・93・96・97・101・103・106・150・208・362・364・365・371・372・

379・477・517・526・527・529・530〜533・544・550・566・637・703・723・729
古今和歌集全評釈（下）…372・723
古今和歌六帖…190・207・208・528・556
国書総目録……295・528
国宝源氏物語絵巻……203
湖月抄……313・441・442
湖月抄本……304
古事記……116
故紙録……501・510
後撰集和歌集……207・369・479
国会図書館本……528
近衛尚通古今切紙……80・83〜86・100〜103・109
御府内沿革図書……570
古六歌仙其他……444・445・471
婚記……714

さ

堺本二類……361
桜町院御集……765
桜町院防中御会和歌……765
狭衣物語……70
定子追悼文……588・716・717・722・738
左傳……45・60・73
実隆公記……358・444
山家集……762
三玉集……321
参勤交代年表上・宝永七年より安永二年まで……210・728
三十六人集……95
三帖源氏……313
三条西家証本源氏物語……30・304・419・433〜439・441・443
三条西実隆と古典学……32
三条西実隆と古典学（改訂新版）……29・295・443・444・555・728
三代集……25・472〜476・480・481・490・517
三冨山多福寺……760
三富新田の開拓……760
三部抄……754

し

詞花集……97
私家集大成……533
私家集伝本書目……327
拾遺愚草……25・445・453・470・531・556・762
拾遺和歌集……96・372・478・514・526・540・556
周易……751・762
拾玉集……762
十二月花鳥和歌……448〜450・453・454・470・471
十二境八景和歌……452
十二月和歌……24・445・447・470
衆妙集……624・625
潤玉和歌集……307・315・316・319・321・777
俊成卿九十賀記……765
俊成卿九十賀和歌……765
貞観政要……47・74
常憲院贈大相国公実紀……734
常憲院殿御実紀……329・664・689・789
常憲公御代局・右衛門佐局之伝来……745
肖柏本源氏物語……441
肖聞抄……55
続古今和歌集……48・367・385・517・528・533・542・550〜552・556
続後拾遺和歌集……208・522・529・533・541・556
続後撰和歌集……43・48・69・531・532・542〜544・556
続五明題和歌集……190
続潤玉和歌集……307・315・316・320・321・777
続千載和歌集……98・372・527・530・542・556
続明題和歌集……23・167・190・192・211・254・269
諸大名の学術と文芸の研究……294
諸門跡譜……365
資料纂集古記録編……652
史林……689
賜蘆拾葉……327
真光院自筆和歌集……350
新古今和歌集……42・55・67・82・97・370・519・527・530・540・543・556
壬午九月新行殿図……604
新後拾遺和歌集……527・540・556
新後撰和歌集……372・533・556
新後明題和歌集……192・195
新続古今和歌集……209・514・518・526・529・530・534・540・543
新続題林和歌集……192
新千載和歌集……514・520・521・526・527・531・532・540〜542・551・556
新撰和歌六帖……190・207
新題林和歌集……190・192・195
新勅撰和歌集……43・68・82・96・97・529・532・544・556
新訂寛政重修諸家譜……123・576・580・652・658・740・752・761・764
新訂増補国史大系本徳川実紀……30・329・508・567・568・587・

588・685・747・760・769・789
神道之要文……53
新編国歌大観…81・131・364・526～532
新明題和歌集……191・194
新類題和歌集……191

す

すもり六帖……296

せ

積玉和歌集…307・309・310・313・316・320・321・363・715・777
積玉和歌集員外収載本…311・312・314・322
積玉和歌集員外　組題　五……129
積玉和歌集員外　組題　六……111・126・323
積玉和歌集員外／初度千首／一……328
積玉倭謌集員外巻第五…136・371・374
積玉和歌集員外／御吉野里歌合甲陽驛路記／五……357
積玉和歌集追加上……390
世説……519・543
雪玉和歌集……320～322・327
雪景之図……655
善光寺紀行……371
千五百番歌合……532
千載和歌集…42・67・81・514・515・518・526・529・540・556
千首和歌草…177・311・419・728
仙洞三十六番歌合……191

そ

宗祇法師古今集聞書切紙…32
宗訊古今切紙……80・83・103
染子歌集…27・351・502・588・695・696・704・712・715・727・784
素龍筆柿守本／おくのほそ道……310・373・558
素龍―楽只堂の学輩達（上・中・下）―……328

た

戴恩記……297
大学……751
待賢門院入内ノ記……59
大名と堂上歌壇―田村建顕を中心に―……326
内裏五百歌……532
題林愚抄…190・191・209・529・556
たか野まうて……358・374
武田家系図……404
太上皇仙洞同詠百首応製和歌……531
竪横和歌……296
伊達吉村本郡山八景…119・121
為兼卿遠所詠歌……296
為冬集……209

ち

中世歌壇史の研究・室町後期〔改訂新版〕……209
中世に及ぼした中国文学の影響―瀟湘八景の場合…126
中庸……787・790・791・793
長恨歌……199
長秋詠藻……750・762
勅賜護法常應録……501
勅撰一字抄……209
勅撰六義園十二境…25・536～538・547・548・550・555
勅撰六義園八景…25・536・537・539・547・555
千代田区大手町、丸の内周辺……587

つ

追悼文……725・727・728・735
徒然草…22・39・78・88・97・98・106

て

寺本本詠源氏巻〻倭歌……305～307・311・312・314・322
典義抄……45・73
伝授血脈……38
伝為兼資料二つ―いわゆる「為兼卿三十三首」と「詠源氏物語巻名和歌」（解説と翻刻と）―……327
天福本伊勢物語…413・414・474・481・715

と

東海道中膝栗毛……391
東関紀行……373
東京を江戸の古地図で歩く本……587
堂上派地下歌壇……328
東撰六帖和歌……190
東撰和歌六帖……208
東武実録……581
当流切紙…38・39・41・80・82・85・108～110
徳川実紀と松陰日記……588
徳川諸家系譜…366・373・417・637・760・776
徳川政権下の大奥と奥女中

……599
徳川大名柳沢吉里と『源氏物語』―「詠源氏巻々倭歌」を中心に―……189・728
徳川大名柳沢吉里の文芸活動―歌人としての成長を中心に―……189・328
徳川綱吉書幅―水野勝長拝領品の背景―……598・617
土佐日記……54・358
豊島区史……30
戸田茂睡という人……663
豊田家文書……177・192・407・409・730・741
とはずがたり……126

な

内閣文庫所蔵史籍叢刊……734
中院家の人々……329
梨本集……663
鍋島直條の紀行及び日記―『園楓家塵』抜書（五）続―……326
南京八景詩歌……127・128
南都八景和歌……22・111・117・128

に

新玉厺奉納和哥百首……26
二八明題和歌集……190・209
日本歌学大系……527
日本紀……523・540・541
日本国語大辞典……788
日本古典文学研究の新展開……443
日本古典文学大系……107
日本史研究……685
日本書紀……370・527・528・533
日本庶民生活史料集成……747
日本文化の原点の総合的研究I……126
女院小傳……361
仁和寺御伝……470

の

能因本枕草子……361
野槌……65

は

柏玉集……321
白氏文集……25
幕府祖胤伝……366・373
初御成御殿図……585・588
八景和歌……761

ひ

僻事調……663
筆者目録……447
平瀬家旧蔵弄花抄……328

ふ

風雅和歌集……208・209・514・522・526・533・544・556
福寿堂年録……27・29・307〜309・328・350・411・507・510・567・570・576・626〜630・632〜634・636・637・673〜678・689・693・720・730〜732・766〜768・772・774・776・777・780・781・783
武家方寄合本郡山八景和歌……119・121
富士紀行……373
富士御覧日記……373
富士暦覧記……373
扶桑名勝……541
扶桑名勝詩集……516・528
夫木和歌抄……190・208・363・364・527〜530・540・541・545・556
部類現葉和歌集……192
文学・語学……189・328
文昭院殿御実紀……567・685・687・689・769・780・781

へ

平安期における女性の名前考―皇妃に見る命名の由来―……714
平家物語……368・370
碧玉集……321
別本源氏物語……433・436・438・439・441
別本阿里莫本……435

ほ

宝永改正洛中洛外之図……687
宝永四年柳澤家新春歌会……169
宝永六巳年之形……570
北越雪譜……747
穂久邇文庫所蔵本源氏物語……304
保山公御詠歌御手鑑……330
細川幽斎の研究……327
北国紀行……358・371・374
堀川百首……131・133
本朝皇胤紹運録……365・372・481・482・770

ま

枕草子……64・361・365・385
松陰日記……21・30・33・115・177・313・408・413・416・419・442・449・450・452・453・474・475・480・493・501〜503・506・507・526・555・557・588・592・595・600・604・609・611・654〜657・

662・663・689・693・695・697・699～703・714・718～720・725・728・742・759・770・771・776
待乳山上見晴の図……655
待乳山聖天……662
松永本花鳥餘情……99
松戸明題部類全……713
万歳集……177・188・720
万葉集……45・63・70・71・73・140・164・207・361・362・372・377・416・520・522・528・531・532・542・556・727

み

水木家旧蔵文書……494・503・506・507
光俊集……209
壬二集……531・556・762
宮川葉子校訂楽只堂年録……573
明恵上人歌集……533
妙寿院の集……519・530
御吉野里歌合……22・129～131・133・134・136・357
眠江入楚……200・210・320・321

む

武蔵国浅草八景和哥……22・27・111・117・126・131
紫の一本……663
無量寿経……296

め

明題和歌全集……190・191・194・209

も

孟津抄……94
毛利綱元文芸関係略譜、附後水尾院勅点について……326
文集……47・74
文選……45・74
門葉譜……189・749・759・765

や

八雲御抄……362・377
柳沢家譜集……189・558・720・749・759・761・765
柳沢切紙……80・85・86・88・89・93・100・108～110
柳澤家の古典学（下）―文芸の諸相と環境―……21
柳沢家の古典学（上）―『松陰日記』―……21・40・115・328・371・416・443・448・449・452・481・488・496・508・526・536・598・634・662・684・690・693・696・713・715・729・759・771・784
柳沢史料集成……728・761
柳沢資料集成第六……391
柳沢文庫収蔵品仮目録……418・472・633・635
柳沢文庫収蔵品図録……30・442・470・783・784
柳沢吉里「詠源氏巻々倭歌」―覚書と影印・翻刻―……326
柳沢吉里編纂の「続明題和歌集」―その紹介と翻刻（一）―……189
柳澤吉里編纂の「続明題和歌集」―その紹介と翻刻（二）（三）―……188
柳澤吉保公参禅録・勅賜護法常應録……510
藪田家文書……192
山下水（箋）……320・321
大和名所図会……118・119・128
大和物語……39・40・54・106
山辺道……328
やよひの記……24・390・656

ゆ

有章院殿御実紀……734
有徳院殿御実紀……743・744

よ

謡曲集上……369
陽成院親王二人歌合……134
よしの、詞……358・374
吉保追悼文及び和歌……730・741

ら

礼記……523・543・791
楽只堂年録……25～30・33・37・38・90・107・130・189・307・310・316～318・328・408・410・412・416・443・448・452・453・474～476・482・485～487・489～494・496～501・504・508～511・536・539・547・557・570～576・578・579・582～584・586・589・590・592～596・600～611・613～615・619～623・626・651～657・660・661・663・665～667・669・670・672・674・676・679・681・688・689・693・695・698・701・702・713・716・718・720・725・728・733・735～737・766・768・771・776・783・784・786～791
楽只堂年録収載本六義園記……493・500・503・511・535・547～556
覧富士記……373

り

六義園……509
六義園絵巻……784
六義園絵巻上巻……501

六義園記……25・26・490〜492・505・511・512・526・535・547
六義園十二境八景……451
六義園十二境八景和歌……450・453
六義園図……503〜505・525・552
六義園全図……510
六義園―その初期の姿をめぐって―……188・189
六義園新玉枩奉納和哥百首……501・526・547・556・557・559
六義園八十八境……25・536・537・539・547
六義園八景十二境……451
立教大学日本文学……327
吏部王記……59
柳営婦女伝系……417・745・769・776

る

類題集の出版と堂上和歌―『新続題林和歌集』を中心として―……190
類題和歌集……190・191・209

れ

霊元院とその周辺……329
冷泉家時雨亭叢書第八巻
拾遺愚草上・下……470

ろ

弄花抄……308
弄花抄　付源氏物語聞書……328
論語……25・539・751・787

わ

和歌一字抄……209
和歌大辞典……190・207〜209・371・532・550
和歌題林愚抄……209
和歌文学研究……328
和名集（抄）……54・144

（三）事項索引

あ

哀傷の和歌……730
会津……587
会津若松……664・763
哀悼文……586
逢嶋の祖師堂……397
葵……93・99・106・300・301・312・434・438・444・700
青木はら……383
青葉の山風……337
青柳のいと……332
青柳村……391
亜槐……538
赤坂溜池……598
赤澤村妙福寺……400
明石……175・204・216・312・561
明石城……662
明石の浦……67・81・100・144・362
明石巻……300・312・436・438・442・444・700
暁……239・265・266・270・271・283
あかつきのかね……229・236・403
暁のわかれ……263
あかぬ別れ……291
赤富士……361
明星……270
あかめ……386
秋歌……85
秋霧……272
秋の色……268
秋の扇……291
秋の初風……337・345
秋のはつ空……347
秋葉権現……113
秋虫……285
あくた川……53・92
悪評……356
明方の空……238
あげ畳……398
総角……300・326
上ヶ地……617
上け屋敷……485～487・576・597・608
浅井……624
朝顔……249・300・303・324
麻上下……736・737・772
浅香山……274
浅草……111・113・126・127・599
浅草茅町（萱町）……654
浅草萱町蔵屋敷……677～679
浅草萱町下屋敷……656・673・674・675・678
浅草観音堂……31・126
浅草鳥越……632
浅草橋駅……638
浅草八景……127
あさ衣……289
浅茅原……275
浅茅生……280・353
あさのは……347・348
浅間山……273・379
浅水橋……144
浅利むら……404
足軽……686
あしたの雲……271
あしたの露……273
蘆邊……505・517・518・524・528・540・550・564
蘆邊の亭……515～552
蘆屋……92・396
飛鳥井家……358・367
安宿（あすかえ）……671
飛鳥河……247
預り地……568
預り屋敷……570・612
梓弓……290
東……500・517・777
東歌……361・372
東下り……92・114・372
東路……275
東屋……300・502・503・510
畦村……405
愛宕……580
愛宕下……578・580・582
愛宕下の屋敷……578・579
あたし名……242
あた名……243
あた浪……217・242・257
熱海……755
あつさ弓……345
東の新玉津嶋……547・550・555・557
渥美……671

穴観音……388
姉小路……66
あひまた川……396
あふこかたみ……293
あふ坂……233・234・251・313
逢坂の関……241・275・286・314・560
逢坂の関屋……201
あふ坂の山……275・324・561
逢瀬……222・223・235・241・248・259・264・265・277・281・287
飯富……402
あふひのかさし……292
逢夜……248・249
あま……228・272・286
あま小舟……251
雨雲……271・272
あま衣……264
天津星合……236
天津ほしあひ……345
天戸大明神……392
あまの数ならぬ名……242
天の河……234・248・347
あまの川なミ……353
あまの塩木……281
あまの塩屋……272
あまの捨舟……268・277
あまの釣舟……221
あまの橋立……154
蜑のもしほ木……249・281
あみだ海道……384
阿弥陀四十八願……296
阿弥陀堂……510・545
雨そゝき……326
天のうき橋……269
綾瀬川……576
あやむしろ……288
あやめ……342
あやめ草……349
あゆ……379・382・383
荒川……116
荒川放水路……576
あら田むら……380
有明の空……237
有明の月……238・239・269
あるしまうけ……338
安房国……401・624
粟の穂……394
安下越……377・379
安下峠……379
安鎮の法……486・498・603・604・654
庵蔓樹……555

い

飯塚氏……557
許婚……602
飯野……671
家々証歌本奥書……40
家の女房……189
菴崎……113
遺骸……720・735〜737・739・743
生見玉……338
池の端……572
池の丸……380
生ける仏の御国……433
遺構……660・664・671
異国船……598
生駒のやま……336
伊弉諾尊……516・540
伊弉冉尊……516・540
いさや河……242
伊沢……369・388
石和……116・368〜370・386〜388・405
石和川……369・388
石壁……657〜660・671
石切峠……118
石切の瀬……393
石灯籠……401・721・722
石の帯……289
石山寺……23・295・305〜307・312・358・777
石山寺観音……311・326
石山寺奉納……307・314
石山詣で……201
伊豆箱根両所権現……779
泉水……489
泉……603
伊勢……146・165・201・436・754
伊勢守……357・771
伊勢国桑名城……637
伊勢国渡会……671
伊勢斎宮……92
伊勢の内宮・外宮……754
伊勢物語最極秘二ケ……41・55・88・91〜93
伊勢物語伝授……414
伊勢物語七ケ之大事……41・53・91・92
異体字……169
いたとり窪……394
市ヶ谷……575・578・579・582・594
市ヶ谷佐内坂……598
いちがやの屋敷……578
市川……403・404
市川大門村……403
一乗院……396・763
一乗院宮……752
一大名家……615
一の鳥居……638
一万石……177・590
一級史料……651
一周忌……634・720・738
一首之大事……41・46・83

一虫……108
一夫多妻……696・717
出雲……100
偽りの言のは……254
井手……141・246
いてう木村……394
井手の玉川……142
糸魚川……508
居所……601
いなおふせ鳥……46・49・51
いなむら宮……384
稲荷……570・572・607・608・617・654
いのめ山……380
射場……489
位牌……704・720
位牌堂……397・401
いは井のいつミ……335
いはせのもり……146
いはどの山……382・383
移封……758
今大路家……576
今戸……31
今戸橋……655
諱……23・30・357・450・519・536・624・638・659・741
妹……265
妹か門……220・324
妹背……228・387
妹背のミち……516
妹背松……518
妹背山……232・500・509・516・518・519・524～528・540・550・551・555
妹與背山……540・548・550
妹松……505・520・525・543
妹山……505・512・515・520・537・548・550
いもゐ……383
伊予ノ介……59
入会権……746
入相のかね……346
入相のこゑ……263
色衣……246
色短冊……27
いろは四十八組……598
岩こすけ……280
石清水……343
石瀬杜……268
岩殿山……382
岩船郡……747
岩間村……392
員外……210
隠居……189・328・500・611・633・782
隠居所……581
院御所……687
隠者……519・530
隠棲……361
隠生……510
院政期……294
姻戚関係……167・192・319
隠退……28～30・352・493・494・499・500・506・507・611・613・616・627・635・636・684・719・720・743・751・752・760・767・770・772・776・783
院百首……531

う

鵜……387
初冠……414
上田……624
上野……356・663
上野駅……663
上野忍ヶ丘……664
上野の山……113
上野原……379・380
鵜飼……368
浮草……279・281
浮雲……271・272
浮心……290
うきせ……242
浮名……214～216・234・241～243・246・275・277・285・286・291・325・353
浮中……248・249
うきね……283
浮橋……207
浮人……219・222・229・245・246・249～252・255・256・268・270・277・284
うきふし……255・258・291
浮舟……216・259・300・326
浮身……217・241・265・277・281
浮世……214・224・290
右京亮……750
右京大夫……751
鶯……49
鶯瀧……118
うこかぬ山……274
右近の馬場……74
宇治……206・555
牛か瀬……401
氏神……118
宇治川……207
牛込……574
牛込下屋敷……569・574～576
氏寺……118
牛の子……384
牛の乳……376
宇治のはし姫……325
宇治の山里……264
丑三つ……92
碓氷……753・756
薄雲……300・324
謡……388
歌合……22・81・130・131・134・138・144・157・191・365・726

謡初め……603
歌会……22・23・167・168・170・309・311・314・322・501・712・715・750・765
歌会始……167
歌日記……24
歌枕……118・119・129
歌物語……91
歌問答……116
内高……117・604・742・784
内長屋……626〜629
鵜つかひ……376・387
卯木……760
卯木敷……760
うつせ貝……293
空蟬……300・308・312
宇都宮一族……208
移香……240・245・263・326
馬鬣松……378
うなぎ……384
海原……293
うハの空……270
うぶすなのかミ……405
石女……717・727
厩橋……661
海山……251
梅枝……300・333
梅津……97
梅津の里……138
梅のはつはな……341
梅の花……710
梅平村……396
埋木……241・281
うら風……270
裏説……35
浦浪……217・286
浦の煙……272
浦舟……257
うらミ……256
うらやすの国……165
雲林院……69
雲香梅……505・521・525・544
雲上……317

え

絵……290
絵合……300
栄華……701
詠歌心得……109
詠歌大概之口訣……41・60・88〜90・95
栄華物語……693
永慶寺……116・126・351・499・510・720〜722・727・735・737・738・759・773
詠源氏巻名和歌……295
詠者……170・177
英信寺……664
営繕……593
永代橋……665
叡覧……624
詠和哥石……505・515〜517・549・550・552
驛長……375
驛継……375・377・378・384
廻向の文……296
絵図……675・676・684
越後……509・754・758〜760
越後黒川……28・747・756
越後黒川藩……509・742
越後高田城……663
越後国……177・508・742・748・753・758
越後国岩船……748・753・756
越後国魚沼郡……587
越後国蒲原……756
越後三日市……28・747・756
越後三日市藩……509・742
絵地図……683
越前大野……624
越前丹生郡朝水……144
越前守……170
越中……371
江戸……24・113・124・130・170・194・309・317・357・360・367・474・499・508・555・568・587・590・596・598・638・655・656・669・719・720・736・739・745・754・755・773
江戸浅草……663
江戸市ヶ谷……703
江戸駒込……758・762
江戸市中……567
江戸城……21・26・360・408・579・580・598・618・637・638・663・718・753・764
江戸城大奥……599・745
江戸城正門……582
江戸城天守閣……598
江戸城本丸……581・583・585・593・595・625・633・635・762
江戸っ子……794
江戸根津御殿……759
江戸幕府……685・764
江戸八景……126・127
江戸藩邸……597・636
江戸町奉行……668
江戸屋敷……638
江戸四谷……389
えの木……391
絵の間……398
えびかつら……386
江府……375・379・384・443
江府水道……376
烏帽子石……545・549・552
恵林寺……31・116・376・720・728
恵林寺宝物館……31

朧岡……505・518・524・541
おほん神……93
おほんかみけきやう……56・93
男松……520
おみなへし……353・707
おもたか……48・73
表高家……125
表高……604・615
おもての註……52
思ひ草……280
思ひの煙……272
思ひの淵……264・277
親孝行……727
小山村……392
お世継ぎ……697・717・718・725・727
阿蘭陀……790
オランダ語……786・788・795
阿蘭陀商人……788
阿蘭陀商館……789
阿蘭陀通事……786
折居……749
折井氏……496
折帳……23・330・350・351・704
おろち……401
尾張……618
音韻……794
御小姓……624
恩匙……740
穏之山……499
恩賞……604・787
恩貸……780
御弟子……593・608・611・612
御年寄……745
女楽……698
御法事……634
御薬園……576
遠流……386

か

甲斐……23・24・28・30・114・115・117・126・169・177・194・309・310・340・355・357・359・370・388・389・535・536・558・568・604・687・689・696・697・710・711・720・725〜727・732・735・737〜739・742〜744・756・758・759・762・767・771・772・777・787
貝から坂……376
開基……396・402・403・663
海黄……789
開眼……119
甲斐源氏……355・356・393・535・536
甲斐国主（国守）……117・177・308・355・367・371・411・535・615・636・720・741・743・744・771〜773
甲斐駒ヶ岳……355・771
開墾……746
開山……507・790
戒師……499
甲斐拾遺……194
廻状……568
海上遠望……97
甲斐少将……535
海禅寺……599
改葬……759
開祖……784
海道……375
甲斐国宰相……787
甲斐国府中……351
甲斐国龍崋山永慶禅寺……741
甲斐の黒駒……341
かひのしらね（甲斐白根）……710
甲斐の古はし……403
海抜……662
甲斐八景……127
快復祈願……592
かいまミ……264
海龍王の后……204
楮（かうそ）……385
かえで……393
加恩……318
家会始写……177
家會始……178
抱屋敷……568・575
歌学……29・103・134・371・663
歌学書……663
か、沢山……377
加賀藩……30
鏡のうちの影……287
篝火……300・435・438・444
書付……22・35
かきつばた……339・709
堅磐……505・516・537・545
架空梯……506・546・553
額字……500・501
隠名……208
確執……727
学問の弟子……356・611
学問初め……585
神楽殿……404
筧の水……262
がけ作り……398
影本寺……395
掛物……782
蜻蛉……300・326
駕籠……386・736
過去帳……188
かこと（託言）……219・258・259・262・279
歌才……502・715
かさ、きのはし……352・353
かさし（挿頭）……292

重之口伝……108
樫……760
加持……654
梶井御門跡……687
鰍澤……391
加持祈禱……362・508・724
樫木……394
下賜本……304
鹿嶋明神……383
火事見舞い……602
歌集……23・190・208・209・556・765
家集……23・129・194・309・314・315・363・390・704・712・727
歌書……35・39・88・90・191・369・370・412・448・472〜475・481・514・739
迦葉坂……405
歌書伝授……40・91・93・97
歌書類傳授……106
頭書……98
柏木……300・325
家臣……169
歌人……193・663
家臣団……597・627
歌人必読の書……93
春日大社……118・119
春日通り……661
春日野……118・147・415
春日明神……118
春日山……118
数ならぬ身……324
霞亭坂……505・521・525・553
霞のうすころも……344
かすミの衣……331
霞の関……344
霞入江……505・520・525・544
家政……662
かそいろ（父母）……361・375
加増……488
歌題……131・209
かたい翁……54・92
片糸……228・291
方人……129
仮託……358
片恋……252・291
かたしき（片敷）……264・273・288
形代……207・372
刀鍛冶……377
片野……45・92・671
形原松平家……659
片山陰……284
片男波（潟於無）……505・515〜517・528・541・548・550・552
花壇……494
歌壇……634・777
歌壇の伝統……294
かち枕……293
かち渡り（徒歩渡り）……377・380・395
割譲……744・756・758
勝手……596
勝沼……367・386
勝沼川……367・386
桂川……383
葛城……137
家伝……41・58・59・71・102・103
歌道……22・29・77・106・530
歌道相傳……29・77
家督……328・357・389
家督相続……28・117・189・613・627・628・635・636・674・766〜768・771・773・784
門もる犬……278
金沢八景……111
仮名序……81・477・526・529・530・533
かねこと（兼言）……237
兼言道……505・517・524・552
金桜神社……116
かはな草……73・103
かはや（厠）……398
かぴたん……788・789
甲……330
貨幣改鋳……637
かへりまうし……383
釜……396
釜か淵……382
鎌倉……396・397・405・522
鎌倉右大臣……97
鎌倉武士……208
紙……403
上石原……375
神垣……558
上椚田……377
神路山……187
上高井土……375
かミたはし（神田橋）……375
上冨……746・760
上鳥沢……381
上権現……383
上花崎……383
上布田……375
上向山村……405
上屋敷……26・360・490・567〜569・580・582・584・593・600・616・618・621・623・625〜629・631・635〜637・651・659・664・694
かめ……252
仮名……130
亀山……686・688
かめわり山……387
賀茂……403・565
鴨川……27・347・470・683・684・687・688
賀茂神社……169・193・547・557

賀茂祭……65
鴨場……670
鴎……54
白鷗橋……505・521・525・542
家門……664・763
萱町……654・655・677
茅町と芝の屋敷……694
茅町の下屋敷……27・126・572・574・651〜658・660〜662・664・673・674・676
茅町の土地……662
茅町屋敷之内上地……569・574
通路……275・284
唐紙……119・712
から衣……288・333
辛崎……146・156・162・163
からす……376
烏山城主……672
枳殻寺……508
唐津城……671
唐津藩主……670
唐名……77・194
唐門……398・778
伽藍配置……790
かりそめふし……265・275
猪根村……396
狩の使……92
雁間……658・664
仮仏殿……778
假屋……376
かりや坂……376
臥龍石……541
かれいゐ……362・378・396・403・405
枯野……275
家老職……192・409
家禄……590
歌論書……95
河浦山薬王寺……403
川越……744・746
川越城……30・656・746・756・761・762
川越城主……30・89・130・590・597・664・746・761
川越藩……597・746
川越領……762
蛙……375・377
川蓼……73
河内……624・750・751
河内国大縣……671
河内国河内……751
河内国丹北……751
河内国若江……750
川中嶋合戦の図……403
加和名種……48
川蜷……376
川舟……394
河辺……751
河骨……73
川みとり……73
河原院……92
河原町通り……683
臥龍石……505・516
寛永寺……113・734・778
灌漑用水路……746
諫議大夫……538
環境……202
管絃の道……97
官庫永久保存……311・419・450
漢語拼音方案……31
勧請……116・130・135・404・451・492・541・547・550・556・572・762・777
勘定奉行……627・637
甘心……162
巻子本……119・305
神田御殿……580・582・590・592・593・597
神田御殿地……635
神田橋……26・360・567・578・582・585・591・594・595・618・635・715
神田橋上屋敷の炎上……413
神田橋御門……587・625
神田橋外……597
神田橋外の屋敷……569・596・607・608・618・622・623・625〜629〜631・633・627
神田橋屋敷……26・488・567・582〜585・589・590・593・595〜597・600・603・605・607・608・611〜614・616・618・622・623・628・633・666・768・783
神田館……124
館長……789
款冬……385
関東……387・488・497・763
関東大地震……751
関東十刹……703
巻頭ノ哥……69
関東ローム層……746
観徳場……489・512・523・543・553
観音……375
観音寺……387
観音堂……378・380〜382
関白氏長者……770
旱魃……382
蒲原……747・748・753・756
蒲原郡黒川……758
看病……720・733・734
寛文……296
完本……652
冠……296
巻名……294
巻名歌……200・297・304
勘物……169・177
関東……745

甘露味堂……506・510・545・553

き

忌……702・735
京都所司代……663
紀伊国……528・529・550・618
紀伊国和歌浦……712
祈雨……383
帰依……595・738
祇園……402
祈願寺……747
聞書……37
き、す……378・380
菊……705〜708
菊川……369・387
鬼苦川……367〜369・387・388
菊のさかつき……343
菊の花その……348
菊間……763
紀行……358
稀観本……764
帰国……735
擬古文……695・701
鬼子母七面……402
鬼嶋村……392
騎射……376
紀州……542
紀州家……763
紀州徳川家……670・763
紀州和歌山……763
起請文……779・780
寄進……573・704
北九州小倉……598
北野……332・366・392・402
北山……312・362
紀路遠山……505・519・525・543
忌中申請書……735
狐町……397
祈禱……699・719
危篤……698・716
衣かぜ山……394
衣〳〵……237・238〜240・262・270・273
後朝の文……54
紀伊守邸……200
紀川……505・516・525・537・541
紀川上……505・518・519・524・530・543
紀国……492・521・522
木の宮地蔵……760
騎馬……686
亀浮橋……505・520・525・543
貴船河……222〜224・235
君か千とせ……344
君かめくみ……331
君川……381
肝煎……124
客殿……398
旧芝離宮恩賜庭園……27・636・668・669・671・682・670
宮廷画家……532
宮廷歌人……191・192
旧帝陵……592
弓道場……553
京油小路……689
京賀茂川の宅地……685・687
狂気……672
経宇石……369・388
享受……418・419
境地……547・548
京都……77・117・125・366・368・385・436・488・490・637・683・685〜688・744・745・754・763・764・769・770
経堂……398・401
京都御苑……683
京都御所……27
京都市下京区松原通烏丸西入……130
京都常火消……686・688
京都所司代……688・753・764
京都大火……686・688
京都大名火消……686・689
京都火消……685・686
京都火消御番……686・688
京都府宇治市……28・784・790
京都府立大学……684
京都松原五条……492・762・777
京都屋敷……27・683〜685・688・689・694
享年……322
刑部少輔屋鋪……569・613・616
御製……137・144
清瀧川……383
清水……402
伎楽面……126
桐……398
切石坂……403
切石村……392
切紙……22・37・35〜41・43・57〜59・80〜82・85・86・88〜90・93〜95・99〜103・105・108〜110
切紙裏……93・96・101・106
切紙表……92・96・101
切紙講釈……37・38・88・90・102・105
切紙伝授……37
きりこ燈籠……778
桐壺……300・301・305・306・308・312・363・438
羇旅歌……81・96・97・375
倚廬の御所……98
禁忌……65
近畿……764
銀器四杯……57・59

吟花亭……505・519・525・544
禁色……65・66
近習番……764
禁制……369
銀青光禄大夫……538
禁中……62
金の帳付……398
金峰山……116
禁裏……41・366・754
禁裏方……764
禁裏御所方火消……686～688
禁裏御料……366
禁裏造営……637

く

愚休庵……704
公卿集書……754
公家……689・696・764・765
公家の息女……319・695
公家文化……776
日下里坂……403
草枕……265
公事……97
九十賀……765
九條公爵家……39
九条殿……687
葛のうらかせ……270
葛のうら葉……280
葛のこ……379
九瀧村……393
くたもの……378
朽木……283
朽木の杣……274
口のは……285
沓……296
口傳……45・46・49・51・54・70～74・77・371
口伝之一通……41・47・50・80・84・85
宮内庁書陵部……304
国替……744
国の名勝……651
国持大名……604・636・742
国許……736
久能山東照宮……754
熊手……638
くま野……404
熊野権現……376
組題……131
雲井坂……119
雲隠……297・300・305・306・325
雲路……250
雲次の刀……753
雲鳥山……376
雲のかよひち……324
分雲峰……544
蔵……597
位山……341
くらかけ山……381
くらべ馬……376
鞍馬……365・385・490・523
庫裏……398
栗原……386
車争い……202・434
呉竹……44・241
黒川……747・756・765
黒川藩……759
黒川藩祖……177・756・758
黒鍬者……663
黒澤村……403
黒岱……384
黒田豊前守屋敷……619
掛雲峯……505・520・525
桑名……664・763
掛名松……505・515・524・548
君子……62
軍事戦略……685
軍事的拠点……685
群馬……751・753・756

け

稽古方……84
稽古口決……82
京師……387
継嗣……500・510・535・580・585・633・746・771・787
継室……587・663・671・672・763
恵日山……189
競射……434
景勝の地……655
罫線……105
経団連……582
けいめい……395・398・399
けいりん寺……384
外科……788
外科医……789
現形……93
華厳経……522
華厳の妙法……387
芥子の花……707
外題……106・480
下知……386
血脈……41・77・297
欠勤……698
月桂院……573
月桂寺……765
月光院……772
結婚祝い……409
插花……71
検非違使……65・66
偈文……773
蹴鞠……367・386

欅……760
蹴裂の明神……392
原型的な形態……109・110
見山石……505・514・515・524・548
検視……754
源氏学……321
源氏方……368
源氏がたけ……393
源氏巻名和歌……296・307・310～314・316
源氏供養……307・314
源氏供養和歌会……295
源氏講釈……308・310・320
源氏の巻巻の名……533
源氏の目録……296
源氏表白……297
源氏物語竟宴……295
源氏物語三箇之大事……41・57～59・93・94・98・106
献上品……585・718・746
還俗……366
兼題……777
検地……657・674・746
乾徳山恵林寺……721・759
嶮難嶘……378
元服……125・200・311・356・587・624
元服名……714
賢夫人……352
原文……302～304
建保六年内裏歌合……96
倹約令……636
元禄……296

こ

恋歌……96・101・199
恋衣……211・232・243・244・258・267・276・289
小石川……571・664
恋塚鳥羽……381
恋部……23
恋のやつこ……265
恋のやつれ……267・287
恋の山……211・274
恋の山口……221
恋の山路……274
五音相通……490・523
五音横通……376
号……328
校異……419
耕雲本跋歌……295・307
降嫁……204・718
甲賀……624
香が筥……782
公儀……188・780
薨去……119・170・328・409・412・611・627・636・684・744・752・764
高家……124・584
高座石……399
好士……148
皇室……592
皇室の菩提寺……366・761
孔子廟大成殿……750
講釈……37・41・787
講釈納……408
甲州……366
江州……326
甲州街道……24・360・767
甲州卅三番札所……381・382・388
甲州路……375
甲州天目山……365
甲州府中……351
甲州葡萄……116
甲州山梨郡山窪村……721
皇女……769
甲城……731・735
口上書……733
荒神口……683・685・688
荒神口通り……683
荒神橋……27・683
荒神橋西の橋詰……683・687
高祖……369・387
号題之口傳……68・100
耕地……760
小桂……201
上野……371
上野国伊香保温泉……753
上野国碓氷郡……751
上野国片岡……751・753・756
上野国高崎城……751
校訂……652
紅梅……300・710
甲府……22・111・116・117・177・306・309・363・364・369・388・389・636・656・710・720・724・732・733・736・756
興福寺……118
興福寺別当職……763
甲府宰相……604・670・684・716・742・769・771
甲府城……194・357・737・742・762・773・787
甲伏……377
公武類題和歌集……23
広目……397
黄門……77・538
高野山……358
甲陽……377
公用日記……29・130・189・350・411・507・510・511・633・695・702・730・760・766・783・786・789・795
光林寺……177
紅涙……724・725
光禄大夫……538

駒形堂……113
小曲……405
駒木野……377
駒込……340・361・375・493・590・706・707・712・731・733
駒込一丁目……30
駒込の下屋敷（六義園）……24・357・485〜491・494・496〜500・508・509・511・512・537・547・558・569・575・665・666・736・743・766
駒込村……485
ごますり……588
小松……324・325・385
駒留岸……545・553
駒橋……382・383
籠り屋……404
少屋鋪村……721
こりすま……232・281
衣川……251
衣手……286
衣手の杜（森）……146・153・274
衣手岡……505・520・525・544
金剛力士門……386
根菜類……746
根本中堂……486・592

さ

沙綾……754
菜園……493・546
再嫁……660・761
西海……386
斎宮……54・55・436
歳時……207
歳首……317
妻妾……727
西城……672
最善本……652
埼玉県入間郡三芳町……760
采地……624
再登城……588
催馬楽……144・719
在府……720
材木……601・602
采邑……578
宰料……775
蔵王権現……116
棹鹿……285
堺……76・754
酒井家……571・602・662
堺伝受……91
酒折……116
酒折宮……116・370
酒折村……370・388
賢木……77・93・99・106・298・300・301・436・438・444
坂田……624
嵯峨ノ釋迦堂……77
さかひ川……380
相模……362
相模川……363・379・380
さかみ山……378
酒湯……409・500
先駆け……764
作事……593
作者部類……23
作者目録……26・121・122・193〜195
作文……97
作例集……192
鎖国……786
左近衛権少将……486・535・592・615・638
さゝかにの糸……273・285・286
蛛道……505・523・525・537・541・553
笹子越……385
笹子峠……364・365・384
さゝれ石……278
猿島……750
坐禅石……505・522・525・533・544・553
左大臣邸……700
佐竹文書……189
左注……81
殺害……662
佐渡……296
座頭小屋……400
座頭ころはし……381
佐野……369
佐野川……377
佐野、ふなはし……388
さの引山……380
佐保川……118
左馬頭……166
五月雨……260
小筵……288
侍小屋……486・487・489・493・499
侍所……764
左右口村……406
小夜……235
小夜風……271
小夜衣……244・267・289
讃良（さらさ）……751
さるおかせ……400
猿坂……400
猿沢池……118・147
猿橋……364・381・382
早蕨巻……298〜300
三角関係……206
山岳信仰……116
三月上巳……724
三玉集……321
参勤交代……24・114・117・126・389・568・597・636・656・720・725・754・767
山見石……540・548

山号……397・507・703・737
三光堂……401
三ヶ大事……42・45・81・83・93・103
三御仏殿……778
斬罪……369・387
三才之大事……108
三さい山……377
三十三回忌……755
三重の塔……398
三十六歌仙……130
三条西家……109・320・321
三条西家旧蔵……304
三条西家証本……24
三条西家流……442
三禅宗……784・790
参内……637・754
三鳥……84・86・109
三鳥一流……84
三鳥之口伝……41・50・80・85・86
三鳥大事……41・45・49・83
三冨……130・590
三冨開発……130・746・747
三冨地区……746
山王……337
三ノ口傳……48・84
三の鳥井……638
三坏一具……59
三泊四日……357
参府……733〜735
三冨山多福寺……760
三宝……397
三木……109
三木三鳥……93
三位……77
山門……397
さんやう村……395
さんや坂……381
三禄山増上寺……773

し

持……137〜141・143〜145・147・149〜157・159・162〜165
侍医……740
詩歌会……130
椎本……300・326
死穢……737
自詠自筆……330
潮入庭園……670
塩竈……120・121・149
汐路……542・549・551
鹽尻……39
枝折峯……544・549
下折峯……549
紫苑の花……707
鹿……284
自歌自筆……120
私家集……307・371・389・715・762
志賀津の里……138
信楽……580
しからミ……215・276・277
鴫……54・284
識語……169・177・305・350・419
色紙……23・330
しきたへ……288
敷津の浦……129
式部少輔屋鋪……569・613・615・616・619
詩経……514
至近距離……583・585・689
軸……305
軸装……722
時雨岡……505・520・525・543
詞花石……505・516・541
地下歌人……44・110
地下伝授……35・40
慈眼山……177
詞源石……505・514・524・540
寺号……507
自作自筆……717
自讃の哥……67
刺史……358・374
鹿……400
しゝのかしら……400
獅子の山……394
寺社奉行……124・508・658・663・664・672・764
侍従……170・194・371
四十九日……23・351
四十賀……486
侍女……501・697・745・746・760
慈照寺銀閣……508・530
地震……382
静岡県……116
四声……791・794
辞世……713
師説……88
自撰歌……130
自撰家集……453・470
私撰集……208
地蔵林……760
四大天王……779・780
下帯……246・289
下照道……545・553
下紐……218・224・232・233・236・245・335
下もえ……272
下谷……113・664
下谷黒鍬町……656・661
設楽……671
七回忌……734
七覚……405
七覚山圓楽寺……405

七社権現……382
七條道場……75
七面山……392・401・404
七面大明神……400・402
七夜……774
地鎮……486・498・654
室……587・748
昵懇……624
実地踏査……651
嫉妬……717
実父……313
実母……488・501・508・696・701・703・724・727～739・748・765・771
四天王……126
師伝之血脈……40・41・74・89・99・105
品川……625
信濃国飯山……672
指南岡……542
しのぎがたけ……393
しのたの杜……227
篠井明神……395
篠筈の池の端……572
しの丶め……292
忍ひ路……285
忍草……214・279・293
忍ふの衣……242
忍ふもちすり……214
しのべがたけ……394
芝……668
新発田市（柴田）……747・757・759
芝の屋敷……27・569・572・651・574・652・665～669
しバ山……392
自筆……192
持病……732・738
拾玉渚……505・519・525・543
死亡率……697
しほなれ衣……289
しほひ……217
しほひる玉……287
四魔……47
志摩……671
嶋江松……541・549・551
島原の乱……761
島原松平文庫……296・327
しまり所……379
下いしはら……375
下総佐倉……663
下総国海上……753・756
下総国古河城……671
下総国豊田……671
下総国結城……750
下栗原……386
下小河原……405
下すたれ……279
下曽根……405
下高井土……375
下野国……402・672
下野国都賀……624・750・751
下冨……746・760
下鳥沢……381
下権現……383
下初雁……383
下花崎……383
下布田……375
下屋敷……27・113・126・134・485・487・489・493～498・568・572～575・600・618・628・636・638・651・656・659・660・662・665・668・670・671・674・694・712・719・762・773・790
下屋敷跡……653
下山村……393・402
釈迦……126・397
癪……732・738
社僧……404
借金……584
寂光の橋……397
社殿修造奉行……752
舎利塔……398
朱印状……762・772・784
拾遺……194
十一面……382
十一面観世音菩薩……126・662
秀逸……163
終焉の地……651
祝儀……593
衆議判……134
十五万石……117
十三回忌……753～755
十七回忌……755
十二境八景……24・451・452
十二境八景歌……451
十二天……403
襲封……355
十六代集……208
儒学……664
儒学者……788
樹下石上……399
宿痾……732
宿駅……765
宿驛長……384
宿月湾……505・518・524
宿泊札……757
従三位……769
儒書……787
儒臣……740
孺子……789
入水……207・386
受禅……770
繻珍……789
出棺……736

出家……23・193・198・330・387・499・588・611
十首歌……533
出府……733
出府願……720
朱塗りの鳥居……501・502・509・557・784
須弥……490・523
受容……294・295
准家門……664・763
准関東十刹……574
巡見……389・662
巡視……754
潤色……91
准譜代大名……664
荘園……206
証歌……190
生涯独身……488・745
正覚山月桂寺……574・703
貞観……531
将軍……356・609・762・764
将軍家……304・410・670・771・773・776
将軍継嗣……508・604・672
将軍宣下……356・606・637・684・697・763・776・781
常憲院殿廟……753・778
焼香……738
常行坂……401
瀟湘八景……111・398
猩々緋……789
昇仙峡……116
城代家老……746・774
小大名……28・124・177・356・579・747
常題目堂……402
常澤寺……402
小短冊……712
上地……590
詔勅……637
聖天……31・113・654・658・660
上棟……773
浄土寺……580
浄土思想……510
上人……394
小藩……597
定火消……598
定府……30・389・590・597・609・656・689・720・739・743・746・756・767
正風体……514
昌平坂学問所……664
商務官……789
詔屋敷……612・613
上洛……124・125・754
常楽院……382
生類憐れみの令……21・356
鐘楼……397・401・404
上﨟……481
生老病死……47・74
書記……789
続古今集竟宴……528・530
諸家伝授切紙……40
書札礼……679
庶子……474
所司代→（京都所司代）
書写……86・476・716
叙従三位……770・776
女臣……774・775
女婿……123・496・612・635・749・750・756・758
女説口傳……76・89・106
諸注集成……106
諸如来……537
女輩……718
序破急……370
序文……740
諸役所……597
書陵部……296
白糸……291
白糸の瀧……400
白川……353・637
しら河の関……276
白鳥嶽……400
白鳥関……505・519・525・543
不知汐路……505・522・525・549・551
白根……116
白鬚橋……114
しらま弓……267・290・291
白山……378
しら雪……325
尻付……748
史料……693
寺領……703
詞林松……505・514・515・524・540
指南岡……505・520・525
城跡……380・382・403
次郎嶽……400
白うるり……39・64・98
白き扇……323
白鳥山……394
白野……384
城持大名……746
地割……747
下折峯……505・519・525
清（中国の国名）……788
神詠……109
陣営……747
神官……130・404・762
宸翰……633
信玄公宝物館……31
信仰告白……501
新御殿……603・635
新御番……764
深山幽谷……52

神璽……108
人事……207
新宿……360
新宿御苑……360
新宿区河田町……574
心種松……505・514・524・548
神書……516
真乗院……98
新善光寺……366
真諦之事……108
新田……28・114・381・744
新田開発……130
神道……109・404
神道の奥義……53
しんど川……384
尋芳径……505・519・525・543
新碑……399
宸筆……624・663
真筆福寿……328
神仏……404
神仏習合……116
身辺整理……684
神木……382〜384
新向屋敷……569・571・602
陣門……381
陣屋……747
枕流洞……505・519・525・543
信立寺……399

す

水香江……505・522・525・544
垂跡……405
水精の塔……398
随身門……401・404
水稲……746
随伴……584
水分石……505・518・525
水利工事……587
末摘花……300・301・312・372
末の松……224
杉……760
過勝峯……505・517・524
過賀立峯（通勝峯）……541・549
杉たてる門……220・221・223
杉のかと……225
朱雀院……437
素戔嗚尊……516・528・541
篠下道……505・522・525・544
鈴虫……300・303・325
硯……633〜635・783・784
圖蔵院……393・396
裾野梅……505・516・540
すはむら……380
須磨……150・202〜204・264・300・302・303・308・313・314・324・700・724
簀巻……369・387
すまの浦風……242
須磨の恨……324
墨滅歌……533
隅田川……31・113・114・126・497・653・655・656・661
墨田区……661
墨田区本所一〜四丁目……653
墨田区向島四丁目……113
炭焼……394
住吉……57・93・129・153・160・176・205・405・751・752
すり衣……279
受領……59・659
駿河……414・535・663・715・754・771
駿河台……598
駿河のくに大宮……406
駿河湾……772
諏訪坂……379
諏訪大明神……380〜382・397・405
駿府城……754・764
駿府城代……764

せ

栖雲寺……385
青海波……437
西湖……545・554・555
青光の刀……753
せいこむら……394
正室……350・450・586・588・597・601・660・717・722・727・728・746
西城……124
生母……312・318・351・356・361・474・481・488・490・493・595・695・715・767
晴嵐……113
井蓮池……396
せいろう（井楼）……382
関……377
石槨……737・740
関ヶ原の戦い……41
関路……275・353
席次……610
積翠寺……310
関野……363・379
関ノ藤川……44
関守……275・344・378・379・385
関屋……300・314・378・379・385
鶺鴒……540
鶺鴒石……505・516・540
膳所……686・688
瀬ゝの埋木……243
世代交代……766
摂関家……659・763・770
摂政……97・770
殺生禁行……387
摂津国……92・142・671

切腹……384
背松……505・520・525・541・543
背山……505・512・515・537・548・550
撰歌……101
仙家の禽……517
前漢……791
全巻書写……409
全巻読破……169・314
全巻の巻名歌……297
仙禽……528
仙禽橋……505・515〜517・520・524・548・550〜552
遷化……397
剡渓流……505・523・525・533・544
善光寺……388
千五百番歌合……531・542
遷座……607・654
前菜物……493
遷座の法……497
宣旨……66
禅宗……760
撰集資料……209
千首和歌……340・449・450
泉水……503
禅僧……790
浅草寺……111・113・654
仙台左中将……119
仙台縞……119
千駄ヶ谷の屋敷……573・574・576
洗濯石……392
仙洞……517・551・689・782
仙洞御所……191・687・782
仙洞使……317
泉涌寺……365・366
千人宿……377
千人同心……377
千年坂……542
千部堂……398
禅問答……738・773
泉楽寺……376
千里場……489・491・512・523・545・553

そ

宋……509・554
宗……545
草庵茶室……530
雑歌……81・96
造園意図……550
曹娥江……533
雑木林……760
象牙……305
宗源殿……404
草稿本……312・370
相甲両州のさかひ川……379
惣社……376
奏者番……124・508・624・658・663・664・671・672・734・764・772
相州都久井領……379
相州行光の刀……751
増上寺……772・773
惣女中……774・775
宗訊古今切紙……82・91
早世……177
葬送……737
曾孫……748
葬地……351・735
増長……397
相伝文書……86
贈答……712
贈答歌……704・715
曹洞宗……790
総奉行……356・486・592・663
惣門……396
奏覧……526
添下郡……118
即位……45・770
側室……304・313・319・321・352・356・367・371・443・449・474・488・492・496・509・557・572・580・585・597・634・635・660・695・697・701・702・712・717・718・722・728・742・744・746・749・752・767
続篇資料……296
曾雌氏……496・720
祖師堂……397・400
帥……65
卒去……731・734
袖の色香……333
袖の月影……270
袖の涙……262
外桜田……580
外廻りの長屋……627・628
園の梅……325
側衆……609・750・762
側用人……124・170・356・390・450・509・579・587・605・606・696・762・770・772
杣河……283
杣山河……281
染井村……25・511
染井門……491
空ね……283
反橋……510
尊経閣文庫……30

た

戴逵……544
第一部……301・312
題詠……169・170・177・314
題詠歌……190
大火……688
代替りの誓詞……778
代官……378
代官町御殿……752

跳珠泉……546・553
玉の緒……223・228・255・285
玉夳……564
玉水……348
玉藻磯……505・514・524・540
溜詰……637
溜の間……664・763
手向……223・292
多聞……490
多聞院……590・656・743・760
田安家……764
田安朝鮮馬場……753
田家秋風……97
たらちお……738
たらちめ……738
他流百人一首……61
短哥……71・72
短歌長歌……109
短哥ノ事……71・103
短哥又……103
丹後宮津……320
淡彩……683
淡彩絵図……503
短冊……330・633・634・704
檀紙……305
男児……496・586
誕生日……322
探題……777
丹南……751
壇ノ浦の戦い……368

ち

乳牛河原……361・376
知恩院……365・366
近津の土手……386
地儀……207
知行……28・59・177・580
千木良坂……378
契り……251・254
筑前国怡土……671
児のまひ……386・397
致仕……741・744・755・756・759・790
池泉回遊式庭園……712
秩父……376
蟄居……387
千年坂……505・518・524
千鳥……394
千鳥橋……505・520・525・543
薙髪……776
地盤ノ心下地ノ心……101
地方文壇……294
千町田……377
着棺……736
嫡子……612
嫡男……695・696・722・749・767
擲筆松……505・522・525
嫡母……351・412・696・716・717・725〜727・738・739・748
着袴……330
茶店……378・384〜386・388・391・401
中宮……474・481・714・760・763
中間（職名）……686
中興の祖……766
中国……25・634・788・791
中国語……28・31・555・786・791・794・795
中国湖南省北部……111
中国浙江省杭州……555・773
中国浙江省杭州西湖……499
中国浙江省嵊県……533
中国僧……28・738・784・790
中国福建省……790
中書令……538
忠節……165
中納言……77
調（租税）……361
蝶……398
寵愛……583・694・755・762
聴雪窓……545
長哥……71
長昌院……386
寵臣……496・684・718
長泉寺……375
超大極秘……109
朝廷……764
調度掛……39・106
鳥之口傳……85
重宝……396
朝陽石……549
朝陽岩……505・515・518・525・543
勅許帰洛……385
勅使……317
勅諚……472〜474・476・480・481
勅製の薫物……637
勅撰二十一代集……556
勅撰名所……451
勅撰和歌集……24・25・85・98・101・102・208・209
勅点……321・451・452
勅命……101
楮紙……106・121・169・305・357・535
千代田区大手町……582・640
勅勘……320
千世の若松……335
散らし書き……351・352・418・419・442
鎮魂……204
鎮西か池……383

つ

築地塀……658
追善……738
追悼文……27

つひにいく道……713
終の棲家……507・736
追福……387
通事……786・789
通商……786
通訳……788
通訳兼商務官……786・788
通龍寺……391
続歌……295
月なみ……470
月入江……541・549・551・552
月番老中……770
月宿湾……549
宿月湾……551
築山……489
築井……395
筑紫……65
つくは山……248・274
造り物立花……778
つけのを枕……288
楊……385
土浦……750
つゝ鳥……46・49
つゝらをり……310・362・364・378・385・395
綱吉養女……492
椿かへり山……402
つひにゆく道……414・415
つむぎ村……403
露玉文章……39・106
露のゆかり……325
鶴川……380
都留郡……385
都留郡丹波山……376
鶴嶋川……380
鶴瀬……384〜386
徒然草三ヶ之大事……41・64・89・97・98

て

帝鑑間……658・664・679・763
庭訓……739
鵜飼山遠妙寺……368・386
逓信博物館……618
定数歌……131
帝都……745
剃髪……760・773・790
底本……304
手打澤……403
手織のかさし……74
手鑑……23・27・330・350・351・412・704・715
出汐湊……505・515・524・540
調布……361
手習……240・300・326・699
手習歌……201
寺町……77
寺町通……683
点鬼簿……188
篆刻文字……638
添削……168・315・318・696・739
伝授……36〜38・58・88・98・105・194・328
伝受……35・41・67・94・167
伝授書付……38
伝受書付……21・22
伝授切紙……38・39・88・90・100
伝受切紙……21・22
伝授血脈……40
伝授証明書……105
伝受証明書……89
伝受書再発行……89
伝受資料……90
伝授箱……35
天象……207・330
天神……381・383・388・521・532・779
天神瀬……392
天神峠……384
伝奏屋鋪……784
天台座主……31・482・508・716
天澤山麟祥院……508
天地人の歌……108・109
天地未分……68
転地療養……728
天杯……637・754
転封……117・126・177・306・662・689・720・742・743・753・756・759・767
天福本……24
天部の神……662
伝本研究……442
天満……779
天満神……385
天目山栖雲寺……365・366・385
典薬頭……576
天領……355・696・742

と

東叡山寛永寺……113・486・592・699・734・755・763・773・778
東叡山寛永寺根本中堂……356
東叡山主……508
桃園文庫……433
唐音……786〜788・790・791・794
藤花……385
東海寺……625
東海道……376・380
登記……694
東京湾……670
東京神田……683
東京拘置所……576
東京国際郵便局……618
東京都葛飾区西部……576

東京都公園協会……669
東京都台東区鳥越一・二丁目……632
東京都文京区湯島四丁目……508
東京都港区芝公園……580
東宮御所……690
東求堂……530
東国三介……39・106
当座……169・170・173・177・178・182・704・711・712・715
道三河岸……570・576・685
道三河岸上ヶ屋敷……569・570・571
道三橋……570・571・576
導師……737
堂上歌人……168・191・315・634・739
堂上方……23・125・170・193～195・294・316・322・448・480・490
東照宮……124・401
堂上の文芸……322・742
堂上風和歌……22・35・110・194
動植物……207
東晉……533
同仁斎……530
痘瘡……500
當代……68
東大寺……119・126
唐通事……28・786
洞庭湖……111
東都……537
湯治……728
塔ノ沢……728
同苗……674
藤波橋……505・517・524
当流切紙……91
燈籠……778・784
通出……397
遠山鳥……284
栂の尾……522・533・544
常磐……505・516・537・545
常盤橋……26・567・618・619・621～623・632・635・719
常盤橋公園……618
常盤橋御門……587・625・631
常盤橋通……619
常盤橋屋敷……597・607・608・618～621・623・624・627・629～632・637・638・685
徳川将軍家……356・366・594・659
徳川政権……355・364・366・371
徳川幕府……790
特進……538
徳風……97
土圭（時計）……57
渡月橋……505・515・518・524・542・551・552
常夏……300・339
所沢市……760
土佐……358
外様……664
豊嶋……751
十嶋関……395
土州……358・374
登城……603・632・698・788
土代……70・101
土代ノ口傳……43・70・82・101
戸田茂睡歌碑……663
突貫工事……596・600
とつ坂……392
轟橋……119
戸梨村……395
宿直……588・752
宿直物の袋……39・57・59・93・99・106
戸野上の城跡……381
戸野上山……382
土橋……388
鳥羽城……671
鳶……686
とまり……293
豊田家……167・192
豊田家文書……27・167・169・177・192
虎……285
虎ふす野へ……284
鳥居……134・399～401・404・501
鳥越神社……638
鳥越屋敷……632・638
鳥柴……45
都立庭園……669
鳥の子紙……177・683
鳥の八声……237・263

な

内閣文庫……327
内侍所……108
内題……306
内藤新宿……360・375
長岡……738
中奥……750
中垣……250・251
名掛松……540
長坂……401
長崎……786
長崎通事……788
中臣祓……516
中冨……746・760
中院家……316・318～321
中院文書……37
中野書店……683
中初雁……383・384
長濱……76
長峯山……364・380
中村……396

長屋……597・615・616・626
中屋敷……488・572・573・618
長屋門……627
なかれ木……283
なきさ……256・293
渚の院……92
長刀……450
なけのなさけ……257・267
なこそのせき……275
梨子梯……386
奈須夫……377
奈須夫口……379
名代……733
夏雲根……546・553
夏木たち……342
夏衣……260・289・344
夏野……275・279
なてしこの花……324
名所……489・490・494・499・500・503・519・521・556
名取川……150・228・241・243・268・281
七本の松……500・517・550・555・557
なには……165
浪速石……542
名乗り……330
浪路……250・251
涙河……214・228・277
涙の雨……261・274
涙の海……277・287
涙のそて……270
涙の床……266
名古山……505・517・524・548・552
名茂古山……541・548・552
奈良……22・28・111・117・127・522・554・685・686・764
奈良県生駒郡斑鳩町……129
奈良県吉野郡……365
奈良興福寺……763
ならこ河……380・382・383
奈良市春日山……118
奈良田……402
奈良伝受……91
ならの木……520
ならの京かすかの里……414
奈良八景……118・119・128
生り物……494
なるお……268・277
鳴子……163
南圓堂……77・106・118・126
南京八景……444
難語……29・98
難所……394
南宋……555
南都……117・118
南都八景……128
南都八景和歌……128
南部谷……396
南部村……396
南北朝時代……128

に

新桑まゆ……260
新玉津嶋……77・500・517・524・541・547・556・558・777
新玉津嶋社……130・135・451・492・762・777
新玉津嶋社歌合……130・534
新玉松……26・134・135・492・500〜502・505・509・517・524・526・538・541・547・553・555〜762・777・784
新治筑波……116・370・388
新墾田……498・506・507・545・553
匂兵部卿宮……300・438
二王門……399・401
錦絵……658
錦木……281
晒錦畔……546・553
西の丸……410・581・615・770
西の丸下……580・582
西の丸下の屋敷……579
二十五回忌……663・754
二十三度の御成……751
二条院……201
二条京極……77
二条家……109・371
二条家百人一首……61
二条家流古今伝……41・103・110
二条城……663
日蓮のこしかけ石……405
日川……386・385
日光……124
日光御門跡……508・657
日光山……755
日光参詣……124・663・754
入集……195・208・372
二天門……397
二の鳥井……638
二百五十回忌……663
日本経済新聞社……582
日本語……789
日本三大御岳……116
日本大学図書館蔵……106・107・304
日本橋……375
入貢……789
入植者……747
入輿……769
女院御所……687・690
女御……580
女御入内屏風……68・82
庭たゝき……46・49
庭の戸ほそ……334
任国……355

備前盛景の刀……750
常陸……201
常陸国河内……671
常陸宮邸……203
筆者……788・789
筆者目録……456・476・481
筆談……28・499・555・738・790
一橋家……764
一橋の屋敷……579・582・584
人めの関……284
ひとりね……279・286・273
避難生活……715
非人……65
日野……376
日野川……376
日野河原……376
檜……760
日野原……361・377
ひはら杉原……159
ひ、きのなた……324
疲弊……636
百観音……364
百観音巡礼札所……380
百三十三回忌……116・759
百首歌……26・526・527・531・533・547・557・558
百首御歌……701
百姓地……575
百人一首……451・452
百人一首之五哥……41・61・81・88・89・95・96
百年忌……366
百番歌合……129・134
百ヶ日……27・397・713
病臥……592・593・598・611・697・698・719・720・767
病気平癒……719
病弱……609
屏風……120・121
屏風岩……393
日吉の神……337
平仮名……791
ひらたけやま……381
平戸……786
毘盧沙那仏……378
ひるね……263
天鵞絨……789
微禄……767
広島平安文学研究会……328
拾ひ傳受……77
琵琶湖南西部……111
ピンイン……28・791
備後国福山城……637

ふ

風雅松……505・514・524・540
風光明媚……670
富春園……546・553
富春山……546
風躰口傳哥……42・67・81・100
風体歌……109
笛竹……267
笛吹川……116・388・404・405
笛吹市……116
深川……574・665・668
深川の下屋鋪……497・509・569・574・665〜668
深草……703
深草の里……67
ふかミ草……340・346
吹上御殿……776
吹上小野……505・521・525・542
吹上濱……505・521・525・531・532・542
吹上松……505・521・525・542
吹上峯……505・521・525・542・553
奉行……773
服（服忌）……702・735
福井……638
福井松平家……638
不空羂索観音……118・126
副産物……88・90
福士川……395
福士村……394・395
副本……414
袋綴……169・177・305・357
武家……197
武家歌人……168・696
武家方……23
武家教育……585
武家地……568
武家伝奏……317
武家伝奏屋鋪……634
武家屋敷……596
武江神田……765
武江駒込……765
富士……116・377・380・384・401・539
藤江……162・163
富士川……391・392
藤衣……736
富士山……69・361・362・372
藤代峠……30・492・505・522・525・532・542・549
藤代の御坂……542
藤代根……542・549・550
藤代の三坂……492・521・532・553
武士団……355
藤塚……391
柴漬……387
藤波橋……545
藤裏葉……300・313・314・325・438
藤の衣……725
藤里……505・517・523・525・545

ふしの高ね……274
不二のね……378
ふじの山……395・401
藤はかま……297・300・325・334・336・338
伏見……764
ふじミ石……401
伏見の里……67・81・268
武州……376・377
藤原……533・537
藤原氏……118・534
藤原の里……523
藤原の宮こ……534
普請小屋……570
普請奉行……629〜631・676
衾……261
ふすゐのとこ……285
布施村……391
ふせや……241
扶桑……208
武相甲三州……380
武相両州のさかひ……378
風俗……44
札……594・605
舞台……397
譜代大名……664・685・763・764
二上山……145
部立……191・193・209
二七日（ふたなのか）……703
札貼り……605
二人歌合……134
二人百番歌合……22
扶持米……580
ふちやさか……403
府中……361・375・376・392・403・405
普通話……31
仏果……387
仏教談義……499・555
仏殿……773
仏道……713
筆すて松……542
葡萄……367
不動産……694
不動嶋……403
不動瀧……394
不動明王……403
舟板山……394
舟子……392・394
舟取石……394
舟橋……388
舟渡し……379
舟渡り……376
浮宝……516・528・541
浮宝石……505・516・541
文之沙汰……368
文の道……97
冬歌……97
冬草……261・262
冬野……261
芙蓉橋……505・523・525・544
古市……671
ふるか、ミ……287
ふるかハ野へ……281
ふるき枕……288
ふること……385
降雪……262
不例……408・409・411・413
文化交流……689
文京区湯島二丁目……497
文芸活動……294・351
文芸事績……501
文匣……704・712・715
豊後国玖珠、速見、国東三郡……598
文治政策……664
文章博士……128
文飾……726・727
粉本……444・471
文化……694

へ

兵仗の柄……394
平家……368
平大納言被流……368
閉門……662・672
平林禅寺……752・762
別当……386
隔つる関……236・251
別墅……590・657
別棟形式……588・719
返歌……712
扁額……491・492
弁済……591
返上……576
弁天……375
返納……628

ほ

宝永七年……308
法会奉行……754
報恩山天澤寺……507・508
放鶴亭……500・509・545・553〜555
法久寺……404
崩御……125・770
宝剣……108
法号……188・403
法事……737
宝松院……772
放生池……118
奉書紙……80〜85・91・93〜96・98・102・411・447・722・730
疱瘡……383

法相六祖像……126
方丈……398・399
方等の大乗……387
奉納……784
防風林……760
法名……114・200・703・726・765
放免……39・65
放免の付物……39
亡霊……700
反古……350
北都……117
穂久邇文庫……304
ほくろ坂……395
法華経……368・369・387・398
法華の百題……396
星倉の明神……392
母子の別れ……725
補修……592
墓所……762
細川家……320
菩提寺……116・499・574・703・720・728・738・752・759・762・773・774
菩提寺永慶寺……735
菩提寺多福寺……747
螢……243・300・434・438・444
牡丹……708
法華の宗……397
発志院……189
北方多聞……523
時鳥……237・337・360・375
ホノ〳〵ノ哥ノ事……103
堀川……53
本位……366
本遠寺……393・396・397
翻刻……136
本国寺……402
本地……404
本所……653・674
本所警察署……653
本所の屋敷……653〜655・662
本所松坂町公園……653
本陣……367・757
本多家……679
本地仏……662
本邸……567
梵天帝釈……779・780
本堂……397・399
本能寺……687
本龍院……662

ま

埋葬……720
前嶋……393
前嶋村……404
前の世……247
まかきの菊……347
賄奉行……596
槇の戸……230・270・271・278
槙のは……282
真木柱……297・300・325・434・438・444
まくすか原……261
枕直し……775
枕の氷……262
増かゝみ……287・345
升型本……305
増見の鏡……287
またね……239・273
又ねの床……240・263
町尻家……475・476
町火消……598
町奉行……568・764
町屋……568・667・671
松……393
松風……300・324
まつかね枕……265
松坂……233・283
松嶋……120・121
松平家……664・752・763
松平の称号……30・357・450・535・637・659・741・759
待乳山……27・113・126・574・636・654〜656・663・664・671
待乳山屋鋪……508・655
まつの門……278
松の木の休……400
松の木陰……345
松の契……336
松の戸……278・710・713
松戸亭……588・713・719
松原……375
松虫……285・353
松本……587
まつりの日の放免……65・98
纏……596・687
窓うつ雨……273
真名序……25・41・44・478・527・535〜537
曲直瀬……576
まの、萩原……159
まへた河……383
幻巻……204・300・325・438
守り神……491
守り札……595
ま弓……74・290
丸の内……580・640
丸山おほくら……380
万澤……394・395
饅頭……555
万燈堂……397
万葉歌人……209
万葉仮名……370・714

み

三笠山……45・63・119
三ヶ夜の餅……39
三河国岡崎……662
三河国狩屋（狩谷）……679
三河国額田郡能見……659
三河国宝飯……671
三国城……380
御国忌……69
御こしやどり……404
御子左……77
御坂越……384
御崎の社……404
ミしかよ……279
三嶋……748
三嶋大明神……779
みしめ縄……222・223
御簾……202・279
水くき……219
水茎のあと……290・324
水谷……401
水鳥……283
水野家……598・609
水ふせぎ……391
水分石……492・508・530・543
見せ消ち……169
みそき……235・337・342・347
みそき河……223・235
弥陀……296
御台所……474
御嶽権現……381
みだの御国……397
御霊屋……625
みたらし河……202・222
道芝……212・239・261
みちのく……121
三千世の春……334
三日市……747・756・758・765
三日市藩祖……756・759
三か一……58・99
三か一の餅……57
貢ぎ物……789
見附……360
密通……55
三ノ口伝之内……102・103
三つ葉、四つ葉に殿造りて……719
水戸家……492・618
水戸藩邸……571・572・664
水無瀬……92
水無瀬家……475
水無瀬庶流……476
湊川……144
港区海岸一丁目……669
ミなハ……255
ミぬめの浦……249
ミねの早蕨……326
峯花園……505・520・525・544
峯の横雲……271・272
身のうさ……258
美濃守……357・535・537
美濃守居屋鋪……613・616
美濃国……44
美濃国土岐郡明智の里……764
身延……24・369・387・389・391〜393・396・397・405
みのぶ川……397・399
身延地志……398
身延の奥院……393
御法巻……300・698・699
壬生……686・751
壬生城……750
壬生庶流……481
壬生の藩邸……687
身分秩序の保持……718
みゝなしのいけ……276
三室ノ山……43
御裳濯川歌合……130
宮城野……149
都……206・265・402・475
都鳥……39・54・92
深山かくれ……274
深山木……281
宮門跡……366
行幸……300・325・437・438・442・444・690・770
明王院……755
妙遠寺……392
名号……296
明神……405
妙誠寺……396
名代……755
三芳……130
三芳町教育委員会……760
みよし野……544
御吉野里歌合……129
ミるめ……228・277
弥勒三会……126
弥勒菩薩……116・126
三輪の神杉……282
三輪の杉村……220
三輪山……220
三わの山本……220
身をしる雨……273
みをつくし……277・293・300
明（中国の国名）……784・788
明代……794
明代南京官話音……790
明朝様式……790

む

昔語り……258
武川衆……114・355・356・450・496・696・735・749・760・771・787
むくさの園……342・352・354・513・514・519・523・556
六義館（むくさのたち）……513・523・539
むくひ……245・247・256
葎……164・278
向島……655
武庫山おろし……164
武蔵……362・371
武蔵野……130・372・375・561
武蔵国岩槻城……672
武蔵国児玉……751
武蔵国橘樹都筑両郡……740
武蔵国豊島郡一谷庄……578
武蔵国新座……751
武蔵国駒籠別館……741
虫之口伝……108
陸奥……120
陸奥一関……294
六浦のはま……397
むつこと……288
陸奥国一の宮……120
陸奥国岩瀬郡……662
謀叛……386
むま場……376・382
村上……747・756
村上城……679・748・753・756
村からす……283
紫草……372
紫のゆかり……372
村雨……273
むら時雨……338
無量寿経……296

め

名掛松……548
名字……714
名所……148
名所合わせ……120
名所之繪……121
名所八十八箇所……777
名所百首歌……531
銘文……737
名門旧家……659
明暦の大火……598・761
夫婦石……396
夫婦の道……540
めくみの露……339・353
目付……568
滅私奉公……26・28・487・580・585・588・592・624・684・743
妻戸……71・74
妻戸挿花……71・102
めとのけつり花……74・103
女松……520・543
乳母……508・663
免訴……747

も

朦気……702・726
目録覚書……40・105・106
もしの関もり……276
藻塩木道……505・521・525・544
本名……714
もとのねさし……281
元八王子……377
本結……287
もなかの秋……343
もなかの月……347
物語読破……312・313
物とかめする声……286
物名……40・69
紅葉……550・710
紅葉賀……300・301・310・313・437・438・444
紅葉賀巻……202
百千鳥……46・49・51・331
桃のさかつき……342
杜の下草……280
杜の下露……272
杜のしめ縄……222・223・235・271・292
諸恋……241
もろこし……63・96・250・338・345・544
諸矢……291
文殊……404
門跡……763

や

八上……751
薬師……386
役者絵……596
役人……788・789
家号……576
八声の鳥……263
屋敷経営……694
屋敷地……760
屋敷林……760
屋敷割……760
養娘……318
野趣……488・489・492
八代郡……385
安忠邸……575
矢立の杉……385
宿長……377
宿の梅か枝……340
やとの藤浪……337

ゆ

弓立森……404
夢浮橋……276・300・305・306・308・311・313・314・326・363・438
夢山……115
夢枕……700

よ

要害……380
要害山……310
八日市場……393・403
謡曲……368・603
養継嗣……716・742・743・759
養子……318・319
養子縁組……496・598・758
養女……123・612・718・749
夭折……586・697・704・746
幼帝……770
揚名……59
揚名関白……59
揚名介……39・57〜59・93・99・106
要文……369・387
世かたり……241
夜離れ……206・258
横根村……388
横笛……300・313・314・325
横吹……367・386
横山……362・372・376・377
横山氏……558
横山町……377
吉里邸……627
吉野……116・140・363・378・519・520・522・530・531・533・559
吉野河……277・379
吉野河原……362
吉野乃山の桜……50
よしのまち……379
吉野山……50・523・530
吉保居間……711・712
吉保正室……496
吉保側室……501・558
吉保邸……30・322・490・508・584・585・592・594・597・602〜605・608・609・659・751・768・786
吉保養女……496
四畳半の書院……530
吉原通い……113
世すて人……399
与瀬……378
寄せ恋……133
世継ぎ……356・715
四谷……360・375
四谷千駄ヶ谷屋敷……569・573・577
四谷見附……360
淀……686・688
淀の川瀬……386
米倉村……394
よふこ鳥……45・49・50・384
よみ人しらず……81・85・86・101
嫁入り道具……411
よもき……280
蓬生の露……324
よもきふのかと……264・278
蓬生巻……203・300
代々木の天神……361・375
寄合……740
寄合書……633
よるせ……292
夜の衣……289
萬世岡……505・522・525・544
夜半の衣……289
四ぼさつ……397

ら

浪花石……505・521・525
羅漢……397
楽秋圃……493・494・498・506・507・546・553・554
楽寿園……670
羅紗……789
覧古石……505・520・525・543
蘭坂……401
蘭人……789

り

離縁……488
力士……397
離宮……670
六義園……24〜26・29・30・134・170・189・344・346・352・361・450・451・453・485・487〜501・503・504・506〜511・512・526・536・547〜551・553・555〜559・574・575・590・612・633・636・651・656・665・666・668・694・712・719・728・733・736・738・743・758・762・773・777・783・790
六義園図……491・495
六義園の守護神……547
六義園八十八境……25・505・513・553
六義館……489・512・524・553
罹災……474・481
理髪……587
龍雲寺……403
龍岸山……499・723・726・736〜738
流儀不同……69・101
龍宮のかま……382
龍華……116
龍華三会……116
龍華樹……116・126
龍興寺……318・703・713

竜門……365・385
諒闇……98
領国……357
両国駅……661
両国橋……661・665
料紙の色……712
領主……747
霊台寺……499
領内絹……383
領内嶋……383
両部習合……404
旅館……633・634
臨安……555
綸言……70
臨済宗……790
臨済宗妙心寺派……508
臨時客……719
輪王寺宮……508・716
稟米……578

る

類焼……572
類題和歌集……190〜192・194・195・207〜209
盧舎那仏……119
留守居役……351・568・673・674・676・735
ルビ……791・794

れ

霊雲寺……496〜498・586・601・604・654
霊巌嶋……572
霊巌嶋の下屋敷……569・572・573
霊元院歌壇……320・321・448
冷泉家……109
霊廟……634
列行坂……395
列行松……394・395
連歌師……193
蓮華漏……57
連枝……481・745
簾中……672

ろ

老鶯……378
廊下橋……397
漏尅……57
老中……371・584・609・663・664・674・676・677・733・754・762〜764・772
老職……124
六郷のわたり……376
六十六くに……403
六条院……433・719
六条院夏の町……434・435
六帖題……190
六所明神……376
六波羅……386
麓坊……399
庐山……57
六家集……762
論語……513
論功行賞……486

わ

和歌……28・97・351・689
若江……751
和歌会……715・777
若草山……119
和歌三神……550
和歌三昧……493・506・507
和歌色紙……330
和歌指南役……557
和歌集……177
和歌上達……500・547・556・558
和歌贈答……120
和歌短冊……23・330・351
和歌添削……777・782・784
和歌道……208・318
和歌所……765
和歌所歌合……527
若年寄……593
若菜……305・306・325・341
若菜下……297・300・698
若菜上……297・300・438
和歌の家……501
和歌の浦……178・188・451・492・494・503・509・512・514〜516・518〜522・524〜531・533・538・540・542・544・550・552・556・762
若浦の八景……541
和哥の浦八景……522
わかのうら人……40
和歌の神……405・547・762
和歌の五體……62
和歌の精神……486・507・525・651・712
和歌の庭……510・556
和歌松原……505・515・518・524・541・549・550
和歌の六義……451・777
若水……176
若宮……370・388
若紫……300・301・311・312・362・363・372
わか山里……346
我かよひち……243
別路……237・238・266・269・283
若老中……672・762
わきもこ……346
わけ字……542
和州添下郡矢田村……189
わすれ井……254
わすれ草……280
わすれ水……233・254・259

渡し……392・402・403
渡し守……92・114
わたつ海……277
わみやま……382
わらはへ……378
わらひ石……394
瘧病……312
わりこ……375
われ石坂……403
我柄……286
わんほう山……383

ゐ

ゐほうし……516
ゐぼし岩……393

を

をかたまの木……45・69
をかへ……324
をくち山……380
をたえの橋……268
をはすての山……149
をはらまち……378
をひわけ……375

(四) 歌題索引

あ

哀傷……477・479
相対如夢寝……266
相楽忍恋……216
逢不逢恋……200・204・240
遇後顕恋……243
逢後増恋……244
葵……300・301・312・323
寄葵恋……280
明石……300・312・324
寄暁恋……273
暁別恋……239
暁霧……151
暁恋……262
暁鹿……148
暁鶴……564
厭暁恋……245
秋……477〜479・531
秋篠時雨……121〜123
秋逢恋……261
秋顕恋……261
秋恨恋……261
秋変恋……261
秋忍恋……261
秋契恋……261
秋恋……260
秌田……561
秋夕（秌夕）……149・561
総角……300・326
槿（朝顔）……300・303・324
朝霞……136
浅草原雪……112・113・126
朝寒蘆……343
寄浅茅恋……280
朝霜……153
朝柳……182
浅雪……155
朝恋……263
寄朝恋……273
朝若菜……559
蘆邊……538
蘆邊水禽……539
東屋……300・326
後悔恋……246
逢無實恋……236
逢別恋……237
逢恋……232
逢増恋……244
寄海人恋……286
寄天恋……269
寄雨恋……157・272・563
争恋……247
霰……562
荒和祓……337
顕悔恋……246
顕後悔恋……246
顕恋……242
欲顕恋……243
隠在所恋……248
尋在所恋……221
あるしまうけに桜山吹をくるとて……338
不逢恋……175・228
粟津青嵐……125

い

言出恋……213
菴崎慕雨……112・113・126
寄池恋……276
池富士……141
生駒山郭公……120・122・123
石和流蛍……115・116・127
寄石恋……278
石山秋月……125
寄磯恋……278
市郭公……777
泉忘憂……777
厭恋……245
寄絲恋……162・291・564
被厭恋……245
祈逢恋……235
祈久恋……223
祈恋……202・222
未言出恋……212
未言恋……212・218
妹與背山……538
祝……558・564
巌苔……187
不言恋……212
不言出恋……212
石瀬杜……268

井をほりて水をもとむるに……335

う

鵜……463
鵜河（鵜川）……144・560
寄蘋恋……281
浮舟……300・326
鶯……182・458・558・559
寄筌簀恋……293
薄雲……300・324
鶉……466
疑恋……227
雨中に花をくるとて……333
雨中落花……334
空蟬……300・312・323
移香増恋……201・244
疎恋……247
卯花……142・461・560
寄海恋……158・205・277・563
海月……532
海辺恋……202・264
海辺月……515・527・529・533
梅……528
梅枝……300・325
梅香移柳……332
梅遠薫……634
梅の花をくるとて……333
浦月……150・561
卜恋……252
浦鶴……564
浦松……162・526
恨……187・255
楽有恨恋……257
恨悔恋……246
恨絶恋……259
増恨恋……257
恨恋……255

え

繪合……300・324
尋縁恋……221
寄江恋……276
寄絵恋……290
江上春望……531
江月……150
恵林晩鐘……115・116・127
隔遠路恋……251

お

老恋……265
寄扇恋……291・777
御歌所……478
岡新樹……183
岡紅葉……151
荻……561
荻風……147
幼恋……265
惜落花……174
落葉……153・562
乙女（少女）……300・324
驚恋……247
寄帯恋……289
女郎花……147・353・464
寄思草恋……280
思不言恋……212
楽思恋……252
思……252
不慮逢恋……201

か

賀……477・478・526・527
邂逅逢恋……236
海路……164
寄貝恋……293
甲斐国に封せられし時……340
寄傀儡恋……286
海路名所……529
返し……331・334〜336・339・340・342・345・346
返しに生見玉と云ふことを
　句の上置て祝のこゝろを……338
帰雁……139・559
帰雁稀……174
帰恋……239
寄鏡祝……777
寄鏡恋……161・204・287・564
篝火……300・324
披書恨恋……256
神楽……526・562
蜻蜓（蜻蛉）……300・326
鵲……464
寄挿頭恋……292
柏木……300・325
春日野鹿……117・118・127
霞……558・559
霞間月……183
霞入江……538
風さむけれハまつとハいはし……333
寄風祈恋……271
寄風恋……158・270・563
片思……187・252
片恋……252
堅田落雁……125
潟千鳥……531
語恋……236
霞中朧……173
且見恋……218
過門恋……229
寄門恋……229・278

適逢恋……234
不叶心恋……265
寄鐘恋……293
祈神恋……224
唐崎夜雨……125
雁……561
雁初来……185
寄河恋……277
河月……150
河紅葉……562
河辺恋……264
変恋……247
閑居恋……203・264
閑居初秋……348
元日簾のほとり雪うちちりたるに……332
寒草……153・562
元旦……332
閑中雪……156

き

紀伊……529
菊……561
聞恋……204・216
菊をくるとて……335
二月雪……353
雉……459
岸柳……139
楽祈請恋……223
来不来恋……229
来不留恋……229
寄木恋……159・281・563
後朝顕恋……240
後朝切恋……240
後朝増恋……240
後朝恋……239
きの川……529
紀川上……538
紀川涼風……539
為君薫衣裳……266
今日安通時睦甲き初けるに……344
霧……562
桐壺……300・301・305・306・308・312・323
寄霧恋……272
羈旅……164・477
吟花夕照……539
金峯暮雪……127
金峯遥雪……115・116

く

水鶏……462
九月九日……338・343
九月十三夜……345・348
九月十三夜月……347
九月尽……343
寄草恋……160・279・563
草花……354
草花にそへて……334
寄葛恋……280
寄朽木恋……283
寄国祝言……309
国の駒はしめてひかせけるに……341
寄國祝……336
雲井坂雨……117・119・128
雲隠……300・305・306・325
寄雲恋……157・271・285・563
悔恋……245
苦忍恋……215
寄車恋……203・292

け

慶賀……341・480
寄獣顕恋……285
寄獣恋……160・284・564
寄煙恋……272
寄源氏物語恋……313・314

こ

恋……477・478・480
恋扇……268
恋鏡……267
恋琴……267
恋衣……267
恋硯……267
恋命……265
恋燈……268
依恋身祈……223
恋笛……267
恋筆……267
恋舟……268
恋弓……267
紅梅……300・325
紅梅にそへて……340
向炉火……777
行路見恋……218
聞声恋……217
寄声恋……286
氷……562
氷初結……154
御歌所……478
五月五日……344・349
木枯……185
苔道来不昴……266
非心離恋……266
心中恨恋……256
胡蝶……300・324
寄琴恋……205・290
憑詞恋……227
駒形帰帆……126
駒形行人……112・113・126

衣更……142
更衣……344・347・560・711・715
衣かへに……349
寄衣恋……162・200・288・564

さ

西大寺古柳……120・122・123
幸逢太平世……344
酒折夜雨……115・116・127
賢木……298・300・301・323
盛花……559
悔前世恋……247
桜……459
桜の枝につけて……340
寄蛛恋……285
雑躰……478
里梅……137・559
里梅花……173
早苗……144・560
佐保川蛍……117・118・127
有妨恋……248
五月雨……144・560
猿沢池月……117・118・127
早蕨……299・300・326
山家……564
三月一日参宮の名代あらる
　時に……339
三月尽……344・346
三月三日……334・342・344・346・349・711
山家嵐……163
山家恋……206・264
残菊……467
山月……149・561
残雪……137・559・562
山中滝……777
山王祭礼に……337

し

椎本……300・326
潮入夕照……126
鹿……561
寄鳴恋……284
時雨……152・562
叢蛍……145
試毫……332・341・344・345・348
寄下草恋……280
下谷晴嵐……112・113・126
忍不逢恋……229
忍祈恋……186
忍通心恋……206・216
忍逢恋……234
忍祈恋……223
寄忍草恋……279
忍恋……213
忍涙恋……214
忍待恋……230
試筆……709
士峯晴雪……539
寄嶋恋……278
島月……529
島春月……529
寄注連恋……292
霜……562
忍久恋……214
社頭祝……176
社頭松風……187
樹陰蟬……337
祝言……165
十五夜月……347
十五夜の月を……343
首夏……334・342・344
首夏藤……337
若浦春曙……539
述懐……164・343・564
春暁月……174
春月……138・531・559
松樹増色……777
初春祝……331
初春祝君……331
初春風……331
初春天……331
初冬……152・343・348
初冬に……349
絶不知恋……259
しらとりの関……530
白根夕照……115・116
しろきあやにわか松梅など
　あるにそへて……333
白地恋……218
神祇……165・478・502・528・534・558・564
疑真偽恋……227
深更帰恋……239
新秋雲……777
深雪……562
深夜聞虫……184

す

水路氷……186
末摘花……300・301・312・323・327
過後顕恋……243
寄杉恋……282
寄菅恋……280
州崎晩鐘……126
薄……466
鈴虫……300・303・325
寄硯恋……777
寄簾恋……202・279
簾橘薫風……337
須磨……300・302・313・314・324
炭竈……563
隠在所恋……248

隅田川秋月……126
墨田川渡……113・114・126

せ

聖廟八百年の法楽に……332
関郭公……560
関路恋……264
積雪……156
寄関恋……158・201・275・563
関月……561
関霍公……143
関屋……300・314・324
関屋落雁……126
瀬田夕照……125
切恋……187・245
逢切恋……235
蟬……560
千首哥よまれしを……340

そ

雑……478・480・526・527・558
雑秋……479
雑賀……479
雑恋……479
早秋……146
早春……331
早春雨……777
早春衣……173
雑躰……478
早梅……469
早梅に添て……341
雑春……479
袖上露……777
薗梅……333
寄杣木恋……283
寄杣恋……274

た

絶不知恋……207
絶恋……258
絶久恋……259
絶経年恋……259
欲絶恋……258
互疑恋……227
鷹狩……155・563
寄鷹恋……284
寄瀧恋……276
竹……564
竹川……300・325
尋不逢恋……221
尋恋……220
橘……184・502・560
橘薫袖……143
靏……467
龍田川紅葉……121〜123
たつのとし……352・354
七夕……147・345・347・353・561
谷鶯……137
楽恨恋……257
楽忍恋……215
楽待恋……231
旅……188・564
旅恋……264
玉鬘……300・301・312〜314・324
寄玉恋……161・287・564
玉藻磯……538
寄手向恋……292
田家……163・564
待便恋……230
端午……342

ち

憑誓言恋……224
誓恋……224
近恋……250
憑契恋……226
契不逢恋……229
契久恋……225
契待恋……230
契恋……199・224
遅日閑……332
千鳥……154・468・562
中秋不見月……347
眺望……188
重陽……335・345・347・348
重陽宴……777
樗誰家……777

つ

追従恋……265
月……185
寄月忍恋……270
寄月恋……157・269・563
月前恋……264
月前虫……354
不憑恋……227
憑恋……226
筑波陰霧……539
伝聞恋……217
楽常恨恋……257
寄椿恋……282
露応別涙……267
寄露恋……157・272・563
露深梅開……353

て

出汐湊……538
手習……300・326

と

擣衣……151・185・562
東叡山鐘……112・113・126

東叡幽鐘……539
冬橋月……777
東大寺鐘……118・119・128
遠恋……250
遠夕立……347
遠山霞……530
時々聞恋……216
時々見恋……218
常夏（瞿麦）……300・324・463
寄床恋……205・279
尋所恋……221
年内立春……348
歳暮……156・338・343・345・348・563・709
年のくれに……349
年のはじめに……349
隔年恋……251
契経年恋……225
轟橋行人……118・119・128
寄戸恋……278
寄灯恋……293
豊姫結納慶賀……339
寄鳥偽恋……284
寄鳥恋……160・283・563

な

憑媒恋……227
九月盡……152
中宵涙満床……266
歎無名恋……242
歎言出恋……186
寄情恋……286
夏……477～479
夏草……145・560
夏月……145・560
夏恋……260
夏日侍……531
夏祓……146・345・347・561
名取河……268
立名恋……241
寄涙恋……286・317
忍涙恋……175
馴増恋……244
馴恋……226
苗代蛙……175
惜名恋……242
隠名恋……242
隠名切恋……242
不知名恋……242
南圓堂藤……117・118・127

に

新玉松……538
匂兵部卿宮（匂宮）……300・325
二月廿五日に……332・342
俄逢恋……234
俄変恋……247
庭樹緑葉……317
庭樹結葉……337
庭残菊……185
庭の間の戸をあけてはしめてゆき、するを……334
庭の藤はかまを露なからミせまほしき人に一花折てをくるとて……334
庭紅葉……152

ね

寝覚恋……266
子日……341・344・345
子日祝……178・341
子日松……332

の

納涼……184・561
簷梅……138・559
檐橘……462
簷橘薫風……337
軒端山月……539
後悔恋……246
寄野卜恋……275
寄野恋……274
野霰……155
野月……149・561
野春草……173
野分……300・312・324

は

梅花夜薫……331
萩……353・561
萩露……147・184
白雨……145
白嶺夕照……127
寄橋恋……159・207・276・563
橋月……561
橋場夜雨……126
端芝夕煙……113・114・126
橋姫……300・325
初逢恋……175・233
初言出恋……213
初尋縁恋……221
八月十五日に……343
八月十五夜……343・345
八月十五夜に……348
八幡宮に詣て……341
初秋（初秌）……345・347・561
初穐月……337
初雁……148・465
初恋……211
初入岡……538
初入の岡にて……348
初入の岡の紅葉を……348
初瀬山雪……121～123

初子（初音）……300・324
初花……140・559
初郭公……337
初雪……338
花……183
花匂風……777
花盛……140
花散里……300・301・312・324
寄花祝……317
花歌……530
花宴……300・301・323
花下旅宿……317
花を折て送るに……346
花を見て……339
箒木（帚木）……300・301・312・323
寄祓麻恋……292
寄原恋……159・275・563
春……477〜479
春風に雪うち散比……333
春雨……139・559
春曙……138・559
春恋……260
春のはしめ慶賀を……336
春のはしめの慶賀を……341

ひ

久恋……249
恨久恋……257
久待無消息……266
人伝恨恋……256
被妨人恋……206・248
隔一夜恋……251
伝人怨恋……256
寄檜恋……282
檜原霞……777
雲雀……460
比良慕雪……125
寄昼恋……273
昼恋……263
枇杷……468

ふ

寄笛恋……290
藤……334・460・560
藤かきつはたをくるとて……339
藤里……539
藤代根……538
冨士青嵐……115・116
富士晴嵐……127
臥無実恋……236
藤裏葉……300・313・314・325
蘭（藤袴）……300・325
蘭花にそへて……336
藤はかまをくるとて……337
富士慕雪……126
伏見里……268
伏見里鹿……120・122・123
寄猪恋……285
寄淵恋……277
寄筆恋……290・777
寄舩恋……293
寄書恋……289
送書待恋……231
被返書恋……219
返書恋……219
通書恋……218
不見書恋……219
見書慰恋……219
見書恋……219
冬……477・478・480
冬逢恋……262
冬偽恋……262
冬祈恋……262
冬恨恋……262
冬絶恋……262
冬契恋……262
冬待恋……262
冬別恋……262
冬恋……261
冬月……155・562
冬橋月……777
降つゝく雨はれて夕やミの
　星さやかなるころ……335
不慮逢恋……234
旧恋……250
故郷……164
古寺鐘……176

へ

隔恋……251
別……478
失返書恋……220

ほ

望遠帆……777
寄星恋……270
暮秋（暮秌）……347・562
暮秋に……349
暮秋雨……709
暮春……142・560・711
螢……300・324・560
欲言出恋……212
郭公……183・461
霍公稀……143

ま

毎夜契恋……225
籬菊……151
寄槇恋……282
槇柱（真木柱）……300・325
寄枕恋……161・288・564
負恋……248

雪……186
雪のあしたに……349
雪散風……338
疑行末恋……228
契行末恋……226
ゆふがほ……533
寄弓恋……290
逢夢恋……236
寄夢恋……286
夢浮橋……300・305・306・308・311・313・314・326
夢中逢恋……236
夢中見恋……218
夢中契恋……226

よ

漸変恋……247
余寒氷……331
横笛……300・313・314・325
夜半月……777
蓬生……300・324
寄蓬恋……280
寄夜恋……273
夜鴈……338
夜恋……263
夜鹿……148
夜々待恋……231
夜恨恋……338

ら

落葉少……777
落花……141・560

り

六義園の花につけて……344
六義園のはなを……346
立秌朝……337
立春……136・332・341・344・345・559
立春雪……331
離別……477
離別羇旅……480
龍華秋月……115・116・127
旅宿恋……265
旅宿夢……176

れ

歴夜待恋……231
連峯照射……184
連夜待恋……231

ろ

鹿鳴草……465

わ

若菜……137・305・306・341・344
若菜下……297・300・325
若菜上……297・300・325
若松原……538
若紫……300・301・312・323・327
別来歳月周……266
契別恋……238
別恋……237
急別恋……238
厭別恋……238
忌別恋……238
惜別恋……238・239
欲別恋……175・237
被忘恋……254
忘恋……254
難忘恋……255
寄忘草恋……280
寄我柄恋……286

を

緒絶橋……268

あとがき

手元に、昭和五十九年九月七日付の恩師故寺本直彦先生の御挨拶文が残る。その一部が次である。

このたびわたくしの頌寿記念として学界の辱知の方々や教室で接した方々の御厚情御協力によりまして「『源氏物語』とその受容」の一書がわたくしの編著という形で生まれその上その出版記念会まで催していたゞくようになりましたことは研究教育の一端に携わる者としてまことにありがたくまたおゝけないことに存じます　つきましては感謝の微志をあらわしたく架蔵一本について小冊子を作成しつゝしんで呈上することにいたしました　はなはだ不備ながらこのさゝやかな冊子が何かの御参考になりまた記念となるならばこの上ない幸いに存じます

『源氏物語』とその受容」（右文書院）は、寺本先生の古稀を寿ぎ、先生の御学友・御同僚が中心となり企画・編集をご担当くださり、我々弟子（というのもおこがましいほどの微力な面々でしかなかったのであるが）も、一人前に一論文を掲載して頂けた一書である。国文学界の重鎮の先生方ばかりの中に、我々弟子の名が紛れ込んでいるのは、実に名誉である一方、面はゆかったのを記憶している。

さて右御挨拶文の中で、「感謝の微志をあらわしたく架蔵一本について小冊子を作成」とあるのは、『柳沢吉里「詠源氏巻〻倭歌」―覚書と影印・翻刻―』（右文書院）のことを指す。ここに私と柳澤吉里の出会いがあった。先生が「このさゝやかな冊子が何かの御参考になり」と望んでくださったそれこそが、研究の出発点となったのである。

学部卒業後、数年遅れで母校の大学院へ入り直し、寺本先生に師事して『源氏物語』の受容という視点で研究してゆこうと決めた。しかし博士課程修了後に就いた高校の教諭職は、研究を続行する環境ではなく、体調を崩して結局退職。大学の非常勤講師を細々と続けているという時に吉里に出会ったのである。

奈良県大和郡山市。ここは吉里が甲斐国から転封になり以後明治維新まで柳澤家の所領となった地。そこには五十余年前に設立された財団法人郡山城史跡・柳沢文庫保存会、通称柳沢文庫がある。時間的には比較的自由な非常勤講師の立場を利用して、私は文庫に通い始めた。古文書のイロハも心得ない出発であったが、柳澤吉保・吉里父子が、どうやら三条西実隆を尊崇していたという事実を突き止めることができた。そもそも右冊子の『柳沢吉里「詠源氏巻〻倭歌」』は、寺本先生が覚書で吉里詠歌の「もっと関係深い専蹤は、実隆の「詠源氏物語巻々和歌」であると思われる」と指摘しておられるのも、その一例となる。

しかしそれにしても何故三条西実隆なのであろうかという疑問を抱くと、吉保・吉里父子が傾倒した実隆を研究してからでないと、柳澤家を云々できない思いになり、文庫へ足を運びつつ、『実隆公記』（続群書類従完成会・全十九冊）を丹念に読み解き始めた。そしてなったのが『三条西実隆と古典学』（平成七年十二月・風間書房）。昭和五十九年に吉里に出会って十年以上経過してしまっていた。その間、平成二年一月二十日、寺本先生はご逝去。最初の成果を先生の御霊前に手向けるしかなかったのは、実に悲しいことであった。しかも右を纏めていた平成七年一月十七日、阪神・淡路大震災が起きた。右拙著の「あとがき」には、「私の生まれ古郷は西宮。両親が幼かった私の手を引いて歩いてくれた懐かしい町並が瓦礫と化したのをテレビで見て、ただ泣けてしかたがなかった」と記してある。

さいわい『三条西実隆と古典学』を学位請求論文に、母校青山学院から博士（文学）号が授与され、第三回関根賞を受賞し、それがきっかけで某先生のお口添えで現在の淑徳大学の教員としての職位も得ることができた。その分、きちんと業績を遺さなければならないというプレッシャーは常にあった。次の著作は『源氏物語の文化史的研究』（平成九年・風間書房）。淑徳大学の正教員になっていたことで、大学の出版助成費を得ることができた。次が『三条西実隆と古典学（改訂新版）』（平成十一年・風間書房）で、前著を補訂することができた。この頃は、柳沢文庫へ通えるだけ通っているという年月であった。

ところで吉保には公用日記『楽只堂《らくしどう》年録』（全二二九巻）がある。それを繙きながら、しかし、吉保側室の正親町町子著の『松陰日記』も気になった。そこに、かつて解決せず仕舞いになっていた、何故吉保・吉里父子は三条西実隆にこだわるのかという疑問を再度問い直す必要に迫られた。結果、父親を正親町公通、母を水無瀬氏信女（江戸城大奥総取締）に生まれた正親町町子は、父方から来ても、母方から来ても実隆の正当な末裔であるという事実を掴むことができたのである。

『松陰日記』は町子の自筆草稿本・清書本が柳沢文庫に残る。一字一字文字起こしを始めた。『源氏物語』を随所に存分に取り込み、『古今集』を初めとする和歌文学作品を駆使したそれは、『楽只堂年録』の和文体とも見えた。内容は吉保栄華の記録。『源氏物語』の受容という寺本先生に師事した者としての責任もあり、私は『松陰日記』を読み込んで行くことを目下の目標にした。そこになったのが『柳沢家の古典学（上）―『松陰日記』―』（平成十九年・新典社）である。出版にあたっては、独立行政法人日本学術振興会平成十八年度科学研究費補助金（研究成果公開促進費）の交付を受けることができた。

一方で、『楽只堂年録』の翻刻も進めていた。ようやく全二二九巻の翻刻が完了したものの、出版となると目途は立たない。そんな時、柳沢文庫創設五十周年（平成二十二年十月）がやって来た。柳沢文庫へ四半世紀以上通いつめたご褒美のごとく、文庫の支援と出版社八木書店の協力を得て、平成二十三年七月、全九冊本の第一巻『樂只堂年録第一』（史料纂集古記録編）を世に出すことができたのである。もっとも残る八冊を思うと、気が重いと言った方が正直なところで、当分死ねないという気持ちである。

専門書の出版に費用がかかるのは、出版を経験した者には共通の悩みではなかろうか。それでも世に問いたい時は、出版助成金をあてにする以外にない。しかし、これが結構な倍率で、右から左に採択されるものではない。そこで私は、「買わないと当たらない宝くじ」のごとく、ともかく応募だけはしておこうと思い、平成二十三年度の出版助成金の申請を行っておいた。淑徳大学の出版助成と、日本学術振興会科学研究費補助金（研究成果公開促進費）の二つである。ところが運が好いというべきか、苦労を背負い込んだというべきか、双方とも採択となったのである。しかも既述したように『樂只堂年録』の出版も重なった。

公務をこなしながら、とにかく在宅の間は、居間着と寝間着兼用というだらしなさにも目をつぶり、著書をまとめることに専念した。そして昨年（平成二十三年）十一月、青簡舎から『源氏物語受容の諸相』を、淑徳大学出版助成を得て上梓することができた。日々積もる疲れと逓減してゆく気力。それでも後一つ残っているのである。それが当該『柳澤家の古典学（下）―文芸の諸相と環境―』である。一年間に通算三冊の書籍を上梓するということの大変さを身を以て知ったところである。しかも、昨年三月十一日には、東日本大震災が起きてしまった。前著『源氏物語受容の諸相』のあとがきにも記したが、当日、たまたま研究日で在宅中であったが、あまりの揺れの大きさに、以来ずっと眩暈が続いている。そして思い出すのである。最初の成果『三条西実隆と古典学』を纏めていた際に起きた阪神・淡路大震災を。二つの大震災に挟まれて私の著書は成ったのである。

脱稿して見て、不備に映る点があるのが気に掛かる。というのも、柳澤家では、柳沢文庫創設五十周年を期して、「澤」と「沢」を区別するようになった。家系としての柳澤家には「澤」を、柳沢文庫の場合は「沢」を使うというように。従って、以前の『柳沢家の古典学（上）—『松陰日記』—』では、「柳沢家」としたものを、この度は「柳澤家」とせざるを得ず、ために不統一の感がぬぐえないということ、また、古文書を文字起こしした場合、文書に忠実に用字を採用すると、地の文との間に齟齬が起きる場合が多々あるということである。どちらかに統一してしまえばよいという問題でもなく、悩みつつ手を触れずにおいた箇所もある。不備に映るとはそういう点のことである。

長々と書いてしまったが、今後は恐らくこうした体力をも気力をも必要とする出版に挑むという無理は出来ないと思うし、これを私の研究の一応の締めくくりとせざるを得ないということを念頭において余分なことまで書いてしまった次第である。

思えば、多くの学恩を多くの方々からいただいた。その逐条をあげてここで御礼申し上げられない失礼をお許し頂きたい。また、柳沢文庫及び、大和郡山市教育委員会社会教育課には、本当に御世話になった。四半世紀以上も通わせていただいていると、気が付くと、私が牢名主ならぬ文庫名主のようになってしまっていた。多くのご教示を得ながら、何の恩返しもできないままに、鬼籍に入られた職員の方もあった。感謝してもし尽くせない。また、寺本直彦先生のご遺族の方々からも、多くのご声援・ご支援を得ることができた。本当にありがたいことであった。

最後になったが、夫武尚には謝意以上のものを捧げなくてはならないと思う。柳沢文庫に四半世紀以上通えたのも、夫の支援があっての故であった。今は現役を退いたが、石油元売《もとうり》会社の社員であった夫の年休は、行動を共にしてくれと願う私が全て使ってしまった。もっとも途中で幾度も大病をした私を、一人で行動させるに忍びなかったとは言ってくれているのであるが。また実地踏査で各地に赴いた時の費用も全て夫の財布をあてにしてしまった。大学の非常勤講師時代などは、まさにその典型であった。そして、史料の分類整理や校正の手伝い。門前の小僧よろしく、『新編国歌大観』『公卿補任』『新訂寛政重修諸家譜』なども扱えるようになってくれた。こうなると私を支えてくれたというより、育ててくれたと言った方がいい。その夫に、本書を捧げたい。

なお、出版を快くお引き受けくださった青簡舎社長の大貫祥子氏に御礼を申し上げる。

平成二十四年一月晦日

著者

〔付記〕本書は、独立行政法人日本学術振興会平成二十三年度科学研究費補助金（研究成果公開促進費）の交付を受けての出版であることをここに明記しておく。

宮川葉子（みやかわ　ようこ）
昭和二二年八月　兵庫県西宮市生
昭和四六年三月　青山学院大学文学部日本文学科卒業
昭和五八年三月　青山学院大学大学院博士課程単位取得
専　攻　中古文学、特に『源氏物語』の中世・近世の受容
学　位　博士（文学）
現　職　淑徳大学国際コミュニケーション学部教授
主　著　『三条西実隆と古典学』（平成七年・風間書房）（第三回関根賞受賞）、『源氏物語の文化史的研究』（平成九年・風間書房）、『三条西実隆と古典学（改訂新版）』（平成一一年・風間書房）、『柳沢家の古典学（上）―『松陰日記』―』（平成一九年・新典社）、『樂只堂年録　第二』（史料纂集古記録編・平成二三年・八木書店）、『源氏物語受容の諸相』（平成二三年・青簡舎）

柳澤家の古典学（下）
―文芸の諸相と環境―

二〇一二年二月二九日　初版第一刷発行

著　者　宮川葉子
発行者　大貫祥子
発行所　株式会社青簡舎
〒一〇一-〇〇五一
東京都千代田区神田神保町二―一四
電　話　〇三―五二一三―四八八一
振　替　〇〇一七〇-九-四六五四五二
印刷・製本　株式会社太平印刷社

ISBN978-4-903996-50-9　C3093